Manual de fonética y fonología españolas

Written entirely in Spanish, *Manual de fonética y fonología españolas* has a comprehensive scope that touches on all aspects of phonetics and phonology—including acoustic and auditory phonetics, phonotactics, and suprasegmentals, which most often remain untreated.

The book provides students with a detailed and accurate yet accessible introduction to Spanish phonetics and phonology. It includes introductory chapters which place these disciplines within the general field of linguistics and which emphasize the role of sounds and their representation in human communication.

Key features:
- Written by trained phoneticians and informed by the current science of phonetics .
- No prior knowledge of linguistics assumed, as a foundation is laid throughout for all linguistic terms and concepts.
- Each chapter contains a summary, a list of concepts and terminology, review questions, and pedagogically relevant pronunciation exercises keyed to the specific hints and suggestions provided in the chapters.
- Chapters dealing with the physical production of sounds contain sections with "Pedagogical Hints," "Practical Suggestions," and "Pronunciation Exercises" to link theory to the practical aspects of improving pronunciation.
- A wealth of graphic material to illustrate each concept clearly.
- Models of how to pronounce the sounds, sentences and exercises presented in the text, are available online at routledge.com/cw/clegg.

Manual de fonética y fonología españolas is a comprehensive introduction designed to be clear and accessible to advanced students of Spanish to help them understand how to improve their pronunciation. It will serve as an excellent book for graduate students as well as a valuable resource for teachers, linguists and language professionals.

J. Halvor Clegg is Associate Professor *emeritus* of Spanish Linguistics at Brigham Young University.

Willis C. Fails is Associate Professor of Spanish and Portuguese Linguistics at Brigham Young University.

Routledge Introductions to Spanish Language and Linguistics
Series Editor: Carol Klee, University of Minnesota, USA

These accessible and user-friendly textbooks introduce advanced undergraduate and postgraduate students of Spanish to the key areas within Spanish language and linguistics.

Introducción a la lingüística hispánica actual: teoría y práctica
Javier Muñoz-Basols, Nina Moreno, Inma Taboada, and Manel Lacorte

Introducción a la lingüística hispánica actual: guía didáctica y material de apoyo para cursos sobre lingüística hispánica (forthcoming)
Javier Muñoz-Basols and Manel Lacorte

Gramática española: Variación social (forthcoming)
Kim Potowski and Naomi Shin

Pragmática del español: uso, contexto y variación (forthcoming)
César Felix Brasdefer

Las variedades del mundo hispano (forthcoming)
Benjamin Schmeiser

Spanish Language Variation and Change (forthcoming)
Lewis Chadwick Howe

Sintaxis y semántica del español (forthcoming)
Sandro Sessarego and Melvin Gonzalez-Rivera

Pronunciación del español (forthcoming)
Donald N. Tuten, Fernando Tejedo-Herrero, Rajiv Rao, and Robyn Clarke

La lengua española: ayer y hoy (forthcoming)
Donald N. Tuten, Fernando Tejedo-Herrero, and Enrique Pato

For a full list of titles in this series please visit https://www.routledge.com/languages/series/RISLL

Manual de fonética y fonología españolas

J. Halvor Clegg

Willis C. Fails

Routledge
Taylor & Francis Group
LONDON AND NEW YORK

First published 2018
by Routledge
2 Park Square, Milton Park, Abingdon, Oxon OX14 4RN

and by Routledge
711 Third Avenue, New York, NY 10017

Routledge is an imprint of the Taylor & Francis Group, an informa business

British Library Cataloguing-in-Publication Data
A catalogue record for this book is available from the British Library

Library of Congress Cataloging-in-Publication Data
Names: Clegg, J. Halvor (Joseph Halvor), author. | Fails, Willis C. (Willis Clark), author.
Title: Manual de fonética y fonología españolas / J. Halvor Clegg, Willis C. Fails.
Description: New York : Routledge, 2017. | Series: Routledge introductions to Spanish language and linguistics | Includes bibliographical references and index.
Identifiers: LCCN 2017023844| ISBN 9781138684003 (hardback : alk. paper) |
  ISBN 9781138684010 (pbk. : alk. paper) | ISBN 9781315544212 (ebook)
Subjects: LCSH: Spanish language--Phonetics. | Spanish language--Phonology.
Classification: LCC PC4135 .C58 2017 | DDC 461/.58--dc23
LC record available at https://lccn.loc.gov/2017023844

ISBN: 978-1-138-68400-3 (hbk)
ISBN: 978-1-138-68401-0 (pbk)
ISBN: 978-1-315-54421-2 (ebk)

Typeset in Minion Pro
by Willis C. Fails
Publisher's note
This book has been prepared from camera-ready copy provided by the authors.

Visit the companion website: www.routledge.com/cw/clegg

Dedicatoria y agradecimientos

Este libro se dedica a todos los que han esperado su publicación por tantos años. Se dedica a nuestros profesores, que nos iluminaron, como también a nuestros estudiantes, que nos brindaron la oportunidad de enseñar los principios aquí presentados. Agradecemos también las recomendaciones y la ayuda de nuestros colegas en especial la de Kent Minson que nos ayudó en la composición tipográfica. Expresamos nuestra gratitud a Jenna Barton, nuestra artista por sus excelentes ilustraciones, como también J. Scott Miller, el decano de nuestra facultad por su apoyo financiero. Sobre todo dedicamos el libro a nuestras esposas, Miriam y Simone, que con tanta paciencia, longanimidad y cariño nos apoyaron en este proyecto.

Índice general

Índice de figuras y cuadros

Capítulo 6: La fonética acústica

Capítulo 7: La fonética auditiva

Sección III: La fonología
Capítulo 8: La relación entre fonemas: la oposición y la neutralización

Capítulo 9: La relación entre fonemas y alófonos: la distribución

Capítulo 10: El posicionamiento y la secuencia de fonemas: la fonotáctica

Sección IV: Los fonemas vocálicos y sus sonidos

Capítulo 11: Los fonemas vocálicos

Capítulo 12: Secuencias vocálicas

Sección V: Los fonemas consonánticos y sus sonidos
Capítulo 13: Los fonemas oclusivos

Capítulo 14: Los fonemas fricativos y el fonema africado

Capítulo 15: Los fonemas nasales

Capítulo 16: Los fonemas laterales y vibrantes

Capítulo 17: Secuencias consonánticas

Sección VI: Los elementos suprasegmentales

Capítulo 18: La sílaba y el silabeo

Capítulo 19: El acento

Capítulo 20: La duración, el ritmo y el énfasis

Capítulo 21: La entonación

Prólogo

Este libro es un producto de los setenta y un años que llevamos en enseñar la fonética, fonología y pronunciación del español a nivel universitario. Al emprender la tarea de escribir un tratado de esos tópicos, se tuvo que tomar varias decisiones: ¿cómo mejor ayudar al alumno a adquirir una buena pronunciación del español?, ¿qué recursos le ayudan al estudiante a adquirir una buena pronunciación?, ¿qué detalles de la fonética deben incluirse?, ¿qué dialecto o dialectos se deben presentar?, ¿qué marco teórico debe emplearse? Es importante también considerar otras preguntas: ¿por qué es importante la adquisición de una buena pronunciación?, ¿qué novedades debe contener el libro?, ¿qué es lo que no se debe incluir en el libro?

¿Cómo mejor ayudar al alumno a adquirir una buena pronunciación del español?

Tradicionalmente los libros que se han usado en este campo han enfatizado o la práctica o la teoría. La práctica o imitación incluye la repetición de palabras o frases, a veces sin la instrucción necesaria para que el estudiante sepa lo que tiene que hacer para adquirir una buena pronunciación. Un método basado solo en la imitación funciona para algunos estudiantes que tienen la habilidad para imitar, pero la mayoría de los estudiantes no capta un buen acento solo por imitación. El método de la imitación también tiene el problema de que al alejarse el modelo, también puede alejarse la buena imitación a no ser que se tenga también un entendimiento del sistema de sonidos. La presentación teórica de por sí tampoco provee resultados satisfactorios para la mejora de la pronunciación por carecer de explicaciones prácticas para la articulación de sonidos.

El presente tratado parte del principio de que la manera más eficaz de mejorar la pronunciación es adquirir un entendimiento de los fundamentos fonéticos y fonológicos, aprender cómo esos principios se aplican a la pronunciación del español, para después ponerlos en práctica. De ahí se deduce que no se puede enseñar bien la práctica sin saber la teoría y que la mayoría de los estudiantes no adquirirá una buena pronunciación sin aprender la teoría. Por eso, el libro comienza con una discusión de la comunicación humana y los recursos de que disponemos para llevarla a cabo. El libro explica cómo los sonidos forman parte de la comunicación humana, comentando la diferencia entre la percepción mental de un sonido y su producción física.

El mayor impedimento para una buena pronunciación de un segundo idioma es el "conocimiento" que tiene el estudiante del sistema de sonidos de su idioma materno. Lo que tiende a hacer el estudiante al aprender un idioma nuevo es aplicar las reglas y la estructura de su idioma materno, lo que se llama *transferencia negativa*. Para superar los efectos de esa transferencia negativa, el estudiante tiene que primero aprender a reconocer tales diferencias y luego aprender a producir lo correcto. El entender el sistema de sonidos tiene importancia más allá de la producción correcta de los sonidos; para entender bien a un hispanohablante, hay que entender también su sistema de sonidos.

¿Qué recursos le ayudan al estudiante a adquirir una buena pronunciación?

Se encuentra muy presente en la metodología pedagógica de hoy la importancia de los estilos de aprendizaje. Referente a la adquisición de pronunciación hay tres que saltan a la frente: lo visual, lo auditivo y lo cinético. La presentación de los sonidos en este libro atiende a estos tres estilos.

La presentación de los sonidos en este libro sigue una aproximación integrada, que combina lo fonológico, lo fonético y lo práctico. Además, integra lo visual, lo auditivo y lo cinético. En la presentación fonológica de cada fonema, se comentan sus oposiciones y neutralizaciones, sus distribuciones de alófonos, sus posiciones fonotácticas, sus frecuencias y sus correspondencias grafémicas. En la presentación fonética de cada alófono, se da una descripción pormenorizada de su articulación, se dan formas de onda y sonogramas relevantes para una buena descripción acústica de los sonidos y se presentan datos de cómo se reconocen auditivamente a los distintos sonidos.

Para satisfacer la parte de aplicación se incluyen siempre secciones de pistas pedagógicas y consejos prácticos para reforzar los conceptos enseñados. En los capítulos y sobre todo en la sección de pistas pedagógicas se comentan los contrastes entre el sistema de inglés y el de español para ayudarle al estudiante a vencer los efectos de la transferencia negativa para poder, con práctica, adquirir una pronunciación nativa. Al final de cada capítulo se incluye una lista de conceptos y términos y una lista de preguntas de repaso. Para ejemplificar y sintetizar los conceptos enseñados, se incluyen centenares de figuras y cuadros a lo largo del libro; sirven de ayuda visual para reforzar el aprendizaje.

Otra ayuda importante para el estudiante es la inclusión de transcripciones fonéticas. El valor de la transcripción fonética es que hace con que el estudiante tenga que identificar cuáles son los sonidos que debe producir al hablar. El saber qué sonidos se deben producir antecede el poder producirlos. Es una técnica que si el estudiante lo aplica, mejorará la pronunciación.

La buena pronunciación resulta de la adquisición de dos habilidades. Primero es la habilidad de percibir los sonidos del español y reconocer los elementos que producen un acento extranjero. Segundo es la habilidad de hacer todos los movimientos fisiológicos necesarios para producir los sonidos correctos del español y practicarlos hasta que sean automáticas las articulaciones y que las articulaciones no sean aquellos que el estudiante adquirió como parte de su idioma materno. Esa adquisición resulta de tres etapas: 1) el reconocimiento de un sonido diferente, 2) el aprendizaje académico de lo que se debe hacer para producir el sonido correcto y 3) el poner en práctica ese conocimiento hasta que le sea natural al estudiante. Es fundamental que el estudiante practique en voz alta: la buena enseñanza no elimina la necesidad de buena práctica por parte del estudiante.

¿Qué detalles de la fonética deben incluirse?

Tradicionalmente los libros de fonética y pronunciación del español se han centrado en la fonética articulatoria, ignorando la fonética acústica y la fonética auditiva. Este libro no solo contiene un capítulo introductorio sobre cada una de las tres ramas de la fonética, sino que también incluye estos aspectos en la presentación de cada sonido a lo largo del libro. Las presentaciones también incluyen los resultados de extensas investigaciones originales.

¿Qué dialecto o dialectos se deben presentar?

La presentación de este libro no es de ningún dialecto en particular. Si se tuviera que identificar el dialecto tendría que ser un español general, pues representa una norma culta pan-hispánica que será aceptada como un español culto en todos los países y regiones del mundo hispánico. Nunca será idéntico al español de ningún lugar específico, pero sí será reconocido como culto, y lo que es más, no será tomado por el español de un extranjero.

¿Qué marco teórico debe emplearse?

La cuestión del marco teórico de la fonología es polémica, en parte porque existen varias teorías y cada teoría tiene sus defensores. Las distintas teorías muchas veces destacan distintas características fónicas. En este libro optamos por un marco teórico básicamente estructural porque aunque no sea la teoría más moderna, sí es un marco teórico que le es más accesible al estudiante principiante, siendo una presentación más directa y menos complicada. Además de ser más general, cumple con los requisitos de la disciplina, los cuales son: especificar la organización del sistema de sonidos del español, especificando las relaciones que existen entre ellos, e indicar la relación entre el sonido físico y la imagen mental que el sonido evoca en la mente.

¿Por qué es importante la adquisición de una buena pronunciación?

Ha habido estudios que indican que en relación con la aceptabilidad del habla de un individuo que habla un segundo idioma, pesa más la fonética que la gramática. Es importante que el hablante de un segundo idioma llegue a acercarse a una pronunciación que quepa dentro de los parámetros de un hablante nativo, de otra forma puede haber males entendidos por parte del oyente o el oyente simplemente puede cansarse del esfuerzo que se requiere para continuar la conversación. Por otro lado, cuando se tiene una buena pronunciación, se puede integrar mejor a la cultura y con la gente, y los beneficios son de un valor inestimable.

¿Qué novedades contiene el libro?

El libro es completo. Comienza con la comunicación humana y coloca la fonética dentro del marco de la lingüística. Presenta los conceptos de sistemas de escritura, indicando sus relaciones con los sonidos del lenguaje oral. Trata las tres áreas de la fonética: No trata solamente la articulatoria, sino la acústica y la auditiva también. En cuanto a la fonología, trata la fonotáctica, que no suele presentarse en los libros de pronunciación. Los capítulos sobre las secuencias vocálicas y las secuencias consonánticas son innovadores. Las presentaciones de acento, duración, ritmo y entonación introducen nuevos conceptos también, todo basado en investigaciones originales. Todos los conceptos presentados se apoyan con centenas de figuras y cuadros como también referencias materiales en línea integradas en el texto.

¿Qué es lo que no se incluye en el libro?

Con respecto al sistema de sonidos del español, hay muchos comentarios y muchas observaciones que se podrían hacer que van más allá del propósito del libro que es ayudar al estudiante a adquirir una buena pronunciación de la norma culta. En vista de eso, el libro no pretende ser un libro de dialectología, sin embargo sí incluye "notas dialectales" que comentan las principales variantes dialectales del mundo hispánico, es decir, las que llegan a representar una norma culta regional. El libro no pretende ser un libro de fonética y fonología inglesas, sin embargo incluye descripciones del sistema de inglés cuando es necesario para explicar el problema de "transferencias negativas" del inglés al español que el estudiante tiene que aprender a evitar. El libro no pretende ser un libro de sociolingüística, sin embargo comenta algunos casos de pronunciaciones que son variaciones sociales que se recomienda que se eviten porque no representan una norma culta. Aunque se presentan algunos elementos de la fonología generativa, el aporte general no es generativista, sino estructuralista, por los motivos ya mencionados. El libro no trata la fonética y fonología diacrónicas, aunque sí se comentan el seseo y el yeísmo en algunos detalles.

¿Qué materiales están disponibles en línea y cómo se acceden?

En línea se encuentran materiales tanto para el profesor como para los estudiantes. Para los profesores hay sugerencias de programas de curso tanto para semestres como para trimestres. También se incluyen muestras de exámenes.

Para los estudiantes se encuentran en línea varios materiales para ayudarles a entender mejor o para ejemplificar los conceptos presentados en el texto de cada capítulo. Esos materiales se indican en el texto mediante un número de referencia y un icono para indicar qué tipo de archivo que se encuentra en línea: ◘ = fotografía, 🎥 = video, 🔊 = sonido, 📖 = texto, ▣ = ejercicio. Además hay actividades para cada capítulo.

Los materiales en línea se encuentran en el siguiente sitio:
www.routledge.com/products/cw/clegg

Sugerencias para los estudiantes

Se sugiere que los estudiantes lean cuidadosamente cada capítulo reconociendo que hay muchos detalles que se presentan como ilustraciones de los conceptos enseñados. Los conceptos más importantes, los conceptos que los estudaintes deben entender bien se resumen en el sumario y se refuerzan con los "Conceptos y términos" y con las "Preguntas de repaso". Es importante que practiquen también los "Ejercicios de pronunciación". En línea se presentan también varias "Actividades" para fortalecer el entendimiento de los estudiantes en cuanto a los principios enseñados.

Nuestro deseo es que este libro sea de provecho para los profesores y estudiantes en sus esfuerzos por expandir el conocimiento de las bellezas del español y en especial deseamos que a través del libro el estudiante llegue a disfrutar de los beneficios de una buena pronunciación del español. Tenemos confianza de que eso será el resultado de estudiar los conceptos aquí presentados y de ponerlos en práctica.

SECCIÓN I

Introducción

Capítulos 1–4

El estudio de la **fonética** y la **fonología** exige una visión del lugar de estas disciplinas dentro del proceso comunicativo humano y un entendimiento de su papel dentro de la lingüística en general. En esta sección se examinan el proceso de la comunicación humana y cómo la ciencia de la lingüística lo enfoca. Se colocan los estudios de la fonética y la fonología dentro del marco lingüístico y se contrastan los dos campos para fijar sus distinciones. Se concluye con una presentación de las técnicas de representación escrita de un idioma y de sus sonidos.

La comunicación humana

Se ha dicho que el lenguaje consiste en sus sonidos, pero la comunicación humana es mucho más que una concatenación de sonidos aislados. Aunque es cierto que la base de la comunicación humana son los sonidos, no faltan ejemplos de cadenas fónicas que carecen de valor comunicativo. El que escucha a un hablante de un idioma desconocido, por ejemplo, percibe sonidos, pero no participa en una comunicación. El infante es capaz de producir una gama de sonidos más amplia que la de sus padres; en sus primeros años pasa por una fase en la que experimenta con la producción de nuevos sonidos que tampoco tienen fines comunicativos.

Lo que separa a los humanos de los demás seres es la habilidad que tienen de asignar significado a un número infinito de secuencias de sonidos, mientras que la comunicación de los animales se limita a un número muy reducido de ruidos primordiales. El ser humano posee una habilidad innata de adquirir un sistema de comunicación que le permite, entre otras cosas, estructurar un inventario de sonidos, creando secuencias para articular nuevos conceptos. El ser humano comparte así ese sistema con los demás miembros de su comunidad lingüística, donde todos participan en la fijación del sistema particular de su propia sociedad.

El individuo y la sociedad

Cada persona se encuentra con la constante necesidad de modificar sus propios ideales para conformar con las normas de la sociedad. Por un lado, existe el deseo del individuo de mantener su propia identidad. Por otro lado, existen normas y reglas de comportamiento dentro de una sociedad que la protegen de la anarquía y aseguran su continuidad.

En el proceso de crecer y aprender, el niño utiliza su habilidad innata para interpretar y expresar los hechos de la vida. Al comparar sus propias impresiones con las de otros, llega a un acuerdo tácito en cuanto a lo que es aceptable y no aceptable. Este proceso de **socialización** le facilita adaptarse al sistema general de la comunidad. Un componente esencial de la socialización es la adquisición de lenguaje, lo cual permite que los miembros de una sociedad compartan su experiencia colectiva.

La comunicación verbal y la comunicación no verbal

Si se consideran todos los elementos que entran en juego en la comunicación, se hace evidente que los medios comunicativos son varios. Por ejemplo, cuando un orador presenta una ponencia en un auditorio, no es él la única persona que se comunica. Los oyentes también pueden comunicar mensajes a través de miradas, gestos, sonidos producidos o simplemente con su postura.[1] Pero en este caso, hay una diferencia en cuanto a la naturaleza de las comunicaciones. La comunicación del orador es principalmente verbal; las de los oyentes, principalmente no verbales.

La comunicación no verbal

La comunicación no verbal transmite información sin recurrir a la palabra. Los humanos nos comunicamos con el aspecto o semblante físico, con la postura del cuerpo, con la selección de ropa y prendas de vestir, con la expresión de la cara y de los ojos entre otras maneras. Con la concesión de espacio personal, con el contacto físico, con

3

sabores u olores, o hasta con la puntualidad, divulgamos información, como se ve en la Fig. 1.1.

Hay tres vehículos de comunicación no verbal que por sus correlaciones lingüísticas merecen más atención: las **emisiones acústicas**, las **representaciones gráficas** y los **movimientos físicos**.

Las emisiones acústicas

En el campo de la producción acústica no verbal, se puede distinguir entre los signos acústicos, que son símbolos aislados, y la paralingüística, que guarda una estrecha relación con la comunicación verbal.

Al emitir signos acústicos aislados con valores comunicativos, el ser humano puede emplear instrumentos artificiales o bien su propia capacidad fonadora. Por ejemplo, en un partido de baloncesto, el árbitro toca el silbato para mandar a los jugadores que paren.[2] ◀≶ El vaquero norteamericano produce un chasquido lateral para aguijonear su caballo.[3] ◀≶

1.1 Los humanos nos comunicamos con la selección de ropa y prendas de vestir, con la concesión de espacio personal y con el contacto físico. El mensaje comunicado así varía de cultura en cultura y de época en época.

La paralingüística encierra todos los indicios del habla más allá de lo comunicado por las palabras de un mensaje. Eso incluye factores como el énfasis, el tono de voz y la rapidez de habla que pueden indicar irritación, fastidio, dulzura, duda, etc. con respecto al mensaje. El elemento paralingüístico puede hasta alterar el significado de un enunciado. Dependiendo de esos factores paralingüísticos, "¡Qué fantástico!" puede ser una expresión de verdadero regocijo o un insulto irónico.[4] ◀≶

Las representaciones gráficas

Las representaciones gráficas se dividen en tres grupos principales: *iconos, señales* y *gráficos*. Como en el caso de los movimientos físicos, las representaciones gráficas pueden comunicar un mensaje por sí mismas o pueden servir para aclarar o reforzar una comunicación verbal.

Lo que distingue el *icono* de las otras clases de representaciones gráficas, es su semejanza con el objeto que representa. Así un icono puede ser, entre otras cosas, una fotografía, un dibujo o un mapa. Como dice el refrán: «Una foto vale mil palabras». Por ejemplo, si el anuncio de un nuevo producto incluye una hoja de pedido que hay que separar cortándola con las tijeras, esto se puede indicar con un icono acompañado o no de instrucciones en palabras.

La *señal*, por otro lado, es una abstracción: representa un concepto sin guardar relación física directa con el concepto mismo. Así una bandera nacional puede referirse al país o a lo perteneciente a él, como se ve en la Fig. 1.2.

Una de las características de una señal es que puede representar varios conceptos afines. El símbolo $ se emplea como señal para los conceptos de "dinero, dólar, peso, rico, caro, etc." Otras señales son:

1.2 La bandera es una señal: el símbolo de una nación o de lo perteneciente a ella.

Los idiomas de España

1.3 Este gráfico da una representación visual del porcentaje de la población de España que aprende los distintos idiomas como lengua materna.

El *gráfico* y el *cuadro* aparecen mucho en materiales publicados o en presentaciones visuales y sirven para representar relaciones. Los cuadros presentan toda una matriz de información y los gráficos presentan las relaciones cuantificadas sobresalientes en un formato fácil de visualizar. Estos pueden adoptar varias formas: gráfico de línea, gráfico de barras o gráfico circular. La Fig. 1.3 contiene un ejemplo de un gráfico circular. La Fig. 1.5 (p. 8) contiene un ejemplo de un cuadro.

Los movimientos físicos

La cinética, que es la ciencia que estudia los movimientos físicos, identifica cuatro tipos de movimientos físicos no verbales: los *gestos*, las *aclaraciones*, los *reguladores* y las *exhibiciones de sentimiento*.

Los *gestos* son movimientos que tienen un significado fijo. El ademán con que el papá extiende el brazo delante del cuerpo, la palma hacia abajo y los dedos moviéndose hacia la palma, le dice al niño que venga.[5] 🎥

Las *aclaraciones* son movimientos que acompañan y ejemplifican las comunicaciones verbales. El cliente que quiere dos boletos puede aclarar su comunicación verbal indicando con los dedos el número de boletos deseado.[6] 📷

Los *reguladores* son movimientos que indican a quién le toca hablar en una conversación. Esos movimientos, como echar una mirada, inclinar la cabeza o hacer un gesto con la mano, pueden servir para ceder control, para mantener control, para pedir control o para negarle a otro el control de una conversación.[7] 🎥

Las *exhibiciones de sentimiento* indican la intensidad del estado emocional en que se encuentra uno o con el que recibe o transmite otra comunicación. Por ejemplo, el oyente que cierra el puño, tensa los músculos y respira rápidamente comunica que se pone furioso al escuchar una comunicación desagradable.[8] 📷

La comunicación verbal

La comunicación verbal es la que se lleva a cabo mediante palabras. La propia palabra verbal en este sentido viene de la voz latina *verbum* que significaba "palabra". Las palabras pueden expresarse mediante los mismos tres vehículos que la comunicación no verbal. En el vehículo de las *emisiones acústicas*, la palabra es una secuencia de sonidos: [líβɾo].[9] 🔊 En el vehículo de las *representaciones gráficas*, la palabra en español es una secuencia de letras escritas: {libro}. En el vehículo de los *movimientos físicos*, la palabra en LSM (Lengua de Señas Mexicana) es un movimiento en el que las manos inicialmente están juntas pero que se abren en forma de "libro" y en que esa acción se repite dos veces.[10] 🎥

La **palabra** puede definirse como un símbolo arbitrario aceptado por una comunidad lingüística determinada que representa un concepto y que, como ya se presentó, puede expresarse por los mismos

5

tres vehículos empleados en la comunicación no verbal. Sin embargo, como se presentará a continuación, la vía principal de la comunicación verbal es la vía oral, en que la palabra es una secuencia de sonidos que se combinan de acuerdo con un sistema reglamentado. El sistema de sonidos del español no incluye ni el silbido ni el chasquido lateral mencionados como signos acústicos de la comunicación no verbal. Existe, entonces, una diferencia muy importante entre secuencias de sonidos verbales y secuencias de sonidos no verbales; mientras que estas pueden abarcar la totalidad de la posible producción humana, aquellas pertenecen a sistemas organizados, limitados y propios de cada idioma.

La codificación y descodificación

El propósito principal de la comunicación es muy básico: el de transmitir un concepto a otra persona. El proceso envuelve por lo menos dos personas: un **emisor** o hablante y un **receptor** u oyente que comparten un sistema comunicativo y que emplean un medio para transmitir y recibir el **mensaje**.

Es importante recalcar, sin embargo, que toda comunicación, tanto verbal como no verbal, está regida por la cultura y la sociedad en que ocurre.

La Fig. 1.4 presenta un modelo de la comunicación. En ese modelo, el emisor concibe un concepto que quiere comunicar: es decir, quiere hacer que el receptor tenga en su mente exactamente el mismo concepto concebido por el emisor. Para lograr esa meta, el emisor tiene que **codificar** o encajar el concepto en un código para crear un mensaje que se transmite por un medio apropiado. Al recibir el mensaje, el receptor tiene que **descodificar**lo. Si hay buena comunicación, el receptor tendrá en su mente el mismo concepto concebido inicialmente por el emisor.

El contexto es de suma importancia en el proceso de intercambio de mensajes. El contexto incluye toda la información de ambientes, actitudes, deseos, experiencias, etc., que comparten los interlocutores. El profesor que escribe "¡Ven a verme!" en el examen del estudiante, le comunica algo muy distinto al estudiante que ha sacado un 100% comparado con lo que le comunica al estudiante que ha sacado un 40%. En ese caso, la codificación es la misma; la diferencia radica en el contexto de las dos notas.

1.4 El modelo de la comunicación.

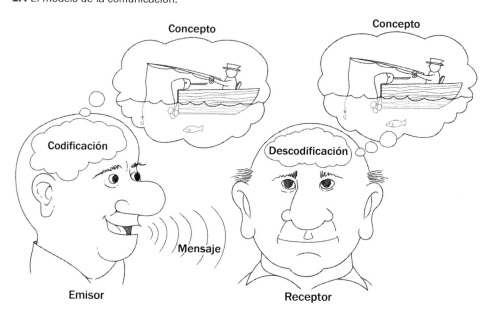

En el campo de la comunicación verbal, se transmite el mensaje por *vía oral*, por *vía escrita* o por *vía manual*. Como expresa la Fig. 1.4, el mensaje en la comunicación por vía oral sale de la boca del emisor codificado en sonidos y entra en el oído del receptor para ser descodificado. En la comunicación por vía escrita, el concepto se codifica en símbolos gráficos (o letras) hechos manualmente. Al ver los símbolos escritos, el receptor los descodifica. En la comunicación por vía manual, el concepto se codifica en movimientos físicos. Al ver los movimientos, el receptor los descodifica.

Las habilidades de la comunicación verbal

Tal como la comunicación no verbal, la comunicación verbal puede transmitirse mediante tres vehículos: las emisiones acústicas, las representaciones gráficas y los movimientos físicos. El emisor y el receptor necesitan desarrollar ciertas habilidades para poder comunicarse a través de estos vehículos. El vehículo primario de la comunicación verbal son las emisiones acústicas realizadas por la vía oral. Los vehículos secundarios son las representaciones gráficas realizadas por la vía escrita y los movimientos físicos realizados por la vía manual.

La manifestación principal del idioma es por emisiones acústicas, o sea la comunicación verbal por vía oral. Esto se evidencia en dos hechos. Primero, el niño aprende a manejar la vía oral antes de comenzar el estudio de la vía escrita. Segundo, existen

idiomas en el mundo, como los de algunas tribus aisladas de África, Australia y América, que ni siquiera tienen formas escritas. En la vía oral, la codificación se manifiesta en el **habla** y la descodificación, en la **comprensión auditiva**.

La vía escrita es una manifestación secundaria del idioma a través de una representación gráfica; es simplemente una manera de registrar gráficamente la vía oral. Es de adquisición general en las sociedades literatas. En ese medio, la codificación se manifiesta en la **escritura** y la descodificación, en la **lectura**.

La vía manual es otra manifestación complementaria del idioma, que tiene por fin el de poder comunicarse con personas sordas o sordomudas a través de un sistema de movimientos físicos. Por lo tanto, no es de adquisición general. En ese medio, la codificación se manifiesta mediante las señas del **lenguaje de los sordomudos** y la descodificación, mediante la **comprensión visual** de esas señas.

El Cuadro 1.5 demuestra las habilidades necesarias para codificar y descodificar mensajes por esas tres vías. Las cuatro habilidades de adquisición general (indicadas por las células sombreadas) son el habla, la comprensión auditiva, la escritura y la lectura.

En el proceso de aprendizaje del idioma materno de uno, las habilidades generales se adquieren en el siguiente orden: comprensión auditiva, habla, lectura, escritura. Esto implica que el niño primero adquiere la vía oral y después adquiere la vía escrita. En ambas vías vale destacar que primero se adquiere la descodificación y luego la

1.5 Las habilidades necesarias para codificar y descodificar mensajes por las tres vías de la comunicación verbal.

Las habilidades de la comunicación verbal	Vía oral	Vía escrita	Vía manual
Codificación	habla	escritura	hablar por señas de los sordomudos
Descodificación	comprensión auditiva	lectura	comprensión visual

codificación. Es interesante notar también que la adquisición de la vía oral es informal; es decir, el niño lo adquiere en casa al relacionarse con su ambiente en sus actividades diarias. La adquisición de la vía escrita, en cambio, es algo formal; es decir, o se aprende en la escuela, o alguien se sienta con el niño para practicar o la lectura o la escritura.

El proceso de aprendizaje de un segundo idioma es muy distinto, porque ya se comienza con la habilidad de comunicarse verbalmente. Este proceso es también muy variado. Varía según la situación social del que lo aprende: de su edad, de dónde vive, del idioma de los padres, etc. Varía también según la situación de aprendizaje del segundo idioma: si lo aprende en casa, en la calle o en la escuela.

El grado de dificultad del aprendizaje de un segundo idioma depende del grado de la semejanza o diferencia entre el primero y el segundo idiomas en cuanto a sus bases léxicas, sus estructuras lingüísticas y sus sistemas de escritura. De modo general, cuando los sistemas no son extremadamente diferentes, las habilidades más difíciles de adquirir son el habla y la escritura porque los procesos de codificación requieren la producción, mientras que los de descodificación (la comprensión auditiva y la lectura) solo requieren el reconocimiento. Por otro lado, los procesos de la vía oral son generalmente más difíciles que los de vía escrita porque tienen que ocurrir al instante, mientras que las habilidades de vía escrita permiten la posibilidad de largas pausas para pensar en cómo reformular la comunicación o la posibilidad de volver a reexaminar el mensaje codificado varias veces para poder interpretarlo.

Dado que la codificación es más difícil que la descodificación y dado que la vía oral es más difícil que la vía escrita (cuando la vía escrita del segundo idioma no es extremadamente diferente de la del idioma materno), la habilidad del segundo idioma más difícil de adquirir es el habla.

Uno de los aspectos lingüísticos que dificulta la adquisición del habla es el sistema de sonidos que se emplea para transmitir el mensaje. El que aprende un segundo idioma suele imponer la estructura de los sonidos del idioma materno en la pronunciación del segundo idioma. Esto suele producir por lo menos un "acento de extranjero" y en el peor de los casos, convierte lo dicho en algo incomprensible. Este libro tiene la meta de ayudarle al estudiante a entender cómo funciona el sistema de sonidos del español y cómo pronunciarlos, perdiendo así la influencia del inglés en su español.

Sumario

La comunicación humana consiste en emplear sistemas de reglas y normas para la transmisión de conceptos entre los miembros de una sociedad. Cada individuo puede valerse de dos modalidades para efectuar esa transmisión: **la comunicación verbal** y **la comunicación no verbal**. La distinción fundamental entre la comunicación verbal y la no verbal es que esta se lleva a cabo sin recurrir a la palabra y aquella depende de la palabra.

La **palabra**, en su manifestación primaria, puede definirse como un símbolo arbitrario aceptado por la comunidad lingüística que representa un concepto. En su manifestación principal, o sea la de la vía oral, la palabra se compone de una secuencia de sonidos que se combinan de acuerdo con un sistema organizado de modelos. Las manifestaciones secundarias incluyen la vía escrita, en que las palabras españolas se componen de una secuencia de letras ortográficas, y la vía manual, en que las palabras se componen de una secuencia de movimientos con las manos.

De forma esquemática se puede decir que en su manifestación primaria:

La palabra es:

- un símbolo arbitrario
  - que representa un concepto
  - que es aceptado por una comunidad lingüística determinada
- una secuencia de sonidos
  - regida por reglas que determinan el posicionamiento permisible

de los sonidos y sus secuencias permisibles

El **modelo de la comunicación** consiste en un **emisor** que **codifica** un concepto, el **mensaje** transmitido y un **receptor** que lo **descodifica**.

Tanto la comunicación no verbal como la verbal pueden efectuarse mediante tres **vehículos** distintos: **las emisiones acústicas**, **las representaciones gráficas** y **los movimientos físicos**. El Cuadro 1.6 demuestra cómo se efectúan las dos modalidades de comunicación mediante esos vehículos.

En la comunicación, el sistema más utilizado y extensivo es el de la comunicación verbal. Los vehículos más difundidos de la comunicación verbal (indicados por las células sombreadas en el Cuadro 1.6) son las emisiones acústicas y las representaciones gráficas. Esos se manifiestan a través de la **vía oral** (la vía primaria) y **la vía escrita** (una vía secundaria). Por lo tanto, las habilidades más usadas y enseñadas son el **habla** y **la comprensión auditiva** de la vía oral y la **escritura** y la **lectura** de la vía escrita. En la fonética y la fonología, las habilidades más relevantes son las de la vía oral: el habla y la comprensión auditiva.

1.6 Las dos modalidades de comunicación se efectúan mediante tres vehículos distintos.

La comunicación humana	La comunicación verbal (con palabras)	La comunicación no verbal (sin palabras)
Emisiones acústicas	**VÍA ORAL** habla comprensión auditiva	signos acústicos signos paralingüísticos
Representaciones gráficas	**VÍA ESCRITA** escritura lectura	iconos señales gráficos
Movimientos físicos	**VÍA MANUAL** hablar por señas de los sordomudos comprensión visual	gestos aclaraciones reguladores exhibiciones de sentimiento

Conceptos y términos

codificar/codificación	emisor	palabra
comprensión auditiva	escritura	receptor
comprensión visual	habla	representaciones gráficas
comunicación humana	lectura	socialización
comunicación no verbal	lenguaje de los sordomudos	vehículos de comunicación
comunicación verbal	mensaje	vía escrita
descodificar/descodificación	modelo de la comunicación	vía manual
emisiones acústicas	movimientos físicos	vía oral

Realizarse = to be fulfilled

Preguntas de repaso

1. ¿Qué es lo que separa al ser humano de los demás seres?

2. ¿Qué es lo que le permite al ser humano adquirir un sistema de comunicación?

3. Distinga entre la comunicación verbal y la no verbal.

4. ¿Cuáles son los tres vehículos de la comunicación humana?

5. ¿Cómo se realiza la comunicación no verbal por los tres vehículos de la comunicación humana?

6. ¿Cuáles son los tipos de movimientos físicos de la comunicación no verbal?

7. ¿Cuáles son los tipos de representaciones gráficas de la comunicación no verbal?

8. ¿Cuáles son los tipos de emisiones acústicas de la comunicación no verbal?

9. ¿Cómo se realiza la comunicación verbal por los tres vehículos de la comunicación humana?

10. ¿Cuáles son los elementos que definen el concepto de la palabra?

11. Comente el modelo de la comunicación.

12. Comente el papel del contexto en la comunicación.

13. Distinga entre las vías de la comunicación verbal.

14. Explique las relaciones entre las cuatro habilidades principales de la comunicación.

15. ¿En qué orden se adquieren las habilidades principales en la adquisición del idioma materno?

16. ¿Qué factores afectan la dificultad de adquisición de un segundo idioma?

17. En la adquisición de un segundo idioma, ¿cuáles son las habilidades más difíciles/más fáciles de adquirir? ¿Por qué?

Materiales en línea

1. 📷 Fotos de diferentes comunicaciones no verbales.

2. 🔊 El silbato del árbitro en un partido atlético.

3. 🔊 El chasquido vaquero.

4. 🔊 Exclamaciones que demuestran diferencias paralingüísticas.

5. 🎥 Video de un gesto que invita a un niño que venga.

6. 📷 Foto de un cliente que quiere dos boletos.

7. 🎥 Video de reguladores en una conversación.

8. 📷 Foto de una exhibición de sentimiento de una persona furiosa.

9. 🔊 Emisión acústica de la palabra *libro*.

10. 🎥 Movimiento físico en LSM de la palabra *libro*.

Lecturas suplementarias

Andersen, Peter A. *Nonverbal Communication: Forms and Functions* (2nd ed.). Long Grove, Ill.: Waveland Press, 2008.

Barker, Larry L. & Gaut, Deborah Roach. *Communication*, 8th ed. Boston: Allyn & Bacon, 2002.

Gass, Susan M. & Selinker, Larry. *Second Language Acquisition: An Introductory Course* (4th ed.). New York: Routledge, 2013.

La lingüística

La **lingüística** es la ciencia que estudia la naturaleza y la estructura de la comunicación humana. Aunque el lingüista se interesa en cualquier aspecto de la comunicación, su enfoque principal es el **lenguaje**, o sea la comunicación verbal —específicamente por vía oral, que es la manifestación primaria del lenguaje—. Así la lingüística estudia todos los eventos relacionados con el proceso de la codificación, la transmisión y la descodificación del mensaje.

El lenguaje

El padre de la lingüística moderna, Ferdinand de Saussure, fue el primero en distinguir entre los conceptos de lengua y habla. Para Saussure, el lenguaje consistía en la combinación de **lengua** y **habla**.

Lenguaje = Lengua + Habla

El **habla**, según Saussure, es la **producción acústica e individual** de cada hablante. Con respecto al modelo de comunicación por vía oral, el habla se centra en el **mensaje** que sale de la boca. El habla tiene propiedades físicas observables. Los participantes en una comunicación pueden percibir los movimientos articulatorios que producen el sonido; también pueden oír el sonido producido. El habla es, pues, la realización, transmisión y recepción físicas del concepto codificado, o sea el mensaje.

La **lengua**, según Saussure, comprende el conjunto de **normas y reglas mentales** que poseen en común todos los miembros de una determinada comunidad lingüística —es, pues, el modelo normativo de la comunidad lingüística—. Con respecto al modelo de la comunicación, la lengua es el código o sistema de reglas que emplea el que habla para codificar un mensaje y lo que emplea el que escucha el mensaje para descodificarlo.

La lengua, entonces, existe en la mente: es algo que no se puede ver ni sentir ni oír. Siendo la lengua un fenómeno mental, no puede estudiarse directamente; solo se pueden estudiar las estructuras mentales al observar su realización en el habla.

Esos mismos conceptos de habla y lengua han sido re-elaborados por Noam Chomsky, el lingüista actual más reconocido. Chomsky usa el término **actuación** (*performance*) en vez de habla para referirse a los procesos físicos involucrados en la realización del acto de hablar y el término **competencia** (*competence*) en vez de lengua para referirse a los procesos mentales involucrados en la preparación e interpretación de un mensaje.

Las estructuras de la lengua sirven como base de la organización del habla. Por ejemplo, para expresar sus ideas, el hablante codifica sus mensajes en oraciones. Esas oraciones generalmente tienen una secuencia de elementos que incluye un sujeto, un verbo y a veces complementos verbales. Si el hablante no construye sus oraciones de acuerdo con el modelo normativo, no puede esperar que su producción fónica le sea inteligible al oyente. ¿Por qué es, entonces, que dos seres humanos se entienden al hablar? Es porque los dos comparten las mismas reglas, las mismas estructuras, los mismos símbolos: es decir, comparten el mismo sistema de lengua. Un ser humano podría articular todos los sonidos posibles e inventar todas las palabras que quisiera, pero sin seguir el sistema de **lengua**, jamás podría comunicarse eficazmente.

Cada comunidad lingüística tiene sus propias estructuras y sus propios sistemas de reglas que unifican a los miembros de la comunidad y que los distinguen de los miembros de otras comunidades. Hay casos donde dos lenguajes distintos tienen muchas estructuras en común, lo que permite a veces una inteligibilidad mutua parcial. Así el hablante de portugués puede entender mucho de lo que dice el hablante de español. En otros casos, la diferencia entre las estructuras de lengua es tan grande que hace imposible la comprensión entre los hablantes de distintos lenguajes como el español y el chino.

El concepto de la comunidad lingüística puede ser muy amplio o muy restringido. La comunidad lingüística española es un concepto muy amplio que se puede dividir en sub-comunidades, cada una con sus propias normas y reglas. La lengua de cada sub-comunidad es un **dialecto**. En el mundo hispánico existen decenas de dialectos, que a pesar de sus diferencias todavía son, por lo general, mutuamente inteligibles. Aunque el mexicano puede comer *guajolote* y *chícharos* y el madrileño, *pavo* y *guisantes*, con todo, los dos pueden comunicarse bien porque comparten la misma lengua.

La comunicación verbal ocurre solamente cuando están presentes los dos componentes del **lenguaje**; si está ausente cualquiera de los dos componentes de lenguaje, a saber la lengua o el habla, no hay comunicación entre el emisor y el receptor.

Un ejemplo que demuestra la falta de comunicación por la ausencia del elemento de lengua, es lo que ocurre cuando un anglohablante monolingüe se encuentra con un hispanohablante monolingüe. Si habla el hispanohablante, no hay comunicación, porque a pesar del hecho de que el anglohablante perciba sonidos, ese no comparte el sistema de lengua para poder descodificar el mensaje. El anglohablante incluso puede tratar de imitar algunos de los sonidos que escucha, pero tampoco hay comunicación, porque los sonidos producidos no representan ningún concepto para él.

La ausencia del elemento de habla también resulta en una falta de comunicación. Un apoplético puede mantener la habilidad cerebral de manejar los conceptos de lengua, pero lamentablemente, al perder el control físico necesario para producir el habla, queda restringido en su habilidad de comunicarse.

El signo lingüístico

Saussure también habló de otra fórmula que ayuda a entender las dos facetas que tienen el habla y la lengua. Visto desde otro punto de vista, el lenguaje se compone de unidades básicas que se llaman signos lingüísticos. El signo lingüístico, básicamente una palabra, permite la transferencia de conceptos por ser la unión de un significado con un significante.

Signo lingüístico = Significado + Significante

El **significado** es el concepto o la idea que se quiere transmitir. A **nivel de habla** (que es un nivel de expresión individual), una "cueva" es una cueva misma, una entidad física, concreta. A **nivel de lengua** (que es un nivel de normas mentales), una "cueva" es el concepto mental, abstracto, de "cavidad subterránea". Ese concepto incluye todas las características y juicios que poseen en común los miembros de una comunidad lingüística en cuanto a la clasificación de lo que se considera una "cueva".

En la Fig. 2.1, lo que ve el cavernícola es su cueva: el significado a nivel de habla. Lo que concibe en la mente es una imagen de lo que es una cueva: el significado a nivel de lengua.

El **significante** es la palabra o símbolo arbitrario que ha escogido una comunidad lingüística para representar un significado. A **nivel de habla**, es la enunciación de una secuencia de sonidos concretos, físicamente producidos. En la simbología de la lingüística, el significante a nivel de habla se representa entre **corchetes** como [kwéβa]. A **nivel de lengua**, el significante es una concatenación de imágenes mentales de sonidos. Este significante es una imagen mental o abstracta de la palabra que se usa para representar un significado. Al ver un objeto, se puede pensar en su significante sin articularlo. En la simbología de la lingüística, el significante a nivel de lengua se representa entre **barras** como /kuéba/.

En la Fig. 2.2, el cavernícola tiene en mente una imagen mental de los sonidos de la palabra —el significante a nivel de lengua— que es el símbolo arbitrario

2.1 Significado a nivel de lengua (la imagen mental) y a nivel de habla (la manifestación física).

2.2 Significante a nivel de lengua (la imagen mental) y a nivel de habla (la manifestación física).

escogido por su comunidad lingüística para representar ese significado. Para transmitírselo a su mujer, emplea una cadena de sonidos —el significante a nivel de habla— para simbolizar su cueva. La mujer, por su parte, al percibir esa cadena de sonidos, piensa en el mismo símbolo, el significante a nivel de lengua, en que pensaba el cavernícola.

Para resumir, los conceptos de significado y significante existen tanto a nivel de habla como a nivel de lengua. El Cuadro 2.3 presenta una síntesis de las relaciones entre esos conceptos.

El significado y el significante integran el signo lingüístico, que sirve como base de la comunicación verbal. El signo lingüístico, según Saussure, es la unión del concepto con su símbolo, lo cual permite que el emisor y el receptor se comuniquen.

En la comunicación, el signo lingüístico es un elemento que funciona como una unidad. Si falta uno de sus componentes, no ocurre la comunicación. Por ejemplo, si un hablante sabe el "significado" pero no el "significante", se ve obligado a recurrir a la circunlocución. Así el estudiante que sabe bien lo que es un "overhead projector"

2.3 Las relaciones entre los conceptos de significado y significante a nivel de lengua y habla.

	Lengua	Habla
Significado	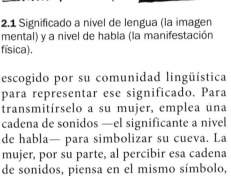	
Significante	/kuéba/	[kwéβa]

hablará de "la máquina que usa el profesor en clase para mostrar transparencias" porque desconoce el **significante** *retroproyector*. En ese caso, la comunicación sufre porque el estudiante no distingue entre "retroproyector" y "proyector de diapositivas", lo cual deja su mensaje ambiguo.

Por otra parte, el hablante que usa el significante *ariete* no comunica nada si el oyente al recibir el "significante" no sabe el "significado". Aun si se le presenta el significante en un contexto explícito como "Los soldados usaron un ariete para derribar la puerta del castillo", el que no sabe que el significado de *ariete* es "una máquina militar que se empleaba antiguamente para batir murallas (*battering ram*)", no puede descodificar el mensaje con precisión.

La codificación del mensaje

Como ya se ha expuesto, el emisor, al conceptualizar una idea que quiere comunicarle a un receptor, tiene que codificarla para transmitirla. Si decide comunicarla por vía oral, entran en juego los principios de lengua y habla por un lado y los de significado y significante por otro lado. Si el concepto que se quiere comunicar es la posición relativa de la tiza y la mesa, como se ve en la Fig. 2.4, probablemente dirá algo como "La tiza está en la mesa". Pero, ¿cómo llega el emisor del concepto visto en la Fig. 2.4 a la producción física de la oración: "La tiza está en la mesa."?

La codificación puede verse como un largo conjunto de procesos mentales y físicos. Uno de los primeros procesos es la necesidad de escoger los símbolos (significantes) para representar los elementos (significados) del concepto. En nuestro ejemplo, entonces, debemos emplear los significantes "mesa", "tiza", "en" y "estar". Pero este paso todavía no nos deja con un mensaje aceptable.

De acuerdo con las normas del lenguaje, hace falta que los significantes se compongan en una oración que tenga una estructura y orden. Para nuestro ejemplo, el orden de las palabras escogidas tendrá que

2.4 El concepto de la posición relativa entre la tiza y la mesa.

ser "tiza—estar—en—mesa". Lo que es más, las normas requieren la presencia de otras palabras para introducir las palabras "tiza" y "mesa".

Sin embargo, la comunicación todavía no tiene una estructura aceptable: hace falta verificar que todas las palabras tengan la forma correcta. Así, la forma de la palabra que introduce las palabras "tiza" y "mesa" tiene que ser "la", y el verbo "estar" tiene que presentarse en la forma de "está". La estructura de la oración ya está hecha: "La tiza está en la mesa".

Para transmitir el concepto, sin embargo, hace falta convertir esa secuencia de palabras en sonidos. Los procesos del lenguaje que tienen que ver con el sonido serán el enfoque de este libro.

El ejemplo de los párrafos anteriores nos permite ver que la codificación de un mensaje tiene como mínimo cuatro pasos importantes:

1. la selección de signos lingüísticos, buscando los significantes apropiados para representar los significados de los elementos del concepto a comunicarse;

2. la organización de esos signos lingüísticos en oraciones;

3. la acomodación de la forma de las palabras a la estructura o contexto de la oración;

4. la transmisión de la oración mediante la formación de sonidos.

La lingüística:
los campos básicos

La lingüística estudia precisamente los sistemas que producen las estructuras básicas delineadas en el proceso de codificación. Estos sistemas se componen de las reglas y las estructuras que emplea el ser humano para codificar y descodificar mensajes.

La lingüística abarca cuatro campos básicos —un campo para cada tipo de sistema—: un sistema de significado, un sistema de estructura de oraciones, un sistema de formas de palabras y un sistema de sonidos. La disciplina que estudia el significado es la **semántica**. La **sintaxis** estudia la estructura de las oraciones. El sistema de las formas de palabras es el enfoque de la **morfología**. El estudio del sistema de sonidos se denomina la **fonología**.

La semántica

La semántica es la ciencia que estudia el significado. Este significado se manifiesta en tres niveles. El primer nivel es el **significado de la palabra**. El segundo nivel, el **significado de la oración**, resulta de la formalización de las palabras en oraciones. El tercer nivel, que se conoce por el término **pragmática**, estudia la manera en que el contexto afecta la interpretación del enunciado.

El significado de la palabra

Los estudios semánticos que se enfocan en la palabra, tratan el significado de cada palabra en sí o la relación que puede existir entre palabras. La cuestión del significado de una palabra no es simple, y el semántico intenta descubrir la naturaleza del significado y sus matices. Intenta describir la relación filosófica que existe entre el significado y el significante. Cada hablante dispone de un léxico, o "diccionario mental", que le sirve de base para la relación entre los significados y los significantes.

En la lexicografía también se estudia el significado de cada palabra, pero el lexicógrafo trata de especificar el léxico formalmente por la producción de diccionarios y estudios sobre las palabras. Esto incluye la preparación de diccionarios monolingües, bilingües, regionales, dialectales, etimológicos y profesionales, como también diccionarios de sinónimos y de uso.

Otros aspectos principales que afectan el significado de la palabra son la denotación y la connotación. La denotación para la palabra *abogado*, por ejemplo, será algo como "persona legalmente autorizada para litigar o aconsejar en asuntos jurídicos". La connotación, sin embargo, incluye todos los valores afectivos atribuidos por uno a los abogados, sean positivos o negativos.

Existen también varias relaciones entre palabras que hacen parte del estudio de la semántica: la sinonimia, la antonimia, la hiponimia, la hiperonimia, la ambigüedad, la polisemia y la homofonía. La sinonimia estudia las relaciones de proximidad de sentido que existen entre varias palabras: por ejemplo, *guapa*, *linda*, *bonita* y *hermosa*. La antonimia investiga la relación de sentido opuesto que existe entre dos palabras que representan dos extremos a lo largo de un continuo: por ejemplo, *el bien* y *el mal*.

La hiponimia y la hiperonimia analizan las relaciones de inclusión. Por ejemplo, la relación entre *clavel* y *flor* es que esta incluye a aquel; *clavel*, entonces, es un hipónimo de *flor*, y *flor* es el hiperónimo de *clavel*. La ambigüedad léxica se ve ejemplificada en la frase *dar un examen* que según el dialecto puede ser lo que hace el profesor o lo que hacen los estudiantes en relación con el examen. La polisemia tanto como la homofonía tienen que ver con dos palabras que se forman mediante la misma secuencia de sonidos. En el caso de la polisemia las dos palabras vienen de la misma raíz semántica. Así, las palabras *habla* (el sustantivo) y *habla* (el verbo) representan un caso de polisemia por derivarse de la misma raíz. Por otro lado, *haya* (el sustantivo) y *haya* (el verbo) son homófonos, porque no existe ningún nexo semántico entre los dos significados.

El significado de la oración

El significado de una oración va más allá de una suma del significado de sus partes porque la estructura de la oración indica las relaciones que existen entre sus partes.

Los estudios semánticos que se enfocan en la oración, tratan **el significado de las estructuras de la oración, la referencia de los componentes de la oración**, la evaluación de **la veracidad de la oración** y **las relaciones entre oraciones.**

Al estudiar el **significado de las estructuras de la oración**, por ejemplo, se puede examinar el papel temático o semántico que ejerce un elemento nominal de una oración. Así se puede ver que el papel de la palabra *puerta* es distinto en cada una de las siguientes oraciones:

1. La *puerta* está abierta. [sujeto]

2. Pinté la *puerta*. [complemento directo]

3. Le di una patada a la *puerta*. [complemento indirecto]

4. Toqué a la *puerta*. [complemento de preposición]

Se estudia también la interpretación de los pronombres, que son una especie de variable lingüística porque pueden cambiar de referencia según la circunstancia. Por ejemplo, el pronombre *yo* cambia de significado de acuerdo con quién lo diga. Ese concepto de referencia variable es un asunto que se estudia en la deíxis, que también examina la referencia relativo al tiempo (*ayer, hoy, mañana*) y al espacio (*este, ese* y *aquel*).

El semántico también estudia **la referencia de los componentes de la oración**. El referente, que es el elemento al que se alude en un enunciado, puede variar según el contexto. Por ejemplo, la oración *El caballo es una bestia de carga* puede referirse al caballo en general o a un caballo específico.

Los estudios sobre la **veracidad de las oraciones** van más allá de los temas lingüísticos y entran en la esfera de la filosofía. La veracidad describe la relación (verdadera o falsa) que existe entre los elementos de una oración o entre oraciones.

Existen varios tipos de **relaciones entre oraciones** que examina la semántica. La perífrasis (análoga a la sinonimia) describe la relación entre dos oraciones que tienen el mismo significado: *Juan saldrá mañana* y *Juan va a salir mañana*. La contradicción (análoga a la antonimia) describe la relación entre dos oraciones que no pueden ser verdaderas al mismo tiempo: *Mi esposa es inteligente* y *Soy soltero*. El entrañamiento (análogo a la hiponimia) se refiere al caso en que la veracidad de una oración incluye la veracidad de otra. Por ejemplo, la oración *Fulano es feliz* implica la veracidad de la oración *Fulano está contento normalmente*. La ambigüedad estructural (análoga a la homofonía) se refiere a la situación en que una oración tiene por su estructura dos posibles interpretaciones. Así, la oración *El asesinato de Beatriz fue horroroso* es ambigua, porque la oración sirve para describir tanto lo que ella hizo (asesinó a alguien) como también lo que le ocurrió (alguien la asesinó).

La pragmática

La pragmática es la rama de la semántica que estudia el efecto del contexto en el significado de la oración. Específicamente estudia como las **actitudes y creencias**, las **presuposiciones** y **los principios de cooperación conversacional** afectan la interpretación del significado de una oración. También estudia el papel del propósito del **acto de habla**.

Las **actitudes y creencias** de los hablantes muchas veces afectan la manera en que interpretamos el significado de una oración. De hecho, a veces nuestras actitudes y creencias clarifican la ambigüedad de una oración. Por ejemplo, si comparamos las dos oraciones *El juez se negó a soltar al reo por ser cauteloso* y *El juez se negó a soltar al reo por ser peligroso*, vemos que presentan una ambigüedad estructural: es decir, puede ser tanto el juez como el reo que es cauteloso o peligroso. Nuestras actitudes y creencias, sin embargo, nos dicen que es el juez que es cauteloso y el reo que es peligroso.

La **presuposición** se refiere al caso en que la veracidad de una oración presupone la veracidad de otra. Por ejemplo, *Me alegro de que estés aquí* presupone la veracidad de *Tú estás aquí*.

Los **principios de cooperación conversacional** dictan que el enunciado sea apropiado de acuerdo con cuatro máximas: la relevancia, la calidad, la cantidad y la claridad. Por ejemplo, el oyente que escucha la oración *Juan no se emborrachó anoche* puede inferir que *Juan se emborracha a veces*, porque de otra manera, la oración no sería relevante. La calidad se refiere a que se espera que un enunciado sea verdadero; la cantidad, a que se espera que el enunciado contenga la información suficiente para el contexto sin exceder lo necesario; la claridad, a que el enunciado sea claro y no ambiguo.

Al examinar el propósito del **acto de habla**, se pueden identificar varios motivos por los cuales se realiza un enunciado: el aseverar, el interrogar, el mandar, etc. Muchas veces el significado de una oración va más allá de su simple estructura. Por ejemplo, la mamá que le dice a su hijo *Su dormitorio está muy sucio* probablemente no lo hace para aseverar este hecho, sino para mandarle que lo limpie. Al preguntarle a un niño por teléfono *¿Está tu mamá?*, el hablante generalmente no quiere una respuesta de *Sí* o de *No*, sino que quiere que el niño la llame al teléfono.

La sintaxis

La sintaxis es la ciencia que estudia la organización y estructura de la oración y las relaciones que existen entre sus palabras y **constituyentes**. Las palabras de por sí pertenecen a diversas **categorías gramaticales** basadas en su significado y **forma**: sustantivo, verbo, adjetivo, adverbio, preposición, conjunción, pronombre y determinante. La sintaxis se interesa por estudiar la **función** de las palabras y constituyentes de la oración. Por ejemplo, aunque la palabra *nadar* tiene forma de verbo, en la oración *El nadar es divertido*, ejerce función de sustantivo. Un constituyente es una agrupación de palabras que juntas ejercen una misma función. Por ejemplo, si comparamos las frases *el libro azul* y *el libro de color rojizo* vemos que el constituyente (frase preposicional) *de color rojizo* tiene la misma función que el adjetivo *azul* y así funciona como una sola entidad o constituyente.

La oración

Existen varias teorías de sintaxis, pero la más práctica para introducir los conceptos básicos divide la oración en tres estructuras principales: frases nominales, frases verbales

y modificadores. La estructura de una oración (**O**) requiere, como mínimo, la presencia de una frase nominal (**FN**) en función de sujeto y de una frase verbal (**FV**) en función de predicado. La oración puede ampliarse mediante un modificador (**Mod**). La formalización de la oración, entonces, sigue la regla:

$$O \rightarrow FN_{suj} + FV + (Mod)$$

Este tipo de regla, que genera la estructura de una oración, es una **regla estructural**. El hecho de que la *Mod* se presente entre paréntesis indica que es un elemento optativo y no obligatorio.

El análisis sintáctico de la oración *Juan salió ayer* indica la presencia de una FN (Juan), una FV (salió) y una Mod (ayer). El análisis, que se presenta generalmente en forma de "árboles", indica no solamente los elementos estructurales de la oración, sino también sus funciones y relaciones.

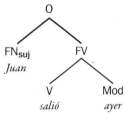

La frase nominal

El elemento central de la FN es el nombre o el sustantivo. En la FN, el sustantivo puede aparecer solo, como en el caso de *Juan*, o puede acompañarse o no de otros elementos como determinantes (Det) [*el* profesor, *todos los* chicos] o modificadores [las montañas *altas*]. La regla para FN es:

$$FN \rightarrow (Det) + N + (Mod)$$

Así que la FN *los estudiantes buenos* se representa en forma de árbol de la siguiente manera:

Dentro de la oración, la FN puede ejercer cuatro funciones distintas. Puede funcionar como el **sujeto** (FN$_{suj}$) de una oración como en el ejemplo "*Juan* salió ayer". En este caso, la FN está regida por la oración misma. En otros casos, la FN funciona como un **complemento directo** (FN$_{cd}$) y está dominada por la FV como en la oración "Mengano compró *el libro*". La FN también puede funcionar como un **complemento indirecto** (FN$_{ci}$). La FN$_{ci}$ también está dominada por la FV y se refiere a otra entidad involucrada en la oración, como en la oración "María *le* dio un beso *a Zutano*". La última posibilidad es que la FN funcione como **complemento de preposición** (FN$_{cp}$). En este caso, la FN está dominada por una frase preposicional (FP) en función de modificador como en la oración "El libro está en *la mesa*". Un ejemplo de una oración que contiene esas cuatro funciones nominales es "María le dio un beso a Zutano en el parque". La estructura de esta oración se representa así:

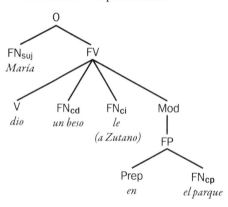

La frase verbal

La FV puede tomar varias formas distintas dependiendo de las características semánticas del verbo. Los verbos se clasifican en tres grupos principales: copulativos, intransitivos y transitivos. Los verbos copulativos principales son *ser* y *estar*. Estos verbos sirven para ligar el sujeto de la oración con otro sustantivo (Fulano *es* profesor) o modificador (Mengano *es* inteligente). Los verbos intransitivos son los que comunican un evento sin complemento directo (María *canta* bien). Los verbos transitivos son los que van acompañados de un complemento

directo (Juan *estudia* fonética).

Uno de los elementos fundamentales de la frase verbal es el auxiliar (**Aux**). Esta estructura contiene la especificación del tiempo, modo y aspecto y puede contener los verbos auxiliares como *estar* (*está corriendo*) y *haber* (*he comido*). La FV puede tener también, como se ha ejemplificado arriba, uno o más elementos FN o Mod. La regla para FV es:

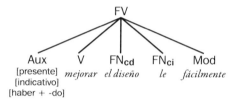

Así que la FV *le ha mejorado el diseño fácilmente* se representa así:

Aux [presente][indicativo][haber + -do] | V mejorar | FN$_{cd}$ el diseño | FN$_{ci}$ le | Mod fácilmente

La modificación

La modificación le agrega detalles explicativos o especificativos secundarios a la estructura primaria. Las estructuras de modificación (indicadas abajo en negrita) pueden adherirse a casi cualquier otra estructura (subrayadas abajo). La estructura modificada puede ser:

- una oración (**De verdad**, fuimos al cine.);
- un sustantivo (Nos dio un libro **anticuado**.);
- un verbo (Llegarán **antes de que salgamos**.);
- un adjetivo (El padre de la novia se puso **muy** enfadado.);
- un adverbio (Nunca pude correr **tan** rápidamente.).

Hay tres tipos estructurales de modificación: la simple, la frasal y la clausal. El modificador **simple** ocurre con la presencia de una sola palabra: un adjetivo para la modificación de sustantivos (Mi hermana compró una casa *nueva*) o un adverbio para la modificación de otras estructuras (Mi tío construyó una casa *recientemente*.). El modificador **frasal** ocurre con la presencia de una frase preposicional (Mi hermana compró una casa **en la floresta**). La frase preposicional puede ejercer función adjetival o adverbial, según la estructura que modifica. El tercer tipo de modificación es la **clausal**. En este caso, el modificador tiene toda la estructura de una oración (Mi hermana compró una casa *que construyó el tío*). La regla para *Mod* puede expresarse de la siguiente manera (las llaves indican que se puede usar cualquiera de las alternativas):

$$\text{Mod} \rightarrow \begin{bmatrix} \textbf{FA} \\ \textbf{FP} \\ \textbf{O} \end{bmatrix}$$

FA es una frase adjetival o adverbial, cuya regla es:

$$\textbf{FA} \rightarrow \textbf{(cuantificador)} + \begin{bmatrix} \textbf{Adj} \\ \textbf{Adv} \end{bmatrix} + \textbf{(Mod)}$$

La regla para la frase preposicional (FP) es:

$$\textbf{FP} \rightarrow \textbf{Prep} + \textbf{FN}_{cp}$$

Estos tres tipos de modificadores se manifiestan en la oración *Mi hermana compró una casa nueva en la floresta que construyó mi tío*. Esta oración se representa en la Fig. 2.5.

La recursividad

La lingüística moderna tiene como principio básico el concepto de que siempre se pueden crear nuevas oraciones y que así existe un número infinito de oraciones posibles. También acepta el principio de que la oración en sí, teóricamente, puede ser de tamaño infinito debido a la recursividad. La recursividad es el principio que permite la expansión de una estructura por la aplicación cíclica de las propias reglas estructurales. Esta expansión cíclica se ve en las manifestaciones sintácticas

2.5 La estructura de "Mi hermana compró una casa nueva en la floresta que construyó mi tío".

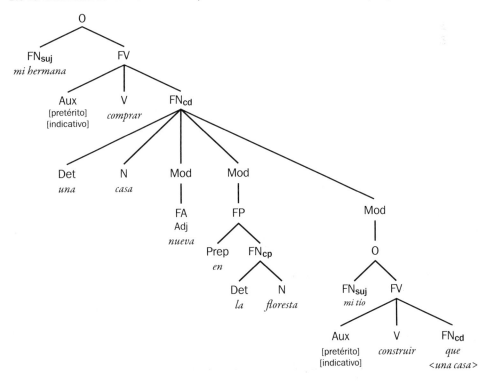

de recursividad: la **coordinación** y la **subordinación**.

La **coordinación** une dos o más elementos del mismo tipo en una serie, ligadas por una conjunción. La regla para la coordinación es, entonces:

$$X \rightarrow X + conj + X$$

La **X** puede representar cualquier estructura, sea una **O** (*Juan llegó* y *María salió.*), **FN** (*El profesor* y *el estudiante* hablaron.), **FV** (Los alumnos *estudiaron* y *salieron bien en el examen.*), **Mod** (Los estudiantes son *inteligentes* y *dedicados.*)

La **subordinación** ocurre cuando una estructura oracional se expande a incluir otra oración. Por ejemplo, como ya se ha dicho, la **Mod** puede expandirse a **O**, como también la **FN**:

$$Mod \rightarrow O$$
$$FN \rightarrow O$$

La oración "*Mi hermana compró una casa nueva en la floresta que construyó mi tío*" sirve de ejemplo. En ella, uno de los modificadores de *casa* es la oración *Mi tío construyó una casa*. En la oración *El que tú lo hayas hecho me fastidia*, el sujeto (FN$_{suj}$) de la oración principal es la oración subordinada *Tú lo has hecho.*

Niveles de estructura sintáctica

La sintaxis moderna estudia la estructura a dos niveles: la **estructura profunda** (nivel de lengua o nivel de organización mental) y la **estructura superficial** (nivel de habla o el nivel de la realización). Las oraciones *Fulano abrió la puerta* y *La puerta fue abierta por Fulano* se refieren al mismo evento; es decir, las relaciones semánticas entre los varios elementos de esas dos oraciones son las mismas, así que tienen la misma estructura profunda producida por las reglas estructurales, como se ve en el siguiente árbol:

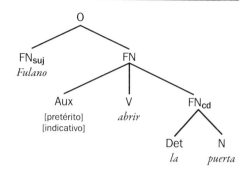

La diferencia entre esas dos oraciones, que se manifiesta en la estructura superficial, es la selección de *Fulano* o de *la puerta* como elemento de enfoque principal. La estructura superficial que se enfoca en *la puerta* se produce mediante la aplicación de una **regla transformativa** a la estructura profunda de la oración. Esa regla tiene la forma que se demuestra en la Fig. 2.6.

Así las reglas estructurales producen la estructura profunda. Las reglas transformativas luego cambian la estructura profunda a la estructura superficial. El Cuadro 2.7 resume la distinción entre los dos tipos de reglas sintácticas y los niveles de la sintaxis que producen.

La morfología

La morfología es la ciencia que estudia la **estructura de la palabra**. El elemento principal en la estructura de una palabra es el **morfema**, que se define como la unidad mínima que tiene significado semántico o gramatical.

Los morfemas pueden clasificarse como **libres** o **ligados**. Un morfema libre es el que puede emplearse por sí solo (como la palabra *esclavo*), mientras que un morfema ligado es el que hay que ligarse a otro morfema para emplearse, como su nombre indica (como la terminación *-izar* de la palabra *esclavizar*).

Las palabras, por su parte, pueden clasificarse según las características de los

2.6 La regla transformativa para la voz pasiva.

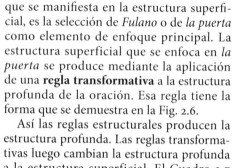

Tipo de regla	Estructura producida	Formato	Lo que hace
Reglas estructurales	Estructura profunda	X ⟶ Y + Z	Crea la estructura profunda.
Reglas transformativas	Estructura superficial	DE ⟹ CE	Transforma la estructura profunda en la estructura superficial.

2.7 La distinción entre los dos tipos de reglas sintácticas y los niveles de la sintaxis que producen. DE = Descripción estructural; CE = Cambio estructural.

morfemas que las componen. Una palabra **simple** se forma de un solo morfema (por ejemplo el sustantivo *luna*). Una palabra **compleja** se forma de más de un morfema (por ejemplo el verbo *a–lun–izar*). Una palabra **compuesta** contiene más de una raíz (por ejemplo el sustantivo *porta-aviones*).

La estructura de las palabras complejas

Los morfemas de las palabras complejas pueden clasificarse o como **raíces** o como **afijos**.

La **raíz** provee el significado básico de la palabra y puede ser libre (como se ve en el ejemplo de *luna*) o ligada (como se ve en el ejemplo de *in–epto*, en que la raíz *epto* no puede emplearse hoy día por sí sola). Todas las palabras de la lengua tienen una raíz. A veces la raíz es la palabra completa (*luna*, que también es morfema libre) y a veces es solo una parte de la palabra (*a-lun-izar*).

A la raíz, se le pueden agregar **afijos** de dos tipos: los **prefijos** (que vienen ante la raíz: *re–nacer*) o los **sufijos** (que vienen tras la raíz: *nac–imiento*).

El morfema, como ya se ha definido, es la unidad mínima de la palabra que tiene significado. En la práctica, los morfemas, a veces, pueden realizarse de diversas formas. El morfema derivativo que expresa la negación, por ejemplo, puede realizarse como *i–*, *in–*, o *im–* dependiendo del morfema que lo sucede: *i–legible, in–aceptable, im–posible*. Las variantes de un morfema son **alomorfos**. El morfema que expresa el concepto de pluralidad tiene dos alomorfos. La pluralidad, entonces, se realiza como *-s* o *-es* según el morfema que lo precede: *libro-s, tamal-es.*

La estructura interna de una palabra se representa gráficamente a través del árbol morfológico. El siguiente árbol representa la estructura de la palabra compleja *internacionalizaciones*:

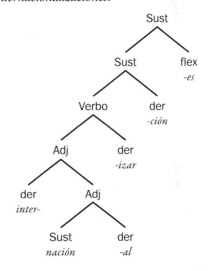

En esa palabra, la raíz o base es el sustantivo *nación*, que llega a ser el adjetivo *nacional* mediante la aplicación del sufijo derivativo *-al* que quiere decir 'perteneciente o relativo a'. Agregando el prefijo derivativo *inter–*, que quiere decir 'entre una y otra', se forma el adjetivo *internacional*. El sufijo derivativo *-izar*, que quiere decir 'llegar a ser', produce el verbo *internacionalizar*. El sufijo derivativo *-ción*, que quiere decir 'acción y efecto de', produce *internacionalización*, sustantivo que puede pluralizarse mediante la aplicación del alomorfo flexivo *-es*, formando así la palabra *internacionalizaciones*.

Los afijos derivativos y flexivos

Los afijos también pueden clasificarse como **derivativos** y **flexivos.** La distinción entre estos dos tipos de afijos se resume en el Cuadro 2.8.

La **derivación** es el proceso de formar una nueva palabra mediante la aplicación a la raíz de sufijos o prefijos que aportan información semántica. Los morfemas derivativos se aplican solamente a una porción de las palabras de una categoría gramatical. Mientras el sufijo -al se adhiere con el mismo significado a las raíces *nación, derivación* y *sustantivo*, no puede adherirse a otros sustantivos como *libro, país* ni *religión.* Al aplicarse a la raíz, un afijo derivativo puede cambiar la categoría gramatical. Por ejemplo, el sufijo derivativo -al, al adherirse directamente a la raíz sustantival *nación,* añade el significado de 'perteneciente o relativo a' y cambia la categoría gramatical de la palabra resultante (*nacional*) a adjetivo. También los morfemas derivativos se juntan lo más próximo posible a la raíz.

El ejemplo de la palabra *internacionalizaciones*, ya representada en forma de árbol, contiene cuatro afijos derivativos [inter-, -al, -iza, -ción] que demuestran cómo este tipo de afijo altera el significado de la palabra, agregándole otra dimensión semántica. Un afijo derivativo muy común es el diminutivo -ito, que además de su significado básico de pequeñez (por ejemplo: *casita, cucharita*), puede indicar cariño (por ejemplo: *hermanito, amiguito*). En el caso de *aquicito* llega a referirse a un espacio más preciso o exacto.

La **flexión** es el proceso de alterar la forma de una palabra mediante la aplicación a la raíz de sufijos que aportan información gramatical. Los morfemas flexivos se colocan lo más lejos posible de la raíz. Los morfemas flexivos se aplican a todas (o a casi todas) las palabras de una categoría gramatical. Al aplicarse a la raíz, un sufijo flexivo no cambia la categoría gramatical.

Las categorías gramaticales en español que admiten la flexión son el sustantivo, el adjetivo, el verbo y el pronombre. Los sustantivos se flexionan para número (*casa—casas, ciudad—ciudades*) mientras que los adjetivos se flexionan tanto para número (*bonito—bonitos, feliz—felices*) como también para género (*bonito—bonita, chileno—chilena*). El verbo se flexiona para tiempo, aspecto, modo, número y persona. Por ejemplo, la forma verbal *tengamos* indica primera persona plural del presente del subjuntivo. Los pronombres se flexionan para número, persona, función (también llamado caso) y tratamiento. Por ejemplo, el pronombre *les* indica tercera persona plural en función de complemento indirecto.

La formación de palabras

La morfología estudia también las diversas maneras y procesos por los cuales se puede formar una palabra. Los procesos más productivos en la formación de palabras son la **derivación** y la **composición**. Ya se habló de la derivación en la sección anterior.

Las palabras **compuestas** se distinguen por tener dos o más raíces. De esa manera se pueden formar palabras mediante la unión de sustantivo + sustantivo (*ferrocarril, hojalata*), de verbo + sustantivo (*rascacielos, paraguas*), de sustantivo + adjetivo (*boquiabierto, cabizbajo*) o de adjetivo + adjetivo (*claroscuro, sordomudo*). Entre las otras posibles combinaciones, existe la posibilidad de formar una palabra compuesta hasta

2.8 Distinciones entre los afijos derivativos y flexivos.

	Afijo derivativo	Sufijo flexivo
Aplicación	parcial	≈ total
Categoría	puede o no cambiar la categoría	no cambia la categoría
Colocación	más cerca de la raíz	más lejos de la raíz
Información	semántica	gramatical

de una oración: por ejemplo, *sabelotodo* o *correveidile*. La palabra compuesta puede escribirse ortográficamente como una sola palabra (*subibaja, guardagujas*), como palabra escrita con guión (*histórico-crítico, anglo-soviético*) o como palabras separadas (*contestador automático, máquina de escribir*).

Existen también muchos otros procesos por los cuales se forman palabras. La **conversión** ocurre cuando se emplea una palabra de una categoría gramatical en función de otra categoría. Por ejemplo, el verbo *deber* 'must, ought' se ha convertido en el sustantivo *el deber* 'duty, obligation'.

La **reducción** ocurre cuando se sustituye una parte de la palabra por la palabra entera. Así es que se puede usar la palabra *profe* para referirse al profesor, la palabra *compa* para referirse a un compañero, la palabra *foto* para referirse a una fotografía.

La **combinación** es la unión de elementos parciales no radicales de dos palabras diferentes para formar una palabra nueva. De esta manera se creó la palabra *informática* de *inform*ación autom*ática*, la palabra *tergal* de *poliéster gal*o y la palabra *aceriales* de *acer*os industr*iales*.

Un proceso semejante es el empleo de las **siglas** de una expresión para formar una palabra nueva. Por ejemplo, la palabra *sida* 'AIDS' viene de *S*índrome de *I*nmuno*d*eficiencia *A*dquirida y la palabra *OTAN* 'NATO' viene de *O*rganización del *T*ratado del *A*tlántico *N*orte.

Entre los otros procesos de formación de palabras se encuentra la **derivación regresiva**, que es la formación de un vocablo más simple de una palabra tomada por derivada. Por ejemplo, la palabra *ayuda* es palabra nueva, creada como derivación regresiva del verbo *ayudar*, que erróneamente se había concebido derivación de *ayuda* más el sufijo verbal *-ar*. Es decir, el verbo *ayudar* sirvió de base para la creación del sustantivo *ayuda* (de forma más simple) y no al revés que habría sido el proceso más general.

Otro proceso es la **reduplicación**, que resulta de la simple repetición de un vocablo, que puede llegar a tener un significado alterado. De esta forma el significado de la oración *Vengo luego* es distinto al de la oración *Vengo luego luego*, porque esta comunica un matiz de inmediatez que no transmite aquella.

La **onomatopeya** es la creación de una palabra que trata de imitar el sonido que ocurre en la naturaleza. Ejemplos incluyen los sonidos de animales (*guau-guau* 'bow-wow', *quiquiriquí* 'cock-a-doodle-doo'), los sustantivos que describen sonidos (*el siseo* 'hiss', *el chillido* 'creak') y los verbos que describen la producción de sonidos (*piar* 'to chirp', *maullar* 'to meow').

Los **préstamos**, palabras que tienen su origen en otro idioma, representan otro proceso a través del cual se adquieren muchos vocablos nuevos en español. Por ejemplo, se introdujeron del inglés las palabras *beicon, carpeta, chequear* y *estándar*, algunas de ellas de empleo pan-hispánico.

También se observa el proceso de **extensión**, en que el nombre de la marca de algún producto llega a emplearse para el producto en general. Así llegó a emplearse la voz *klaxon* (que era marca inglesa de una bocina automovilística) para toda bocina (fuera lo que fuera la marca de ella). Otro tipo de extensión será el empleo de un nombre propio para un concepto inventado por una persona, descubierto por ella, o asociado con ella. Así es que *vatio* (por James Watt, inventor e ingeniero escocés) llegó a ser una medida de potencia eléctrica.

La fonética y la fonología

La fonética y la fonología son las ciencias que estudian los sonidos de un lenguaje. Los sonidos, como en el caso de las estructuras sintácticas, pueden estudiarse tanto desde el punto de vista de lengua como de habla. Como implica el título de este libro, *Manual de fonética y fonología españolas*, existe una distinción entre esas dos disciplinas. La **fonética** es el estudio de los sonidos a nivel de habla; la **fonología** es el estudio de los sonidos a nivel de lengua.

La **fonética**, siendo el **estudio de los sonidos a nivel de habla**, se ocupa, entre otros asuntos, de la producción física de los sonidos. Es decir, estudia cada realización individual de sonido. La **fonología**, siendo el **estudio de los sonidos a nivel de lengua**, investiga la imagen mental de los sonidos y las relaciones que guardan las imágenes mentales con los sonidos producidos. Las imágenes mentales de los sonidos forman, entonces, un sistema gobernado por reglas utilizadas por todos los miembros de una comunidad lingüística.

Puesto que el enfoque principal de este libro es la fonética y la fonología, se presentarán los detalles de estos campos de estudio en el siguiente capítulo.

La lingüística: otras perspectivas

Los campos básicos —la semántica, la sintaxis, la morfología, y la fonología y fonética—, que forman el núcleo del estudio lingüístico, pueden examinarse desde distintas perspectivas, o sea desde varios puntos de vista o enfoques diferentes.

La **sociolingüística** estudia la relación entre el lenguaje y la sociedad. La política de lenguaje, el bilingüismo y la sociología de lenguaje son algunos aspectos que ejemplifican el papel del lenguaje en la sociedad. La sociolingüística examina también las variaciones sociales que existen en el habla de los miembros de una comunidad lingüística. Las estructuras semánticas, sintácticas, morfológicas, fonológicas y fonéticas pueden variar según el sexo del hablante, su estado socioeconómico, su edad, su origen, su educación y el ambiente social en que se encuentra entre otros factores sociales.

La **dialectología** estudia la variación regional de un lenguaje. No es difícil observar que existen muchas diferencias entre el habla de un madrileño, un bonaerense, un santiagueño, un bogotano, un mexicano y un habanero. El dialectólogo describe las características distintivas de las estructuras básicas de cada dialecto. La variación dialectal se manifiesta principalmente en el campo semántico (donde pueden existir variantes léxicas) y en el campo fonético (donde los sonidos y la entonación pueden variarse según la región o sub-comunidad lingüística). Sin embargo, puede haber variación dialectal también en la morfología y en la sintaxis.

De modo general, se presentan en este libro los sonidos y la entonación que reflejan una pauta pan-hispánica que se reconocen en todo el mundo hispánico como una norma culta aceptable. Se mencionarán también algunas de las variantes fonéticas más reconocidas en las notas al final de los capítulos correspondientes.

La **sicolingüística** estudia los aspectos síquicos del lenguaje. En la sicolingüística hay dos ramas. La primera es el estudio de la **adquisición del lenguaje**, que se enfoca en las etapas por las que pasa el niño en el aprendizaje de las estructuras lingüísticas básicas. La segunda es el estudio del **procesamiento del lenguaje**, que investiga los mecanismos sicológicos que emplea el hablante en la codificación y descodificación del lenguaje. La **neurolingüística** se ocupa del estudio del procesamiento cerebral de lenguaje. Investiga, entonces, las regiones del cerebro que operan en los procesos de codificación y descodificación y en la transmisión de sus impulsos a través del sistema nervioso central.

La **lingüística aplicada** estudia mayormente las estructuras lingüísticas básicas desde el punto de vista del hablante no nativo. En este campo se averigua mayormente la **adquisición de un segundo idioma** y los métodos de enseñanza del mismo.

La **lingüística histórica** estudia la evolución de la lengua y los cambios que sufre en los campos de la semántica, la sintaxis, la morfología y la fonología y fonética. Aunque el enfoque principal de los lingüistas suele ser la comunicación oral, existe también la tradición de la **filología** que se interesa por el estudio de los textos antiguos. Una de las áreas más productivas de la lingüística histórica es la **etimología**, que estudia la historia u origen de las palabras. El estudio etimológico de la palabra *siesta*, por ejemplo, indica que se documentaba en español ya para el año 1220 como abreviación del latín HORA SĔXTA que era "la hora sexta del día, que correspondía a las 12, de donde *'hora del máximo calor'* y *'sueño que se toma después de comer'.*"

Aunque el enfoque principal del lingüista radica en la comunicación por vía oral, se interesa también por el estudio de los sistemas de escritura. Este campo analiza las diversas maneras que el ser humano ha ingeniado para representar el lenguaje gráficamente.

La **lingüística computacional** aplica la tecnología de la computadora a los sistemas de lenguaje. Ha servido para comprobar muchas de las estructuras y teorías que han sido propuestas por los lingüistas como teorías generales de lenguaje. Las aplicaciones prácticas de este campo incluyen la síntesis del lenguaje (la producción artificial del habla), el reconocimiento del lenguaje (la interpretación automática del habla) y la traducción automática.

En relación con las teorías generales, algunos lingüistas se han dedicado al estudio de la **lingüística universal**, que investiga las estructuras que tienen en común los idiomas naturales del mundo. Otros lingüistas se enfocan en los procesos cognitivos que utiliza el ser humano al relacionar las experiencias de la vida con la comunicación verbal; este enfoque lingüístico se llama la **lingüística cognitiva**. Otro campo de estudio que toma en cuenta más de una lengua es la **lingüística contrastiva**, que analiza las semejanzas y divergencias entre las estructuras lingüísticas de dos idiomas o más.

Sumario

La **lingüística** es la ciencia que estudia la naturaleza y la estructura de la comunicación humana. El lingüista se enfoca mayormente en la comunicación verbal, o sea el **lenguaje**. La definición clásica de lenguaje incluye dos elementos: la **lengua**, que se ocupa de los aspectos mentales, y el **habla**, que se ocupa de los aspectos físicos. El **signo lingüístico** es un término que expresa el conjunto del **significado** (el concepto o idea) y del **significante** (la palabra o símbolo arbitrario que representa el concepto o idea). Estos se pueden identificar tanto a nivel de lengua como a nivel de habla, como se ejemplificó en la Fig. 2.3.

En la codificación y descodificación de un mensaje, se pueden identificar varios procesos o estructuras. La **lingüística** se enfoca en el análisis, en la descripción y en la explicación de esos procesos y estructuras. Los campos básicos de la lingüística son la **semántica** (que estudia el nexo entre el enunciado y su significado), la **sintaxis** (que estudia la estructura de la oración), la **morfología** (que estudia la estructura de la palabra) y la **fonética** y **fonología** (que estudian los procesos relacionados con los sonidos empleados en la preparación, transmisión e interpretación de un enunciado).

Los campos básicos de la lingüística pueden emplearse en el análisis del lenguaje desde otros puntos de vista. El Cuadro 2.9 indica los campos de estudio dentro de la lingüística y los separa entre estructuras básicas y otras perspectivas. El estudio del lenguaje desde las otras perspectivas se lleva a cabo mediante el análisis de sus estructuras básicas. Por ejemplo, en la dialectología se puede estudiar la variación regional fonética o en la lingüística histórica se puede trazar la evolución de un fenómeno morfológico.

Planteado el esquema de la lingüística, se pasará en el próximo capítulo a un análisis más pormenorizado de la fonética y de la fonología.

Conceptos y términos

actuación	fonología	significado
barras	habla	significante
competencia	lengua	signo lingüístico
corchetes	lingüística	sintaxis
dialecto	morfología	
fonética	semántica	

La lingüística: campos básicos		La lingüística: otras perspectivas	
CAMPO	ESTRUCTURA	CAMPO	PUNTO DE VISTA
Fonética/ Fonología	Sonidos	Sociolingüística	Aspectos sociales del lenguaje
Morfología	Palabras	Dialectología	Variación regional
Sintaxis	Oración	Sicolingüística *Adquisición del lenguaje* *Procesamiento del lenguaje*	Aspectos síquicos del lenguaje *Aprendizaje del idioma materno* *Procesos mentales de codificación/ descodificación*
Semántica	Significado		
		Neurolingüística	Procesamiento cerebral del lenguaje
		Lingüística aplicada *Adquisición de un segundo idioma*	El lenguaje del no nativo *Aprendizaje de un segundo idioma*
		Lingüística histórica *Filología* *Etimología*	Cambios históricos *Estudio de textos antiguos* *Historia u origen de palabras*
		Sistemas de escritura	La comunicación por vía escrita
		Lingüística computacional	Procesamiento de estructuras lingüísticas por computadora
		Lingüística universal	Estructuras compartidas entre todos los idiomas
		Lingüística cognitiva	El lenguaje en relación con los procesos cognitivos
		Lingüística contrastiva	Semejanzas y divergencias entre idiomas

2.9 Los campos de estudio dentro de la lingüística.

Preguntas de repaso

1. Distinga entre los componentes de lenguaje.

2. Distinga entre los componentes del signo lingüístico.

3. ¿Qué se estudia en los cuatro campos principales de la lingüística?

4. ¿Cuáles son algunos de los procesos y estructuras que se estudian en la semántica?

5. ¿Cuáles son algunos de los procesos y estructuras que se estudian en la sintaxis?

6. ¿Cuáles son algunos de los procesos y estructuras que se estudian en la morfología?

7. ¿Qué se estudia en la fonología?

8. ¿Qué se estudia en la fonética?

9. Distinga entre los campos básicos y los campos de lingüística que describen el lenguaje desde otras perspectivas.

Lecturas suplementarias

Azevedo, Milton M. *Introducción a la lingüística española*. Englewood Cliffs, N.J.: Prentice Hall, 1992.

Hualde, José Ignacio; Olarrea, Antxon; Escobar, Ana María; & Travis, Catherine E. *Introducción a la lingüística hispánica* (2nd ed.). Cambridge, England: Cambridge University Press, 2010.

Hurford, James R., & Heasley, Brendan. *Semantics: A Coursebook*. Cambridge, England: Cambridge University Press, 1983.

Matthews, Peter H. *Morphology: An introduction to the theory of word-structure* (2nd ed.). Cambridge, England: Cambridge University Press, 1991.

Muñoz-Basols, Javier; Moreno, Nina; Taboada, Inma; & Lacorte, Manel. *Introducción a la lingüística hispánica actual: teoría y práctica*. New York: Routledge, 2016

O'Grady, William; Archibald, John; Aronoff, Mark; & Rees-Miller, Janie. *Contemporary Linguistics: An Introduction* (6th ed.). Boston: Bedford/St. Martin's Press, 2010.

Parker, Frank. *Linguistics for Non-Linguists: A Primer with Exercises* (3rd ed.). Boston: Allyn & Bacon, 2000.

Carnie, Andrew; Sato, Yosuke; & Siddiqui, Daniel. *The Routledge Handbook of Syntax*. London: Routledge, 2014.

Saussure, Ferdinand de. *Course in General Linguistics*, trans. Wade Baskin. New York: McGraw-Hill, 1966.

La fonética y la fonología

En el análisis lingüístico de los sonidos es importante poder distinguir entre su estudio a nivel de habla y a nivel de lengua. La ciencia que estudia los sonidos a nivel de habla es la **fonética** y su estudio a nivel de lengua es la **fonología**.

La fonética

La **fonética**, siendo el **estudio del significante a nivel de habla**, se ocupa de los aspectos físicos del sonido. El elemento básico de la fonética es el **sonido producido** que se representa entre corchetes: [kwéβa]. El sonido puede examinarse desde dos dimensiones: primero, según las tres etapas del acto de comunicación y segundo, según la interacción que guarda con los demás sonidos de la cadena fónica.

El sonido en el acto de comunicación

La comunicación tiene tres etapas: la codificación, el mensaje y la descodificación. Se puede estudiar el sonido desde estos tres puntos de vista. La codificación incluye la producción del sonido de parte del hablante o emisor. El estudio de la producción es el enfoque de la **fonética articulatoria** (o fonética fisiológica). La transmisión del concepto concebido por el emisor se lleva a cabo mediante el mensaje, que es la onda sonora producida en la codificación. El estudio de la onda sonora en sí es el enfoque de la **fonética acústica**. La descodificación del mensaje incluye la percepción de la onda sonora por parte del receptor. El estudio de esa etapa es el enfoque de la **fonética auditiva** (o fonética perceptiva).

La fonética articulatoria

La fonética articulatoria estudia los órganos físicos y los movimientos relacionados con la formación de la cadena fónica. Se trata de los procesos físicos que emplea el ser humano para realizar en el habla el código de la lengua producido en la mente. El cerebro controla la conversión de **lengua** en **habla** y manda impulsos por los nervios a los distintos órganos fisiológicos que participan en la producción del sonido. Puesto que la producción del sonido depende del movimiento del aire, un estudio de la fonética articulatoria tiene que incluir un tratado de los órganos que proveen el aire y de los órganos que alteran su transcurso al pasar primero por las cuerdas vocales y después por la boca y/o la nariz.

En la fonética articulatoria, el sonido [f], por ejemplo, tiene la característica de formarse mediante el contacto entre el labio inferior y los dientes superiores, como se ve en la Fig. 3.1. A la misma vez, mediante la compresión de los pulmones, se produce una corriente de aire que al pasar por ese punto de contacto labiodental crea la fricción típica de ese sonido. En la producción de [f], las cuerdas vocales no

3.1 La articulación de [f].

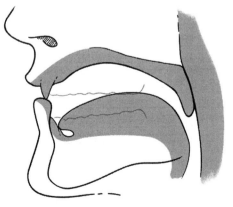

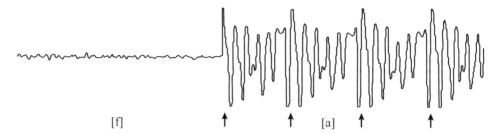

3.2 El trazo de la forma de onda para los sonidos [f] y [a] del español. Las flechas indican el comienzo de cada ciclo de la forma de onda de la vocal. El eje vertical representa el volumen o amplitud. El eje horizontal representa el decurso del tiempo.

vibran y todo el aire fonador sale por la boca. La descripción del proceso fisiológico para producir el sonido es el enfoque de la fonética articulatoria.

La fonética acústica

La fonética acústica utiliza la tecnología de la física para estudiar la onda sonora producida por los movimientos articulatorios del emisor. La fonética acústica estudia la onda producida y describe sus características en términos de frecuencia, amplitud, duración y timbre. Estas características pueden examinarse a través de un análisis de la onda como se ve en el trazo de la forma de onda de los sonidos [f] y [a] en la Fig. 3.2. En el trazo de la forma de onda, el eje vertical representa el volumen o la amplitud, y el eje horizontal representa el decurso del tiempo.

La onda sonora del sonido [f] demuestra un desplazamiento vertical o amplitud muy bajo y también demuestra una forma no consistente. Las características de la onda del sonido [f] contrastan con la onda sonora del sonido [a] cuya amplitud es notablemente más alta. También se puede ver la regularidad de la forma de onda del sonido [a], observando que hay unidades de la onda, o ciclos, que se repiten consistentemente. En la Fig. 3.2, las flechas indican el comienzo de cada ciclo.

La fonética auditiva

La fonética auditiva se ocupa de la manera en que el receptor recibe e interpreta la onda sonora. En la fonética auditiva se estudia el proceso fisiológico a través del cual el oído del receptor convierte la onda sonora en impulsos del sistema nervioso que se transmiten al cerebro. Mientras que la fonética articulatoria, y como consecuencia la fonética acústica, tratan de una infinidad de posibilidades físicas, el receptor se enfrenta con el problema de reducir ese sinfín de sonidos a unidades discretas. En el caso de la imagen mental de /f/, por ejemplo, aunque la producción normativa se realiza mediante contacto entre los dientes superiores y el labio inferior, ocurren en el habla ligeras variaciones en la pronunciación que también se perciben como /f/. La investigación de los parámetros que emplea el receptor para efectuar esa delimitación es también objetivo de la fonética auditiva.

El sonido en la cadena fónica

El sonido puede estudiarse también según las cinco interacciones que guarda con los demás sonidos de la cadena fónica. Primero, el sonido puede estudiarse como **segmento** aislado. Segundo, hay que considerar las **transiciones** entre los sonidos adyacentes. Tercero, se puede examinar la interacción que tiene el sonido con sus vecinos mediante la aplicación de **procesos fonéticos** dinámicos. Cuarto, se puede considerar el sonido en el contexto de la **sílaba**. Quinto, se pueden estudiar las **alteraciones suprasegmentales** añadidas a los sonidos de una sílaba.

El segmento

Los elementos segmentales de la cadena fónica son lo que suelen llamarse sonidos. La **segmentación** de la cadena fónica es, entonces, un proceso perceptivo en que el receptor desencaja los segmentos e identifica los sonidos contenidos en la onda sonora. La pronunciación de la palabra *hallamos*, entonces, contiene seis segmentos: [a-ɟ-á-m-o-s].

Como cada idioma tiene sus propias palabras, también tiene sus propios sonidos segmentales para representarlas. Al contrastar el inglés con el español, por ejemplo, se encuentran sonidos en el uno que no existen en el otro. Los sonidos [x] de *ojo*, [ɲ] de *caña* y [r] de *carro*, por ejemplo, existen en español, pero no en inglés. Por otra parte, el inglés norteamericano tiene los sonidos [v] de *very*, [ɹ] de *pour* y [æ] de *hat* que no tiene el español. Al comparar esos sistemas, hay también sonidos muy parecidos, pero que tienen diferencias en su articulación. Por ejemplo, la lengua adopta una posición distinta en la pronunciación de [d] en la palabra *dog* del inglés que en la palabra *donde* del español.

La producción del sonido se divide en tres fases. Hay una fase inicial de **intensión**, una fase central de **tensión** y una fase final de **distensión** como demuestra la siguiente figura:

En la **fase intensiva** el hablante comienza a aumentar la presión del aire y a mover los órganos articulatorios hacia la posición articulatoria que caracteriza el sonido. Cuando el hablante logra la presión y la posición necesarias para producir el sonido, las sostiene con un máximo de tensión articulatoria durante la **fase tensiva**. Después de sostener el sonido durante la fase tensiva, el hablante llega a la **fase distensiva** en que relaja la presión y aleja los órganos articulatorios de su posición tensiva hacia la intensión del sonido siguiente o hacia una posición de reposo. Se pueden ver estas tres fases, por ejemplo, en la producción del sonido [p]. En la fase intensiva, se cierran los labios. En la fase tensiva, se

aumenta la presión del aire bucal mediante la compresión de los pulmones. En la fase distensiva, se abren los labios, lo que causa un sonido explosivo por la salida repentina del aire presurizado de la boca. Esos movimientos físicos se resumen en la siguiente figura:

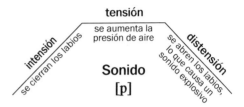

El análisis segmental también se preocupa por la clasificación de sonidos, siendo la división más general la distinción entre las consonantes y las vocales. La clasificación de los sonidos se basa en una descripción de sus criterios articulatorios. Para el español, esa clasificación incluye la especificación de dos rasgos en el caso de las vocales y tres en el caso de las consonantes. Por ejemplo, la consonante [f], se clasifica como fricativa labiodental sorda. Es *fricativa* por la fricción que se produce al forzar la corriente de aire por el estrechamiento *labiodental* formado por el contacto del labio inferior con los dientes superiores. La [f] se clasifica como *sorda* porque se produce sin que vibren las cuerdas vocales.

Las transiciones entre segmentos

En los tratados tradicionales de fonética, el enfoque ha sido precisamente los sonidos o segmentos. Sin embargo, la cadena fónica no es simplemente una concatenación de sonidos discretos, porque incluye también fases de transición entre los sonidos. Se trata de un continuo fisiológico y acústico de sonidos y transiciones que no se divide tan nítidamente en segmentos. Esas transiciones ocurren en parte porque la cadena fónica se forma mediante el posicionamiento de varios órganos articulatorios, cuyos movimientos son independientes. Esos movimientos independientes son más bien análogos a la manera en que los varios instrumentos de una orquesta entran en

3.3 Entre las frases tensivas de los sonidos encadenados se crean transiciones con la distensión de un sonido y la intensión del siguiente.

movimiento para producir un conjunto acústico sinfónico.

Puesto que el habla es una cadena de sonidos, cada uno con sus tres fases, la concatenación de dos sonidos contiguos afecta la producción de la fase distensiva del primero y a la intensiva del segundo: siendo así, la cadena fónica no se forma de una serie de sonidos independientes. Es decir, no se termina la fase distensiva de un sonido antes de comenzar la fase intensiva del siguiente. Lo que ocurre es que entre las fases tensivas de dos sonidos colindantes se crea una zona de transición que resulta de la combinación de las fases distensivas e intensivas de los dos sonidos como se ve en la Fig. 3.3.

La importancia de las zonas de transición quedó clara en las investigaciones sobre la producción artificial del habla. Los primeros intentos de la producción artificial del habla por computadora se hicieron al concatenar grabaciones de las fases tensivas de los sonidos. Los resultados fueron inaceptables porque la cadena fónica no les fue inteligible a los oyentes. Se hizo necesario añadir las transiciones entre las fases tensivas para producir un habla comprensible.

Los procesos fonéticos

La proximidad de los sonidos en la cadena fónica hace posible una interacción en su producción. Esto ocurre por el entrelazamiento de la distensión de un sonido con la intensión del próximo sonido. Esas interacciones se reflejan en los diferentes procesos utilizados. Los casos más comunes son los que resultan de un proceso llamado **asimilación** en que la fase tensiva de un sonido adquiere características de su vecino. Por ejemplo, el sonido de la consonante *n* de *un lado* [únláðo] se articula en la misma posición que la *n* de *una* [úna]. En otro contexto, sin embargo, el resultado fonético puede ser muy diferente. Por ejemplo, la *n* de *un beso*

[úmbéso] se asimila a la misma posición de articulación de la consonante [b]; es decir, tanto la *n* como la *b* se producen con contacto entre los dos labios. En ese caso, la *n* adquiere una característica articulatoria de la [b], la de ser bilabial.

La sílaba

En la fonética, la unidad superior al segmento es la **sílaba**, compuesta de uno o más segmentos. La sílaba, representada por el símbolo σ (la letra *sigma* o *s* del alfabeto griego), puede componerse de los elementos de **ataque**, **rima**, **núcleo** y **coda** como ejemplifica el siguiente árbol de la sílaba o palabra *tal*.

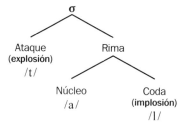

La sílaba se divide inicialmente en dos unidades: el **ataque** y la **rima**. El ataque es un elemento optativo de la sílaba. Cuando ocurre en español, suele ser una consonante (la *t* de *tal*) o grupo consonántico (la *tr* de *tren*). Tradicionalmente esas consonantes se llaman explosivas o se dice que ocurren en **posición explosiva**.

La rima, por su parte, se divide también en dos unidades: el **núcleo** y la **coda**. El núcleo es un elemento obligatorio de la sílaba. En español el núcleo es sistemáticamente una vocal (la *a* de *tal* o *e* de *tren*). La coda es otro elemento optativo de la sílaba. Cuando ocurre en español, suele ser una consonante (la *l* de *tal* y la *n* de *tren*). Tradicionalmente esas consonantes se llaman implosivas o se dice que ocurren en **posición implosiva**.

Las alteraciones suprasegmentales

La sílaba, como unidad que se crea de uno o más segmentos, puede sufrir tres alteraciones suprasegmentales. La primera es el **acento**, la segunda la **duración** y la tercera la **entonación**.

El **acento** resulta mayormente de la fuerza articulatoria. En español, hay dos tipos de sílabas según su acento fonético: las que llevan acento y las que no lo llevan. En la palabra /gáfas/, la /a/ de la primera sílaba recibe el acento fonético, mientras la /a/ de la segunda no se acentúa fonéticamente. La vocal que se acentúa es una vocal **tónica**; la vocal que no se acentúa es una vocal **átona**.

La **duración** se refiere al tiempo que persiste la producción de los sonidos de una sílaba. Ciertas sílabas pueden alargarse o no según su contorno fonológico. De modo general, se alarga ligeramente la sílaba acentuada en comparación con la no acentuada.

La **entonación** describe las variaciones de tono que caracterizan la producción de la cadena fónica. En la palabra /gáfas/, se produce la primera sílaba en un tono más alto comparado con la segunda.

El grupo fónico

El **grupo fónico** es una unidad que se crea de una o más sílabas. Se establecen sus límites generalmente por pausas, que son interrupciones breves o largas en la producción de la cadena fónica. El concepto del grupo fónico es de suma importancia en el estudio de los procesos fonéticos y en el estudio de la entonación. El grupo fónico, entonces, es el conjunto de todos los sonidos de una cadena fónica contenidos entre dos pausas.

La fonología

La **fonología**, siendo el **estudio del significante a nivel de lengua**, se ocupa de los aspectos sistemáticos de la imagen mental que el sonido evoca en el cerebro. Esa imagen mental o sonido abstracto es el **fonema**, que es el elemento básico de la fonología. El fonema se representa entre barras inclinadas: /kuéba/. La fonología describe el sistema de los sonidos: comienza con las articulaciones fonéticas y las organiza dentro de un sistema propio de cada idioma.

La fonología describe tres tipos de relaciones referentes al fonema. El primer tipo explica las **relaciones entre fonemas** y establece la existencia de esos como entidades básicas. El segundo tipo especifica las **relaciones entre fonemas y alófonos**, es decir, describe la conexión entre el fonema y sus realizaciones en el habla. El tercer tipo precisa el posicionamiento de los fonemas y las secuencias de fonemas que la lengua permite. El estudio de esos posicionamientos y secuencias es el enfoque de la **fonotáctica**.

Las relaciones entre fonemas: la oposición

El fonema, siendo una unidad abstracta, no se deja examinar directamente: solo se examina a través de sus realizaciones físicas. Para llegar a entender cómo el sistema de sonidos se estructura en la mente, es necesario especificar la relación que existe entre los sonidos físicos y los fonemas mentales. El primer paso es el de identificar cuáles son los fonemas del español. Para realizar esa identificación, hace falta encontrar pares mínimos. Un **par mínimo** son dos secuencias fónicas idénticas con la excepción de solo uno de sus sonidos en que esa única diferencia causa un cambio de significado. Por ejemplo, al comparar las cadenas fónicas [péso] *peso* y [béso] *beso* se nota que hay una sola diferencia de sonidos y que esa única diferencia causa un cambio de significado. Siendo así, [péso] y [béso] forman un par mínimo. El hecho de que esas dos secuencias fonéticas evoquen en la mente dos significados diferentes se debe a la diferencia entre los sonidos [p] y [b], puesto que los demás sonidos son idénticos. Los sonidos [p] y [b], entonces evocan en la mente dos imágenes distintivas: los dos fonemas /p/ y /b/.

[péso] $\rightarrow$ /p/

[béso] $\rightarrow$ /b/

/p/ ~ /b/

La relación que existe entre estos fonemas es una de **oposición** fonológica, que es la relación más básica entre fonemas. En la simbología de la lingüística, esta relación se indica con "~" que se lee "se opone a". En el ejemplo de [péso] y [béso], /p/ ~ /b/, que se lee "el fonema /p/ se opone al fonema /b/".

Las relaciones entre fonemas y alófonos: la distribución

Cada sonido de la cadena fónica evoca en la mente un fonema. Desde el punto de vista del emisor, se puede decir que cada fonema se realiza en el habla mediante un sonido o alófono. El **alófono** es un sonido producido que representa al fonema. La fonología se ocupa también de describir las relaciones que existen entre fonemas y sus alófonos.

La relación que existe entre el fonema y sus alófonos en la cadena fónica se denomina **distribución**. El ejemplo de *un beso* [umbéso] y *otro beso* [ótroβéso] sirve para ver la distribución de los alófonos del fonema /b/. En el primer caso, el fonema /b/ se realiza mediante el alófono [b], que se produce con un cierre completo de los labios, lo que causa un paro total en la salida de la corriente de aire. En el segundo, el fonema /b/ se realiza mediante el alófono [β] en que los labios se acercan sin cerrarse. El sonido [β] se produce con la fricción causada al forzar el aire por el estrechamiento formado entre los dos labios. El uso de dos alófonos diferentes, [b] y [β], no cambia el significado, y así estos dos sonidos evocan en la mente la misma imagen mental, la del fonema /b/.

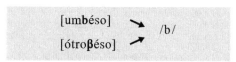

Este caso demuestra que el fonema /b/ tiene dos alófonos, uno, el sonido [b], que ocurre después del sonido [m], y el otro, el sonido [β], que ocurre entre vocales. Este caso es solo un ejemplo: la distribución completa del fonema /b/ se presentará en un capítulo posterior. La distribución de los alófonos de un fonema además de especificar cuáles son los alófonos, tiene que indicar dónde ocurre cada uno de ellos en el contexto de la cadena fónica.

La relación que existe entre [b] y [β], entonces, es distinta de la que existe entre [p] y [b]. En el caso de [b] y [β], los dos sonidos son alófonos que ocurren en la **distribución** del mismo fonema /b/; es decir, estos dos sonidos evocan en la mente la misma imagen mental. En el caso de [p] y [b], los dos sonidos representan dos fonemas distintos en **oposición** porque evocan en la mente distintas imágenes mentales, es decir, los dos fonemas /p/ y /b/, creando así un cambio de significado.

El posicionamiento y secuencias de fonemas: la fonotáctica

La **fonotáctica** es el estudio del **posicionamiento** de los fonemas que permiten el sistema y las normas de la lengua. Esto incluye una especificación de las **secuencias** o combinaciones de fonemas que se aceptan en determinado idioma. También incluye una especificación de la **repartición** de los fonemas en la estructura de sílabas y palabras.

El sistema fonotáctico del español limita las posibilidades de grupos consonánticos que ocurren en posición inicial de palabra. Por ejemplo, el español no permite que una palabra comience con la secuencia /s/ más una consonante. Por eso, el préstamo al español de la palabra noruega *ski* /skí/ produjo *esquí* /eskí/. Se le agregó la vocal /e/ justamente para que no apareciera un grupo asistemático en posición inicial de palabra.

Otro ejemplo de una regla fonotáctica del español es la que identifica la repartición de las consonantes en posición final de palabra. En las palabras netamente españolas las posibilidades son muy reducidas en número. De todos los fonemas consonánticos que tiene el español, hay solo seis que sistemáticamente aparecen en posición final de palabra:

andén	/andéN/	/N/
andar	/andáR/	/R/
maldad	/maldád/	/d/
banal	/banál/	/l/
pasas	/pásas/	/s/
luz	/lúθ/	/θ/*

*en algunos dialectos

Sumario: la fonética en contraste con la fonología

Saber distinguir entre la fonética y la fonología es muy importante. Ya que se ha expuesto de qué se trata cada una de estas disciplinas, vale compararlas directamente para hacer destacar sus semejanzas y diferencias. El Cuadro 3.4 presenta algunas de las comparaciones más significativas.

Tanto la fonética como la fonología se ocupan de la descripción del significante. La fonética estudia el significante a nivel de habla; la fonología lo estudia a nivel de lengua. La fonética describe los sonidos físicos desde un punto de vista articulatorio, acústico o auditivo. La descripción de estos aspectos físicos del sonido puede hacerse sin referirse a ningún sistema ni idioma específico. Por ejemplo, puede producirse un sonido dado de la misma manera en varios idiomas.

Los sonidos evocan en la mente distintos fonemas. La fonología describe las relaciones que existen entre los fonemas y las relaciones que los fonemas guardan con sus alófonos. Los sonidos, entonces, forman un sistema gobernado por reglas que poseen en común todos los miembros de una comunidad lingüística. Siendo así, la fonología es inseparable de lenguaje, puesto que describe cómo se organizan los sonidos en el sistema particular de cada idioma.

Uno de los conceptos básicos para la identificación de los fonemas de un idioma o lenguaje es el del **par mínimo**. De forma esquemática, se puede resumir que:

Un par mínimo

- Son dos secuencias fónicas idénticas
    - con la excepción de solo uno de sus sonidos
    - y que esta única diferencia causa un cambio de significado.
- Se emplea para comprobar la oposición entre dos fonemas.

Siendo así, el hecho de que las dos secuencias fónicas [péso] y [béso] evoquen en la mente dos conceptos diferentes, comprueba que existe oposición fonológica entre los fonemas /p/ y /b/.

3.4 Comparación de la fonética y la fonología.

	Fonética	Fonología
Nivel	habla/individuo	lengua/sociedad
Unidad básica	sonido	fonema
Representación gráfica	[kwéβa] entre corchetes	/kuéba/ entre barras
Procesos	físicos	mentales
Enfoque	los sonidos	el sistema de sonidos
Disciplinas	DESCRIPCIONES: 1) articulatorias 2) acústicas 3) auditivas	RELACIONES: 1) oposiciones entre fonemas 2) distribuciones de alófonos 3) la fonotáctica

Es importante, sin embargo, recalcar que hay una diferencia fundamental entre los conceptos de *fonema* y *sonido* por un lado y el concepto de *letra* por otro, distinción que se destaca en el próximo capítulo.

Preguntas de repaso

1. ¿Qué estudia la fonética?

2. ¿Cuál es el elemento básico de la fonética y cómo se representa?

3. ¿Cuáles son los tres campos de estudio de la fonética?

4. ¿Qué estudia la fonética articulatoria?

5. ¿Qué estudia la fonética acústica?

6. ¿Qué estudia la fonética auditiva?

7. ¿Cuáles son las tres fases de la producción del sonido y qué ocurre en cada una de ellas?

8. ¿Qué es un proceso fonético? Dé un ejemplo.

9. ¿Qué estudia la fonología?

10. Explique la estructura silábica de las palabras *tres*, *da* y *en* siguiendo el modelo de la sílaba.

11. ¿Cuál es el elemento básico de la fonología y cómo se representa?

12. ¿Qué es un fonema? ¿Cómo se representa? Dé ejemplos.

13. ¿Cuáles son los tres tipos de relaciones que describe la fonología?

14. ¿Qué es la oposición fonológica? Dé un ejemplo.

15. ¿Qué es un alófono? ¿Cómo se representa? Dé ejemplos.

16. ¿Qué especifica una distribución de alófonos?

17. ¿Cuál es la diferencia entre oposición y distribución?

18. ¿Qué estudia la fonotáctica?

19. Distinga entre la fonética y la fonología.

Lecturas suplementarias

Hawkins, Peter. *Introducing Phonology*. London: Hutchinson, 1984.

Ladefoged, Peter. *A Course in Phonetics* (5th ed.). Boston: Thompson Wadsworth, 2006.

Conceptos y términos

acento	fonética	posición explosiva
alófono	fonética acústica	posición implosiva
alteraciones suprasegmentales	fonética articulatoria	procesos fonéticos
asimilación	fonética auditiva	relaciones entre fonemas
ataque	fonología	relaciones entre fonemas y alófonos
coda	fonotáctica	rima
distensión	grupo fónico	segmento
distribución	intensión	segmentación
duración	núcleo silábico	sílaba
entonación	oposición fonológica	tensión
fonema	par mínimo	transiciones

Sistemas de escritura

La comunicación verbal es una habilidad que comparten todas las civilizaciones humanas del mundo. Mientras todas se han comunicado por vía oral, solo las civilizaciones de cultura más avanzada han podido disfrutar de un sistema que representa su lenguaje gráficamente. La creación de la escritura es el avance que le permitió al ser humano guardar un registro duradero y portátil de sus palabras. El estudio de la escritura, entonces, examina los distintos métodos que el ser humano ha ingeniado para representar sus comunicaciones verbales de una manera gráfica.

Como se expresó en el Capítulo 2, la comunicación verbal depende del signo lingüístico, que es la unión del significado y el significante. El significado, sin embargo, permite su expresión por tres vías: la oral, la escrita y la manual. A nivel de habla, entonces, el significado es una cosa o una noción. A este mismo nivel, el significante por **vía oral** es una **cadena fónica**, sonidos o secuencias de sonidos que representan los significados. El significante por vía escrita son símbolos gráficos que representan o el significado directamente o la cadena fónica de su significante. La Fig. 4.1 muestra como

el significante por vía oral representa el significado y como el significante por vía escrita, por su parte, representa el significante por vía oral.

Este capítulo presenta un resumen del papel del sonido en los sistemas de escritura. Comienza con un breve repaso de la historia de la escritura, de los distintos tipos de escritura y de cómo se puede representar el sonido tanto para fines comunicativos como para fines lingüísticos.

La pre-escritura

Los principios fundamentales de la escritura no surgieron de golpe. Hay que buscar los orígenes de la escritura en lo que se puede llamar la pre-escritura. Este término sugiere que esos sistemas son parciales, porque no son capaces de representar toda comunicación verbal y porque carecen de una base fonológica, los cuales son esenciales en un sistema de escritura.

Los dibujos

Los precursores de la escritura se hallan en los **dibujos** dejados por seres humanos prehistóricos y que suelen encontrarse en cuevas y rocas. Aunque los dibujos tienen valor artístico, no se sabe con exactitud cuál fue su propósito. Se sugiere que tenían cierto valor religioso o mágico y hasta puede que tuvieran cierto valor comunicativo, pero el dibujar imágenes no constituye un sistema de escritura porque las imágenes no representan una cadena hablada. Su valor comunicativo pertenece más bien al campo de la comunicación no verbal. Lo único que tienen en común los dibujos con la escritura es la habilidad de producir un dejo gráfico. Sin embargo, sin la destreza de poder

4.1 El significante por vía oral y vía escrita.

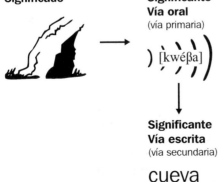

Significado

Significante Vía oral (vía primaria)

) [kwéβa])

Significante Vía escrita (vía secundaria)

cueva

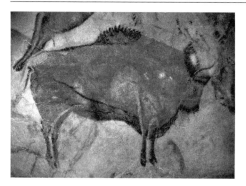

4.2 Un bisonte pintado en las cuevas de Altamira, provincia de Santander, España, alrededor de 10.000 años antes de Jesucristo.

elaborar dibujos, no hubiera sido posible llegar a la creación de la escritura.

Los ejemplos más famosos del mundo hispánico son las bestias dibujadas en las cuevas de Altamira, que se encuentran en la costa norteña de España, en la provincia de Santander. La Fig. 4.2 es de un bisonte dibujado en esas cuevas. Esos dibujos que datan de 10.000 años antes de Jesucristo, no llevaron a ningún sistema de escritura posterior en España como ocurrió en otras partes del mundo.

Los pictogramas

El próximo paso en la creación de un sistema gráfico de comunicación, después de los dibujos, fueron los **pictogramas**. Los pictogramas eran iconos de objetos que se querían representar. Los sumerios, por ejemplo, usaron el símbolo ✳ para representar 'estrella'; los egipcios usaron el símbolo ⚱ para 'laúd'. A veces los

pictogramas se combinaban para indicar un mensaje más complejo. El uso de pictogramas, sin embargo, representa solamente un sistema parcial de escritura debido a dos razones principales. Primero, no son capaces de representar toda comunicación verbal. Segundo, no pueden ser leídas de la misma manera por distintos miembros de una comunidad lingüística, porque los pictogramas no representan una cadena ni fónica ni sintáctica de palabras.

Uno de los mejores ejemplos del uso de pictogramas en la península ibérica se halla en una cerámica de Liria, de la provincia de Valencia, que se ve en la Fig. 4.3. Este ejemplo de la civilización ibérica, que floreció en la costa oriental de la península entre la edad neolítica y tiempos históricos, data del tercer siglo antes de Jesucristo.

Los ideogramas

Los pictogramas eran muy limitados en sus temas, ya que solo servían para representar sustantivos concretos: mal funcionaban para comunicar conceptos abstractos. Para esos fines, se comenzaron a emplear los pictogramas con valores nocionales relacionados con el significado original. Ese avance extendió el uso del pictograma: además de representar el concepto concreto original, su uso se amplió, convirtiendo así el pictograma en **ideograma**. De esa manera, los ideogramas llegaron a ser señales, representaciones gráficas que no guardaban estrecha relación física con el concepto que se representaba. Por ejemplo, el pictograma sumerio de ✳ [múl] 'estrella' pasó a tener como ideograma el valor de [díŋgir] 'dios' y luego [án] 'cielos'.

4.3 Pictograma de una cerámica de Liria, provincia de Valencia, España, que data del tercer siglo antes de Jesucristo.

Aun con ese avance de abstracción, los sistemas ideográficos quedaron como sistemas parciales por las mismas debilidades que tenían los sistemas pictográficos: carecían de un sistema abierto, capaz de representar un número ilimitado de conceptos, como también de un sistema capaz de representar los sonidos de la lengua.

Los sistemas íntegros de escritura

De los sistemas parciales ya descritos, solo tres llegaron a incorporar independientemente las innovaciones necesarias para convertirse en sistemas íntegros de escritura: el sumerio, el chino y el maya. Estos tres sistemas se reconocen por la mayoría de las autoridades como los únicos sistemas de escritura autóctonos. Un sistema autóctono es uno que se desarrolló sin ningún antecedente, es decir, sin cualquier influencia externa, sea por la adaptación de otro sistema existente o simplemente por el mero conocimiento de la existencia de otros sistemas de escritura. La tradición de la escritura sumeria tuvo un seguimiento histórico al fenicio, al griego, al latín y hasta al español. La tradición de la escritura china sigue vigente. La tradición de la escritura maya pereció.

Las características de un **sistema íntegro de escritura** parten de unas premisas fundamentales. La **primera** exalta **la primacía de la vía oral**. Es decir, todos los sistemas íntegros de escritura que se han ingeniado en la historia del mundo son una extensión gráfica del atributo exclusivo del ser humano: el habla. Como consecuencia, un sistema íntegro de escritura necesita tener la capacidad de **representar toda y cualquier comunicación de la vía oral**. También requiere que los significantes escritos sigan **la misma sintaxis que la cadena hablada**. La **segunda** premisa es que los sistemas íntegros de escritura **tienen que incluir un componente fónico**. El hecho de agregar un componente fónico permite que el sistema tenga la capacidad de representar una cantidad ilimitada de nociones, que incluye neologismos y préstamos. La **tercera**

premisa es que un sistema íntegro de escritura debe permitir **la misma lectura** por parte de los lectores de la misma sociedad lingüística.

El desarrollo de los sistemas de escritura ha seguido varios rumbos y estilos, pero básicamente se clasifican en cuatro grupos principales: la **escritura logográfica**, la **escritura silábica**, la **escritura consonántica** y la **escritura alfabética**. Los símbolos de estos sistemas representan respectivamente **palabras (o morfemas)**, **sílabas, fonemas consonánticos** o **todos los fonemas** de un enunciado.

Para entender los sistemas de escritura, hace falta definir tres conceptos. El primero es el **grafema** que es la unidad mínima de la escritura. El grafema se representa entre llaves, como la letra {s} o la letra {x}, para distinguirla del fonema o alófono. Por ejemplo, el significante *cueva* tiene cinco grafemas {c+u+e+v+a}; mientras el significante *y* tiene solo uno {y}. El segundo es el **marco**, que resulta de la combinación de grafemas que suele separarse de otras combinaciones por rodearse de espacio blanco. En español, por ejemplo, se indica el marco de una palabra por separarla de las palabras adyacentes con un espacio. El tercer concepto es la **orientación**, que describe la colocación y la dirección de los grafemas y marcos. En español, por ejemplo, se lee el renglón de izquierda a derecha, la página de arriba para abajo y se comienza a leer el libro con el lomo del libro a mano izquierda.

La escritura logográfica

De los pictogramas e ideogramas brotaron los primeros verdaderos sistemas íntegros de escritura. Entre los sistemas logográficos más importantes se encuentran la escritura cuneiforme sumeria[1] 📖 (que apareció alrededor de 3350 a. de J.C.), los jeroglíficos egipcios[2] 📖 (que aparecieron alrededor de 3100 a. de J.C.) y los caracteres chinos[3] 📖 (que aparecieron alrededor de 1200 a. de J.C.). Es de notarse que no se desarrolló ningún sistema de escritura logográfica en la península ibérica.

Los sistemas logográficos de escritura surgieron como resultado de tres innovaciones.

Pictograma	Valor fonético y semántico del pictograma	Valor fonético y semántico del ideograma	Primer logograma	Escritura cuneiforme temprana	Escritura cuneiforme clásica
✳	[múl] estrella		✳	◤	𒀭
		[diŋgir] dios [án] cielos			⊢⊢⊣
⥮	[tí] flecha	[tí] vida (homófono)	◁≺	⊢◁≺	𒋾
⩁	[gú] buey	[gúʔud] fuerte	⬠	⬠≻	𒄞

4.4 La escritura mesopotámica evolucionó de los pictogramas e ideogramas a logogramas, cada vez más abstractos.

La primera innovación, y la más significativa, surgió por la aplicación del **principio del "rebus"**, en que los pictogramas e ideogramas se evolucionaron a emplearse tanto por su **valor fonológico** como por su **valor semántico**. Así, los pictogramas e ideogramas, inventados como símbolos de ciertas palabras, pasaron a referirse también a palabras homófonas, o a palabras compuestas de más o menos los mismos sonidos. El grafema, entonces, comenzó a usarse por su valor fónico además de por su valor semántico.

La segunda innovación fue cuando los pictogramas e ideogramas empezaron también a encadenarse de acuerdo con la sintaxis de la lengua que representaban. En el sumerio, la orientación de los logogramas fue de izquierda a derecha y la de los renglones de arriba a abajo. En el chino, la orientación de los logogramas fue de arriba a abajo y la de los renglones de derecha a izquierda.

La tercera innovación fue cuando los pictogramas e ideogramas dejaron de parecerse al objeto representado: llegaron a ser más estilizados, más abstractos. En esos sistemas, los grafemas que se utilizan para representar palabras o morfemas se denominan **logogramas**. El Cuadro 4.4 demuestra la estilización de los logogramas del sumerio a través de los años. También muestra cómo los símbolos comenzaron a usarse para representar tanto un concepto como una secuencia de sonidos.

Técnicas de adaptación

Uno de los problemas que resultó del doble uso de los símbolos escritos, es decir, su uso tanto para el significado (el concepto) como para el significante (los sonidos que representan al concepto), fue saber a cuál de los dos representaba el símbolo. Otro problema fue cómo representar las palabras homófonas, es decir, distintas palabras representadas por la misma secuencia de sonidos. La solución fue la creación y uso de un sistema que empleaba un **determinativo semántico** para representar el significado y un **determinativo fonológico** para representar el significante por aplicación del principio del rebus.

El sumerio, por ejemplo, tenía un logograma ◁≺ para la palabra [tí] 'flecha'. Por aplicación del principio del rebus, este

Carácter fonológico	Determinativo semántico	Significado/ valor fonético	Carácter compuesto	Significado/ valor fonético
方 cuadrado *fang* [fáŋ]	糸	seda *ssu* [szɨ]	紡	hilar *fang* [faŋ]
	言	palabras, habla *yan* [i̯ɛn]	訪	indagar *fang* [faŋ]
	艹	hierba, paja *cao* [ts'ao]	芳	fragante *fang* [faŋ]

4.5 El significado del carácter fonológico 方 *fang* [fáŋ] varía cuando se le agregan distintos determinativos semánticos.

logograma llegó a representar también la palabra [tí] 'vida'. Para quitar la resultante ambigüedad, los escribanos comenzaron a escribir 'flecha' con el símbolo ⊏⊐ para 'madera' [gíʃ] antes o después del símbolo para [tí]. El símbolo para 'madera', entonces, servía como determinativo semántico, aclarando que en ese caso el significante de ⊲⊏⊐ [tí] tenía algo que ver con madera, es decir, 'flecha'.

Los chinos inventaron independientemente las mismas técnicas que usaron los sumerios para ampliar su sistema de escritura. Los chinos agregaron determinativos tanto semánticos como fonológicos para precisar el significado y la pronunciación de sus símbolos escritos. A diferencia de los sumerios, sin embargo, los chinos fundieron los grafemas semánticos y fonológicos en un solo marco formando así un carácter compuesto.

Puesto que el determinativo fonológico se fundió en el mismo marco que el logograma semántico, el chino quedó principalmente como un sistema logográfico; nunca evolucionó tanto como el sumerio o el egipcio hacia un sistema principalmente silábico. A pesar de su apariencia logográfica, la escritura del chino sí tiene su elemento fonológico. Ese elemento fonológico permite que el lector del chino sepa descifrar un carácter desconocido con cierta precisión. También permite que se escriban neologismos (palabras nuevas) y extranjerismos (palabras prestadas de otros idiomas).

El Cuadro 4.5 contiene ejemplos del mandarino que indican cómo el significado del carácter fonológico 方 *fang* [fáŋ] varía cuando se le agregan distintos determinativos semánticos. El cuadro presenta los logogramas con su significado, transliteración y valor fonético. El carácter compuesto es un logograma que se compone de dos grafemas: uno de índole fonológica 方 *fang* [fáŋ] y uno de índole semántica que precisa el significado del logograma. Se puede observar, entonces, que aunque la forma escrita de esos caracteres compuestos es distintiva, el valor fonético segmental de todos ellos es el mismo: [fáŋ], difiriéndose solo por los tonos.

El Cuadro 4.6, también del mandarino, demuestra como varían el significado y el valor fonético del carácter semántico para 'persona' 人 *ren* [ʐɛn] cuando se combina con distintos determinativos fonológicos. (Se nota que la forma combinatoria 亻 de *ren* [ʐɛn] es un poco diferente de la forma solitaria 人.) Los caracteres compuestos se componen de dos grafemas, pero en este caso, al comparar los logogramas, lo que tienen en común es el carácter semántico. El otro grafema es el determinativo fonológico que especifica la pronunciación del conjunto. Se puede observar, entonces, que en esos casos el carácter compuesto tiene un valor fonético semejante al de su determinativo fonológico.

Carácter semántico	Determinativo fonológico	Significado/ valor fonético	Carácter compuesto	Significado/ valor fonético
亻 hombre, persona *ren* [ʐɛn]	丁	individuo *ding* [tiŋ]	仃	solito *ding* [tiŋ]
	十	diez *shi* [ʂɚ]	什	diez soldados *shi* [ʂɚ]
	力	fuerza *li* [li]	仂	exceso *le* [lə]

4.6 Varían el significado y el valor fonético del carácter semántico para 'persona' 人 *ren* [ʐɛn] cuando se combina con distintos determinativos fonológicos.

Las ventajas y desventajas

Una de las ventajas de un sistema logográfico de escritura es que facilita la comunicación por escrito entre hablantes de distintos idiomas. Aunque el chino y el japonés monolingües no podrían comunicarse oralmente, lo pueden hacer, hasta cierto punto, por escrito. Por ejemplo, el logograma 人, que representa el concepto de *persona*, se pronuncia [ʐɛn] en el chino mandarino, [ján] en el chino cantonés y [çitó] en japonés, todos con el mismo significado. El logograma 家, que representa el concepto de *casa* u *hogar*, se pronuncia [ʤjá] en el chino mandarino, [ká] en el chino cantonés y [ié] en japonés.

Otra ventaja del sistema logográfico es que sirve muy bien para idiomas como el chino, que tienen muchas palabras homófonas. En un sistema logográfico, los homófonos pueden escribirse distintivamente debido a los determinativos semánticos.

La desventaja principal es el gran número de símbolos que hay que aprender para poder leer y escribir el idioma. De los más de 50.000 caracteres que constan en el diccionario chino más grande, el estudiante universitario sabrá unos 4.000 a 5.000. Además de causar problemas de aprendizaje, el número tan alto de caracteres dificulta la imprenta y la mecanografía.

La escritura silábica

De los sistemas logográficos, en que algunos símbolos se usaron para representar los sonidos de una sílaba, brotó la idea de basar el sistema de escritura en la representación de sonidos. La introducción de la escritura silábica fue paulatina; inicialmente se usó en conjunto con el sistema logográfico como demuestra un texto logográfico sumerio con la siguiente representación del nombre "Hammurabi", en que cada símbolo representa una secuencia de sonidos.

Ha-   am-   mu-   ra-   bi
Hammurabi

En el sumerio, el grafema dejó de identificarse tanto con el concepto semántico y comenzó a emplearse principalmente por su valor fonológico. Los grafemas llegaron a representar, entonces, los sonidos de una sílaba entera.

Entre los sistemas silábicos más importantes se encuentran la escritura silábica mediterránea[4] 📖 (que apareció alrededor de 1450 a. de J.C.), el japonés —hiragana y katakana—[5] 📖 (desde el siglo 9 d. de J.C.) y el maya (desde el siglo 3 al 17 d. de J.C.).

En un sistema de escritura silábica, cada grafema representa los sonidos de una sílaba. El conjunto de los grafemas necesarios para representar las sílabas de un idioma se llama un **silabario**. El concepto de silabario requiere que se tenga un grafema distinto para todas las posibles sílabas de un idioma. De esa manera habría que tener cinco grafemas para representar [ba], [be], [bi], [bo], [bu] y otros cinco para [bam], [ban], [bas], [bat] y [bal]. Según los modelos que permite la fonotáctica de un idioma, el número de posibilidades podría ser muy grande.

Interesante es la apariencia de la escritura parcialmente silábica en el oriente y en el sur de la península ibérica, basada en la escritura mediterránea. Las inscripciones ibéricas datan de 600 a 200 a. de J.C. Por la fecha tardía que tienen, demuestran la influencia de alfabetos, ya que algunos símbolos representan sílabas y otros, sonidos independientes. El siguiente ejemplo viene de la cerámica de Liria presentada anteriormente en la Fig. 4.3. Se desconoce su significado.

⊙ △ D ⁝ 目 ⌐ ⟩ 日 D
gu du a   de i ste a

En Mesoamérica, donde floreció la civilización maya, se desarrolló un sistema autóctono: el único sistema íntegro de escritura pre-europea de las Américas. Como ocurrió con otros sistemas, su escritura comenzó como un sistema logográfico, pero, con el tiempo, llegó a ser más bien silábico. Su sistema fue complicado porque todavía se empleaban logogramas y había varios grafemas alternativos para las sílabas. El uso de la escritura maya se extendió desde el siglo tres hasta el siglo diecisiete. El siguiente glifo demuestra el carácter silábico de la escritura maya.

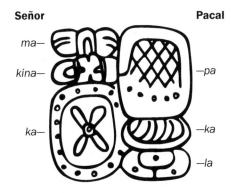

Señor   **Pacal**

ma—

kina—   —pa

ka—   —ka

                         —la

El glifo viene de una inscripción de Palenque, México, e indica el título y nombre del "señor Pacal". A los lados se muestra la correspondencia silábica o logográfica de cada grafema maya.

Aunque la escritura maya es de interés general, el sistema murió sin que evolucionara a ningún sistema que se emplee hoy en día.

Técnicas de adaptación

En el caso de la palabra sumeria "Hammurabi" ya citada, el nombre se escribió mediante el uso de cinco grafemas a pesar de tener cuatro sílabas por emplear una técnica que tienen en común muchos de los sistemas de escritura silábica: la del **encajamiento silábico**. Por este principio es posible representar la sílaba [ham] mediante el encajamiento de dos grafemas: uno para [ha] y otro para [am]. El empleo de encajamiento silábico permitía que se escribiera el idioma con un número más reducido de grafemas.

El siguiente ejemplo de la escritura silábica mediterranea (la llamada *Escritura Linear B*) demuestra dos técnicas de adaptación. En esa escritura, se representan las dos sílabas de la palabra ^{h}rānus (*escabel*) de la siguiente manera:

Γ Ϸ ϙ
ta ra nu
^{h}rānus

Este ejemplo demuestra que el sistema no tenia símbolos para representar todas las sílabas, pues no tenía símbolo ni para la sílaba [^{h}rā] ni para la sílaba [nus]. La técnica usada en la representación de la primera sílaba es el encajamiento silábico ya explicado. La técnica usada en la representación de la segunda sílaba es la **supresión**. El lector tenía que suplir la consonante final de la sílaba basándose en el contexto.

Los silabarios más reconocidos en el mundo de hoy son del japonés. La escritura japonesa comenzó en el siglo ocho después de Jesucristo con el préstamo de los caracteres chinos, o *kanji*. Aunque estos caracteres servían muy bien para representar las raíces de las palabras, era imposible representar con ellos las flexiones morfológicas del japonés. Para esos fines, durante el siglo nueve después de Jesucristo, se evolucionaron del *kanji* el silabario **katakana** (o caracteres de un solo lado) y el silabario **hiragana** (o caracteres simplificados). Los dos silabarios, cada uno de 71 símbolos, tienen usos diferentes: el katakana se usa para palabras extranjeras, mientras el hiragana se emplea para las flexiones morfológicas y las partículas gramaticales. La escritura del japonés, mediante sus silabarios, también emplea la técnica del encajamiento silábico. Un buen ejemplo es la palabra para la capital de Japón: Tokyo ときょ. En este ejemplo, el símbolo diminutivo, ょ *yo*, indica que los sonidos de esta sílaba se encajan en la sílaba anterior, き *ki*. De esta manera *to-ki-yo* se pronuncia *to-kyo*.

El ejemplo del maya también presenta un caso de encajamiento, puesto que la palabra "Pacal", de dos sílabas, se escribe con tres grafemas: "pa", "ka" y "la".

Las ventajas y desventajas

El uso de un silabario presenta ventajas y desventajas. Una de las ventajas del silabario es que reduce tremendamente el número de símbolos necesarios para representar el lenguaje. Todos los 50.000 caracteres existentes del *kanji* japonés se pueden escribir con solo 71 grafemas del silabario. El silabario, además de reducir el problema de aprendizaje, reduce también los problemas tipográficos. Una de las desventajas, sin embargo, es que no permite la discriminación ortográfica de palabras homófonas.

El silabario sirve muy bien para el japonés por la estructura fonotáctica del idioma, en que cada sílaba se forma de una vocal (V), una consonante y vocal (CV) o la consonante /n/, que también funciona como sílaba. El uso de un silabario para el inglés, sin embargo, sería algo problemático por la multitud de combinaciones de sonidos permitidas en la estructura silábica.

El silabario también facilita la escritura de neologismos (palabras nuevas) y se emplea también en la escritura de palabras extranjeras. Una de sus desventajas, no obstante, ocurre cuando se emplea para representar las palabras extranjeras. Muchas veces la aproximación fonética del sistema silábico para el extranjerismo no es muy exacta. El apellido Clegg, por ejemplo, se transcribe ク レッグ (ku-re-[pausa]-gu).

La escritura consonántica

El primer sistema de escritura consonántica se creó entre los cananeos o antiguos fenicios al este del Mar Mediterráneo para 1500 a. de J.C. Los cananeos, bajo la influencia del egipcio, tomaron prestado el principio del determinativo fonológico consonántico y crearon un alfabeto consonántico. En un sistema de escritura consonántica, entonces, se representan solamente los sonidos consonánticos de una palabra; las vocales se inducen por el contexto.

El alfabeto consonántico de los cananeos se creó por aplicación del **principio acrofónico** por el cual un grafema común adquirió el valor fonético de su primer sonido. Por ejemplo, el símbolo △, que representaba la palabra *daleth* 'puerta de una tienda', llegó a representar solo el primer fonema (/d/) de la palabra.

Ese sistema cananeo luego se desarrolló en el antiguo árabe (1300 a. de J.C.),[6] 📖 en el fenicio (1100 a. de J.C.)[7] 📖 y en el antiguo hebreo (1000 a. de J.C.),[8] 📖 los sistemas consonánticos más importantes y más relevantes a la península ibérica.

La escritura arábiga es la escritura consonántica más difundida; se emplea para representar no solamente el árabe (de Marruecos a Siria), sino también para idiomas no arábigos como el persa o farsi (de Irán), el urdu (de Paquistán) y el pashtu (de Afganistán). Su extensión histórica incluye la península ibérica en donde se usó durante casi ocho siglos. Se empleó no solamente para la escritura del árabe, sino también para escribir estribillos o jarchas en español. Con respecto a su orientación, la línea se lee de derecha a izquierda, y los libros se encuadernan con el lomo a la derecha. El texto de la Fig. 4.7, con su transliteración y traducción, es de una jarcha de Al-Aʿmā al-Tuṭīlī, quien vivió en Murcia y Sevilla y murió en 1126. El sistema fonológico del árabe consiste en 28 consonantes y seis vocales. La escritura arábiga, entonces, tiene por lo menos un símbolo para cada una de las 28 consonantes. Es de notarse que el

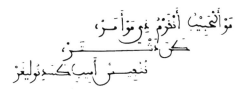

mw l-ḥabīb 'nfrm ḏy mw 'm'r
k' n d št'r
nn fys 'myb k š' ḏ nw lg'r

Mi amor está enfermo de mi amar.
¿Cómo no lo ha de estar?
¿No ves que a mí no ha de llegar?

4.7 Este texto, con su transliteración y traducción, es de una jarcha de Al-A'mā al-Tuṭīlī, quien vivió en Murcia y Sevilla y murió en 1126.

árabe tiene una escritura cursiva en que las letras de una palabras se conectan.

En Fenicia, que se encontraba en lo que hoy en día es Líbano, se creó una escritura consonántica que llegó a ser el fundamento del alfabeto griego y luego el románico. Los fenicios, que eran navegantes y dueños del comercio mediterráneo, llevaron consigo su escritura y entre otros lugares la introdujeron en la península ibérica al establecerse en sus costas por el año 1100 a. de J.C. Se han encontrado inscripciones fenicias en monedas, láminas y piedras de varias zonas del sur y este de la península ibérica. El alfabeto fenicio consistía en 22 grafemas consonánticos, que corresponden a los fonemas consonánticos del fenicio. Como el árabe, la escritura fenicia se orientaba de derecha a izquierda en renglones que se leían de arriba a abajo.

Otro alfabeto consonántico usado hoy en día es el del hebreo. La escritura hebraica se desarrolló en lo que hoy en día es Israel, pero se conservó durante muchos años entre los judíos en diversas partes del mundo, incluso en la península ibérica. El alfabeto consonántico del hebreo consiste en 22 símbolos con una correspondencia fonológica. Como en el caso del árabe, el alfabeto consonántico del hebreo también se usó para representar el español, sobre todo para escribir jarchas.

Técnicas de adaptación

Los sistemas de escritura silábica suelen usar dos técnicas de adaptación: el uso de **alógrafos** y de **puntos vocálicos**.

Tanto el árabe como el hebreo emplean alógrafos, o sea distintos símbolos para representar el mismo fonema de acuerdo con su posición en la secuencia ortográfica: sea aislada, inicial de palabra, medial de palabra o final de palabra. Esto, en parte,

resulta del hecho de que el árabe tenga solamente una escritura cursiva en que la mayor parte de los grafemas de una palabra se conectan. El siguiente ejemplo indica los cuatro alógrafos para el fonema /t/.

ت	ت	ـتـ	تـ
aislado	final	medial	inicial

Mientras abundan símbolos para las consonantes, las vocales no se representan en la escritura clásica. En tiempos más recientes, sin embargo, la dificultad de interpolar las vocales no representadas dio impulso al origen del empleo de puntos vocálicos en que se puntúan las consonantes mediante pequeños puntos, círculos o trazos que se colocan encima de las consonantes o debajo de ellas para indicar las vocales que las acompañan. El siguiente ejemplo de la palabra 'al-mixaddah (almohada) demuestra la escritura arábiga sin y con los puntos vocálicos.

المخدة	أَلْمِخَدَّةُ
sin puntos vocálicos	con puntos vocálicos

Como la escritura arábiga, el hebreo emplea puntos vocálicos, tiene alógrafos (aunque solo cinco) y se escribe de derecha a izquierda en renglones que se leen de arriba a abajo. A diferencia del árabe, el hebreo no tiene una escritura cursiva; los grafemas utilizados para escribir una palabra nunca se conectan.

Las ventajas y desventajas

La ventaja de un sistema de escritura consonántica se ve en la economía de símbolos. Esto resulta, sin embargo, en la creación de una escritura que a veces es ambigua o difícil de leer. Sin embargo, este tipo de sistema es más adecuado para idiomas que suelen formar sílabas de consonante más vocal más consonante (CVC) como los idiomas semíticos o el inglés. Si se aplica el principio de escritura consonántica al inglés, *ths s stll rdbl* (this is still readable). Sin embargo, si se aplica este sistema a un idioma que suele formar sus sílabas de una consonante más vocal (CV), como el español, *n rslt tn lgbl* (no resulta tan legible).

La escritura alfabética

El paso histórico de la escritura consonántica a la escritura alfabética fue la incorporación de símbolos vocálicos al inventario de símbolos consonánticos para formar un sistema fonológico completo. La base teórica de un sistema alfabético es que cada fonema se represente mediante un grafema distinto.

Entre los alfabetos más importantes y más relevantes a la civilización occidental se encuentran el alfabeto griego (que data del siglo 8 a. de J.C.)[9] 📖, el alfabeto romano (que apareció poco después del griego)[10] 📖 y el alfabeto cirílico (desde el siglo 9 d. de J.C.).[11] 📖

El alfabeto **griego** fue el primero en incorporar grafemas para la representación tanto de vocales como de consonantes. Esa innovación surgió en el siglo ocho antes de Jesucristo como resultado de una adaptación errónea del alfabeto consonántico del fenicio. Los fenicios tenían un símbolo 𐤀, que llamaban 'ʔalep' ('buey'), que representaba el primer sonido consonántico de su nombre [ʔ] (un golpe de glotis). Los griegos no tenían ese sonido en su sistema fonológico y al adaptar el alfabeto consonántico de los fenicios al griego, supusieron que este símbolo representaba el primer sonido que percibieron ellos: la vocal [a].

Los griegos adaptaron no solamente el símbolo, sino también su nombre, convirtiéndolo en "A" (alpha). De la misma manera, los griegos adaptaron o inventaron otros símbolos para las demás vocales. El segundo símbolo de su sistema de escritura, B, fue 'beta'. Al concatenarse el nombre del primer símbolo, 'alpha', con el nombre del segundo, 'beta', se produjo la palabra que es el origen de 'alfabeto'. Un **alfabeto** es, entonces, una lista ordenada de las letras empleadas en un sistema alfabético de escritura.

Además de convertir el sistema consonántico de los fenicios en un alfabeto completo, los griegos cambiaron la orientación de la escritura, prefiriendo escribir de izquierda a derecha en renglones que se leían de arriba a abajo. Los primeros símbolos fueron las mayúsculas, pero después de varios siglos se crearon formas minúsculas. El alfabeto griego clásico consistía en 24 letras (mayúsculas y minúsculas), siete de las cuales representaban vocales. El alfabeto se presenta en la Fig 4.8 con una transliteración al alfabeto romano. La extensión de la influencia cultural de los griegos hizo que su alfabeto también se extendiera por el mundo, aunque hoy en día su uso se limita a Grecia y a Chipre.

El alfabeto **romano** resultó de las varias formas del alfabeto griego que fueron llevadas a la península itálica poco después de su creación en Grecia. En la península itálica el alfabeto fue adaptado por varias civilizaciones, siendo la principal entre ellas la civilización romana. Desde sus humildes orígenes en la provincia itálica de Latium (Lacio), los romanos, que hablaban latín, propagaron su alfabeto por el mundo hasta que ha llegado a ser el sistema de escritura más extendido de hoy en día. El alfabeto romano se emplea en la escritura de más de 190 idiomas por más de 3,7 mil millones de personas.

El alfabeto romano, como el griego, se componía originalmente de puras mayúsculas; la creación de las minúsculas tardó varios siglos. La orientación de la escritura

4.8 El alfabeto griego clásico consistía en 24 letras (mayúsculas y minúsculas), siete de las cuales representaban vocales. La segunda línea contiene la transliteración al alfabeto romano.

Αα Ββ Γγ Δδ Εε Ζζ Ηη Θθ Ιι Κκ Λλ Μμ Νν Ξξ Οο Ππ Ρρ Σσς Ττ Υυ Φφ Χχ Ψψ Ωω
a   b   g   d   ě   dz   ē   th   i   k   l   m   n   ks   ŏ   p   r   s   t   u   f   kh   ps   ō

fue de izquierda a derecha y en la práctica *noseusabanespaciosparaindicarladivisiónentrepalabras*. El alfabeto romano clásico consistía en 23 letras:

A B C D E F G H I K L M N O P Q R S T V X Y Z

El alfabeto **cirílico** es el tercer alfabeto europeo de uso contemporáneo. Se le ha atribuido su origen a los hermanos santos Cirilo y Metodio, apóstoles griegos a los eslavos, quienes en el siglo nueve después de Jesucristo crearon un alfabeto basado en el griego que sirviera para representar los idiomas eslavos. El alfabeto del ruso, un idioma eslavo, consta hoy en día de 33 letras, con mayúsculas y minúsculas para cada una. El alfabeto contiene 12 vocales y 21 consonantes que se presentan en la Fig. 4.9 con su transliteración al alfabeto romano. El alfabeto cirílico se emplea hoy en día no solamente para el ruso, sino también para el búlgaro, el serbio y otros idiomas minoritarios de Rumania, Irán y la antigua Unión Soviética.

Casi todos los **otros alfabetos** del mundo se han derivado sucesivamente del alfabeto cananeo. El alfabeto cananeo, por ejemplo, fue llevado a la India durante el siglo siete antes de Jesucristo donde se adaptó para formar el alfabeto brahmi, que después sirvió como base no solamente de los alfabetos de la India y del sureste de Asia sino también del alfabeto de Mongolia.

A continuación se presentan tres ejemplos de esas adaptaciones. El alfabeto hindi se derivó del brahma entre los siglos siete y nueve de nuestra era. El hindi, que es el idioma principal del norte de la India, se lee de izquierda a derecha en renglones de arriba a abajo. El alfabeto laosiano, que se derivó del brahma en el siglo trece, se escribe con la misma orientación que el hindi. El alfabeto mongol, que también se derivó indirectamente del *brahma* en el siglo trece, se escribe de arriba a abajo en columnas que van de izquierda a derecha.

Hindi **Mongol**

तो नहीं दिखा सकता । यीशु ने उस को उत्तर दिया कि मैं तुझ से सच सच कहता हूं यदि कोई नये सिरे से न जन्मे तो परमेश्वर का राज्य नहीं देख सकता ।

Laosiano

ເພາະວ່າພະເຈົ້າໄດ້ຮັກໂລກ:ພວກ:ໂລກເທວປານນັ້ນ ພັໄດ້ອ:ພວນບໍເທໄທຍ:ພຂອງຂໄດຈອໄປເພ ຜນເທໄທໄດຂໍໄລພວນບໍຫສຫໄດໃຫໄປພວນ ຈຫພໄຊເທຫໄຫຍພໄໄ ●

Otro alfabeto de particular interés es el alfabeto ***hangul*** del **coreano**, porque es un alfabeto único y original. Es único porque fue creado con una base fonológica; es original porque fue diseñado en 1444 específicamente para el coreano sin recurrir a los alfabetos usados para representar otros idiomas. Incluye medios para representar relaciones entre sonidos. Por ejemplo, los símbolos para los sonidos producidos mediante contacto de los dos labios contienen un cuadro: □ para [m] y ㅂ para [p]. Tradicionalmente, el coreano se escribía de arriba a abajo en columnas que iban de derecha a izquierda. En tiempos modernos, sin embargo, se escribe con la misma orientación que el español.

Los grafemas de las sílabas del coreano forman un marco; las sílabas de una palabra también forman un marco. De esa manera, el nombre del alfabeto *hangul* se escribe de la siguiente manera:

$$한글 \quad \text{ha}_\text{n} \; {}^{g}_{u l}$$

El primer marco, 한, contiene tres grafemas, (ㅎ, ㅏ y ㄴ), que representan la sílaba /han/, la primera sílaba de la palabra. El

4.9 El alfabeto del ruso, un idioma eslavo, consta hoy en día de 33 letras, con mayúsculas y minúsculas para cada una. El alfabeto contiene 12 vocales y 21 consonantes, que se presentan con su transliteración al alfabeto romano.

Аа	Бб	Вв	Гг	Дд	Ее	Ёё	Жж	Зз	Ии	Йй	Кк	Лл	Мм	Нн	Оо	Пп	Рр	Сс	Тт	Уу	Фф	Хх	Цц
a	b	v	g	d	e	jo	ž	z	i	j	k	l	m	n	o	p	r	s	t	u	f	kh	ts

Чч	Шш	Щщ	Ъъ	Ыы	Ьь	Ээ	Юю	Яя
č	š	šč	-	y	-	eh	ju	ja

segundo marco 글, también contiene tres grafemas, (ㄱ,— y ㄹ), que representan la sílaba /gul/, la segunda sílaba de la palabra. Al lado de la representación en coreano, se puede observar la organización de los grafemas fonemáticos indicados en marcos silábicos por su representación en letras del alfabeto romano.

Técnicas de adaptación

El alfabeto romano se ha adaptado a más idiomas que cualquier otro. Además de emplearse en la escritura de la gran mayoría de los idiomas europeos, el alfabeto romano también se emplea para la escritura de idiomas tan dispersos como el turco (de la Asia occidental), el malayo (del sureste de Asia), el tongano (de las islas del Pacífico) y el suajili (del este de África). El proceso de esta adaptación, sin embargo, no siempre fue fácil; a veces requirió el uso de varias técnicas.

Una de las técnicas de adaptación es la **creación de nuevos grafemas** para representar fonemas que no tenía el latín. Por ejemplo, los normandos agregaron la letra "W" para la escritura del anglosajón. También durante el medioevo se diferenciaron la "J" de la "I" y la "U" de la "V". Así se llegó de las 23 letras del alfabeto romano a las 26 del alfabeto inglés.

Otra técnica empleada en la adaptación de un alfabeto a otro idioma es el empleo de **dígrafos**. Por ejemplo, en inglés, los dígrafos *th*, *sh* y *ch* representan un solo fonema como en las palabras *thick*, *ship* y *cheap*. En español los dígrafos *ch*, *ll* y *rr* representan un solo fonema como en las palabras *chico*, *llave* y *carro*.

La mayoría de los alfabetos de hoy día también emplea **alógrafos** en la forma de letras mayúsculas (ABCDE) y minúsculas (abcde). Además, en la mayoría existen formas de letra de molde (abcde) y letra cursiva (*abcde*).

También se emplean los mismos símbolos junto con varios **signos diacríticos** para ampliar su utilidad. Por ejemplo, el acento agudo (´), el acento grave (`), el acento circunflejo (^), la diéresis o *umlaut* (¨), el tilde (˜), el carón (ˇ), el anillo (°) o la cedilla (¸) pueden variar el sonido de la letra que acompañan. En español, por ejemplo, la *n* y la *ñ* representan distintos fonemas.

A veces, el adaptar el alfabeto de un idioma a otro resulta en la **supresión** de una de las letras porque la fonología del idioma no incluye el sonido que representa y por lo tanto se hace innecesario. De esa forma, los romanos, al adaptar el alfabeto griego al latín, suprimieron la letra Θ porque no representaba ningún fonema latino.

Las ventajas y desventajas

La ventaja principal del alfabeto es que es un sistema completo; es decir, representa todos los fonemas tanto consonantes como vocales. Esto produce una mayor economía porque se utiliza un mínimo de símbolos en comparación con sistemas logográficos o silábicos. A la vez, al comparar la economía del sistema alfabético con el del consonántico, lo que pierde el alfabético con tener más letras, recupera con ser más completo y con lograr una mayor correlación entre símbolo y fonema.

Es necesario rebuscar para encontrar desventajas de peso. Se ha notado que un sistema consonántico tiene menos letras, pero esta pequeña ventaja es a costa de la integridad del sistema. Se ha notado también que un sistema logográfico tiene la posibilidad de tener distintas representaciones para palabras homófonas, pero esta pequeña ventaja es a costa de la economía de símbolos. Tanto el inglés como el español tienen ejemplos de palabras homófonas con distinta escritura: por ejemplo, *vane, vain* y *vein* en inglés y *barra* y *varra* en español.

Combinaciones de sistemas de escritura

Uno de los doctos más reconocidos en el estudio de sistemas de escritura, I. J. Gelb, ha dicho: "No hay ningún sistema puro de escritura como no hay ninguna raza pura en la antropología ni lenguaje puro en la lingüística". En verdad, se puede decir que las clasificaciones de escritura logográfica, silábica, consonántica y alfabética no representan divisiones discretas.[1]

La mayoría de los sistemas de escritura incorpora elementos de más de uno de los tipos de escritura que se han presentado. Por ejemplo, la cerámica de Liria combina un pictograma y una inscripción de escritura silábica. Los ejemplos de combinaciones no se limitan a casos históricos; se encuentran en el mundo de hoy.

El ejemplo por excelencia de un sistema mixto es el japonés. En el anuncio a continuación se pueden encontrar yuxtapuestos el sistema logográfico (los caracteres chinos, o *kanji*), el sistema silábico (los símbolos de los silabarios *katakana* e *hiragana*) y el sistema alfabético (el japonés escrito con letras del alfabeto romano, o *romaji*).

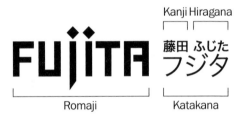

En efecto, todos los sistemas actuales son sistemas mixtos; es decir, emplean distintos tipos de símbolos. Hasta se utilizan pictogramas en el español moderno. Por ejemplo, en los letreros de carreteras se usan pictogramas para representar conceptos como "restaurante", "camping" y "aeropuerto" como se ve a continuación:

Restaurante **Camping** **Aeropuerto**

Los pictogramas representados en estos letreros no han llegado a ser logogramas porque todavía guardan una semejanza con el concepto al que representan y no forman parte de un sistema íntegro, capaz de representar toda comunicación verbal.

Hasta en el inglés de hoy en día se emplean a veces logogramas. Por ejemplo, en la frase "Vote 4 Pedro", el símbolo "4",

que por lo general representa un número, aquí se emplea por su valor fonológico de "for". En el español su equivalente será "Vote x Pedro", en que el símbolo "x" se usa por su valor fonológico de "por". Es de notarse, que como en el caso del chino, el mismo logograma puede representar varias realizaciones fonéticas. De esa manera el símbolo "4" se realiza como [fɔɹ] en inglés, [kwatɾo] en español o [ʃi] en japonés.

En español, como en otras lenguas, sin embargo, existen logogramas o símbolos que de por sí representan palabras. En el campo de las matemáticas abundan logogramas muy reconocidos: 5 (cinco), = (equivale), ÷ (dividido por) e ∞ (infinidad). Existen logogramas también para conceptos monetarios: € (el euro), £ (la libra británica), ₳ (el antiguo austral argentino) y $ (dinero, el peso mexicano o el dólar norteamericano, entre otros).

Los sistemas fonológicos y ortográficos

Como se ha presentado, existen varios sistemas de escritura. La base del sistema alfabético es fonológica; es decir, de modo general el símbolo ortográfico representa el fonema. Este sistema, empleado para la escritura del español y del inglés, demuestra, sin embargo, ciertas irregularidades en los dos idiomas, sea por razones de evolución de la lengua o por razones de la propia estructura fonológica del idioma. Como resultado, el sistema alfabético, cuya base teórica es la representación gráfica de los fonemas, no es un sistema exacto; es decir, no existe una correlación exacta entre una letra del alfabeto y un fonema.

La falta de una correspondencia exacta entre letra y fonema en español se nota en cinco casos. **Primero**, existe la posibilidad de que más de una letra represente un solo fonema, como es el caso en que el fonema /b/ se representa indistintamente por las letras {b} y {v}: ej. {botar} y {*votar*} /botár/. **Segundo**, a la inversa, existe la posibilidad de que una sola letra represente más de un fonema, como en el caso de la letra {g}, que representa el fonema /g/ o el fonema /x/

[1]Ignace J. Gelb, A Study of Writing (Chicago: University of Chicago Press, 1969) p. 199.

de acuerdo con el ambiente en que ocurre: ej. {*gigante*} /xigánte/. **Tercero**, existe la posibilidad de un dígrafo, en que un solo fonema se represente por una secuencia de dos letras, como en el caso de las letras {ch} que representan el fonema /ʧ/: ej. {**chico** /ʧíko/. **Cuarto**, a la inversa, existe la posibilidad de que una sola letra represente una secuencia de dos fonemas, como en el caso de la {x} que a veces representa la secuencia fonemática /ks/: ej. {exacto} /eksákto/. **Quinto**, existe la posibilidad de que un grafema empleado no represente ningún fonema, como en el caso de la letra {h}: ej. {hablar} /ablár/. Esos tipos de la falta de correspondencia exacta entre la ortografía y la fonología se resumen en la Fig. 4.10. A pesar de las anomalías o irregularidades entre el sistema de escritura y el sistema fonológico, la base fundamental del sistema de escritura sigue siendo la fonología.

Muchas de las anomalías actuales entre los sistemas ortográficos y fonológicos se deben a la evolución histórica de la lengua. Por ejemplo, la palabra inglesa {knee} antiguamente comenzaba con el sonido [k], pero en su evolución al inglés moderno el sonido [k] desapareció de la pronunciación al mismo tiempo que la letra {k} se mantuvo en el idioma escrito. También existen ejemplos semejantes en español. La palabra española *hablar*, por ejemplo, antiguamente comenzaba con el sonido [h], pero hoy en día comienza con la vocal [a]. A pesar de

que el sonido ha desaparecido en el proceso de la evolución histórica del idioma, la {h} se mantiene todavía en la escritura.

Estos ejemplos de la falta de correspondencia exacta entre letra y fonema indican que el sistema de escritura del español no es un sistema completamente fonemático como se suele comentar. Por ejemplo, se podría deletrear la palabra {caballo} como {kavayo}, lo cual representaría una diferencia de letras pero no de sonidos. El inglés, que también emplea un sistema de escritura alfabética, resulta aun menos fonemático que el español. Un famoso ejemplo es la representación de {ghoti} para la palabra {fish}. Esto viene del uso de {gh} de {enough}, {o} de {women} y {ti} de {nation}. Aunque el español contiene menos variaciones en su sistema de escritura que el inglés, los dos sistemas demuestran ejemplos de correspondencia múltiple entre letra y fonema.

El alfabeto fonético

Si un sistema alfabético no es completamente fonemático porque carece de una correspondencia exacta entre el fonema y la letra, ni mucho menos puede considerarse un sistema fonético porque hay aun menos correspondencia exacta entre sonido y letra. Por ejemplo, la frase *beso y beso*, pronunciado [bésoiβéso], contiene dos

4.10 Los tipos de falta de correspondencia exacta entre fonema y letra que se dan en español.

Falta de correspondencia exacta	Descripción	Ejemplo
2 letras → 1 fonema	más de una letra representa un solo fonema	{b} o {v} → /b/
1 letra → 2 fonemas distintos	una letra representa más de un fonema	{g} → /g/ o /x/
1 dígrafo → 1 fonema	un dígrafo representa un fonema	{ch} → /ʧ/
1 letra → 1 secuencia de dos fonemas	una sola letra representa una secuencia de dos fonemas	{x} → /ks/
1 letra → Ø	un grafema no representa ningún fonema	{h} → Ø

articulaciones distintas de la misma palabra: [béso] y [βéso]. En este caso el grafema {b} siempre representa el fonema /b/, pero los sonidos producidos son diferentes [b] y [β]. La falta de una correspondencia exacta entre letra y sonido demuestra que el sistema ortográfico del español no es adecuado para una representación gráfica de sus sonidos.

Para representar los sonidos, hace falta utilizar un alfabeto fonético que mantenga una **correspondencia exacta** entre símbolo y sonido para todos los sonidos del habla. Para responder a esa necesidad, se han creado varios alfabetos fonéticos. El principal alfabeto fonético actual es el **Alfabeto Fonético Internacional**, cuyas siglas son **AFI**.

Uno de los principios básicos del AFI es que los símbolos representan sonidos, independientemente del idioma. Por ejemplo, el símbolo [f] siempre representa el sonido inicial de la palabra española {familia} y de las palabras inglesas {family, photo}. También quiere decir que siempre que se quiera representar ese sonido, se emplea el símbolo [f]. De igual forma se emplea el símbolo [ð] tanto en la palabra española *cada* [káða] como en la palabra inglesa *bathe* [béjð].

Sin embargo, debe ser obvio que hay símbolos usados para el español que no se emplean para el inglés y *viceversa*, puesto que los dos idiomas contienen sonidos que el otro no emplea. Por ejemplo, el español tiene los sonidos [ɲ], [r] y [ɣ] como en las palabras {caña}, {carro} y {lago}, sonidos inexistentes en inglés. El inglés tiene los sonidos [ɹ], [æ] y [ɪ] como en las palabras {car}, {cat} y {kit}, sonidos inexistentes en español.

La creación del AFI siguió cuatro principios fundamentales. El primero emplear símbolos totalmente distintos para los distintos sonidos principales. De esa forma existen los dos símbolos [b] y [β] para las dos variantes de /b/. El segundo principio fue el de dar preferencia a primero el alfabeto romano y segundo el alfabeto griego en la selección de los símbolos. Como se puede ver, los símbolos para las dos variedades de /b/ son del alfabeto romano [b] y del alfabeto griego [β]. El tercer principio fue que en el caso de que fuera necesario crear

un nuevo símbolo, que se creara basándose en símbolos de esos dos alfabetos. De esa forma se emplea [ɲ] para un nasal palatal y [ŋ] para un nasal velar. El cuarto fue que solo se emplearían signos diacríticos en el caso de variaciones dialectales o cuando su uso haría innecesaria la creación de toda una serie de símbolos nuevos como en el caso de las vocales nasalizadas [ĩ ẽ ã õ ũ].

Se emplea el AFI en este manual porque es el alfabeto fonético de uso más extendido hoy en día. El representar los sonidos de la cadena fónica con los símbolos del AFI se hace mediante una **transcripción fonética** [transkripsjóɱfonétika]. La habilidad de transcribir fonéticamente es necesaria para quien se dedique al estudio de los sonidos. La gran ventaja de la transcripción fonética es que le da al estudiante una representación visual de los sonidos que deben producirse.

Es importante observar que la transcripción fonética no es una representación ortográfica, porque no es un sistema de uso general en ninguna comunidad lingüística. El AFI es el alfabeto fonético preferido de los lingüistas para la transcripción fonética por ser tan amplio, es decir, que tiene símbolos para toda la gama de sonidos producidos en los idiomas del mundo.

Sumario

El propósito principal de este capítulo ha sido el de examinar las diversas maneras a través de las cuales se puede dejar un registro escrito del lenguaje. A pesar de que la creación de la comunicación por vía escrita ha seguido diversas pautas con diversos enfoques, el patrón general ha sido el paso de una base semántica hacia una base fonológica. De hecho, todos los sistemas confirman la suma importancia del sonido en cualquier representación gráfica de la lengua.

Un segundo propósito de este capítulo ha sido el de demostrar por qué ninguno de los sistemas de escritura de los diversos idiomas sirve para registrar gráficamente los sonidos del idioma. El tercero ha sido el de introducir el Alfabeto Fonético Internacional, usado por los lingüistas para ese fin.

Las primeras representaciones gráficas en la península ibérica fueron los **dibujos** pintados en cuevas como los de Altamira. El próximo avance fue cuando los dibujos dieron lugar a la representación de objetos mediante iconos, que se llaman **pictogramas**. Cuando los pictogramas comenzaron a usarse para conceptos abstractos relacionados con los objetos representados, se convirtieron en **ideogramas** y se logró un nivel de abstracción necesario para la posterior creación de sistemas íntegros de escritura.

Un **sistema íntegro de escritura** responde a las siguientes premisas fundamentales:

- la primacía de la vía oral;
  - la habilidad de representar toda y cualquier comunicación de la vía oral;
  - el seguir la misma sintaxis de la cadena hablada;
- la inclusión de un componente fónico;
- el permitir la misma lectura por los lectores de una sociedad lingüística.

Como ya se ha dicho, un **grafema** es la unidad mínima de la ortografía que representa distintos elementos según el sistema de escritura. La ortografía es el método de representación gráfica empleado en cada cultura para escribir su idioma. El Cuadro 4.11 resume lo que representa el grafema en cada tipo de sistema de escritura.

No se puede decir que haya un sistema de escritura superior a los demás. Todos son capaces de cumplir con el requisito de un sistema íntegro de escritura: el de poder expresar toda y cualquier comunicación por vía oral. El uso de un sistema u otro para cada idioma se debe a factores históricos y culturales. Para los chinos, el sistema logográfico resulta ser adecuado para sus fines comunicativos y sería sumamente difícil que se cambiara a otro sistema. De igual forma, el inglés, que emplea un sistema alfabético, dista mucho de tener una correlación exacta entre grafema y fonema. Sin embargo, después de largos años de argumentación a favor de reformas ortográficas, no se han realizado, principalmente por razones prácticas y culturales.

En un sistema alfabético, el **grafema** es una letra del alfabeto o un dígrafo. Los

4.11 El grafema en cada tipo de sistema de escritura.

Sistema	Lo que representa el grafema	Ejemplos de idiomas actuales	Ejemplos de grafemas	Transcripción fonética	Técnicas de adaptación
Logográfico	un significado o los sonidos de un significante	el chino	言	[ʝén]	determinativos fonológicos y semánticos
Silábico	los fonemas de una sílaba	el japonés (katakana e hiragana)	ク	[ku]	encajamiento silábico
Consonántico	un fonema consonántico	el árabe el hebreo	ת	[t]	puntos vocálicos alógrafos
Alfabético	un fonema	el español el ruso	{a-g-ü-é-i-s}	[aɣwéi̯s]	dígrafos signos diacríticos nuevos grafemas alógrafos supresión

Unidad	Sistema	Definición	Se representa entre	Ejemplo
Grafema	ortografía	la unidad mínima de cada sistema de escritura	{ } llaves	{rebelar} {revelar}
Fonema	fonología	la imagen mental que corresponde al sonido	/ / barras	/rebelár/
Alófono	fonética	el sonido del habla que representa al fonema	[ ] corchetes	[reβelár]

4.12 Las distinciones básicas entre los grafemas, los fonemas y los alófonos.

grafemas o letras se representan entre llaves. Cuando un símbolo aparece entre llaves, por ejemplo {b} o {v}, estos símbolos se interpretan como grafemas. La **transcripción ortográfica** de un idioma alfabético se lleva a cabo mediante grafemas.

Como se ha indicado, el **fonema** es la imagen mental que el sonido evoca en la mente. El fonema, que es el elemento básico de la fonología, se representa entre barras: / /. Cuando un símbolo aparece entre barras, por ejemplo /b/, el símbolo se interpreta como fonema. La **transcripción fonológica** de una lengua emplea fonemas, entre barras, para representar la concatenación de las imágenes mentales de sonidos que ocurren en la formación de significantes.

El **alófono** es un sonido que se emplea en el habla para representar un fonema. El sonido, que es el elemento básico de la fonética, se representa entre corchetes: [ ]. Cuando un símbolo aparece entre corchetes, por ejemplo [b] o [β], el símbolo se interpreta como alófono. La **transcripción fonética** representa la concatenación de los sonidos del habla.

El contraste entre estas tres unidades —los grafemas, los fonemas y los alófonos— es de gran importancia para el estudio de la fonética y la fonología. Las distinciones básicas se resumen en el Cuadro 4.12.

El estudio de los sistemas de escritura hace patente el hecho de que todos ellos sean una representación gráfica del habla de un idioma dado. En el caso del español, por lo general, el grafema o letra corresponde al fonema, aunque carece de correspondencia exacta.

Aunque todos los sistemas íntegros de escritura, por necesidad, tienen una manera de representar sonidos, el sistema que necesita el lingüista cuando habla de sonidos es uno que mantiene una correlación exacta entre símbolo y sonido. Para llevar esto a cabo, se emplea el **Alfabeto Fonético Internacional**, o **AFI**, en la descripción y transcripción de sonidos. El aprender a hacer la transcripción fonética, empleando el AFI, es importante en el proceso del mejoramiento de la pronunciación del estudiante del español.

Planteada esta base teórica, se puede proceder a un estudio más detallado de los principios de la fonética.

Conceptos y términos

AFI

alfabeto

alfabeto fonético
internacional

alófono

alógrafo

barras / /

corchetes [ ]

correspondencia exacta

creación de nuevos
grafemas

determinativo fonológico

determinativo semántico

dibujo

dígrafo

encajamiento silábico

escritura alfabética

escritura consonántica

escritura logográfica

escritura silábica

fonema

grafema

ideograma

llaves { }

logograma

marco

orientación

pictograma

principio acrofónico

principio del rebus

puntos vocálicos

signo diacrítico

silabario

sistema íntegro de
escritura

supresión

transliteración

transcripción fonética

transcripción fonológica

transcripción ortográfica

Preguntas de repaso

1. ¿De qué maneras se expresa el significante?

2. ¿Cuáles son los tipos de pre-escritura? Dé ejemplos.

3. ¿Cuáles son las premisas fundamentales de un sistema íntegro de escritura?

4. ¿Por qué hay que haber un componente fónico en un sistema íntegro de escritura?

5. ¿Cuáles son los cuatro grupos principales de sistemas de escritura? ¿Qué representa el grafema en cada sistema? Dé ejemplos de cada sistema.

6. ¿Cuáles son las ventajas y desventajas de un sistema logográfico de escritura?

7. ¿Cuáles son las ventajas y desventajas de un sistema silábico de escritura?

8. ¿Cuáles son las ventajas y desventajas de un sistema consonántico de escritura?

9. ¿Por qué es importante el alfabeto griego?

10. ¿Por qué es importante el alfabeto romano?

11. ¿Cuáles son algunas de las técnicas empleadas en la adaptación de un alfabeto a otro idioma? Dé ejemplos.

12. ¿Cuáles son las ventajas y desventajas de un sistema alfabético de escritura?

13. ¿A qué se refiere el concepto de combinación de sistemas de escritura? Dé ejemplos.

14. ¿Será el sistema de escritura hispánica un sistema fonológico perfecto? Sostenga su respuesta con ejemplos.

15. ¿Será el sistema de escritura del español un sistema "puro" según la definición de Gelb? Sostenga su respuesta con ejemplos.

16. Distinga entre fonema, alófono y grafema. ¿Qué representa cada uno? Dé ejemplos.

17. ¿De qué maneras se manifiesta la falta de una correspondencia exacta en español entre grafema (letra) y fonema?

18. Distinga entre un alfabeto ortográfico y uno fonético. Dé ejemplos.

19. ¿Por qué es necesario un alfabeto fonético?

20. ¿Cuál es el alfabeto fonético más empleado hoy en día?

21. ¿Qué representan las siglas "AFI"?

22. ¿Por qué es importante estudiar los sistemas de escritura?

Materiales en línea

1. 📖 Texto en cuneiforme sumeria.

2. 📖 Texto en jeroglíficos egipcios.

3. 📖 Texto en caracteres chinos.

4. 📖 Texto en escritura silábica mediterránea.

5. 📖 Los silabarios japoneses.

6. 📖 El alfabeto árabe.

7. 📖 El alfabeto fenicio.

8. 📖 Alfabeto y texto hebraicos.

9. 📖 Texto griego.

10. 📖 Texto en latín en el alfabeto romano.

11. 📖 Text en ruso en el alfabeto cirílico.

Lecturas suplementarias

Daniels, Peter T. & Bright, William (eds.). *The World's Writing Systems.* New York: Oxford University Press, 1996.

De Francis, John. *Visible Speech: The Diverse Oneness of Writing Systems.* Honolulu: University of Hawaii Press, 1989.

SECCIÓN II

La fonética

Capítulos 5–7

La fonética estudia el significante a nivel del habla y así se ocupa de los aspectos físicos del sonido. Se pueden examinar estos aspectos desde el punto de vista del emisor —**la fonética articulatoria**—, del mensaje —**la fonética acústica**— o del receptor —**la fonética auditiva**—. La fonética articulatoria examina la producción fisiológica del habla, como también la clasificación de los sonidos del habla y los procesos fonéticos que afectan la producción de la cadena fónica. La fonética acústica estudia la transmisión de los sonidos y las características de la onda sonora. La fonética auditiva estudia cómo se escucha e interpreta la onda sonora.

La fonética articulatoria

La fonética articulatoria abarca todo el proceso fisiológico del emisor al producir los sonidos de la cadena fónica. También aporta una clasificación de los sonidos producidos que se basa en la descripción de su producción.

La producción fisiológica del habla

La articulación de los sonidos depende de la participación de los órganos encontrados en cuatro áreas del cuerpo, cuya ubicación se ve en la Fig. 5.1. Primero, cualquier sonido del habla tiene sus orígenes en el **sistema nervioso**. Segundo, su realización fisiológica comienza con los **órganos y cavidades infraglóticos**, que incluyen los órganos de respiración y pasajes del aire. Tercero, participa el órgano fonador, **la laringe**, donde residen las cuerdas vocales. Y cuarto, la formación del sonido concluye con la participación de los **órganos y cavidades supraglóticos**, que incluyen la boca, sus órganos y la nariz. Es en esta zona que la

5.1 Las áreas en las que se encuentran los órganos fonadores.

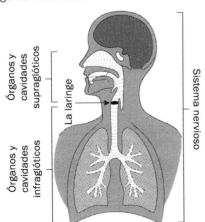

salida de aire se modifica transformándose en los sonidos del habla.

El sistema nervioso

La producción del sonido articulado comienza en el **cerebro**. El emisor, al concebir un concepto que quiere transmitir, lo codifica según los pasos ya destacados en el Capítulo 2. Es decir, en el cerebro, el emisor pasa por varios procesos: 1) selecciona las palabras que corresponden al concepto; 2) las pone en cierto orden; 3) selecciona la forma apropiada de cada palabra; 4) identifica los fonemas asociados con cada palabra y escoge los sonidos necesarios para realizar las secuencias de fonemas; 5) determina los movimientos físicos requeridos para su producción. Esos procesos ocurren en una porción del cerebro llamado el **área de Broca** o la **corteza anterior del habla,** ubicada en el lóbulo frontal, como se ve en la Fig. 5.2.

Organizada la codificación, el cerebro, desde la franja motora, transmite impulsos por redes de nervios para accionar los músculos que controlan los distintos órganos fonadores. Uno de esos nervios es el **nervio frénico** que inerva el diafragma, que se encuentra en la región infraglótica. Otro es el **nervio recurrente laríngeo**, que inerva los músculos que controlan las cuerdas vocales encontradas en la región laríngea. Hay también muchos nervios que controlan el movimiento de los distintos órganos supraglóticos, como por ejemplo el **nervio hipogloso** que inerva una porción de la lengua.

Los órganos y cavidades infraglóticos

Los órganos y cavidades infraglóticos son los que se encuentran debajo de la laringe. Las principales cavidades son la torácica, que contiene los pulmones y el corazón,

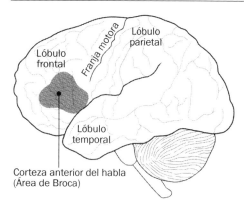

5.2 Las principales zonas del cerebro en relación a la producción del habla.

y la abdominal, que contiene, entre otros órganos, el estómago. Los órganos fonadores de las cavidades infraglóticas incluyen el diafragma, los músculos intercostales, los pulmones, los bronquios y la tráquea, que se ven en la Fig. 5.3.

Las estructuras fisiológicas de la región infraglótica

El **diafragma** consiste en una serie de músculos que se encuentran en el suelo de la cavidad torácica, separándola de la cavidad abdominal. Al contraerse, el diafragma empuja contra la cavidad abdominal, dejando más espacio para los pulmones. Los **músculos intercostales** son en realidad dos grupos de músculos que se encuentran entre las costillas. Uno de esos grupos sirve para aumentar el tamaño de la cavidad torácica, permitiendo así la expansión de los pulmones, y el otro sirve para disminuir el tamaño de la cavidad torácica, resultando en la contracción de los pulmones.

Los **pulmones**, por su parte, son órganos pasivos que sirven como recipientes del aire que se respira y que se usa para hablar. Cambian su forma según los movimientos de los músculos ya descritos, que controlan el tamaño de la cavidad torácica. El aire entra en los pulmones y sale de ellos por medio de dos tubos que se llaman los **bronquios**, que por su parte se conectan con la **tráquea**, otro tubo que, en su turno, se conecta con la laringe.

La respiración

Los órganos infraglóticos son responsables por la respiración. La **respiración** consiste en dos fases: la inhalación y la exhalación. Para que se realice la **inhalación**, el diafragma se contrae, empujando contra la cavidad abdominal, y los músculos intercostales externos se contraen, abriendo y elevando las costillas. Esos movimientos resultan en un aumento del volumen de la cavidad torácica y consecuentemente en un aumento del volumen de los pulmones como se ve en la Fig. 5.4.

Para entender el resultado de los movimientos físicos de la inhalación, es necesario comprender dos principios de la física relativos a las propiedades de un gas, en este caso el aire. Primero, cuando se trata de una cantidad fija de un gas, existe una relación inversa entre el volumen del gas V y la presión del gas P. La ecuación que describe esa relación es $PV=c$, donde c equivale a un valor constante. Esto quiere decir que con una cantidad fija de gas, si se disminuye el volumen, sube la presión y viceversa. Segundo, un gas, dentro de un volumen específico, siempre busca un equilibrio de presión.

Aplicando esos dos principios físicos de un gas a los movimientos de la inhalación, se puede entender por qué ocurre el proceso. Al expandirse los pulmones, de inmediato el volumen aumenta, lo que causa

5.3 Los órganos fonadores infraglóticos.

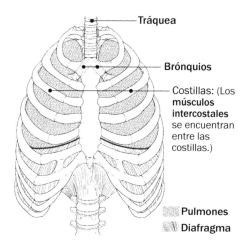

Tráquea

Brónquios

Costillas: (Los **músculos intercostales** se encuentran entre las costillas.)

Pulmones

Diafragma

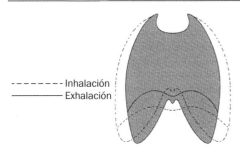

5.4 La respiración ocurre en dos fases —la inhalación y la exhalación—, debido a la expansión y contracción de la cavidad torácica.

una bajada súbita de presión. Con la boca abierta, entonces, entra aire en los pulmones para equilibrar la presión de aire dentro de ellos con la presión atmosférica.

La **exhalación** resulta de acciones análogas. Al relajar poco a poco la tensión del diafragma, los órganos abdominales empujan contra el suelo torácico haciendo subir el mismo. Al contraerse los músculos intercostales internos, cierran y bajan las costillas. Estos dos movimientos sirven para disminuir el volumen de la cavidad torácica. Al reducirse el volumen de la cavidad torácica, de inmediato decrece el volumen de los pulmones, lo que causa una subida repentina de presión. Con la boca abierta sale aire de los pulmones para equilibrar la presión de aire dentro de ellos con la presión atmosférica.

El proceso de la respiración tiene dos funciones fundamentales para el ser humano. La primera función es la de proveer el aire necesario para sostener la vida, como por ejemplo la **respiración en reposo**. La segunda función es la de la **respiración fonadora**, es decir, proveer el aire necesario

para hablar. Hay diferencias básicas entre esos dos tipos de respiración.

Una de las diferencias entre la respiración en reposo y la respiración fonadora es el porcentaje del tiempo dedicado a sus dos fases, es decir, a la inhalación y a la exhalación como se indica en la Fig. 5.5. En la respiración en reposo, se gasta el 40% del tiempo en la inhalación y el 60% en la exhalación. En la respiración fonadora, se gasta el 10% del tiempo en la inhalación y el 90% en la exhalación. El aumento en la duración de la exhalación en la respiración para hablar se debe al hecho de que el propósito de ese tipo de respiración es el de almacenar el aire en los pulmones para la producción de los sonidos. Mientras que la inhalación se lleva a cabo rápidamente para que se pueda continuar el acto de hablar, la exhalación ocurre paulatinamente, variando el gasto de aire según las necesidades de los sonidos a producirse. El aire almacenado es imprescindible, porque sin movimiento de aire, no puede haber producción de sonido. Es importante destacar que en español, como en inglés, todos los sonidos se forman sobre la exhalación de aire.

Otra diferencia básica entre los dos tipos de respiración tiene que ver con el porcentaje de la capacidad vital de los pulmones que se emplea, como demuestra la Fig. 5.6. En la respiración en reposo, se emplea de modo general solo el 10% de la capacidad vital de los pulmones; es decir, se inhala hasta que los pulmones se llenan de aire con el 50% de su capacidad vital y se exhala hasta que tienen el 40% de su capacidad vital. En la respiración fonadora, se emplea aproximadamente el 25% de la capacidad vital, inspirando hasta alcanzar el 60% de la

5.5 La respiración: el porcentaje del tiempo dedicado a la fase de inhalación y a la fase de exhalación.

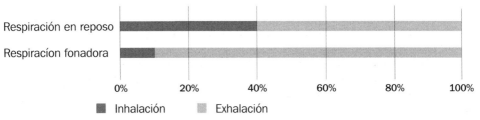

Porcentaje de la capacidad vital de los pulmones empleado en la respiración

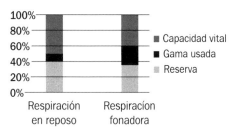

5.6 El porcentaje de la capacidad vital de los pulmones que se emplea en la respiración en reposo y en la respiración fonadora. La capacidad vital representa la cantidad máxima de aire que los pulmones aceptan. La reserva representa la cantidad de aire que se queda en los pulmones después de la exhalación.

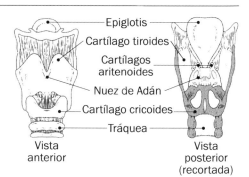

5.7 La estructura fisiológica de la laringe.

capacidad vital y exhalando hasta alcanzar alrededor del 35% de la capacidad vital.

Se puede observar que en la respiración fonadora se emplea más del doble de la capacidad vital de los pulmones en comparación con la respiración en reposo. Esto responde a la necesidad de tener una buena reserva de aire para producir el habla.

La exhalación provee una columna saledíza de aire, sobre la cual se forman todos los sonidos tanto del inglés como del español. Al salir de la región infraglótica, el aire entra en la laringe, donde ocurre el proceso de la fonación.

La laringe

La laringe es una estructura que se encuentra entre la tráquea y la faringe, que es el tubo superior a la laringe que la conecta con la boca. La fisiología de la laringe, que contiene las cuerdas vocales, cartílagos y músculos, se presenta en la Fig. 5.7.

Las estructuras fisiológicas de la laringe

Las cuerdas vocales se encuentran en el cuello inmediatamente posterior al **cartílago tiroides**, cuyo proceso o prominencia anterior se llama la nuez de Adán cuando es muy destacado. El cartílago tiroides además

de servir como áncora para las cuerdas vocales, las envuelve y las protege. Inferior al cartílago tiroides, se encuentra el **cartílago cricoides**, que envuelve y protege la parte superior de la tráquea. Hay también dos **cartílagos aritenoides**, que se encuentran al término posterior de cada cuerda vocal. Esos cartílagos también sirven de áncora para las cuerdas vocales, facilitando el posicionamiento de las mismas para producir los distintos tipos de sonidos.

Las **cuerdas vocales** son responsables para la fonación. Son dos conjuntos flexibles de músculo, cada uno cubierto de una membrana mucosa, que se compone de tres capas más una superficie epitelial de color blanco, como se ve en la Fig. 5.8. Las tres capas son de distintas espesuras y viscosidades, que tienen la habilidad de deslizarse sobre su base muscular. La capa intermedia de cada lado contiene un ligamento paralelo al músculo. Un ligamento es un tejido incapaz de moverse por sí mismo y que liga cartílago a cartílago o cartílago a músculo. Por otro lado, un músculo es un tejido inervado, que puede contraerse o relajarse. Las cuerdas y ligamentos vocales se atan anteriormente a la cara interior del cartílago tiroides en la región de la nuez de Adán y posteriormente a los cartílagos aritenoides como presenta la Fig. 5.8. Por eso se llaman los **músculos tiroaritenóideos** y el ligamento vocálico. Además de poder contraerse o relajarse por ser, en parte, de tejido muscular, las cuerdas vocales pueden posicionarse en distintas conformaciones por la acción de un complejo sistema de otros músculos atados a los cartílagos aritenoides.

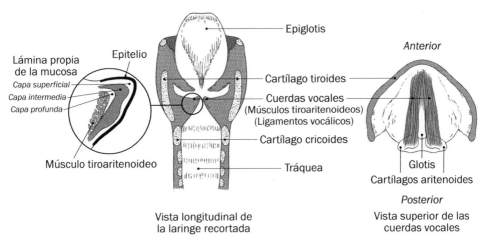

Vista longitudinal de
la laringe recortada

Vista superior de las
cuerdas vocales

5.8 Vistas longitudinal y superior de las cuerdas vocales, junto con una vista magnificada de una de las cuerdas vocales, demostrando su estructura.

Cuando las cuerdas vocales están apartadas, hay un espacio entre ellas. Ese espacio vacío entre las cuerdas vocales se llama la **glotis**. Los términos infraglótico y supraglótico, entonces, se refieren a una posición debajo de la glotis o arriba de ella, o sea debajo de las cuerdas vocales o arriba de ellas. Hay que distinguir, sin embargo, entre la glotis y la epiglotis. La epiglotis, que se ve en la Fig. 5.7 y en la Fig. 5.8, es un proceso elástico de cartílago situado a la raíz de la lengua, que se dobla sobre la entrada de la laringe para protegerla de materia foránea durante el acto de tragar. La glotis, en cambio, literalmente no es nada, siendo el espacio vacío entre las cuerdas vocales cuando están abiertas.

Los movimientos de las cuerdas vocales

Hay tres tipos básicos de movimiento de las cuerdas vocales en la formación de los sonidos del español. Dos tipos de movimiento dependen del control muscular directo o indirecto de las cuerdas mismas: 1) estirarse o aflojarse con el efecto del adelgazarse o espesarse y 2) abrirse o cerrarse. El tercer tipo de movimiento depende tanto de la corriente de aire como del control muscular. Este movimiento es el de vibrarse o no vibrarse las cuerdas vocales. Cada uno de esos movimientos afecta distintas características del sonido producido.

El movimiento de **estirarse o aflojarse** las cuerdas vocales tiene el efecto de hacer subir o bajar el tono, o sea la nota musical en que se produce el sonido. Se puede comparar ese movimiento a la acción de afinar la cuerda de una guitarra. Si se aprieta la clavija, se estira la cuerda y sube el tono musical. Si se afloja la clavija, se afloja la cuerda y baja el tono musical. El **adelgazarse o espesarse** las cuerdas vocales es un resultado concomitante de su tensión, que también se debe a la contracción o al relajamiento de los propios músculos tiroaritenóideos. Ese movimiento sigue también la comparación con la guitarra, en que las cuerdas más espesas producen tonos más bajos y las cuerdas más delgadas, tonos más altos.

Las cuerdas vocales pueden **abrirse o cerrarse** posteriormente mediante la acción de los músculos atados a los cartílagos aritenoides. La posición abierta se llama la **abducción**; la posición cerrada, la **aducción**. Ese posicionamiento de las cuerdas vocales produce los distintos **estados de la glotis**. Según la abertura de las cuerdas vocales, se distinguen cinco posiciones importantes. Esas posiciones se representan en los diagramas de la Fig. 5.9. A continuación sigue una descripción detallada de cada estado. En la Fig. 5.10 se presentan fotografías de los distintos estados de la glotis.[1]

Respiración   Consonante sorda   Consonante sonora   Vocal   Golpe de glotis

5.9 Estados de la glotis: el efecto de abrirse o cerrarse las cuerdas vocales. La estructura gris representa el cartílago tiroides que está en una posición anterior. Las estructuras negras representan los cartílagos aritenoides que están en una posición posterior. Las líneas representan las cuerdas vocales.

1. La **respiración** ocurre cuando las cuerdas vocales están relajadas y abiertas al máximo, permitiendo el pasaje no restringido de aire entre los pulmones y la boca. Esa abertura máxima se ve claramente en la fotografía en la Fig. 5.10 de las cuerdas vocales durante la respiración.

2. Las **consonantes sordas**, como por ejemplo [p], [t], [f] o [s], se producen cuando se cierran las cuerdas vocales un poco más que en la posición de respiración. En la producción de las consonantes sordas, las cuerdas vocales no vibran: están tan apartadas y relajadas que no permiten que ocurra la vibración. Su posicionamiento se ve en la fotografía en la Fig. 5.10 de las cuerdas vocales al producir la consonante sorda [s].

3. Las **consonantes sonoras**, como por ejemplo, [b], [d], [m] o [l], se producen al cerrarse las cuerdas vocales aun un poco más. En la producción de las consonantes sonoras, las cuerdas vocales se aproximan lo suficiente para permitir su vibración, un proceso que se describe en detalle más adelante. Se puede ver en la fotografía en la Fig. 5.10 de las cuerdas vocales durante la producción de la

consonante sonora [s̬], que las cuerdas vocales están más próximas en una consonante sonora que en una consonante sorda, lo que permite su vibración.

4. Las **vocales**, como por ejemplo, [a], [e], [i], [o] o [u], se producen cuando las cuerdas vocales tienen una abertura mínima. Las vocales son casi siempre sonoras, producidas con la vibración de las cuerdas vocales. La vibración se describe más adelante donde aparecen también fotografías de ese proceso. En la fotografía en la Fig. 5.10 de las cuerdas vocales al producir la vocal [a], se ve que la abertura es mínima.

5. El **golpe de glotis**, un sonido típico del inglés, se produce con el cierre total de las cuerdas vocales. Este sonido, cuyo símbolo fonético es [ʔ], es lo que separa las dos vocales en la realización de la frase inglesa "oh-oh". Como se verá, ese sonido no existe en español. La posición de las cuerdas vocales en la pronunciación del golpe de glotis se ve en la

5.10 Fotografías de los distintos estados de las cuerdas vocales tomadas de video en alta velocidad.

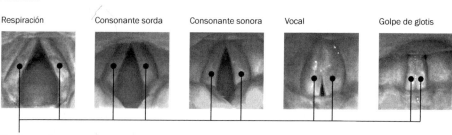

Respiración   Consonante sorda   Consonante sonora   Vocal   Golpe de glotis

Cuerdas vocales

Fig. 5.10. Así las cuerdas vocales no solo se cierran, sino que también se aprietan, haciéndose muy cortas en la articulación del golpe de glotis.

5.11 El soplar por entre los dos papelitos baja la presión de aire, lo que crea una fuerza atractiva entre ellos. Al tocarse, se acaba el movimiento de aire entre los papelitos y así también la fuerza atractiva, y la presión del aire que sale de la boca, los separa de nuevo. El continuo intercambio entre esas dos fuerzas aerodinámicas crea la vibración del papel.

Las fuerzas musculares necesarias para la fonación incluyen el posicionamiento y tensión de las cuerdas vocales. Su posicionamiento depende de los músculos atados a los aritenoides; la tensión se debe a los músculos tiroaritenóideos. Otra fuerza es el retroceso elástico, que es la tendencia de un objeto bajo tensión (como un resorte) de volver a su posición original después de haber sufrido un cambio de posición.

El tercer tipo de movimiento es el de vibrarse o no vibrarse las cuerdas vocales. A diferencia de los movimientos anteriores, la vibración no depende exclusivamente de una acción muscular. La vibración de las cuerdas vocales resulta de una combinación de posicionamientos musculares y de fuerzas aerodinámicas. Claro está que la vibración no puede ser por movimiento muscular directo, puesto que en la vibración las cuerdas vocales se abren y se cierran con una frecuencia media de 125 veces por segundo (125 ciclos por segundo o cps) para el hombre y 200 cps para la mujer. Los músculos del cuerpo humano son incapaces de moverse tan rápidamente.

Las fuerzas aerodinámicas principales para la fonación son dos. La primera es que si se aumenta la presión de aire dentro de un espacio confinado más allá de la resistencia de la materia que lo contiene, hay que abrirse un punto de escape. La segunda es un fenómeno que resulta del efecto de Bernoulli, así llamado por el científico suizo Daniel Bernoulli quien lo describió. Ese principio indica que un gas (en este caso el aire) en movimiento tiene una presión reducida. Se puede ejemplificar el principio al ver lo que ocurre cuando se sopla por entre dos papelitos rectangulares, uno junto al labio inferior y el otro junto al labio superior con una pequeña separación entre ellos como se ve en la Fig. 5.11.[2] 🎥 Puesto que el aire en movimiento entre los papelitos tiene una presión más baja según el principio de Bernoulli, el aire de abajo y el de arriba empujan los papelitos el uno hacia el otro hasta que se tocan. Al tocarse, se acaba el

movimiento de aire entre los papelitos y así también la fuerza atractiva; en seguida la presión del aire que sale de la boca los separa de nuevo. El continuo intercambio entre esas dos fuerzas aerodinámicas crea la vibración del papel que simula la vibración de las cuerdas vocales.

El ciclo vibratorio de las cuerdas vocales resulta, entonces, del intercambio entre esas fuerzas:

1. Bajo control muscular, las cuerdas vocales se aproximan y sus capas mucosas entran en contacto.

2. Al aumentarse la presión de aire debajo de la cuerdas vocales, esa presión supera la resistencia de las cuerdas vocales, que comienzan a abrirse desde abajo hacia arriba, produciendo una glotis convergente.

3. Al abrirse del todo, operan dos fuerzas. Primero, al acelerarse el aire por la glotis, baja la presión de aire, que por el efecto de Bernoulli ejerce una fuerza atractiva entre la cuerdas vocales, como se ve en la Fig. 5.12. Segundo, el retroceso elástico de la cuerdas vocales, las vuelve a su posición anterior. Con esas dos fuerzas, las cuerdas vocales comienzan a cerrarse, otra vez desde abajo hacia arriba, produciendo una glotis divergente.

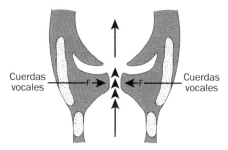

5.12 El aire, al pasar por el estrechamiento entre las cuerdas vocales, se acelera, lo que baja la presión, ejerciendo una fuerza atractiva (F) entre ellas.

4. La cerrazón de las cuerdas vocales se completa, y el ciclo vibratorio se repite por el tiempo determinado por el hablante o cantante.

La Fig. 5.13 muestra fotografías de la secuencia de un ciclo vibratorio de las cuerdas vocales en la producción de la vocal [i].[3] 🎥 En las fotos se ven solamente dos dimensiones, sin embargo, las cuerdas vocales son tridimensionales; es decir, tienen también una verticalidad. Como ya se describió, el ciclo de vibración empieza inicialmente en la parte inferior de las cuerdas vocales y sigue hasta la parte superior. De esa manera, las cuerdas vocales, al vibrarse, se mueven en olas de abajo hacia arriba, produciendo una onda que se llama la onda mucosa. La Fig. 5.14 demuestra un ciclo vibratorio y cómo la onda mucosa procede de abajo hacia arriba debido a las fuerzas ya descritas.

La vibración de las cuerdas vocales, sin embargo, depende de su grado de abertura. Si los músculos mantienen las cuerdas vocales más apartadas, el paso de aire no las puede cerrar y las cuerdas vocales no vibran,

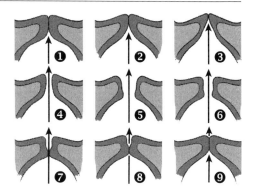

5.14 Corte esquemático de las cuerdas vocales durante un ciclo vibratorio, indicando la onda mucosa con la glotis convergente y divergente.

como en el caso de las consonantes sordas o la respiración. Si las cuerdas vocales se mantienen totalmente cerradas bajo control muscular, el paso de aire no las puede abrir, como en el caso del golpe de glotis.

Las cavidades supraglóticas

Las cavidades supraglóticas se componen de la **cavidad faríngea**, la **cavidad nasal** y la **cavidad bucal** u oral. Esas tres cavidades se ven en la Fig. 5.15. Mientras que todas juegan un papel en la producción de los sonidos, la cavidad más activa es la cavidad bucal. La cavidad bucal puede sufrir una multitud de articulaciones mientras que las cavidades faríngea y nasal no se modifican con igual facilidad.[4] 🎥

La cavidad faríngea

El aire de la fonación, al salir de la laringe, entra en la faringe, la primera cavidad supraglótica. La faringe, más que nada,

5.13 Un ciclo vibratorio de las cuerdas vocales durante la producci'on de la vocal [i]. Arriba se ve el cartílago tiroides; abajo, los cartílagos aritenoides.

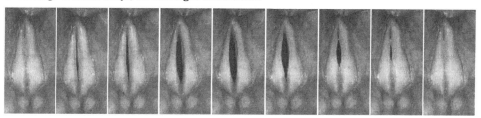

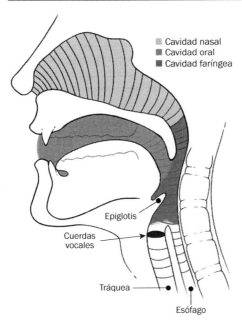

Cavidad nasal
Cavidad oral
Cavidad faríngea

Epiglotis

Cuerdas vocales

Tráquea

Esófago

5.15 Corte de la cabeza indicando las tres cavidades supraglóticas.

funciona como pasaje entre la laringe y las cavidades nasal y bucal. Las paredes faríngeas pueden moverse haciendo la faríngea más ancha o más angosta. Ese movimiento participa en la producción de ciertos sonidos de algunas lenguas semíticas y africanas, pero no tiene efecto ninguno en la producción de los sonidos del español.

La cavidad nasal

La cavidad nasal sirve principalmente como una caja en que puede resonar el sonido producido. La cavidad nasal en sí no tiene ningún movimiento. Participa o no en la producción de un sonido debido al movimiento del velo del paladar.

Si se levanta el velo del paladar, se adhiere a la pared faríngea cerrando la entrada a la cavidad nasal e impidiendo que el aire entre en la cavidad nasal. Con esa posición del velo y con la boca cerrada, se producen algunos de los sonidos consonánticos, como por ejemplo el [b] de *burro* y el [k] de *capa*. Con el velo levantado y la boca abierta se produce la gran mayoría de los sonidos consonánticos y vocálicos, como por ejemplo el [β] de *cabo* y el [a] de *casa*. Debido al hecho

de que en la producción de esos sonidos el aire sale por la cavidad bucal u oral, se denominan **sonidos orales**.[5] ◀€ Esos dos casos se presentan en los diagramas de la Fig. 5.16.

Si se baja el velo del paladar, se aparta de la pared faríngea, abriendo la entrada a la cavidad nasal, permitiendo que el aire entre y resuene en la cavidad nasal. Con esa posición del velo y con la boca cerrada, se producen los sonidos consonánticos nasales, como por ejemplo el [m] de *cama* y el [n] de *cana*. Debido al hecho de que en la producción de esos sonidos el aire sale solamente por la cavidad nasal, se denominan **sonidos nasales**.[6] ◀€ Con el velo bajado y la boca abierta se producen algunos sonidos vocálicos, como por ejemplo el [ã] de *manto* y el [ẽ] de *menta*. Debido al hecho de que en la producción de esos sonidos el aire sale tanto por la cavidad nasal como por la cavidad oral, se denominan **sonidos oronasales**.[7] ◀€ Esos dos casos se presentan en los diagramas de la Fig. 5.17.

La cavidad bucal

La cavidad bucal es la cavidad en que ocurre la mayoría de las manipulaciones de la salida de aire para efectuar la articulación de los distintos sonidos. Como se ve en la Fig. 5.18, la cavidad bucal contiene varios órganos articulatorios que se emplean en la producción de los sonidos. Los órganos articulatorios de la cavidad bucal pueden clasificarse como **movedizos/activos** o **inamovible/pasivos**. Los movedizos son los músculos que pueden moverse de por sí (los **labios** y la **lengua**) o son tejidos que pueden ser movidos (el **velo del paladar**).

En la cavidad bucal, el órgano más activo es la lengua, que es un conjunto de varios músculos que pueden cambiarse de forma y que pueden moverse en varias direcciones. Por su tamaño y extensión hace falta identificar distintas zonas de la lengua. El ápice es la punta de la lengua, que es una zona muy pequeña. Inmediatamente posterior al ápice se encuentra la lámina. La zona central de la lengua, el dorso, se divide en tres: el predorso, el mediodorso y el posdorso. La última zona de la lengua, que es la porción vertical de la lengua, se llama la raíz.

Con el velo del paladar levantado y adherido a la pared faríngea, el aire no pasa por la cavidad nasal. Con la boca cerrada también, se articula una consonante oclusiva, por ejemplo [b].

Con el velo del paladar levantado y adherido a la pared faríngea, el aire no pasa por la cavidad nasal. Con la boca abierta también, se articula una consonante oral o una vocal oral, por ejemplo [a].

5.16 La producción de sonidos orales con el velo del paladar adherido a la pared faríngea.

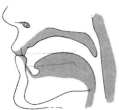

Con el velo del paladar bajado y separado de la pared faríngea, el aire sí entra en la cavidad nasal. Con la boca cerrada, se articula una consonante nasal, por ejemplo [m].

Con el velo del paladar bajado y separado de la pared faríngea, el aire sí pasa por la cavidad nasal. Con la boca también abierta, se articula una vocal oronasal, por ejemplo [ã].

5.17 La producción de sonidos nasales y oronasales con el velo del paladar separado de la pared faríngea.

Los órganos articulatorios pasivos no tienen movimiento propio. Los órganos activos se mueven para entrar en contacto con otro órgano articulatorio (sea activo o pasivo) o para aproximarse a él. Los órganos articulatorios pasivos incluyen los **dientes** y la bóveda bucal. La primera zona de la bóveda bucal son los **alvéolos**, que son la primera zona plana inmediatamente posterior a los dientes superiores. Posterior a los alvéolos, la bóveda bucal se abre en una extensa región rígida que se llama el **paladar** o el paladar duro. A continuación, el tejido cambia donde comienza el **velo del paladar** o el paladar blando. Se pueden distinguir esas tres zonas al trazarlas con el ápice de la lengua, comenzando con los dientes y terminando en la parte anterior del velo. Al término posterior del velo del paladar, se encuentra la úvula, que puede emplearse en la producción de algunos sonidos. La úvula, que también se llama la campanilla por su semejanza al badajo de una campana, puede verse en el espejo al abrirse mucho la boca.

La descripción de los sonidos

La descripción de los sonidos principalmente depende de una especificación de sus atributos o rasgos articulatorios. La primera clasificación de sonidos fue definida por los griegos, cuando distinguieron entre las consonantes y las vocales. Las consonantes fueron denominadas así porque al articularse suelen apoyarse en otro sonido, es decir, suenan con otro sonido, normalmente una vocal: por ejemplo, [be], [se], [de]. Las vocales se llaman así por la raíz latina de *vox* (voz), porque son sonidos que normalmente se producen con la vibración de las cuerdas vocales.

Las consonantes en contraste con las vocales

Las consonantes y las vocales se difieren en cinco características articulatorias. Algunas de esas diferencias son supraglóticas y tienen que ver con la conformación de la cavidad bucal; otras son laríngeas y tienen que ver con los movimientos articulatorios de las cuerdas vocales.

En cuanto a la conformación de la cavidad bucal, las consonantes y las vocales se difieren en la **abertura de la boca**. Las consonantes se producen con menos abertura bucal y las vocales con más abertura bucal. Esto se puede constatar al comparar el grado de abertura bucal del sonido consonántico [d] con el del sonido vocálico [a] en la palabra {da}. Articulatoriamente, el grado de

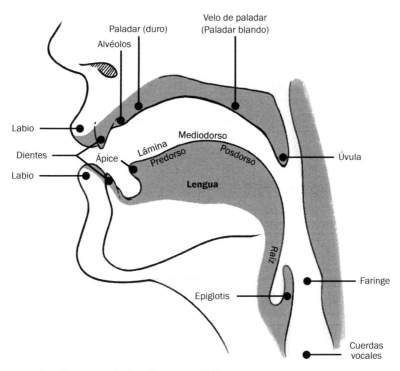

5.18 Los órganos articulatorios supraglóticos.

abertura resulta de otra diferencia: la **acción muscular** que controla el posicionamiento de la mandíbula. Actúan los músculos elevadores para cerrar la boca en la producción de las consonantes, mientras que operan los músculos depresores para abrir la boca en la producción de las vocales.

En cuanto al posicionamiento de las cuerdas vocales, las consonantes y las vocales se difieren en la **abertura de las cuerdas vocales**. Como se ve en la Fig. 5.9, las cuerdas vocales se apartan menos en la producción de una vocal que en la producción de las consonantes sonoras o sordas. Hay también una diferencia relativa en la **tensión de las cuerdas vocales**, que están menos tensas en la producción de las consonantes que en la producción de las vocales.

Las características de la abertura y tensión de las cuerdas vocales conllevan otras dos distinciones. Las consonantes y las vocales se difieren en cuanto al **gasto de aire** requerido para su producción. Se requiere más gasto de aire para la

producción de una consonante y menos gasto de aire para la producción de una vocal. Este hecho puede comprobarse fácilmente al seguir las siguientes instrucciones. Llene los pulmones completamente de aire y articule el sonido [s] de {paz} en cuanto se pueda, midiendo la duración de su producción. Repita el mismo procedimiento articulando el sonido [a] de {paz}. Muchas veces se piensa que por la mayor abertura de la boca en la producción de las vocales, debe de haber mayor gasto de aire; pero no es el grado de abertura de la boca lo que determina el gasto de aire, sino la abertura de las cuerdas vocales.

La segunda consecuencia del posicionamiento de las cuerdas vocales en la distinción entre consonantes y vocales es la frecuencia de su vibración. Puesto que están más próximas en la producción de las vocales, es lógico que las cuerdas vocales tiendan a vibrarse con una frecuencia más alta (es decir, más veces por unidad de tiempo) que en la producción de las consonantes en la transición entre una y otra.

La clasificación de las consonantes

Las consonantes se clasifican por tres rasgos de su producción articulatoria: el modo de articulación, el lugar de articulación y el estado de las cuerdas vocales.

Modo de articulación

El modo de articulación es una especificación de cómo se manipula la salida del aire fonador en las cavidades supraglóticas para producir el sonido. Son siete los modos de articulación de los sonidos consonánticos que ocurren en español.

Una consonante **oclusiva** se produce mediante una oclusión o una cerrazón completa de la cavidad bucal. El velo del paladar se adhiere a la pared faríngea impidiendo que el aire salga por la cavidad nasal y se forma también una cerrazón completa en la cavidad bucal mediante el contacto de dos órganos articulatorios. Después de la formación de la cerrazón, se aumenta la presión del aire atrapado en la cavidad bucal mediante un empuje contra los pulmones, lo que disminuye el volumen del aire atrapado y aumenta su presión. La última etapa de la producción de una oclusiva es la abertura repentina del obstáculo, lo que produce una explosión momentánea de aire. Son oclusivos del español los siguientes sonidos: [p] de {pan}, [t] de {tan}, [k] de {can}, [b] de {van}, [d] de {dan} y [g] de {gana}.[8] ◀╡

Una consonante **fricativa** se produce mediante la formación de un estrechamiento del canal articulatorio sin que se llegue nunca a una oclusión. El forzar el aire por el estrechamiento crea turbulencia. La fricción entre las moléculas de aire al forzar el aire por el estrechamiento, crea el sonido fricativo. Son fricativos del español los siguientes sonidos: [β] de {cabe}, [ð] de {cada}, [θ] de {caza} (en ciertos dialectos), [ɣ] de {haga}, [f] de {fama}, [s] de {sapo}, [ş] de {desde}, [ʝ] de {calle} y [x] de {caja}.[9] ◀╡

Una consonante **africada** es la combinación de una oclusiva más una fricativa. El sonido africado comienza, entonces, como una oclusiva, con una cerrazón, seguida de un aumento de presión y una explosión. En la explosión de la africada, sin embargo, la boca no se abre del todo de una vez como en el caso de una oclusiva, sino que la abertura de la boca se detiene en el grado de abertura de un estrechamiento propio de la producción de una fricativa. Las africadas del español son el sonido [ʧ] de {hacha} y [ɟ͡ʝ] de {ya}.[10] ◀╡

Una consonante **nasal** resulta de la combinación de una oclusión bucal y del bajar el velo del paladar, lo que permite la salida continua de aire por la cavidad nasal. Son nasales del español los siguientes sonidos: [m] de {maza}, [ɱ] de {infante}, [ŋ] de {anzuelo} (en ciertos dialectos), [n̪] de {diente}, [n] de {anillo}, [n̠] de {cancha}, [ɲ] de {año} y [ŋ] de {ancla}.[11] ◀╡

Una consonante **lateral** se produce mediante un contacto medial de la lengua (es decir, la región central de la lengua) contra la bóveda bucal, mientras que el aire sale libremente por los lados de la lengua. Es por eso que esos sonidos se denominan laterales. Son laterales del español los siguientes sonidos: [l̪] de {alzar} (en ciertos dialectos), [l̺] de {alto}, [l] de {lado} y [l̠] de {colcha}, [ʎ] de {calle} (en ciertos dialectos).[12] ◀╡

Una consonante **vibrante simple** se articula con un contacto rápido de un órgano contra otro. El único ejemplo de ese modo de articulación en español ocurre con el contacto del ápice de la lengua contra los alvéolos. Esa secuencia articulatoria produce el sonido [ɾ] de {pero}.[13] ◀╡

Una consonante **vibrante múltiple** se articula con dos o más toques entre dos órganos. El único ejemplo de ese modo de articulación en español ocurre con el contacto rápido y repetido del ápice de la lengua contra los alvéolos. Esa secuencia articulatoria produce el sonido [r] de {perro}.[14] ◀╡

Lugar de articulación

El lugar de articulación es una especificación de los órganos articulatorios que se aproximan para formar el acercamiento necesario para la producción del sonido. Los nombres de los lugares de articulación, pues, tendrían que indicar el nombre de por lo menos los dos órganos articulatorios que se aproximan. La Fig. 5.19 indica los nombres y la posición de los siete principales

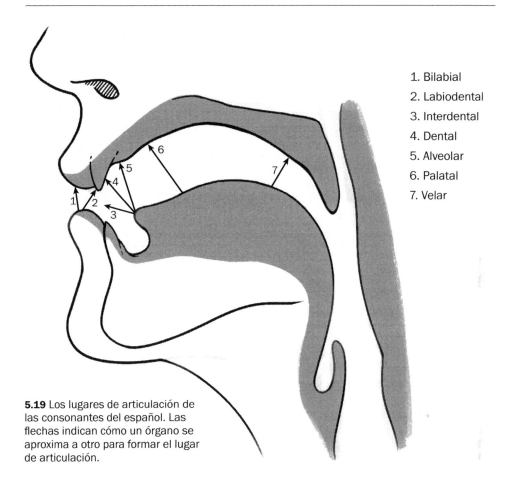

1. Bilabial
2. Labiodental
3. Interdental
4. Dental
5. Alveolar
6. Palatal
7. Velar

5.19 Los lugares de articulación de las consonantes del español. Las flechas indican cómo un órgano se aproxima a otro para formar el lugar de articulación.

lugares de articulación de las consonantes del español.[15] 🄴

Una consonante **bilabial** es la que se articula mediante el contacto de los dos labios o el acercamiento entre ellos. Los sonidos bilabiales del español incluyen el sonido [p] de {pan}, [b] de {van}, [β] de {cabe} y [m] de {malo}.[16] ◀≲

Una consonante **labiodental** se articula mediante el contacto del labio inferior con los dientes superiores. Las consonantes labiodentales del español son los sonidos [ɱ] y [f] de {infante}.[17] ◀≲

Una consonante **linguointerdental** se pronuncia al extender la lengua por entre los dientes superiores e inferiores. La consonante linguointerdental más común del español es el sonido [ð] de {cada}. El sonido [θ] de {caza}, el sonido [n̪] de {anzuelo}

y el sonido [l̪] de {alzar} se dan en ciertos dialectos.[18] ◀≲

Una consonante **linguodental** se pronuncia mediante el contacto de la lengua contra la cara interior de los dientes superiores. Las consonantes linguodentales del español comprenden el sonido [t] de {tan}, [d] de {dan}, [l̪] de {alto} y [n̪] de {diente}.[19] ◀≲

Una consonante **linguoalveolar** se produce mediante la aproximación de la lengua a los alvéolos. Las consonantes linguoalveolares son varias: el sonido [s] de {casa}, [s̬] de {desde}, [n] de {cana}, [l] de {ala}, [ɾ] de {caro} y [r] de {carro}.[20] ◀≲

Una consonante **linguopalatal** se produce mediante una aproximación de la lengua al paladar. Las consonantes linguopalatales son los sonidos [j] de {calle} ([ʎ] en ciertos dialectos), [ʧ] de {hacha}, [ɟ] de {ya}, [ɲ] de {caña}, [l] de {colcha} y [n] de {cancha}.[21] ◀≲

71

	Bilabial		Labio-dental		Inter-dental		Dental		Alveolar		Palatal		Velar	
	SOR	SON	SOR	SON	SOR	SON	SOR	SON	SOR	SON	SOR	SON	SOR	SON
Oclusiva	p	b					t	d					k	g
Fricativa		β	f		θ	ð			s	s̬		ʝ	x	ɣ
Africada											ʧ	ʤ		
Nasal		m		ɱ		n̪̟		n̪		n		ɲ		ŋ
Lateral						l̪̟		l̪		l		ʎ		
Vibrante simple										ɾ				
Vibrante múltiple										r				

5.20 El cuadro fonético de las consonantes del español.

Una consonante **linguovelar** se realiza mediante una aproximación del posdorso de la lengua al velo del paladar. De esa manera se forman el sonido [k] de {can}, [g] de {gana}, [x] de {caja}, [ɣ] de {lago} y [ŋ] de {tango}.[22] ◄ᐦ

En los nombres de los lugares de articulación, es obvio que el elemento más repetido es "linguo", porque la lengua es tan flexible y se opone a tantos otros órganos. Por ser tan usado, existe la costumbre en la fonética de no repetir el elemento "linguo": es decir, se prefiere el término "interdental" a "linguointerdental", "velar" a "linguovelar", etc. Cuando se menciona un solo órgano en un lugar de articulación, se supone que el segundo órgano es la lengua.

El estado de las cuerdas vocales

Las vocales suelen ser todas sonoras. La clasificación de las consonantes según el estado de las cuerdas vocales las divide en consonantes sordas y sonoras. Si vibran las cuerdas vocales, se produce una consonante sonora; si no vibran, se produce una consonante sorda.

Las consonantes **sonoras** se articulan cuando las cuerdas vocales se mantienen en una posición adecuada para la vibración como se vio en la Fig. 5.9. Se puede sentir esa vibración al poner los dedos en la parte anterior del cuello en la región de la nuez de Adán. La mayoría de las consonantes del español son sonoras. Las consonantes así producidas incluyen, entre otros, los sonidos [b] de {vaca}, [ð] de {cada}, [m] de {cama}, [l] de {lago}, [ɾ] de {caro} y [r] de {carro}.[23] ◄ᐦ

Las consonantes **sordas** se producen cuando las cuerdas vocales están demasiado apartadas para permitir su vibración espontánea como se vio en la Fig. 5.9. Al tocar el cuello durante la producción de esos sonidos, no se siente ninguna vibración. Las consonantes sordas del español incluyen, entre otros, los sonidos [p] de {capa}, [s] de {casa} y [ʧ] de {hacha}.[24] ◄ᐦ

El cuadro fonético de las consonantes del español

En el cuadro de las consonantes presentado en la Fig. 5.20, se presentan los símbolos fonéticos de los sonidos según los rasgos de su producción en cuanto a su modo de articulación, su lugar de articulación y su estado de las cuerdas vocales. Por convención lingüística, los modos de articulación (es decir: oclusiva, fricativa, africada, nasal, lateral, vibrante simple y vibrante múltiple) se indican en las filas (horizontales) del cuadro. Los lugares de articulación (es decir: bilabial, labiodental, interdental, dental, alveolar, palatal y velar) se indican en las columnas (verticales) del cuadro. Se indica el estado de las cuerdas vocales (es decir: sonoro y sordo) por dividir las columnas en dos partes con una linea rayada. En la parte a la izquierda de cada lugar de articulación, se encajan las consonantes sordas y en la parte a la derecha se encajan las consonantes sonoras. Los símbolos que se encuentran en las casillas sombreadas representan sonidos que solo aparecen en algunos dialectos del mundo hispánico.

El cuadro demuestra cómo se puede clasificar un sonido consonántico según su modo de articulación, su lugar de articulación y el estado de las cuerdas vocales durante su producción. Por ejemplo, el sonido [p] se describe como una consonante *oclusiva* (modo de articulación) *bilabial* (lugar de articulación) *sorda* (estado de las cuerdas vocales). El sonido [ɱ] se describe como una *nasal labiodental sonora* y el sonido [ʤ] como una *africada palatal sorda*. Todos los sonidos de cualquier idioma pueden describirse siguiendo ese modelo. El estudiante debe memorizar el cuadro.[25] ◀≼◧

La clasificación de las vocales

Las vocales se clasifican por dos rasgos articulatorios: el modo de articulación y el lugar de articulación. No resulta necesario incluir el estado de las cuerdas vocales porque sistemáticamente son todas sonoras.

El modo de articulación

Una generalización que se puede hacer en cuanto a los distintos modos de articulación de las consonantes es que difieren en su grado de abertura bucal. Por ejemplo, una oclusiva tiene menos abertura que una fricativa. Los distintos modos de articulación de las vocales también reflejan diferencias en el grado de abertura bucal, siendo la abertura de cualquier vocal mayor que la de cualquier consonante. De acuerdo con el modo

de articulación, los sonidos vocálicos del español se dividen en cinco clasificaciones.

Las **semiconsonantes** ([j] y [w]) ocurren cuando los fonemas /i/ y /u/ átonos preceden a otra vocal. Ejemplos incluyen la [j] de {bien} y la [w] de {bueno}.[26] ◀≼

Las **semivocales** ([i̯] y [u̯]) ocurren cuando los fonemas /i/ y /u/ átonos suceden a otra vocal. Ejemplos incluyen la [i̯] de {reino} y la [u̯] de {deuda}.[27] ◀≼

Las vocales **cerradas** [i] y [u] se producen solas con una aproximación de la lengua al techo de la boca, sin que llegue a causar turbulencia. Ejemplos incluyen la [i] de {vino} y la [u] de {uva}.[28] ◀≼

Las vocales **medias** [e] y [o] se producen con la boca entreabierta. Ejemplos incluyen la [e] de {ese} y la [o] de {ojo}.[29] ◀≼

La vocal **abierta** [a] se produce con la boca muy abierta. Unos ejemplos son las dos [a] de {casa}.[30] ◀≼

El lugar de articulación

Como las consonantes, las vocales también se producen en distintos lugares de la boca, aunque la terminología es diferente debido a que se emplea una gama menor de posibilidades fisiológicas. Mientras la gama de los lugares de articulación de las consonantes del español va de bilabial a velar, la gama para las vocales va de palatal hasta velar.

Las vocales **anteriores** se producen con una aproximación del predorso de la lengua en la región palatal. Ejemplos incluyen la [j] de {bien}, la [i̯] de {reino}, la [i] de {vino} y la [e] de {ese}.[31] ◀≼

La vocal **central** se produce con la lengua plana en la boca sin acercamiento ni anterior ni posterior. Un ejemplo son las dos [a] de {casa}.[32] ◀≼

Las vocales **posteriores** se producen con una aproximación del posdorso de la lengua en la región velar. Ejemplos incluyen la [w] de {bueno}, la [u̯] de {deuda}, la [u] de {uva} y la [o] de {ojo}.[33] ◀≼

El sonido distintivo de cada vocal resulta de la combinación del modo de articulación (es decir, el grado de abertura) y del lugar de articulación (es decir, la zona bucal donde ocurre la mayor aproximación de la lengua a la bóveda bucal). En resumen se puede comentar que al cambiar la forma del instrumento fonador (es decir, la conformación de la boca, los labios y la lengua), se cambia la vocal.

El cuadro fonético de las vocales del español

En el cuadro de las vocales, la Fig. 5.21, se presentan los símbolos fonéticos de los sonidos según los rasgos de su modo de articulación y su lugar de articulación. Los modos de articulación (es decir: semiconsonante, semivocal, cerrada, media y abierta) se indican en las filas (horizontales) del cuadro. Los lugares de articulación (es decir: anterior, central y posterior) se indican en las columnas (verticales) del cuadro.

Ese cuadro demuestra cómo se puede clasificar un sonido vocálico según su modo de articulación y su lugar de articulación. Por ejemplo, el sonido [a] se describe como una vocal *abierta* (modo de articulación) *central* (lugar de articulación). El sonido [u] se describe como una vocal *cerrada posterior* y el sonido [j] como una *semiconsonante anterior*. Otra vez, el estudiante debe memorizar el cuadro.[34] 📖 🄴

La transcripción fonética

Los símbolos que se presentan en los cuadros fonéticos de las consonantes y de las vocales del español son símbolos del Alfabeto Fonético Internacional o AFI. Conforme se presentó en el Capítulo 4, el empleo de esos símbolos tiene como fin el de proveer un sistema de representación gráfica precisa con una correspondencia exacta entre símbolo y sonido. Ya se trató la imposibilidad de fiarse de un sistema de escritura ortográfica para lograr ese fin.

Una de las herramientas imprescindibles en el aprendizaje de una pronunciación correcta es la transcripción fonética. A través del proceso de la transcripción fonética, el estudiante se da cuenta de cuáles son los sonidos producidos en determinado contexto, o por lo menos, de cuáles son los sonidos que se deben producir en tales casos. Al practicar la transcripción, el estudiante puede ver cómo operan los procesos fonéticos en la producción del español.

	Anterior	Central	Posterior
Semi-consonante	j		w
Semivocal	i̯		u̯
Cerrada	i		u
Media	e		o
Abierta		a	

5.21 El cuadro fonético de las vocales del español.

La transcripción en sí es simplemente el representar fielmente por escrito los sonidos producidos mediante los símbolos del Alfabeto Fonético Internacional. La transcripción fonética siempre comienza y termina con un corchete, [ũŋkoɾʧéte], que indica claramente que los símbolos empleados son símbolos fonéticos, representando así sonidos a diferencia de fonemas por un lado o grafemas o letras por otro lado. También es importante notar que no se incluye un espacio entre las palabras. Esto se debe a que en la producción de la cadena articulatoria hablada, no hay ninguna indicación de tal separación. De hecho, una de las tareas más difíciles para el oyente o receptor de un nuevo idioma es el de segmentar la cadena fónica en palabras. El estudiante debe practicar la transcripción fonética hasta dominarla.[35] 📖

Los procesos fonéticos

Los sonidos no se producen aisladamente. Este principio ya se introdujo en el Capítulo 3, cuando se habló del traslapo que ocurre entre las fases intensivas, tensivas y distensivas de los sonidos vecinos. En el ejemplo que sigue, de la palabra {isla}, representada en la Fig 5.22, se observa que la pronunciación es [íṣla], en que el fonema /s/ que precede al fonema /l/, se realiza mediante un alófono sonoro [ṣ].

El ejemplo de [íṣla] demuestra cómo los procesos fonéticos afectan la pronunciación,

5.22 La pronunciación de [íṣla], en que el fonema /s/ que precede al fonema /l/, se realiza mediante un alófono sonoro [ṣ].

porque durante la articulación del alófono que representa al fonema /s/, ya se anticipa la sonoridad del siguiente sonido sonoro [l].

Dos principios generales que gobiernan los procesos fonéticos

El ejemplo de la realización del fonema /s/ de [iṣla] demuestra muy bien cómo opera uno de los principios más fundamentales de la fonética que es la **facilidad de articulación**. Este principio explica que en la cadena fónica, se modifica la producción de los sonidos para facilitar la realización fisiológica de los segmentos, reduciendo el número o la complejidad de los movimientos necesarios para su producción. En el ejemplo de [iṣla], las cuerdas vocales tienen que vibrarse tanto para la producción de la vocal inicial [i] como también para la consonante [l]. Para facilitar la pronunciación, la vibración de las cuerdas vocales continúa durante el sonido intermediario, produciendo así el sonido [ṣ] en vez del sonido [s]. Esto simplifica la producción fisiológica, pues evita la necesidad de hacer parar la vibración de las cuerdas vocales después de la [i] para comenzar de nuevo su vibración en la producción del sonido [l].[36] ◀⋲

Las modificaciones de los sonidos que podrían ocurrir por motivo de la facilidad de articulación, sin embargo, no tienen rienda suelta. Se limitan por otro principio fundamental que es la **separación perceptiva suficiente**. Este principio exige que haya una diferencia fácilmente perceptible entre sonidos que representan fonemas que se oponen en determinado contexto. Por ejemplo, al comparar las palabras [káro] {caro} y [káro] {carro}, se nota que la producción de la segunda sería más fácil con una vibrante simple como ocurre en la primera. Esto no ocurre porque de esa forma no se mantendría la oposición fonológica necesaria para diferenciar entre las dos palabras distintas. De hecho, muchas veces en la pronunciación, la vibrante múltiple, que podría producirse mediante dos vibraciones de la lengua, se produce con tres o cuatro simplemente para facilitar la tarea del receptor, destacando claramente la separación perceptiva.[37] ◀⋲

En los idiomas del mundo hay varios tipos de procesos fonéticos empleados que facilitan la articulación de las cadenas fónicas por parte del emisor y que mantienen la separación perceptiva necesaria para el receptor. Sin embargo, en español hay solo uno que es relevante e importante, que es el proceso más común y general en todos los idiomas del mundo: la **coarticulación** o **asimilación**.

La coarticulación/ asimilación

La coarticulación o asimilación es el proceso fonético en que un sonido adquiere o adopta una característica o más de un sonido vecino. Un ejemplo de este principio es la palabra [íṣla], descrito arriba, pues la articulación del alófono que representa al fonema /s/, adquiere su sonorización del sonido siguiente [l]. Los dos términos, coarticulación y asimilación, se refieren al mismo principio: es decir, se refieren a cómo un sonido afecta a su vecino, o cómo un sonido se asemeja a su vecino.

En teoría, hay cuatro tipos de coarticulación. Se distinguen en la relación que existe entre los sonidos cambiados y los sonidos que causan el cambio. Los cuatro tipos son la **coarticulación anticipante**, la **coarticulación perseverante**, la **coarticulación recíproca** y la **coarticulación convergente**. Los rasgos a los que se asemejan los sonidos pueden ser el lugar de articulación, el modo

75

de articulación o el estado de las cuerdas vocales.

La coarticulación anticipante

La coarticulación anticipante ocurre cuando un sonido se modifica, adquiriendo rasgos fonéticos del sonido que le sigue. Es decir, el sonido se modifica anticipando un rasgo o más del próximo sonido como se ve en 5.23. Ese tipo de coarticulación también se llama **asimilación regresiva** debido a que un sonido ejerce su influencia sobre el sonido anterior. Servirán de ejemplos los siguientes casos: el primero en que un sonido asimila el rasgo del lugar de articulación, el segundo en que un sonido asimila el rasgo del estado de las cuerdas vocales y el tercero en que el sonido asimila el rasgo del estado del velo del paladar.

Como ejemplo de coarticulación del lugar de articulación, se cita la palabra {información} que fonéticamente resulta ser [ĩɱformasjón]. Aquí la nasal que precede al fonema /f/ se articula con el mismo lugar de articulación de la consonante que le sigue: es decir, labiodental. Es interesante observar que la misma regla opera en inglés en que la pronunciación común de la palabra resulta ser [ĩɱfɹ̩méjʃən]. Ese proceso, en que la consonante nasal se asimila al lugar de articulación de la consonante que sigue, es un proceso típico de la mayoría de los idiomas del mundo.

Como ejemplo de coarticulación del estado de las cuerdas vocales, se repite el de la palabra {isla} que fonéticamente resulta ser [íşla]. Aquí la consonante /s/ se sonoriza convirtiéndose en [ş] al asemejarse a la consonante sonora que le sigue. Ese tipo de coarticulación o asimilación se denomina **sonorización** puesto que un elemento sordo llega a sonorizarse por la influencia de un sonido vecino.

Otro caso de coarticulación ocurre cuando la cualidad de una vocal se modifica al encontrarse delante de una consonante nasal en posición final de sílaba como en las palabras [kã́ṇta] {canta} o [bẽ́ŋgo] {vengo}. En esos casos, la vocal se produce con el velo del paladar separado de la pared faríngea, la misma posición que adopta el velo para la consonante subsiguiente. Debido a que la vocal llega a ser una vocal oronasal o nasalizada, ese tipo de asimilación se denomina **nasalización**.[38] ◀€

La coarticulación perseverante

La coarticulación perseverante ocurre cuando los rasgos fonéticos de un sonido se imponen al sonido que le sigue como se ve en la Fig. 5.24. Es decir, un segundo sonido se modifica por la perseverancia de uno o más rasgos del sonido anterior. Ese tipo de coarticulación también se llama **asimilación progresiva** debido a que un sonido ejerce su influencia en el sonido posterior. Servirán de ejemplos los siguientes casos: el primero del inglés en que un sonido asimila el estado de las cuerdas vocales y el segundo de español que también asimila el estado de las cuerdas vocales.

En inglés la forma del verbo {to be} en tercera persona singular del presente es {is} [ɪz], que termina en una fricativa alveolar sonora. Este verbo combina con sujetos nominales y pronominales como en {he's} [hiɪz] o {Tim's} [tɪmz], que también terminan en una consonante sonora. Sin embargo, la forma combinatoria es diferente en el caso de {it's} [ɪts] o {Kit's} [kʰɪts], en que la palabra principal termina en una consonante sorda. Esto ocurre porque la sordez del penúltimo sonido se extiende o persevera a la consonante que le sigue.

En español, a veces, se ve el mismo fenómeno de coarticulación perseverante del

5.23 La coarticulación anticipante.

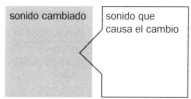

5.24 La coarticulación perseverante.

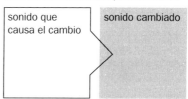

estado de las cuerdas vocales. Al contar, a veces, el emisor produce la secuencia de {cuatro, cinco, seis, siete, ocho} de la siguiente forma [kwátro/síŋ̥ko̥/séi̥s/sjéte̥/ó̥ʃo̥] en que el símbolo diacrítico del círculo escrito debajo de las vocales [̥] indica que la vocal es sorda: es decir, se produce susurrada, sin vibración de las cuerdas vocales. Se puede notar que la vocal sorda solo aparece después de consonantes sordas, y así la sordez de la consonante persevera durante la producción de la vocal. Este tipo de coarticulación o asimilación se denomina **ensordecimiento** puesto que un elemento sonoro llega a ensordecerse por la influencia de un sonido vecino.[39] ◀≶

La coarticulación recíproca

La coarticulación recíproca ocurre cuando los rasgos fonéticos de un primer sonido se imponen al sonido que le sigue y al mismo tiempo ese primer sonido adquiere rasgos del sonido que le sigue, como se ve en la Fig. 5.25. Es decir, es una combinación de coarticulación anticipante y perseverante en que hay una asimilación recíproca entre dos sonidos.

Ese tipo de coarticulación también se llama **asimilación mutua**. Servirá de ejemplo el caso del español con el encuentro entre una consonante nasal seguida de una oclusiva bilabial sonora. En español, la solución fonética de ese encuentro es [mb] como en los ejemplos de [kámbjo] {cambio} o [ẽmbáno] {en vano}. En este caso, la primera consonante se realiza como nasal bilabial al asimilarse al lugar de articulación de la consonante bilabial que le sigue. A la misma vez, la segunda consonante se realiza como oclusiva, no como fricativa, debido a la influencia del modo de articulación del sonido nasal que le precede. Esto se debe al hecho de que en la

producción de la nasal [m], los labios se mantienen totalmente cerrados. Por supuesto, en la transición al sonido siguiente los labios ya están cerrados, asegurando que el sonido siguiente sea una oclusiva y no una fricativa.[40] ◀≶

La coarticulación convergente

La coarticulación convergente ocurre cuando los rasgos fonéticos de un primer sonido y un tercer sonido se imponen al sonido que se encuentra en el medio de los otros dos. Es decir, es una combinación de la coarticulación anticipante y perseverante en que los rasgos del primer sonido (perseverante) y del tercer sonido (anticipante) convergen en el segundo sonido como se ve en la Fig. 5.26. Servirán de ejemplos de ese tipo de coarticulación o asimilación el siguiente caso del español.

La coarticulación convergente ocurre cuando un fonema oclusivo sonoro se encuentra rodeado de vocales como en las palabras [káβe] {cabe} o [náða] {nada} o [láɣo] {lago}. En estos casos, la consonante intervocálica se produce con un modo de articulación fricativo en vez de un modo de articulación oclusivo. Esto resulta ser una coarticulación convergente porque al encontrarse entre dos vocales, que se producen con un mayor grado de abertura bucal, la consonante se abre también, siendo que la articulación fricativa se realiza con la boca más abierta que la articulación oclusiva. Debido a que la consonante llega a producirse con un modo de articulación fricativo, ese tipo de asimilación se denomina **fricativización**.[41] ◀≶

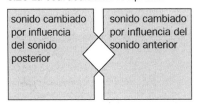

5.25 La coarticulación recíproca.

5.26 La coarticulación convergente.

Sumario

El propósito de este capítulo ha sido el de examinar los aspectos fisiológicos en la producción de los sonidos empleados en la comunicación verbal por vía oral. También se ha introducido la descripción de los sonidos de acuerdo con sus rasgos fisiológicos. La producción fisiológica del habla depende de la interacción de órganos que se clasifican en cuatro grupos: el sistema nervioso, las cavidades infraglóticas, la laringe y las cavidades supraglóticas.

El sistema nervioso incluye el cerebro, que concibe el concepto a transmitirse, lo codifica y organiza las secuencias fisiológicas para producir los sonidos necesarios para transmitir el mensaje. El cerebro manda una serie de impulsos neuromotrices a los órganos a través de un sistema de nervios. El cerebro organiza temporalmente la transmisión de los impulsos para que la interacción entre los demás órganos fonadores produzca los sonidos deseados.

Los órganos infraglóticos se responsabilizan por la provisión del aire necesario para la producción de sonidos. Este aire es imprescindible, porque sin movimiento de aire, no puede haber producción de sonidos. Los órganos infraglóticos incluyen los **pulmones**, que funcionan como reservas de aire, el **diafragma** y los **músculos intercostales**, que funcionan para controlar el tamaño de los pulmones, y los **bronquios** y la **tráquea**, que sirven de conductos de aire. Esos órganos llevan a cabo la respiración, sobre cuya etapa de exhalación se producen todos los sonidos del español.

La **laringe** es una estructura entre la tráquea y la faringe que contiene las **cuerdas vocales**. Las cuerdas vocales son un conjunto de ligamentos y músculos con una membrana mucosa que son responsables para la fonación. Las cuerdas vocales tienen tres tipos de movimientos que se resumen en el Cuadro 5.27.

Las **cavidades supraglóticas** son tres: la **cavidad faríngea**, la **cavidad nasal** y la **cavidad bucal**. La cavidad faríngea sirve únicamente como pasaje de aire en español. La cavidad nasal, sin embargo, sirve como cavidad de resonancia cuando baja el velo del paladar, permitiendo el pasaje de aire por la fosa nasal. La cavidad bucal es donde ocurren las principales manipulaciones del aire que producen las distinciones entre los diferentes sonidos de un idioma. Es importante tener un conocimiento detallado de la fisiología de la cavidad bucal como se presenta en la Fig. 5.18 para poder describir precisamente la producción de un determinado sonido. El Cuadro 5.28 presenta cómo la abertura o cerrazón de las cavidades oral y nasal resulta en la producción de distintos tipos de sonidos. La cavidad nasal se cierra mediante el levantamiento del velo del paladar contra la pared faríngea; la cavidad oral, mediante la oclusión de dos órganos bucales.

Los sonidos de un idioma se dividen inicialmente entre **vocales** y **consonantes**. La distinción entre las dos se resume en la Fig. 5.29.

Las diferentes consonantes se clasifican según el **modo de articulación**, el **lugar de articulación** y el **estado de las cuerdas**

Tipo de movimiento	Cómo afecta el sonido	
abrirse (abducción) —cerrarse (aducción)	Respiración · Consonante sorda · Consonante sonora · Vocal · Golpe de glotis	
vibrarse—no vibrarse	producción de sonido sonoro—sordo	
estirarse—aflojarse adelgazarse—espesarse	sube—baja el tono fundamental	

5.27 Tipos de movimientos de las cuerdas vocales.

Cavidad nasal	Cavidad oral	Sonido producido
cerrada/velo levantado	boca cerrada	oclusiva oral [b]
	boca abierta	consonante oral [s] vocal oral [a]
abierta/velo bajado	boca cerrada	consonante nasal [m]
	boca abierta	vocal oronasal [ã]

5.28 El juego entre las cavidades oral y nasal.

vocales. De manera semejante las vocales se clasifican según el **modo de articulación** y el **lugar de articulación**. Es imprescindible saber bien **el cuadro fonético de las consonantes del español** de la Fig. 5.20 y **el cuadro fonético de las vocales del español** de la Fig. 5.21.

Los símbolos de los cuadros son del **Alfabeto Fonético Internacional** o **AFI**. Mediante el uso de esos símbolos, se puede transcribir los sonidos de los enunciados del español con una correspondencia exacta, lo que falta en cualquier otro sistema de escritura. La transcripción fonética es una excelente herramienta para el estudiante que desea mejorar su pronunciación. El beneficio principal es que le permite al estudiante ver los sonidos que se deben de producir en cada circunstancia y cuáles son los procesos fonéticos que operan en la producción del español.

En la producción de la cadena fónica, hay dos principios o fuerzas que rigen al producto fonético final. El primero es la **facilidad de articulación** que favorece al emisor. Según ese principio, el hablante tiene la libertad de cambiar la producción de los elementos segmentales para que le sea más fácil la producción de la secuencia de sonidos, reduciendo o simplificando los movimientos articulatorios necesarios. Esa libertad se constriñe por otro lado por el segundo principio o fuerza, que es la de la **separación perceptiva suficiente** necesaria para que el receptor pueda interpretar la onda sonora con mayor facilidad. Para el beneficio del oyente, el hablante tiene que diferenciar al máximo los sonidos producidos que representen a distintos fonemas.

El proceso fonético más importante en la producción de la cadena fónica es la **coarticulación** o **asimilación** que demuestra por excelencia el principio de la facilidad de articulación. Los distintos tipos de coarticulación o asimilación se clasifican según dos dimensiones distintas. La

5.29 Las consonantes en contraste con las vocales.

Características articulatorias	Vocales	Consonantes
abertura de la boca	más abierta	menos abierta
acción muscular	músculos depresores	músculos elevadores
abertura de las cuerdas vocales	menos abiertas	más abiertas
tensión de las cuerdas vocales	más tensión	menos tensión
gasto de aire	menos gasto de aire	más gasto de aire

Tipo de coarticulación	Tipo de asimilación	Posiciones relativas de los sonidos	Ejemplos
Anticipante	Regresiva		asimilación al lugar de articulación de la consonante que sigue [ĩɱfórme] sonorización [íṣla] nasalización [kã̃ṇto]
Perseverante	Progresiva		ensordecimiento [síŋko̥]
Recíproca	Recíproca		asimilación [kã̃mbjo] [ẽmbáno]
Convergente	Convergente		fricativización [káβe]

5.30 La coarticulación/asimilación. ▦ = sonido cambiado ◁ = sonido que causa el cambio

primera dimensión describe las posiciones relativas de los sonidos cambiados y de los sonidos que causan los cambios. Según esa dimensión las coarticulaciones se clasifican como anticipantes, perseverantes, recíprocas o convergentes. La segunda dimensión describe el rasgo fonético que el sonido que causa el cambio comparte con el sonido cambiado. Según esa dimensión, las asimilaciones se identifican como sonorización, ensordecimiento, nasalización o fricativización, entre otras. Los tipos de coarticulación o asimilación se resumen en el Cuadro 5.30.

En este capítulo se han examinado los movimientos fisiológicos a través de los cuales el emisor produce los sonidos, o en otras palabras la codificación del concepto en un mensaje. También se ha examinado la descripción de los sonidos del habla y cómo los procesos fonéticos afectan la integración de los sonidos aislados en la cadena fónica. En la comunicación verbal por vía oral, el mensaje es una onda sonora, las características y la transmisión de la cual se examinarán en el próximo capítulo.

Preguntas de repaso

1. ¿Cuáles son los órganos articulatorios infraglóticos y qué papel juegan?

2. ¿Cuáles son los órganos articulatorios laríngeos y qué papel juegan?

3. ¿Cuáles son los órganos articulatorios supraglóticos y qué papel juegan?

4. ¿Cuáles son las cavidades supraglóticas y qué papel juegan?

5. ¿Cuáles son los resultados de los diferentes movimientos de las cuerdas vocales?

6. ¿Cuál es la función del velo del paladar?

7. Explique la relación entre la abertura de la glotis y la vibración de las cuerdas vocales.

8. Explique cómo vibran las cuerdas vocales.

9. ¿Cuáles son los rasgos que se usan para definir una consonante? Dé ejemplos para cada rasgo.

Conceptos y términos

africada

alveolar

alvéolos

abertura de la boca

abertura de las cuerdas
vocales

área de Broca

asimilación

bilabial

bronquios

cartílago cricoides

cartílago tiroides

cartílagos aritenoides

cavidad bucal

cavidad faríngea

cavidad nasal

cavidades infraglóticas

cavidades supraglóticas

cerebro

coarticulación
anticipante
convergente
perseverante
recíproca

consonantes

asimilación

corteza anterior del habla

cuerdas vocales
abducción—aducción
abrirse—cerrarse
adelgazarse—espesarse
aflojarse—estirarse
no vibrarse—vibrarse

dental

diafragma

dientes

ensordecimiento

estado de la glotis

estado de las cuerdas
vocales

exhalación

facilidad de articulación

fonética articulatoria

fricativa

fricativización

gasto de aire

glotis

inhalación

interdental

labiodental

labios

laringe

lateral

lengua
ápice
lámina
mediodorso
posdorso
predorso
raíz

lugar de articulación

modo de articulación

músculos intercostales

músculos tiroaritenóideos

nasalización

nervio frénico

nervio hipogloso

nervio recurrente laríngeo

oclusiva

asimilación

onda mucosa

órganos supraglóticos

paladar

palatal

pulmones

respiración fonadora

respiración en reposo

semiconsonante

semivocal

separación perceptiva
suficiente

sistema nervioso

sonido nasal

sonido oral

sonido oronasal

sonido sonoro

sonido sordo

sonorización

tensión de las cuerdas
vocales

transcripción fonética

tráquea

velar

velo del paladar

vibrante múltiple

vibrante simple

vocales

10. ¿Cuáles son los rasgos que se usan para definir una vocal? Dé ejemplos para cada rasgo.

11. Comente las distinciones entre consonantes y vocales.

12. ¿Cuáles son los propósitos de la transcripción fonética?

13. ¿Cuál es la relación que existe entre los principios de la facilidad de articulación y la separación perceptiva suficiente?

14. Distinga entre los cuatro tipos de coarticulación/asimilación según la relación que existe entre los sonidos.

Materiales en línea

1. 🎥 Video de alta velocidad de la acción de las cuerdas vocales demostrando distintos estados de la glotis.

2. 🎥 Video demostrando el efecto de Bernoulli en dos papelitos.

3. 🎥 Video de la vibración de las cuerdas vocales tomado con un laringoscopio de KayPENTAX.

4. 🎥 Video cinerradiográfico de la pronunciación de varias oraciones en español.

5. 🔊 Sonidos orales.

6. 🔊 Sonidos nasales.

7. 🔊 Sonidos oronasales.

8. 🔊 Consonantes oclusivas.

9. 🔊 Consonantes fricativas.

10. 🔊 Consonantes africadas.

11. 🔊 Consonantes nasales.

12. 🔊 Consonantes laterales.

13. 🔊 Consonante vibrante simple.

14. 🔊 Consonante vibrante múltiple.

15. 🄴 Los lugares de articulación.

16. 🔊 Consonantes bilabiales.

17. 🔊 Consonantes labiodentales.

18. 🔊 Consonantes interdentales.

19. 🔊 Consonantes dentales.

20. 🔊 Consonantes alveolares.

21. 🔊 Consonantes palatales.

22. 🔊 Consonantes velares.

23. 🔊 Consonantes sonoras.

24. 🔊 Consonantes sordas.

25. 📖🄴 Cuadro fonético consonántico completo (para estudiar) y cuadro fonético en blanco (para practicar).

26. 🔊 Semiconsonantes.

27. 🔊 Semivocales.

28. 🔊 Vocales cerradas.

29. 🔊 Vocales medias.

30. 🔊 Vocal abierta.

31. 🔊 Vocales anteriores.

32. 🔊 Vocal central.

33. 🔊 Vocales posteriores.

34. 📖🄴 Cuadro fonético vocálico completo (para estudiar) y cuadro fonético en blanco (para practicar).

35. 📖 Transcripciones fonéticas.

36. 🔊 Ejemplo de facilidad de articulación: [ísla].

37. 🔊 Ejemplo de separación perceptiva suficiente: [káɾo] [káro].

38. 🔊 Ejemplos de coarticulación anticipante.

39. 🔊 Ejemplos de coarticulación perseverante.

40. 🔊 Ejemplos de coarticulación recíproca.

41. 🔊 Ejemplos de coarticulación convergente.

Lecturas suplementarias

Borden, Gloria J. & Harris, Katherine S. *Speech Science Primer: Physiology, Acoustics and Perception of Speech* (2nd ed.). Baltimore: Williams & Wilkins, 1984.

Denes, Peter B. & Pinson, Elliot N. *The Speech Chain: The Physics and Biology of Spoken Language.* Garden City, New York: Anchor Books, 1973.

Martínez Celdrán, Eugenio. *Fonética: Con especial referencia a la lengua castellana* (3a ed.). Barcelona: Editorial Teide, 1989.

Ladefoged, Peter. *A Course in Phonetics* (5th ed.). [Southbank, Victoria,] Australia: Thomson Wadsworth, 2006.

Laver, John. *Principles of Phonetics.* Cambridge: Cambridge University Press, 1994.

La fonética acústica

La fonética acústica se ocupa del estudio del mensaje o sea de la onda sonora que se transmite entre el emisor y el receptor. El conjunto de movimientos fisiológicos por parte del emisor tiene por objetivo la producción de una onda sonora que podrá transmitirse al receptor. El estudio de la fonética queda incompleto sin examinar esta segunda fase de la fonética, que es la transmisión del sonido, porque sin la onda sonora, no puede haber comunicación por vía oral. Este capítulo contiene una breve introducción al estudio de ondas, en particular de la onda sonora, para demostrar mejor cómo los movimientos articulatorios del emisor producen la onda sonora y cómo la onda sonora llega a los oídos del receptor.

El concepto general de la onda

Una onda es la transmisión de energía a través de un medio dado. Para entender esta definición mejor, vale examinar unos ejemplos. El primer ejemplo es el de una cuerda como se ve en la Fig. 6.1. Si se extiende la cuerda entre dos personas y una de las dos alza y baja el extremo suyo rápidamente, la energía resultante viaja en forma de onda a través de la cuerda hasta llegar al otro extremo.[1] 🎥 Es importante destacar que no es la cuerda misma lo que viaja entre las dos personas, sino la energía dirigida a la cuerda. La energía, ocasionada por el movimiento del brazo de la primera persona, viaja entre las dos personas por medio de la cuerda. Es de notarse que el movimiento de un punto específico de la cuerda ocurre en el eje vertical, mientras que la propagación de la onda en sí ocurre en el eje horizontal.

El segundo ejemplo es el de una piedra tirada al agua como se ve en la Fig. 6.2. Si se tira una piedra a un charco, se forman ondas que viajan en círculos concéntricos desde el punto de impacto hasta las orillas del charco.[2] 🎥 Otra vez es importante señalar que no es el agua lo que viaja desde el punto de impacto hasta las orillas, sino que es la energía dirigida al agua lo que viaja. Esto se puede comprobar al poner un barquito en el agua y observar que el barquito no viaja con las ondas a la orilla, sino que sube y baja en el eje vertical, mientras que la energía de la piedra tirada viaja en el eje horizontal a través del medio del agua.

El tercer ejemplo es el del péndulo. El movimiento del péndulo, representado en la Fig. 6.3, no presenta la misma imagen de una ondulación tan visible como en los

6.1 Si se extiende la cuerda entre dos personas y una de las dos alza y baja el extremo suyo rápidamente, la energía resultante viaja en forma de onda a través de la cuerda hasta llegar al otro extremo.

6.2 Si se tira una piedra a un charco, se forman ondas que viajan en círculos concéntricos desde el punto de impacto hasta las orillas del charco.

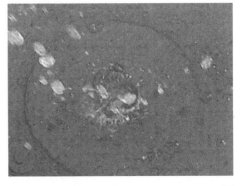

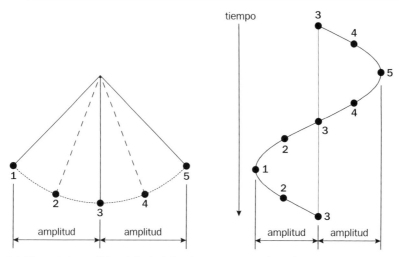

6.3 El movimiento físico del péndulo y la representación gráfica de su movimiento a través del tiempo.

primeros dos ejemplos. Sin embargo, el movimiento es una onda, pues representa la transferencia de energía a través de un medio. En la Fig. 6.3, se puede observar que al pasar por la posición de equilibrio (la posición 3), el péndulo pasa por la posición 4, decelerando hasta llegar a parar en la posición 5. De allí comienza a acelerarse, pasando de nuevo por la posición 4 hasta llegar de nuevo a la posición de equilibrio. De allí decelera por la posición 2 hasta pararse en la posición 1, de donde acelera de nuevo por la posición 2 hasta la posición de equilibrio.[3] 🎥 Al examinar el movimiento del péndulo más a fondo, se ve que de hecho es una onda, pues si se traza su movimiento en un gráfico, marcando el tiempo en el eje vertical y la distancia de desplazamiento de la posición de equilibrio en el eje horizontal,

como se hizo en la Fig. 6.3, se ve claramente la forma de una onda.

Las propiedades de las ondas

El movimiento de un objeto se representa gráficamente en una **forma de onda** tal como la de la Fig. 6.4 que demuestra una onda sinusoidal. En el eje horizontal de la forma de onda, se representa el decurso del tiempo. En el eje vertical se representa la distancia de alejamiento del objeto de su posición de equilibrio. En esta representación gráfica se pueden medir dos aspectos muy importantes de la onda. El primero es la **amplitud** que se define como la distancia del máximo alejamiento del objeto de su posición de equilibrio y que se mide en el eje vertical. El segundo es el **período** que

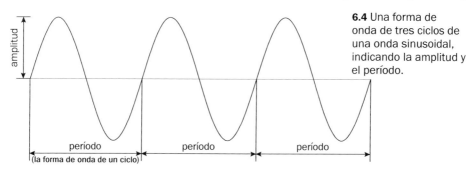

6.4 Una forma de onda de tres ciclos de una onda sinusoidal, indicando la amplitud y el período.

se define como el tiempo requerido para completar un ciclo y que se mide en el eje horizontal. El **ciclo** es la trayectoria de la transferencia de energía desde una posición de equilibrio a otra posición de equilibrio donde se vuelve a repetir el mismo patrón de movimiento.

El período se correlaciona con otro aspecto muy importante que es la **frecuencia**, que es el inverso del período y que se mide en **ciclos por segundo (cps)**.

$$\text{frecuencia} = \frac{1}{\text{período}}$$

La frecuencia también se expresa en **hertzios (Hz)**, una unidad equivalente al ciclo por segundo; es decir, 100 *cps* = 100 Hz. Por ejemplo, si se completa un ciclo en un centésimo de un segundo (1/100 de un segundo), la frecuencia será de 100 ciclos por segundo porque se pueden completar 100 ciclos en un segundo (100 *cps*).

Las ondas simples y compuestas

Los ejemplos ya examinados son **ondas simples**; se representan mediante curvas sinusoidales en que la transferencia de energía ocurre regular y consistentemente. Las ondas simples o sinusoidales pueden combinarse para formar **ondas compuestas**. Las ondas se combinan sumando las amplitudes de las ondas a combinarse en cada momento temporal. En la Fig. 6.5, entonces, el combinar la *onda simple A* con la *onda simple B* produce una nueva *onda compuesta C*. En el gráfico de la Fig. 6.5, se puede observar que la onda compuesta todavía tiene su propia amplitud (el desplazamiento máximo desde la posición de equilibrio) y su propio período (el tiempo que se requiere para completar un ciclo).

Las ondas armónicas e inarmónicas

Los ejemplos dados hasta ahora, tanto las ondas simples como las ondas compuestas, han sido de ondas **armónicas** o **periódicas**, pues han tenido un período, puesto que han tenido un ciclo, es decir, un patrón de movimiento repetido a través del tiempo. La Fig. 6.6 contiene otro ejemplo de una onda compuesta armónica donde se puede observar que el patrón del ciclo se repite. Por otro lado, las ondas **inarmónicas** o **aperiódicas** carecen de un patrón de movimiento repetitivo y así no tienen ni ciclo ni período como se puede observar en la Fig. 6.7.

6.5 La suma de ondas simples para formar una onda compuesta, que también tiene su amplitud y período.

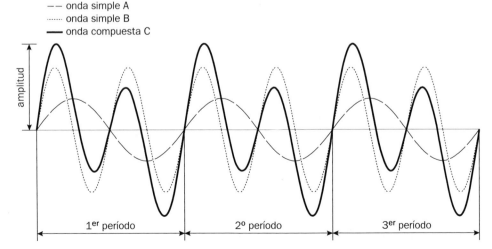

— — onda simple A
.... onda simple B
—— onda compuesta C

1ᵉʳ período   2º período   3ᵉʳ período

6.6 Tres ciclos de una onda compuesta armónica. Las flechas indican el comienzo de cada ciclo.

6.7 Una onda inarmónica no tiene ningún patrón repetido a lo largo del tiempo.

La onda sonora

La onda sonora es la transferencia de energía acústica a través de algún medio. La energía acústica resulta de la producción de cualquier sonido, como los ejemplos ya citados del silbido del árbitro o el chasquido lateral del vaquero como también la propia habla. En el contexto lingüístico, las ondas sonoras que se estudian se limitan a aquellas producidas por los movimientos articulatorios descritos en el Capítulo 5. El medio de transmisión es generalmente el aire, aunque el sonido también puede transmitirse a través de otros medios, como por ejemplo una puerta o una pared. La onda sonora difiere de los ejemplos ya citados porque es una onda longitudinal en que el movimiento del medio (en este caso las moléculas de aire) es paralelo a la **propagación** de la onda.

En el habla humana, los movimientos articulatorios tienen por motivo el poner en movimiento las moléculas de aire, cuyo movimiento se transmite desde la boca del emisor hasta el oído del receptor. En la Fig. 6.8, se puede ver la transmisión de energía por medio del aire a un nivel microscópico. Esa figura demuestra como se transmite de una molécula a otra el patrón de movimiento iniciado por los agentes fonadores. Los círculos representan la posición de las moléculas de aire a través del tiempo. Al examinar la gráfica de la Fig. 6.8, se puede ver que el movimiento de la molécula negra a través del tiempo es una vibración u oscilación alrededor de su posición de equilibrio. Se propaga la onda por el aire en la misma dirección de la propia vibración molecular y el patrón de vibración de una molécula se transmite a la molécula vecina.

A primera vista, ese patrón de movimiento molecular puede no parecer ser una onda, pero otra vez, si se representa el movimiento de la molécula negra en el gráfico, vemos que es análogo al movimiento del péndulo.

A un nivel macroscópico, esa transferencia molecular de energía resulta en la propagación de la onda, según la Fig. 6.9, en que los círculos otra vez representan moléculas de aire. En la naturaleza el número de moléculas se mide en moles (6.02×10^{23} moléculas). La Fig. 6.9 es una representación gráfica de cómo la onda se propaga por esa cantidad masiva de moléculas. La propagación de la onda a través del aire produce dos fases de transmisión: la **fase de compresión**, en que la distribución espacial de las moléculas es más densa, o sea, que la presión del aire es más alta y la **fase de rarefacción**, en que la distribución espacial de las moléculas es menos densa, es decir, que la presión del aire es más baja.

La forma de onda para una onda sonora representa el patrón de vibración de una sola molécula en su medio de transmisión. Si se examina la forma de onda de la Fig. 6.4, se nota una porción de la onda superior a la

6.8 La propagación microscópica de una onda sonora, indicando el patrón de movimiento de la molécula negra.

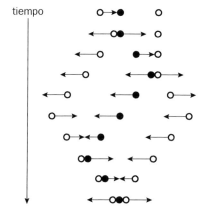

tiempo

Dirección de la propagación de la onda sonora ⟶

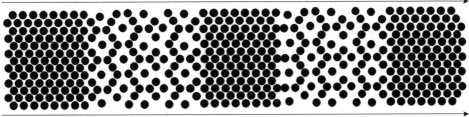

Fase de compresión   Fase de rarefacción   Fase de compresión   Fase de rarefacción   Fase de compresión

6.9 La propagación macroscópica de la onda sonora, indicando las fases de compresión y rarefacción.

posición de equilibrio y una porción inferior a la posición de equilibrio. La porción superior corresponde a la fase de compresión y la porción inferior corresponde a la fase de rarefacción. A diferencia de las ondas en general, todas las ondas sonoras producidas por el ser humano son ondas compuestas.

Las propiedades de las ondas sonoras armónicas

Las ondas sonoras tienen las mismas propiedades que las ondas en general: la amplitud, el tono, la duración y el timbre.

La amplitud

La **amplitud** de la onda sonora se puede medir científicamente en decibelios, una medida física que indica el volumen relativo de un sonido. En la representación gráfica de la forma de onda, la amplitud se ve en el eje vertical. La amplitud corresponde a la percepción de la **intensidad** o **volumen** del sonido. Siendo así, cuanto más baja la amplitud, más bajo el sonido en términos de su volumen y cuanto más alta la amplitud, más alto el sonido en términos de su volumen. Esto se puede ver al comparar la amplitud de la forma de onda de la vocal [a] de volumen bajo con la de la vocal [a] de volumen alto que se ven en la Fig. 6.10.[4] ◀⟨

El tono

Las ondas sonoras armónicas presentan un período, que es el tiempo que se requiere para completar un ciclo. Como ya se ha expuesto, el período guarda una correlación con la frecuencia, siendo la frecuencia el inverso del período. La **frecuencia**, por su parte, es una medida física de la onda en ciclos por segundo que corresponde a la percepción del **tono** o de la nota musical del sonido. Siendo así, cuanto más baja la frecuencia, más bajo el tono o nota musical y cuanto más alta la frecuencia, más alto el tono o nota musical. Esto se puede ver en la Fig. 6.11 al comparar el período de dos

6.10 La forma de onda de la vocal [a] pronunciada con volumen bajo y volumen alto en que varía la amplitud.

— volumen bajo
— volumen alto

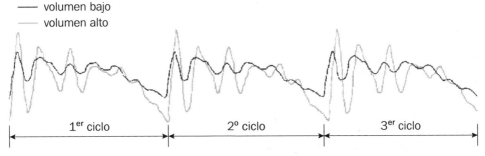

1er ciclo   2º ciclo   3er ciclo

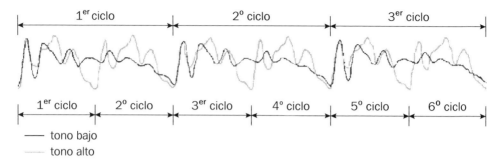

6.11 La forma de onda de la vocal [a] pronunciada con tono bajo y tono alto en que varía el período. Se puede observar que en la onda de tono bajo hay tres ciclos o períodos y en la de tono alto hay seis, puesto que la diferencia del tono entre las dos vocales fue de una octava.

producciones de la vocal [a], una de tono bajo y otro de tono alto.[5] ◀≋ En la Fig. 6.11, el tono alto es una octava más alto que el tono bajo, lo cual quiere decir que la frecuencia del tono alto es el doble de la frecuencia del tono bajo. También quiere decir que el período del tono alto es la mitad del período del tono bajo. En el habla, la variación de la frecuencia de un sonido tiene repercusiones en la manifestación de la entonación y el acento fonético en el caso del inglés y del español, y hasta en la distinción léxica de otros idiomas como el chino o el navajo.

El timbre

Las ondas sonoras armónicas también presentan un ciclo, que es un patrón de movimiento o patrón de vibración que se repite a lo largo del tiempo. El perfil de la forma de onda del **ciclo** es una representación física que corresponde a la percepción del **timbre** o cualidad del sonido. El timbre no tiene medida, pues resulta de los distintos patrones de vibración de las moléculas de aire, lo que se puede visualizar mediante las distinciones en la forma de onda. El patrón de vibración puede cambiar sin que cambie la frecuencia, lo que produce un sonido con una cualidad o timbre diferente. Si se producen las vocales [a] y [e] en la misma nota musical, se producen dos ondas que difieren en su ciclo o forma de onda, como se ve en la Fig. 6.12.[6] ◀≋

La duración

Otro aspecto importante de la onda sonora es la **duración**, que se refiere simplemente al tiempo durante el cual se sostiene la producción de determinado sonido. Puesto que la producción de un sonido es muy rápida, la duración de un sonido se mide generalmente en milisegundos. Al comparar

6.12 La forma de onda de la vocal [a] y de la vocal [e] pronunciadas con el mismo tono y con el mismo volumen. Se puede observar que las dos ondas tienen la misma amplitud y período, pero la forma de onda o ciclo es diferente.

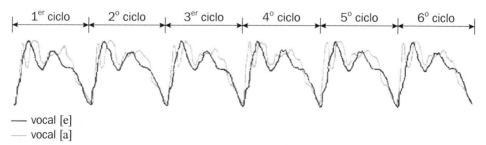

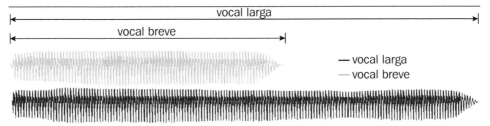

6.13 La forma de onda de la vocal [a] (breve) y de la vocal [aː] (alargada) pronunciadas en el mismo tono y con el mismo volumen. Se puede observar que las dos ondas tienen la misma amplitud y período, pero una simplemente dura más que la otra.

la duración de la vocal tónica [á] de *azar* y la vocal tónica alargada [áː] de *azahar*, se puede oír que la segunda [a] de *azahar* es de duración más larga que la segunda [a] de *azar*. En la Fig. 6.13 se puede ver que la única diferencia entre la vocal breve y la vocal larga es su duración.[7] ◀≋

Las ondas sonoras armónicas en la música y en el habla

Las ondas armónicas o periódicas ocurren cuando hay una vibración u oscilación consistente, lo que produce una onda que tiene un ciclo que se repite. La onda es consecuentemente periódica porque se puede medir el período, que es el tiempo que se requiere para completar un ciclo. Acústicamente, la mayoría de las ondas producidas en la música son ondas armónicas o periódicas, puesto que hay algo que vibra en su producción. En el piano, la guitarra o el violín vibran las cuerdas; en el clarinete o el oboe vibran una o dos lengüetas; en la trompeta y el trombón vibran los labios del músico; en la flauta o el órgano vibra una columna de aire dentro de un tubo.

En el habla, los sonidos más frecuentes en español son las vocales, que se transmiten a través de ondas armónicas o periódicas. La fuente de todos los sonidos armónicos del habla humana es la vibración de las cuerdas vocales. En la Fig. 6.14 se ven las formas de onda de una muestra de unos instrumentos musicales y de las cinco vocales españolas [a e i o u].[8] ◀≋

Para entender la naturaleza compuesta de una onda sonora, es útil examinar la acción que ocurre en una cuerda de guitarra cuando se toca. Al considerar el movimiento de la cuerda, lo que aparece es una bolsa de movimiento, como se ve en el siguiente dibujo:

Al examinar ese movimiento, se puede notar que los extremos de la cuerda no se mueven porque son fijos y que el alejamiento máximo ocurre en el medio de la cuerda. Al analizarlo más a fondo, se puede observar que su movimiento complejo resulta de la suma de varias ondas simples. Las ondas simples, la combinación de las cuales produce la onda compuesta, tienen una relación fija entre sí. Debido a que los extremos son fijos, todas las ondas simples que llegan a formar parte de la onda compuesta tienen frecuencias que son múltiplos íntegros de la frecuencia más baja, que se denomina el **tono fundamental**.

Las ondas simples más allá del tono fundamental se denominan **armónicos**. El tono fundamental por definición es el primer armónico. Los demás armónicos son los múltiplos íntegros del tono fundamental, teniendo así dos ciclos, tres ciclos, cuatro ciclos, etc., a lo largo de la cuerda, como se ve en la Fig. 6.15. La bolsa de movimiento, entonces se deriva de una onda compuesta por el tono fundamental y los demás armónicos.

En la voz humana, se puede alterar el tono fundamental o la nota musical en la que se produce un sonido al alterar la longitud y/o espesura de las cuerdas vocales. Esto tiene su paralelo con los instrumentos musicales. Las cuerdas más largas y/o más

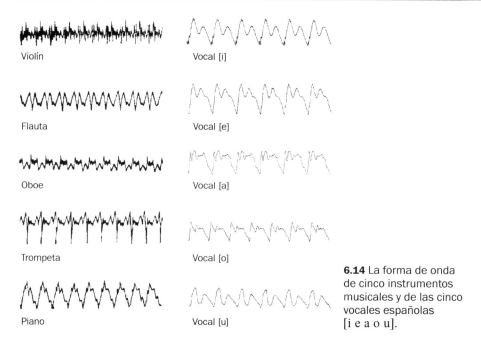

Violín

Vocal [i]

Flauta

Vocal [e]

Oboe

Vocal [a]

Trompeta

Vocal [o]

Piano

Vocal [u]

6.14 La forma de onda de cinco instrumentos musicales y de las cinco vocales españolas [i e a o u].

espesas producen tonos más bajos; las cuerdas más cortas y/o más delgadas producen tonos más altos.

La vibración regular de cualquier elemento (sea una cuerda, una lengüeta, los labios, una columna de aire o las propias cuerdas vocales) produce un tono fundamental. Es importante observar, que a pesar de que dos instrumentos diferentes produzcan un sonido con el mismo tono fundamental, el oyente puede distinguir entre los distintos sonidos. Por ejemplo, un violín y una trompeta pueden tocar la misma nota (i.e., do mayor) y aunque las dos ondas producidas tengan el mismo tono fundamental, el oyente puede distinguir entre las dos. Esto se debe a que la forma y materia del instrumento filtran o atenúan distintos armónicos, los cuales quedan absorbidos o disminuidos en su amplitud por el fenómeno de **atenuación**. Por otro lado se amplifican otros armónicos, que por el fenómeno de **resonancia**, se refuerzan en las cámaras de los distintos instrumentos. Debido a que la forma física del violín es distinta a la de la trompeta, se filtran y se refuerzan distintos armónicos. El sonido que percibimos, entonces, es una onda compuesta del tono fundamental más los

armónicos: algunos filtrados o atenuados y otros reforzados o amplificados. Los instrumentos se diferencian, pues, por su timbre o cualidad sonora que resulta de las diferencias en la construcción y forma física del instrumento, que se reflejan en las distintas formas de onda producidas, como se ve en la Fig. 6.14. Una definición concisa de **timbre** será la cualidad del sonido o efecto acústico total que resulta de la conformación del

6.15 La onda compuesta es la suma de del tono fundamental (x) más los armónicos (2x, 3x, 4x, etc.).

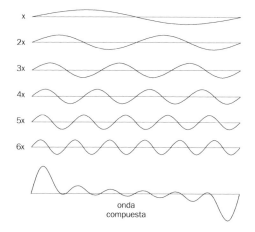

x

2x

3x

4x

5x

6x

onda compuesta

tono fundamental más los armónicos que pasan por el proceso de filtración, algunos de ellos reforzados y otros atenuados. Esa filtración de armónicos es la consecuencia de la forma y de la materia de los distintos instrumentos empleados en la producción del sonido.

En el caso del habla, los ejemplos por excelencia de sonidos armónicos son las vocales, que en español se emplean casi sistemáticamente como núcleos silábicos. Es importante observar que un hablante puede producir la vocal [i] y la vocal [o] en una misma nota musical. Puesto que se producen en la misma nota musical, las dos ondas sonoras tienen el mismo tono fundamental, es decir, la misma frecuencia. La diferencia que se percibe entre los dos sonidos se debe al timbre, debido a que se cambia radicalmente la forma del instrumento (la posición de los labios, la abertura bucal, la posición de la lengua dentro de la boca como mínimo). Ese cambio físico cambia el patrón de filtración y resonancia de los armónicos que resultan de la vibración de las cuerdas vocales. Las distintas vocales se difieren en cuanto a su timbre o **cualidad vocálica** debido a un cambio fisiológico en la posición de los órganos y la conformación de las cavidades de resonancia del aparato fonador. Las diferencias físicas producen distintos patrones en las resultantes formas de onda como se ve también en la Fig. 6.14.

Las ondas sonoras inarmónicas en la música y en el habla

Las ondas inarmónicas o aperiódicas ocurren cuando no hay una vibración consistente, lo que produce una onda caótica,

que no tiene ningún ciclo, ni período, ni patrón que se repita a lo largo del tiempo. En el campo de la música, unos instrumentos que producen ondas inarmónicas son los tambores, maracas o panderetas. Entre los sonidos que producen ondas inarmónicas en el campo del habla humana se encuentran las consonantes [f] y [s]. La Fig. 6.16 muestra las formas de onda de estos sonidos.

Puesto que no hay ningún patrón de vibración que se repita, la onda no tiene tono fundamental. Eso se puede comprobar con un pequeño experimento cantando la vocal [a] en dos notas musicales y luego tratando de cantar la consonante [s] en las mismas dos notas, lo cual resulta ser imposible porque la consonante [s] carece de tono fundamental. Eso se debe principalmente al hecho de que no vibran las cuerdas vocales durante la producción de la consonante [s].

La vibración o no vibración de las cuerdas vocales es un rasgo binario; es decir, según el estado de las cuerdas vocales, las mismas cuerdas simplemente vibran o no vibran; no existe fisiológicamente un término medio. Sin embargo, en cuanto a la periodicidad de la onda sonora, sí existe un continuo. Como ya se ha expuesto, las ondas sonoras de las vocales exhiben un alto grado de periodicidad; son, entonces, los mejores ejemplos de ondas armónicas en el habla. Las consonantes sordas, por otro lado, son los mejores ejemplos de sonidos con ondas inarmónicas en el habla, siendo que no existe en su forma de onda ningún elemento que se repita consistentemente. Sin embargo, ocurren otras dos categorías de sonidos que presentan características interesantes en cuanto a la periodicidad de sus ondas.

6.16 Las formas de onda de las consonantes [f] y [s] son inarmónicas, sin ningún patrón repetido.

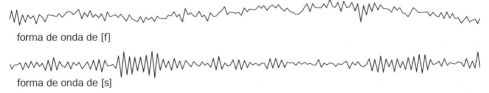

forma de onda de [f]

forma de onda de [s]

Al examinar el sonido [ʂ] de la palabra {mismo}, se observa que es una onda compuesta que proviene de dos fuentes. Una fuente es la vibración de las cuerdas vocales, que de por sí producen una onda armónica; la otra fuente es la turbulencia de aire que resulta de la fricación al forzar el aire por el estrechamiento formado entre la lámina de la lengua y los alvéolos, que de por sí produce una onda inarmónica. La combinación de una onda armónica con una onda inarmónica resulta en una onda todavía inarmónica, pero con cierta periodicidad. A este tipo de onda se le llama cuasiperiódica o cuasiarmónica. Como se puede ver al comparar la forma de onda de los sonidos [a], [ʂ] y [s] que se presentan en la Fig. 6.17, la forma de onda del sonido [ʂ] presenta dos cuasiciclos que tienen el mismo período.[9] ◀ Sin embargo, los detalles de cada cuasiciclo son diferentes debido al componente inarmónico.

Hay otro grupo de consonantes, las nasales y las laterales, que también tienen ondas armónicas como las vocales. Debido a que las consonantes nasales y las consonantes laterales tienen ondas armónicas, las mismas se denominan **sonorantes**. Siguiendo el patrón de la lingüística general, las vibrantes del español suelen clasificarse también como sonorantes. Esa categorización, sin embargo, se examinará en más detalle en el Capítulo 16. Las formas de onda de las consonantes sonorantes son más armónicas que las de las consonantes sonoras, puesto que sus ondas sonoras tienen ciclos que se repiten como en las ondas sonoras de las vocales.

En términos de la periodicidad de la onda, el continuo va de las vocales y sonorantes (las más armónicas) a las consonantes sonoras, hasta las consonantes sordas (las más inarmónicas).

El análisis instrumental de la onda sonora

Puesto que la onda sonora es invisible, se necesitan instrumentos técnicos para poder estudiarla. Hay varios tipos de instrumentos que se han desarrollado a través de los años para el estudio de la onda sonora, que permiten analizar diferentes aspectos de la onda mediante distintas representaciones. Las representaciones más importantes y útiles de la onda sonora, que se examinarán aquí, son cuatro: 1) la forma de onda (que se ha tratado ya), 2) el espectrograma, 3) la sección espectrográfica y 4) la representación de amplitud y tono fundamental.

6.17 La forma de onda de la vocal [a] es armónica, la forma de onda de la consonante [ʂ] es cuasiarmónica y la forma de onda de la consonante [s] es inarmónica.

dos ciclos de la forma de onda periódica de [a]

dos cuasiciclos de la forma de onda cuasiperiódica de [ʂ]

forma de onda aperiódica de [s]

La forma de onda

La forma de onda de una onda sonora, como ya se ha expuesto, representa el movimiento o vibración de una molécula (generalmente de aire) en la cadena de choques moleculares que resultan de la transmisión de un sonido. En la representación gráfica de la forma de onda, como ya se ha explicado antes, se mide la amplitud (que corresponde a la intensidad o al volumen del sonido) en decibelios en el eje vertical. El eje horizontal representa el decurso del tiempo. Se ven ejemplos de las formas de onda de varios sonidos en las Figuras 6.14, 6.16 y 6.17. Históricamente las primeras representaciones de la forma de onda se produjeron en un aparato llamado el osciloscopio (inventado en 1897 por el físico alemán Karl Ferdinand Braun); hoy día se hacen más comúnmente con diversos programas de computadora.

El espectrograma

Aunque la forma de onda sirve muy bien para representar la amplitud de una onda y de diferenciar entre ondas armónicas e inarmónicas, resulta inefectivo para representar la onda sonora de una manera que facilite la diferenciación entre las distintas vocales y consonantes. El próximo paso tecnológico significativo para el estudio de la fonética acústica ocurrió con el invento del espectrógrafo en los años cuarenta del siglo pasado por *Bell Telephone Laboratories*. R. K. Potter lanzó la aplicación del espectrógrafo a la lingüística con la publicación de su libro *Visible Speech*. En ese libro, Potter y sus colegas describieron cómo es posible diferenciar entre los distintos sonidos y reconocerlos mediante el espectrograma de su onda sonora. Esa técnica de análisis lingüístico llegó a ser accesible a la comunidad lingüística con la producción del primer espectrógrafo comercial (el *Sona-Graph*) en 1951 por la compañía Kay Elemetrics.

El espectrógrafo esencialmente produce una imagen visual que descompone la onda compuesta, indicando dónde se encuentra la energía acústica en el espectro del sonido producido. La imagen visual que produce el espectrógrafo se conoce como un **espectrograma** o **sonograma**.

Para producir el sonograma, el espectrógrafo analiza la grabación de la onda sonora en cada momento de su decurso e indica en qué frecuencias y con qué amplitud se encuentra la energía acústica a través del tiempo. El sonograma presenta datos acústicos de la onda sonora en tres dimensiones. En el eje horizontal se mide el decurso del tiempo en milisegundos. En el eje vertical se mide la frecuencia de la energía acústica presente como componente de la onda sonora, la cual se mide en ciclos por segundo (*cps*) o hertzios (*Hz*). El sonograma típicamente representa una gama de frecuencias entre 0 *cps* y 8000 *cps*. La tercera dimensión acústica observable es la amplitud del componente acústico de cada frecuencia. La amplitud no se puede medir con exactitud en el sonograma, pero la amplitud sí se indica con la negrura de la representación de la energía acústica: cuanto más oscura la representación, más alta la amplitud de la energía acústica; cuanto más clara la representación, más baja la amplitud.

Los sonogramas se producen en varios formatos, siendo una de las distinciones la que existe entre los sonogramas de banda estrecha y de banda ancha. El ser estrecha o ancha depende de la gama del filtro que se emplee en el análisis espectrográfico. Tradicionalmente, el filtro de los sonogramas de banda estrecha ha sido de 75 Hz y el filtro de banda ancha ha sido de 300 Hz. La distinción entre el sonograma de banda estrecha y el de banda ancha es análoga a la vista de los estacionamientos de un recinto universitario desde la perspectiva de un helicóptero arriba del recinto en contraste con la vista desde la perspectiva de un avión en altitud muy alta. Desde el helicóptero se puede contar a simple vista el número de automóviles en todos los estacionamientos; desde un avión, tal vez simplemente el número de estacionamientos.

El sonograma de banda estrecha

Los sonogramas de banda estrecha examinan la onda sonora desde una perspectiva más reducida o cercana. Son los más adecuados para ver los armónicos de una onda porque el tamaño del filtro es suficientemente estrecho para poder discriminar entre los armónicos, que se funden en un sonograma de banda ancha como se verá claramente a continuación. En la Fig. 6.18 se ve un sonograma de banda estrecha de la vocal española [a] que comienza en un tono y termina en otro, una octava más alta que el primero.

En el sonograma de banda estrecha en la Fig. 6.18 se pueden observar varios hechos muy importantes.

- Primero, se puede comparar la frecuencia del tono fundamental o primer armónico (A_1) al comienzo y al final del sonograma. Al medir la frecuencia del primer armónico al comienzo y al final en el eje vertical, se observa que la medida del A_1 al final es el doble del A_1 al comienzo. Esto indica que se subió una octava, porque cada vez que se sube una octava, se dobla la frecuencia del tono fundamental.

- Segundo, se puede observar que la separación entre los armónicos (es decir, la distancia entre A_1 y A_2, entre A_2 y A_3, entre A_3 y A_4, etc.) es el doble al final en comparación con respecto al comienzo. Esto se debe a que matemáticamente las frecuencias en *cps* de los armónicos son múltiplos íntegros de la frecuencia del tono fundamental, y puesto que se dobló la frecuencia de A_1, se dobló también la separación entre los armónicos.

- Tercero, se puede observar que varía la negrura o la amplitud de los armónicos. Esto refleja una diferencia en la intensidad o volumen de cada armónico. La atenuación de algunos armónicos se refleja en los armónicos más claros. Algunos armónicos hasta desaparecen por completo. La amplificación de armónicos por resonancia se refleja en los armónicos más oscuros. La conformación de esos armónicos resulta en el timbre distintivo de cada sonido y hace que cada vocal tenga un ciclo o forma de onda distintivo.

- Cuarto, se puede ver cómo el sonograma descompone la onda compuesta, indicando a qué frecuencias y con qué amplitudes ocurren los armónicos que pasan por el filtro de la boca y llegan a formar parte de la onda compuesta que se escucha.

- Quinto, se puede observar que a pesar de los cambios que ocurren en las frecuencias de los armónicos y en la separación que aparece entre ellos, hay, sin embargo, bandas negras que corren en las mismas frecuencias a lo largo del sonograma. Esto indica que hay ciertas bandas de frecuencias que llegan a pasar por el filtro de la boca que son independientes del cambio del tono fundamental. Como se verá a continuación, esto tiene que ver con el fenómeno de timbre y con la identificación de las distintas vocales.

El sonograma de banda ancha

Los sonogramas de banda ancha son distintos de los de banda estrecha en que debido al tamaño del filtro no se distinguen más los armónicos individuales; es decir, los de banda ancha examinan la onda sonora desde una perspectiva más amplia o lejana. Lo que contrapone los dos tipos de sonograma no es ni la onda sonora ni el proceso mediante el cual se realiza el análisis, sino simplemente el tamaño del filtro que se emplea en el análisis, o sea, la perspectiva desde la cual se examina la onda.

En el sonograma de la Fig. 6.18 de banda estrecha, se ven más de cerca los detalles y se pueden distinguir y contar los armónicos. En el sonograma de la Fig. 6.19 de banda ancha, se ve el mismo trozo de habla desde otra perspectiva más distante. En el sonograma de banda ancha no se distinguen ya los armónicos, se ven solamente los grupos de armónicos que han sido reforzados o atenuados. Estos grupos o zonas de armónicos reforzados, que no han sido filtrados, se llaman **formantes**.

En el sonograma de banda ancha en la Fig. 6.19 se pueden observar varios hechos muy importantes.

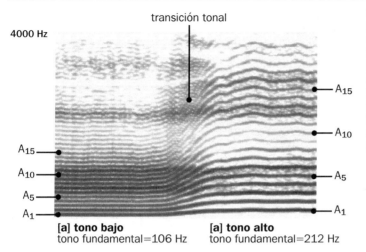

transición tonal

4000 Hz

A15
A10
A5
A1

A15
A10
A5
A1

[a] tono bajo
tono fundamental=106 Hz

[a] tono alto
tono fundamental=212 Hz

6.18 El sonograma de banda estrecha de la vocal [a] producida en tono bajo y tono alto. El tono alto es una octava más alta que el tono bajo, por eso el tono fundamental del tono alto es el doble del tono fundamental del tono bajo.

- Primero, se puede ver que no se distinguen los armónicos individuales. Lo que se ven son los formantes. Al comparar los dos tipos de sonograma, se puede observar que los formantes del sonograma de banda ancha corresponden a los grupos o zonas de armónicos reforzados o atenuados del sonograma de banda estrecha.

- Segundo, se puede observar que por la conflación de los armónicos, no se puede medir el tono fundamental en el eje vertical del sonograma de banda ancha.

- Tercero, se puede observar que varía la negrura o la amplitud de los formantes, siendo la segunda mitad del sonograma de amplitud o negrura más destacada. Esto se debe a que el tono es más alto, y por consiguiente las estrías verticales son más compactas.

- Cuarto, aunque se pueden distinguir las zonas de armónicos no filtrados en el sonograma de banda estrecha, el sonograma de banda ancha ofrece una mejor visualización de las zonas no filtradas y permite que se midan las frecuencias de los formantes.

- Quinto, se puede observar la conformación de formantes en el sonograma de banda ancha, que es característica de la vocal [a]. Como se

6.19 El sonograma de banda ancha de la vocal [a] producida en tono bajo y tono alto. El tono alto es una octava más alta que el tono bajo, pero aun así no cambian los formantes de la vocal.

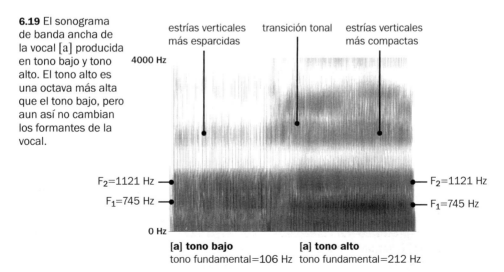

estrías verticales más esparcidas

transición tonal

estrías verticales más compactas

4000 Hz

F_2=1121 Hz
F_1=745 Hz

F_2=1121 Hz
F_1=745 Hz

0 Hz

[a] tono bajo
tono fundamental=106 Hz

[a] tono alto
tono fundamental=212 Hz

verá a continuación, todos los sonidos armónicos tienen timbres o patrones de formantes que son distintivos.

La sección espectrográfica

Suele decirse que el sonograma tiene tres dimensiones: el tiempo en el eje horizontal (el eje x), la frecuencia en el eje vertical (el eje y) y la amplitud en el eje sobresaliente (el eje z). Mientras que los primeros dos ejes permiten medirse, el eje sobresaliente no permite medición, puesto que en el sonograma (que solo tiene dos dimensiones) la amplitud se representa con matices de negrura. La sección espectrográfica sí permite la medición de la amplitud, puesto que traza la frecuencia en el eje horizontal y la amplitud en el eje vertical de un momento determinado. En la Fig. 6.20, se presenta un sonograma de la vocal española [a] junto con una sección espectrográfica del momento indicado por la barra vertical en el sonograma.

El valor de la sección espectrográfica es que permite visualizar y medir mejor la amplitud. En efecto, la sección espectrográfica fija el tiempo para permitir una visión de los aspectos de la frecuencia y la amplitud en un momento dado.

La amplitud y el tono fundamental

Aunque se pueden medir la amplitud y la frecuencia de una onda sonora en el sonograma o en la sección espectrográfica,

existen otros medios que permiten una medición más fácil y una visualización más clara de estos dos aspectos de la onda sonora. Como se ve en la Fig. 6.20, esos medios producen un despliegue sincronizado del tono y de la amplitud.

Conforme a lo presentado, se puede producir con programas acústicos un registro de la amplitud y del tono fundamental sincronizados con la forma de onda. La Fig. 6.21 es una presentación de la frase "La fonética acústica es fascinante".[10] ◀⁝ La representación del gráfico superior es de la amplitud, medida en decibelios. En general, las vocales y consonantes nasales tienen siempre una amplitud mayor que los demás sonidos. Se puede notar también el descenso marcado en las oclusivas sordas. La representación del gráfico del medio es del tono fundamental, medido en hertzios o ciclos por segundo. Es de notar que los sonidos sordos no registran ningún tono. También se debe observar que el tono desciende durante la última parte de la oración. La representación inferior es la forma de onda. Los gráficos están correlacionados temporalmente. El fonetista emplea tales representaciones para estudiar los fenómenos que dependen de la amplitud y del tono, como por ejemplo el acento y la entonación.

La interpretación de sonogramas

El hecho de que el receptor pueda diferenciar entre los distintos sonidos se debe a

6.20 Se puede producir una sección espectrográfica de un momento específico del sonograma. La sección exhibe una representación de la amplitud de cada frecuencia en un punto temporal específico.

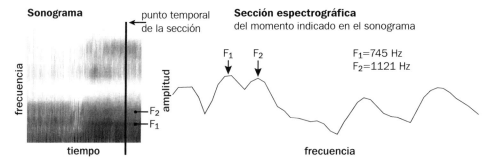

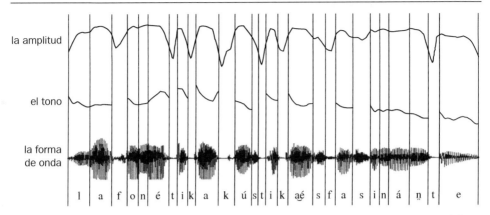

6.21 La forma de onda de la frase "La fonética acústica es fascinante", junto con el trazo del tono fundamental y el trazo de la energía (amplitud).

que la onda sonora en sí es diferente para cada sonido. Las diferencias físicas entre las ondas de los distintos sonidos se hacen visibles en el sonograma. Siendo así, es posible, con práctica y con paciencia, descifrar lo que se dijo mediante una interpretación del sonograma. El proceso de interpretación se lleva a cabo mediante un análisis de varias características acústicas que se correlacionan con los aspectos articulatorios ya descritos en los capítulos anteriores. Una de las características más importantes es la que permite distinguir entre vocales y consonantes.

Ondas armónicas e inarmónicas

Una de las primeras observaciones que se puede hacer de un sonograma se trata de la distinción que existe entre el espectro de una onda armónica y el de una onda inarmónica. En la Fig. 6.22 se ve un sonograma de banda estrecha y uno de banda ancha de la secuencia de sonidos españoles [si se sa so su].[11] ◀ Al comparar los espectros del sonido [s] con los de las vocales [i e a o u], se nota que el espectro de las vocales se organiza en armónicos (en el sonograma de banda estrecha) y formantes (en el sonograma de banda ancha), mientras que el espectro de la consonante [s] presenta energía acústica intensa esparcida indistintamente por toda una gama de frecuencias entre aproximadamente 3200 *cps* y 8000 *cps*. Las ondas sonoras de las vocales, con sus armónicos bien definidos, son ondas

armónicas prototípicas. Las ondas sonoras de la consonante sorda [s], con una ausencia total de armónicos, son ondas inarmónicas prototípicas.

La distinción entre las ondas armónicas y las inarmónicas, sin embargo, no es una dicotomía. Existen también sonidos de "término medio" que presentan matices de características de los dos prototipos. Como se ve en la Fig. 6.23, algunas consonantes, por ejemplo [l] o [n], presentan formantes, aunque atenuados y menos definidos que los de las vocales. Por tener formantes como las vocales, las consonantes [l] y [n] se llaman sonorantes, como ya se indicó antes. Las otras consonantes sonoras son aun más problemáticas. La onda sonora del sonido [ẓ], por ejemplo, resulta de la composición de una onda armónica (procedente de la vibración de las cuerdas vocales) y de una onda inarmónica (resultante de la turbulencia de aire en la región alveolar). Como se ve también en la Fig. 6.23, el sonograma del sonido [ẓ] no presenta formantes, a pesar de la vibración de las cuerdas vocales.

Las vocales

Conforme se puede ver en el sonograma de la Fig. 6.22, el patrón de los formantes de cada una de las vocales [i e a o u] es distintivo. Del sonograma se pueden medir los valores en *cps* de los formantes. Los más importantes en la identificación de cada vocal son el primero y el segundo

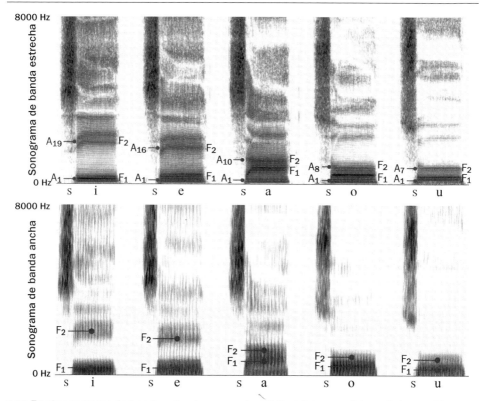

6.22 En el sonograma de banda estrecha se pueden distinguir los armónicos de los sonidos vocálicos y en el sonograma de banda ancha se representan los formantes de los sonidos vocálicos. El sonido [s], siendo consonante sorda, no presenta ni armónicos ni formantes, solo presenta energía acústica esparcida por la región superior.

6.23 Sonogramas de banda ancha de las consonantes sonoras [l], [n] y [ş]. Los sonidos [l] y [n] son sonorantes, presentando así formantes. La consonante [ş] no los presenta.

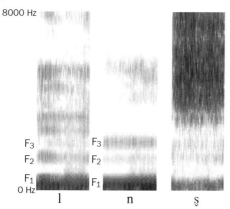

formantes. Para medir el formante se calcula la frecuencia media del formante en el medio de su decurso temporal. En la Fig. 6.24 se representan gráficamente los valores de los primeros dos formantes de las vocales del español, sacados del sonograma de la Fig. 6.22.

Es interesante marcar los valores de los formantes en un gráfico, con los valores del primer formante (F_1) en el eje vertical y los valores del segundo formante (F_2) en el eje horizontal. En la Fig. 6.25, los valores más bajos se encuentran en el ángulo superior derecho. El colocar los valores de los formantes para cada vocal en el gráfico resulta en el llamado "**triángulo vocálico**". En este caso, sin embargo, el posicionamiento de las vocales depende directamente de medidas acústicas científicas de características físicas de la propia

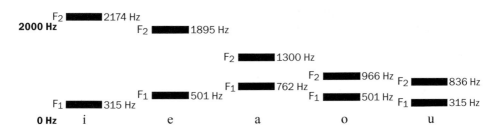

6.24 Representación esquemática del primer y segundo formantes de las vocales españolas.

onda sonora y no de rasgos articulatorios impresionistas.

Al examinar los patrones de los primeros dos formantes se pueden observar las siguientes correlaciones con el cuadro vocálico proveniente de los aspectos articulatorios de los sonidos vocálicos. El **primer formante** (F_1) se correlaciona con la manera de articulación, o sea la abertura bucal; es decir, cuanto más alto el primer formante, más abierta la vocal y la abertura bucal; cuanto más bajo el primer formante, más cerrada la vocal y la abertura bucal. El **segundo formante** (F_2) se correlaciona con el lugar de articulación de la vocal, o sea dónde ocurre el acercamiento máximo entre la lengua y el techo de la boca; es decir, cuanto más alto el segundo formante, más anterior la vocal y más anterior la aproximación de la lengua al techo de la boca; cuanto más bajo el segundo formante, más posterior la vocal y más posterior la aproximación de la lengua al techo de la boca.

Las consonantes

La interpretación de las consonantes en el sonograma depende de una identificación de sus tres rasgos articulatorios: el modo de articulación, el lugar de articulación y el estado de las cuerdas vocales.

Es relativamente fácil identificar algunos **modos de articulación**; sin embargo, hay otros modos que son más difíciles de interpretar. La Fig. 6.26 presenta un sonograma de las secuencias [áta ása áʤa áma ála ára ára], que contienen una consonante oclusiva, fricativa, africada, nasal, lateral, vibrante simple y vibrante múltiple.[12] ◄⁞ La oclusiva se destaca por su período de ausencia de energía acústica que corresponde al período en que no hay salida de aire. La fricativa se reconoce por su energía esparcida por toda una región, que corresponde a la turbulencia producida al forzar el aire por un estrechamiento. La africada, que es una combinación de oclusiva más fricativa, se distingue por tener esas dos etapas. La nasal y la lateral son consonantes que también

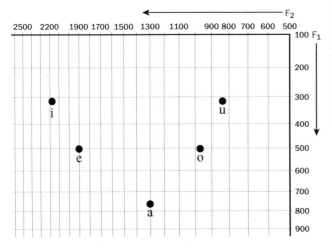

6.25 Gráfico de las vocales españolas posicionadas por los valores del primer formante (en el eje vertical) y del segundo formante (en el eje horizontal). La escala logarítmica del gráfico aproxima la percepción auditiva del oído humano.

se llaman sonorantes porque manifiestan formantes. Sin embargo, esos formantes son más débiles que los de las vocales. Hay que diferenciar entre los sonorantes por el patrón de formantes que presentan. La vibrante simple y la vibrante múltiple se destacan por el número de interrupciones o vibraciones que se perciben. En la Fig. 6.26, se nota una interrupción en la onda sonora del vibrante simple y cuatro interrupciones en la del vibrante múltiple.

Los **lugares de articulación** se interpretan de varios métodos; el método depende, en parte, del modo de articulación. En el caso de las oclusivas, la identificación del lugar de articulación se descifra por analizar las transiciones de los formantes vocálicos al aproximarse o alejarse de la consonante. Como se ve en la Fig. 6.27, de las secuencias [ápa áta áka], las transiciones al final de la primera vocal son diferentes según el lugar de articulación de la consonante que sigue.[13] ◀≲ También las transiciones al comienzo de la segunda vocal varían de acuerdo con la consonante que precede. En el caso de las fricativas, además de las mismas transiciones ya mencionadas, varía la gama de energía acústica como se puede ver en la Fig. 6.28, de las secuencias [áfa ása áxa].[14] ◀≲ El lugar de articulación de las consonantes nasales y laterales dependen de características acústicas particulares que se presentarán en los Capítulos 15 y 16. Las vibrantes son siempre alveolares.

La interpretación del **estado de las cuerdas vocales,** es decir, el reconocer si un sonido es sonoro o sordo es relativamente fácil. En un sonograma de banda ancha, un sonido sonoro presenta estrías verticales; un sonido sordo no tiene tales estrías. Esto se puede notar al comparar los sonogramas de [áxa áɣa] de la Fig. 6.29.[15] ◀≲

El tono fundamental

Aunque es muy fácil examinar el tono fundamental en un trazo tonal como el que se ve en la Fig. 6.21, también se puede determinarlo en el sonograma. Como ya se ha expuesto anteriormente, el tono fundamental corresponde al número de ciclos vibratorios por segundo. En el sonograma de banda estrecha, entonces, el tono fundamental corresponde al valor en *cps* del primer armónico (A_1). Esto se puede ver en la Fig. 6.18, que indica cómo dobla la frecuencia del primer armónico al subir una octava. En el sonograma de banda ancha, sin embargo, no se distinguen los armónicos. No obstante, es posible calcular el tono fundamental de un sonido sonoro de un sonograma de banda ancha. Las estrías verticales representan los ciclos vibratorios de las cuerdas vocales. El medir el decurso del tiempo entre las estrías, entonces, revela el período o el tiempo que lleva para completar un ciclo. Como ya se explicó antes, la frecuencia es el inverso del período. Esto quiere decir que si el período es de 1/125 de segundo, la frecuencia del tono fundamental es de 125 *cps*. Ese fenómeno se ve claramente

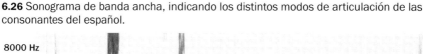

6.26 Sonograma de banda ancha, indicando los distintos modos de articulación de las consonantes del español.

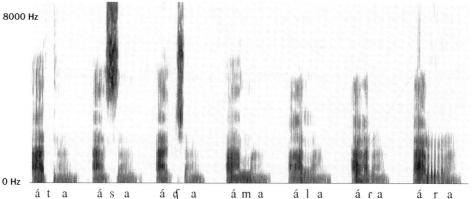

8000 Hz

0 Hz

á t a   á s a   á ɟ a   á m a   á l a   á r a   á r a

En cada caso el F_1 de la primera vocal baja en la transición hacia la consonante. El F_1 sube después de la consonante en su transición hacia la segunda vocal.

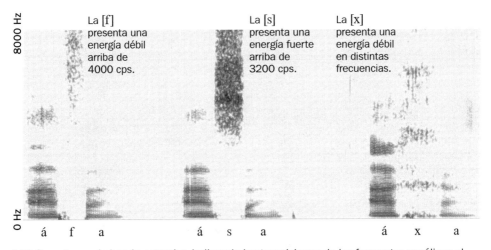

El F_2 de la primera vocal baja en la transición hacia una consonante bilabial. El F_2 sube después de la consonante en su transición hacia la segunda vocal.

El F_2 de la primera vocal es plana en la transición hacia una consonante dental o alveolar. El F_2 también es plana después de la consonante en su transición hacia la segunda vocal.

El F_2 y el F_3 de la primera vocal convergen en la transición hacia una consonante velar. El F_2 y el F_3 se separan después de la consonante en su transición hacia la segunda vocal.

8000 Hz — 0 Hz

á p a   á t a   á k a

6.27 Sonograma de banda estrecha, indicando las transiciones de los formantes vocálicos al aproximarse o alejarse de las oclusivas bilabial, dental y velar.

8000 Hz — 0 Hz

La [f] presenta una energía débil arriba de 4000 cps.

La [s] presenta una energía fuerte arriba de 3200 cps.

La [x] presenta una energía débil en distintas frecuencias.

á f a   á s a   á x a

6.28 Sonograma de banda estrecha, indicando las transiciones de los formantes vocálicos al aproximarse o alejarse de las fricativas labiodental, alveolar y velar.

en la Fig. 6.19, que representa la vocal [a] que comienza en un tono más bajo y termina en un tono una octava más alto. Se puede observar que el tiempo entre cada estría vertical, o sea el período, resulta ser la mitad al final de la vocal de lo que era al principio. Al interpretarse el tono fundamental de un sonograma, que presentan los formantes F_1, F_2, F_3, etc., el tono fundamental se denomina F_0. Son equivalentes entonces los términos tono fundamental, A_1 y F_0.

El proceso de la interpretación

En vía de ilustración de cómo se interpreta un sonograma de un enunciado, se presenta en la Fig. 6.30 una muestra del dicho popular: *De músico, poeta y loco, todos tenemos un poco.*[16] ◀≲

El análisis de un espectrograma generalmente comienza con una identificación de las vocales. Se pueden localizar las vocales por la presencia de sus formantes distintivos. La identificación de la vocal

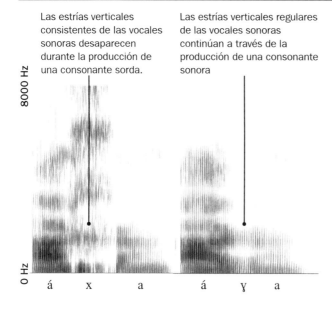

Las estrías verticales consistentes de las vocales sonoras desaparecen durante la producción de una consonante sorda.

Las estrías verticales regulares de las vocales sonoras continúan a través de la producción de una consonante sonora

6.29 Sonograma de banda ancha, indicando la diferencia entre los sonidos sordos y sonoros.

8000 Hz

0 Hz

á   x   a   á   ɣ   a

logra hacerse por medir las frecuencias del primero y segundo formantes y por compararlos con los valores de los formantes presentados en la Fig. 6.24. Luego se procede a una identificación de las consonantes, identificándolas como sonoras o sordas por la presencia o ausencia de las estrías verticales. Luego se identifica el modo de articulación: las oclusivas por la ausencia de energía acústica y las fricativas por una energía acústica esparcida. Las africadas son simplemente una combinación de las características de una oclusiva seguida de una fricativa. Las nasales y laterales se identifican por sus formantes débiles y las vibrantes simples y múltiples por sus breves interrupciones. El lugar de articulación de las consonantes se determina por las transiciones de los formantes vocálicos de acuerdo con lo presentado antes.

Sumario

La fonética acústica estudia la onda sonora. Como toda onda, la onda sonora es una transferencia de energía a través de algún medio, generalmente el aire. Las ondas, en general, pueden clasificarse como simples o compuestas por un lado y armónicas o inarmónicas por otro lado según el Cuadro 6.31.

Puesto que la onda sonora es invisible, es necesario el uso de instrumentos de laboratorio para su estudio. Mediante los instrumentos se pueden examinar las propiedades de la onda que son su amplitud, frecuencia, duración y timbre. La correlación perceptiva de estas propiedades físicas de la onda se resume en el Cuadro 6.32.

La producción de todos los sonidos depende del movimiento del aire. Uno de los modelos más vigentes en la producción del habla es la teoría de la fuente y el filtro. Según ese modelo, la **fuente** del sonido, sobre todo en el caso de la fonación o producción de un sonido sonoro, es la vibración de las cuerdas vocales en la laringe. La fuente produce el tono fundamental con todos sus armónicos, formando así una onda compuesta. En el caso del susurro, la fuente es la constricción de las cuerdas vocales sin que lleguen a vibrarse.

El **filtro**, que modifica el sonido allí producido, se encuentra en las cavidades supraglóticas mediante las distintas conformaciones faríngeas, bucales y nasales que adoptan los órganos de dichas cavidades. En el caso de las vocales y los sonorantes, se filtran (es decir, se eliminan o se atenúan) distintos armónicos y otros se refuerzan al resonar en las cavidades supraglóticas, creando así el timbre particular del sonido armónico. En el caso de las demás

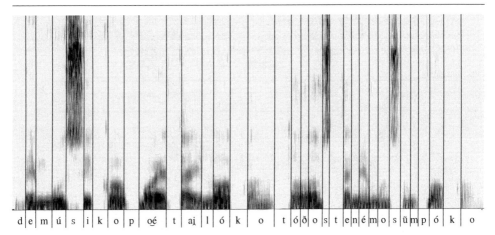

| d | e | m | ú | s | i | k | o | p | o̯é | t | aj̯ | l | ó | k | o | t | ó | ð | o | s | t | e | n | é | m | o | s | ũ | m | p | ó | k | o |

6.30 Sonograma de banda ancha de la frase "De músico, poeta y loco, todos tenemos un poco.".

consonantes, se modifica la salida de aire por una obstrucción, un estrechamiento u otro moldeamiento del canal bucal, convirtiendo la onda en un sonido cuasiarmónico.

Una vez producida, se lleva a cabo la **propagación** de la onda sonora por el medio del aire. Con la producción de la onda sonora de cada sonido, se ponen las moléculas de aire en distintos patrones de vibración, cuyos patrones de vibración se pasan de molécula en molécula desde el aparato fonador del emisor hasta el oído del receptor.

Como ya se demostró, la onda sonora solamente se deja estudiar mediante un análisis instrumental. El Cuadro 6.33 resume los distintos métodos de análisis y los aspectos

de la onda sonora que cada método permite destacar.

Uno de los aspectos básicos de la onda sonora armónica es su tono fundamental. El tono fundamental corresponde a la frecuencia de vibración de las cuerdas vocales en la voz humana. El tono fundamental también se denomina el primer armónico (A_1) o formante cero (F_0). Se puede medir la frecuencia del tono fundamental en *cps* directamente en el trazo del tono fundamental. Se puede medir también la frecuencia del primer armónico (A_1) directamente del sonograma de banda estrecha. También es posible calcular el tono fundamental del

6.31 Tipos de ondas.

Tipo de onda	Definición	Ejemplo de la música	Ejemplo del habla	Ejemplo de la forma de onda
Onda armónica simple	una curva sinusoidal	diapasón	(no hay)	
Onda armónica compuesta	una onda con un ciclo o patrón que se repite	instrumentos de cuerda o de viento	vocales y sonorantes	
Onda cuasiarmónica	la composición de una onda armónica y una inarmónica	tímpanos	consonantes sonoras	
Onda inarmónica	una onda sin ningún elemento repetido	tambores, pandereta, címbalo, etc.	consonantes sordas	

Propiedad	Definición	Correlación perceptiva	Medida	El efecto cambiado al alterar la propiedad
amplitud	máximo de alejamiento de la posición de reposo	intensidad	decibelios	el volumen
frecuencia	número de ciclos por segundo/inverso del período	tono	cps/Hz	la nota musical
duración	el tiempo que se sostiene la producción del sonido	duración	milisegundos	la duración
ciclo	el patrón o elemento repetido de la forma de onda	timbre	(no se cuantifica)	la cualidad vocálica

6.32 Correlación perceptiva de las propiedades físicas de la onda.

sonograma de banda ancha. El proceso requiere dos pasos:

1. Se mide el período de la onda sonora en el eje horizontal, que es la distancia entre las estrías verticales.

2. Se calcula la frecuencia, que es el inverso del período.

Con referencia al sonograma de banda ancha, existen tres medidas importantes: F_0 (el formante cero), F_1 (el primer formante) y F_2 (el segundo formante). El Cuadro 6.34 presenta un resumen de lo que indica cada uno.

Los movimientos articulatorios de los diferentes sonidos producen ondas sonoras distintas. Es posible reconocer cuáles son los sonidos por las características físicas de las distintas ondas sonoras. Por eso, los sonogramas se dejan interpretar permitiendo la identificación de cada uno de sus sonidos. El proceso de identificación depende de la evaluación de varios criterios. Inicialmente se determina si el sonido es armónico o inarmónico, es decir, si la onda presenta armónicos o formantes o si no los presenta. En general, eso determina si el sonido es vocal o consonante. Las vocales se identifican por los valores de su primero y segundo formantes. Para identificar las consonantes, hace falta determinar el modo de articulación, el lugar de articulación y el estado de las cuerdas vocales según los criterios resumidos en el Cuadro 6.35.

En el Capítulo 5 se examinó la fonética articulatoria, es decir, cómo el emisor produce el sonido o sea la onda sonora. En este capítulo se examinó la fonética acústica, es decir, cómo se transmite el mensaje a través de la propagación de la onda sonora. En el próximo capítulo, se examinará la fonética auditiva, es decir, cómo el receptor recibe e interpreta la onda sonora.

Preguntas de repaso

1. ¿Cuál es la diferencia entre la fonética acústica y la articulatoria?

2. ¿Cuáles son las propiedades de una onda sonora?

3. ¿Cómo se origina el tono fundamental?

4. ¿Cuáles son las correlaciones perceptivas de amplitud, tono y ciclo?

5. ¿Dónde se origina el tono fundamental en los instrumentos musicales y en la voz humana?

6. ¿Cómo se diferencian las ondas sonoras de los distintos instrumentos musicales y las ondas sonoras de las distintas vocales?

7. Describa la propagación de la onda sonora a nivel microscópico y macroscópico.

Análisis instrumental	Fenómeno que se representa en los ejes	Utilidad	Muestra
forma de onda	x = tiempo y = amplitud	a) distinguir entre ondas armónicas e inarmónicas b) medir el período de una onda armónica c) medir la amplitud	
sonograma de banda estrecha	x = tiempo y = frecuencia z = amplitud (negrura)	a) distinguir los armónicos vocálicos b) ver el patrón de filtración y resonancia de los armónicos c) A_1 = tono fundamental	
sonograma de banda ancha	x = tiempo y = frecuencia z = amplitud (negrura)	a) distinguir/medir los formantes vocálicos b) distinguir/ver las características consonánticas	
la sección espectrográfica	x = tiempo y = frecuencia	ver la amplitud de la energía acústica encontrada en cada frecuencia de un momento fijo	
el trazo del tono fundamental	x = tiempo y = frecuencia del tono fundamental	ver el tono fundamental de los sonidos sonoros; los sonidos sordos no tienen tono fundamental	
el trazo de energía	x=tiempo y=amplitud	ver la amplitud de la onda a lo largo del tiempo	

6.33 Los distintos métodos de análisis y los aspectos de la onda sonora que cada método permite destacar.

8. ¿Cuál es la correlación articulatoria del primer formante de un sonograma?

9. ¿Cuál es la correlación articulatoria del segundo formante de un sonograma?

10. ¿Cuáles son los papeles de la fuente y del filtro en la producción de una onda compuesta?

11. ¿Cuál es el papel de filtración y resonancia en la creación del timbre?

12. ¿Qué se mide en los ejes vertical y horizontal de una forma de onda?

13. ¿Qué se mide en las tres dimensiones de un sonograma?

Formante	Lo que representa	Cómo se mide
F_0	el tono fundamental	Se mide el período (la distancia entre dos estrías verticales) en milisegundos en el eje horizontal: el inverso del período es el tono fundamental
F_1	corresponde al modo de articulación o la abertura bucal • cuanto más alto el primer formante, más abierta la boca • cuanto más bajo el primer formante, más cerrada la boca	Se mide la frecuencia en cps del primer formante en el eje vertical del sonograma de banda ancha
F_2	corresponde al lugar de articulación • cuanto más alto el segundo formante, más anterior la vocal • cuanto más bajo el segundo formante, más posterior la vocal	Se mide la frecuencia en cps del segundo formante en el eje vertical del sonograma de banda ancha

6.34 Las tres medidas importantes: F_0 (el formante cero), F_1 (el primer formante) y F_2 (el segundo formante) y cómo se miden en un sonograma de banda ancha.

Rasgo	Ejemplo	Características acústicas
Modo de articulación	oclusiva	una interrupción, espacio vacío
	fricativa	energía esparcida por las frecuencias más altas
	africada	la combinación de una oclusiva seguida de una fricativa
	nasal	formantes muy débiles en ciertas frecuencias
	lateral	formantes menos débiles en ciertas frecuencias
	vibrante simple	una interrupción sonora de corta duración
	vibrante múltiple	una serie de interrupciones rápidas de corta duración
Lugar de articulación	bilabial, labiodental, interdental, dental, alveolar, palatal, velar	las transiciones de los formantes de las vocales adyacentes y la gama de energía acústica
Estado de las cuerdas vocales	sorda	la falta de estrías verticales consistentes
	sonora	la presencia de estrías verticales regulares

6.35 Para identificar las consonantes en el sonograma, hace falta determinar el modo de articulación, el lugar de articulación y el estado de las cuerdas vocales.

14. ¿Cuáles son las estructuras acústicas que se distinguen en un sonograma de banda estrecha?

15. ¿Cuáles son las estructuras acústicas que se distinguen en un sonograma de banda ancha?

16. ¿Cuáles son las estructuras acústicas que se distinguen en una sección espectrográfica?

17. ¿Cómo se distingue un sonido armónico de uno inarmónico en un sonograma?

18. ¿Cómo se identifica una vocal en un sonograma?

19. ¿Cómo se identifica el modo de articulación de una consonante en un sonograma?

20. ¿Cómo se identifica el lugar de articulación de una consonante en un sonograma?

21. ¿Cómo se identifica el estado de las cuerdas vocales en un sonograma?

22. Indique la relación entre formantes vocálicos y el "triángulo vocálico".

Materiales en línea

1. 🎥 Video de una onda transmitida por una cuerda.

2. 🎥 Video de una onda transmitida por el agua en un charco.

3. 🎥 Video del movimiento de un péndulo.

4. 🔊 La vocal [a] en volumen bajo y alto.

5. 🔊 La vocal [a] en tono bajo y alto.

6. 🔊 Las vocales [a] y [e] en el mismo tono y volumen.

7. 🔊 La vocal [a] con duración breve y larga.

8. 🔊 Las vocales [a e i o u].

9. 🔊 La fricativa alveolar sorda y sonora en [éstamíşma].

10. 🔊 "La fonética acústica es fascinante."

11. 🔊 Las secuencias [si se sa so su].

12. 🔊 Secuencias que demuestran los distintos modos de articulación de las consonantes.

Conceptos y términos

amplitud	formante	período
armónico	formante cero (F_0)	primer armónico (A_1)
banda ancha	frecuencia	primer formante (F_1)
banda estrecha	hertzio (Hz)	resonancia
ciclo	intensidad/volumen	sección espectrográfica
cps	onda	segundo formante (F_2)
duración	onda armónica/periódica	sonograma/espectrograma
fase de compresión	onda compuesta	sonorantes
fase de rarefacción	onda cuasiarmónica	timbre/cualidad vocálica
filtración	onda inarmónica/ aperiódica	tono
fonética acústica	onda simple	tono fundamental
forma de onda	onda sonora	triángulo vocálico

13. ◀€ Secuencias que demuestran los distintos lugares de articulación de las consonantes oclusivas.

14. ◀€ Secuencias que demuestran los distintos lugares de articulación de las consonantes fricativas.

15. ◀€ Secuencias que demuestran la diferencia entre sonidos sordos y sonoros.

16. ◀€ "De música, poeta y loco, todos tenemos un poco."

La fonética auditiva

La fonética auditiva se ocupa del estudio de dos procesos que realiza el receptor: la audición y la percepción de la onda sonora. La onda sonora, producida por el emisor, se propaga a través de las moléculas de aire hasta llegar al oído del receptor. La audición comienza en el oído del receptor, donde el oído amplifica y analiza la onda sonora y la convierte en impulsos nerviosos que a su vez se transmiten al cerebro. La percepción ocurre en el cerebro con la interpretación lingüística de los impulsos nerviosos a él transmitidos, lo cual es el comienzo del proceso de descodificación.

La audición: la recepción de la onda sonora

La audición, cuyo órgano principal es el oído, resulta ser el más complejo de los cinco sentidos del ser humano debido al número de componentes fisiológicos del oído mismo y al número de transformaciones físicas que sufre la energía acústica recibida. El oído se divide inicialmente en tres partes:

el **oído externo**, el **oído medio** y el **oído interno**. El proceso auditivo concluye con el componente del **sistema nervioso auditivo** que transmite la información recogida por el oído al cerebro. La Fig. 7.1 indica la ubicación de esas tres partes del oído.

El oído externo

Las partes principales del oído externo son la oreja (también llamado el lóbulo o pabellón de la oreja) y el canal auditivo externo, como se ve en la Fig. 7.2. La oreja misma sirve como una antena para capturar la onda sonora. Su diseño favorece la recepción de sonidos producidos delante del receptor. El trago, la pequeña prominencia saliente a la entrada del canal auditivo externo, sirve de protección para el oído.

El **canal auditivo externo** en sí es un tubo de aire con una extensión de entre 2,5 cm. y 3,5 cm. y un diámetro de aproximadamente 0,7 cm., por el que pasa la onda sonora. El tubo, abierto en el extremo exterior, está cerrado en su extremo interior por la membrana timpánica. Esa conformación permite

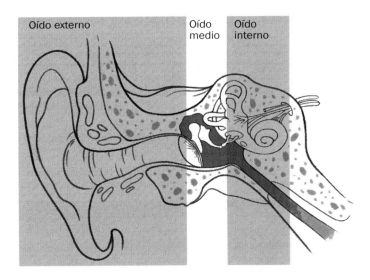

Oído externo   Oído medio   Oído interno

7.1 Las regiones principales del oído.

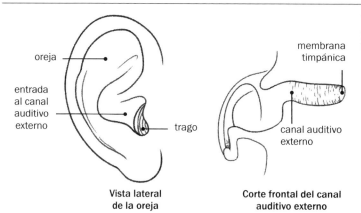

7.2 Los componentes principales del oído externo.

oreja

entrada al canal auditivo externo

trago

membrana timpánica

canal auditivo externo

Vista lateral de la oreja

Corte frontal del canal auditivo externo

que se amplifique un poco la amplitud de la onda sonora, sobre todo en las frecuencias más altas. El canal está forrado de pelitos y de cerilla que protegen el oído de objetos forasteros.

El oído medio

El oído medio es más complicado y tiene más componentes que el oído externo. Se compone principalmente de la membrana timpánica y de los llamados huesecillos, que se ven en la Fig. 7.3. Al llegar al final del canal auditivo exterior, la onda sonora transfiere sus patrones de vibración a la **membrana timpánica**, una membrana ovalada de tejido fibroso extremadamente sensible a las vibraciones del aire. Las frecuencias bajas hacen vibrar toda la

extensión de la membrana, mientras que las frecuencias más altas hacen vibrar distintas regiones de la membrana.

De la membrana timpánica, la energía se transfiere a una cadena osicular formada por los tres huesos más pequeños del cuerpo: el **martillo** (*malleus*), el **yunque** (*incus*) y el **estribo** (*stapes*). Específicamente, la superficie interior de la membrana timpánica se conecta al mango del martillo que recibe la energía vibratoria. Con eso, la transmisión de energía cambia de un sistema acústico a un sistema mecánico. El mango del martillo funciona como una palanca que amplifica la energía transmitida a la cabeza del martillo. La cabeza del martillo encadena con el cuerpo del yunque que sirve de fulcro entre el martillo y el estribo, amplificando de nuevo la energía transmitida. El proceso inferior del yunque enlaza con el estribo,

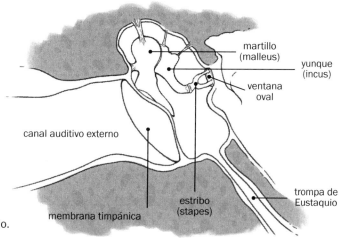

martillo (malleus)

yunque (incus)

ventana oval

canal auditivo externo

trompa de Eustaquio

7.3 Los componentes principales del oído medio.

membrana timpánica

estribo (stapes)

pasándole su energía. El estribo, el último elemento de la cadena osicular, contiene dos procesos cilíndricos que terminan en un asiento que se encaja en la ventana oval, que es el comienzo del oído interno.

El estribo sufre dos tipos de movimiento. En primer lugar, actúa como un pistón, pasándole en dirección horizontal la energía sonora a la ventana oval. En segundo lugar, puede sufrir un movimiento perpendicular, el llamado reflejo auditivo, cuando el oído medio siente un sonido de volumen muy alto. Ese reflejo tiene como motivo el proteger el oído interno de sonidos de volumen tan alto que podrían dañar su frágil mecanismo.

La cadena osicular se asienta en una cámara de aire, pero el aire no interviene en la transmisión de energía. El aire ambiental de la cámara del oído medio proviene de la trompa de Eustaquio, que conecta con la faringe nasal. Ese aire es necesario para que funcione la membrana timpánica, que no puede responder adecuadamente a la onda sonora acústica en el canal auditivo externo sin que haya un equilibrio de presión de aire por los dos lados de la membrana timpánica. La transmisión de la energía sonora a través del sistema mecánico de los huesos permite que la energía se amplifique para que la presión de energía sonora contra la ventana oval sea de treinta a cuarenta veces mayor que la presión contra la membrana timpánica.

El oído interno

El sistema auditivo del oído interno empieza donde el estribo conecta con la **ventana oval** que da entrada a la cóclea, el órgano principal del oído interno. Como se ve en la Fig. 7.4, el oído interno también contiene tres canales semicirculares, llenos de líquido, que se responsabilizan por el sentido de equilibrio y de posicionamiento corporal. Esas estructuras, junto con la cóclea, se conocen como el laberinto membranoso.

La cóclea es de forma fija y se encaja en el hueso más denso del cuerpo humano. La **cóclea** en sí tiene forma de caracol de dos vueltas y tres cuartos. Dentro de la cóclea hay tres canales, dos de ellos (uno superior

y otro inferior) transmiten la energía sonora y el tercero (en el medio de los otros dos) convierte la energía en impulsos nerviosos. La ventana oval se conecta al canal superior, llamado la *scala vestibuli*. Cuando el estribo empuja contra la ventana oval, el estribo funciona como pistón, creando una ondulación en el líquido perilinfático del canal vestibular. Como se ve en la Fig. 7.5, la ondulación viaja a lo largo de la escala vestibular y pasa por el helicotrema, que queda al extremo de la cóclea, y la energía entra en el canal inferior o *scala tympani*. La ondulación sigue por la escala timpánica hasta llegar a la ventana redonda, que se distiende hacia el oído medio en compensación del movimiento de la ventana oval.

La ondulación del líquido en las escalas vestibular y timpánica causa un movimiento de una membrana que divide la escala timpánica del canal medio. El canal medio se llama la *scala media* o canal coclear. Ese canal, por su parte lleno de líquido endolinfático, contiene el llamado **órgano de Corti** o el órgano de audición, como se ve en la Fig. 7.6. La membrana inferior que divide la escala timpánica de la escala media se llama la **membrana basilar**. La membrana basilar está forrada en su superficie superior de fibras ciliadas, que son pelitos muy finos en patrones organizados. La membrana basilar varía en su grosor a lo largo de su extensión por la cóclea. Debido a la graduación de su grosor, la membrana basilar responde a frecuencias acústicas distintas. Cuando la membrana se distiende hacia arriba en

7.4 Los componentes principales del oído interno.

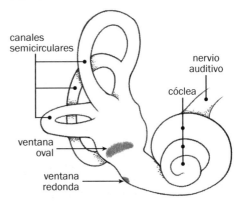

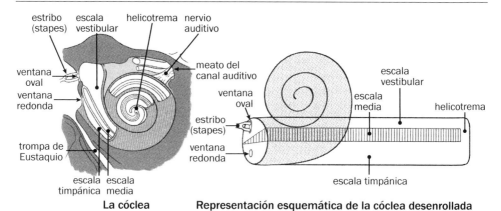

La cóclea | **Representación esquemática de la cóclea desenrollada**

7.5 Corte transversal parcial de la cóclea y una representación esquemática de la cóclea desenrollada.

la región que corresponde a determinada frecuencia, las fibras ciliadas se levantan y entran en contacto con el techo o **membrana tectoria**. Cuando las fibras ciliadas entran en contacto con la membrana tectoria, se excitan los sensores neurales que registran la existencia de energía sonora en su determinada frecuencia. El mecanismo auditivo del ser humano es tan preciso que responde a ocho frecuencias entre dos semitonos musicales, o sea puede precisar ocho niveles distintos entre dos notas consecutivas del piano.

Al transmitirse la onda compuesta por el líquido perilinfático de la cóclea, se registran las distintas frecuencias desde las bajas hasta las altas a lo largo de las vueltas de la cóclea. La Fig. 7.7 indica el lugar relativo de la percepción de las frecuencias reconocidas por el oído humano desde 20 *cps* hasta 20.000 *cps*.

El sistema nervioso auditivo

Los sensores neurales se excitan al reconocer la presencia de energía acústica en la frecuencia que les corresponde. Los nervios que provienen de cada una de estas posiciones se combinan hasta unirse todos en el **nervio auditivo**, o el octavo nervio

7.6 Corte transversal de una vuelta del caracol de la cóclea y una corte transversal ampliada de la escala media.

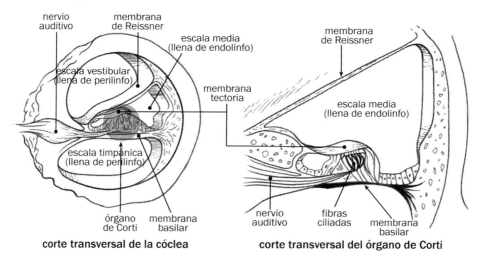

corte transversal de la cóclea | **corte transversal del órgano de Corti**

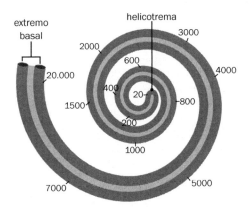

7.7 Representación esquemática de las frecuencias en hertzios reconocidas por la membrana basilar.

craneal. En el sistema auditivo humano hay como 30.000 fibras en cada uno de los dos nervios auditivos.

El nervio auditivo, como se ve en la Fig. 7.5, sale de la cóclea y pasa por un hueco (el meato del canal auditivo) en el hueso temporal a la médula oblongada. En esta región a donde llegan los dos nervios auditivos se comparan las señales de los dos para localizar la fuente del sonido producido. Los nervios aquí se entrecruzan; el nervio auditivo izquierdo pasa por el cerebro medio y sigue al lóbulo temporal derecho mientras el nervio auditivo derecho pasa por el cerebro

7.8 Las flechas con líneas en puntos representan la trayectoria de los impulsos acústico-neurales desde la cóclea hasta el área de Wernicke.

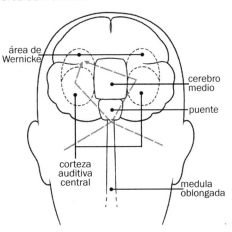

medio y sigue al lóbulo temporal izquierdo, como se ve en la Fig. 7.8. De esa forma toda la información sobre las frecuencias y amplitudes percibidas a través del tiempo por la cóclea se transmite a la región del lóbulo temporal que se denomina la **corteza auditiva central** como se ve en la Fig. 7.9. Una vez comunicada esa información a la corteza auditiva, la información pasa a la región del cerebro denominada el **área de Wernicke** o coreteza posterior del habla, donde comienza el proceso de reconocimiento e identificación de los sonidos del mensaje transmitido.

La percepción: la interpretación de la onda sonora

En el área de Wernicke se analizan las distintas características acústicas provenientes de las ondas sonoras compuestas que pasaron por el canal auditivo externo hasta poner en movimiento la membrana timpánica. Todas las características acústicas de esas ondas, es decir, su amplitud, su frecuencia, su timbre, su duración, en fin, toda la caracterización espectrográfica de las ondas, se transmite al cerebro.

Uno de los primeros pasos en el análisis de los datos neurales es el de desechar los sonidos ambientales. Ejemplos de esos tipos de sonidos serían el silbido de los aparatos

7.9 El cerebro, indicando las zonas referentes al análisis lingüístico de la onda sonora.

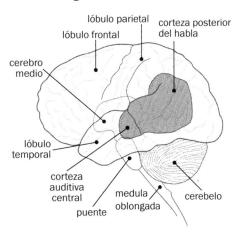

115

eléctricos, el zumbido de abanicos o el estrépito del tráfico. También puede incluir el habla de terceros que no son el enfoque de la atención del oyente. Una vez descartada esa información, el cerebro comienza el proceso de separación e identificación de los sonidos/impulsos individuales.

Categorización de los sonidos

La categorización de los sonidos contiene tres procesos: la **segmentación**, la **identificación** y la **sistematización**. La segmentación tiene que ver con la separación de la cadena fónica/acústica/neural continua en unidades discretas. Es el mismo fenómeno comentado con referencia a la fonética articulatoria en la sección que presenta el concepto del segmento en el Capítulo 3 sobre "La fonética y la fonología". Se examinaron los problemas de ese mismo proceso de segmentación en el análisis del espectrograma en el Capítulo 6 sobre "La fonética acústica". La identificación es el proceso por el cual el receptor toma un sinfín de posibles realizaciones físicas y las reduce a un número finito de sonidos. La sistematización reduce ese número de sonidos aun más al relacionar cada uno con su imagen mental o fonema.

La segmentación

La categorización de los sonidos comienza con la separación de la onda sonora en segmentos. El problema principal del proceso es cómo dividir una onda fluida y continua no segmental en segmentos. Esa situación problemática origina en los propios movimientos articulatorios que produjeron la onda. Puesto que la onda sonora se produce mediante una serie de distintos movimientos articulatorios fluidos de varios órganos fisiológicos, existen zonas de transición entre los sonidos.

Cada sonido se reconoce principalmente por su fase tensiva; sin embargo, la onda sonora producida contiene la intensión y la distensión de cada sonido. Los encuentros entre la distensión de un sonido y la intensión del sonido siguiente crean zonas de transición. Esas zonas de transición a veces son también importantes en la identificación de los distintos segmentos, sobre todo con las oclusivas, como se vio en el Capítulo 6. A pesar de las complicaciones encontradas en las transiciones, el receptor sí es capaz de segmentar la información neuro-acústica recibida.

La identificación

Una vez segmentada la onda sonora, el receptor necesita identificar el "sonido" relacionado con cada segmento. El problema de esa identificación se puede resumir de esta forma. Dada la producción de cien sonidos [f] o de cien sonidos [a], en términos articulatorios y, como consecuencia, en términos acústicos, cada [f] será un poco diferente como también cada [a] lo será. Por su gran semejanza entre sí, sin embargo, el cerebro clasificará todos como simplemente [f] o [a], a pesar de las diferencias físicas que pueda haber.

El hecho de que el receptor clasifique como un solo sonido toda una gama de realizaciones físicas implica que el cerebro usa varios indicios o límites acústico-neurales distintivos en la identificación del sonido. En ese proceso, se realiza en el área de Wernicke un análisis neurológico análogo al análisis espectrográfico estudiado en el Capítulo 6 sobre la fonética acústica. Cada sonido, entonces, tiene sus rasgos acústico-neurales diferenciadores.

Las vocales se identifican por la presencia de formantes fuertes. La identificación de una vocal específica depende de la ubicación de sus formantes. Conforme lo presentado en el capítulo anterior, el primer formante (F_1) se correlaciona con el modo de articulación y el segundo formante (F_2), con el lugar de articulación. No es que cada vocal se identifique por un valor absoluto del F_1 y F_2, porque los valores absolutos varían según el hablante o según el contexto fonético-fonológico de la vocal o según el humor o genio del hablante. Hasta habrá pequeñas diferencias en los formantes de la vocal [a] de /pán/ articulada varias veces por el mismo hablante. Por eso, lo que importa en la identificación de la vocal es una gama de valores para los dos formantes. El concepto de la gama relativa de valores se ejemplifica

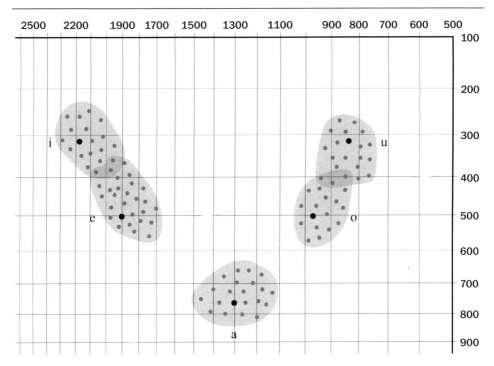

7.10 Gráfico de varias producciones de las vocales españolas posicionadas por los valores del primer formante (el eje vertical) y por el segundo formante (en el eje horizontal).

en el cuadro vocálico del Cuadro 7.10, que ubica varias articulaciones de cada vocal española. Como se puede ver, hasta puede haber traslapo de las gamas de dos vocales vecinas. En estos casos, intervienen en la identificación de la vocal otros factores: por ejemplo, el contexto en que se encuentra la vocal, la relación de la vocal con el sistema vocálico y la vocal que el receptor espera oír.

Las consonantes nasales y laterales se identifican por la presencia de formantes débiles. La identificación del modo y del lugar de articulación de esas consonantes específicas depende de la ubicación de sus formantes conforme se presentó en el capítulo anterior.

Las consonantes oclusivas se identifican por su período de silencio total en el caso de las oclusivas sordas y por una sonorización simple sin ninguna otra resonancia en el caso de las oclusivas sonoras. El lugar de articulación se identifica por las transiciones de los formantes de las vocales anteriores o posteriores a la consonante.

Las consonantes fricativas se identifican por su período de energía acústica

inarmónica esparcida por una región amplia de frecuencia. Eso puede acompañarse o no de un tono fundamental. El lugar de articulación se identifica tanto por las transiciones de los formantes de las vocales anteriores o posteriores, como también por la gama e intensidad de la energía esparcida.

Las consonantes africadas se identifican por ser simplemente una combinación de una oclusiva más una fricativa.

Las vibrantes se identifican por el número de interrupciones rápidas en la cadena acústica-neural. Con una sola interrupción se reconoce una vibrante simple; con más de una, se identifica una vibrante múltiple.

El hecho de que el que aprende un segundo idioma identifique e interprete el sonido escuchado a través de su experiencia previa, hace que tienda a percibir los sonidos de un segundo idioma empleando el sistema de indicios o límites acústico-neurales distintivos de su idioma materno. En fin, piensa oír algo diferente a lo que oiría un hablante nativo de ese segundo idioma. Por ejemplo, un anglohablante al escuchar la secuencia fonética [áβe], es capaz de identificar el sonido en el medio como [v] según los parámetros perceptivos del inglés. Debido a ese fenómeno, es imprescindible que el estudiante que aprende español como segundo idioma se dé cuenta de los nuevos sonidos y que aprenda a reconocerlos. Es necesario poder reconocerlos primero para después poder aprender a producirlos.

La sistematización

El tercer paso del proceso de categorización de los sonidos ocurre cuando el receptor encaja el sonido percibido en el sistema fonológico de la lengua. Es decir, identifica el fonema, o imagen mental del sonido, que el sonido físico evoca. De esa forma se completa la transferencia sonora del emisor al receptor; el receptor es capaz de identificar la misma secuencia de fonemas que tenía en mente el emisor al producir su onda sonora. Al sistematizar los segmentos percibidos, se reduce a un número menor las unidades identificadas, puesto que toda lengua contiene menos fonemas que alófonos.

Es importante notar que las asociaciones de sonidos o alófonos con sus respectivos fonemas pueden variar según la lengua examinada. Por ejemplo, tanto el anglohablante como el hispanohablante son capaces de identificar el sonido [ɾ], una vibrante simple alveolar sonora. El hispanohablante, sin embargo, lo sistematiza como el fonema /ɾ/ (por ejemplo en la palabra {para}), mientras que el anglohablante lo sistematiza como el fonema /t/ o /d/ (por ejemplo en las palabras {city} y {lady}). El estudiante que aprende español como segundo idioma tiene que aprender esas nuevas asociaciones; en fin, tiene que adquirir el nuevo sistema fonológico.

Un elemento importante de un sistema fonológico es la fonotáctica, o sea un entendimiento de las secuencias de fonemas que la lengua permite y las posiciones en que los fonemas pueden aparecer con respecto a la formación de sílabas y palabras. A veces, el receptor puede servirse del conocimiento de las reglas fonotácticas en la identificación de los sonidos. Por ejemplo, si en español, un receptor percibe un sonido fricativo en posición inicial de palabra delante de un sonido [l], sabe identificar el sonido fricativo como [f], puesto que es la única combinación posible de fonemas en este caso.

La percepción de los elementos suprasegmentales

La percepción de los tres elementos suprasegmentales de acento, duración y entonación responde a la percepción de los matices de amplitud, duración y frecuencia presentes en la onda sonora inicial y en la transmisión acústica-neural resultante. Como se verá posteriormente, los indicios de cada uno son diferentes para cada lengua. Cada uno de estos aspectos se tratará individualmente en sus respectivos capítulos.

Otros factores en la percepción del habla

Además de los factores principales ya comentados en el proceso de la percepción, existen otros factores secundarios que merecen alguna discusión. Debido a que existe tanta variación en las características físicas de los órganos fonadores de los hablantes, existe también una inmensa variedad en las características de los impulsos acústico-neurales que llegan al área de Wernicke para interpretarse. Ya se mencionó el caso de la interpretación de los formantes vocálicos, en que el receptor no puede interpretar los valores absolutos de las frecuencias del F_1 y F_2 para la identificación de la vocal. Lo que hace, entonces, subconscientemente, es analizar toda la gama física usada por el emisor para F_1 y para F_2. Una vez determinada la gama, el receptor encaja cada valor reconocido en relación con la gama usada por el emisor. De esa forma el receptor es capaz de sistematizar las producciones individuales y relativas de cada emisor. Ese proceso se denomina **normalización**.

Otro ejemplo de normalización se puede ver en los ejemplos de la entonación. Por ejemplo, es muy posible que cuando un hombre pregunta *¿María está aquí?* con tono ascendente que aun así termine en un tono más bajo que el tono final de una mujer al declarar *María está aquí* con tono descendiente. Aun así, el receptor es capaz de determinar que lo que dijo el hombre fue una pregunta y que lo que dijo la mujer fue una declaración. Eso es posible porque el receptor no presta atención a los valores absolutos de la frecuencia del tono fundamental al interpretar el mensaje, sino que las normaliza o las relativiza con respecto a la gama de frecuencias fundamentales empleada por cada emisor.

En el proceso de percepción uno de los primeros pasos que realiza el receptor es el de fijar la gama empleada por el emisor de todas las características acústicas de la onda sonora. De esa forma normaliza las amplitudes, las frecuencias fundamentales, las duraciones, las frecuencias de los formantes; en fin, el receptor normaliza todos los aspectos de la onda sonora para poder interpretarlos.

Otro fenómeno adicional importante es que el receptor tiende a percibir lo que espera escuchar. Existen varias pruebas de eso. A veces en el habla, el emisor puede equivocarse y pronunciar mal una palabra o secuencia de palabras, pero aun así el receptor entiende bien lo que el emisor quería decir, a veces hasta sin darse cuenta del lapso del emisor.

El receptor a veces se aprovecha del contexto o de la situación para interpretar el impulso acústico-neural recibido. Por ejemplo, si el receptor espera recibir una llamada de su amiga Sarita, y de repente al teléfono se le dice "habla Anita", bajo estas circunstancias el receptor es capaz de "escuchar" todavía "habla Sarita". Relacionado con ese principio es el empleo del lenguaje no verbal en la forma de aclaraciones. Por ejemplo, si

el emisor declara que quiere "tres boletos" y lo dice con los primeros tres dedos levantados, el receptor no va a equivocarse y pensar que quiere "seis boletos".

Al examinar la percepción del habla, es interesante notar por qué el receptor se percibe a sí mismo de manera diferente a como le perciben otros. Esto se manifiesta cuando una persona se graba a sí misma: piensa ella que la grabación no representa bien su voz, mientras los demás creen que es una representación perfecta. Ese fenómeno se explica por reconocer que cuando una persona se escucha a sí misma, la onda sonora percibida por ella es una onda compuesta que viene de dos fuentes. La primera es la onda transmitida por el aire hasta los oídos; la segunda es la onda transmitida a través de los tejidos de la cabeza hasta los oídos. Ese segundo componente no hace parte de la grabación, y por eso la grabación representa lo que escuchan los demás y no lo que escucha el hablante mismo.

Otro aspecto interesante de la percepción es lo que ocurre con el teléfono. Sabido es que es más difícil entender una conversación telefónica que una conversación en vivo. La discrepancia de dificultad aumenta cuando la conversación ocurre en un segundo idioma y puede aumentar aun más dependiendo de la calidad de la transmisión acústica telefónica. Se presentan factores tecnológicos que dificultan la percepción. Como ya se ha expuesto, el ser humano es capaz de detectar una gama de frecuencias entre 20 Hz y 20.000 Hz. El teléfono, sin embargo, suele transmitir solamente una gama reducida de aproximadamente 400 Hz a 3200 Hz. Con esa reducción, no se

7.11 Sonogramas de una oración en español. El primero muestra la información acústica principal disponible a lo vivo, que se encuentra entre 0 Hz y 8000 Hz. (El oído humano, sin embargo, es capaz de percibir entre 20 Hz y 20.000 Hz). El segundo sonograma muestra la información acústica total disponible por teléfono.

La información acústica disponible a lo vivo

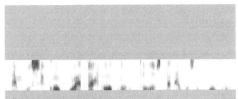

La información acústica disponible por teléfono

transmite ni el tono fundamental ni tampoco el primer formante de algunas vocales, como se ve en la Fig. 7.11. Tampoco se transmite la información acústica necesaria para la identificación de las consonantes fricativas. Frente a esa reducción de información acústica, el receptor se ve forzado a adivinar qué es lo que va en los huecos. Resulta que el receptor adivina mejor la información ausente en su idioma materno que en un segundo idioma. En algunos países la gama de frecuencias transmitida se reduce aun más, dificultando aun más la tarea de la percepción. Otro problema es que puede haber ruidos o interferencias en la transmisión que complican el proceso del análisis de la onda sonora, sobre todo con los cortes que se sufren en los teléfonos celulares.

Teorías generales e incógnitas sobre la percepción

Existen varias teorías que intentan explicar exactamente cómo funciona el proceso de la percepción. Algunas se focalizan en los segmentos, otras en las transiciones entre segmentos, aun otras en los procesos que el receptor emplearía en la replicación articulatoria o acústica del sonido percibido. Existen también otras preguntas. ¿Cómo se archivan los indicios, como imágenes del significado mismo o del significante? ¿Cuál es el papel de la semántica, la sintaxis y la morfología en el proceso de la percepción? ¿Cómo se explica el hecho de que no existen siempre criterios acústico-neurales que permitan la identificación de los fonemas uno por uno? La realidad de la situación es que a pesar de las varias teorías existentes y de la cantidad de información ya recogida, no se saben todavía las respuestas a las muchas preguntas que quedan.

Sumario

La fonética auditiva trata las actividades del receptor, quien recibe e interpreta la onda sonora que le llega del emisor. La primera actividad se conoce como la audición y la segunda como la percepción.

La primera actividad, la **audición**, es la recepción y el reconocimiento físico de los sonidos producidos. Como ya se vio, la onda sonora corre por el canal auditivo del oído externo y da contra la membrana timpánica. De ahí comienza la transmisión y amplificación de la onda sonora al pasar por el sistema mecánico osicular del oído medio. Luego la onda sonora pasa por el sistema líquido de la cóclea del oído interno; la cóclea realiza el análisis acústico de la onda que es necesario para la percepción de los sonidos. De ahí el sistema neural auditivo lleva la información acústica recogida hasta el área de Wernicke del lóbulo temporal del cerebro.

Las cuatro fases en la audición del ser humano corresponden a las distintas estructuras fisiológicas del oído y a los distintos medios empleados en su transmisión. Los componentes del sistema de audición se resumen en el Cuadro 7.12, que indica también sus estructuras fisiológicas y medios de transmisión.

La segunda actividad de la fonética auditiva es la **percepción** o la interpretación de la onda sonora. Una vez recibidos los indicios acústico-neurales en el área de Wernicke, el receptor comienza el proceso de categorización de los sonidos. Este proceso incluye tres etapas: la segmentación, la identificación y la sistematización. El Cuadro 7.13 resume el resultado de esas etapas de la categorización.

Como parte de ese proceso, el receptor tiene que normalizar todos los valores acústico-neurales recibidos para poder interpretarlos. El proceso de normalización se hace necesario debido a la gran variedad que existe en los órganos fonadores de los emisores con quienes el receptor puede conversar, lo que produce una gran variación en las ondas sonoras que tiene que interpretar. La normalización de las características acústicas ocurre a lo largo de todo el proceso de percepción, afectando el análisis de la amplitud, del tono fundamental, del timbre y de la duración.

El proceso descrito aquí para la percepción es un modelo simplificado que no toma en cuenta todas las complejidades que surgen en la práctica. Sin embargo, sirve muy bien

Componente	Estructuras fisiológicas	Medio de transmisión
Oído externo	oreja canal auditivo externo	transmisión acústica a través del aire
Oído medio	membrana timpánica martillo, yunque y estribo	transmisión mecánica a través de la cadena osicular
Oído interno	ventanas oval y circular cóclea membranas basilar y tectoria escalas vestibular, media y timpánica	transmisión ondular a través del líquido de la cóclea
Sistema nervioso	nervio auditivo corteza auditiva central área de Wernicke/corteza posterior del habla	transmisión neural a través del nervio auditivo

7.12 Los componentes del sistema de audición.

como modelo para entender los procesos que tienen que ocurrir para que el receptor descodifique el mensaje. En este sentido, es como el científico que siempre habla de procesos que ocurren bajo "condiciones ideales", que aunque no existan, le permite al estudiante un mejor entendimiento de los principios presentados.

Examinados ya los procesos por los cuales se producen, se transmiten y se interpretan las cadenas fónicas, se pasará a una presentación de las relaciones básicas de la fonología.

7.13 El proceso de categorización de los sonidos.

Etapa	Proceso	Producto lingüístico	Número y tipo de elementos
Segmentación	dividir una cadena fluida de impulsos en segmentos	segmentos discretos a ser identificados	número infinito de sonidos
Identificación	emparejar el segmento con un sonido o alófono	una secuencia de sonidos identificados	número finito de alófonos
Sistematización	emparejar el alófono con su fonema	una secuencia de fonemas	número finito y reducido de fonemas

Preguntas de repaso

1. ¿Cuál es la diferencia entre la fonética articulatoria, la acústica y la auditiva?

2. ¿Cuáles son los cuatro componentes principales del oído?

3. ¿Cómo se transmite la energía sonora por los cuatro componentes del oído?

4. ¿Cuáles son los componentes del oído externo y cómo funcionan en el proceso de audición?

5. ¿Cuáles son los componentes del oído medio y cómo funcionan en el proceso de audición?

6. ¿Cuáles son los componentes del oído interno y cómo funcionan en el proceso de audición?

7. ¿Cuáles son los componentes del sistema nervioso auditivo y cómo funcionan en el proceso de audición?

8. ¿Cómo se distingue la audición de la percepción y por qué son importantes los dos?

9. ¿Cuáles son los procesos de la categorización de los sonidos por parte del receptor?

10. Distinga entre los procesos de segmentación, identificación y sistematización y ¿cuál es el resultado de cada uno de esos tres procesos?

11. ¿Qué elementos acústico-neurales se emplean para identificar las vocales y las consonantes?

12. ¿Cómo se emplea el proceso de normalización en la percepción de vocales y en la percepción de entonación?

13. ¿Por qué es más difícil percibir una conversación por teléfono que en persona, sobre todo en un idioma extranjero?

Conceptos y términos

área de Wernicke	martillo (*malleus*)	órgano de Corti
audición	membrana basilar	percepción
canal auditivo externo	membrana tectoria	segmentación
cóclea	membrana timpánica	sistema nervioso auditivo
corteza autitiva central	nervio auditivo	sistematización
corteza posterior del habla	normalización	ventana oval
estribo (*stapes*)	oído externo	ventana redonda
fonética auditiva	oído interno	yunque (*incus*)
identificación	oído medio	

SECCIÓN III
La fonología

Capítulos 8–10

La fonología estudia el significante a nivel de lengua y así se ocupa de los conceptos mentales del sonido. El concepto mental del sonido se llama el fonema, que es la unidad básica de la fonología. El enfoque de la fonología es el sistema de sonidos, lo que implica que lo importante no son los sonidos aislados, sino las relaciones que existen entre ellos. La fonología examina tres tipos de relaciones. El primer tipo son **las relaciones entre fonemas**, que incluyen la **oposición** y la **neutralización**. El segundo tipo son **las relaciones entre fonemas y alófonos**, que incluye una especificación de la **distribución** de los alófonos que representan al fonema. El tercer tipo son las **secuencias de fonemas** y el posicionamiento de ellos que la lengua permite. El estudio de las secuencias de fonemas y su posicionamiento, se conoce como la **fonotáctica**.

La relación entre fonemas: la oposición y la neutralización

El fenómeno de la percepción del habla estudiado en el capítulo anterior demuestra cómo la fonética y la fonología se integran en el proceso de la descodificación. Como se vio, el receptor primero tiene que segmentar la cadena acústica continua en sonidos discretos. Luego, en el proceso de la identificación de sonidos, el receptor clasifica los segmentos fonéticamente, agrupando los sonidos semejantes como alófonos. En el proceso de sistematización, el receptor clasifica los alófonos identificados fonológicamente, emparejándolos con la imagen mental que le corresponde; en otras palabras, encaja la imagen mental del sonido dentro del sistema de los sonidos de la lengua. Esa imagen mental del sonido es el fonema.

Se puede preguntar por qué estudiar la fonología si lo que se quiere adquirir es una buena pronunciación fonética. Hay varios motivos. El hablante monolingüe de cualquier idioma tiene un conocimiento implícito inherente del sistema fonológico de su idioma materno que ha adquirido a través del proceso natural de la socialización. Ese conocimiento, junto con los hábitos articulatorios fonéticos obtenidos durante el mismo proceso de socialización, le permite tener un "acento" nativo. Ese conocimiento implícito de la estructura del lenguaje materno, que le es una gran ventaja en la producción y percepción fonética de su idioma nativo, se convierte en desventaja cuando trata de aprender un segundo idioma. Esa desventaja se manifiesta porque el estudiante que comienza a aprender un segundo idioma tiende a producir y a percibir los sonidos del segundo idioma a través del conocimiento y los hábitos articulatorios ya establecidos de su idioma nativo.

Para superar la influencia inherente del idioma nativo en la producción y la percepción de un segundo idioma, es necesario que el estudiante de un segundo idioma aprenda el nuevo sistema explícitamente. Es decir, tiene que aprender tanto la fonología como también la fonética del segundo idioma para que adquiera la habilidad de producir una pronunciación natural y sistemática del idioma que quiere hablar.

El niño es capaz de adquirir un conocimiento implícito del sistema por sí mismo durante un período óptimo de adquisición mediante el escuchar y el analizar tácitamente a todos los seres humanos que le rodean. Aun así, durante todas las horas diarias que escucha el habla, le lleva unos años llegar a ese conocimiento. El adulto, sin embargo, que quiere adquirir el sistema de sonidos de un segundo idioma, aun si tuviera la experiencia de años, normalmente no podrá adquirir una buena pronunciación ni un entendimiento del sistema de sonidos sin un estudio explícito de los dos. Eso se debe a la fuerza tajante que el conocimiento del sistema de su idioma nativo le impone.

Para poder pronunciar bien un segundo idioma, es necesario que el estudiante sepa primero "escuchar", o sea identificar y sistematizar, los sonidos de la onda sonora que le llegan al oído. Eso no lo puede hacer sin tener un buen entendimiento tanto de los sonidos fonéticos como del sistema fonológico del idioma que quiere aprender.

Todos los idiomas se sistematizan de manera diferente, y no se puede transferir el sistema de un idioma a otro idioma. El sistema fonológico de todos los idiomas suele ser muy rígido y solo cambia paulatinamente a lo largo de siglos. En el caso del español, esa rigidez es aun más persistente: No ha cambiado en tres siglos.

La fonología busca describir y hasta explicar los fenómenos fonéticos dentro del contexto de un sistema comprensivo.

En otras palabras, busca sistematizar los procesos mentales de la producción y de la percepción del lenguaje. Puesto que lo que se estudia es de índole mental, que no se deja observar directamente, las aproximaciones teóricas son muchas y variadas. La aportación que aquí se presenta se basa en la fonología estructural, porque le es más accesible al estudiante, es más comprensivo en su enfoque y, a fin de cuentas, resulta ser la base de todas las demás teorías con todos sus puntos de vista particulares.

Hay dos tipos de relaciones entre fonemas que juegan un papel importante en la fonología: la **oposición** y la **neutralización**. En la oposición se ve que los fonemas que se contrastan producen cambios de significado. En la neutralización se ve que, en ciertos casos, ese contraste desaparece.

La oposición entre fonemas

El estudio de la fonología comienza con el concepto fundamental del fonema y de su identificación a través de pares mínimos. Con esto se pueden establecer las oposiciones que existen entre los fonemas de determinado lenguaje. Aquí se revisarán estos conceptos básicos y se presentarán las oposiciones entre los fonemas del español.

El fonema, el par mínimo y la oposición

El **fonema** es el concepto mental de un sonido; es la imagen que tiene el emisor en mente al producir un sonido del habla y es la misma imagen que se le evoca a la mente del receptor al percibir un sonido producido en una cadena fónica. El fonema es la unidad básica del sistema de sonidos a nivel de lengua.

Es importante entender también lo que *no* es un fonema. Primero, un fonema *no* es un sonido físico. Es decir, el fonema no es una realización física audible. La realización física acústica de un fonema es un alófono y corresponde a la fonética. El fonema, siendo una unidad mental y abstracta, *no* se deja

examinar con los aparatos del laboratorio como se puede hacer con los sonidos producidos. Segundo, un fonema *no* es una letra. Es decir, el fonema no es un grafema del sistema común de escritura. La representación gráfica mediante letras corresponde a la ortografía. No hay correspondencia exacta entre el concepto de letra y fonema, como se expuso detalladamente en el Capítulo 4.

El **par mínimo** es la herramienta o el instrumento que se emplea para probar la existencia de los fonemas. La definición de un par mínimo contiene dos criterios fundamentales. El primer criterio es que el par mínimo en sí son dos secuencias de segmentos fónicos que son idénticos con la excepción de uno de los segmentos. El segundo criterio es que esa única diferencia de segmentos causa un cambio de significado. Por lo general, esas dos secuencias son dos palabras de significado diferente. Los segmentos que se contrastan pueden aparecer en cualquier posición de la palabra o secuencia como demuestran los ejemplos del Cuadro 8.1.

El primer ejemplo del cuadro ([péso] y [béso]) es una repetición del ejemplo usado en el Capítulo 3 para introducir los conceptos del par mínimo y de la oposición. En este ejemplo, como en el segundo ([fíno] y [bíno]), el contraste ocurre entre las consonantes que aparecen en primera posición de la cadena. En el tercer ejemplo ([páto] y [píto]), el contraste ocurre entre las vocales que aparecen en segunda posición. En el cuarto ejemplo ([píto] y [píðo]), el contraste ocurre entre las consonantes que aparecen en tercera posición. En el quinto ejemplo ([páta] y [páto]), el contraste ocurre entre las vocales que aparecen en cuarta o última posición. En el sexto ejemplo ([tál] y [tán]), el contraste ocurre entre las consonantes que aparecen en tercera o última posición.

La **oposición** es la relación que existe entre los dos fonemas que se contrastan en el par mínimo. El par mínimo, entonces, comprueba la existencia de una oposición, y por lo tanto, comprueba la existencia de los dos fonemas que se oponen. El sustituir uno de los fonemas por el otro cambia el significado de la secuencia fónica. El par mínimo sirve para establecer la relación

8.1 Los fonemas que se contrastan pueden aparecer en cualquier posición de la palabra o secuencia.

[péso]⟶ /p/	/p/ ~ /b/	
[béso]⟶ /b/		
contraste en 1ª posición		

[fíno]⟶ /f/	/f/ ~ /b/	
[bíno]⟶ /b/		
contraste en 1ª posición		

[páto]⟶ /a/	/a/ ~ /i/	
[píto]⟶ /i/		
contraste en 2ª posición		

[píto]⟶ /t/	/t/ ~ /d/	
[píðo]⟶ /d/		
contraste en 3ª posición		

[páta]⟶ /a/	/a/ ~ /o/	
[páto]⟶ /o/		
contraste en 4ª posición		

[tál]⟶ /l/	/l/ ~ /n/	
[tã́n]⟶ /n/		
contraste en 3ª posición		

entre fonemas precisamente por aislar el contraste entre los dos segmentos. Por ejemplo, el hecho de que haya una diferencia de significado entre [péso] y [béso], se debe a la distinción entre los sonidos iniciales puesto que los demás sonidos son idénticos. Así se ve que el sonido [p] evoca en la mente una imagen, el fonema /p/, en cuanto el sonido [b] evoca una imagen diferente, el fonema /b/. Con esto se puede decir que el fonema /p/ se opone al fonema /b/, lo que se escribe de esta manera:

$$/p/ \sim /b/$$

La oposición fonológica entre dos fonemas se establece, entonces, por encontrar un par mínimo en que el cambiar un sonido por otro causa un cambio de significado. Si el cambiar un sonido por otro *no* causa un cambio de significado, entonces no se ha establecido una oposición y los dos sonidos resultan ser alófonos de un mismo fonema. Por ejemplo, al comparar la secuencia articulada de [álβa] con la secuencia [álba] se nota que no hay cambio de significado. Esto comprueba entonces que los dos sonidos [β] y [b] son alófonos del mismo fonema /b/ y que los sonidos [β] y [b] no representan distintos fonemas en español.

Los fonemas del español

La primera tarea de la fonología es la de sistematizar los sonidos que ocurren en un determinado idioma. El proceso a través del cual se identifican cuáles son los fonemas del español o cualquier otro idioma es el de encontrar pares mínimos que contrastan los sonidos identificados. El Cuadro 8.1 presenta unos pares mínimos que constan varias oposiciones. Los ejemplos del cuadro establecen las siguientes oposiciones: /p/ ~ /b/ del par mínimo [péso] y [béso], /f/ ~ /b/ del par mínimo [fíno] y [bíno], /a/ ~ /i/ del par mínimo [páto] y [píto], /t/ ~ /d/ del par mínimo [píto] y [píðo], /a/ ~ /o/ del par mínimo [páta] y [páto] y /l/ ~ /n/ del par mínimo [tál] y [tã́n].[1] ◀≋

Los fonemas consonánticos

Ya en el Capítulo 5 se presentó el cuadro de los sonidos consonánticos del español. Mediante el proceso de buscar pares mínimos que contrastan los sonidos del cuadro, se han identificado cuáles son los fonemas consonánticos del español. En el Cuadro 8.2 se presentan los fonemas del español mediante un círculo alrededor del símbolo fonético. En efecto, los símbolos marcados con un círculo representan tanto el fonema, ej., /b/, como también un alófono del mismo fonema, ej., [b]. Los símbolos no marcados con un círculo no son fonemas,

	Bilabial		Labio-dental		Inter-dental		Dental		Alveolar		Palatal		Velar	
	SOR	SON	SOR	SON	SOR	SON	SOR	SON	SOR	SON	SOR	SON	SOR	SON
Oclusiva	p	b					t	d					k	g
Fricativa		β	f		θ	ð			s	ş		ʝ	x	ɣ
Africada											ʧ	ʤ		
Nasal		m		ɱ		n̪̟		n̪		n		ɲ		ŋ
Lateral						l̪̟		l̪		l		ʎ		
Vibrante simple										ɾ				
Vibrante múltiple										r				

8.2 El cuadro de las consonantes del español con los fonemas marcados en círculos. El círculo indica que el símbolo representa tanto un alófono, ej., [b], como un fonema, ej., /b/. Los símbolos no marcados con un círculo no son fonemas, sino que son alófonos de uno de los fonemas marcados. Los símbolos que se encuentran en las casillas sombreadas representan fonemas/sonidos que sólo aparecen en algunos dialectos del mundo hispánico.

sino que son alófonos de uno de los fonemas marcados, ej., [β] que resulta ser alófono de /b/.

Cuando dos fonemas se oponen, se puede decir que el rasgo que los diferencia es un **rasgo distintivo**. El rasgo distintivo también se llama **rasgo pertinente** o **rasgo funcional**. Es importante entender que estos términos solo se aplican cuando hay una distinción fonológica u oposición entre fonemas. Al examinar la relación entre [p] y [b] en el cuadro de las consonantes de español, se nota que los dos símbolos están marcados en círculos. Esto quiere decir que son fonemas y que la relación que existe entre ellos es una de oposición. En la oposición entre /p/ y /b/, por ejemplo, el rasgo distintivo es el del *estado de las cuerdas vocales*, puesto que los dos fonemas se clasifican como oclusivos en cuanto al modo de articulación y como bilabiales en cuanto al lugar de articulación; solo se diferencian en cuanto al estado de las cuerdas vocales, siendo el fonema /p/ sordo y el fonema /b/ sonoro.

En los otros ejemplos consonánticos que se presentan en el Cuadro 8.1 de pares mínimos, el rasgo distintivo que caracteriza la oposición entre /t/ y /d/ es también el estado de las cuerdas vocales (sordo/sonoro). El rasgo distintivo que caracteriza la oposición entre /l/ y /n/ es el modo de articulación (lateral/nasal).

Al comparar el símbolo [b] con el símbolo [β] se nota que se diferencian por el modo de articulación (oclusiva/fricativa). En este caso, sin embargo, a diferencia del caso de [p] / [b], el modo de articulación no es un rasgo distintivo y sí es un **rasgo no distintivo**. La diferencia fonética existente entre [b] y [β] [álba/álβa] no es distintiva porque no hay ningún cambio de significado. Debido a eso, no hay ningún rasgo pertinente ni funcional a nivel fonológico entre [b] y [β] en español Por eso se puede ver en el cuadro de las consonantes que solo se presenta uno de ellos en un círculo, representando el fonema /b/. Siempre que se comparan dos sonidos que no representan dos fonemas que se oponen, el rasgo que diferencia a los dos sonidos es un rasgo no distintivo.

	Anterior	Central	Posterior
Semi-consonante	j		w
Semivocal	i̯		u̯
Cerrada	(i)		(u)
Media	(e)		(o)
Abierta		(a)	

8.3 El cuadro de las vocales del español con los fonemas marcados en círculos. El círculo indica que el símbolo representa tanto un alófono, ej., [i], como un fonema, ej., /i/. Los símbolos sin círculos son alófonos de otros fonemas, ej., [j u̯].

Los fonemas vocálicos

Ya en el Capítulo 5 se presentó también el cuadro de los sonidos vocálicos del español. Mediante el proceso de buscar pares mínimos que contrastan los sonidos del cuadro, se han identificado cuáles son los fonemas vocálicos del español. En el Cuadro 8.3 se presentan los fonemas vocálicos del español mediante un círculo alrededor del símbolo. En efecto, los símbolos marcados con un círculo representan tanto el fonema, ej., /i/, como también un alófono del mismo fonema, ej., [i]. Los símbolos no marcados con un círculo no son fonemas, sino que son alófonos de otro fonema, ej., [j] del fonema /i/.

En los otros ejemplos que se presentan en el Cuadro 8.1 de pares mínimos, los rasgos distintivos que caracterizan la oposición entre /a/ e /i/ son el modo de articulación (abierta/cerrada) y el lugar de articulación (central/anterior). Los rasgos distintivos que caracterizan la oposición entre /a/ y /o/ son otra vez el modo de articulación (abierta/media) y el lugar de articulación (central/posterior).

Las oposiciones consonánticas basadas en los rasgos distintivos

Las oposiciones consonánticas pueden basarse en cualesquiera de los rasgos distintivos. Para las consonantes son tres: el modo de articulación, el lugar de articulación y el estado de las cuerdas vocales.

Los fonemas pueden oponerse en solo uno de los rasgos distintivos, en dos rasgos distintivos o hasta en todos los tres. Por ejemplo, la oposición entre /p/ y /t/, comprobada por el par mínimo [kápa] [káta], se basa solo en el rasgo distintivo de lugar de articulación, siendo este dental y aquel bilabial. Los dos comparten el mismo modo de articulación (oclusivo) y el mismo estado de las cuerdas vocales (sordo). Por otro lado, la oposición entre /p/ y /d/, comprobada por el par mínimo [pã̄n] [dã̄n], se basa en dos rasgos. Uno de los rasgos distintivos de esa oposición es el lugar de articulación, siendo este dental y aquel bilabial. El otro rasgo distintivo de esa oposición es el estado de las cuerdas vocales, siendo este sonoro y aquel sordo. Los fonemas /p/ y /d/ comparten el mismo modo de articulación (oclusivo). Un ejemplo de oposición en que todos los tres rasgos son distintivos será la oposición entre /p/ y /n/, comprobada por el par mínimo [kápa] [kána], siendo este nasal alveolar sonoro y aquel oclusivo bilabial sordo.

No importa que haya uno, dos o tres rasgos distintivos. Lo importante es que haya de hecho una oposición comprobada por pares mínimos. Es interesante, sin embargo, examinar los casos de oposición en que hay solo un rasgo distintivo. Para este fin, se presentan las oposiciones basadas en el modo de articulación, el lugar de articulación y el estado de las cuerdas vocales.

Hay cuatro series de oposiciones que se basan en el rasgo del **modo de articulación**. En todas esas oposiciones, los fonemas comparten el mismo valor de los rasgos del lugar de articulación y del estado de las cuerdas vocales. En el Cuadro 8.4, se presentan esas cuatro series, junto con pares mínimos que comprueban las oposiciones.[2] 🔈

Hay cuatro series de oposiciones que se basan en el rasgo del **lugar de articulación**. En todas esas oposiciones, los fonemas comparten el mismo valor de los rasgos del modo de articulación y del estado de las cuerdas vocales. En el Cuadro 8.5, se presentan esas cuatro series, junto

Oposición	Par mínimo	Rasgos compartidos	Rasgo no compartido
/b/ ~ /m/	[bála] [mála]	bilabial sonoro	/b/ oclusivo /m/ nasal
/n/ ~ /l/ ~ /ɾ/ ~ /r/	[káno] [kálo] [káɾo] [káro]	alveolar sonoro	/n/ nasal /l/ lateral /ɾ/ vibrante simple /r/ vibrante múltiple
/ʝ/ ~ /ɲ/	[áʝo] [áɲo]	palatal sonoro	/ʝ/ fricativo /ɲ/ nasal
/k/ ~ /x/	[óka] [óxa]	velar sordo	/k/ oclusivo /x/ fricativo

8.4 Oposiciones consonánticas basadas en el modo de articulación.

con pares mínimos que comprueban las oposiciones.[3] ◀ξ

Hay solo tres series de oposiciones que se basan en el **estado de las cuerdas vocales**. En todas esas oposiciones, los fonemas comparten el mismo valor de los rasgos del modo de articulación y del lugar de articulación. En el Cuadro 8.6, se presentan esas tres series, junto con pares mínimos que comprueban las oposiciones.[4] ◀ξ

Todos los fonemas consonánticos han aparecido por lo menos una vez en estos cuadros de oposiciones con la excepción del fonema /ʧ/. Eso se debe al hecho de que las oposiciones con el fonema /ʧ/ siempre se basan en más de un rasgo

8.5 Oposiciones consonánticas basadas en el lugar de articulación.

Oposición	Par mínimo	Rasgos compartidos	Rasgo no compartido
/p/ ~ /t/ ~ /k/	[pán] [tán] [kán]	oclusivo sordo	/p/ bilabial /t/ dental /k/ velar
/b/ ~ /d/ ~ /g/	[báta] [dáta] [gáta]	oclusivo sonoro	/b/ bilabial /d/ dental /g/ velar
/f/ ~ /s/ ~ /x/	[fáro] [sáro] [xáro]	fricativo sordo	/f/ labiodental /s/ alveolar /x/ velar
/m/ ~ /n/ ~ /ɲ/	[káma] [kána] [káɲa]	nasal sonoro	/m/ bilabial /n/ alveolar /ɲ/ palatal

Oposición	Par mínimo	Rasgos compartidos	Rasgo no compartido
/p/ ~ /b/	[pãn] [bãn]	oclusivo bilabial	/p/ sordo /b/ sonoro
/t/ ~ /d/	[tãn] [dãn]	oclusivo dental	/t/ sordo /d/ sonoro
/k/ ~ /g/	[kána] [gána]	oclusivo velar	/k/ sordo /g/ sonoro

8.6 Oposiciones consonánticas basadas en el estado de las cuerdas vocales.

distintivo. El Cuadro 8.7 indica algunas de esas oposiciones.[5] ◀≲

Los Cuadros 8.4, 8.5, 8.6 y 8.7 no indican todas las oposiciones consonánticas que podrían presentarse. Por ejemplo, no se presentó la oposición entre /ʤ/ y /ɾ/ como comprueba el par mínimo de [áʤa] [áɾa]. Sin embargo, estos cuadros sí demuestran por lo menos una oposición para cada uno de los fonemas del español, estableciendo una base de diecisiete fonemas consonánticos para el español.

Las oposiciones vocálicas basadas en los rasgos distintivos

Las oposiciones vocálicas pueden basarse en cualesquiera de los rasgos vocálicos distintivos. Para las vocales son dos: el modo de articulación y el lugar de articulación. A diferencia de las consonantes, hay solamente

dos rasgos distintivos puesto que todos los fonemas vocálicos son sonoros.

Hay dos series de oposiciones que se basan en el rasgo del modo de articulación. En esas oposiciones, los fonemas comparten el mismo valor del rasgo del lugar de articulación. En el Cuadro 8.8, se presentan esas dos series, junto con pares mínimos que comprueban las oposiciones.[6] ◀≲

Hay dos series de oposiciones que se basan en el rasgo del lugar de articulación. En esas oposiciones, los fonemas comparten el mismo valor del rasgo del modo de articulación. En el Cuadro 8.9, se presentan esas dos series, junto con pares mínimos que comprueban las oposiciones.[7] ◀≲

Todos los fonemas vocálicos han aparecido por lo menos una vez en estos cuadros de oposiciones con la excepción del fonema /a/. Eso se debe al hecho de que las oposiciones con el fonema /a/ siempre

8.7 Oposiciones con el fonema /ʤ/.

Oposición	Par mínimo	Rasgos distintivos
/ʤ/ ~ /p/	[ʤápa] [pápa]	modo de articulación lugar de articulación
/ʤ/ ~ /ʝ/	[áʤa] [áʝa]	modo de articulación estado de las cuerdas vocales
/ʤ/ ~ /g/	[ʤáto] [gáto]	modo de articulación lugar de articulación estado de las cuerdas vocales

Oposición	Par mínimo	Rasgos compartidos	Rasgo no compartido
/i/ ~ /e/	[píso] [péso]	anterior	/i/ cerrado /e/ medio
/u/ ~ /o/	[bukál] [bokál]	posterior	/u/ cerrado /o/ medio

8.8 Oposiciones vocálicas basadas en el modo de articulación.

Oposición	Par mínimo	Rasgos compartidos	Rasgo no compartido
/i/ ~ /u/	[liɣár] [luɣár]	cerrado	/i/ anterior /u/ posterior
/e/ ~ /o/	[béto] [bóto]	medio	/e/ anterior /o/ posterior

8.9 Oposiciones vocálicas basadas en el lugar de articulación.

Oposición	Par mínimo	Rasgos distintivos
/a/ ~ /i/	[tása] [tísa]	modo de articulación lugar de articulación
/a/ ~ /o/	[káɾo] [kóɾo]	modo de articulación lugar de articulación

8.10 Oposiciones con el fonema /a/.

se basan en más de un rasgo distintivo. El Cuadro 8.10 indica algunas de esas oposiciones.[8] ◀⁞

Los Cuadros 8.8, 8.9 y 8.10 no indican todas las oposiciones vocálicas que podrían presentarse. Por ejemplo, no se presentó la oposición entre /a/ y /u/ como comprueba el par mínimo de [amóɾ] [umóɾ]. Sin embargo, estos cuadros sí demuestran por lo menos una oposición para cada uno de estos fonemas, estableciendo una base de cinco fonemas vocálicos para el español.

La neutralización

La neutralización se define como la pérdida de oposición entre dos o más fonemas. Con esa definición es importante observar que para que haya una neutralización, es necesario que haya habido una oposición, porque no se puede perder algo que nunca existió.

La neutralización es un fenómeno fonológico, un fenómeno que ocurre a nivel de lengua. En la sección anterior, se examinó la oposición, que es la relación entre dos fonemas distintivos. Esa relación distintiva es lo que permite la comunicación humana, haciendo que exista la posibilidad de expresar un alto número de significantes con un inventario muy reducido de fonemas. La neutralización corresponde a casos específicos en que el sistema de oposiciones entre fonemas se reduce aun más.

Hay dos tipos de neutralizaciones. Un tipo es la **neutralización sincrónica** que es parcial. Se refiere a una neutralización que ocurre en la lengua actual en un determinado contexto fonológico, pero no en todos. El otro tipo es la **neutralización diacrónica** que es completa y que ocurre entre dos fonemas en todos los contextos fonológicos. Se refiere a una neutralización que se desarrolló a lo largo del tiempo y demuestra cómo el sistema fonológico ha evolucionado.

La neutralización sincrónica/ parcial

La neutralización sincrónica o neutralización parcial es la pérdida de oposición que ocurre entre dos o más fonemas en la lengua actual en un determinado contexto fonológico, pero no en todos. En español, suele ocurrir en posición silábica implosiva, es decir, en la coda de la sílaba. Esa neutralización suele ocurrir entre fonemas que comparten rasgos fonológicos.

La neutralización parcial entre dos fonemas resulta en la creación de un **archifonema**, un nuevo concepto que representa la fusión de los dos fonemas neutralizados. El símbolo que se emplea a nivel fonológico para representar el archifonema es siempre un símbolo mayúsculo entre dos barras: por ejemplo /N/ y /R/. El archifonema solamente aparece en una **transcripción**

fonológica. Se utiliza la transcripción fonológica para especificar una secuencia de fonemas y archifonemas, que son unidades mentales, a nivel de lengua. Ese tipo de transcripción contrasta con la transcripción fonética, que es una representación de los sonidos físicos producidos. En el español de hoy, hay dos neutralizaciones parciales importantes generalizadas: la neutralización de los fonemas nasales y la neutralización de los fonemas vibrantes.

La neutralización parcial de los fonemas nasales

Ya se ha establecido la oposición fonológica que existe entre los fonemas nasales /m/, /n/ y /ɲ/. Es importante notar que en el ejemplo de los pares mínimos [káma] [kána] [káɲa], los nasales aparecen en posición inicial de sílaba interior de palabra. Como demuestra el segundo ejemplo del Cuadro 8.11, existe oposición entre /m/ y /n/ también en posición inicial de palabra.[9]◀⧼

Los ejemplos del Cuadro 8.11 establecen la oposición entre los fonemas nasales que ocurre en posición inicial de sílaba, es decir, en posición silábica explosiva o en el ataque de la sílaba. La situación es muy diferente en posición final de sílaba, es decir, en posición silábica implosiva o en la coda de la sílaba. Los ejemplos del Cuadro 8.12 demuestran las consonantes nasales en esa posición.[10]◀⧼

En los ejemplos de la primera columna del Cuadro 8.12, con la nasal en posición final de palabra, hay el mismo número de vasos que de lagos: es decir, uno. Eso quiere decir que en la palabra {un} delante de {vaso} o {lago}, la realización del sonido como [m] o [n] no altera el significado

8.11 Oposición entre /m/ y /n/ en posición inicial de sílaba.

Oposición	Par mínimo	Posición fonológica
/m/ ~ /n/ ~ /ɲ/	[káma] [kána] [káɲa]	inicial de sílaba interior de palabra
/m/ ~ /n/	[mwéβo] [nwéβo]	inicial de sílaba inicial de palabra

La nasal en posición final de palabra		La nasal en posición final de sílaba interior de palabra	
TRANSCRIPCIÓN FONÉTICA	TRANSCRIPCIÓN FONOLÓGICA	TRANSCRIPCIÓN FONÉTICA	TRANSCRIPCIÓN FONOLÓGICA
[ũmbáso]	/uNbáso/	[kãmpo]	/káNpo/
[ũnláɣo]	/uNlágo/	[kãnso]	/káNso/

8.12 La transcripción fonética y la transcripción fonológica de las consonantes nasales en posición final de sílaba.

	Ataque silábico INICIAL DE SÍLABA POSICIÓN SILÁBICA EXPLOSIVA	Coda silábica FINAL DE SÍLABA POSICIÓN SILÁBICA IMPLOSIVA
RELACIÓN ENTRE LOS FONEMAS NASALES	oposición	neutralización
SÍMBOLOS FONOLÓGICOS	/m/ ~ /n/ ~ /ɲ/	/N/
ALGUNOS EJEMPLOS FONÉTICOS	[káma] [kána] [káɲa]	[ũmbáso] [ũnláɣo]

8.13 Los fonemas nasales se comportan de modo diferente según la posición silábica en que aparecen.

como ocurrió en el caso de [káma] [kána]. En este caso, entonces, existe una neutralización entre los fonemas /m/ y /n/. Esa neutralización parcial resulta en el archifonema nasal: /N/.

Los ejemplos de la segunda columna del Cuadro 8.12, con la nasal en posición final de sílaba interior de palabra, también demuestran una falta de oposición entre los fonemas /m/ y /n/. Ese hecho se refuerza al notar que no existen palabras como *[kánpo] ni *[kámso].[1] En este caso, entonces, también hay una neutralización parcial que resulta en el archifonema nasal: /N/. El Cuadro 8.12 demuestra tanto la transcripción fonética como la transcripción fonológica de los ejemplos de /N/ en posición implosiva.

Se puede ver en el Cuadro 8.13 cómo los fonemas nasales se comportan de modo diferente según la posición silábica en que aparecen. En el ataque silábico (o sea

en posición inicial de sílaba o posición silábica explosiva) hay oposición entre los tres fonemas nasales: /m/ ~ /n/ ~ /ɲ/. En la coda silábica (o sea en posición final de sílaba o posición silábica implosiva) hay una neutralización que resulta en el archifonema nasal: /N/. La neutralización parcial entre los fonemas nasales ocurre en posición fonológica final de sílaba y final de palabra.

La neutralización parcial de los fonemas vibrantes

Ya se ha establecido la oposición fonológica que existe entre los fonemas vibrantes /ɾ/ y /r/. Es importante notar que en el ejemplo de los pares mínimos [káɾo] [káro], los vibrantes aparecen en posición inicial de sílaba interior de palabra.[11] ◀︎

El ejemplo del Cuadro 8.14 establece la oposición entre los fonemas vibrantes que ocurre en posición inicial de sílaba interior de palabra, es decir, en posición silábica explosiva o en el ataque de la sílaba. La situación es muy diferente en posición final de sílaba, es decir, en posición silábica implosiva

---

[1]El uso del asterisco es una convención lingüística para indicar que una estructura es inatestiguada o no aceptada según las normas de la lengua.

Oposición	Par mínimo	Posición fonológica
/ɾ/ ~ /r/	[káɾo]	inicial de sílaba
	[káro]	interior de palabra

8.14 En el par mínimo [káɾo] [káro], las vibrantes aparecen en posición inicial de sílaba interior de palabra.

o en la coda de la sílaba. Los ejemplos del Cuadro 8.15 demuestran las consonantes vibrantes en esa posición [12] ◀◌

En los ejemplos de la primera columna del Cuadro 8.15, con la vibrante en posición final de palabra, el significante evoca el mismo significado. Eso quiere decir que en la palabra {estudiar}, la realización del sonido como [ɾ] o [r] no altera el significado como ocurrió en el caso de [káɾo] [káro]. En ese caso entonces, existe una neutralización, o falta de oposición entre los fonemas /ɾ/ y /r/. Esa neutralización parcial resulta en el archifonema vibrante: /R/.

Los ejemplos de la segunda columna del Cuadro 8.15, con la vibrante en posición final de sílaba interior de palabra, también demuestran una falta de oposición entre los fonemas /ɾ/ y /r/. En la palabra {carta}, el cambio del sonido de [ɾ] a [r] tampoco altera el significado. En este caso también hay una neutralización parcial que resulta en el archifonema vibrante: /R/. El Cuadro 8.15 demuestra tanto la transcripción fonética como la transcripción fonológica de los ejemplos del cuadro.

Se puede ver en el Cuadro 8.16 cómo los fonemas vibrantes se comportan de modo diferente según la posición silábica en que aparecen. En el ataque silábico interior de palabra (o sea posición inicial de sílaba o posición silábica explosiva) hay oposición entre los dos fonemas vibrantes: /ɾ/ ~ /r/. En la coda silábica (o sea en posición final de sílaba o posición silábica implosiva) hay una neutralización que resulta en el archifonema vibrante: /R/. La neutralización parcial entre los fonemas vibrantes ocurre en posición fonológica final de sílaba y final de palabra.

8.15 La transcripción fonética y la transcripción fonológica de las consonantes vibrantes en posición final de sílaba.

La vibrante en posición final de palabra		La vibrante en posición final de sílaba interior de palabra	
TRANSCRIPCIÓN FONÉTICA	TRANSCRIPCIÓN FONOLÓGICA	TRANSCRIPCIÓN FONÉTICA	TRANSCRIPCIÓN FONOLÓGICA
[estuðjáɾ] [estuðjár]	/estudiáR/	[káɾta] [kárta]	/káRta/

8.16 Los fonemas vibrantes se comportan de modo diferente según la posición silábica en que aparecen.

	Ataque silábico INICIAL DE SÍLABA POSICIÓN SILÁBICA EXPLOSIVA	Coda silábica FINAL DE SÍLABA POSICIÓN SILÁBICA IMPLOSIVA
RELACIÓN ENTRE LOS FONEMAS NASALES	oposición	neutralización
SÍMBOLOS FONOLÓGICOS	/ɾ/ ~ /r/	/R/
ALGUNOS EJEMPLOS FONÉTICOS	[káɾo] [káro]	[káɾta] [kárta]

La neutralización diacrónica/histórica/total

La neutralización diacrónica, histórica, o total es la pérdida o falta de oposición que ha surgido entre dos fonemas a través del tiempo en todos los contextos fonológicos. La neutralización total entre dos fonemas resulta en la eliminación de uno de los fonemas neutralizados, a favor del otro. A nivel fonológico se emplea simplemente el símbolo fonológico del fonema que queda para indicar la neutralización. En la historia del español ha habido dos neutralizaciones importantes que afectan el sistema fonológico actual. En algunos dialectos del español todavía existe la oposición o distinción, mientras que en la mayoría de las modalidades existe la neutralización total. Esas dos neutralizaciones son **el seseo** y **el yeísmo**.

El seseo

En algunos dialectos actuales del español, existen pares mínimos como [kása] [káθa] ({casa} y {caza}) y [kosér] [koθér] ({coser} y {cocer}) que comprueban la oposición entre los fonemas /s/ y /θ/ en esos dialectos.

En la mayoría de los dialectos del mundo hispánico de hoy en día, sin embargo, todas esas palabras se pronuncian con [s], es decir, [kása] [kása] y [kosér] [kosér]. Esas diferencias se demuestran en el Cuadro 8.17.[13] ◀≶

El hecho de que haya desaparecido la distinción fonética entre esos pares de sonidos, indica que ha habido una neutralización total entre los fonemas. Ese fenómeno se llama **seseo**, que se define como la neutralización total entre los fonemas /s/ y /θ/ a favor del fonema /s/.

El yeísmo

En algunos dialectos actuales del español, existen pares mínimos como [ája] [áʎa] ({haya} y {halla}) y [kajó] [kaʎó] ({cayó} y {calló}) que comprueban la oposición entre los fonemas /ʝ/ y /ʎ/ en esos dialectos.

En la mayoría de los dialectos de hoy en día, sin embargo, todas esas palabras se pronuncian con [ʝ], es decir, [ája] [ája] y [kajó] [kajó]. Esas diferencias se demuestran en el Cuadro 8.18.[14] ◀≶

El hecho de que haya desaparecido la distinción fonética entre esos pares de sonidos, indica que ha habido una neutralización total entre los fonemas. Ese fenómeno se llama **yeísmo**, que se define como la neutralización total entre los fonemas /ʝ/ y /ʎ/ a favor del fonema /ʝ/.

Número y frecuencia de los fonemas del español

Ya examinadas las oposiciones entre los fonemas del español y las neutralizaciones que juegan un papel importante en el español de hoy en día, es posible fijar el número de fonemas que ocurren en el sistema fonológico. También es posible examinar la relativa frecuencia de ocurrencia de los fonemas del español.

Diferencias dialectales en el sistema fonológico

El sistema fonológico vocálico del español es sumamente estable tanto histórica como geográficamente. El sistema vocálico del

8.17 En algunos dialectos actuales del español, existen pares mínimos que comprueban la oposición entre los fonemas /s/ y /θ/ en esos dialectos. Sin embargo, en la mayoría de los dialectos del mundo hispánico de hoy en día, todas esas palabras se pronuncian con [s].

	Dialectos con oposición /s/ ~ /θ/	Dialectos con neutralización /s/
Fenómeno	distinción	seseo
Ejemplos	{casa} [kása] ⟶ /s/ {caza} [káθa] ⟶ /θ/	{casa} {caza} ⟶ [kása] ⟶ /s/

	Dialectos con oposición /ʝ/ ~ /ʎ/	Dialectos con neutralización /ʝ/
Fenómeno	distinción	yeísmo
Ejemplos	{haya} [áʝa] ⟶ /ʝ/ {halla} [áʎa] ⟶ /ʎ/	{haya} ⟶ [áʝa] ⟶ /ʝ/ {halla} ⟶

8.18 En algunos dialectos actuales del español, existen pares mínimos que comprueban la oposición en esos dialectos entre los fonemas /ʝ/ y /ʎ/. Sin embargo, la mayoría de los dialectos de hoy en día son yeístas.

español es de *cinco* vocales como demuestra el cuadro ya presentado en este capítulo. Este es el mismo sistema que ha tenido el español por más de un milenio. Es el mismo sistema que se emplea en todo el mundo hispánico.

El sistema fonológico consonántico del español es también estable, pero sí demuestra algunas diferencias dialectales. El sistema consonántico básico del español es de diecisiete consonantes, pero existen sistemas con dieciocho o hasta diecinueve fonemas consonánticos. Esa diferencia de dos consonantes gira alrededor del uso o no uso del seseo o del yeísmo. La mayoría de los dialectos emplea tanto el seseo como el yeísmo y contiene diecisiete fonemas consonánticos. Algunos emplean o el seseo o el yeísmo y contienen dieciocho. Los pocos dialectos que no emplean ni el seseo ni el yeísmo contienen diecinueve.

La frecuencia de los fonemas del español

Es interesante examinar la frecuencia de los fonemas del español en la cadena hablada. Los datos presentados en el Cuadro 8.19 se compilaron de un corpus de más de un millón de palabras tomado de los materiales obtenidos por el *Proyecto del estudio coordinado de la norma culta de las principales ciudades de Iberoamérica y de la Península Ibérica*. Los materiales examinados son transcripciones publicadas de las muchas entrevistas orales realizadas como parte del proyecto. El Cuadro 8.19 presenta los fonemas, junto con el número de

ejemplos de la muestra y el porcentaje de ocurrencia de cada fonema en la muestra.

La primera división que se hace en la clasificación de los fonemas es entre vocales y consonantes. Los cinco fonemas vocálicos del español representan el 47,8% del total de la frecuencia de fonemas y los diecisiete fonemas y dos archifonemas consonánticos representan el 52,2% del total de frecuencia. Esos datos se presentan en el Cuadro 8.20.

La frecuencia de los fonemas vocálicos

Como se ha expuesto ya, las vocales representan un poco menos de la mitad de los sonidos en la muestra: el 47,8%. Los tres fonemas más comunes, son /e/, /a/ y /o/, que comprenden el 38,0% de la frecuencia de todos los fonemas de la muestra. Esto quiere decir que más de la tercera parte de la frecuencia total de los fonemas son de las tres vocales no cerradas o no altas. Es más, la ocurrencia de las vocales /e/, /a/ y /o/ fue casi el 80% de los fonemas vocálicos de la muestra. Las vocales /i/ y /u/ solo aparecen en sexta y décimo-tercera posición de los sonidos en la muestra. La relativa frecuencia de los fonemas vocálicos se presenta en el Cuadro 8.21.

La frecuencia de los fonemas consonánticos

Los fonemas consonánticos representan el 52,2% de los sonidos en la muestra. Los fonemas consonánticos más comunes son el fonema /s/ y el fonema /n/. Los fonemas

Fonema	Número	Porcentaje
/e/	741.144	14,8%
/a/	636.442	12,7%
/o/	525.112	10,5%
/s/	477.586	9,5%
/i/	321.822	6,4%
/N/	255.294	5,1%
/t/	231.589	4,6%
/k/	222.851	4,4%
/l/	220.981	4,4%
/d/	219.941	4,4%
/ɾ/	172.472	3,4%
/u/	167.213	3,3%
/m/	137.786	2,8%
/n/	137.527	2,8%
/p/	130.473	2,7%
/b/	115.221	2,6%
/R/	102.600	2,0%
/ʝ/	43.514	0,9%
/g/	41.367	0,8%
/x/	31.967	0,6%
/f/	27.687	0,6%
/r/	22.573	0,5%
/ʧ/	14.995	0,3%
/ɲ/	10.250	0,2%
Total	**5.008.407**	**100%**

8.19 La frecuencia de los fonemas del español con datos de una muestra de más de un millón de palabras.

consonánticos menos comunes son el fonema /ʧ/ y el fonema /ɲ/.

Según la manera de articulación, los fonemas consonánticos se agrupan en dos categorías generales: los **obstruyentes** (es decir, los oclusivos, los fricativos y el africado) y los **sonorantes** (es decir, los nasales, los laterales y los vibrantes). Es impresionante el alto porcentaje de la frecuencia de los fonemas oclusivos en comparación con los demás obstruyentes y el alto porcentaje de la frecuencia de los fonemas nasales en comparación con los demás sonorantes. El Cuadro 8.22 indica las frecuencias de ocurrencia de las consonantes clasificadas por modo de articulación.

Al analizar la frecuencia de ocurrencia de los fonemas consonánticos por el lugar de articulación, lo que impresiona es la predominancia de los fonemas alveolares que son el 43,3% del total de los fonemas consonánticos, casi la mitad de todas las consonantes. Sin embargo, es de notarse que hay cinco fonemas alveolares y un archifonema, que es más que el número de fonemas de cualquier otro lugar de articulación. En un segundo lugar muy distante, se encuentran los fonemas dentales con el 17,3% de las ocurrencias con solo dos fonemas. Los lugares de articulación menos frecuentes son labiodental, con 1,0% de las ocurrencias, y palatal, con 2,6% de las ocurrencias. Es de notarse que esos lugares de articulación tienen un fonema y tres fonemas respectivamente. En el análisis de la frecuencia de ocurrencia de los fonemas consonánticos por el lugar de articulación se ha separado el archifonema /N/ porque representa la neutralización de dos fonemas con diferentes lugares de articulación. El Cuadro 8.23 indica las frecuencias de ocurrencia de las consonantes clasificadas por lugar de articulación.

Los fonemas consonánticos se agrupan en dos categorías de acuerdo con el estado de las cuerdas vocales: los sordos y los sonoros. Los siete fonemas sordos representan el 43,5% de las ocurrencias, mientras que los diez fonemas y dos archifonemas sonoros representan el 56,5% de las ocurrencias. El Cuadro 8.24 indica las frecuencias de ocurrencia de las consonantes clasificadas por el estado de las cuerdas vocales.

En todos estos cuadros, no se han incluido los dos fonemas que solo ocurren en algunos dialectos, es decir, los fonemas /θ/ y /ʎ/. En el corpus hubo 79.868 ocurrencias de lo que podría considerarse el fonema /θ/, o sea el 1,6% de las ocurrencias

Clasificación	Número	Porcentaje del total de fonemas
Consonantes	2.616.674	52,2%
Vocales	2.391.733	47,8%
Total	5.008.407	100%

8.20 La relativa frecuencia entre vocales y consonantes.

8.21 La relativa frecuencia de los fonemas vocálicos.

Vocal	Número	Porcentaje entre los fonemas vocálicos
/e/	741.144	31,0%
/a/	636.442	26,5%
/o/	525.112	22,0%
/i/	321.822	13,5%
/u/	167.213	7,0%
Total	2.391.733	100%

8.22 Las frecuencias de ocurrencia de las consonantes clasificadas por modo de articulación.

Clasificación por modo de articulación	Número		Porcentaje entre los fonemas consonánticos		Porcentajes parciales entre los fonemas ...
Obstruyentes	1.557.191		59,5%		**obstruyentes**
Oclusivos		961.442		36,7%	61,7%
Fricativos		580.754		22,2%	37,3%
Africados		14.995		0,6%	1,0%
Sonorantes	1.059.483		40,5%		**sonorantes**
Nasales		540.857		20,7%	51,0%
Vibrantes		297.645		11,4%	23,1%
Laterales		220.981		8,4%	20,9%
Total	2.616.674		100%		

Clasificación por lugar de articulación	Número	Porcentaje entre los fonemas consonánticos
Bilabial	383.480	14,7%
Labiodental	27.687	1,0%
Dental	451.530	17,3%
Alveolar	1.133.739	43,3%
Palatal	68.759	2,6%
Velar	296.185	11,3%
Archifonema /N/	255.294	9,8%
Total	2.616.674	100%

8.23 Las frecuencias de ocurrencia de las consonantes clasificadas por lugar de articulación.

de todos los fonemas del español o el 3,1% de las ocurrencias de las consonantes del español. En el corpus hubo 15,873 ocurrencias de lo que podría considerarse el fonema /ʎ/, o sea el 0,3% de las ocurrencias de todos los fonemas del español o el 0,6% de las ocurrencias de las consonantes del español.

Sumario

Una de las relaciones que la fonología necesita describir es la que existe entre fonemas. Son dos los tipos de relaciones que existen entre fonemas: la oposición y la neutralización. Para identificar las oposiciones y neutralizaciones es necesario utilizar el concepto del par mínimo. El par mínimo son dos secuencias fónicas idénticas con la excepción de solo uno de sus sonidos en que esa única diferencia causa un cambio de significado. El contraste entre la oposición y la neutralización se resume en el Cuadro 8.25.

Mediante la identificación de las **oposiciones** que existen en español, se puede establecer que el español de hoy en día tiene una base de cinco fonemas vocálicos y diecisiete fonemas consonánticos. Esos fonemas se presentan en el cuadro de las consonantes (la Fig. 8.2) y el cuadro de las vocales (la Fig. 8.3) de este capítulo. Es importante saber esos cuadros y entender que todos los símbolos de estos dos cuadros representan sonidos y que los símbolos marcados en círculos también representan los fonemas del español.

Hay dos tipos de **neutralización**. Un tipo es la neutralización sincrónica o parcial. Ese tipo es la pérdida de oposición entre dos o más fonemas en determinado contexto fonológico, pero no en todos. La neutralización parcial resulta en la creación de un archifonema. El otro tipo es la neutralización diacrónica, histórica o total. Ese tipo es la pérdida o falta de oposición entre dos o más fonemas en todos los contextos fonológicos. La neutralización total resulta en la pérdida

Clasificación por el estado de las cuerdas vocales	Número	Porcentaje entre los fonemas consonánticos
Sordos	1.137.148	43,5%
Sonoros	1.479.526	56,5%
Total	2.616.674	100%

8.24 Las frecuencias de ocurrencia de las consonantes clasificadas por el estado de las cuerdas vocales.

de uno de los fonemas a favor del otro. La distinción entre estos dos tipos de neutralización se resume en el Cuadro 8.26.

En la mayoría de los dialectos hispánicos, el sistema consonántico se ha reducido a diecisiete consonantes; son los dialectos en que existe tanto el seseo como el yeísmo. Los dialectos que no tienen uno de estos fenómenos tienen dieciocho fonemas consonánticos. Los dialectos que no tienen ni el seseo ni el yeísmo tienen diecinueve. El Cuadro 8.27 demuestra los fenómenos del seseo y del yeísmo.

En cuanto a la **frecuencia de ocurrencia** de los fonemas del español, es importante observar que el 47,8% de los fonemas que ocurren en la cadena hablada son las cinco vocales. El 52,2% de los fonemas que ocurren en la cadena hablada son las diecisiete consonantes. La alta frecuencia de estos cinco sonidos vocálicos indica que es muy importante que el estudiante de español ponga énfasis en la adquisición adecuada del sistema vocálico. Por los datos presentados se puede ver cuáles son los fonemas vocálicos de más alta frecuencia. De la misma manera, se puede ver cuáles son los fonemas consonánticos que ocurren más y cuáles son los que son escasos. Se puede ver también

con qué frecuencia ocurren los fonemas consonánticos según sus rasgos distintivos de modo de articulación, lugar de articulación y estado de las cuerdas vocales.

La **transcripción fonológica** es una transcripción en que se especifica la secuencia de fonemas y archifonemas que componen los grupos fónicos de una comunicación verbal. Su utilidad radica en reconocer cuáles son los distintos fonemas que se emplean para formar el comunicado. El entendimiento del sistema de los fonemas es fundamental para la comprensión de las relaciones que existen entre los sonidos del idioma. El Cuadro 8.28 presenta, con fines ilustrativos, un trecho ortográfico con su correspondiente transcripción fonológica. Debido a que hay tantos signos diacríticos cuando se preparan a mano, es siempre mejor presentar las transcripciones fonológicas a doble renglón. Se nota también que en la transcripción fonológica se indica con un espacio la división entre palabras.

Identificados los fonemas y archifonemas del sistema fonológico del español, se puede proseguir a examinar la segunda de las relaciones que la fonología tiene que describir: la relación entre los fonemas y sus alófonos.

8.25 El contraste entre la oposición y la neutralización.

Relación	Definición	Ejemplo	Comprobada por
Oposición	la relación entre dos fonemas distintivos	/t/ ~ /d/	el par mínimo [tán] [dán]
Neutralización	la pérdida de oposición entre dos o más fonemas	seseo	/kása/ /káθa/ ➤ /kása/ ⟶ /s/

8.26 La distinción entre la neutralización sincrónica o parcial y la neutralización diacrónica, histórica o total.

Tipo de Neutralización	La pérdida de oposición ocurre en ...	La pérdida de oposición resulta en ...	Ejemplos
Sincrónica/ parcial	determinado contexto fonológico	un archifonema	/N/ /R/
Diacrónica/ histórica/total	todos los contextos fonológicos	la pérdida de uno de los fonemas a favor del otro	seseo yeísmo

Fenómeno	La neutralización diacrónica entre ...	Resulta en el fonema	Esquema
el seseo	/s/ ~ /θ/	/s/	/s/ /θ/ la distinción ↓ ↙ /s/ el seseo
el yeísmo	/ɟ/ ~ /ʎ/	/ɟ/	/ɟ/ /ʎ/ la distinción ↓ ↙ /ɟ/ el yeísmo

8.27 Resumen de los fenómenos de seseo y de yeísmo.

8.28 Un trecho ortográfico con su correspondiente transcripción fonológica.

TRANSCRIPCIÓN ORTOGRÁFICA:

{No saludó al entrar. / Yo estaba repasando / sobre una bandana / la mejor de mis navajas. / Y cuando lo reconocí / me puse a temblar. / Pero él no se dio cuenta. / Para disimular / continué repasando la hoja. / La probé luego / sobre la yema del dedo gordo / y volví a mirarla contra la luz.}

TRANSCRIPCIÓN FONOLÓGICA:

//nó saludó al eNtráR //ɟó éstába repasáNdo/sobre una baNdána/la mexóR de mis nabáxas/i kuaNdo lo rekonosí/me púse a teNbláR/pero él nó se dió kuéNta //para disimuláR/ koNtinué repasáNdo la óxa/la probé luégo/sobre la ɟéma del dédo góRdo/ i bolbí a miráR la koN tralalús //

Conceptos y términos

archifonema	neutralización total	rasgo no pertinente
fonema	obstruyentes	rasgo pertinente
neutralización	oposición	seseo
neutralización diacrónica	par mínimo	sonorantes
neutralización histórica	rasgo distintivo	transcripción fonológica
neutralización parcial	rasgo funcional	yeísmo
neutralización sincrónica	rasgo no distintivo	

Preguntas de repaso

1. ¿Por qué se debe estudiar la fonología?

2. ¿Cómo se relacionan los conceptos de oposición y par mínimo?

3. ¿Cómo se relacionan los conceptos de oposición y neutralización?

4. Dé las oposiciones consonánticas basadas en el modo de articulación.

5. Dé las oposiciones consonánticas basadas en el lugar de articulación.

6. Dé las oposiciones basadas en el estado de las cuerdas vocales.

7. Dé las oposiciones vocálicas basadas en el modo de articulación.

8. Dé las oposiciones vocálicas basadas en el lugar de articulación.

9. Distinga entre la neutralización sincrónica/parcial y la neutralización diacrónica/total.

10. ¿Cuál es la relación entre neutralización y archifonema?

11. Distinga entre el seseo y la distinción.

12. Distinga entre el yeísmo y la distinción.

13. ¿Cuáles son los fonemas más frecuentes y menos frecuentes del español?

14. ¿Cuáles son los fonemas consonánticos más frecuentes y menos frecuentes del español?

15. ¿Cuáles son los fonemas vocálicos más frecuentes y menos frecuentes del español?

16. ¿Cuáles son las características de una transcripción fonológica?

Ejercicios de transcripción

Transcriba los siguientes trozos literarios fonológicamente (la clave se encuentra en el apéndice):

1. {Martina tenía los modales bruscos / y la voz áspera. / También tenía fama de mal genio, / y en la cocina del abuelo / todos sabían / que no se le podía gastar bromas ni burlas.}

2. {El deshielo se retrasaba / y el sol se hacía pegajoso, / adhesivo a la piel, / a través de la niebla. / Los del campo andaban de mal humor, / blasfemando. / Seguramente / no se les presentaban bien / las cosas de la tierra.}

3. {El Paraná corre allí / en el fondo de una inmensa hoya, / cuyas paredes, / altas de cien metros, / encajonan fúnebremente el río. / Desde las orillas, / bordeadas de negros bloques de basalto, / asciende el bosque, / negro también.}

4. {Los niños siguen arrojando cáscaras de fruta en los zaguanes / con perversas intenciones. / Sobre todo cuando sopla el viento norte. / Y se oyen gritos de madres irritadas, / de padres coléricos. / A veces, / no está demás decirlo, / hay que encoger los hombros / y seguir viviendo.}

5. {La Condesa apareció / en la puerta de la estancia, / donde se detuvo jadeante / y sin fuerza. / Con la muleta / apartaba el blasonado portier. / Rosarito se limpió los ojos, / y acudió velozmente. / La noble señora / apoyó la diestra / blanca y temblona / en el hombro de su nieta, / y cobró aliento / en un suspiro.}

6. {Antes de que pudiera introducir la llave en la cerradura, / la puerta se abrió. / Apareció un indio amarillo, / en bata de casa, / con bufanda. / Su aspecto no podía ser más repulsivo; / despedía un olor a loción barata; / su cara, / polveada, / quería cubrir las

arrugas; / tenía la boca embarrada de lápiz labial mal aplicado, / y el pelo daba la impresión de estar teñido.}

7. {Un estremecimiento sensual / vaga por las cañadas. / De pronto, / Platero yergue las orejas, / dilata las levantadas narices, / replegándolas hasta los ojos / y dejando ver las grandes habichuelas / de sus dientes amarillos.}

8. {La imagen de Don Manuel / iba creciendo en mí / sin que yo de ello / me diese cuenta, / pues era un varón tan cotidiano, / tan de cada día como el pan / que a diario pedimos / en el padrenuestro. / Yo le ayudaba cuando podía / en sus menesteres, / visitaba a sus enfermos, / a nuestros enfermos, / a las niñas de la escuela, / arreglaba el ropero de la iglesia, / le hacía, / como me llamaba él, / de diaconisa.}

10. ◀ Neutralización entre las consonantes nasales en posición final de sílaba.

11. ◀ Oposición entre /ɾ/ y /r/ en posición inicial de sílaba.

12. ◀ Neutralización entre las consonantes vibrantes en posición final de sílaba.

13. ◀ Distinción y seseo.

14. ◀ Distinción y yeísmo.

Materiales en línea

1. ◀ Ejemplos de pares mínimos.

2. ◀ Oposiciones consonánticas basadas en el modo de articulación.

3. ◀ Oposiciones consonánticas basadas en el lugar de articulación.

4. ◀ Oposiciones consonánticas basadas en el estado de las cuerdas vocales.

5. ◀ Oposiciones consonánticas del fonema /ʃ/.

6. ◀ Oposiciones vocálicas basadas en el modo de articulación.

7. ◀ Oposiciones vocálicas basadas en el lugar de articulación.

8. ◀ Oposiciones consonánticas del fonema /a/.

9. ◀ Oposición entre /m/ y /n/ en posición inicial de sílaba.

La relación entre fonemas y alófonos: la distribución

El segundo tipo de relación que la fonología tiene que describir y explicar es la que existe entre los fonemas (o archifonemas) y sus alófonos. El fonema en sí, siendo un concepto mental, no es un sonido producido. El fonema sí se representa en el habla mediante sonidos que se llaman alófonos. Un alófono es un sonido físico producido que representa a un fonema. La especificación de la relación entre un fonema y sus alófonos se llama la **distribución**.

La distribución

La distribución de alófonos depende de varios factores ya presentados. Para entender dónde y cómo se distribuyen los alófonos de los fonemas del español, es valioso repasar tres conceptos fundamentales.

Primero, es vital recordar la distinción entre consonantes y vocales. En el contexto de la distribución, los contrastes más importantes son de la abertura bucal y de la abertura de las cuerdas vocales. En cuanto a la abertura bucal, las vocales se producen con una abertura bucal mayor de la que ocurre en las consonantes. En cuanto a la abertura de las cuerdas vocales, las vocales se producen con una abertura menor de la que ocurre en las consonantes.

Segundo, es imprescindible considerar la estructura de la sílaba. Conforme lo que ya se ha presentado, la estructura de la sílaba se representa en la Fig. 9.1.

En este modelo, la sílaba (representada por el símbolo σ) se divide entre el ataque y la rima. La rima, por su parte, se divide entre el núcleo y la coda. El núcleo silábico del español es sistemáticamente una vocal. El ataque y la coda, cuando ocurren, suelen ser consonantes. También suele decirse que los fonemas del ataque ocurren en posición silábica **explosiva**, mientras que los fonemas de la coda ocurren en posición **implosiva**.

Tercero, es necesario reconocer el papel del grupo fónico en la distribución porque los alófonos pueden aparecer en varias posiciones dentro del grupo fónico. A veces el alófono que se escoge depende de si el fonema aparece en posición inicial o posición final del grupo fónico, es decir, si ocurre después de una pausa o ante una pausa.

Existen varias convenciones de notación lingüística que se emplean en la representación de la distribución. En el Cuadro 9.2 se presentan las notaciones, junto con una descripción de su significado. Es importante emplear esas convenciones por el mismo motivo por el que se emplea el AFI: el de usar símbolos uniformes reconocidos por la comunidad de lingüistas. El empleo de esas convenciones también sirve para representar las distribuciones de una manera gráfica y sucinta, sin tener que recurrir a una larga descripción en prosa. Los ejemplos de cómo se usan se encuentran más adelante en el contexto de las reglas específicas.

La siguiente regla demuestra cómo se pueden emplear estos símbolos para representar la distribución de los alófonos de un

9.1 El modelo de la sílaba.

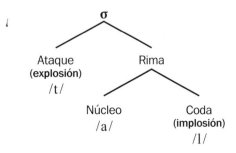

	Convenciones de notación lingüística
→	la flecha se interpreta como "se realiza como"
/	la barra mayor se interpreta como "en el contexto de" o "cuando ocurre" en determinado contexto fonotáctico
—	la raya inferior se emplea para indicar la posición del fonema o sonido que se examina en relación con los demás elementos de la secuencia fónica
$	este símbolo indica el límite o división entre dos sílabas
#	este símbolo indica el límite o división entre dos palabras
V	este símbolo representa cualquier vocal
C	este símbolo representa cualquier consonante
N	este símbolo representa cualquier consonante nasal
L	este símbolo representa cualquier consonante lateral
R	este símbolo representa cualquier consonante vibrante
e.l.d.l.	esta sigla es la abreviatura para "en los demás lugares"
/	dentro de una transcripción, sea fonética o fonológica, esta barra se usa para indicar la pausa que ocurre entre dos grupos fónicos
//	la barra doble (//) indica una pausa mayor, como entre oraciones

9.2 Convenciones de notación lingüística que se emplean en la representación de las reglas de distribución.

fonema. La regla presenta de manera formal la distribución del fonema /s/, que ya se ha descrito antes.

$$/s/ \longrightarrow [\underset{\sim}{s}] \ / \ \underline{}C_{\text{sonora}}$$
$$[s] \ / \ \text{e.l.d.l.}$$

La regla de arriba indica que el fonema /s/ se realiza como fricativa alveolar sonora [ş] cuando el fonema ocurre ante una consonante sonora y que se realiza como fricativa alveolar sorda [s] en los demás lugares.

Una distribución indica la relación entre un fonema y sus alófonos. Siendo así, la representación de esa relación siempre comienza con el fonema seguido de una flecha que conduce al alófono o a los alófonos

que se emplean para realizar el fonema en el habla. Si hay más de un alófono, explica cuáles son y dónde ocurren. Hay cuatro tipos de distribuciones en español: 1) la **distribución única**, 2) la **distribución complementaria**, 3) la **distribución libre** y 4) la **distribución mixta**. En las siguientes secciones, se darán definiciones de cada uno de esos tipos de distribución, junto con los fonemas que tienen los diferentes tipos. Se darán también las reglas correspondientes, pero se reservará la presentación de los pormenores fonéticos y fonológicos de cada sonido y fonema para los capítulos de la tercera y cuarta secciones. Los Capítulos 11 y 12 (de la Sección III) tratan las vocales; los Capítulos 13 a 17 (de la Sección IV) tratan las consonantes.

La distribución única

La distribución única describe la relación entre un fonema y su único alófono. Esta relación es la más simple de las distribuciones, en que existe una correspondencia exacta entre el fonema y su alófono. En términos precisos, como ya se vio en el Capítulo 6 sobre la fonética acústica, existe casi un sinfín de variantes de sonidos que se realizan en el habla. Es decir, si diez hablantes hispánicos articulan el sonido [f] en diez contextos diferentes, habrá cien articulaciones ligeramente diferentes. Es prácticamente imposible producir dos veces el mismo sonido exacto con el aparato fonador humano. Sin embargo, en la práctica, como ya se examinó en el Capítulo 7 sobre la fonética auditiva, el cerebro humano tiene la habilidad de agrupar las articulaciones ligeramente diferentes bajo una sola categoría, es decir, un alófono, a través del proceso de identificación.

Existen además variantes dialectales que son también ligeramente diferentes. Algunas de estas variantes que tienen cierta extensión geográfica y frecuencia de uso se presentan en las notas dialectales de los capítulos que se hallan en la Sección IV y la Sección V. Las variantes que se presentan como sistemáticas son las que suelen ocurrir en la norma culta general de la lengua española.

Como ejemplo de un fonema con distribución única, se presenta el fonema /f/, que en la norma culta general tiene un solo alófono: la fricativa labiodental sorda [f]. La regla de distribución se escribe formalmente de la siguiente manera:

$$/f/ \longrightarrow [f]$$

De los fonemas obstruyentes, los que tienen distribución única se hallan entre los fonemas sordos. Entre los oclusivos, los tres fonemas sordos tienen distribución única, a saber: /p/, /t/ y /k/. Entre los fricativos, dos fonemas sordos tienen distribución única, a saber: /f/ y /x/. El africado sordo, /ʧ/, también tiene una distribución única. Entre los fonemas sonorantes hay cinco fonemas que tienen distribución única. Los tres fonemas nasales /m/, /n/ y /ɲ/

Categoría		Fonemas
Obstruyentes	oclusivos	/p/ /t/ /k/
	fricativos	/f/ /x/
	africado	/ʧ/
Sonorantes	nasales	/m/ /n/ /ɲ/
	laterales	/ʎ/*
	vibrantes	/ɾ/
Vocales		/a/ /o/

*solo en algunos dialectos

9.3 Fonemas con distribución única.

tienen distribución única, a diferencia del archifonema /N/, que tiene otro tipo de distribución. El fonema /ʎ/, que solo ocurre en algunos dialectos, también tiene una distribución única. De los vibrantes, el vibrante simple /ɾ/ tiene distribución única. Hay dos fonemas vocálicos con distribución única: /a/ y /o/. El Cuadro 9.3 resume los fonemas que tienen distribución única.

La distribución complementaria

La distribución complementaria describe la relación entre un fonema y dos alófonos, o más de dos alófonos, donde los alófonos ocurren en contextos fonológicos concretos que se excluyen mutuamente. Esto quiere decir que un primer alófono ocurre siempre en determinado contexto y no en otro. Un segundo alófono ocurre exclusivamente en otro contexto, y así los demás alófonos sucesivamente, si es que los hay. Un ejemplo de ese tipo de distribución es la del fonema /s/, cuya regla ya se ha presentado. Se observa que en la regla para el fonema /s/, el alófono sonoro [s̬] ocurre siempre y exclusivamente ante consonante sonora. Por otro lado, el alófono sordo [s] ocurre siempre en todos los demás contornos posibles (e.l.d.l.), pero nunca ante consonante sonora. Este tipo de distribución se llama complementaria porque la suma de la distribución de cada alófono completa la totalidad de los posibles contextos en que aparece el fonema.

Categoría		Fonemas
Obstruyentes	oclusivos	/b/ /d/ /g/
	fricativos	/s/ /ʝ/ /θ/*
Sonorantes	nasal	/N/
	lateral	/l/
Vocales		/i/ /u/ /e/

*solo en algunos dialectos

9.4 Fonemas con distribución complementaria.

Hay seis fonemas obstruyentes que tienen distribución complementaria. Los tres fonemas oclusivos sonoros, a saber /b/, /d/ y /g/, tienen distribución complementaria. Entre los fricativos hay tres fonemas que tienen distribución complementaria, a saber: /s/, /ʝ/ y /θ/ (este último solo en los dialectos que lo tienen). Entre los fonemas sonorantes, tienen distribución complementaria el fonema lateral alveolar /l/ y el archifonema nasal /N/. Hay tres fonemas vocálicos con distribución complementaria: /e/, /i/ y /u/. (Los detalles de la distribución del fonema /e/ se presentarán en el Capítulo 11.) El Cuadro 9.4 resume los fonemas que tienen distribución complementaria.

Hay nueve reglas de distribución complementaria que se presentan en este capítulo, junto con una descripción en prosa de cada una de las reglas.

La **Regla 1** describe la distribución complementaria de los fonemas oclusivos sonoros. Se podrían escribir tres reglas diferentes, una para cada uno de los fonemas, pero hacerlo con una sola regla capta mejor la integridad del sistema. La regla dice que los fonemas oclusivos sonoros se realizan fonéticamente como alófonos oclusivos sonoros tras una pausa o tras una consonante nasal. Además, el fonema /d/

Regla 1:

$$/bdg/ \longrightarrow [bdg] \Big/ \begin{matrix} /\!\!\_\_\_ \\ N\_\_\_ \end{matrix}$$

$$[d] \ / \ L\_\_\_$$

$$[\beta\eth\gamma] \ / \ \text{e.l.d.l.}$$

se realiza como el alófono oclusivo dental sonoro tras una consonante lateral. Por otro lado, los fonemas oclusivos sonoros se realizan como alófonos fricativos sonoros en todos los demás contextos fonológicos.

La aplicación de la regla en cuanto al fonema /b/ se ve en el ejemplo de la palabra {viento}, que comienza con el fonema /b/. El sonido inicial de la palabra cambia según el contexto fonológico en que ocurre el fonema /b/. Cuando se dice la palabra sola, el fonema /b/ ocurre después de pausa (indicado por /___ en la regla) y se realiza mediante el alófono oclusivo [b] [bjẽn̪to]. En la frase {un viento}, el fonema /b/ ocurre después de una consonante nasal (indicado por N___ en la regla) y se realiza mediante el alófono oclusivo [b] [ũmbjẽn̪to]. En la frase {otro viento}, el fonema /b/ no ocurre ni después de pausa ni después de una consonante nasal (es decir, ocurre en uno de los demás lugares) y se realiza mediante el alófono fricativo [β] [ótroβjẽn̪to].[1] ◀

La aplicación de la regla en cuanto al fonema /d/ se ve en el ejemplo de la palabra {don}, que comienza con el fonema /d/. El sonido inicial de la palabra también cambia según el contexto fonológico en que ocurre el fonema /d/. Cuando se dice la palabra sola, el fonema /d/ ocurre después de pausa y se realiza mediante el alófono oclusivo [d] [dón]. En la frase {un don}, el fonema /d/ ocurre después de una consonante nasal y se realiza mediante el alófono oclusivo [d] [ũn̪dón]. En la frase {el don}, el fonema /d/ ocurre después de una consonante lateral (indicado por /L___ en la regla) y se realiza mediante el alófono oclusivo [d] [el̪dón]. En la frase {otro don}, el fonema /d/ no ocurre ni después de pausa, ni después de una consonante nasal, ni después de una consonante lateral (es decir, ocurre en uno de los demás lugares) y se realiza mediante el alófono fricativo [ð] [ótroðón].[2] ◀

La aplicación de la regla en cuanto al fonema /g/ se ve en el ejemplo de la palabra {gato}, que comienza con el fonema /g/. El sonido inicial de la palabra también cambia según el contexto fonológico en que ocurre el fonema /g/. Cuando se dice la palabra sola, el fonema /g/ ocurre después de pausa y se realiza mediante el alófono oclusivo [g]

Regla 2:

$$/s/ \longrightarrow [\underset{.}{s}] \ / \ \_\_C_{sonora}$$

$$[s] \ / \ e.l.d.l.$$

[gáto]. En la frase {un gato}, el fonema /g/ ocurre después de una consonante nasal y se realiza mediante el alófono oclusivo [g] [ũŋgáto]. En la frase {otro gato}, el fonema /g/ no ocurre ni después de pausa ni después de una consonante nasal (es decir, ocurre cn uno de los demás lugares) y se realiza mediante el alófono fricativo [ɣ] [ótroɣáto].[3] ◀⅋

La **Regla 2** describe la distribución complementaria del fonema /s/. La regla dice que el fonema /s/ se realiza como alófono fricativo alveolar sonoro [ş] cuando ocurre ante una consonante sonora y que se realiza como alófono fricativo alveolar sordo [s] en los demás lugares.

La aplicación de la Regla 2 se ve en el ejemplo de la palabra {es}, que termina en el fonema /s/. El sonido final de la palabra cambia según el contexto fonológico en que ocurre el fonema /s/. Cuando se dice la palabra ante la palabra {mío}, el fonema /s/ ocurre ante una consonante sonora y se realiza mediante el alófono sonoro [ş] [éşmío]. En la frase {es tuyo}, el fonema /s/ ocurre ante una consonante sorda (es decir, ocurre en uno de los demás lugares) y se realiza mediante el alófono sordo [s] [estújo].[4] ◀⅋

La **Regla 3** describe la distribución complementaria del fonema /ɟ/. La regla dice que el fonema /ɟ/ se realiza fonéticamente como alófono africado sonoro [ɟ͡ʝ] tras pausa, tras consonante nasal o tras consonante lateral. Por otro lado, el fonema /ɟ/ se realiza como alófono fricativo sonoro [ʝ] en los demás lugares.

Regla 3:

$$/\underset{.}{j}/ \longrightarrow [\widehat{jj}] \ \Big/ \ \begin{matrix} /\_\_ \\ N\_\_ \\ L\_\_ \end{matrix}$$

$$[\underset{.}{j}] \ / \ e.l.d.l.$$

La aplicación de la Regla 3 se ve en el ejemplo de la palabra {yerno}, que comienza con el fonema /ɟ/. El sonido inicial de la palabra cambia según el contexto fonológico en que ocurre el fonema /ɟ/. Cuando se dice la palabra sola, el fonema /ɟ/ ocurre después de pausa y se realiza mediante el alófono africado [ɟ͡ʝ] [ɟ͡ʝérno]. En la frase {un yerno}, el fonema /ɟ/ ocurre después de una consonante nasal y se realiza mediante el alófono africado [ɟ͡ʝ] [ũɲɟ͡ʝérno]. En la frase {el yerno}, el fonema /ɟ/ ocurre después de una consonante lateral y también se realiza mediante el alófono africado [ɟ͡ʝ] [elɟ͡ʝérno]. En la frase {otro yerno}, el fonema /ɟ/ no ocurre ni después de pausa, ni después de consonante nasal ni después de consonante lateral (es decir, ocurre en uno de los demás lugares) y se realiza mediante el alófono fricativo [ʝ] [ótroʝérno].[5] ◀⅋

La **Regla 4** describe la distribución complementaria del fonema /θ/ para los dialectos que lo tienen. La regla dice que el fonema /θ/ se realiza como alófono fricativo interdental sonoro [ð] cuando ocurre ante una consonante sonora y que se realiza como alófono fricativo interdental sordo [θ] en los demás lugares.

La Regla 4 se aplica solamente en los dialectos donde existe una distinción entre /s/ ~ /θ/, es decir, en los dialectos no seseístas. La aplicación de esa regla se ve en el ejemplo de la palabra {luz}, que en los dialectos no seseístas termina en el fonema /θ/. El sonido final de la palabra cambia según el contexto fonológico en que ocurre el fonema /θ/. Cuando se dice la palabra {luz} ante la palabra {verde}, por ejemplo, el fonema /θ/ ocurre ante una consonante sonora y se realiza mediante el alófono sonoro [ð] [lúðβérðe]. En la frase {luz azul}, el fonema /θ/ ocurre ante una vocal (es decir, ocurre en uno de los demás lugares) y se realiza mediante el alófono sordo [θ] [lúθaθúl].[6] ◀⅋

Regla 4:

$$/\theta/ \longrightarrow [\eth] \ / \ \_\_C_{sonora}$$

$$[\theta] \ / \ e.l.d.l.$$

La **Regla 5** describe la distribución complementaria del archifonema /N/. Fonotácticamente el archifonema nasal ocurre en posición final de sílaba o final de palabra. El archifonema nasal tiene más alófonos que cualquier otro fonema o archifonema del español, puesto que se asimila fonéticamente a todos los posibles lugares de articulación de las consonantes que lo siguen.

La aplicación de la Regla 5 se ve en el ejemplo del artículo indeterminado {un}, que termina en el archifonema /N/. El sonido final de la palabra cambia según el contexto fonológico en que ocurre el archifonema /N/. Cuando el artículo ocurre ante la palabra {beso}, el archifonema /N/ ocurre ante una consonante bilabial y se realiza mediante el alófono bilabial [m] [ũmbéso]. Cuando el artículo ocurre ante la palabra {farol}, el archifonema /N/ ocurre ante una consonante labiodental y se realiza mediante el alófono labiodental [ɱ] [ũɱfaról]. En los dialectos no seseístas cuando el artículo ocurre ante la palabra {zorro}, el archifonema /N/ ocurre ante una consonante interdental y se realiza mediante el alófono interdental [ṉ] [ũṉθóro]. Cuando el artículo ocurre ante la palabra {diente}, el archifonema /N/ ocurre ante una consonante dental y se realiza mediante el alófono dental [n̪] [ũn̪djḛ́nte]. Cuando el artículo ocurre ante la palabra {lado}, el archifonema /N/ ocurre ante una consonante alveolar y se realiza mediante

el alófono alveolar [n] [ũnláðo]. Cuando el artículo ocurre ante la palabra {acto}, el archifonema /N/ ocurre en posición final de palabra ante una vocal y se realiza mediante el alófono alveolar [n] [unákto]. Cuando el archifonema /N/ ocurre en posición final de grupo fónico, es decir, ante pausa (indicado en la regla por __ /), se realiza mediante el alófono alveolar [n] [kapitã́n]. Cuando el artículo ocurre ante la palabra {yerno}, el archifonema /N/ ocurre ante una consonante palatal y se realiza mediante el alófono palatalizado [ɲ] [ũɲjérno]. Cuando el artículo ocurre ante la palabra {gato}, el archifonema /N/ ocurre ante una consonante velar y se realiza mediante el alófono velar [ŋ] [ũŋgáto].[7] ◄

La **Regla 6** describe la distribución complementaria del fonema /l/. El fonema /l/, en teoría, se asimila fonéticamente al lugar de articulación de la consonante que sigue. Esa asimilación no ocurre, sin embargo, ante consonantes bilabiales, labiodentales ni velares, donde sería imposible o difícil producir un sonido lateral.

La aplicación de la Regla 6 se ve en el ejemplo del artículo determinado {el}, que termina en el fonema /l/. En los dialectos no seseístas cuando el artículo ocurre ante la palabra {zorro}, el fonema /l/ ocurre ante una consonante interdental y se realiza mediante el alófono interdental [l̟] [el̟θóro]. Cuando el artículo ocurre ante la palabra {diente}, el fonema /l/ ocurre ante una consonante dental y se realiza mediante el alófono dental [l̪] [el̪djḛ́nte]. Cuando el artículo ocurre ante la palabra {yerno}, el fonema /l/ ocurre ante una consonante palatal y se realiza mediante el alófono palatalizado [l̠] [el̠jérno]. Cuando el artículo ocurre ante la palabra {río}, por ejemplo, el fonema /l/ ocurre ante una consonante

Regla 5:

/N/ ⟶ [m] / __C_bilabial
[ɱ] / __C_labiodental
[n̟]* / __C_interdental
[n̪] / __C_dental
[n] / __C_alveolar / __#V / __ /
[ɲ] / __C_palatal
[ŋ] / __C_velar

*este alófono solamente ocurre en los dialectos no seseístas

Regla 6:

/l/ ⟶ [l̟]* / __C_interdental
[l̪] / __C_dental
[l̠] / __C_palatal
[l] / e.l.d.l.

*este alófono solamente ocurre en los dialectos no seseístas

alveolar (es decir, ocurre en uno de los demás lugares) y se realiza mediante el alófono alveolar [l] [elrío]. Es de notarse que el fonema /l/, cuando aparece en posición final absoluta o delante de una vocal, se presenta en uno de "los demás lugares"; es decir, se realiza como el alófono [l] como en la palabra {final} [finál].[8] ◀ː

La **Regla 7** describe la distribución complementaria de los fonemas vocálicos cerrados o altos y tiene que ver con la producción de los diptongos. Se podría escribir dos reglas diferentes, una para cada uno de los fonemas, pero hacerlo con una sola regla capta mejor la integridad del sistema. La regla dice que los fonemas vocálicos cerrados se realizan fonéticamente como semiconsonantes en posición prenuclear, es decir, cuando precede al núcleo silábico. Dice también que los fonemas vocálicos cerrados se realizan fonéticamente como semivocales en posición posnuclear, es decir, cuando sigue al núcleo silábico. En los demás lugares, es decir, cuando ocurre como el núcleo silábico, se realiza como la vocal misma.

La aplicación de la Regla 7 en cuanto al fonema /i/ se ve en el ejemplo de la palabra {viento}, en que el fonema /i/ ocurre en posición prenuclear ante el fonema /e/ y se realiza como la semiconsonante [j] [bjéṇto]. En la palabra {veinte}, el fonema /i/ ocurre en posición posnuclear después del fonema /e/ y se realiza como la semivocal [i̯] [béi̯nte]. En la palabra {vino}, el fonema /i/ ocurre en posición nuclear y se realiza como la vocal [i] [bíno].[9] ◀ː

La aplicación de la regla en cuanto al fonema /u/ se ve en el ejemplo de la palabra {puerta}, en que el fonema /u/ ocurre en posición prenuclear ante el fonema /e/ y se realiza como la semiconsonante [w] [pwérta]. En la palabra {auto}, el fonema /u/ ocurre en posición posnuclear después del fonema /a/ y se realiza como la semivocal

[u̯] [áu̯to]. En la palabra {fusil}, el fonema /u/ ocurre en posición nuclear y se realiza como la vocal [u] [fusíl].[10] ◀ː

La distribución libre

La distribución libre describe la relación entre un fonema y dos alófonos, o más de dos alófonos, donde los alófonos pueden ocurrir en el mismo contexto fonológico. A diferencia de la distribución complementaria, donde los alófonos aparecen en contextos fonológicos que se excluyen mutuamente, en la distribución libre no hay regla que determine cuál de los alófonos hay que usar en un determinado contexto. Esto quiere decir que en un determinado contexto fonológico, se puede escoger libremente entre los posibles alófonos. La especificación de una distribución libre, entonces, simplemente presenta una lista de los alófonos que pueden emplearse para representar al fonema.

No hay muchos fonemas que manifiestan una distribución libre. De hecho el único caso que se trata en este capítulo es el del fonema vibrante múltiple /r/. Como se verá, los casos de distribución libre pueden ser sistemáticos o dialectales.

La **Regla 8** describe la distribución libre del fonema vibrante múltiple. Indica que el fonema /r/ puede realizarse como vibrante múltiple [r] como también otros dos alófonos. Los alófonos [ɹ] (un aproximante alveolar sonoro) y [χ] (un fricativo uvular sordo) son variantes dialectales que se comentarán con más detalle en el capítulo dedicado a los vibrantes. Por ser solamente variantes dialectales de carácter no generalizado, estos alófonos, [ɹ] y [χ] no aparecen en el cuadro de los sonidos consonánticos presentado en el Capítulo 5.[11] ◀ː

La distribución mixta

La distribución mixta describe la relación entre un fonema y dos alófonos, o más de

Regla 7:

$$/i\ u/ \longrightarrow [j\ w]\ /\ \underline{\quad}V_{nuclear}$$
$$[i̯\ u̯]\ /\ V_{nuclear}\underline{\quad}$$
$$[i\ u]\ /\ e.l.d.l.$$

Regla 8:

$$/r/ \longrightarrow [r\ ɹ^*\ \chi^*]$$
*variantes dialectales

151

Regla 9:

$$/R/ \longrightarrow [ɾ] \quad / \_\#V$$
$$[ɾ \ r \ ɹ] \ / \ e.l.d.l.$$

dos alófonos, donde se requiere un alófono específico en un contexto o contextos determinados, pero hay distribución libre en otros contextos. Es entonces la combinación de una distribución complementaria y una distribución libre, y por eso se llama "mixta". El único ejemplo del español de una distribución mixta ocurre con el archifonema vibrante /R/.

La **Regla 9** describe la distribución mixta del archifonema vibrante /R/. Indica que el archifonema /R/ tiene que realizarse como vibrante simple [ɾ] en posición final de palabra ante vocal inicial de palabra, por ejemplo [poréso]. En los demás lugares, sin embargo, ocurre una distribución libre sistemática de las principales variantes de los dos fonemas vibrantes neutralizados. Ocurre en los demás lugares el vibrante simple [ɾ], o el vibrante múltiple [r] o el aproximante alveolar sonoro [ɹ]. Un ejemplo es la palabra {parte}, que puede pronunciarse [párte], [párte], o [pái̯te].[12] ◀╡

Aplicación práctica

El hispanohablante que no haya estudiado la fonética, no sabría explicar los procesos que esas reglas describen. Tampoco sabría dar esa lista de reglas. Sin embargo, el hispanohablante sí las aplica cuando habla. El hispanohablante aprende a aplicar esas reglas por el proceso de socialización en la adquisición del idioma.

Se puede hacer la pregunta si todo hablante nativo aplica esas reglas de distribución en todos los casos. La respuesta generalmente es que "sí", aunque habrá variaciones dialectales y hasta lapsos personales. Sin embargo, esas reglas representan la realización de la "norma culta" del español. La norma culta no es una variedad del español de ningún lugar específico, sino que es una variedad que se acepta en todo lugar como la de un hablante instruido; en fin, es una forma que tiene prestigio universal. Si el estudiante aprende a aplicar esas reglas en su habla, su español sonará como el de un hablante nativo de un alto nivel de instrucción.

La enseñanza de la pronunciación a nivel avanzado suele ocurrir desde dos plataformas: una que se basa en la imitación y otra que se basa en los principios de la fonética y la fonología. La instrucción que se basa solo en la imitación se limita al modelo de la pronunciación del profesor, sea el dialecto de un profesor hispánico o la variedad de segunda lengua de un profesor no hispánico. La enseñanza de la pronunciación a través de los principios de la fonética y de la fonología requiere un entendimiento del sistema de los sonidos del español en sí y no depende de un solo modelo.

La imitación como técnica de adquisición de la pronunciación tiene ventajas y desventajas y el éxito del estudiante en adquirir una buena pronunciación solo por imitación varía mucho según el individuo. Hay personas que imitan muy bien debido a sus habilidades naturales y hay personas que simplemente carecen de la habilidad de imitar los sonidos. Una ventaja es que si el estudiante tiene la capacidad de imitar bien un buen modelo de pronunciación, la imitación resulta ser una técnica más rápida de adquisición. El enseñar por imitación, sin embargo, requiere que el profesor tenga una buena pronunciación y no requiere necesariamente que entienda los principios lingüísticos de la pronunciación. Como desventaja se puede citar que la enseñanza por imitación se limita al modelo o variedad de pronunciación del profesor, como ya se comentó. Una de las grandes desventajas de la dependencia solo en la imitación es que no queda remedio para el estudiante que no consigue imitar el sonido. Otra desventaja es la dificultad del mantenimiento del acento a largo plazo después de no tener un buen modelo más a mano. El mantenimiento de una buena pronunciación adquirida solamente por imitación puede ser problemático debido a que la pronunciación puede deteriorarse por la influencia o transferencia negativa del sistema dominante de la lengua materna.

El aprendizaje del sistema fonético y fonológico como técnica de adquisición de la pronunciación también tiene ventajas y desventajas. Una de las desventajas es que requiere más conocimiento lingüístico por parte del profesor y requiere que los estudiantes aprendan conceptos académicos en vez de simplemente tratar de repetir lo que escuchan. Una gran ventaja, sin embargo, es que al estudiante que no consigue imitar los sonidos, le da las herramientas necesarias para saber qué hacer con su aparato fonador para producir los sonidos deseados. Además le da los medios para poder enseñar a los demás a hacer lo mismo. Porque se basa en el aprendizaje de principios y la aplicación de ellos, hay la posibilidad de que se retenga una buena pronunciación durante más tiempo, en parte porque le da los recursos para la auto-corrección. El aprender el sistema ayuda tanto a los que aprenden por imitación como a los que no aprenden así.

Se recomienda, entonces que el estudiante memorice las reglas fonéticas y que aprenda los principios y procesos fonéticos y fonológicos concernientes a la producción de los sonidos del español y que luego los aplique en su habla. Un buen entendimiento de los principios le ayuda al estudiante a deshacer las influencias dominantes de su lengua materna. La mejor adquisición de una buena pronunciación es la que resulta de ambas técnicas: el aprendizaje del sistema acompañado de la imitación de un buen modelo.

La transcripción fonética

En este libro se dan ejemplos y ejercicios de transcripción fonética, que es simplemente el representar por escrito el habla como debe de ser según las reglas fonéticas presentadas usando los debidos símbolos del AFI (Alfabeto Fonético Internacional). La transcripción hace que el estudiante vea claramente cuáles son los sonidos que deben producirse en cada contexto fonético. Así el estudiante no tiene que adivinar cuál es el sonido que se debe producir en determinado contexto, simplemente puede verlo. El aprender a aplicar las reglas y el ver el resultado por escrito hace que el estudiante tenga que pensar en las reglas fonéticas y en su aplicación.

Claro está que se puede usar el AFI para representar distinciones dialectales del español y hasta los errores del interlenguaje del estudiante durante su período de aprendizaje, pero el enfoque aquí es más prescriptivista: ¿cuáles son los sonidos que corresponden a una norma culta, aceptables como tal en toda la extensión del mundo hispánico? Al ver cuáles son los sonidos que se deben producir, el estudiante puede entonces practicar la producción de los sonidos transcritos. La práctica de la transcripción fonética junto con la práctica de su aplicación en el habla ayudan a mejorar la pronunciación del estudiante. Por eso, se encuentran ejercicios de transcripción fonética al final de este capítulo.

Sumario

La distribución de alófonos describe la relación que existe entre el fonema o archifonema y los alófonos o sonidos físicos que se emplean para representar los fonemas o archifonemas. Hay cuatro tipos de relaciones que existen entre el fonema o archifonema y sus alófonos: 1) la distribución única, 2) la distribución complementaria, 3) la distribución libre y 4) la distribución mixta. El Cuadro 9.5 resume estos cuatro tipos de relaciones, indicando la definición de cada uno junto con un ejemplo del tipo de regla y una lista de los fonemas gobernados por cada tipo de regla. En la especificación de las reglas fonéticas, es importante saber y entender los símbolos y abreviaturas del Cuadro 9.6.

Las reglas de distribución para los fonemas consonánticos se resumen en el Cuadro 9.7. Los fonemas que no aparecen en todos los dialectos del español se presentan con las células sombreadas.

Las reglas de distribución para los fonemas vocálicos se resumen en el Cuadro 9.8. El fonema /e/, de hecho, tiene una distribución complementaria que se comentará luego en el Capítulo 11.

Los archifonemas también tienen una distribución de alófonos. Es interesante

Tipo de distribución	Definición	Ejemplo	Los fonemas con este tipo de distribución
Única	el fonema tiene un solo alófono	$/p/\longrightarrow[p]$	$/p\ t\ k\ f\ x\ \widehat{tʃ}\ m$ $n\ ɲ\ ʎ\ ɾ\ a\ o/$
Complementaria	el fonema tiene más de un alófono y los alófonos ocurren en contextos fonológicos que se excluyen mutuamente	$/s/\longrightarrow[s̬]\ /\ \_C_{sonora}$ $[s]\ /\ \text{e.l.d.l.}$	$/b\ d\ g\ s\ θ\ j$ $N\ l\ i\ u/$
Libre	el fonema tiene más de un alófono y los alófonos ocurren en el mismo contexto fonológico	$/r/\longrightarrow[r\ ɻ^*\ χ^*]$ *variantes dialectales	$/r/$
Mixta	el fonema tiene más de un alófono, uno(s) que ocurre(n) en contexto(s) específico(s) y otro(s) que ocurre(n) con distribución libre en otro(s) contexto(s)	$/R/\longrightarrow[ɾ]\ \ \ /\ \_\#V$ $[ɾ\ r\ ɻ]\ /\ \text{e.l.d.l}$	$/R/$

9.5 Los cuatro tipos de relaciones que existen entre el fonema o archifonema y sus alófonos.

notar que los dos archifonemas presentados tienen diferentes tipos de distribución. La neutralización de los fonemas nasales resulta en el archifonema nasal, /N/, que tiene una distribución complementaria. La neutralización de los fonemas vibrantes resulta en el archifonema vibrante/R/, que tiene una

distribución mixta. Las reglas de distribución para los archifonemas se resumen en el Cuadro 9.9.

La transcripción fonética, que ya se ha presentado, resulta de la aplicación de estas reglas a la representación gráfica del habla. Su utilidad radica en reconocer cuáles son los

9.6 Los símbolos y abreviaturas de la especificación de las reglas fonéticas.

$\longrightarrow$	"se realiza como"		V	una vocal
$/$	"en el contexto de"		C	una consonante
$\_$	la posición del fonema		N	una consonante nasal
$	división entre sílabas		L	una consonante lateral
#	división entre palabras		R.	una consonante vibrante
/ ‖	división entre grupos fónicos		e.l.d.l.	"en los demás lugares"

Fonema	Tipo de distribución	Regla
/p t k/	Única	/p/ → [p] /t/ → [t] /k/ → [k]
/b d g/	Complementaria	/b d g/ → [b d g] / //__, N__ [d] / L__ [β ð ɣ] / e.l.d.l.
/f x ʧ/	Única	/f/ → [f] /x/ → [x] /ʧ/ → [ʧ]
/θ/	Complementaria	/θ/ → [ð] / __C_{sonora} [θ] / e.l.d.l.
/s/	Complementaria	/s/ → [s̬] / __C_{sonora} [s] / e.l.d.l.
/ʝ/	Complementaria	/ʝ/ → [ɟʝ] / //__, N__, L__ [ʝ] / e.l.d.l.
/m n ɲ/	Única	/m/ → [m] /n/ → [n] /ɲ/ → [ɲ]
/l/	Complementaria	/l/ → [l̟] / __$C_{interdental}$ [l̪] / __C_{dental} [l̠] / __$C_{palatal}$ [l] / e.l.d.l.
/ʎ/	Única	/ʎ/ → [ʎ]
/ɾ/	Única	/ɾ/ → [ɾ]
/r/	Libre	/r/ → [r ɹ̝ χ]

9.7 Reglas de distribución para los fonemas consonánticos. Los fonemos dialectales se presentan sombreados.

Fonema	Tipo de distribución	Regla
/a o e/	Única	/a/ ⟶ [a] /o/ ⟶ [o] */e/ ⟶ [e]
/i u/	Complementaria	/i u/ ⟶ [j w] / /__$V_{nuclear}$
		[i̯ u̯] / $V_{nuclear}$__
		[i u] / e.l.d.l.

9.8 Reglas de distribución para los fonemas vocálicos.

*En el Capítulo 11 se presentará una regla de distribución complementaria para el fonema /e/.

sonidos que deben emplearse en los distintos contornos fonéticos. El mejorar la pronunciación comienza con el reconocimiento de los sonidos que se deben producir.

En la Fig. 9.10 se presenta, con fines ilustrativos, un trecho ortográfico con su correspondiente transcripción fonética. Debido a que hay tantos signos diacríticos, es siempre mejor presentar las transcripciones fonéticas a doble renglón. Se nota también que en la transcripción fonética no se indica con un espacio la división entre

9.9 Las reglas de distribución para los archifonemas.

Archifonema	Tipo de distribución	Regla
/N/	Complementaria	/N/ ⟶ [m] / __$C_{bilabial}$
		[ɱ] / __$C_{labiodental}$
		[n̪̟] / __$C_{interdental}$
		[n̪] / __C_{dental}
		[n] / __$C_{alveolar}$, __#V , __/
		[n̠] / __$C_{palatal}$
		[ŋ] / __C_{velar}
/R/	Mixta	/R/ ⟶ [ɾ] / __#V
		[r̄ r ɹ] / e.l.d.l.

TRANSCRIPCIÓN ORTOGRÁFICA:

{No saludó al entrar. / Yo estaba repasando / sobre una bandana / la mejor de mis navajas. / Y cuando lo reconocí / me puse a temblar. / Pero él no se dio cuenta. / Para disimular / continué repasando la hoja. / La probé luego / sobre la yema del dedo gordo / y volví a mirarla contra la luz.}

TRANSCRIPCIÓN FONÉTICA:

[nósaluðóąlẽn̪trár ∥ ɟ͡ʝóestáβarepasã́n̪do/soβreųnaβã̞n̪dána/lamexórðe miṣnaβáxas/ikwã̞n̪dolorekonosí/ mepúseątẽmblár ∥ peroélnóseðjó kwẽ́n̪ta ∥ paraðisimulár/kõn̪tinwé repasã́n̪dolaǫ́xa/laproβélwéɣo/so βrelajémaðęl̪déðoɣórðo/iβolβíami rárlakõn̪tralalús]

9.10 Un trecho ortográfico con su correspondiente transcripción fonética.

palabras. Esto se debe a que en el habla tampoco se indica esa división.

Claro está que en esta transcripción, hay algunos conceptos importantes y símbolos empleados que todavía no se han tratado a fondo. Esto se hará en los capítulos que siguen. Sin embargo, se puede ver que la selección de los alófonos que ocurren en esta transcripción siguen las reglas presentadas en este capítulo. Por ejemplo, el sonido inicial del segundo grupo fónico es el africado palatal sonoro [ɟ͡ʝ], que según la Regla 3 es el alófono que se debe emplear para representar el fonema /ʝ/ después de pausa. Según la Regla 1, el fonema /d/ del verbo /saludó/ del primer grupo fónico se realiza como fricativo interdental sonoro [ð] porque no sigue ni pausa, ni consonante nasal ni consonante lateral (i.e., ocurre en uno de los demás lugares).

Examinadas, entonces, las relaciones que existen entre los fonemas o archifonemas y sus alófonos, falta solamente una investigación de las posiciones fonológicas en que aparecen los fonemas y archifonemas para completar el estudio de la fonología.

Preguntas de repaso

1. ¿Cuáles son las notaciones lingüísticas empleadas en las reglas de distribución?

2. ¿Cuál es el propósito de la notación lingüística empleada en las reglas de distribución?

3. ¿Cuáles son los tipos de distribución, y cómo se diferencian?

4. ¿Cuáles son los fonemas que tienen distribución única?

5. ¿Cuáles son los fonemas que tienen distribución complementaria, y cuáles son sus reglas?

6. ¿Cuál es el fonema que tiene una distribución libre, y cuál es su regla?

7. ¿Cuál es el archifonema que tiene una distribución mixta, y cuál es su regla?

8. ¿Cómo son las distribuciones de los fonemas vocálicos?

9. ¿Cómo son las distribuciones de los archifonemas?

10. ¿Cuáles son las características de una transcripción fonética?

Conceptos y términos

distribución	distribución libre	distribución única
distribución complementaria	distribución mixta	regla de distribución

Ejercicios de transcripción

Transcriba los siguientes trozos literarios fonéticamente (la clave se encuentra en el apéndice).

1. {Martina tenía los modales bruscos / y la voz áspera. / También tenía fama de mal genio, / y en la cocina del abuelo / todos sabían / que no se le podía gastar bromas ni burlas.}

2. {El deshielo se retrasaba / y el sol se hacía pegajoso, / adhesivo a la piel, / a través de la niebla. / Los del campo andaban de mal humor, / blasfemando. / Seguramente / no se les presentaban bien / las cosas de la tierra.}

3. {El Paraná corre allí / en el fondo de una inmensa hoya, / cuyas paredes, / altas de cien metros, / encajonan fúnebremente el río. / Desde las orillas, / bordeadas de negros bloques de basalto, / asciende el bosque, / negro también.}

4. {Los niños siguen arrojando cáscaras de fruta en los zaguanes / con perversas intenciones. / Sobre todo cuando sopla el viento norte. / Y se oyen gritos de madres irritadas, / de padres coléricos. / A veces, / no está demás decirlo, / hay que encoger los hombros / y seguir viviendo.}

5. {La Condesa apareció / en la puerta de la estancia, / donde se detuvo jadeante / y sin fuerza. / Con la muleta / apartaba el blasonado portier. / Rosarito se limpió los ojos, / y acudió velozmente. / La noble señora / apoyó la diestra / blanca y temblona / en el hombro de su nieta, / y cobró aliento / en un suspiro.}

6. {Antes de que pudiera introducir la llave en la cerradura, / la puerta se abrió. / Apareció un indio amarillo, / en bata de casa, / con bufanda. / Su aspecto no podía ser más repulsivo; / despedía un olor a loción barata; / su cara, / polveada, / quería cubrir las arrugas; / tenía la boca embarrada de lápiz labial mal aplicado, / y el pelo daba la impresión de estar teñido.}

7. {Un estremecimiento sensual / vaga por las cañadas. / De pronto, / Platero yergue las orejas, / dilata las levantadas narices, / replegándolas hasta los ojos / y dejando ver las grandes habichuelas / de sus dientes amarillos.}

8. {La imagen de Don Manuel / iba creciendo en mí / sin que yo de ello / me diese cuenta, / pues era un varón tan cotidiano, / tan de cada día como el pan / que a diario pedimos / en el padrenuestro. / Yo le ayudaba cuando podía / en sus menesteres, / visitaba a sus enfermos, / a nuestros enfermos, / a las niñas de la escuela, / arreglaba el ropero de la iglesia, / le hacía, / como me llamaba él, / de diaconisa.}

Materiales en línea

1. ◀ Ejemplos de la distribución complementaria del fonema /b/.

2. ◀ Ejemplos de la distribución complementaria del fonema /d/.

3. ◀ Ejemplos de la distribución complementaria del fonema /g/.

4. ◀ Ejemplos de la distribución complementaria del fonema /s/.

5. ◀ Ejemplos de la distribución complementaria del fonema /j/.

6. ◀ Ejemplos de la distribución complementaria del fonema /θ/.

7. ◀ Ejemplos de la distribución complementaria del archifonema /N/.

8. ◀ Ejemplos de la distribución complementaria del fonema /l/.

9. ◀ Ejemplos de la distribución complementaria del fonema /i/.

10. ◀ Ejemplos de la distribución complementaria del fonema /u/.

11. ◀ Ejemplos de la distribución libre del fonema /r/.

12. ◀ Ejemplos de la distribución mixta del archifonema /R/.

El posicionamiento y la secuencia de fonemas: la fonotáctica

El tercer tipo de relación que la fonología tiene que describir es la fonotáctica, que describe las normas aceptables para el posicionamiento de los fonemas y para las secuencias de fonemas que el sistema de cada lengua permite. Consecuentemente estudia también los posibles contornos fonológicos en que cada fonema puede ocurrir. En otras palabras, presenta los patrones que rigen la aceptabilidad o no aceptabilidad de una secuencia fónica como sílaba o como palabra.

En el Capítulo 8, se presentaron las frecuencias de ocurrencia de los fonemas del español. Esas frecuencias, sin embargo, fueron estadísticas generales, sin tomar en cuenta las posiciones fonotácticas ni las secuencias fonológicas en que aparecen los distintos fonemas. Las posiciones fonotácticas en que aparecen o no los distintos fonemas, son fuertemente ligadas a la sílaba y secundariamente a la palabra. Como se verá, la posición fonotáctica en relación con el grupo fónico u oración no es relevante. Para indicar las posiciones en que aparecen los fonemas, se emplean las convenciones presentadas en el capítulo anterior según los ejemplos del Cuadro 10.1.

La fonotáctica se ocupa del juego entre los distintos fonemas y las posiciones o secuencias en que pueden o no pueden aparecer en la sílaba, palabra o grupo fónico. La fonotáctica rige las posiciones aceptables y no aceptables de cada fonema. Este capítulo presentará la fonotáctica desde el punto de vista del fonema y examinará las posibles posiciones fonotácticas en que aparece cada fonema. Después, estudiará las distintas posiciones fonotácticas en las que aparecen ciertos fonemas. Luego, repasará las secuencias de consonantes y vocales que se aceptan. Concluirá por examinar las restricciones fonotácticas en la formación de sílabas y palabras.

Debido a que el concepto de la sílaba es tan importante en el estudio de la fonotáctica, vale resumir unos conceptos básicos de la estructura silábica.

La sílaba

Conforme ya se ha presentado, el modelo generalizado de la sílaba se representa mediante un árbol. A la cabeza del árbol se encuentra el símbolo σ, la letra *sigma* o *s* del alfabeto griego, que representa el concepto de la *sílaba*. La sílaba puede componerse de los elementos de **ataque**, **rima**, **núcleo** y

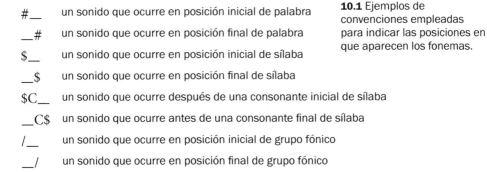

#__	un sonido que ocurre en posición inicial de palabra
__#	un sonido que ocurre en posición final de palabra
$__	un sonido que ocurre en posición inicial de sílaba
__$	un sonido que ocurre en posición final de sílaba
$C__	un sonido que ocurre después de una consonante inicial de sílaba
__C$	un sonido que ocurre antes de una consonante final de sílaba
/__	un sonido que ocurre en posición inicial de grupo fónico
__/	un sonido que ocurre en posición final de grupo fónico

10.1 Ejemplos de convenciones empleadas para indicar las posiciones en que aparecen los fonemas.

coda como ejemplifica el siguiente árbol de la sílaba/palabra *tal*.

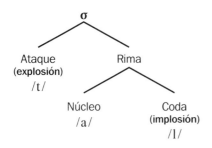

La sílaba se divide inicialmente en dos unidades: el **ataque** y la **rima**. El ataque es un elemento optativo de la sílaba. Cuando ocurre en español, suele ser una consonante (la *t* de *tal*) o grupo consonántico (la *tr* de *tren*). Tradicionalmente las consonantes que ocurren en posición inicial de sílaba se llaman explosivas o se dice que ocurren en **posición explosiva**. Esa posición se representa convencionalmente como $ __.

La rima, por su parte, se divide también en dos unidades: el **núcleo** y la **coda**. El núcleo es un elemento obligatorio de la sílaba. En español el núcleo es sistemáticamente una vocal (la *a* de *tal* o la *e tren*). La coda es otro elemento optativo de la sílaba. Cuando ocurre en español, suele ser una consonante (la *l* de *tal* o la *n* de *tren*). Tradicionalmente las consonantes que ocurren en posición final de sílaba se llaman implosivas o se dice que ocurren en **posición implosiva**. Esa posición se representa convencionalmente como __$.

Los fonemas y sus posiciones fonotácticas

La base para examinar las posibles posiciones fonotácticas en que aparecen los fonemas del español es la sílaba. Como ya se ha presentado, la estructura elemental de la sílaba incluye el ataque, el núcleo y la coda. Aunque las palabras se componen de sílabas, puede haber otras restricciones en cuanto a la palabra. Es decir, el hecho de que una consonante ocurra en posición inicial de sílaba no quiere decir automáticamente que ocurra en posición inicial de palabra. Por otro lado, el hecho de que una consonante ocurra en posición final de sílaba no quiere decir automáticamente que ocurra también en posición final de palabra. De hecho, el número de fonemas que ocurren en posición final de palabra en español es muy reducido.

Los fonemas consonánticos en la fonotáctica

En español, las consonantes sistemáticamente ocurren solamente en el ataque o en la coda de la sílaba. En esta sección se examinarán todos los fonemas consonánticos para ver en qué posiciones se dan.

Las consonantes oclusivas

Todas las consonantes oclusivas, es decir, /p t k b d g/, ocurren y se oponen en el ataque. La oposición entre todos los fonemas oclusivos en posición inicial de palabra se comprueba con las palabras /páta/, /táta/, /káta/, /báta/, /dáta/ y /gáta/. En posición inicial de sílaba interior de palabra también ocurren todos los fonemas oclusivos en oposición como demuestran las palabras /mápa/, /máta/, /máka/, /ába/, /áda/ y /ága/.

Los fonemas oclusivos apenas ocurren en la coda del español. En posición final de sílaba interior de palabra ocurren con muy poca frecuencia, por ejemplo: /ápto/, /étniko/, /ákto/, /obtenér/, /adkiére/ y /agnóstiko/. Estas palabras son cultismos, es decir, palabras que históricamente entraron al español de las lenguas clásicas en que estas combinaciones consonánticas eran comunes. En español la coda es una posición fonológicamente inestable. Este hecho se atestigua mediante dos fenómenos: primero, hay pocas consonantes que se dan en posición final, y segundo suelen ocurrir varios tipos de neutralizaciones y reducciones en esa posición.

En posición final de palabra el único fonema oclusivo que ocurre sistemáticamente es el fonema /d/, que fonéticamente se realiza como la fricativa interdental sonora [ð]. Entre los ejemplos se incluyen /salúd/ y /berdád/. Los demás fonemas oclusivos sistemáticamente no ocurren en palabras españolas. Los únicos ejemplos son préstamos de otros idiomas como /tóp/ {top}, /ʧalét/ {chalet}, /bisték/ {bistec}, /klúb/ {club} y /sigság/ {zigzag}. El carácter no sistemático de estas palabras se refleja en la escasez de ejemplos. Del *Diccionario inverso de la lengua española* basado en las entradas del *Diccionario de la Real Academia* (20ª edición; DRAE) hay solo seis entradas que terminan con /p/, sesenta y ocho entradas que terminan con /t/, treinta y dos entradas que terminan con /k/, quince entradas que terminan con /b/ y cinco entradas que terminan con /g/. Todas las palabras son, como los ejemplos ya citados, obviamente préstamos de otros idiomas en que sí es aceptable fonotácticamente terminar una palabra con esas consonantes. Además, comúnmente ni se pronuncian esas consonantes finales asistemáticas. En contraste, la sistematicidad del fonema /d/ se manifiesta en las 862 palabras del DRAE que terminan con este fonema.

Las consonantes fricativas

Todas las consonantes fricativas, es decir, /f s ʝ x/ (y en algunos dialectos /θ/), ocurren y se oponen en el ataque. La oposición entre todos los fonemas fricativos en posición inicial de palabra se comprueba con las palabras /fáka/, /sáka/, /ʝáka/, /xáka/ y hasta /θáka/. En posición inicial de sílaba interior de palabra también ocurren todos los fonemas fricativos en oposición como demuestran las palabras /mófa/, /mósa/, /mója/, /móxa/ y hasta /móθa/.

Los fonemas fricativos como grupo se dan con poca frecuencia en la coda con la única excepción del fonema /s/. En posición final de sílaba interior de palabra solo ocurre con mucha frecuencia el fonema /s/, por ejemplo, /asta/, /eskuéla/ y /resbalár/. Los ejemplos de /f/ en esta posición son pocos y rebuscados, por ejemplo, /aftóso/ y /náfta/. Los ejemplos de /ʝ/ y /x/ son inexistentes en esa posición. En los dialectos no seseístas el fonema /θ/ sí existe en algunas palabras, por ejemplo, /konóθko/, /duráθno/ y /nobiáθgo/.

En posición final de palabra, el principal fonema fricativo que ocurre sistemáticamente es el fonema /s/. Entre los ejemplos se incluyen /después/, /més/ e /inglés/, además de los miles de formas morfológicas que terminan con /s/. En los dialectos no seseístas, el fonema /θ/ se da sistemáticamente en posición final de palabra en 498 ejemplos del DRAE. Ejemplos incluyen /áθ/, /téθ/ y /lúθ/. Los demás fonemas fricativos no ocurren sistemáticamente en posición final de palabra. El fonema /x/ sí ocurre en una palabra común, [relóx], pero los otro veinte ejemplos son rebuscados. El fonema /f/ ocurre al final de solo diez palabras en el DRAE y el fonema /ʝ/ no ocurre nunca en la coda.

La consonante africada

El único fonema africado /ʧ/ ocurre exclusivamente en el ataque silábico, tanto en posición inicial de palabra como en posición inicial de sílaba interior de palabra. En este último caso, se da en posición intervocálica. Los ejemplos incluyen /ʧíko/ y /áʧa/.

Las consonantes nasales

En posición inicial de palabra ocurren dos de los tres fonemas nasales, es decir, /m/ y /n/, como ya se presentó en el Capítulo 8. Ejemplos de pares mínimos que comprueban la oposición entre estos fonemas son [máta] [náta] y [móno] [nóno] El fonema /ɲ/ no ocurre sistemáticamente en español en posición inicial de palabra. De las cincuenta palabras presentadas en el DRAE que comienzan con {ñ}, son todas indigenismos (ej. *ñandú*), extranjerismos (ej. *ñoqui*), o reducciones (ej. *ño*, (de *señor*)). En posición inicial de sílaba interior de palabra hay oposición entre todos los tres fonemas nasales /m n ɲ/, como se ve en el ejemplo de [káma] [kána] [káɲa].

En la coda, tanto en posición final de sílaba interior de palabra como en posición final de palabra, hay neutralización de los fonemas nasales que resulta en el archifonema nasal /N/. Se ha tratado ya esa neutralización en el Capítulo 8, y su resultante distribución complementaria en el Capítulo 9. A pesar de las setenta y tres palabras registradas en el DRAE que terminan con la letra {m}, se puede afirmar que el fonema /m/ sistemáticamente no ocurre en esa posición. Las escasas entradas que terminan con {m} se componen mayormente de palabras latinas o extranjeras, que no caben dentro del sistema del español. Es más, en el habla, estas palabras siguen la regla de distribución complementaria descrita en el Capítulo 9. Por ejemplo, la consonante final de la palabra {álbum} suele pronunciarse de acuerdo con la regla ya citada como se ve en las secuencias [álbũn] [álbũnːwéβo] [álbũmːío] [álbunes].

Las consonantes laterales

El fonema /l/ ocurre en todas las posiciones del ataque y de la coda. Ocurre en posición inicial de palabra, /ládo/, como también en posición inicial de sílaba interior de palabra, /pálo/. Ocurre en posición final de sílaba interior de palabra, /álto/, como también en posición final de palabra, /tál/. Como se verá a continuación, el fonema /l/ también ocurre en grupos consonánticos, por ejemplo /plán/. El fonema /l/ tiene una distribución complementaria que ya se presentó en el Capítulo 9.

En los dialectos de distinción entre /ʝ/ y /ʎ/, el fonema lateral /ʎ/ solo ocurre en el ataque, tanto inicial de palabra, /ʎáma/, como también en posición inicial de sílaba interior de palabra, /káʎe/. El fonema /ʎ/ no ocurre nunca en la coda.

Las consonantes vibrantes

Los fonemas /ɾ/ y /r/ y el archifonema /R/ siguen en general el patrón fonotáctico de las nasales: el archifonema ocurre en la coda y los fonemas en el ataque. En el ataque, los fonemas /ɾ/ y /r/ se oponen únicamente en la posición inicial de sílaba interior de palabra, es decir, en posición intervocálica interior de palabra. Esto se comprueba con las palabras /káɾo/ /káro/. Además de esa posición, el fonema vibrante simple /ɾ/ ocurre también en el ataque en grupos consonánticos, por ejemplo /bɾísa/. El fonema vibrante múltiple /r/ ocurre también en otras dos posiciones: en posición inicial de palabra, /rósa/ y en posición inicial de

sílaba precedida por consonante alveolar, /óNra/.

En la coda, tanto en posición final de sílaba interior de palabra como en posición final de palabra, hay neutralización entre los fonemas vibrantes que resulta en el archifonema vibrante /R/. Se ha tratado ya esa neutralización en el Capítulo 8, y su resultante distribución mixta en el Capítulo 9.

Los fonemas vocálicos en la fonotáctica

Las vocales del español pueden clasificarse como tónicas o átonas. Las vocales tónicas son las que llevan acento fonético; las vocales átonas no lo llevan. En inglés las vocales tónicas pueden llamarse o "tonic" o "stressed". En inglés las vocales átonas pueden llamarse o "atonic" o "unstressed".

Las sílabas también pueden denominarse sílaba tónica o sílaba átona, de acuerdo con la tonicidad su núcleo silábico. La sílaba átona puede clasificarse como sílaba pretónica o sílaba postónica; eso depende de la posición en la palabra de la sílaba átona en relación con la sílaba tónica.

En español, todas las vocales ocurren sistemáticamente como núcleo silábico cuando son tónicas, es decir, fonéticamente acentuadas. También se dan como núcleo silábico cuando ocurren solas en una sílaba átona y como el elemento primario de un diptongo. Las vocales altas o cerradas, es decir, las vocales /i/ y /u/, pueden también aparecer como elementos tanto del ataque como de la coda, donde forman la parte secundaria de un diptongo.

Las vocales altas

Las dos vocales altas, es decir, /i u/, son las vocales menos frecuentes del español. Esas vocales ocurren y se oponen principalmente en el núcleo, donde pueden aparecer como vocales tónicas o átonas. El Cuadro 10.2 resume las posibilidades en cuanto a las vocales /i u/ en posición nuclear.

Las vocales altas /i u/ se encuentran en relativamente pocas palabras en posición final de palabra, sea en posición tónica o átona, la mayoría de sus ocurrencias siendo

	Tónica	Átona
Inicial de palabra	/íba/ /úba/	/inánime/ /unánime/
Pretónica		/ligár/ /lugár/
Tónica	/nído/ /núdo/	
Postónica		/tásito/ /kómputo/
Final de palabra	/tí/ /tú/	/kasi/ /tríbu/

10.2 Las posibilidades en cuanto a las vocales /i u/ en posición nuclear.

en la forma verbal de primera persona del pretérito para verbos de la segunda y tercera conjugaciones ({aprendí}, {salí}, etc.). Su ocurrencia es tan mínima (alrededor del 0,1% de las ocurrencias de las vocales /i u/) que se puede afirmar que la presencia de las vocales altas en posición final de palabra es asistemática. Las vocales altas también aparecen en los diptongos, sea en posición prenuclear (/bién/ /buén/) o en posición posnuclear (/ailádo/ /auládo/).

Las vocales no altas

Las tres vocales no altas, es decir, /e a o/, son los tres fonemas más frecuentes del español. Esas vocales ocurren y se oponen en el núcleo, donde pueden aparecer como vocales tónicas o átonas. Se puede clasificar la posición en que ocurre la vocal como pretónica o postónica, como también inicial de palabra o final de palabra. El Cuadro 10.3 resume las posibilidades en cuanto a las vocales /e a o/ en posición nuclear.

A diferencia de las vocales altas, las vocales no altas, es decir, /e a o/, sí ocurren sistemáticamente en todas las posiciones, incluso posición final de palabra. Las vocales no altas, sin embargo, no aparecen ni en el ataque ni en la coda de la sílaba.

Las posiciones fonotácticas y los fonemas

Examinadas ya las posiciones en las que puede aparecer cada fonema del español, vale especificar cuáles son los fonemas que pueden aparecer en cada una de las posiciones fonotácticamente importantes.

10.3 Las posibilidades en cuanto a las vocales /e a o/ en posición nuclear.

	Tónica	Átona
Inicial de palabra	/ésa/ /ása/ /ósa/	/emitír/ /admitír/ /omitír/
Pretónica		/besíto/ /basíto/ /bosesíta/
Tónica	/péso/ /páso/ /póso/	
Postónica		/número/ /párpado/ /kómodo/
Final de palabra	/kasé/ /sofá/ /kasó/	/káse/ /kása/ /káso/

Se examinarán, entonces, los posibles fonemas que pueden o no ocurrir como ataque silábico, núcleo silábico o coda silábica. También es importante examinar los fonemas que pueden o no aparecer en posición inicial o final de palabra.

El núcleo silábico

En la sílaba española, el núcleo es un elemento obligatorio. Además, el núcleo es sistemáticamente una de las cinco vocales /i e a o u/. Como ya se ha explicado, el núcleo silábico puede ser tónico o átono. En el caso de los átonos, pueden ser pretónicos o postónicos. El núcleo, sea tónico o átono, también puede aparecer en posición inicial o final de palabra.

De todas las posiciones presentadas, la única restricción sistemática ocurre con las vocales altas /i u/, que no suelen aparecer ni tónicas ni átonas en posición final de palabra con la excepción de la vocal tónica /í/, principalmente por ser desinencia verbal.

El ataque silábico interior de palabra

El ataque silábico es un elemento optativo de la sílaba española. El ataque puede ser o vocálico o consonántico. El ataque vocálico ocurre cuando se encuentra o la vocal /i/ o la vocal /u/ inacentuadas en posición prenuclear donde se realiza como semiconsonante. Esto toma en cuenta los diptongos como /iéro/ {hierro} o /uéɾta/ {huerta}. El ataque consonántico en posición interior de palabra puede ser cualquier fonema consonántico: por ejemplo, /ká\$ɲa/ {caña} o /pí\$ka\$ɾo/ {pícaro}.

La coda silábica interior de palabra

La coda silábica es un elemento optativo de la sílaba española. La coda puede ser o vocálica o consonántica. La coda vocálica ocurre cuando se encuentra o la vocal /i/ o la vocal /u/ inacentuadas en posición posnuclear donde aparece como semivocal. Esto toma en cuenta los diptongos como /ailádo/ {ahilado} o /auládo/ {ahulado}.

A diferencia del ataque, no todos los fonemas consonánticos pueden aparecer en la coda silábica. En la coda ocurren frecuentemente los fonemas /d s l/ y los archifonemas /N R/. Ocurren con poca frecuencia los fonemas oclusivos y fricativos /p b t k g f θ/. Cuando ocurren, aparecen principalmente en palabras cultas. Ni el fonema fricativo /ɟ/ ni el fonema fricativo /x/ se dan en esa posición.

La posición inicial de palabra

Todos los fonemas vocálicos pueden aparecer en posición inicial de palabra, tanto en posición átona como en posición tónica. En cuanto todos los fonemas consonánticos pueden aparecer en el ataque silábico en general, hay dos fonemas que sistemáticamente no aparecen en posición inicial de palabra: el fonema /ɲ/ y el fonema /ɾ/.

La posición final de palabra

En posición final de palabra solamente suelen aparecer las vocales no altas, es decir, /e a o/. Las poquísimas ocurrencias de las vocales altas /i u/ (menos del 0,1% de las ocurrencias de estas vocales) pueden caracterizarse como asistemáticas con la excepción de la desinencia verbal /í/.

En las palabras netamente españolas las posibilidades para los fonemas consonánticos en posición final de palabra también son muy reducidas en número. De todos los fonemas consonánticos que tiene el español, hay solo seis que sistemáticamente aparecen en posición final de palabra:

andén	/andéN/	/N/
andar	/andáR/	/R/
maldad	/maldád/	/d/
banal	/banál/	/l/
pasas	/pásas/	/s/
luz	/lúθ/	/θ/*
(en algunos dialectos)		

Los demás fonemas consonánticos o no ocurren en posición final de palabra o por lo menos no ocurren en palabras netamente españolas como se ha demostrado ya en este capítulo. El DRAE incluye solo veintiuna palabras que terminan con el fonema fricativo /x/, todas rebuscadas con la única excepción de {reloj}. Los fonemas palatales /ʝ ʧ ʎ/ no ocurren nunca en esa posición.

Secuencias de fonemas

En la fonotáctica, es importante examinar también las secuencias de fonemas vocálicos y las secuencias de fonemas consonánticos que pueden aparecer dentro de una sílaba. Para hablar de las combinaciones posibles e imposibles es útil dividir los fonemas y/o sonidos en cuatro grupos naturales: las vocales, los deslizantes, los sonorantes y los obstruyentes.

Las vocales ya se han definido articulatoria, acústica y auditivamente. Son el grupo de sonidos del español únicamente adecuados para formar el núcleo de la sílaba. Los deslizantes son los sonidos o alófonos que se emplean para representar las vocales altas cuando ocurren en posición prenuclear o posnuclear, es decir, cuando se realizan como semiconsonantes o semivocales. Los sonorantes representan las consonantes que acústicamente se parecen más a las vocales, es decir, que tienen sonoridad y por lo menos una débil estructura de formantes. Entre las consonantes, los sonorantes también tienen una abertura articulatoria mayor. Los obstruyentes son las consonantes más cerradas articulatoriamente, que se producen con una notable constricción articulatoria. Es también el único grupo que tiene fonemas sordos.

Secuencias vocálicas

Los ejemplos sistemáticos de secuencias vocálicas que se han estudiado hasta este punto incluyen combinaciones de vocales y deslizantes. Estas combinaciones pueden ser diptongos o triptongos. Los diptongos ocurren cuando se tiene una vocal átona y alta en posición prenuclear o posnuclear. En posición prenuclear el deslizante es una semiconsonante como en los ejemplos

[bjén] y [bwén]. En posición posnuclear el deslizante es una semivocal como en los ejemplos [aj̞láðo] y [au̞láðo]. Un triptongo resulta de una combinación de las dos, es decir, un deslizante más vocal nuclear más deslizante como en los ejemplos [bwéj̞] y [mjáu̞]. Las secuencias vocálicas llamadas sinéresis y sinalefa se presentarán en el capítulo sobre las secuencias vocálicas debido a su complejidad fonética y fonológica.

Secuencias consonánticas

La pauta general del español divide dos consonantes contiguas entre dos sílabas distintas: por ejemplo, *mis-ma*, *jun-tan*, *es-ta*. Sin embargo, hay algunos casos en que dos consonantes se juntan o en el ataque silábico o en la coda silábica. El español, a diferencia del inglés, no admite nunca una secuencia de tres consonantes en la misma sílaba.

Las secuencias de dos consonantes ocurren mayormente en posición inicial de palabra o sílaba. Las combinaciones de consonantes que ocurren en esa posición en español se componen siempre de un obstruyente más un sonorante. En español no aparecen nunca dos obstruyentes en el ataque silábico. Las posibilidades se limitan aun más, puesto que las únicas combinaciones que ocurren se forman de un fonema oclusivo o el fonema /f/ más un fonema líquido, o sea /l/ o /ɾ/. De todas esas posibles combinaciones hay solo dos que no ocurren: /tl/ y /dl/. Las posibilidades pueden representarse mediante el esquema presentado en el Cuadro 10.4.

Aunque la secuencia /tl/ sí se da en unas pocas palabras españolas cultas, como {atlas}, {atleta} y {atlántico}, no es un grupo consonántico, porque los fonemas /t/ y /l/ pertenecen a sílabas distintas: /át$las/, /at$lé$ta/ y /at$láNtiko/. Los únicos ejemplos de /tl/ en la misma sílaba se dan en indigenismos, principalmente aztequismos. El grupo se da en posición inicial de palabra, inicial de sílaba interior de palabra o final de palabra como atestiguan Tlalpan, Huitzilopochtli y Ixtaccíhuatl. La secuencia /dl/ simplemente no se da en palabras españolas. La secuencia /dl/ no se da en palabras españolas.

165

/p t k/ /b d g/ /f/	/l/ /ɾ/
oclusiva o /f/ (obstruyente)	líquida (sonorante)
pl	pɾ
tl ✻	tɾ
kl	kɾ
bl	bɾ
dl ✻	dɾ
gl	gɾ
fl	fɾ

10.4 Grupos consonánticos en el ataque.

/N/ /R/ /b d k/	/s/
archifonema nasal (sonorante) oclusiva /b d k/ (obstruyente)	fricativa /s/ (obstruyente)
	Ns
	Rs
	bs
	ds
	ks

10.5 Grupos consonánticos en la coda.

En el cuadro se incluye el término "líquida" como sub-categoría de sonorante. Este es un término tradicional para referirse al grupo de sonidos que incluye los sonidos tipo "L" y tipo "R" en todas las lenguas. Aunque no sea un término fonéticamente preciso, es útil en la fonología para agrupar estos sonidos que sí comparten comportamientos fonotácticos.

No hay secuencias de dos consonantes que ocurran en posición final de palabra en español. Los únicos casos de secuencias de dos consonantes en la coda ocurren en posición final de sílaba interior de palabra. Se debe destacar que aun así hay pocos ejemplos de este fenómeno. Las combinaciones de consonantes que ocurren en esa posición en español se componen de un sonorante más un obstruyente o de dos obstruyentes. Las posibilidades se limitan aun más, puesto que las únicas combinaciones que ocurren se forman con los archifonemas /N/ o /R/ o un fonema oclusivo /b/, /d/ o /k/ más el fonema fricativo /s/. Las posibilidades se representan en el Cuadro 10.5.

Debido a la pauta general, que suele dividir dos consonantes entre dos sílabas, los casos en que la sílaba se queda con un grupo consonántico en la coda se limitan a ejemplos en que el grupo es seguido por otra consonante. La palabra *cansa*, por ejemplo, se divide en dos sílabas entre las dos consonantes: /káN$sa/. La palabra *consta*, sin embargo, presenta una dificultad. Existe la tentación de separar la primera sílaba como /kóN/, porque /kóNs/ no es una sílaba que complace. El problema es que si la primera sílaba fuera /kóN/, la segunda tendría que ser /sta/, que sería aun menos aceptable; de hecho, es totalmente imposible. Entonces, la única división factible de *consta* es /kóNs$ta/. Otros ejemplos de sílabas que terminan en consonante más /s/ son *transgredir* /traNs$gɾe$díR/, *obstruir* /obs$truíR/, *adstrato* /ads$trá$to/, *perspicaz* /peRs$pi$kás/ y el ejemplo dialectal *extra* /éks$tɾa/.

La combinación de un grupo consonántico en la coda de una sílaba seguida de un grupo consonántico en el ataque de la sílaba siguiente, permite una secuencia de cuatro consonantes en posición interior de palabra. En este caso, siempre habrá un límite silábico entre la segunda y tercera consonantes. Las reglas fonotácticas permiten una especificación de cuáles son las posibilidades para cada uno de los fonemas de esa secuencia, según presenta el Cuadro 10.6.

Las reglas aquí presentadas de las secuencias de fonemas permitidas en español demuestran la admirable sencillez del sistema fonotáctico del español comparado con el del inglés.

Secuencias mixtas

Existe también la posibilidad de que el ataque o la coda contengan grupos formados de una combinación mixta de consonantes

#...	C	C	$	C	C	...#
	/N R/	/s/		/p t k/	/l/	
	/b d k/			/b d g/	/ɾ/	
				/f/		

10.6 Las posibilidades fonotácticas para una secuencia de cuatro consonantes dentro de una palabra.

y vocales. En esos casos el elemento vocálico será un deslizante. De esta forma, el ataque puede consistir en una consonante más semiconsonante (ej. *nie-go* o ***pue-do***), en dos consonantes más semiconsonante (ej. *plie-go* o ***true-no***), o en una semivocal más consonante (ej. *trein-ta* o ***aun-que***). Rarísima es la ocurrencia de una semivocal seguida de dos consonantes, que solo puede ocurrir en posición interior de palabra (ej. *reins-ta-lar*). Ya que se ha examinado los patrones aceptables, se verán por otro lado, algunas de las restricciones que limitan la formación de palabras en español.

Restricciones fonotácticas en la formación de palabras

Las reglas fonotácticas de determinada lengua rigen la formación de palabras. Esas reglas también sirven para excluir del idioma ciertas secuencias de fonemas que son ajenas a la norma y que no producen palabras bien formadas. Existen dos tipos de palabras que se excluyen del léxico de determinado idioma: lagunas accidentales y lagunas sistemáticas. De modo general, una laguna se trata de secuencias de fonemas que no aparecen en el léxico de determinada lengua. Una **laguna accidental** es una secuencia de fonemas permitida por el idioma, pero que no tiene significado; es decir, es una secuencia de fonemas que podría ser una palabra, pero no lo es; o sea, no se le ha asignado un significado a una secuencia de sonidos que es fonotácticamente aceptable. En contraste, una **laguna sistemática** es una secuencia de fonemas

no permitida por el idioma; es decir, es una secuencia de fonemas que no puede formar una palabra.

En inglés existe la palabra {brick} y en español existe la palabra {plano}. Estas secuencias son significantes bien formados a los que las respectivas comunidades lingüísticas han asignado significados correspondientes. Por otro lado {blick} es una secuencia de sonidos aceptable dentro del sistema inglés como lo es {frano} dentro del sistema español, pero a estas dos secuencias no se les ha asignado un significado. Las secuencias {blick} y {frano} son ejemplos de lagunas accidentales, secuencias de sonidos a las que se podría asignar un significado.

Es diferente con las secuencias {bnick} y {pnalo}. Estas secuencias representan lagunas sistemáticas porque además de ser secuencias que no ocurren, son también secuencias que no pueden ocurrir debido a que violan las restricciones fonotácticas del inglés y del español respectivamente, restricciones que prohíben la secuencia de un fonema oclusivo seguido de un fonema nasal en posición inicial de palabra.

Como se comentó ya en el Capítulo 1, sobre la comunicación humana, la secuencia {pst} no es una palabra ni en inglés ni en español. Cierto es que es un símbolo arbitrario que representa un significado aceptado por la comunidad lingüística. Cierto es también que se forma de una secuencia de sonidos, pero no es una secuencia aceptable para la formación de palabras. Por eso, hay que concluir que es un signo acústico que pertenece a la comunicación no verbal. No es una palabra porque no sigue las reglas fonotácticas españolas para la formación de una palabra debido a que: 1) no contiene un núcleo silábico, es decir, que no contiene vocal; 2) contiene la secuencia /ps/ en posición inicial; y 3) contiene el fonema /t/ en posición final (que aunque posible en inglés, no lo es en español).

Los efectos de las restricciones fonotácticas en la formación de palabras se ven claramente en los ajustes o adaptaciones que sufren los **préstamos léxicos** de otros idiomas que se incorporan al español. Un ejemplo es lo que ocurre con la palabra {ski} del noruego que al adaptarse al español llegó a ser {esquí}. Esta adaptación ocurre por la restricción fonotáctica del español que prohíbe que una palabra comience con un grupo consonántico formado por /s/ más cualquier otra consonante. Por eso, el préstamo al español de la palabra noruega *ski* /skí/ produjo *esquí* /es$kí/. Se le agregó la vocal inicial /e/ justamente para que no apareciera el grupo asistemático /sk/ dentro de la misma sílaba en posición inicial de palabra.

Las restricciones fonotácticas surgen de las limitaciones en cuanto a las posiciones en que pueden aparecer los diferentes fonemas o combinaciones de fonemas en relación con la estructura silábica prototípica del español y la estructura de la palabra española.

Sumario

La fonotáctica es el tercer tipo de relación que describe la fonología. Se trata de una especificación de los contornos fonológicos en que puede aparecer cada fonema y las secuencias de fonemas que el lenguaje acepta en la formación de sus palabras. Muchas de las reglas se vinculan al concepto de la estructura silábica, que incluye el ataque (o explosión), el núcleo y la coda (o implosión). El núcleo es un elemento obligatorio de la sílaba y en español es siempre una vocal. El ataque y la coda son elementos optativos de la sílaba y en español se componen de varias combinaciones de consonantes y vocales según demuestra el Cuadro 10.7.

Las reglas fonotácticas del español rigen cuáles son los fonemas que sí pueden y que no pueden aparecer en el ataque o en la coda en las posiciones inicial o final de palabra o en las posiciones inicial o final de

sílaba interior de palabra. También rigen cuáles son las combinaciones consonánticas que pueden o que no pueden ocurrir en esas mismas posiciones. El Cuadro 10.8 indica las posibilidades aceptables en el sistema fonológico del español.

Al estudiar el Cuadro 10.8, se pueden hacer varias observaciones y comparaciones. El primer tipo de comentario tiene que ver con el número de posibilidades que existen para la ocurrencia de los fonemas consonánticos en los distintos contornos o posiciones fonológicos del español. En general, se puede afirmar que hay siempre más posibilidades consonánticas en el ataque que en la coda. Se puede notar también que hay siempre más posibilidades consonánticas en posición final de sílaba interior de palabra que en posición final de palabra.

- El mayor número de fonemas consonánticos ocurre en posición inicial de sílaba interior de palabra, donde pueden ocurrir todas las consonantes.

- Después viene la posición inicial de palabra donde hay solamente dos fonemas consonánticos que no ocurren: /ɲ/ y /r/.

- Las posibilidades de ocurrencia de fonemas consonánticos se reducen bastante en posición final de sílaba interior de palabra. En esa posición se dan los dos archifonemas /N R/ y otros nueve fonemas /p b t d k g f s l/.

- El contorno más restrictivo para la ocurrencia de fonemas consonánticos es la posición final de palabra donde se dan los dos archifonemas /N R/ y otros tres fonemas /d l s/. El fonema dialectal /θ/ también se da sistemáticamente en esa posición.

Las restricciones para las consonantes se aumentan cuando ocurren en grupos. Como en el caso de las consonantes simples, hay menos restricciones en posición inicial que en posición final. Los doce grupos consonánticos formados por un fonema oclusivo o /f/ más una líquida ocurren tanto en posición inicial de sílaba interior de palabra como en posición inicial de palabra. En posición final de sílaba interior de palabra ocurren con muy poca frecuencia solamente los grupos /Ns Rs bs ds ks/. En español es fonotácticamente imposible que una palabra termine en un grupo consonántico.

Es importante recordar lo que ya se ha presentado sobre la ocurrencia de los archifonemas, que sistemáticamente ocurren únicamente en posición final mientras que los fonemas que se relacionan con el archifonema ocurren en posición inicial. En otras palabras, con respecto a los nasales y vibrantes, la oposición ocurre en posición inicial mientras que la neutralización ocurre en posición final.

Se puede resumir las posibles estructuras silábicas del español mediante un bosquejo del comportamiento fonotáctico de los

Ataque	Núcleo	Coda
C		C
CC		CC
V	Vocal	V
CV		VC
CCV		VCC

10.7 La sílaba española se compone de varias combinaciones de consonantes y vocales.

10.8 Las posibilidades consonánticas aceptables en el sistema fonológico del español en el ataque y en la coda.

Contorno fonológico	Ataque		Coda	
Límite de palabra con una consonante	#CV	todos los fonemas consonánticos menos /ɲ/ y /ɾ/	VC#	los archifonemas /N/ y /R/, los fonemas /d l s/, el fonema /θ/ (en algunos dialectos), /x/ (rarísimo)
Límite de palabra con dos consonantes	#CCV	oclusiva o /f/ más líquida, excepto /tl/ y /dl/	VCC#	no ocurre
Límite de sílaba interior de palabra con una consonante	$CV	todos los fonemas consonánticos	VC$	los archifonemas /N R/ y los fonemas /p b t d k g f s l/
Límite de sílaba interior de palabra con dos consonantes	$CCV	oclusiva o /f/ más líquida, excepto /tl/ y /dl/	VCC$	/N R b d k/ más /s/

10.9 Las posibles posiciones de cada tipo de fonema en relación con el núcleo de la sílaba.

Ataque			Núcleo	Coda		
−3	−2	−1	0	+1	+2	+3
obstruyente	sonorante	deslizante	vocal	deslizante	sonorante	obstruyente(s)

fonemas de los cuatro grupos naturales de sonidos. El Cuadro 10.9 indica las posibles posiciones de cada tipo de fonema en relación con el núcleo de la sílaba. Este bosquejo no quiere decir que todos los elementos tienen que aparecer en cada sílaba, pero sí indica el orden en que aparecen, si es que aparecen. Por ejemplo, si una sílaba contiene un deslizante, siempre aparecerá inmediatamente antes o después del núcleo. Un obstruyente siempre precederá a cualquier sonorante en el ataque o seguirá a cualquier sonorante en la coda. Aunque es poco frecuente, es posible tener dos obstruyentes en la coda de una sílaba en posición interior de palabra: /bs ds ks/, como ya se vio. Se puede ver la aplicación del cuadro en los ejemplos de la Fig. 10.10. Esos pocos ejemplos indican cómo las sílabas del español se estructuran según las reglas fonotácticas expuestas en este capítulo.

Con los principios de la fonotáctica y los demás principios básicos de la fonética y fonológica ya planteados, es posible proseguir a un estudio pormenorizado de cada fonema y sus realizaciones fonéticas.

Preguntas de repaso

1. ¿Cuáles son las convenciones lingüísticas empleadas para representar los contornos fonológicos?

2. Comente la estructura de una sílaba.

3. ¿En qué contornos fonotácticos aparecen los fonemas /p d s ɾ m l/?

4. ¿Cuáles son los papeles fonotácticos posibles de las vocales altas?

5. ¿Cuáles son los fonemas consonánticos simples que pueden aparecer en posición inicial de palabra?

6. ¿Cuáles son los fonemas consonánticos simples que pueden aparecer en posición inicial de sílaba interior de palabra?

7. ¿Cuáles son los fonemas consonánticos simples que pueden aparecer en posición final de sílaba interior de palabra?

8. ¿Cuáles son los fonemas consonánticos simples que pueden aparecer en posición final de palabra?

9. ¿Cuáles son los grupos consonánticos que pueden aparecer en posición inicial?

10. Comente los grupos consonánticos en posición final.

11. Comente las posibles secuencias vocálicas.

12. Distinga entre secuencias vocálicas, consonánticas y mixtas.

13. Distinga entre una laguna accidental y una laguna sistemática.

Conceptos y términos

ataque	laguna sistemática	restricción fonotáctica
coda	núcleo	rima
deslizante	obstruyente	secuencia consonántica
diptongo	posición explosiva	secuencia mixta
fonotáctica	posición implosiva	secuencia vocálica
laguna accidental	préstamo léxico	sonorante

10.10 Cuadro de la estructura de diferentes sílabas en palabras del español según las reglas fonotácticas.

{transportes}

t	ɾ	a	N	s	$	p	ó	R	$	t	e	s
-3	-2	0	+2	+3		-3	0	+2		-3	0	+3
obs	son	voc	son	obs		obs	voc	son		obs	voc	obs

{calmante}

k	a	l	$	m	á	N	$	t	e
-3	0	+2		-2	0	+2		-3	0
obs	voc	son		son	voc	son		obs	voc

{obstruir}

o	b	s	$	t	ɾ	u	i	R
0	+3	+3		-3	-2	-1	0	+2
voc	obs	obs		obs	son	des	voc	son

{trueno}

t	ɾ	u	é	$	n	o
-3	-2	-1	0		-2	0
obs	son	des	voc		son	voc

{reino}

r	é	i	$	n	o
-2	0	+1		-2	0
son	voc	des		son	voc

{hacía}

a	$	s	í	$	a
0		-3	0		0
voc		obs	voc		voc

SECCIÓN IV

Los fonemas vocálicos y sus sonidos

Capítulos 11–12

Con una base lingüística, fonética y fonológica ya establecida, es posible examinar los fonemas del español y los alófonos que los representan. Los capítulos de esta sección tratan los fonemas vocálicos del español según sus características fonológicas desde las siguientes perspectivas: la oposición, la frecuencia, la distribución y la fonotáctica. También se presentan los detalles articulatorios, acústicos y auditivos de cada uno de los alófonos vocálicos. Debido a que los fines de estos capítulos son más prácticos, se introducen pistas pedagógicas y consejos prácticos dirigidos al estudiante de español para la adquisición de una buena pronunciación. Debido a la alta frecuencia de vocales en la cadena hablada y la relativa estabilidad del sistema vocálico del español, es imprescindible que el estudiante lo adquiera en sus pormenores para lograr una buena pronunciación. Al final de cada capítulo, se encuentran ejercicios que le ayudarán al estudiante a incorporar las pistas pedagógicas los consejos prácticos en su pronunciación.

Los fonemas vocálicos

El español tiene cinco fonemas vocálicos: /a e i o u/. Estos fonemas son de suma importancia porque, como ya se ha presentado, por un lado representan el 47,8% de los fonemas de la muestra estudiada y por otro funcionan como el núcleo de la sílaba. El presente capítulo trata la ocurrencia de los fonemas vocálicos en posición silábica nuclear; la ocurrencia no nuclear de las vocales se presenta en el próximo capítulo que trata las combinaciones vocálicas.

Este capítulo comienza con una presentación general de las características fonéticas de las vocales. Presenta también una clasificación más detallada de las vocales. Continúa con un contraste entre los sistemas vocálicos del español y del inglés. Concluye con un análisis de cada fonema vocálico. En ese análisis se presentan los datos fonológicos y fonéticos de cada fonema. Incluye también claves para el estudiante en la adquisición de una buena pronunciación de las vocales españolas.

Características de las vocales en general

Es útil repasar lo que ya se ha dicho sobre las características de las vocales en contraste con las consonantes. En el Capítulo 5 ya se estableció que desde el punto de vista articulatorio, las vocales, frente a las consonantes:

- presentan una mayor abertura bucal;
- se forman mediante la actuación de los músculos depresores;
- tienen una mayor cerrazón de las cuerdas vocales;
- tienen mayor tensión de las cuerdas vocales, lo que produce un tono más alto;

- requieren menos gasto de aire en su producción.

En el Capítulo 6 se estableció que frente a las consonantes, las vocales, desde el punto de vista acústico:

- suelen producirse en un tono más alto en relación con las consonantes vecinas;
- se producen con una mayor intensidad en relación con las consonantes vecinas;
- suelen presentarse con una mayor duración en relación con las consonantes vecinas;
- se caracterizan por formantes bien definidos e intensos.

En el Capítulo 7 se estableció cómo el oído produce una imagen mental de las características acústicas de la vocal y cómo el cerebro interpreta esa información en el proceso de la identificación y sistematización del sonido vocálico recibido.

La clasificación fonológica y fonética de las vocales

La clasificación de las vocales puede ser fonológica o fonética. Es importante entender la diferencia entre las dos clasificaciones. La clasificación fonológica contiene el número mínimo de rasgos necesarios que refleja la oposición entre los cinco fonemas vocálicos del español. La clasificación fonética, en contraste, contiene el número máximo de rasgos posibles para describir todos los detalles de la producción física de los alófonos vocálicos del español.

	Anterior	Central	Posterior
Cerrada	i		u
Media	e		o
Abierta		a	

11.1 Los cinco fonemas vocálicos del español.

Los rasgos fonológicos de los fonemas vocálicos

Para diferenciar entre los cinco fonemas vocálicos del español se necesitan solamente dos rasgos fonológicos: **el modo de articulación** y **el lugar de articulación**. El modo de articulación se refiere al grado de abertura bucal; así se clasifican las vocales como cerradas /i u/, medias /e o/ y abierta /a/. El lugar de articulación se refiere a la región bucal en que la lengua se acerca más al techo de la boca; así se clasifican las vocales como anteriores /i e/, central /a/ y posteriores /o u/. Los cinco fonemas vocálicos del español pueden contrastarse mediante la aplicación de estos dos rasgos como se puede ver en el Cuadro 11.1.

De esa manera el fonema /i/ se distingue del fonema /u/ por ser este cerrado posterior y aquel cerrado anterior. De la misma manera el fonema /i/ se distingue del fonema /e/ por ser este medio anterior y aquel cerrado anterior. Siguiendo el mismo modelo, el fonema /u/ se distingue del fonema /a/ por ser este abierto central y aquel cerrado posterior.

Los rasgos fonéticos de los alófonos vocálicos

Los mismos rasgos fonológicos de las vocales (es decir, el modo de articulación y el lugar de articulación) también son rasgos fonéticos, porque reflejan características importantes en la producción de los alófonos vocálicos. Estos dos rasgos son tanto fonológicos (porque contienen la información mínima necesaria para establecer la oposición entre los fonemas)

como fonéticos (porque describen los rasgos articulatorios principales). Además de estos rasgos principales, existen otros cinco rasgos fonéticos que tienen que ver con otros aspectos de la pronunciación de los alófonos vocálicos: el estado de las cuerdas vocales, el estado del velo del paladar, el estado de los labios, la duración y la intensidad.

El modo de articulación

En cuanto al modo de articulación, como ya se ha presentado, las vocales se clasifican fonéticamente según el grado de la abertura bucal. De acuerdo con el grado de abertura, los alófonos vocálicos que aparecen en el núcleo silábico se clasifican como **cerradas** [i u], **medias** [e o] o **abierta** [a].

El estudiante de fonética puede observar la progresión en la abertura bucal de cerrada a media a abierta al decir las secuencias [i e a] y [u o a]. Se puede ver mejor esa progresión al decir esas secuencias ante el espejo o cuando las articula otra persona. Se puede sentir la misma progresión poniendo los dedos sobre los labios o la mano debajo del mentón al articular estas secuencias.[1] 🎥

El lugar de articulación

En cuanto al lugar de articulación, como ya se ha presentado, las vocales se clasifican fonéticamente según la región de la boca en que la lengua se acerca más al techo de la boca. Cuando la lengua se acerca más a la zona palatal de la boca, las vocales se clasifican como anteriores. Cuando la lengua se acerca más a la zona velar de la boca, las vocales se denominan posteriores. Cuando la lengua adopta una posición intermedia entre anterior y posterior, la vocal se define como central. De acuerdo con el lugar de articulación, los alófonos vocálicos que aparecen en el núcleo silábico se clasifican como **anteriores** [i e], **posteriores** [u o] o **central** [a].

El estudiante de fonética puede observar el cambio en la posición de la lengua al comparar la articulación de las vocales [i u] y [e o]. En las vocales [i e] se puede sentir que el acercamiento más estrecho de la lengua ocurre en la región palatal; el acercamiento más estrecho ocurre en la región velar con las vocales [u o]. Se puede sentir ese acercamiento de la lengua a la región palatal al decir la secuencia [a i] y hacia la región velar al decir la secuencia [a u].

El estado de las cuerdas vocales

Las vocales, a nivel fonético, pueden clasificarse también de acuerdo con el estado de las cuerdas vocales. Como ya se presentó en el Capítulo 5, el grado de abertura/cerrazón de las cuerdas vocales, junto con el paso de aire controlan la vibración (sonidos sonoros) o no vibración (sonidos sordos) de las cuerdas vocales. Las vocales, por regla general, son sonoras. Sin embargo, hay casos en español en que puede ensordecerse la vocal debido a la asimilación. En español esa asimilación es optativa y ocasional. Los casos en que ocurre la producción de una **vocal ensordecida**, son cuando la vocal ocurre entre una consonante sorda y una pausa. Se emplea el signo diacrítico [̥] para indicar un sonido ensordecido. En forma de regla se puede expresar este ensordecimiento de la siguiente manera:

$$V \longrightarrow \underset{\circ}{V} \: / \: C_{sorda} \underline{\quad} /$$

Se puede oír el ensordecimiento vocálico en la última vocal de las siguientes muestras: [komjéronlapástḁ] [nóúβokláse̥] [nesesítao̥ɣo̥].[2] ◀≶ El estudiante de fonética puede sentir la diferencia entre las vocales sonoras y las vocales sordas al poner los dedos sobre la laringe. Al articular las vocales [i e a o u], se puede sentir la vibración con los dedos. Al susurrar las vocales [i̥ e̥ ḁ o̥ u̥] no se siente la vibración.[3] ◀≶

El papel que desempeña el rasgo del estado de las cuerdas vocales en el sistema vocálico del español es totalmente fonético, puesto que no crea nunca una oposición fonológica con las vocales sonoras. Los sonidos vocálicos sordos, cuando ocurren, son siempre alófonos de los fonemas vocálicos, que son sonoros por naturaleza.

El estado del velo del paladar

Las vocales, a nivel fonético, pueden también clasificarse de acuerdo con el estado del velo del paladar. Como se presentó en el Capítulo 5, la posición del velo del paladar, sea para arriba o para abajo, controla la cantidad de aire que se admite a la cavidad nasal. En la producción de toda vocal se mantiene la boca abierta. Si al mismo tiempo se levanta el velo, este se adhiere a la pared faríngea impidiendo que el aire entre en la cavidad nasal: así se produce una **vocal oral**. Si se baja el velo, se abre la entrada a la cavidad nasal, permitiendo que el aire entre y que la onda sonora resuene en la cavidad nasal; de ese modo se produce una **vocal oronasal** o **vocal nasalizada**.

En español ocurre una leve nasalización al final de la producción de la vocal cuando ocurre ante el archifonema nasal /N/, es decir, cuando se tiene una nasal en posición final de una sílaba fonética. Se emplea el signo diacrítico [̃] para indicar una vocal nasalizada. En forma de regla se puede expresar esta nasalización de la siguiente manera:

$$V \longrightarrow \tilde{V} \: / \: \underline{\quad} N\$$$

Se puede oír la nasalización vocálica en la vocal tónica de las siguientes palabras: [íⁿtimo] [éⁿte] [kãⁿpo] [dóⁿde] [púⁿto].[4] ◀≶ El estudiante de fonética puede sentir la diferencia entre las vocales orales y las vocales oronasales al producirlas tapándose y destapándose la nariz. Al articular las vocales orales [i e a o u], se puede notar que el sonido producido no cambia al taparse y destaparse la nariz. Esto se debe al hecho de que con el velo levantado, no hay aire que entre en la cavidad nasal, y como consecuencia, el efecto de taparse la nariz es nulo. Sin embargo, al bajar el velo del paladar y producir las vocales oronasales [ĩ ẽ ã õ ũ], el sonido se altera mucho al taparse y destaparse la nariz. Esto se debe al hecho de que en la producción de estas vocales sí hay aire que sale por la nariz. Se puede constatar la aplicación de la regla al comparar la producción de los siguientes pares de palabras: [písta píⁿta] [sáles sálẽⁿ] [kapitál kapitáⁿ] [tórta tóⁿta] [urtáðo ũⁿtáðo].[5] ◀≶

El grado de nasalización que ocurre en español es mínimo comparado con el que

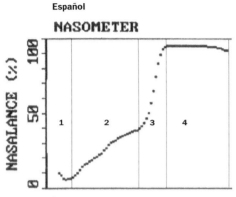

Español

Portugués

1 la intensión de la vocal [ã]
2 la tensión de la vocal [ã]
3 la transición entre la vocal [ã] y la consonante [ṇ]
4 la tensión de la consonante [ṇ]

1 la intensión de la vocal [ẽ]
2 la tensión de la vocal [ẽ]
3 la transición entre la vocal [ẽ] y la consonante [ɳ]
4 la consonante [ɳ]

11.2 Nasogramas de la sílaba /káN/ de la palabra {canta} en español y en portugués.

ocurre en otros idiomas como el portugués y el francés. Esto se debe a que la abertura entre el velo del paladar y la pared faríngea que ocurre en español es mínima al compararse con la abertura más grande que ocurre en portugués y en francés. En el caso de la vocal nasalizada del español, la separación del velo del paladar de la pared faríngea crece a lo largo de su producción; es decir, la separación aumenta al aproximarse cada vez más a la consonante nasal final de sílaba. En otras palabras, la vocal comienza como una vocal oral, pero a lo largo de su producción se nasaliza cada vez más. Se puede decir que el portugués y el francés tienen vocales netamente oronasales, mientras que en español se trata de una leve nasalización que resulta de una coarticulación anticipante. Por eso, la nasalización solamente se indica en una transcripción detallada del español.

Ya se comentó la diferencia entre el grado de nasalización que ocurre en español y el que ocurre en portugués. Este hecho se ve en los nasogramas de la Fig. 11.2. El nasograma indica el porcentaje de la energía acústica que proviene de las dos cavidades. En el nasograma, el eje horizontal representa el tiempo y el eje vertical representa el grado de nasalización. Teóricamente un cero por ciento quiere decir que toda la energía acústica proviene de la cavidad oral, mientras que un cien por ciento quiere decir que toda la energía proviene de la cavidad

nasal. Sin embargo, en la práctica nunca se da el caso del cero por ciento ni del cien por ciento, debido a que la onda sonora producida se transmite por todos los tejidos de la cara.

En la sílaba /káN/ de la palabra {canta} del español, se nota en la Fig. 11.2 que durante la tensión de la vocal, la nasalidad de la vocal crece gradualmente del 10% hasta el 40%. Durante la transición formada por la distensión de la vocal e intensión de la consonante nasal, el grado de nasalización crece súbitamente hasta el 95% para la producción de la consonante nasal.[6] ◀≋

Por su parte, en la sílaba /káN/ de la palabra {canta} del portugués, se nota que durante la tensión de la vocal la nasalidad de la vocal crece rápidamente del 10% hasta el 70%. Durante la distensión de la vocal e intensión de la consonante nasal, el grado de nasalización crece súbitamente hasta el 95% para la producción de la consonante nasal. Es obvio que el grado de nasalización del portugués es mayor que el del español.[6] ◀≋

El papel que desempeña el rasgo del estado del velo del paladar en el sistema vocálico del español es totalmente fonético, puesto que no crea nunca una oposición fonológica: los sonidos vocálicos oronasales son siempre alófonos de los fonemas vocálicos, que son orales por naturaleza.

Como la nasalización es sensible a la posición silábica, es importante entender bien las reglas de la división silábica del español, que solo se presentarán detalladamente en el Capítulo 18. Se verá en ese capítulo, entonces, cómo el silabeo afecta la aplicación de la regla de nasalización vocálica.

El estado de los labios

Las vocales, a nivel fonético, se clasifican también de acuerdo con el estado de los labios. Según este rasgo, las vocales pueden clasificarse como **labializadas** o **deslabializadas**. Esta diferencia es evidente al comparar la conformación de los labios de las vocales [i] y [u]. En la articulación del sonido [u] las comisuras de la boca se acercan, los labios se redondean y se proyectan hacia adelante. En la articulación del sonido [i] las comisuras de la boca se alejan de la posición normal y los labios se abren. Según este rasgo las vocales [i e a] se clasifican como deslabializadas y las vocales [o u] como labializadas.[7] 🪶 Esto se puede constatar al ver la posición de los labios en el espejo al pronunciar las vocales. Se puede sentir la diferencia al poner los dedos sobre las comisuras de la boca durante la articulación de las vocales. Acústicamente, la labialización de una vocal tiene el efecto de bajar el segundo formante.

El papel que desempeña el rasgo del estado de los labios en el sistema vocálico del español es totalmente fonético, puesto que este rasgo no crea nunca de por sí una oposición fonológica. Es un rasgo redundante porque sigue la misma clasificación dada por el lugar de articulación. Es decir, para el español, los únicos sonidos vocálicos que son labializados son los posteriores; todos los demás sonidos vocálicos son deslabializados.

La tonicidad o intensidad

Según su tonicidad o intensidad en español una vocal se clasifica como **vocal tónica** o **vocal átona**. Este fenómeno se llama comúnmente "el acento", pero este término es muy ambiguo como se verá en el Capítulo 19. El fenómeno a que se refiere aquí es un fenómeno fonológico y fonético, que tiene que ver con la representación mental de una frase y con la articulación de ella y no con su ortografía. Por ejemplo, en la palabra {cantara} la primera y última [a] son átonas y la penúltima es tónica, aunque la palabra no contiene ningún acento ortográfico: [kãṇtára]. En la palabra {cántara} la primera vocal es la tónica y las otras dos son átonas: [kãṇtara].[8] 🔈

La duración

Como se ha comentado en capítulos anteriores, los sonidos pueden variar en el tiempo durante el cual se mantiene su producción. Según su duración, una vocal puede clasificarse como **vocal larga** o **vocal breve**. Las variaciones dependen de varios factores: la tonicidad de la vocal, la posición fonológica en que ocurre la vocal o su combinación con otras vocales. Por ejemplo, en la realización de la frase {está aquí} el sonido [a] es breve: [estákí]. En la realización de la frase {está alto} el sonido [á:] es largo: [está:ɭto].[9] 🔈 El alargamiento de un sonido se transcribe mediante el uso del símbolo [:]. Los detalles del fenómeno del alargamiento vocálico se tratarán en el Capítulo 12.

El sistema vocálico del español comparado con el del inglés

Como introducción a la presentación de las vocales españolas, es útil examinar los varios contrastes que existen entre los sistemas vocálicos del español y del inglés. Los sistemas se contrastan en cuanto al ataque y a la cesación de la vocal. En los dos idiomas existe un contraste entre vocales tónicas y átonas. En cada sistema hay un contraste marcado en el número de vocales que existe y la ubicación de cada uno de los fonemas en el espacio vocálico. Hay también un contraste en cuanto a la relativa variación dialectal que se exhibe dentro de los dos sistemas.

La comparación entre el ataque y la cesación vocálicos

Como ya se ha presentado, la producción de cualquier sonido consiste en tres fases: la intensión, la tensión y la distensión. Ya se comentó la importancia de la coarticulación que resulta del solapamiento de la distensión de un sonido y la intensión del sonido siguiente. Sin embargo, es posible encontrar vocales en dos casos especiales donde no ocurre ese solapamiento. Cuando la vocal ocurre en posición inicial de grupo fónico (es decir, después de una pausa), se puede hablar del **ataque vocálico**, puesto que la intensión de la vocal no se mezcla con ninguna distensión. Cuando la vocal ocurre en posición final de grupo fónico (es decir, ante una pausa), se puede hablar de la **cesación vocálica**, puesto que la distensión de la vocal no se mezcla con ninguna intensión.

El ataque vocálico

Es importante contrastar el ataque vocálico del español con el del inglés porque son tan diferentes. El ataque vocálico ocurre cuando el grupo fónico comienza con una vocal, en otras palabras, ocurre únicamente cuando la vocal sigue a una pausa. El español tiene un **ataque vocálico creciente** mientras que el inglés tiene un ataque **vocálico abrupto**.

En español, el ataque vocálico creciente ocurre cuando se comienza a forzar el aire de los pulmones hacia la laringe con las cuerdas vocales ya abiertas a la posición precisa para que entren en vibración con el paso del aire. Comienzan a vibrar con una amplitud muy baja, pero con el crecimiento del paso del aire, se aumenta gradualmente la amplitud. La Fig. 11.3 demuestra el efecto acústico del ataque vocálico creciente.

En inglés, en contraste, el ataque vocálico abrupto ocurre cuando se comienza a forzar el aire de los pulmones hacia la laringe con las cuerdas vocales cerradas. Lo que resulta entonces, es un gran aumento de presión de aire debajo de las cuerdas vocales sin producción de sonido. Cuando de repente las cuerdas vocales se abren a la posición precisa para una vocal, se produce inicialmente una explosión de aire por las cuerdas vocales. Estas comienzan a vibrar repentinamente con la amplitud de la fase tensiva de la vocal. La Fig. 11.4 demuestra el efecto acústico del ataque vocálico abrupto.

Al comparar el ataque vocálico del español con el del inglés, se nota la diferencia entre la intensión de la vocal de cada idioma. La intensión del ataque vocálico del español es una producción vocálica con amplitud creciente, debido a que las cuerdas vocales se encuentran inicialmente abiertas. En contraste, la intensión del ataque vocálico del inglés es una explosión, un golpe de glotis, debido a que las cuerdas vocales se encuentran inicialmente cerradas. Se puede escuchar la diferencia fonética en el ataque vocálico al comparar las siguientes series de palabras: [al̺tár] [aksjón] [ámpljo] {altar, acción, amplio} demuestran el ataque vocálico creciente del español mientras que [ʔáltʰɹ̩] [ʔǽkʃən] [ʔǽmpl̩] {altar, action, ample} demuestran el ataque vocálico abrupto del inglés, con golpe de glotis inicial.[10] ◀€

La cesación vocálica

Es importante también contrastar la gran diferencia entre la cesación vocálica del español y la del inglés. La cesación ocurre cuando el grupo fónico termina con una vocal, en otras palabras, ocurre únicamente cuando la vocal precede a una pausa. El español tiene una **cesación vocálica abrupta** mientras que el inglés tiene una **cesación vocálica decreciente**.

11.3 El ataque vocálico creciente del español.

11.4 El ataque vocálico abrupto del inglés.

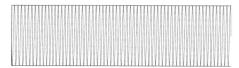

En español la cesación vocálica abrupta ocurre porque después de la producción de la fase tensiva de la vocal, la producción del sonido cesa mediante una cerrazón repentina de las cuerdas vocales. La Fig. 11.5 demuestra el efecto acústico de la cesación vocálica abrupta.

En inglés, en contraste, la cesación vocálica decreciente ocurre porque después de la producción de la fase tensiva de la vocal se disminuye gradualmente el paso de aire por las cuerdas vocales, lo cual disminuye gradualmente la amplitud de la onda sonora hasta que llega a ser inaudible. La Fig. 11.6 demuestra el efecto acústico de la cesación vocálica decreciente.

Al comparar la cesación vocálica del español con la del inglés, se nota la diferencia entre la distensión de la vocal de cada idioma. La distensión de la cesación vocálica del español es una producción vocálica con una terminación repentina mediante la cerrazón de las cuerdas vocales. En contraste, la distensión de la cesación vocálica del inglés es una disminución gradual de la fuerza articulatoria hasta llegar al silencio. Esta gran diferencia se nota fácilmente al comparar las siguientes series de palabras: [tú] [nó] [yá] [sé] [sí] {tú, no, ya, sé, sí} demuestran la cesación vocálica abrupta del español mientras que [tʰúu̯] [nóu̯] [yá] [séi̯] [síi̯] {two, no, yaw, say, see} demuestran la cesación vocálica decreciente del inglés.[11] ◀⅏

11.5 La cesación vocálica abrupta del español.

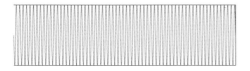

11.6 La cesación vocálica decreciente del inglés.

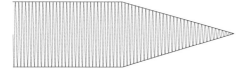

La comparación entre los sistemas vocálicos tónicos de español e inglés

Para poder comparar los dos sistemas hace falta primero analizar cada uno individualmente. Como ya se ha analizado, el sistema vocálico del español, aquí se incluye solamente un breve repaso para fines contrastivos. Luego se presentará el sistema del inglés porque es necesario entender el sistema del inglés para entender qué es lo que tiene que hacer el anglohablante para poder producir correctamente las vocales del español.

El sistema fonológico de las vocales tónicas del español

Como ya se ha presentado, el sistema vocálico del español en posición tónica es un sistema simétrico de cinco vocales: [i e a o u]. El siguiente esquema de los fonemas vocálicos indica en forma gráfica cómo las cinco vocales del español se sitúan en el espacio vocálico:

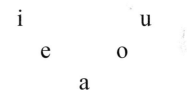

Se ha constatado la existencia de cinco fonemas vocálicos para el español. Se pueden poner todas las vocales en la secuencia modelo /p_so/, lo que comprueba la oposición entre esas cinco vocales. Eso resulta en los pares mínimos: [píso] [péso] [páso] [póso] [púso].[12] ◀⅏ Ortográficamente esta serie se representa {piso, peso, paso, pozo, puso}.

De los cinco fonemas vocálicos del español, tres tienen una distribución complementaria sistemática. En el Capítulo 9, se presentaron reglas de distribución complementaria para los fonemas /i/ y /u/, las vocales cerradas o altas. Las reglas describen la formación de diptongos, lo que se examinará en detalle en el Capítulo 12. En este capítulo, se presenta una aproximación a una regla que describe el comportamiento de los alófonos del fonema /e/.

181

Desde el punto de vista de la fonotáctica, se puede observar que los cinco fonemas vocálicos ocurren como el núcleo de una sílaba monofonemática, es decir, en una sílaba de un solo fonema, en este caso, la vocal misma. Ejemplos son *hi-go, e-so, a-bre, o-so, ú-til*. Los fonemas vocálicos ocurren como núcleo silábico en todos los tipos de sílaba; es decir, pueden o no ser precedidos por un ataque y/o pueden o no ser seguidos de una coda. Las siguientes palabras ejemplifican núcleos silábicos precedidos por un ataque: *pi-co, pe-na, si-lá-bi-co, po-co, se-gu-ro*. Como ejemplos de núcleos silábicos seguidos de una coda pueden citarse *an-tes, en-te, is-la, ob-vio, um-bral*. Ejemplos de núcleos silábicos con un ataque y una coda son *can-to, ven, pin-to, con-tra, pun-to*.

Vale recapitular otros datos fonotácticos para los fonemas vocálicos que se presentaron en el Capítulo 10. Los fonemas vocálicos tónicos pueden ocurrir en posición inicial de palabra, interior de palabra o final de palabra. Las vocales tónicas pueden aparecer en sílabas con o sin ataque y con o sin coda. En posición final de palabra, con la excepción de algunas flexiones verbales y derivaciones adjetivales, las vocales tónicas son poco frecuentes.

El sistema fonológico de las vocales tónicas del inglés

El sistema vocálico del inglés que se presenta en este libro es el así llamado dialecto del medio-oeste de los Estados Unidos. Se eligió ese dialecto porque representa una

11.7 Los fonemas vocálicos tónicos del inglés.

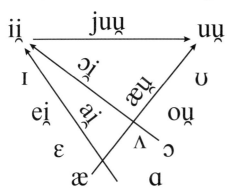

norma culta aceptada como tal en todas las regiones del país. En posición tónica, el sistema es cuasi-simétrico e incluye quince núcleos silábicos que demuestran oposición fonológica, los cuales se presentan en la Fig. 11.7.

Se puede constatar el valor fonemático de los quince núcleos vocálicos del inglés mediante pares mínimos. El Cuadro 11.8 demuestra como doce de los fonemas se dan en la secuencia modelo /b_t/. Todas esas palabras monosilábicas funcionan como miembros de pares mínimos. En este caso las palabras tienen la forma silábica CVC: /b_t/. Al cambiar el núcleo vocálico se producirá un cambio de significado y por lo tanto una palabra diferente. Por ejemplo, el par mínimo [biit] [bɪt] comprueba la oposición entre los fonemas /ii̯/ y /ɪ/. El par mínimo [biit] [beit] comprueba la oposición entre los fonemas /ii̯/ y /ei̯/. De esta manera se puede hacer un contraste fonológico entre todos estos doce núcleos vocálicos.

Quedan tres núcleos vocálicos por comentarse porque no ocurren en la secuencia modelo /b_t/: /ʊ ɔi̯ ɔ/. El fonema /ʊ/ se comprueba al oponerse a /uu̯/ como demuestran los pares mínimos

11.8 Doce de los fonemas vocálicos se dan en la secuencia modelo /b_t/ en inglés. Todas estas palabras monosilábicas pueden usarse en pares mínimos.

Forma fonemática	Palabra ortográfica
ii̯	{beat, beet}
ɪ	{bit}
ei̯	{bait, bate}
ɛ	{bet}
æ	{bat}
ɑ	{bought}
ʌ	{but}
ou̯	{boat}
uu̯	{boot}
ai̯	{bite}
æu̯	{bout}
juu̯	{butte}

/b   t/

[kʰʊk] [kʰuu̯k] {cook, kook} y [wʊd] [wuu̯d] {would, wooed}. El fonema /ɔi̯/ se comprueba al oponerse a /oṵ/ como demuestran los pares mínimos [kʰɔi̯n] [kʰoṵn] {coin, cone} y [bɔi̯] [boṵ] {boy, bow}. El fonema /ɔ/ se comprueba en algunos dialectos del este de los Estados Unidos donde se opone al fonema /ɑ/ como demuestran los pares mínimos /kɑt/ /kɔt/ {cot, caught}. En esos dialectos {bought} rima con {caught}. En el dialecto americano del medio-oeste el fonema /ɔ/ ocurre solamente ante el fonema /r/ como en las palabras /bɔr/ {bore, boar} y /fɔr/ {for, fore, four}.[13] ◀ɛ

El anglohablante suele pensar que el inglés tiene cinco vocales, es decir, *i e a o u*. El concepto de que el inglés tenga solo cinco vocales es un concepto puramente ortográfico, pues los ejemplos de arriba demuestran que en inglés hay quince núcleos vocálicos que se oponen. De hecho, cada letra ortográfica puede representar múltiples fonemas. Por ejemplo, el grafema {a} puede realizarse como [ɑ] en {*father*}, como [ei̯] en {*date*} o como [æ] en {*cat*}. El Cuadro 11.9 demuestra las correspondencias grafémicas para los quince núcleos vocálicos fonémicos del inglés. Es importante, sin embargo recordar que esas correspondencias son generalizaciones y no reglas absolutas, pues el cuadro también contiene excepciones notables.

El Cuadro 11.9 presenta los quince núcleos vocálicos del inglés en la primera columna. El resto del cuadro presenta las correspondencias ortográficas. Tradicionalmente se han dividido los núcleos vocálicos en tres grupos: vocales largas, vocales breves y diptongos. El Cuadro 11.10 presenta las vocales ortográficas en sus formas largas y breves, dando primero el valor fonético y segundo la forma ortográfica.

Los diptongos son tres: [æu̯] {sound}, [ɔi̯] {boy}, [juu̯] {muse} (técnicamente un triptongo). El gran problema ortográfico/fonético del inglés es: ¿Cómo representar los quince núcleos vocálicos fonológicos con solo cinco grafemas o letras vocálicas? El patrón general del inglés, que se indica en estos cuadros, es que si una sola letra vocálica se presenta entre dos letras consonánticas en la misma sílaba {CVC}, la

vocal se considera breve. Por otro lado, si la palabra se deletrea con una consonante más vocal más consonante más la vocal {e} (llamada *e muda*) {CVCe}, o si la palabra se deletrea con una consonante más dos grafemas vocálicos más consonante {CVVC}, la vocal se considera larga. Esta generalización, que se resume en el Cuadro 11.11, es claramente ortográfica.[14] ◀ɛ

Otra categorización que se usa en la descripción de las vocales inglesas es entre vocales tensas (ing. *tense*) y flojas (ing. *lax*). Sin excepción, las vocales flojas son todas vocales tradicionalmente breves. Las vocales tensas son tradicionalmente largas o diptongos con solamente dos excepciones. Las dos excepciones son los núcleos [ɑ] y [ɔ] que tradicionalmente son breves, pero que se consideran tensas. Es interesante destacar que en la mayoría de los dialectos americanos ha habido una neutralización parcial entre los fonemas /ɑ/ y /ɔ/. Por ejemplo, para algunos dialectos del este de los Estados Unidos las palabras [kʰát] {cot} y [kʰɔ́t] {caught} son un par mínimo que demuestra la oposición entre los fonemas /ɑ/ y /ɔ/. Sin embargo, en la mayoría de los dialectos americanos, estas dos palabras tienen la misma pronunciación: [kʰɑt]. Delante del fonema /r/, sin embargo, se mantiene la oposición en casi todos los dialectos americanos: [fɑɹ] {far} y [fɔɹ] {four}.

La categorización entre vocales tensas y flojas no es una categorización fonética; es decir, no representa rasgos fisiológicos pertinentes a su producción. Representa más bien una categorización fonotáctica de los núcleos vocálicos. Por ejemplo, tanto vocales tensas como flojas pueden aparecer en sílabas terminadas en consonante: [béi̯t] [bét] [bíi̯t] [bít]. Por otro lado, solamente las vocales tensas aparecen en sílabas terminadas con la propia vocal: [béi̯] [bíi̯]. Son imposibles en inglés palabras como *[bé] o *[bí]. Claramente la distinción entre tensa y floja es fonotáctica.

Al examinar las diferencias fonéticas entre los núcleos vocálicos del inglés, se puede notar que hay tres factores principales que influyen en su producción: la duración, el timbre y la diptongación. La duración se

11.9 Los núcleos vocálicos fonemáticos tónicos del inglés.

Núcleo vocálico	Grafemas	Ejemplos	Excepciones notables
i̯i̯	e (larga)	be, he, she, these, even	
	ea	each, leave, mean, please, reach, sea, speak, beast, heat, stream, teach, weak, beat, seat, deal, heal, real, steal	break, great, heavy
	ee	week, deep, feet, free, green, fleet, sleet, feel, wheel, heel, steel	been
	ei	either, receive, seize	veil, their
	ie	chief, piece, believe, grief, field, yield	friend
I	i (breve)	big, fish, since, it, flip, sit, bit, knit, flick, ill, will, milk, until	island, sign
	e (_r)	here, mere, sphere, sincere	
	ea (_r)	clear, dear, ear, hear, tear	bear, tear, wear
	ee (_r)	beer, cheer, deer, queer	
	ie (_r)	pier, fierce, pierce	
ei̯	a (larga)	face, brave, shape, take, bake, lake, sate, sale, male, pale, whale	have
	ai	plain, raise, wait, paint, saint, sail, tail, mail, fail	again, said, against
	ay	say, stay, way, day	says, aye
	ei (_gh/gn/n)	eight, neighbor, weigh, reign, rein, vein	height
	ey	they, convey	eye
ɛ	e (breve)	best, dress, end, fence, bet, get, set, let	pretty
	ea (_d)	bread, lead, dead, ready, head, read	bead, lead, read
	a (_r)	care, square, dare, rare, ware	are
	ai (_r)	air, chair, hair, fair	
æ	a (breve)	ask, man, sad, bank, last, pass, bag, sand, path, fancy, master	want, watch, what, was, many
ɑ	a (breve _r/l)	art, star, car, all, salt, ball, talk	war, half, shall
	o (breve)	box, drop, God, stop, got, rock, cross, long, off, cost, lost, soft, strong, cloth, loss, song, wrong, often, offer, office	most, whom, both, son, woman, women, once, follow
	au	cause, pause, Paul, daughter	laugh
	aw	draw, law, saw, paw	
ɔ	o (breve _r)	corn, for, form, north, short, born, Lord, sort, storm, forth, report, morning, order, corner, former	word, work, world, worth
	oo (_r)	door, floor, poor	
	ou (_r)	course, four, court, pour, your	journey, our, hour

Núcleo vocálico	Grafemas	Ejemplos	Excepciones notables
oṷ	o (larga)	go, no, so, ago, alone, close, home, hope, stone, those, whole, bone, nose, note, smoke, spoke, suppose	do, into, to, who, move, lose, gone, does, shoe, love
	oa	boat, coal, coast	broad
	ou (_l)	soul, shoulder, mould	should, could, would
	ow	bow, blow, grow, own, row, snow	how, wow, sow, vow, now, pow, row
ʌ	u (breve)	but, rush, run, jump, dull, burn, hurt, us	busy, truth, full, pull, put, sugar
ʊ	oo (_oclusiva)	hood, stood, good, wood, book, brook, cook, hook, look, shook, took, foot, soot, roof	blood, flood, food, mood, shoot, roof
	ou (_ld#)	could, should, would	
uṷ	ew	blew, flew, screw	
	oo	too, woo, room, school, soon, moon	
	u (final)	flu	
	ue	true, blue, clue, flue	
	ui	fruit, suit	build, built
aị	i (larga)	die, lie, drive, arrive, live, iron	give, live
	i (breve _gh/ ld/nd/gn)	high, night, light, child, wild, wind, find, mind, sign	wind
	y	by, fly, cry, sky, supply	
	uy	buy, guy	
æṷ*	ou	about, around, found, house, out, sound, south, loud, count, doubt, loud, mouth, drought	brought, though, through, country, touch, young
	ow	bow, down, brown, now, cow, row, town, crown, flower, crowd, how	bow, row, know
ɔị	oi	point, voice, noise, soil	
	oy	boy, destroy, joy, toy	
juṷ	ew	few, new	new, grew
	u (larga)	use, pure, music	rule, blue

*Este símbolo representa la realidad fonética típica del dialecto del medio-oeste, que tradicionalmente se ha representado por [aṷ].

Vocal ortográfica	Larga	Breve
{i}	[aɪ̯] {kite}	[ɪ] {kit}
{e}	[iɪ̯] {beat}	[ɛ] {bet}
{a}	[eɪ̯] {bait}	[æ] {bat}
{o}	[oʊ̯] {goat}	[ɑ] {got} [ɔ] {for}
{u}	[uʊ̯] {coop}	[ʌ] {cup} [ʊ] {put}

11.10 Las vocales ortográficas en sus formas largas y breves.

Vocal inglesa	Patrón ortográfico	Ejemplo
breve	CVC	{met}
larga	CVCe CVVC	{mete} {meat}

11.11 El patrón general del inglés de las vocales breves y largas.

refiere simplemente al tiempo que perdura la producción de determinado sonido. El timbre se refiere a la cualidad vocálica que resulta de la conformación de los formantes vocálicos, que varían según los rasgos fisiológicos de la vocal producida como, por ejemplo, la abertura bucal o la posición de la lengua. La diptongación resulta del cambio de timbre a través del tiempo. Al comparar la vocal larga [iɪ̯] con la vocal breve [ɪ], como se ven en las palabras [bíɪ̯t] {beat} y [bít] {bit}, se observa que la vocal breve no es solamente más breve que la larga, sino que también es un sonido de timbre distinto y que no presenta diptongación como la larga. De modo general, las vocales largas del inglés demuestran una duración mayor con diptongación, o sea, un cambio de timbre a lo largo de su realización. Las vocales breves, por su parte, tienen una realización de menor duración y de timbre más constante.

La comparación entre los sistemas vocálicos átonos de español e inglés

Es muy diferente el sistema vocálico átono español del sistema vocálico átono inglés. Como se hizo en la sección anterior, aquí se presenta un análisis de las vocales átonas del español seguido de un análisis del sistema del inglés. Con esto se podrán ver posteriormente las grandes diferencias que existen entre los sistemas vocálicos átonos de los dos idiomas.

El sistema fonológico de las vocales átonas del español

Como ya se ha presentado, el sistema vocálico del español en posición átona es un sistema simétrico de cinco vocales: [i e a o u]. Fonéticamente hay poca diferencia entre las vocales tónicas y las átonas; las átonas suelen ser ligeramente centralizadas en relación con las tónicas. Sin embargo, es importante destacar que los formantes de las vocales átonas quedan dentro de las gamas de los formantes de las vocales tónicas. El siguiente esquema indica la relación entre las vocales tónicas y las átonas.

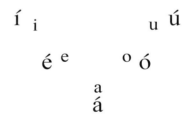

Se puede constatar la existencia de los cinco fonemas vocálicos en posición átona como ya se ha presentado en el Capítulo 10 sobre la fonotáctica. Vale recapitular otros datos fonotácticos para los fonemas vocálicos que se presentaron en el mismo capítulo. Los fonemas vocálicos átonos pueden ocurrir en posición inicial de palabra, interior de palabra o final de palabra. También ocurren en sílabas con o sin ataque y con o sin coda. Sin embargo, en posición final de palabra ocurren algunas limitaciones sistemáticas: las vocales /e/ /a/ y /o/ átonas son comunes en posición final de palabra, mientras que las vocales /i/ y /u/ son poco frecuentes en esa posición.

El sistema fonológico de las vocales átonas del inglés

La situación de las vocales inglesas en posición átona es muy complicada debido al hecho de que existen **vocales átonas plenas** y **vocales átonas reducidas**. Las vocales átonas plenas tienen generalmente el mismo timbre que las vocales tónicas, pero son más breves. En el caso de /i̯/, /ei̯/, /ou̯/ y /uu̯/ puede haber también una disminución o pérdida de la diptongación. Las vocales reducidas sufren aun más reducción tanto de timbre como de duración. En cuanto al timbre, la reducción es hacia una vocal media central, el llamado *schwa* [ə] (o en algunos casos una vocal alta central [ɨ]). En cuanto a la duración, la reducción puede resultar en una vocal cuya duración mide hasta la décima parte de lo que dura una vocal tónica. Las Figuras 11.12 y 11.13 representan estos dos sistemas.

La **reducción vocálica** representa una implosión del cuadro vocálico hacia el centro. El sonido más central, el *schwa* [ə], es el sonido más frecuente del inglés. El *schwa* [ə] se produce cuando la boca está entreabierta y la lengua está en posición de reposo y se vocalizan las cuerdas vocales. El sonido de *schwa* [ə] puede representarse ortográficamente por todos los grafemas: {a} cont**r**aband, d**r**amatic, f**r**aternity; {e} el**e**phant, bask**e**tball, wom**e**n; {i} multipli**ca**t**io**n, musical, irritate; {o} pr**o**fession, c**o**llide, s**o**rority; {u} camp**u**s, alb**u**m, tuberculosis. La vocal alta central [ɨ] ocurre en posición átona por coarticulación como ocurre en los siguientes ejemplos: ros**e**s, bush**e**s, roast**e**d, cod**e**d.[15] ◄

El Cuadro 11.14 contiene ejemplos de cómo pueden aparecer los quince núcleos vocálicos fonemáticos en sílabas tónicas, átonas y reducidas. En la sílaba tónica, la vocal tiene un valor más distintivo y una pronunciación de mayor duración. En la sílaba átona, la vocal es todavía plena, pero sufre una reducción de duración y puede perder la diptongación. En la sílaba reducida se pierde la distinción del timbre,

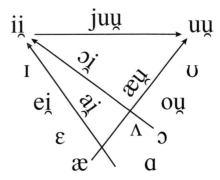

11.12 Los sonidos vocálicos átonos plenos del inglés.

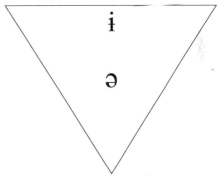

11.13 Los sonidos vocálicos átonos reducidos del inglés.

produciéndose en todos los casos el *schwa* [ə].[16] ◄

Otra reducción que se debe comentar es la reducción completa, es decir, la reducción al cero fonético. Esta reducción se manifiesta en varios tipos de palabras. La reducción al cero ocurre en la terminación de las formas del tiempo pasado de los verbos. Con el verbo {started} [stáɹɾɨd] la terminación tiene claramente una vocal, mientras que las palabras {timed} [tʰái̯md] y {passed} [pʰǽst] se realizan fonéticamente con solo la vocal de la raíz, y la desinencia verbal no contiene una vocal articulada. Otra reducción incluye el fenómeno en que la pérdida de la vocal hace que la consonante que sigue se convierta en el núcleo silábico. Este fenómeno ocurre regularmente con los sonorantes: {little} [líɾɬ], {button} [bʌʔn̩], {mother} [mʌðɹ̩].[17] ◄

El proceso de reducción que ocurre en las sílabas átonas es un proceso prototípico del

Núcleo vocálico	Sílaba tónica	Sílaba átona	Sílaba reducida
iị	legal	legalistic	legality
I	similar	similarity	similitude
eị	eradication	eradicate	eradicable
ɛ	progenitor	progestational	progeny
æ	fantasy	fantastic	infant
ɑ	ball	football	balloon
ɔ	fortify	fortification	effort
oụ	phoneme	phonetician	phonetics
ʊ	bookshelf	textbook	
uụ	illuminate	illumination	
ʌ	confront	frontier	confrontation
aị	invite	invitee	invitation
æụ	outer	outlying	
ɔị	devoice	invoice	
juụ	immune	immunize	immunization [jə]

11.14 Ejemplos de cómo pueden aparecer los quince núcleos vocálicos fonemáticos del inglés en sílabas tónicas, átonas y reducidas.

inglés. Ese proceso se manifiesta en la reducción temporal de las vocales plenas de las sílabas átonas y se intensifica en la implosión del sistema vocálico en las vocales centrales de las sílabas reducidas. Termina con la reducción total en algunos casos.

Los contrastes entre los sistemas vocálicos del español y del inglés

Los sistemas vocálicos del español y del inglés son marcada y fundamentalmente diferentes en su organización y su realización. Ya se ha mencionado la distinción entre el ataque y la cesación vocálicos. La configuración de las vocales españolas en un sistema es totalmente distinta a la configuración de las vocales inglesas. Las diferencias se notan tanto en las vocales que ocurren en sílabas tónicas como también en las vocales que ocurren en sílabas átonas. Debido a las diferencias entre los sistemas vocálicos es imprescindible que el estudiante de lengua aprenda bien la pronunciación de las vocales españolas.

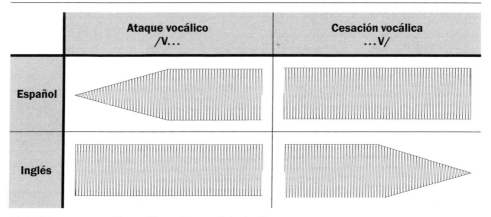

11.15 Ataque y cesación vocálicos de español e inglés.

Ataque y cesación vocálicos

El ataque vocálico ocurre cuando el primer sonido de un grupo fónico es una vocal. En otras palabras, ocurre cuando la vocal sucede a una pausa: /V... En español la fase intensiva de la vocal, o sea el ataque vocálico, es creciente, mientras que en inglés la fase intensiva es abrupta. La cesación vocálica ocurre cuando el último sonido de un grupo fónico es una vocal. En otras palabras, ocurre cuando la vocal precede a una pausa: ...V/. En español la fase distensiva de la vocal, o sea la cesación vocálica, es abrupta, mientras en inglés la fase intensiva es decreciente. Estos datos se resumen en el Cuadro 11.15.

Al comparar los dos idiomas se nota que el ataque y la cesación se realizan de forma inversa: mientras que el ataque vocálico del español es creciente, la cesación vocálica del inglés es decreciente. A la inversa, mientras que el ataque vocálico del inglés es abrupto, la cesación vocálica del español es abrupta.

Los sistemas vocálicos según su tonicidad

El español tiene un sistema vocálico simétrico sencillo de cinco vocales que ocurre en los dos tipos de tonicidad: es decir, tanto en posición tónica como en posición átona. Esto contrasta pronunciadamente con el inglés que tiene tres tipos de tonicidad: es decir, posición tónica, posición átona plena y posición átona reducida. El Cuadro 11.16 resume los sistemas vocálicos de los dos idiomas según su tonicidad.

Son chocantes las diferencias entre los sistemas vocálicos de los dos idiomas. El sistema del español es simétrico, sencillo y constante, tanto en posición tónica cuanto en posición átona. El sistema del inglés, en contraste, es cuasi-simétrico, complicado y susceptible a cambios drásticos según su tonicidad.

Las vocales en posición tónica

En posición tónica, el español tiene un sistema sencillo de cinco vocales. Por su parte, el inglés tiene un sistema complicado de quince núcleos vocálicos fonemáticos que incluye vocales simples, diptongos y hasta un triptongo.

Al contrastar los dos sistemas tónicos es importantísimo observar que no hay ninguna vocal española que aparezca dentro del sistema vocálico del inglés. En otras palabras, el anglohablante que aprende español tiene que aprender a pronunciar cinco sonidos nuevos. Las vocales inglesas más cercanas a las cinco vocales españolas son marcadamente distintas. Las diferencias son de timbre, diptongación y por lo tanto duración. Desgraciadamente la mayoría de los manuales de pronunciación y libros de texto de lengua española para anglohablantes erróneamente presenta esas vocales como equivalentes.

El Cuadro 11.17 destaca claramente la falta de correspondencia entre las cinco vocales españolas y sus supuestas vocales

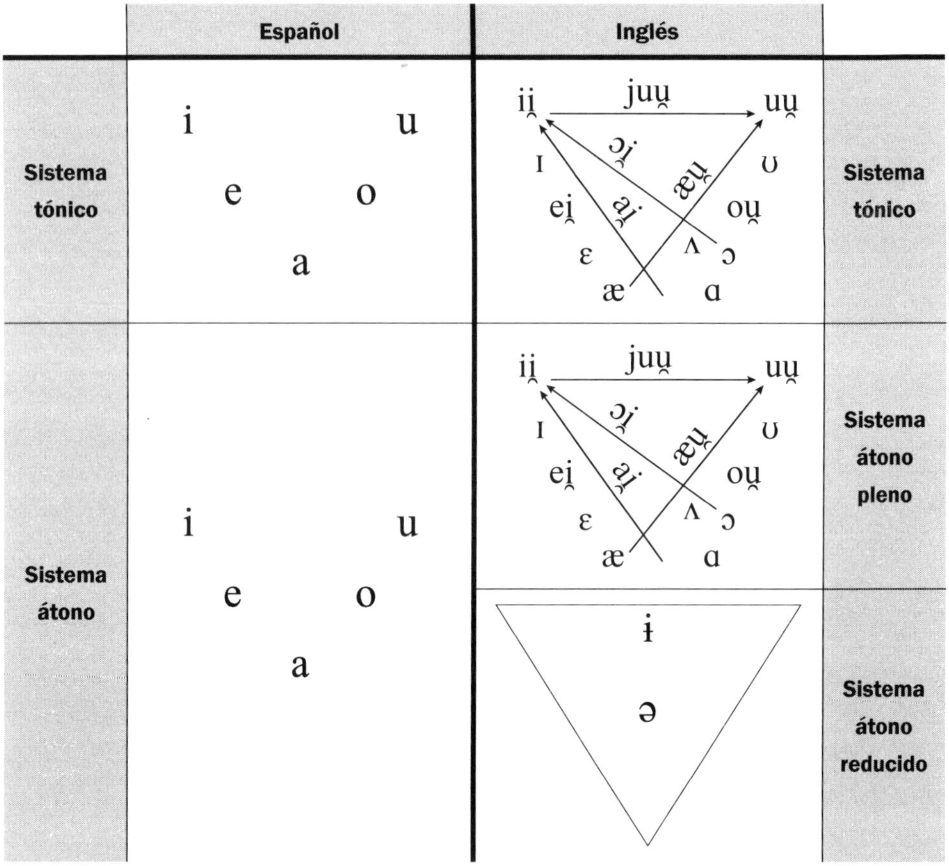

11.16 Los sistemas vocálicos según su tonicidad.

11.17 La falta de correspondencia entre las cinco vocales españolas y sus supuestas vocales correspondientes del inglés.

	Español	Inglés
/i/	sí [sí]	see, sea [si̯i]
/e/	sé [sé]	say [sei̯]
/a/	la [lá]	law [lɑ]
/o/	no [nó]	no [nou̯]
/u/	tú [tú]	two [tʰuu̯]

correspondientes del inglés.[18] ◀ En el caso de las cuatro vocales /i e o u/, la pronunciación inglesa comienza con una vocal que se aproxima a la vocal española, pero en inglés el complejo vocálico no termina con esa vocal simple, sino que continúa con una diptongación, es decir, un cambio de timbre, lo cual extiende su duración notablemente. En el caso del fonema /a/, la diferencia entre el español y el inglés no se trata de una diptongación, sino que se trata de una marcada diferencia en el timbre como también en la duración de las vocales. Esas diferencias se ven claramente en los sonogramas de la Fig 11.18.

Otra discrepancia significativa entre los sistemas vocálicos del español y del inglés tiene que ver con el análisis fonológico de los diptongos. Como ya se ha presentado,

Vocales españolas

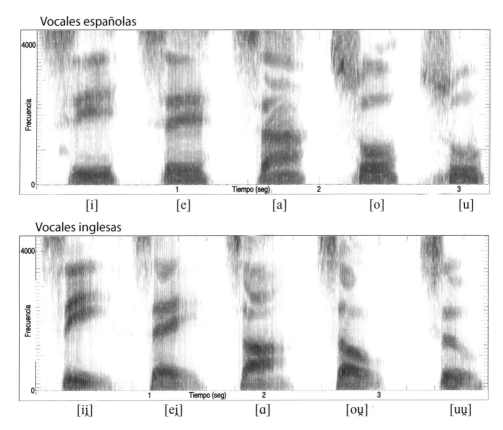

[i]   [e]   [a]   [o]   [u]

Vocales inglesas

[i̯]   [e̯ɪ̯]   [ɑ]   [o̯ʊ̯]   [u̯ʊ̯]

11.18 Las vocales españolas [i e a o u] en contraste con sus suspuestas equivalencias inglesas de las palabras {see, say, saw, so, sue}. Se puede ver que las vocales españolas [i e o u] son monoptongos, como lo demuestran los formantes estables. En cambio las vocales inglesas [i̯ e̯ɪ̯ o̯ʊ̯ u̯ʊ̯] son claramente diptongos, como demuestran la fuerte transición de sus distensiones. Las frecuencias de los formantes de la vocal española [a] y de la vocal inglesa [ɑ] son diferentes.

el inglés cuenta con siete diptongos y hasta un triptongo que funcionan como núcleos fonemáticos: por ejemplo, las palabras [bíɪ̯t] {beat}, [béɪ̯t] {bait}, [bóʊ̯t] {boat}, [búʊ̯t] {boot}, [báɪ̯t] {bite}, [bǽʊ̯t] {bout}, [bóɪ̯l] {boil} y [bjúʊ̯t] {butte}. Todas se analizan fonológicamente como palabras monosilábicas de forma CVC, es decir, que se forman mediante una consonante más vocal más consonante. Se analizan así a pesar de que tienen en el medio un complejo vocálico en que hay un cambio de timbre, es decir, fonéticamente son diptongos o triptongos, pero fonológicamente representan un solo fonema.

Los diptongos

La situación de los diptongos en español es muy diferente. Una diferencia es que el español tiene más diptongos que el inglés, por eso los diptongos españoles se tratarán en su propio capítulo. Hay, sin embargo, tres diptongos del inglés que son fonéticamente similares a tres de los diptongos españoles. Estos diptongos son los núcleos /eɪ̯/, /oʊ̯/ y /aɪ̯/. El Cuadro 11.19 presenta ejemplos de estos diptongos tanto en inglés como en español junto con su transcripción fonética y estructura fonológica.

La diferencia más significativa es la de la estructura fonológica. En el caso del inglés, el diptongo fonético [eɪ̯] representa

191

un solo fonema /eɪ̯/, siendo el diptongo un complejo vocálico que funciona en sí como el núcleo de la sílaba. En el caso del español, el diptongo fonético [eɪ̯] representa dos fonemas, siendo el fonema /e/ el núcleo de la sílaba, seguida del fonema /i/ que ocurre fonéticamente como semivocal en la coda silábica. Una prueba de que los diptongos tienen que analizarse de esta manera es que en español existen pares mínimos de palabras en que el fonema vocálico /e/ ocurre seguido o no del fonema /i/ como en el caso de [peɪ̯náðo] frente a [penáðo]. En inglés tales oposiciones no existen.[19] ◀ᘒ

Las vocales en posición átona

En posición átona, el español tiene el mismo sistema sencillo de cinco vocales. El inglés, por su parte, tiene dos sistemas que aparecen en posición átona: un sistema átono pleno (parecido al sistema tónico) y un sistema reducido.

Al contrastar los dos sistemas átonos es importante observar que mientras el sistema español no manifiesta grandes diferencias ni de timbre ni de duración respecto al sistema tónico, el inglés sí manifiesta grandes diferencias. En primer lugar, el inglés tiene dos sistemas que aparecen en posición átona. En el sistema átono pleno del inglés, las vocales suelen ser de duración menor en comparación con sus equivalentes tónicos. En el caso de algunos diptongos (/iɪ̯/, /eɪ̯/, /oʊ̯/ y /uʊ̯/) hay una disminución general o pérdida de diptongación.

Las vocales reducidas sufren aun más debilitamiento de tanto el timbre como la duración. En cuanto al timbre, la reducción es hacia una vocal media central, el llamado *schwa* [ə]. En cuanto a la duración, la reducción puede resultar en una vocal cuya duración mide hasta la décima parte de lo que dura una vocal tónica. Es importantísimo señalar que el *schwa* [ə] no ocurre nunca en ningún dialecto del español.

Como ya se ha demostrado, el debilitamiento de la vocal átona inglesa en algunos casos puede resultar en la pérdida fonética total de la vocal. Con la excepción de escasos dialectos, este fenómeno tampoco ocurre en español.

Para las vocales átonas, el patrón general del español es el mantenimiento del timbre y de la duración de las vocales tónicas, mientras que el patrón general para el inglés es hacia el debilitamiento o reducción del sistema vocálico.

Puntos esenciales

Puesto que todas las sílabas del español y casi todas las sílabas del inglés contienen una vocal como núcleo, las vocales suelen formar la base de los dos sistemas fonológicos. En los dos idiomas, la frecuencia de ocurrencia media de los fonemas vocálicos supera a la frecuencia de ocurrencia media de las consonantes.

Al comparar los sistemas vocálicos de español e inglés desde una perspectiva fonológica, se puede notar que el español tiene

11.19 Ejemplos de los diptongos /eɪ̯/, /oʊ̯/ y /aɪ̯/ en inglés y en español.

Inglés			Español		
EJEMPLO	TRANSCRIPCIÓN FONÉTICA	ESTRUCTURA FONOLÓGICA	EJEMPLO	TRANSCRIPCIÓN FONÉTICA	ESTRUCTURA FONOLÓGICA
base	[ˈbeɪ̯s]	CVC /b/ + /eɪ̯/ + /s/	seis	[séɪ̯s]	CVVC /s/ + /é/ + /i/ + /s/
vote	[ˈvoʊ̯t]	CVC /v/ + /oʊ̯/ + /t/	lo usó	[loʊ̯só]	CVVCV /l/ + /o/ + /u/ + /s/ + /ó/
height	[ˈhaɪ̯t]	CVC /h/ + /aɪ̯/ + /t/	hay	[áɪ̯]	VV /á/ + /i/

un sistema invariable de cinco fonemas. El sistema vocálico del inglés, por su parte, es un sistema muy complejo de quince fonemas vocálicos en posición tónica hasta dos en posición átona. Es interesante observar que la variación fonética dialectal del español es casi exclusivamente consonántica. Esto quiere decir que la pronunciación de las vocales es bastante uniforme entre los varios dialectos del español. Por el contrario, el inglés demuestra una variación fonética que es mayormente vocálica. Esto no quiere decir que no exista la variación consonántica, pero los distintos dialectos del inglés se reconocen principalmente por las diferencias en la realización de sus vocales.

Las grandes diferencias entre los sistemas vocálicos del español y del inglés hacen destacar la suma importancia de dedicar mucho empeño en la adquisición del sistema fonológico y de la realización fonética de las vocales del español. Hay dos razones fundamentales que hacen con que sea tan importante concentrarse en la adquisición de una buena pronunciación de las vocales: que el estudiante adquiera una buena pronunciación de las vocales. Primero, los sonidos vocálicos son los sonidos más frecuentes del español, representando casi el 50% de los sonidos producidos en la cadena fónica. Segundo, el sistema de los sonidos vocálicos es muy estable en el mundo hispánico, apenas existe una variación dialectal. Esto quiere decir que ante todo, el estudiante tiene que adquirir una destreza en la pronunciación de las vocales si quiere adquirir una buena pronunciación del español. A la inversa, el estudiante que no adquiere una buena pronunciación de las vocales nunca tendrá un acento aceptable del español.

Los fonemas vocálicos del español

Para que el estudiante aprenda a pronunciar el español bien, es imperativo que entienda el sistema fonológico del español. Cuando un emisor produce una cadena fónica, tiene que producirla dentro de los parámetros que permita que el receptor identifique los sonidos y los sistematice de acuerdo con el sistema fonológico de la lengua común. Cuando un emisor no produce una cadena fónica dentro de los parámetros del sistema, el enunciado puede resultar no inteligible. A veces un enunciado puede ser comprendido por un receptor favorablemente dispuesto al esfuerzo del emisor por comunicarse. Peor es cuando un receptor simplemente desiste en sus intentos de comprender el enunciado, rechazándolo por ser recargado de un acento demasiado extranjero, resultando en una incomprensión. Puesto que la ortografía es, en su base, fonemática, y no fonética, se comenta en esta sección también las correspondencias gráficas.

La presentación de los fonemas individuales en este libro sigue el modelo general teórico ya presentado. Se examina cada fonema comenzando con un análisis fonológico que incluye una especificación de las relaciones entre fonemas, de la distribución de sus alófonos y de sus características fonotácticas.

El análisis fonético sigue con una presentación de cada alófono, lo cual comenta sus características articulatorias, acústicas y auditivas. La presentación articulatoria contiene una descripción pormenorizada de los movimientos fisiológicos necesarios para producir el sonido correctamente. Se incluye también un trazo articulatorio que permite ver el posicionamiento correcto de los órganos fonadores. La presentación acústica contiene una descripción de la onda sonora apoyada por un trazo de la forma de onda y por un espectrograma del sonido. La presentación auditiva contiene una descripción de los rasgos de la onda sonora que emplea el receptor para identificar y sistematizar el sonido.

Los detalles fonéticos son necesarios porque la adquisición de una segunda lengua se lleva a cabo tanto fonológica como fonéticamente. Es decir, el estudiante tiene que adquirir la habilidad de controlar los órganos articulatorios para poder producir la onda sonora correcta, permitiendo la fácil identificación y sistematización del sonido por parte del receptor hispanohablante. En algunos casos se incluyen también notas dialectales cuando existen variantes regionales de difusión extendida.

El análisis de cada fonema concluye con una presentación de pistas pedagógicas para que el estudiante pueda enterarse de lo que tiene que hacer para mejorar su pronunciación. El estudiante de un segundo idioma tiende a producir los sonidos del segundo idioma de acuerdo con las pautas fonéticas de su idioma materno. Esa interferencia de los sonidos del idioma materno en la producción fonética del segundo idioma, es la causa principal de un acento extranjero. El hecho de que no exista una correspondencia exacta entre los sonidos del español y del inglés, hace que cuando el estudiante anglohablante del español enuncie palabras en español, lo haga con los sonidos del inglés más próximos a los sonidos del español que deberían producirse. Este fenómeno se llama el **principio del vecino más próximo**. Las pistas pedagógicas en primer plano le ayudan al estudiante a saber las diferencias que hay entre el sonido español deseado y su vecino más próximo del inglés. La presentación parte del principio de que es necesario que el estudiante perciba cómo el sonido deseado se difiere de su vecino inglés antes de poder producir correctamente el sonido español; es decir, la percepción precede a la producción.

El fonema /a/

El fonema /a/ es único dentro del sistema vocálico del español por ser la única vocal central y también la única vocal abierta.

La fonología del fonema /a/

El **fonema** /a/ se opone a los demás fonemas vocálicos /i e o u/ como se ejemplifica con la serie [páso píso péso póso púso]. El fonema /a/ es el segundo fonema más frecuente del español con un porcentaje de frecuencia de 12,7% del total de los fonemas. Hay una correspondencia exacta entre el grafema {a} y el fonema /a/.

En términos prácticos pedagógicos, el fonema /a/ tiene una **distribución** única, es decir, el fonema /a/ se representa siempre mediante el alófono [a]. Sin embargo, en

términos fisiológicos científicos, el fonema /a/ puede tener también otros dos alófonos: uno nasalizado y uno ensordecido. El alófono nasalizado [ã] ocurre como fenómeno común a todos los dialectos. Esa nasalización sigue la regla general presentada antes, en que la vocal se nasaliza delante de una consonante nasal en posición final de sílaba. El alófono ensordecido [ḁ] ocurre en algunos idiolectos, siguiendo la regla optativa presentada antes, en que la vocal puede ensordecerse después de una consonante sorda y antes de una pausa.

Referente a la **fonotáctica**, el fonema /a/ aparece siempre como núcleo vocálico. El fonema /a/ puede ser tónico en posición inicial, medial y final: [kã́n̪tara], [kãn̪tára], [kãn̪tará]. Como se ve también en los ejemplos anteriores, el fonema /a/ puede ser átono en las mismas posiciones.

La fonética del alófono [a]

El alófono [a] es el alófono principal del fonema /a/. La descripción **articulatoria** del alófono [a] es igual a la definición del fonema: en cuanto al modo de articulación, es una vocal abierta o baja y en cuanto al lugar de articulación es central. Por no ser una vocal posterior, la vocal [a] es deslabializada. Se puede ver claramente el posicionamiento de los labios y de la lengua en la Fig. 11.20.

La caracterización **acústica** del sonido [a] es la de una onda sonora armónica, es decir, la onda tiene un tono fundamental y armónicos. Su forma de onda está representada en la Fig. 11.21.

Los armónicos que llegan a formar parte de la onda compuesta le dan al sonido [a] un timbre particular. El timbre consiste en un primer formante alrededor de 750 Hz y un segundo formante alrededor de 1300 Hz, según el hablante. Estos formantes se ven en el sonograma de la Fig. 11.22.

La percepción **auditiva** del sonido [a] por parte del receptor, depende de la identificación de la vocal por la energía acústica de las frecuencias de los formantes producidos por el emisor. Estos mismos formantes se hallan representados en el sonograma de la Fig. 11.22.

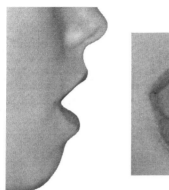
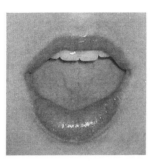
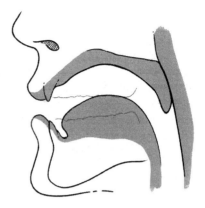

11.20 La posición de los órganos articulatorios para el sonido [a]: perfil, vista frontal y trazo articulatorio.

11.21 Seis ciclos de la forma de onda del sonido [a].

Pistas pedagógicas

Es importante reconocer que el sonido [a] no es un sonido que ocurre en la mayoría de los dialectos del inglés. Muchos libros de texto y manuales de pronunciación erróneamente indican una correlación entre el sonido [a] del español y el sonido vocálico de {hot} [ɑ] o la primera vocal de {father} [ɑ]. La Fig. 11.23 contiene un gráfico que ubica las vocales [e a o] del español y las vocales [æ ɑ ə] del inglés como también el punto de partida del diptongo [ai̯], según sus formantes. El gráfico indica claramente que la vocal [ɑ] del inglés es muy diferente de la vocal [a] del español. De hecho, el sonido [a] del español difiere tanto de la vocal [ɑ] del inglés como de la vocal [æ] del inglés. El gráfico indica que el sonido vocálico del inglés más próximo al sonido vocálico [a] del español es la vocal que ocurre al comienzo del diptongo [ai̯] como en las palabras inglesas {bite}, {right}, {height}, {sky}, {buy} o {lie}.

Las interferencias del inglés en la pronunciación del español, por parte del estudiante anglohablante, tienen que ver tanto con el timbre como con la duración. Es útil la Fig. 11.23 para visualizar las posibles interferencias de timbre de las vocales inglesas que pueden ocurrir. Las tres vocales inglesas con timbres más próximos a la vocal española [a] son [æ ɑ ə]. También interfiere la vocal inglesa [a] por el nombre del grafema {a} [ei̯]. Estas vocales sí interfieren en la adquisición de una buena pronunciación de la vocal [a] como se puede ver en el Cuadro 11.24.

En el Cuadro 11.24 se observa también que hay además de interferencias de timbre, interferencias de duración. En los ejemplos

11.22 Espectrograma de banda estrecha y de banda ancha para el sonido [a].

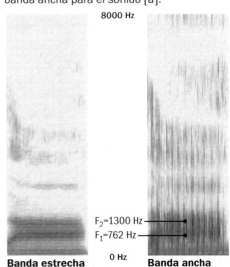

8000 Hz

F_2=1300 Hz

F_1=762 Hz

0 Hz

Banda estrecha   **Banda ancha**

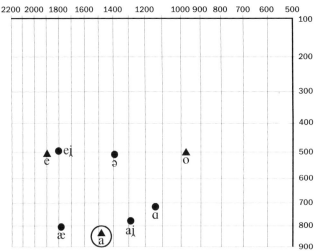

11.23 La posición de las vocales [e a o] del español (indicadas con un triángulo) y las vocales [æ ɑ ə] del inglés como también el punto de partida de los diptongos [ai̯ ei̯] del inglés (indicadas por un punto), según sus formantes. Se indica la vocal objetivo [a] del español con un círculo.

de {la} [lá:] y {cama} [kɑ́:mə] se ve que el anglohablante transfiere el alargamiento [á:] sistemático del inglés a la producción del español.

Es importante recordar que en español el timbre de la vocal no cambia según su tonicidad. Esto quiere decir que se emplea el sonido vocálico [a] tanto en sílabas tónicas como también en sílabas átonas: el anglohablante tiene que resistirse a la tentación de producir *schwa* [ə] en sílabas átonas. Esa tendencia es aun más fuerte cuando se trata del fonema /a/ átono final de palabra como en {casa} {habla} {tenga} que tienen que pronunciarse como [kása] [áβla] [téŋga] y no como *[kásə] *[áβlə] *[téŋgə].

El estudiante no tiene que preocuparse por el alófono nasalizado [ã] porque se trata de una coarticulación anticipante natural

que el anglohablante producirá automáticamente. El anglohablante tampoco tiene que preocuparse por el alófono ensordecido [ḁ] porque se trata de un fenómeno esporádico e idiosincrásico.

Consejos prácticos

El anglohablante que quiere adquirir una buena pronunciación de la vocal /a/ del español debe:

- producir la vocal [a] del español con un timbre más próximo al comienzo de la vocal [ai̯] del diptongo inglés;
- nunca producir las vocales [ɑ] [æ] ni [ei̯] del inglés;
- no alargar la producción de la vocal [a] en sílabas tónicas;

11.24 Las tres vocales inglesas con timbres más próximos a la vocal española [a] son [æ ɑ ə]. También interfiere la letra inglesa {a} por el nombre de su grafema [ei̯]. Estas vocales interfieren en la adquisición de una buena pronunciación de la vocal [a] española.

Sonido inglés	Palabra inglesa	Palabra española	Interferencia inglesa
[ɑ]	law [lɑ́:]	la [lá]	*[lɑ́:]
[ə]	comma [kʰɑ́:mə]	cama [káma]	*[kɑ́:mə]
[æ]	Spanish [spǽnɪʃ]	español [espaɲól]	*[espǽɲól]
[ei̯]	atypical [ei̯típəkəɫ]	atípico [atípiko]	*[ei̯típiko]

● no reducir la vocal a *schwa* [ə] en sílabas átonas.

El fonema /e/

El fonema /e/ comparte el rasgo de lugar de articulación con la vocal /i/, siendo los dos fonemas vocales anteriores. Comparte el rasgo de modo de articulación con la vocal /o/, siendo las dos vocales medias.

La fonología del fonema /e/

El **fonema** /e/ se opone a los demás fonemas vocálicos /i a o u/ como se ejemplifica en la serie [páso píso péso póso púso]. El fonema /e/ es el fonema más frecuente del español con un porcentaje de frecuencia de 14,8% del total de los fonemas. Hay una correspondencia exacta entre el grafema {e} y el fonema /e/.

En términos prácticos pedagógicos, el fonema /e/ tiene una **distribución** complementaria, es decir, el fonema /e/ se representa mediante dos alófonos principales: [e] y [ε]. La vocal [e] es semicerrada y la vocal [ε], semiabierta; sus características fonéticas se presentan con más detalles a continuación. La base de la distribución complementaria gira alrededor de la estructura silábica en que aparece el fonema. De modo general, la variante más abierta [ε] ocurre cuando es una vocal trabada, es decir, cuando aparece en una sílaba cerrada, o sea ante una consonante en posición final de sílaba. La variante más cerrada [e] ocurre cuando es una vocal libre, es decir, cuando aparece en una sílaba abierta, o sea cuando la misma vocal está en posición final de sílaba. Sin embargo, existen algunas excepciones a esas generalizaciones. La regla de distribución complementaria para el fonema /e/ es:

$$/e/ \longrightarrow [ε] \Big/ \underline{\quad}C\$ \text{ excepto: } \underline{\quad}s\#^*$$
$$\Big/ \underline{\quad}\$ \begin{bmatrix} r \\ ɾ \\ t \end{bmatrix} \text{ excepto: } \underline{\quad}\# \Big/ \begin{matrix} r \\ t \end{matrix} \Big/$$
$$^*\text{menos el verbo } [\acute{e}s]$$
$$[e] / \text{e.l.d.l.}$$

Como la distribución complementaria del fonema /e/ es sensible a la posición silábica, es importante entender bien las reglas de la división silábica del español, que solo se presentarán detalladamente en el Capítulo 18. Se verá en ese capítulo, entonces, cómo el silabeo afecta la aplicación de la regla de distribución complementaria del fonema /e/.

El hecho de que exista una variación alofónica basada en la posición silábica, ya es suficiente para establecer una regla. Sin embargo, hay que recordar que una regla, especialmente en este caso, es una generalización que puede no tener aplicación categórica. No obstante, si el estudiante aplica esa regla en su habla, tendrá una aproximación mejor a una pronunciación auténtica.

El análisis espectrográfico que se presentará a continuación demuestra la diferencia que existe en cuanto a la pronunciación y los contextos fonológicos en que aparecen los alófonos [e] y [ε]. La aplicación de la regla se ejemplifica con las palabras del Cuadro 11.25.[20] ◀

En términos fisiológicos científicos, como en el caso del fonema /a/, el fonema /e/ puede tener también otros dos alófonos: uno nasalizado y uno ensordecido. El alófono nasalizado ocurre como fenómeno común a todos los dialectos. Esa nasalización sigue la regla general presentada antes en que la vocal se nasaliza delante de una consonante nasal en posición final de sílaba. Sin embargo, es importante notar que puesto que la vocal nasalizada siempre es trabada o sea que ocurre en una sílaba cerrada, su realización es siempre más abierta, es decir,

11.25 La aplicación de la regla de distribución complementaria del fonema /e/.

Alófono	Palabra	Regla
[ε]	esta [ésta]	__C$ (sílaba cerrada)
	perro [péro]	__$r
	pero [péɾo]	__$ɾ
	meta [méta]	__$t
	es [és]	el verbo {es}
[e]	peso [péso]	__$ (sílaba abierta)
	clases [kláses]	__s#
	me río [merío]	__#r

el alófono [ɛ̃]. El alófono ensordecido ocurre en algunos idiolectos siguiendo la regla optativa presentada antes en que la vocal puede ensordecerse después de una consonante sorda y antes de una pausa. Puesto que la vocal ensordecida siempre es libre o sea que ocurre en una sílaba abierta, su realización es siempre más cerrada, es decir, el alófono [e̥].

Referente a la **fonotáctica**, el fonema /e/ aparece siempre como núcleo vocálico. El fonema /e/ puede ser tónico tanto en posición inicial, como medial y final: [séleβre], [seléβre], [seleβré]. Como se ve en los ejemplos anteriores, también puede ser átono en posición inicial, medial y final.

La fonética del alófono [e]

El alófono [e] es el alófono principal del fonema /e/. Es el alófono principal porque es el alófono que suele ocurrir en sílabas abiertas, que son más frecuentes que las sílabas cerradas en español. La descripción **articulatoria** del alófono [e] es semejante a la definición del fonema con la diferencia del modo de articulación. En cuanto al modo de articulación, es fonéticamente una vocal semicerrada y en cuanto al lugar de articulación, es anterior. Siendo vocal anterior, el sonido [e] es deslabializado. Se

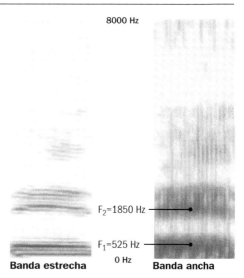

8000 Hz

F_2=1850 Hz

F_1=525 Hz

0 Hz

Banda estrecha   **Banda ancha**

11.28 Espectrograma de banda estrecha y de banda ancha para el sonido [e].

puede ver claramente el posicionamiento de los labios y de la lengua en la Fig. 11.26.

La caracterización **acústica** del sonido [e] es la de una onda sonora armónica, es decir, la onda tiene un tono fundamental y armónicos. Su forma de onda está representada en la Fig. 11.27.

Los armónicos que llegan a formar parte de la onda compuesta le dan al sonido [e] un timbre particular. El timbre consiste en un primer formante alrededor de 525 Hz y

11.26 La posición de los órganos articulatorios para el sonido [e]: perfil, vista frontal y trazo articulatorio.

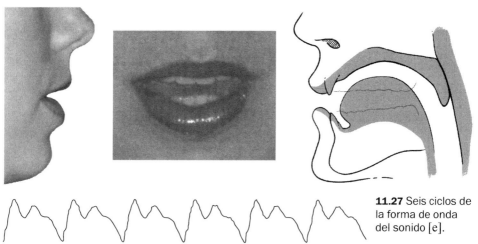

11.27 Seis ciclos de la forma de onda del sonido [e].

un segundo formante alrededor de 1850 Hz, según el hablante. Estos formantes se ven en el sonograma de la Fig. 11.28.

La percepción auditiva del sonido [e] por parte del receptor, depende de la identificación de la vocal por la energía acústica de las frecuencias de los formantes producidos por el emisor. El receptor sistematiza el sonido [e] como representante del fonema /e/. Estos mismos formantes se hallan presentados en el sonograma de la Fig. 11.28.

La fonética del alófono [ɛ]

El alófono [ɛ] es el segundo alófono principal del fonema /e/. Es el segundo alófono principal porque es el alófono que suele ocurrir en sílabas cerradas, que son menos frecuentes que las sílabas abiertas en español. La descripción **articulatoria** del alófono [ɛ] es semejante a la definición del fonema con la diferencia del modo de articulación. En cuanto al modo de articulación, es fonéticamente una vocal semiabierta y en cuanto al lugar de articulación, es anterior. Siendo vocal anterior, el sonido [ɛ] es deslabializado. Se puede ver claramente el posicionamiento de los labios y de la lengua en la Fig. 11.29.

La caracterización **acústica** del sonido [ɛ] es la de una onda sonora armónica, es decir, la onda tiene un tono fundamental y

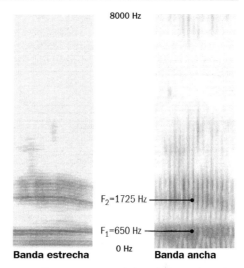

8000 Hz

F_2=1725 Hz

F_1=650 Hz

0 Hz

Banda estrecha   **Banda ancha**

11.31 Espectrograma de banda estrecha y de banda ancha para el sonido [ɛ].

armónicos. Su forma de onda está representada en la Fig. 11.30.

Los armónicos que llegan a formar parte de la onda compuesta le dan al sonido [ɛ] un timbre particular. El timbre consiste en un primer formante alrededor de 762 Hz y un segundo formante alrededor de 1300 Hz, según el hablante. Estos formantes se ven en el sonograma de la Fig. 11.31.

La percepción **auditiva** del sonido [ɛ] por parte del receptor, depende de la identificación de la vocal por la energía acústica de las

11.29 La posición de los órganos articulatorios para el sonido [ɛ]: perfil, vista frontal y trazo articulatorio.

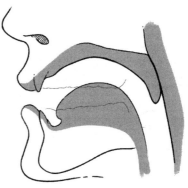

11.30 Seis ciclos de la forma de onda del sonido [ɛ].

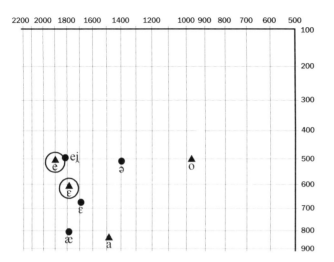

11.32 La posición de las vocales [e ɛ a o] del español (indicadas con un triángulo) y las vocales [æ ɛ ə] del inglés como también el punto de partida del diptongo [eɪ̯] del inglés (indicadas por un punto), según sus formantes. Se indica las vocales objetivo [e] y [ɛ] del español con un círculo.

frecuencias de los formantes producidos por el emisor. El receptor sistematiza el sonido [ɛ] como representante del fonema /e/. Estos mismos formantes se hallan presentados en el sonograma de la Fig. 11.31.

Pistas pedagógicas

Es importante reconocer que el sonido [e] no es un sonido que ocurre en inglés. Muchos libros de texto y manuales de pronunciación erróneamente indican una correlación entre el sonido [e] del español y el sonido vocálico de {ate} [eɪ̯]. Algunos incluyen también la posibilidad de una correlación con el sonido vocálico de {net} [ɛ]. La Fig. 11.32 contiene un gráfico que ubica las vocales [e ɛ a o] del español y las vocales [ɛ æ ə] del inglés como también el punto de partida del diptongo [eɪ̯], según sus formantes. El gráfico indica claramente que el punto de partida del diptongo [eɪ̯] del inglés es casi idéntico a la vocal [e] del español. Lo que no indica es la estabilidad de los formantes de la [e] del español y la diptongación o transición de los formantes de la [eɪ̯] inglesa, lo que sí se puede ver en la Fig. 11.18 El gráfico también indica una proximidad entre el sonido vocálico [ɛ] del español y el sonido vocálico [ɛ] del inglés, aunque este es más abierto que la variante española.

Es interesante observar las diferencias que existen entre los sonidos [eɪ̯ ɛ] del inglés por un lado y los sonidos [e ɛ] del español por otro lado. En inglés, los dos sonidos [eɪ̯ ɛ] aparecen en pares mínimos, como ['beɪ̯t 'bɛt], que atestiguan una oposición fonológica. Como representan fonemas distintos, los sonidos [eɪ̯ ɛ] del inglés se diferencian al máximo siguiendo el principio de separación perceptiva suficiente. Esa separación se destaca por el timbre inicial de las vocales, como se puede ver en la Fig. 11.32. También se destaca la separación por el timbre final: en la vocal [ɛ] el timbre no cambia a lo largo de la vocal, pero en la vocal [eɪ̯] el timbre sí cambia resultando en un diptongo. Además, se diferencian por la duración, siendo la vocal [ɛ] breve y la vocal [eɪ̯] más larga, debido a su diptongación.

En español la situación es muy diferente. Los sonidos [e ɛ] no reflejan una oposición fonológica, es decir, son alófonos del mismo fonema. Como consecuencia, no manifiestan diferencias fonéticas tan extremas como existen en el caso del inglés. En español las vocales [e ɛ] tienen la misma duración y cada una tiene formantes uniformes sin diptongación. Las vocales españolas [e ɛ] se encuentran más próximas la una a la otra en comparación con las vocales inglesas [eɪ̯ ɛ], porque no tienen que mantener una separación perceptiva suficiente.

La aplicación de la regla de distribución de los alófonos del fonema /e/ del español parte de una base silábica. El anglohablante generalmente tiende a producir la vocal semicerrada [e] (con una diptongación indebida [ei̯]) en sílabas abiertas y tiende a producir la vocal semiabierta [ɛ] (aun más abierta que la norma española) en sílabas cerradas. Sin embargo, el anglohablante que quiere dominar la pronunciación tiene que atenerse también a las excepciones contenidas en la regla de distribución complementaria.

Las interferencias del inglés en la pronunciación del español por parte del estudiante anglohablante tienen que ver tanto con el timbre como con la duración. Es útil la Fig. 11.32 en visualizar las posibles interferencias de timbre de las vocales inglesas que pueden ocurrir. Las tres vocales inglesas con timbres más próximos a la vocal española [e] son [ei̯ ɛ ə]. Sin embargo, por motivos fonotácticos, el sonido [ɛ] del inglés no suele interferir en la buena pronunciación del español por parte del anglohablante. La razón es que en inglés, el fonema /ɛ/ nunca ocurre en una sílaba abierta; en otras palabras, el fonema /ɛ/ del inglés siempre ocurre en una sílaba cerrada.

Puesto que el alófono [ɛ] del español suele ocurrir en las sílabas cerradas también, el sonido [ɛ] del inglés no presenta problemas de interferencia. Sin embargo, hay casos en que la diferencia en la estructura silábica entre los dos idiomas sí crea una interferencia. La regla general del silabeo inglés para la secuencia VCV (vocal consonante vocal) divide la sílaba VC-V, mientras que en español la división es V-CV. Siendo así, el anglohablante tiende a emplear la vocal [ɛ] de una sílaba cerrada inglesa en una sílaba abierta del español, como se ve en el tercer ejemplo del Cuadro 11.33. Las otras dos vocales del inglés que interfieren en la adquisición de una buena pronunciación de

la vocal [e] son [ei̯] y [ə], como se puede ver también en el Cuadro 11.33.

En el Cuadro 11.33 se nota que hay además de interferencias de timbre, interferencias de duración también. La interferencia principal en cuanto al fonema /e/ tiene que ver con la diptongación que el anglohablante suele producir para el alófono [e] del español. Esa interferencia suele ocurrir en posición tónica (como en el ejemplo de {say} [séi̯]), pero se extiende también a la posición átona final (como en el ejemplo de *[clásei̯]). La segunda interferencia significativa es que, a diferencia del inglés, el timbre de la vocal en español no cambia según su tonicidad. Esto quiere decir que se emplea el sonido vocálico [e] o [ɛ] tanto en sílabas tónicas como también en sílabas átonas: el anglohablante tiene que resistir a la tentación de producir schwa [ə] en sílabas átonas. Esta tendencia es más fuerte cuando se trata del fonema /e/ átona en posición no final como en las palabras {sereno} {seleccionar} {mecánico} que tienen que pronunciarse como [seréno] [seleksjonár] [mekániko] y no como *[səréno] *[səleksjonár] *[məkániko].

El estudiante no tiene que preocuparse por el alófono nasalizado [ẽ] porque se trata de una coarticulación anticipante natural que el anglohablante producirá automáticamente. El anglohablante tampoco tiene que preocuparse por el alófono ensordecido [e̥] porque se trata de un fenómeno esporádico e idiosincrásico.

Consejos prácticos

El anglohablante que quiere adquirir una buena pronunciación de la vocal /e/ del español debe:

- producir la vocal [e] del español de duración breve con un timbre más

Sonido inglés	Palabra inglesa	Palabra española	Interferencia inglesa
[ei̯]	say [sei̯]	sé [sé]	*[séi̯]
	class	clase [kláse]	*[klasei̯]
[ə]	serene [səˈɹiin]	sereno [seréno]	*[sərei̯no]
[ɛ]	eb-on-y [ˈɛbəni]	é-ba-no [éβano]	*[éβəno]

11.33 Las vocales del inglés que interfieren en la adquisición de una buena pronunciación de la vocal [e] española.

próximo al comienzo de la vocal [ei̯]
del inglés, pero *sin* diptongación;

• producir la vocal [ɛ] del español con
  más cerrazón que su vecino inglés;

• atenerse a la regla de distribución
  complementaria;

• no alargar la producción de la vocal [e]
  en sílabas tónicas ni en sílabas átonas
  finales;

• no reducir la vocal a *schwa* [ə] en
  sílabas átonas.

El fonema /o/

El fonema /o/ comparte el rasgo de lugar de articulación con la vocal /u/, siendo los dos fonemas vocales posteriores. Comparte el rasgo de modo de articulación con la vocal /e/, siendo las dos vocales medias.

La fonología del fonema /o/

El **fonema** /o/ se opone a los demás fonemas vocálicos /i e a u/ como se ejemplifica con la serie [páso píso péso póso púso]. El fonema /o/ es el tercer fonema más frecuente del español con un porcentaje de frecuencia de 10,5% del total de los fonemas. Hay una correspondencia exacta entre el grafema {o} y el fonema /o/.

En términos prácticos pedagógicos, el fonema /o/ tiene una **distribución** única, es decir, el fonema /o/ se representa siempre mediante el alófono [o]. Sin embargo, en términos fisiológicos científicos, el fonema /o/ puede tener también otros dos alófonos: uno nasalizado y uno ensordecido. El alófono nasalizado ocurre como fenómeno común a todos los dialectos. Esa nasalización sigue la regla general presentada antes, en que la vocal se nasaliza delante de una consonante nasal en posición final de sílaba. El alófono ensordecido ocurre en algunos idiolectos siguiendo la regla optativa presentada antes en que la vocal puede ensordecerse después de una consonante sorda y ante una pausa.

Tradicionalmente algunos tratamientos del fonema /o/ presentan dos variantes: una [o] semicerrada y una [ɔ] semiabierta. Los tratamientos proponen que estas variantes ocurren en una distribución complementaria. Como se presentó en la Fig. 7.10 del Capítulo 7, las realizaciones físicas de cualquier vocal presentan una gama de timbres. En el caso del fonema /e/ las realizaciones fonéticas se separan en dos grupos en una distribución complementaria. En el caso del fonema /o/, sin embargo, a pesar de que existan realizaciones más cerradas como [o] y más abiertas como [ɔ], las variantes no se separan en una distribución complementaria. El fonema /o/, por lo tanto, tiene una distribución única representada por su alófono principal: la vocal posterior semicerrada [o].

Referente a la **fonotáctica**, el fonema /o/ aparece siempre como núcleo vocálico. El fonema /o/ puede ser tónico tanto en posición inicial, como medial y final: [fósforo], [impló̃ro], [imploró]. El fonema /o/ también puede ser átono en posición inicial, medial y final como se ve en las palabras [okasjón], [imploró], [implóro].

La fonética del alófono [o]

El alófono [o] es el alófono principal del fonema /o/. La descripción **articulatoria** del alófono [o] es igual a la definición del fonema; fonéticamente es una vocal media posterior. Siendo vocal posterior, el sonido [o] es labializado. Se puede ver claramente el posicionamiento de los labios y de la lengua en la Fig. 11.34.

La caracterización **acústica** del sonido [o] es la de una onda sonora armónica, es decir, la onda tiene un tono fundamental y armónicos. Su forma de onda está representada en la Fig. 11.35.

Los armónicos que llegan a formar parte de la onda compuesta le dan al sonido [o] un timbre particular. El timbre consiste en un primer formante alrededor de 500 Hz y un segundo formante alrededor de 950 Hz, según el hablante. Estos formantes se ven en el sonograma de la Fig. 11.36.

La percepción **auditiva** del sonido [o] por parte del receptor, depende de la identificación de la vocal por la energía acústica de las frecuencias de los formantes producidos por el emisor. Estos mismos formantes se hallan representados en el sonograma de la Fig. 11.36.

  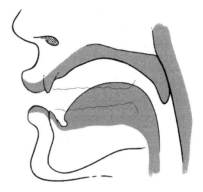

11.34 La posición de los órganos articulatorios para el sonido [o]: perfil, vista frontal y trazo articulatorio.

11.35 Seis ciclos de la forma de onda del sonido [o].

Pistas pedagógicas

Es importante reconocer que el sonido [o] no es un sonido que ocurre en inglés. Muchos libros de texto y manuales de pronunciación erróneamente indican una correlación entre el sonido [o] del español y el sonido vocálico de {note} ['noṳt]. La Fig. 11.37 contiene un gráfico que ubica las vocales [e a o] del español y las vocales [ɑ ə] del inglés como también el punto de partida del diptongo [oṳ], según sus formantes. El gráfico indica claramente que el punto de partida del diptongo [oṳ] del inglés es casi el mismo que el de la vocal [o] del español. Lo que no indica es la estabilidad de los formantes de la [o] del español y la diptongación o transición de los formantes de la [oṳ] inglesa, lo que sí se puede ver en la Fig. 11.18.

Las interferencias del inglés en la pronunciación del español por parte del estudiante anglohablante, tienen que ver tanto con el timbre como con la duración. Es útil la Fig. 11.37 en visualizar las posibles interferencias de timbre de las vocales inglesas que pueden ocurrir. Las tres vocales inglesas con timbres más próximos a la vocal española [o] son [ɑ ə] y el comienzo del diptongo [oṳ]. Esas vocales sí interfieren en la adquisición de una buena pronunciación de la vocal [o] como se puede ver en el Cuadro 11.38.

En el Cuadro 11.38 se nota que hay además de interferencias de timbre, interferencias de duración también. La interferencia principal en cuanto al fonema /o/ tiene que ver con la diptongación que el anglohablante suele producir para el alófono [o] del español. Esta interferencia suele ocurrir en posición tónica (como en el ejemplo de [nóṳ]), pero se extiende también a la posición átona final (como en el ejemplo de [sóṳloṳ]). La

11.36 Espectrograma de banda estrecha y de banda ancha para el sonido [o].

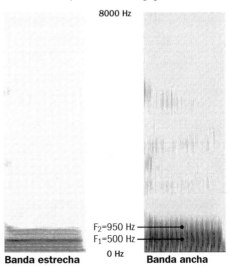

8000 Hz

F_2=950 Hz
F_1=500 Hz

0 Hz

Banda estrecha   **Banda ancha**

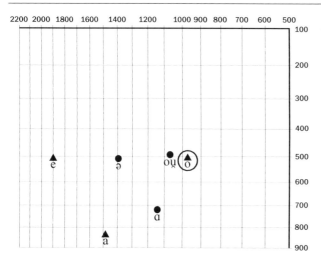

11.37 La posición de las vocales [e a o] del español (indicadas con un triángulo) y las vocales [ɑ ə] del inglés como también el punto de partida del diptongo [oʊ̯] del inglés (indicadas por un punto), según sus formantes. Se indica la vocal objetivo [o] del español con un círculo.

segunda interferencia significativa es que, a diferencia del inglés, el timbre de la vocal en español no cambia según su tonicidad. Esto quiere decir que se emplea el sonido vocálico [o] tanto en sílabas tónicas como también en sílabas átonas: el anglohablante tiene que resistir a la tentación de producir *schwa* [ə] en las sílabas átonas. Esa tendencia es más fuerte cuando se trata del fonema /o/ átono en posición no final como en las palabras {tomaron} {color} {completo} que tienen que pronunciarse como [tomáron] [kolór] [kõmpléto] y no como *[təmárən] *[kəlór] *[kəmpléto].

A veces, el anglohablante comete una transferencia negativa basada en el hecho de que en inglés la letra {o} como vocal breve se pronuncie como [ɑ]. Por eso ocurren errores como *[ɑpoɾtuniðáð] para {oportunidad} [opoɾtuniðáð] o *[kɑmjunístə] para {comunista} [komunísta].

El estudiante no tiene que preocuparse por el alófono nasalizado [õ] porque se trata de una coarticulación anticipante natural que el anglohablante producirá automáticamente. El anglohablante tampoco tiene que preocuparse por el alófono ensordecido [o̥] porque se trata de un fenómeno esporádico e idiosincrásico.

Consejos prácticos

El anglohablante que quiere adquirir una buena pronunciación de la vocal /o/ del español debe:

- producir la vocal [o] del español de duración breve con un timbre más próximo al comienzo de la vocal [oʊ̯] del inglés, pero *sin* diptongación;
- no alargar la producción de la vocal [o] en sílabas tónicas;

11.38 Las vocales del inglés que interfieren en la adquisición de una buena pronunciación de la vocal [o].

Sonido inglés	Palabra inglesa	Palabra española	Interferencia inglesa
[oʊ̯]	no [nóʊ̯] solo [sóʊ̯loʊ̯]	no [nó] solo [sólo]	*[nóʊ̯] *[sóʊ̯loʊ̯]
[ɑ]	opportunity [ɑpʰɹ̩'tʰuʊ̯nəri]	oportunidad [opoɾtuniðáð]	*[ɑpoɾtuniðáð]
[ə]	complete [kʰəm'pl̥iɪ̯t̚]	completo [kõmpléto]	*[kəmpléto]

- no reducir la vocal a *schwa* [ə] en sílabas átonas;
- evitar la producción del sonido [ɑ] del inglés.

El fonema /i/

El fonema /i/ comparte el rasgo de lugar de articulación con la vocal /e/, siendo los dos fonemas vocales anteriores. Comparte el rasgo de modo de articulación con la vocal /u/, siendo las dos vocales cerradas o altas. El fonema /i/ se difiere de los fonemas vocálicos /a e o/ porque en su forma átona puede combinarse con otra vocal cualquiera para formar un diptongo. Los diptongos se tratarán más a fondo en el Capítulo 12.

La fonología del fonema /i/

El **fonema** /i/ se opone a los demás fonemas vocálicos /e a o u/ como se ejemplifica en la serie [páso píso péso póso púso]. El fonema /i/ es el quinto fonema más frecuente del español con un porcentaje de frecuencia de 6,4% del total de los fonemas. Los cinco fonemas más comunes del español incluyen cuatro vocales y una consonante: /e a o s i/. Ortográficamente, el fonema /i/ se representa principalmente por el grafema {i}, pero también por el grafema {y} en posición átona final de palabra. Históricamente estos dos grafemas son el grafema {i} (la llamada *i-latina*) y el grafema {y} (la llamada *i-griega*).

En términos prácticos pedagógicos, el fonema /i/ tiene una **distribución** complementaria, es decir, el fonema /i/ se representa mediante tres alófonos principales: [i], [j] y [i̯]. La base de la distribución complementaria gira alrededor de la estructura silábica en que aparece el fonema y la producción de diptongos y triptongos. La regla de distribución complementaria presentada en el Capítulo 9 es:

$$/i/ \longrightarrow [j] \ / \ \_V_{nuclear}$$
$$[i̯] \ / \ V_{nuclear}\_$$
$$[i] \ / \ e.l.d.l.$$

La aplicación de la regla se ejemplifica con las palabras del Cuadro 11.39[21] ◀⑀. Los detalles de la formación de los diptongos y los pormenores articulatorios, acústicos y auditivos de los alófonos empleados en los diptongos y triptongos se presentarán en el Capítulo 12.

En términos fisiológicos científicos, como en el caso de los demás fonemas vocálicos, el fonema /i/ puede tener también otros dos alófonos: uno nasalizado y uno ensordecido. El alófono nasalizado ocurre como fenómeno común a todos los dialectos. Esa nasalización sigue la regla general presentada antes en que la vocal se nasaliza delante de una consonante nasal en posición final de sílaba. El alófono ensordecido ocurre en algunos idiolectos siguiendo la regla optativa presentada antes en que la vocal puede ensordecerse después de una consonante sorda y antes de una pausa.

Referente a la fonotáctica, el fonema /i/ aparece mayormente como núcleo vocálico, pero a diferencia de los fonemas /e a o/, el fonema /i/ puede aparecer tanto en el ataque como en la coda de la sílaba. El fonema /i/ puede ser tónico tanto en posición inicial como medial: [íntimo], [intímo]. Como se ve en los ejemplos anteriores, también puede ser átono en posición inicial y medial. Es importante observar que el fonema /i/ no ocurre sistemáticamente en posición final de palabra, sea tónico o átono. Los pocos ejemplos del fonema /i/ en posición final corresponden a solo el 0,1% de las ocurrencias del fonema. Las ocurrencias tónicas más sistemáticas del fonema /i/ en posición

11.39 La aplicación de la regla de distribución complementaria del fonema /i/.

Alófono	Palabra	Regla	Posición silábica
[i]	piso [píso] pincel [pĩnsél] salí [salí]	$V_{nuclear}$	Núcleo silábico
[j]	tiene [tjéne] hacia [ásja]	$\_V_{nuclear}$	Ataque silábico
[i̯]	aire [áiɾe] reina [réi̯na]	$V_{nuclear}\_$	Coda silábica

205

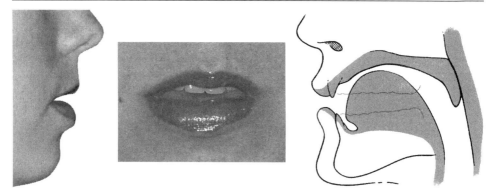

11.40 La posición de los órganos articulatorios para el sonido [i]: perfil, vista frontal y trazo articulatorio.

11.41 Seis ciclos de la forma de onda del sonido [i]

final de palabra se limitan a verbos en -er e -ir conjugados en primera persona singular del pretérito {comí} {salí} y a escasas formas adjetivales {alfonsí} {marroquí}. Las ocurrencias átonas del fonema /i/ en posición final de palabra se limitan a poquísimas palabras como {casi} {taxi}.

La fonética del alófono [i]

El alófono [i] es el alófono principal del fonema /i/. Es el alófono principal porque es el alófono que ocurre como núcleo silábico. La descripción **articulatoria** del alófono [i] es igual a la definición del fonema. En cuanto al modo de articulación, es fonéticamente una vocal cerrada y en cuanto al lugar de articulación, es anterior. Siendo vocal anterior, el sonido [i] es deslabializado. Se puede ver claramente el posicionamiento de los labios y de la lengua en la Fig. 11.40.

La caracterización **acústica** del sonido [i] es la de una onda sonora armónica, es decir, la onda tiene un tono fundamental y armónicos. Su forma de onda está representada en la Fig. 11.41.

Los armónicos que llegan a formar parte de la onda compuesta le dan al sonido [i] un timbre particular. El timbre consiste en un primer formante alrededor de 315 Hz y un segundo formante alrededor de 2175 Hz,

según el hablante. Estos formantes se ven en el sonograma de la Fig. 11.42.

La percepción **auditiva** del sonido [i] por parte del receptor, depende de la identificación de la vocal por la energía acústica de las frecuencias de los formantes producidos por el emisor. El receptor sistematiza el sonido [i] como representante del fonema /i/. Esos mismos formantes se hallan presentados en el sonograma de la Fig. 11.42.

11.42 Espectrograma de banda estrecha y de banda ancha para el sonido [i].

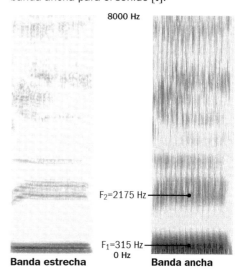

8000 Hz

F_2=2175 Hz

F_1=315 Hz
0 Hz

Banda estrecha　　　**Banda ancha**

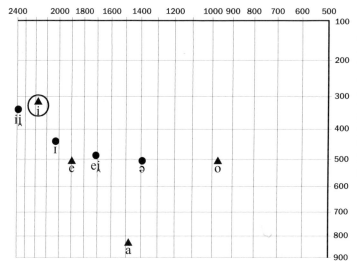

11.43 La posición de las vocales [i e a o] del español (indicadas con un triángulo) y las vocales [ɪ ə] del inglés como también los puntos de partida de los diptongos [iị eị] del inglés (indicadas por un punto), según sus formantes. Se indica la vocal objetivo [i] del español con un círculo.

La fonética de los alófonos [j] e [i̯]

Los sonidos [j] e [i̯] son alófonos combinatorios que solo se emplean en la formación de diptongos y triptongos. Se examinarán articulatoria, acústica y auditivamente en el Capítulo 12, que trata las situaciones en que aparece más de un fonema vocálico dentro de una sílaba.

Pistas pedagógicas

Es importante reconocer que el sonido [i] no es un sonido que ocurre en inglés. Muchos libros de texto y manuales de pronunciación erróneamente indican una correlación entre el sonido [i] del español y el sonido vocálico de {beat} [biị t]. La Fig. 11.43 contiene un gráfico que ubica las vocales [i e a o] del

español y las vocales [ɪ ə] del inglés, como también el punto de partida de los diptongos [iị eị] según sus formantes. El gráfico indica claramente que el punto de partida del diptongo [iị] del inglés es próximo a la vocal [i] del español. Lo que no indica es la estabilidad de los formantes de la [i] del español y la diptongación o transición de los formantes de la [iị] inglesa, lo que sí se puede ver en la Fig. 11.18.

Las interferencias del inglés en la pronunciación del español por parte del estudiante anglohablante tienen que ver tanto con el timbre como con la duración. Es útil la Fig. 11.43 en visualizar las posibles interferencias de timbre de las vocales inglesas que pueden ocurrir. Las tres vocales inglesas que suelen interferir en la pronunciación de la

11.44 Las vocales del inglés que interfieren en la adquisición de una buena pronunciación de la vocal [i].

Sonido inglés	Palabra inglesa	Palabra española	Interferencia inglesa
[iị]	see [siị]	sí [sí]	*[siị]
[ɪ]	important [ɪmˈpʰɔɹʔn̩tˀ]	importante [ĩmportán̪te]	*[ɪmportán̪te]
[ə]	political [pʰəˈlɪɾəkʰəɫ]	político [polítiko]	*[polírəko]

vocal española [i] son [iɪ̯ ɪ ə] como se puede ver en el Cuadro 11.44.

Como se ve en la Fig. 11.43, la vocal española [i] está muy cerca del punto de partida del diptongo [iɪ̯] del inglés. Debido a que el sonido [i] no suele ocurrir en inglés sin la diptongación, el anglohablante suele producir el diptongo automáticamente cuando trata de producir el sonido [i] del español. Otra interferencia común es la de la vocal breve inglesa [ɪ]. Esta interferencia suele ocurrir con palabras cognadas que en inglés contienen el fonema /ɪ/. Este fenómeno solamente ocurre en sílabas trabadas, puesto que según las reglas fonotácticas del inglés, el fonema /ɪ/ no ocurre en sílabas abiertas. Como ejemplos de esa transferencia negativa pueden citarse las palabras {importante} {interesante} {incapaz} que tienen que pronunciarse como [ĩmportáņte] [ĩņteresáņte] [ĩņkapás] y no como *[ɪ̃mportáņte] *[ɪ̃ņteresáņte] *[ɪ̃ņkapás].

En el Cuadro 11.44 se nota que hay además de interferencias de timbre, interferencias de duración también. La interferencia principal en cuanto al fonema /i/ tiene que ver con la diptongación que el anglohablante suele producir para el alófono [i] del español. Esa interferencia suele ocurrir en posición tónica (como en el ejemplo de {sea, see} [síɪ̯]). La segunda interferencia significativa es que, a diferencia del inglés, el timbre de la vocal en español no cambia según su tonicidad. Esto quiere decir que se emplea el sonido vocálico [i] tanto en sílabas tónicas como también en sílabas átonas: el anglohablante tiene que resistir a la tentación de producir schwa [ə] en sílabas átonas. Esta tendencia es más fuerte cuando se trata del fonema /i/ átono en posición no final como en las palabras {típico} {difícil} {cíclico} que tienen que pronunciarse como [típiko] [difísil] [síkliko] y no como *[típəkoʊ̯] *[dəfísəl] *[síkləkoʊ̯].

La aplicación de la regla de distribución de los alófonos comunes del fonema /i/ del español, parte de una base silábica y tiene que ver con la formación de los diptongos y triptongos, que se examinarán en el Capítulo 12.

El estudiante no tiene que preocuparse por el alófono nasalizado [ĩ] porque se trata de una coarticulación anticipante natural que el anglohablante producirá automáticamente. El anglohablante tampoco tiene que preocuparse por el alófono ensordecido [i̥] porque se trata de un fenómeno esporádico e idiosincrásico.

Consejos prácticos

El anglohablante que quiere adquirir una buena pronunciación de la vocal /i/ del español debe:

- producir la vocal [i] del español de duración breve con un timbre más próximo al comienzo de la vocal [iɪ̯] del inglés, pero sin diptongación;
- no producir la vocal breve inglesa [ɪ];
- atenerse a la regla de distribución complementaria;
- no alargar la producción de la vocal [i] en sílabas tónicas;
- no reducir la vocal a schwa [ə] en sílabas átonas.

El fonema /u/

El fonema /u/ comparte el rasgo de lugar de articulación con la vocal /o/, siendo los dos fonemas vocales posteriores. Comparte el rasgo de modo de articulación con la vocal /i/, siendo las dos vocales cerradas o altas. El fonema /u/ difiere de los fonemas vocálicos /a e o/ porque en su forma átona puede combinarse con otra vocal cualquiera para formar un diptongo o triptongo. Los diptongos y triptongos se tratarán más a fondo en el Capítulo 12.

La fonología del fonema /u/

El **fonema** /u/ se opone a los demás fonemas vocálicos /i e a o/ como se ejemplifica en la serie [páso píso péso póso púso]. El fonema /u/ es el décimo-segundo fonema más frecuente del español con un porcentaje de frecuencia de 3,3% del total de los fonemas. Ortográficamente, el fonema /u/ se representa exclusivamente por el grafema {u}.

En términos prácticos pedagógicos, el fonema /u/ tiene una **distribución** complementaria, es decir, el fonema /u/ se representa mediante tres alófonos

Alófono	Palabra	Regla	Posición silábica
[u]	puso [púso] tribu [tríβu] tabú [taβú]	V_nuclear	Núcleo silábico
[w]	puede [pwéðe] agua [áɣwa]	_V_nuclear	Ataque silábico
[u̯]	causa [káu̯sa] deuda [déu̯ða]	V_nuclear_	Coda silábica

11.45 La aplicación de la regla de distribución complementaria del fonema /u/.

principales: [u], [w] y [u̯]. La base de la distribución complementaria gira alrededor de la estructura silábica en que aparece el fonema y la producción de diptongos y triptongos. La regla de distribución complementaria presentada en el Capítulo 9 es:

$$/u/ \longrightarrow [w] / \_V_{nuclear}$$
$$[u̯] / V_{nuclear}\_$$
$$[u] / e.l.d.l.$$

La aplicación de la regla se ejemplifica con las palabras del Cuadro 11.45[22] ◄⬫. Los detalles de la formación de los diptongos y triptongos y los pormenores articulatorios, acústicos y auditivos de los alófonos empleados en los diptongos y triptongos se presentarán en el Capítulo 12.

En términos fisiológicos científicos, como en el caso de los demás fonemas vocálicos, el fonema /u/ puede tener también otros dos alófonos: uno nasalizado y uno ensordecido. El alófono nasalizado ocurre como fenómeno común a todos los dialectos. Esa nasalización sigue la regla general presentada antes en que la vocal se nasaliza delante de una consonante nasal en posición final de sílaba. El alófono ensordecido ocurre en algunos idiolectos siguiendo la regla optativa presentada antes en que la vocal puede ensordecerse después de una consonante sorda y antes de una pausa.

Referente a la **fonotáctica**, el fonema /u/ aparece mayormente como núcleo vocálico, pero a diferencia de los fonemas /e a o/, el fonema /u/ puede aparecer tanto en el ataque como en la coda de la sílaba. El fonema /u/ puede ser tónico tanto en posición inicial, como medial: [úniko], [caðúko]. El fonema /u/ también puede aparecer como vocal átona en posición inicial y medial: [xuɣáɾ], [apũ̯táɾ]. Es de notar que el fonema /u/ no ocurre sistemáticamente en posición final de palabra, sea tónico o átono. Los pocos ejemplos del fonema /u/ en posición final corresponden a solo el 0,1% de las ocurrencias del fonema. Las ocurrencias tónicas del fonema /u/ en posición final de palabra se limitan a unas cuantas palabras como {tabú} {menú}, la mayoría siendo préstamos de otras lenguas. Las ocurrencias átonas del fonema /u/ en posición final de palabra también son limitadas: {espíritu} {tribu} {ímpetu}.

11.46 La posición de los órganos articulatorios para el sonido [u]: perfil, vista frontal y trazo articulatorio.

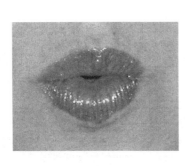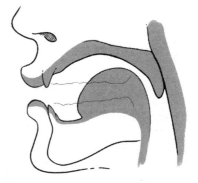

∿∿∿∿∿∿

11.47 Seis ciclos de la forma de onda del sonido [u].

La fonética del alófono [u]

El alófono [u] es el alófono principal del fonema /u/. Es el alófono principal porque es el alófono que suele ocurrir como núcleo silábico. La descripción **articulatoria** del alófono [u] es igual a la definición del fonema. En cuanto al modo de articulación, es fonéticamente una vocal cerrada y en cuanto al lugar de articulación, es posterior. Siendo vocal posterior, el sonido [u] es labializado. Se puede ver claramente el posicionamiento de los labios y de la lengua en la Fig. 11.46.

La caracterización **acústica** del sonido [u] es la de una onda sonora armónica, es decir, la onda tiene un tono fundamental y armónicos. Su forma de onda está representada en la Fig. 11.47.

Los armónicos que llegan a formar parte de la onda compuesta le dan al sonido [u] un timbre particular. El timbre consiste en un primer formante alrededor de 315 Hz y un segundo formante alrededor de 836 Hz, según el hablante. Estos formantes se ven en el sonograma de la Fig. 11.48.

11.48 Espectrograma de banda estrecha y de banda ancha para el sonido [u].

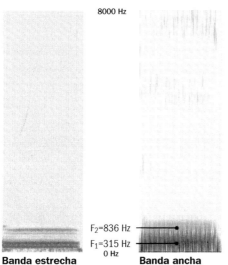

8000 Hz

F_2=836 Hz
F_1=315 Hz
0 Hz

Banda estrecha   **Banda ancha**

210

La percepción **auditiva** del sonido [u] por parte del receptor, depende de la identificación de la vocal por la energía acústica de las frecuencias de los formantes producidos por el emisor. El receptor sistematiza el sonido [u] como representante del fonema /u/. Estos mismos formantes se hallan presentados en el sonograma de la Fig. 11.48.

La fonética de los alófonos [w] y [u̯]

Los sonidos [w] y [u̯] son alófonos combinatorios que solo se emplean en la formación de diptongos y triptongos. Se examinarán articulatoria, acústica y auditivamente en el Capítulo 12, que trata las situaciones en que aparece más de un fonema vocálico dentro de una sílaba.

Pistas pedagógicas

Es importante reconocer que el sonido [u] no es un sonido que ocurre en inglés. Muchos libros de texto y manuales de pronunciación erróneamente indican una correlación entre el sonido [u] del español y el sonido vocálico de {boot} [buu̯t]. La Fig. 11.49 contiene un gráfico que ubica las vocales [e a o u] del español y las vocales [ʊ ə] del inglés, como también el punto de partida de los diptongos [uu̯ ou̯] según sus formantes. El gráfico indica claramente que el punto de partida del diptongo [uu̯] del inglés es próximo a la vocal [u] del español. Lo que no indica es la estabilidad de los formantes de la [u] del español y la diptongación o transición de los formantes de la [uu̯] inglesa, lo que sí se puede ver en la Fig. 11.18.

Las interferencias del inglés en la pronunciación del español por parte del estudiante anglohablante tienen que ver tanto con el timbre como con la duración. Es útil la Fig. 11.49 en visualizar las posibles interferencias de timbre de las vocales inglesas que pueden ocurrir. Las cuatro vocales inglesas que suelen interferir en la pronunciación de la vocal española [u] son [uu̯ juu̯ ʊ ə] como se puede ver en el Cuadro 11.50.

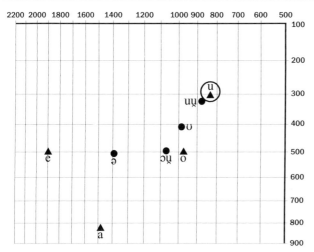

11.49 La posición de las vocales [e a o u] del español (indicadas con un triángulo) y las vocales [ʊ ə] del inglés como también los puntos de partida de los diptongos [uu̯ ou̯] del inglés (indicadas por un punto), según sus formantes. Se indica la vocal objetivo [u] del español con un círculo.

Como se ve en la Fig. 11.49, la vocal española [u] está muy cerca del punto de partida del diptongo [uu̯] del inglés. Debido a que el sonido [u] no suele ocurrir en inglés sin la diptongación, el anglohablante suele producir el diptongo automáticamente cuando trata de producir el sonido [u] del español. Otra interferencia común es la de la vocal breve inglesa [ʊ]. Esta interferencia suele ocurrir con palabras cognadas que en inglés contienen el fonema /ʊ/. Este fenómeno solamente ocurre en sílabas trabadas, puesto que según las reglas fonotácticas del inglés, el fonema /ʊ/ no ocurre en sílabas abiertas. Como ejemplos de esta transferencia negativa pueden citarse las palabras {durante} {fútbol} {pudín} que tienen que pronunciarse como [duɾán̪te] [fútβol] [puðín] y no como *[dʊɾán̪te] *[fútβol] *[pʊðín].

En el Cuadro 11.50 se nota que además de interferencias de timbre, hay interferencias de duración también. La interferencia principal en cuanto al fonema /u/ tiene que ver con la diptongación o triptongación que el anglohablante suele producir para el alófono [u] del español. Esta interferencia suele ocurrir en posición tónica (como en el ejemplo de *[tʰuu̯] o *[mjúu̯zəkə]). La segunda interferencia significativa es que, a diferencia del inglés, el timbre de la vocal en español no cambia según su tonicidad. Esto quiere decir que se emplea el sonido vocálico [u] tanto en sílabas tónicas como también en sílabas átonas: el anglohablante tiene que resistir a la tentación de producir *schwa* [ə] en sílabas átonas. Esa tendencia es más fuerte cuando se trata del fonema /u/ átono en posición no final como en las palabras {sublime} {superior} {suponer} que tienen que pronunciarse

11.50 Las vocales del inglés que interfieren en la adquisición de una buena pronunciación de la vocal [u].

Sonido inglés	Palabra inglesa	Palabra española	Interferencia inglesa
[uu̯]	two [ˈtʰuu̯]	tú [tú]	*[tʰúu̯]
[juu̯]	music [ˈmjuu̯zək]	música [músika]	*[mjúu̯zəkə]
[ʊ]	during [ˈdʊɹiɪŋ̃]	durante [duɾán̪te]	*[dʊɾán̪te]
[ə]	natural [ˈnætʃəɹəɫ]	natural [naturál]	*[natərál]

211

como [suβlíme] [superjóɾ] [suponéɾ] y no como *[sǝβlíme] *[sǝperjóɾ] *[sǝponéɾ].

La aplicación de la regla de distribución de los alófonos comunes del fonema /u/ del español, parte de una base silábica y tiene que ver con la formación de los diptongos y triptongos, que se examinarán en el Capítulo 12.

El estudiante no tiene que preocuparse por el alófono nasalizado [ũ] porque se trata de una coarticulación anticipante natural que el anglohablante producirá automáticamente. El anglohablante tampoco tiene que preocuparse por el alófono ensordecido [u̥] porque se trata de un fenómeno esporádico e idiosincrásico.

Consejos prácticos

El anglohablante que quiere adquirir una buena pronunciación de la vocal /u/ del español debe:

- producir la vocal [u] del español de duración breve con un timbre más próximo al comienzo de la vocal [uu̯] del inglés, pero *sin* diptongación;
- no producir la vocal breve inglesa [ʊ];
- no producir el triptongo inglés [juu̯];
- atenerse a la regla de distribución complementaria;
- no alargar la producción de la vocal [u] en sílabas tónicas;
- no reducir la vocal a *schwa* [ǝ] en sílabas átonas.

Los alófonos vocálicos nasalizados

Articulatoriamente, los alófonos vocálicos nasalizados resultan de una coarticulación

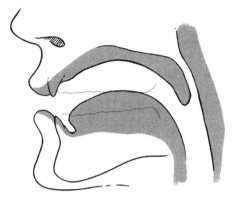

11.51 Trazo articulatorio del sonido [ã].

anticipante a la realización alofónica del archifonema nasal /N/. Como se vio antes, el grado de nasalización crece desde el inicio de la producción vocálica hasta su limite con la consonante nasal. Esto se debe al hecho de que en la transición de vocal a consonante nasal, el velo del paladar tiene que despegarse de la pared faríngea. Es de notar, sin embargo, que el grado de nasalización de la vocal nunca llega a los extremos que se encuentran en portugués o en francés. Esa leve nasalización ocurre naturalmente en el habla. Los alófonos nasalizados difieren de los alófonos principales porque en su etapa final se producen con la vía a la cavidad nasal abierta, como se ve en el trazo articulatorio de la vocal [ã] en la Fig. 11.51.

La caracterización **acústica** de las vocales nasalizadas son unas ondas sonoras armónicas, es decir, la onda tiene un tono fundamental y armónicos. La Fig. 11.52 contiene la forma de onda de la realización de la vocal /e/ delante del archifonema /N/. En la forma de onda, los primeros cinco ciclos son de ciclos orales [ɛ]; los ciclos de seis a ocho son de una transición; los ciclos nueve

11.52 Once ciclos de la forma de onda de una producción de la vocal /e/. Los primeros cinco ciclos son ciclos orales [ɛ]; los ciclos de seis a ocho son de una transición; los ciclos nueve a once son de la vocal ya nasalizada [ɛ̃].

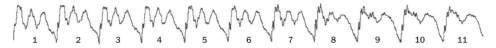

a once son de la vocal ya nasalizada [ɛ̃]. Se puede ver claramente que en el sexto ciclo comienza una transición en que la vocal adquiere un grado creciente de nasalización. Los ciclos nueve a once ya demuestran una clara diferencia con respecto a los ciclos orales iniciales: los ciclos orales tienen tres picos puntiagudos, y los ciclos nasales tienen básicamente dos picos más achatados.

Auditivamente, la vocal levemente nasalizada que se da en español en sílaba cerrada delante del archifonema nasal, se distingue por sus formantes no muy distintos de los del alófono oral del mismo fonema. Es decir, el receptor, de modo general, ni reconoce que ha habido una nasalización de la vocal.

Los alófonos vocálicos ensordecidos

Articulatoriamente, los alófonos vocálicos ensordecidos resultan de una coarticulación perseverante en que la sordez de una consonante sorda persevera durante la articulación de una vocal siguiente, que es también final de grupo fónico. Esa variante no es general, pues ocurre esporádicamente en algunos idiolectos. Los alófonos ensordecidos difieren de los alófonos principales por ser sordas, es decir, se producen sin vibración de las cuerdas vocales. Siendo así, tienen el mismo trazo articulatorio que tienen las vocales sonoras.

Acústicamente, las formas de onda de las vocales ensordecidas son de ondas inarmónicas, puesto que no tienen ningún ciclo que se repita. Por otro lado, la amplitud o volumen es mucho menor que la de las ondas sonoras. Estos hechos se ven claramente en las formas de onda de [a] y [ḁ] de la Fig. 11.53.

Como se ve en la Fig. 11.54, que compara los sonogramas de las vocales sonoras y sordas, las amplitudes de las sonoras son mucho más altas como indica la negrura de sus formantes. Las vocales sordas, que no tienen formantes debido a la falta de un tono fundamental, no obstante presentan zonas de energía acústica en las mismas zonas donde se esperarían los formantes

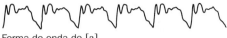
Forma de onda de [a]

Forma de onda de [ḁ]

11.53 Comparación de la forma de onda de la vocal sonora [a] y la vocal sorda [ḁ].

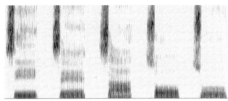
Vocales sonoras

Vocales sordas

11.54 Comparación del sonograma de las vocales sonoras (después de la consonante [s]) con el de las vocales sordas.

de las vocales orales. Esto se debe a que la conformación bucal deja pasar la energía acústica correspondiente a esas frecuencias.

Auditivamente, la vocal susurrada es muy débil, casi imperceptible al oído del anglohablante. Sin embargo, para el hispanohablante, la vocal susurrada sí es perceptible, porque entra en función su conocimiento de las reglas fonotácticas.

Sumario

La clasificación fonética de las vocales incluye todos los factores fisiológicos necesarios para la producción de la vocal. Siendo así, la clasificación fonética incluye el modo de articulación, el lugar de articulación, el estado de las cuerdas vocales, el estado del velo del paladar, el estado de los labios, la tonicidad y la duración como se ve en el Cuadro 11.55.

La clasificación fonológica de las vocales se reduce al número mínimo de rasgos

Rasgo fonético	Según el rasgo la vocal puede ser...
modo de articulación	cerrada, media, abierta
lugar de articulación	anterior, central, posterior
estado de las cuerdas vocales	sonora, sorda
estado del velo del paladar	oral, oronasal
estado de los labios	deslabializada, labializada
tonicidad	tónica, átona
duración	larga, breve

11.55 La clasificación fonética de las vocales.

necesarios para diferenciar entre los cinco fonemas vocálicos del español que se oponen fonológicamente. En español la definición de los cinco fonemas vocálicos se establece con dos rasgos: el modo de articulación y el lugar de articulación.

El ataque vocálico se refiere al caso en que el primer sonido de un grupo fónico es una vocal. La cesación vocálica se refiere al caso en que el último sonido de un grupo fónico es una vocal. Es importante recordar que los dos idiomas manifiestan características fonéticas opuestas tanto en el momento de ataque como en el momento de cesación según ya se presentó en el Cuadro 11.15.

El sistema vocálico del español es muy distinto al sistema vocálico del inglés. El español tiene un sistema básico de cinco vocales que aparecen tanto en posición tónica como en posición átona. El inglés, por su parte, tiene un sistema mucho más complicado de quince núcleos vocálicos que ocurren en posición tónica. En posición átona, el inglés tiene dos sistemas: uno pleno de quince vocales y otro reducido donde la vocal pronunciada tiende a *schwa* [ə]. Los sistemas vocálicos de los dos idiomas ya se presentaron en el Cuadro 11.16.

Los errores de pronunciación por parte del estudiante anglohablante que aprende español resultan de la transferencia negativa del sistema fonológico y de los hábitos fonéticos del inglés.

Las principales pistas pedagógicas para el anglohablante con respecto a las vocales tónicas del español son:

● producir las vocales [i e o u] y evitar la diptongación y el alargamiento que resulta en la producción de los diptongos [iɪ̯ eɪ̯ oʊ̯ uʊ̯] y el triptongo [juʊ̯];

● producir las vocales [i a u] y evitar la pronunciación de las vocales breves inglesas [ɪ æ ʊ];

● aplicar la regla de distribución complementaria del fonema /e/;

● producir la vocal [a] del español y no la vocal [ɑ] del inglés;

● producir las vocales españolas tónicas con una duración menor que las vocales inglesas tónicas y con una duración mayor que las vocales inglesas reducidas.

Las principales pistas pedagógicas para el anglohablante con respecto a las vocales átonas del español son:

● producir las vocales [i e a o u] y evitar el sonido *schwa* [ə] del inglés;

● producir las vocales [e o] y evitar la pronunciación de los diptongos [eɪ̯ oʊ̯] sobre todo en posición átona final;

● producir las vocales españolas átonas con una duración menor que las vocales inglesas tónicas y con una duración mayor que las vocales inglesas reducidas.

Presentados ya los fonemas vocálicos nucleares, se examinarán en el Capítulo 12 las secuencias de dos o más vocales.

Preguntas de repaso

1. ¿Cuáles son las características articulatorias de las vocales en contraste con las consonantes?

2. ¿Cuáles son las características acústicas de las vocales en contraste con las consonantes?

3. ¿Cuáles son los rasgos fonológicos de una vocal? Dé ejemplos.

4. ¿Cuáles son los rasgos fonéticos de una vocal? Dé ejemplos.

5. Explique el papel de las vocales ensordecidas en español. Explique y ejemplifique la regla del ensordecimiento vocálico.

6. Explique el papel de las vocales nasalizadas en español. Explique y ejemplifique la regla de la nasalización vocálica.

7. Explique el papel de labialización en las vocales españolas.

8. ¿Cómo se clasifican las vocales españolas según su tonicidad? Dé ejemplos.

9. ¿Cómo se clasifican las vocales españolas según su duración? Dé ejemplos.

10. ¿A qué se refieren los conceptos de ataque y cesación vocálicos?

11. Compare el ataque vocálico del español con el del inglés.

12. Compare la cesación vocálica del español con la del inglés.

13. Dé los sistemas vocálicos tónicos del español y del inglés. ¿Cómo se contrastan?

14. Escriba una lista de palabras que ejemplifiquen los quince núcleos fonemáticos tónicos del inglés junto con su transcripción fonética.

15. Distinga entre las vocales largas y breves ortográficas del inglés. ¿Cuáles son sus símbolos fonéticos? Dé ejemplos.

16. Dé los sistemas vocálicos átonos del español y del inglés. ¿Cómo se contrastan?

17. Distinga entre el sistema vocálico átono pleno y el sistema vocálico átono reducido del inglés. Dé ejemplos.

18. ¿Cómo se representa el sonido *schwa* ortográficamente? Dé ejemplos. ¿Cuál es su símbolo fonético?

19. ¿Cuántas de las cinco vocales españolas se encuentran entre las quince vocales inglesas? Dé ejemplos.

20. Compruebe la oposición entre los cinco fonemas vocálicos del español.

21. Compare la distribución de alófonos de los cinco fonemas vocálicos del español.

22. Comente las características fonotácticas de los cinco fonemas vocálicos del español.

23. Explique cómo la interferencia negativa y el principio del vecino más próximo afectan la pronunciación de un segundo idioma.

24. Comente los consejos prácticos para los alófonos del fonema /a/.

25. Comente los consejos prácticos para los alófonos del fonema /e/.

26. Dé y ejemplifique la regla de distribución complementaria para el fonema /e/.

Conceptos y términos

ataque vocálico abrupto

ataque vocálico creciente

cesación vocálica abrupta

cesación vocálica decreciente

estado de las cuerdas vocales

estado de los labios

estado del velo del paladar

interferencia

lugar de articulación

modo de articulación

nasalización

principio del vecino más próximo

reducción vocálica

schwa

tonicidad

transferencia negativa

vocal abierta

vocal anterior

vocal átona

vocal breve

vocal central

vocal cerrada

vocal deslabializada

vocal ensordecida

vocal labializada

vocal larga

vocal media

vocal nasalizada

vocal oral

vocal oronasal

vocal posterior

vocal semiabierta

vocal semicerrada

vocal tónica

vocales átonas plenas

vocales átonas reducidas

27. Comente los consejos prácticos para los alófonos del fonema /o/.

28. Comente los consejos prácticos para los alófonos del fonema /i/.

29. Dé y ejemplifique la regla de distribución complementaria para el fonema /i/.

30. Comente los consejos prácticos para los alófonos del fonema /u/.

31. Dé y ejemplifique la regla de distribución complementaria para el fonema /u/.

32. ¿Qué tiene que hacer el anglohablante para no pronunciar mal las vocales tónicas españolas?

33. ¿Qué tiene que hacer el anglohablante para no pronunciar mal las vocales átonas españolas?

Ejercicios de pronunciación

La vocal /a/[23] ▣

1. Pronuncie las siguientes palabras con la vocal [a] española, procurando no pronunciar las vocales [æ ɑ eɪ̯] del inglés.

amoral	fantasía	mapa
anual	fácil	nada
atípico	haber	papá
base	hace	para
cama	hacer	tal
cuatro	la	tanto
da	laboratorio	va
español	mamá	ya

2. Pronuncie las siguientes palabras con la vocal [a] española, procurando no pronunciar la vocal [ə] del inglés.

banana	ganar	sea
cama	habla	tenga
casa	labor	toman
ella	mañana	una
esta	palabra	vaya

La vocal /e/[24] ▣

1. Pronuncie las siguientes palabras con la vocal [e] española, procurando no pronunciar las vocales [eɪ ə] del inglés.

alteza	fue	peso
base	fé	promesa
bebé	hablé	que
beso	hace	quema
cantaré	hincapié	quepa
cena	jaqueca	sabe
clase	le	sale
daré	me	seso
de	melocotón	sé
debe	mesa	te
decano	moraleja	vena
fase	nobleza	veneno
frase	pelo	vive

2. Pronuncie las siguientes palabras con la vocal [ɛ] española, procurando no pronunciar la vocal [eɪ] del inglés ni la vocal [e] del español.

acento	exacto	metro
aquel	experto	mexcla
comer	extra	pero
delgado	felpa	perro
dentro	hacen	ser
en	lento	usted
énfasis	menta	ven
es	meta	venta

3. Pronuncie las siguientes palabras diferenciando entre las vocales [e ɛ] del español.

almena	almendra
dé	del
hable	hablen
he	el
pecar	pescar
seca	secta
sepa	sexta
sé	sed
té	ten
ve	ver

4. Pronuncie las siguientes palabras con las vocales [e ɛ] españolas, procurando no pronunciar la vocal [ə] del inglés.

cenar	emocional	pesado
comen	enemigo	presente
defensa	entregar	revelar
delante	meses	tomen
dicen	noches	ustedes
eliminar	número	viven

La vocal /o/[25] ▣

1. Pronuncie las siguientes palabras con la vocal [o] española, procurando no pronunciar las vocales [oʊ ɑ] del inglés.

como	muchacho	operar
completo	mucho	óptico
comunista	no	peso
donde	noviembre	pobre
dos	objeto	poco
español	obligar	soda
foco	octubre	solo
foto	ocupar	toca
gol	ofrecer	todo
hago	ojo	vamos
hombre	ómnibus	voz

2. Pronuncie las siguientes palabras con la vocal [o] española, procurando no pronunciar la vocal [ə] del inglés.

color	obsoleto	ortodoxo
completo	ocasional	orégano
fonología	ofender	sicología
hablaron	oponer	tomaron

La vocal /i/[26] ▣

1. Pronuncie las siguientes palabras con la vocal [i] española, procurando no pronunciar las vocales [iɪ ɪ] del inglés.

cíclico	imposible	ridículo
diferente	interesante	siglo
difícil	ir	sincero
digo	kilo	ti
dilo	misa	vi
ficción	mínimo	vino
hijo	pido	visitar
importante	pintura	vive

2. Pronuncie las siguientes palabras con la vocal [i] española, procurando no pronunciar las vocales [ə ɨ] del inglés.

animar	exigente	irritar
aprendizaje	facilitar	líquido
cíclico	gitano	ridículo
difícil	hesitar	típico

La vocal /u/[27] 🖻

1. Pronuncie las siguientes palabras con la vocal [u] española, procurando no pronunciar las vocales [uʊ juʊ ʊ] del inglés.

aguda	fuga	nube
alguno	furor	pudo
atributo	fusil	pudín
ayuno	futuro	puro
burro	fútbol	seguro
burócrata	grupo	tabú
búho	humo	tuvo
curiosidad	julio	tú
duda	lujo	uniforme
duplicar	lúgubre	universidad
duración	mudo	uso
durante	mugre	uva
duro	musa	útil

2. Pronuncie las siguientes palabras con la vocal [u] española, procurando no pronunciar la vocal [ə] del inglés.

ambulancia	culebra	ridículo
ángulo	curandero	sublime
bujía	espectáculo	superior
corpulento	purita	suponer

Materiales en línea

1. 🎥 Video de la abertura progresiva de las secuencias vocálicas.

2. 🔊 El ensordecimiento vocálico.

3. 🔊 Las vocales sonoras y ensordecidas.

4. 🔊 La nasalización vocálica.

5. 🔊 Las vocales orales y oronasales.

6. 🔊 Grado de nasalización en la palabra {canta} en español y portugués.

7. 🎥 Las vocales deslabializadas y labializadas.

8. 🔊 Vocales átonas y tónicas.

9. 🔊 El alargamiento vocálico.

10. 🔊 El ataque vocálico creciente y el ataque vocálico abrupto.

11. 🔊 La cesación vocálica abrupta y la cesación vocálica decreciente.

12. 🔊 Pares mínimos de los fonemas vocálicos del español.

13. 🔊 Ejemplos de los fonemas vocálicos del inglés.

14. 🔊 Las vocales largas y breves inglesas (los Cuadros 11.10 y 11.11).

15. 🔊 Las vocales reducidas inglesas.

16. 🔊 Las vocales tónicas, átonas y reducidas del inglés (el Cuadro 11.14).

17. 🔊 La reducción vocálica del inglés al cero fonético.

18. 🔊 La comparación entre las vocales tónicas de español e inglés (el Cuadro 11.17).

19. 🔊 El contraste entre [e] y [eɪ] en español.

20. 🔊 La distribución complementaria de /e/ (el Cuadro 11.25).

21. 🔊 La distribución complementaria de /i/ (el Cuadro 11.39).

22. 🔊 La distribución complementaria de /u/ (el Cuadro 11.45).

23. 🖻 Ejercicios de pronunciación: la vocal /a/.

24. 🖻 Ejercicios de pronunciación: la vocal /e/.

25. 🖻 Ejercicios de pronunciación: la vocal /o/.

26. 🖻 Ejercicios de pronunciación: la vocal /i/.

27. 🖻 Ejercicios de pronunciación: la vocal /u/.

Secuencias vocálicas

La lengua española permite varios tipos de secuencias vocálicas que se examinan en el presente capítulo. Estas secuencias se presentan dentro de una palabra como también en la fonosintaxis, es decir, entre morfemas y entre palabras. Estas secuencias pueden resultar en una ligazón o enlace, en que las vocales se combinan en una sola sílaba, o las vocales pueden producirse en sílabas diferentes. Las posibles secuencias vocálicas resultan en cuatro fenómenos: 1) fusión vocálica, 2) diptongos/triptongos, 3) sinéresis/sinalefa y 4) hiato.

El resultado de una secuencia vocálica depende de las vocales que forman parte de la secuencia. Si las vocales son homólogas, es decir, si la secuencia es de dos fonemas idénticos, el resultado es una **fusión vocálica**. Si uno o dos de los fonemas vocálicos son altos y átonos, el resultado es un **diptongo** o **triptongo**. Si la secuencia vocálica se compone de dos vocales no altas o de una no alta seguida de una alta y tónica, el resultado es una **sinéresis** o sinalefa. Si la secuencia vocálica resulta en la pronunciación de las vocales en sílabas separadas, el resultado es un **hiato**. La clave en el estudio de la realización fonética de las secuencias vocálicas son los fenómenos de duración y timbre.

Siendo que las secuencias vocálicas ocurren con cierta frecuencia en español y siendo que los resultados son tan diferentes de los que ocurren en inglés, es muy importante que el anglohablante que quiere adquirir una buena pronunciación del español, aprenda a manejar bien esas secuencias.

La fusión de vocales homólogas

La fusión vocálica es la solución fonética del español para una secuencia de dos fonemas vocálicos idénticos. La secuencia de dos vocales idénticas ocurre en tres situaciones fonotácticas. Puede ocurrir dentro de una raíz, entre morfemas de una misma palabra o entre palabras distintas. Sin embargo, la regla para la fusión es la misma para los tres casos. La regla general es simplemente que las dos vocales se funden para formar una sola vocal que será el núcleo silábico de una sola sílaba. Gráficamente la regla se presenta de la siguiente forma:

$$V + V \rightarrow V$$

Esta regla básica describe lo que ocurre cuando las dos vocales son átonas como en el ejemplo de {la acción} o {este ejemplo} en que las dos vocales átonas se funden resultando fonéticamente en [laksjón] y [éstexémplo]. A este patrón general, se agregan dos matices importantes que son:

- si cualquiera de las dos vocales que se funden es tónica, el resultado es una sola vocal tónica;
- si la segunda de las dos vocales que se funden es tónica, el resultado es una sola vocal alargada.

La aplicación de estos matices a la regla general produce las siguientes reglas:

$$V + V \rightarrow V$$
$$\acute{V} + V \rightarrow \acute{V}$$
$$V + \acute{V} \rightarrow \acute{V}{:}$$
$$\acute{V} + \acute{V} \rightarrow \acute{V}{:}$$

Con estos matices, se pueden explicar todas las posibles ocurrencias de las vocales homólogas. La mayoría de los casos de las vocales homólogas aparece entre dos

219

palabras, es decir, cuando una palabra termina con determinado fonema vocálico y la palabra siguiente comienza con el mismo fonema. En este caso es importante recordar que el valor fonemático del grafema {h} es nulo. El Cuadro 12.1 presenta varios ejemplos de la aplicación de las reglas para la fusión vocálica.[1] ◀€

El caso del fonema /e/ presenta una pequeña complicación adicional debido al hecho de que tiene dos alófonos: [e] y [ɛ]. Es importante observar que cuando ocurre una secuencia de dos fonemas /e/, la primera de las dos vocales, por motivos fonotácticos, tiene que ser [e], porque como ocurre en posición final de palabra o en posición final de sílaba, se trata de una sílaba abierta y la vocal producida es la vocal semicerrada [e]. Cuando la

segunda vocal es también la semicerrada [e], la solución fonética sigue las reglas de fusión o fusión y alargamiento ya presentadas: {de Egipto} [dexíp̚to]; {fue elegante} [fwéleɣã̯nte]; {de ellos} [déːjos]; {he hecho} [éːʧo].

Cuando la segunda vocal es la semiabierta [ɛ], la solución fonética es diferente y depende de la tonicidad de las dos vocales. Si las dos son átonas, la solución es una fusión vocálica en [ɛ]: {de España} [dɛspáɲa]. Si cualquiera de las dos vocales es tónica, o si las dos son tónicas, se produce una transición de [e] a [ɛ]. En ese caso las dos vocales pertenecen a la misma sílaba y las vocales mantienen su tonicidad: {de él} [deɛ́l]; {ve Enrique} [béɛ̃nríke]; {fue éter} [fwéɛ́tɛr]. Ese tipo de transición se llama una sinéresis o sinalefa, fenómenos

12.1 La aplicación de las reglas para la fusión vocálica entre dos palabras.

Regla	Ejemplos ortográficos	Transcripciones fonéticas
$V + V \rightarrow V$	{habla alemán} {de Egipto} {casi inútil} {bendito hogar} {tu universidad}	[áβlalemã́n] [dexíp̚to] [kásinútil] [bḛ́ndítoɣár] [tuniβersiðáð]
$\acute{V} + V \rightarrow \acute{V}$	{está aquí} {fue elegante} {fui ileso} {llegó obligado} {tú hurtaste}	[ɛstákí] [fwéleɣã́nte] [fwíléso] [ɟ͡ʝeɣóβligáðo] [túrtáste]
$V + \acute{V} \rightarrow \acute{V}{:}$	{habla árabe} {de ellos} {casi ira} {nuevo horno} {tribu útil}	[áβláːraβe] [déːjos] [kásíːra] [nwéβóːrno] [tríβúːtil]
$\acute{V} + \acute{V} \rightarrow \acute{V}{:}$	{habrá algo} {he hecho} {vi ídolos} {cantó ópera} {tú usas}	[aβráːlɣo] [éːʧo] [bíːðolos] [kã̯ntóːpɛra] [túːsas]

detallados en la siguiente sección. Debido a que el conjunto vocálico de una sinéresis o sinalefa es más larga que una fusión, no hay alargamiento de ninguno de sus elementos.

El fenómeno de las vocales homólogas se da también entre los morfemas de una sola palabra. (En estos ejemplos, se emplea un nuevo símbolo, el símbolo +, que indica el límite o margen de un morfema dentro de una palabra.) De modo general, las mismas reglas se aplican, por ejemplo /kɾé+es/ [kɾés], /pɾobé+e/ [pɾoβé], /koNpɾeeNd+eɾ/ [kõmpɾẽn̯déɾ] y /le+émos/ [léːmos]. La única excepción a la regla general de fusión es cuando hay una secuencia fonética de [é+ɛ] o [e+ɛ́]. En esos casos sí se produce una secuencia de dos vocales como en los ejemplos de /lé+en/ [léɛ̃n], /kɾé+eR/ [kɾeɛ́ɾ] o /kɾe+énsia/ [kɾeɛ́nsja]. Según la regla de distribución del fonema /e/, la segunda vocal es semiabierta y se produce la secuencia vocálica indicada.[2] ◄᷄

Es posible también que haya otras vocales homólogas dentro de la raíz de una palabra, como en las palabras {azahar}, {cohorte} y {loor} (las vocales tónicas están en negrita). En estos casos se aplican las mismas reglas, de fusión y alargamiento, lo que resulta en las siguientes realizaciones fonéticas: [asáːɾ], [kóːɾte] y [lóːɾ].[2] ◄᷄

En la Fig. 12.2, se presenta un sonograma del par mínimo {azar} [asáɾ] y {azahar} [asáːɾ]. En el sonograma se ve claramente tanto la fusión vocálica como el alargamiento en el caso de {azahar}. La fusión se nota en la continuidad de los formantes de las vocales tónicas de las dos palabras; al comparar la vocal tónica de [asáɾ] con la vocal tónica de [asáːɾ] se observa que los formantes son constantes y tienen las mismas frecuencias. La única diferencia es la duración: la vocal [áː] de {azahar} dura el 34% más que la vocal [á] de {azar}. De hecho, las vocales alargadas del español suelen durar entre el 34% y el 43% por ciento más que las vocales no alargadas.

La aplicación de las reglas también se extiende a una secuencia de tres vocales homólogas que pueden aparecer en hasta tres palabras. Los ejemplos de este fenómeno incluyen {va a hablar}, {provee en}, {va a Asia} y {lee eso} (las vocales tónicas están en negrita). La aplicación de las reglas produce los siguientes resultados fonéticos: [báβlaɾ], [pɾoβéɛ̃n], [báːsja] y [léːso]. El hecho de que haya tres vocales homólogas no quiere decir que se alargue la vocal, para esto la última vocal homóloga tiene que ser tónica. Por lo tanto {va a ser} y {va a hacer} producen el mismo resultado fonético, [báséɾ] y se distinguen solo por el contexto.[3] ◄᷄

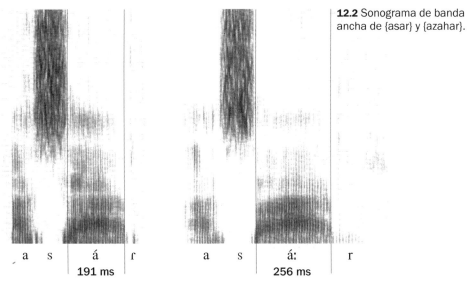

12.2 Sonograma de banda ancha de {asar} y {azahar}.

a   s   á   ɾ   a   s   áː   r

191 ms   256 ms

12.3 La solución del inglés para vocales homólogas.

Pistas pedagógicas

Es importante observar que la solución fonética para las vocales homólogas en inglés es muy diferente de la solución en español. La solución en inglés es la introducción de un **golpe de glotis** para separar las dos vocales homólogas. Un golpe de glotis se produce mediante un cierre completo de las cuerdas vocales, lo que produce un paro total momentáneo en la corriente de aire que pasa por las cavidades fonadoras. La primera vocal termina con una cesación vocálica abrupta. Con este paro, se aumenta la presión de aire debajo de las cuerdas vocales. Después del paro, de duración muy breve, se abre de nuevo la glotis, lo que produce una explosión de aire al comenzar la fonación de la segunda vocal. La segunda vocal comienza con un ataque vocálico abrupto. Esa solución inglesa se representa gráficamente en la Fig. 12.3.

En inglés se intercala un golpe de glotis no solamente entre vocales homólogas, sino también entre vocales vecinas. Las soluciones fonéticas para {cooperate}, {the law of the land} y {free interest} son, entonces, [kʰoṷʔapʰɔɹejt], [ðəlɑːʔəvðəlǽnd] y [fɹij̰ʔíntɹəst].[4] ◀≾ El anglohablante que quiere adquirir una pronunciación correcta del español tiene que evitar por completo la

transferencia negativa de golpe de glotis del inglés entre vocales homólogas y producir, en cambio, una fusión vocálica como se ve en el Cuadro. 12.4.

Las principales pistas pedagógicas para las vocales homólogas son:

1. Las vocales se funden en una sola vocal, sin la intervención de golpe de glotis.

2. Si cualquiera de las dos vocales que se funden es tónica, el resultado es una vocal tónica.

3. Si la segunda de las dos vocales que se funden es tónica, el resultado es una vocal alargada.

En el caso de una secuencia de dos vocales /e/, la primera tiene que realizarse como la semicerrada [e]. Si la segunda vocal es una semicerrada también, se aplican las reglas de arriba. Hay un tercer matiz para cuando la segunda vocal es la semiabierta [ɛ]. Si las dos vocales son átonas el resultado es una fusión en [ɛ]; si cualquiera de las dos es tónica, el resultado es una sinéresis o sinalefa [eɛ].

12.4 La pronunciación correcta e incorrecta de vocales homólogas entre dos palabras.

Secuencia ortográfica	Transferencia negativa del inglés	Pronunciación correcta del español
{está aquí}	*[está?akí]	[estákí]
{de España}	*[de?espáɲa]	[despáɲa]
{casi inútil}	*[kási?inútil]	[kásinútil]
{nuevo horno}	*[nwéβo?óːrno]	[nwéβóːrno]
{tu universidad}	*[tu?uniβersiðáð]	[tuniβersiðáð]
{va a hacer}	*[bá?a?asér]	[básér]

Consejos prácticos

El anglohablante que quiere adquirir una buena pronunciación de las secuencias de vocales homólogas del español debe:

- producir una fusión vocálica entre vocales homólogas;

- alargar el resultado de la fusión vocálica cuando la última vocal homóloga es tónica;

- evitar la interferencia negativa del inglés que resulta en la intercalación de un golpe de glotis [ʔ] entre las vocales homólogas o vecinas.

Diptongos y triptongos

Un diptongo ocurre cuando hay una secuencia de dos vocales en una sola sílaba, siendo por lo menos una de ellas una vocal alta y átona. La vocal alta y átona puede preceder a o seguir a la otra vocal. La vocal alta se realiza solamente como un movimiento articulatorio o una transición acústica; es decir, no resulta en una producción vocálica con una posición articulatoria constante ni timbre acústico estable. La otra vocal funciona siempre como el núcleo silábico. Si la vocal alta y átona precede a la otra vocal, el resultado es un **diptongo creciente**. Si la vocal alta y átona sigue a la otra vocal, el resultado es un **diptongo decreciente**.

Diptongos crecientes

El diptongo creciente se da cuando se tiene una vocal alta y átona seguida de cualquier otra vocal. Según las reglas de distribución ya presentadas, la primera de las dos vocales aparece en posición prenuclear y se realiza

como una semiconsonante. Se representa la estructura fonética de los diptongos crecientes de la siguiente manera:

Estos diptongos se llaman crecientes porque crecen en abertura bucal; es decir, comienzan con el elemento más cerrado, la semiconsonante, y terminan en una vocal plena como se ve en la Fig. 12.5. Los diptongos crecientes son ocho: cuatro que comienzan con la semiconsonante anterior, es decir, [je ja jo ju], y cuatro que comienzan con la semiconsonante posterior, es decir, [wi we wa wo].

La diptongación de estas secuencias vocálicas se da dentro de una misma palabra, como también entre dos palabras como demuestran los ejemplos del Cuadro 12.6.[5] 🔊

Se nota que el núcleo del diptongo, es decir, la vocal que sigue a la semiconsonante, puede ser tónica, como en la palabra {cambié} [kãmbjé], o átona, como en la palabra {cambie} [kã́mbje].

La Fig. 12.7 contiene un sonograma de las palabras {piano} y {cuatro}. Se puede observar que los primeros dos formantes de los diptongos [já] y [wá] no comienzan con valores estables, simplemente presentan una transición hacia los valores estables de la vocal [a], que es el núcleo silábico. Articulatoriamente, pues, las semiconsonantes [j] y [w] son simplemente movimientos continuos desde un punto de partida próximo a donde se realizan normalmente las vocales [i] y [u] hasta la posición del núcleo vocálico. Ese movimiento se refleja en la transición de los formantes en el sonograma de la Fig. 12.7.

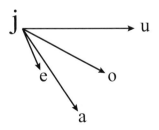

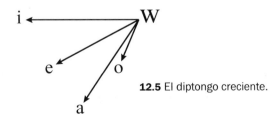

12.5 El diptongo creciente.

Diptongo	Dentro de una palabra	Entre dos palabras
[je/jɛ]	{cambié} [kãmbjé]	{mi hermano} [mjɛrmáno]
[ja]	{cambia} [kãmbja]	{mi árbol} [mjárβol]
[jo]	{cambió} [kãmbjó]	{mi ojo} [mjóxo]
[ju]	{ciudad} [sjuðáð]	{mi uva} [mjúβa]
[wi]	{fui} [fwí]	{tu hijo} [twíxo]
[we/wɛ]	{fue} [fwé]	{tu hermano} [twɛrmáno]
[wa]	{guante} [gwãn̪te]	{tu árbol} [twárβol]
[wo]	{cuota} [kwóta]	{tu ojo} [twóxo]

12.6 Los diptongos crecientes se dan dentro de una misma palabra, como también entre dos palabras.

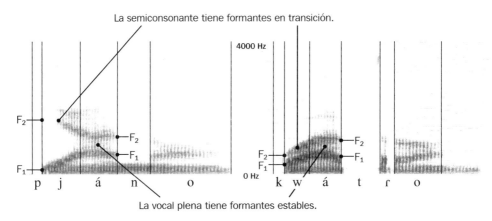

La semiconsonante tiene formantes en transición.

La vocal plena tiene formantes estables.

12.7 Sonograma de diptongos crecientes en las palabras {piano} y {cuatro}. La semiconsonante [j] comienza con valores de 232 Hz para F_1 y 1908 Hz para F_2. La semiconsonante [w] comienza con valores de 232 Hz para F_1 y 696 Hz para F_2.

Diptongos decrecientes

El diptongo decreciente se da cuando se juntan una vocal no alta y una vocal alta y átona. Según las reglas de distribución ya presentadas, la segunda de las dos vocales aparece en posición posnuclear y se realiza como una semivocal. Se representa la estructura fonética de los diptongos decrecientes de la siguiente manera:

Estos diptongos se llaman decrecientes porque decrecen en abertura bucal; es decir, comienzan con una vocal plena y terminan con el elemento más cerrado, una semivocal como se ve en la Fig. 12.8. Los diptongos decrecientes son seis: tres que terminan con la semivocal anterior, es decir, [ei̯ ai̯ oi̯], y tres que terminan con la semivocal posterior, es decir, [eu̯ au̯ ou̯].

Es importante destacar que las secuencias de dos vocales altas siempre forman un diptongo creciente y nunca un diptongo decreciente. En otras palabras, cuando se tiene una secuencia de dos vocales altas, es siempre la segunda la que sirve de núcleo

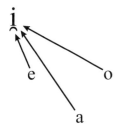

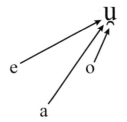

12.8 El diptongo decreciente.

silábico. Por ejemplo, en las palabras que contienen la secuencia /iu/, la realización fonética es siempre el diptongo creciente [ju] como en las palabras {viudo, ciudad, triunfo} [bjúðo] [sjuðáð] [tɾjúɱfo]. Por otro lado, en las palabras que contienen la secuencia /ui/, la realización fonética es también un diptongo creciente, en este caso [wi], como en las palabras {fui, buitre, muy} [fwí] [bwítɾe] [mwí].[6] ◀≋

La diptongación de esas secuencias vocálicas se da dentro de una misma palabra como también entre dos palabras como demuestran los ejemplos del Cuadro 12.9.[7] ◀≋

Se nota que el núcleo del diptongo, es decir, la vocal que precede a la semivocal, puede ser tónica, como en la palabra {baile} [báile], o átona, como en la palabra {bailé} [bailé].

La Fig. 12.10 contiene un sonograma de las palabras {paica} y {auto}. Se puede observar que los formantes de las semivocales en los diptongos [ái] y [áu] no terminan con valores estables, simplemente presentan una transición desde los valores estables de la vocal [a], que es el núcleo silábico, hasta el final del diptongo. Articulatoriamente, pues,

las semivocales [i] y [u] son simplemente movimientos continuos desde el núcleo de la sílaba hasta un punto final próximo a donde se realizan normalmente las vocales [i] y [u]. Este movimiento se refleja en la transición de los formantes en el sonograma de la Fig. 12.10.

Triptongos

Los triptongos representan una combinación de un diptongo creciente con un diptongo decreciente. Se dan cuando se juntan tres vocales en una sola sílaba siendo la primera una vocal alta y átona, la segunda una vocal no alta y la tercera otra vocal alta y átona. Su realización fonética es de una semiconsonante seguida de una vocal no alta, que es el núcleo silábico, seguida de una semivocal. Se puede representar la estructura fonética de un triptongo de la siguiente manera:

12.9 Los diptongos decrecientes se dan dentro de una misma palabra, como también entre dos palabras.

Diptongo	Dentro de una palabra	Entre dos palabras
[ei̯]	{peine} [péi̯ne]	{se inició} [sei̯nisjó]
[ai̯]	{baile} [bái̯le]	{una higuera} [unai̯ɣéɾa]
[oi̯]	{voy} [bói̯]	{lo italiano} [loi̯taljáno]
[eu̯]	{deuda} [déu̯ða]	{clase usual} [kláseu̯swál]
[au̯]	{auto} [áu̯to]	{cosa humana} [kósau̯mána]
[ou̯]	{bou} [bóu̯]	{lo usual} [lou̯swál]

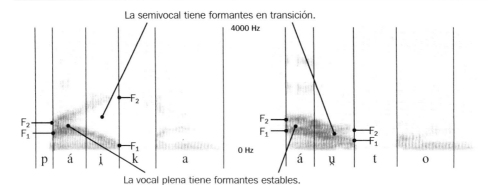

La semivocal tiene formantes en transición.

4000 Hz

La vocal plena tiene formantes estables.

12.10 Sonograma de diptongos decrecientes en las palabras {paica} y {auto}. La semivocal [i̯] termina con valores de 283 Hz para F_1 y 2037 Hz para F_2. La semivocal [u̯] termina con valores de 276 Hz para F_1 y 792 Hz para F_2.

Según esta estructura existen doce posibles triptongos. Los ejemplos de triptongos son escasos en comparación con los ejemplos de diptongos en español. Hay pocos ejemplos de triptongos dentro de una sola palabra; la mayoría ocurre entre dos o hasta tres palabras. Las doce secuencias vocálicas que producen triptongos se ejemplifican en el Cuadro 12.11.[8] ◀ ⨠

Es importante recalcar que un triptongo tiene que seguir el modelo aquí presentado: Un triptongo no es simplemente una secuencia de tres vocales. Por ejemplo, la secuencia de tres vocales que aparece en {Mara y Ana} no es un triptongo, porque la secuencia no comienza ni termina con una vocal alta y átona y la vocal en el medio es una vocal alta. La realización fonética es [márajána], es decir, un núcleo vocálico simple [a] seguido de un diptongo creciente [já].

La Fig. 12.12 contiene un sonograma de la palabra {asociáis} y la frase {tribu auténtica}. Se puede observar que los primeros dos formantes de los triptongos [jái̯] y [wáu̯] no comienzan ni terminan con valores estables. Articulatoriamente, pues, las semiconsonantes [j] y [w] son simplemente movimientos continuos desde un punto de partida próximo a donde se realizan normalmente las vocales [i] y [u] hasta la posición del núcleo vocálico. Las semivocales [i̯] y [u̯] son simplemente movimientos continuos desde el núcleo de la sílaba hasta un punto final próximo a donde se realizan normalmente las vocales [i] y [u]. Esos movimientos se reflejan en las transiciones de los formantes en el sonograma de la Fig. 12.12.

12.11 Las doce secuencias vocálicas que producen triptongos.

Triptongos con núcleo vocálico /a/		
[jai̯]	{cambiáis}	[kãmbjái̯s]
[jau̯]	{y aullar}	[jau̯jáɾ]
[wai̯]	{Uruguay}	[uɾuɣwái̯]
[wau̯]	{tribu auténtica}	[tríβwau̯téṇtika]
Triptongos con núcleo vocálico /e/		
[jei̯]	{cambiéis}	[kãmbjéi̯s]
[jeu̯]	{y Europa}	[jeu̯rópa]
[wei̯]	{buey}	[bwéi̯]
[weu̯]	{tribu europea}	[tríβweu̯ropéa]
Triptongos con núcleo vocálico /o/		
[joi̯]	{y hoy}	[jói̯]
[jou̯]	{salió huyendo}	[saljóu̯jéṇdo]
[woi̯]	{u hoy}	[wói̯]
[wou̯]	{antiguo humor}	[ãṇtíɣwou̯mór]

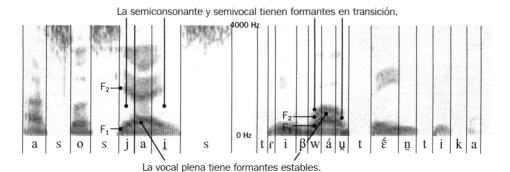

La semiconsonante y semivocal tienen formantes en transición.

La vocal plena tiene formantes estables.

12.12 Sonograma de triptongos en {asociáis} y {tribu auténtica}.

Consideraciones fonológicas

La primera consideración fonológica a tratarse, es la diferencia que hay entre los diptongos del inglés y los diptongos del español. La diferencia fonológica entre los diptongos del español y del inglés se presentaron ya en el Capítulo 11. Se repite aquí el cuadro que contrasta el análisis de los diptongos [ei̯], [ou̯] y [ai̯] que son los únicos diptongos decrecientes que se dan en los dos idiomas. El Cuadro 12.13 presenta ejemplos de esos diptongos tanto en inglés como en español junto con su transcripción fonética y estructura fonológica.

En resumidas cuentas, la diferencia más significativa es la de la estructura fonológica. En el caso del inglés, el diptongo fonético [ei̯] representa un solo fonema /ei̯/, siendo el diptongo un complejo vocálico que funciona en sí como el núcleo de la sílaba. En el caso del español, el diptongo fonético [ei̯] representa dos fonemas, siendo

el fonema /e/ el núcleo de la sílaba, seguida del fonema /i/ que ocurre fonéticamente como semivocal en la coda silábica. Una prueba de que los diptongos tienen que analizarse así, es que en español existen pares de palabras en que el fonema vocálico /e/ ocurre seguido o no del fonema /i/, como en el caso de [pei̯náðo] {peinado} frente a [penáðo] {penado} o en el caso de [bei̯s] {veis} frente a [bes] {ves}.[9] ◀ᴇ En inglés tales oposiciones no pueden existir.

La segunda consideración fonológica a tratarse es el análisis del traslapo entre el fonema átono /i/ y el fonema /j/. Ese traslapo ocurre a causa del alcance fonotáctico del fonema /i/. El traslapo ocurre en posición inicial o final de palabra o morfema. Ejemplos de estos traslapos incluyen {rey/reyes; hay/haya} [réi̯/réjes] [ái̯/ája], en que el traslapo se da en posición final de palabra o final de morfema. Incluyen también {errar/yerra; huir/huyendo} [erár/ɟi̯éra] [wír/uɟi̯éndo], en que el traslapo se da en posición inicial de palabra o inicial de

12.13 Ejemplos de los diptongos [ei̯], [ou̯] y [ai̯] en inglés y en español.

Inglés			Español		
Ejemplo	Transcripción fonética	Estructura fonológica	Ejemplo	Transcripción fonética	Estructura fonológica
base	['bei̯s]	CVC /b/+/ei̯/+/s/	seis	[séi̯s]	CVVC /s/+/é/+/i/+/s/
vote	['vou̯t]	CVC /v/+/ou̯/+/t/	lo usó	[lou̯só]	CVV$CV /l/+/o/+/u/+/s/+/ó/
height	['hai̯t]	CVC /h/+/ai̯/+/t/	hay	[ái̯]	VV /á/+/i/

morfema.[9] ◀≶ Ha habido mucha polémica en cuanto a la descripción de este fenómeno, pero los resultados no han sido satisfactorios. Se presenta aquí un análisis que describe el fenómeno adecuadamente en todas sus manifestaciones tanto a nivel de habla como a nivel de lengua.

$$/J/ \longrightarrow \begin{array}{l} [j] \\ [i̯] \\ [ɟ͡ʝ] \\ [ʝ] \end{array} \bigg/ \begin{array}{l} \_\_\#V \\ \_\_\#C \\ \_\_/ \\ /\_\_ \\ N\_\_ \\ L\_\_ \\ \#\_\_ \\ V+\_\_ \\ \_\_+V \end{array}$$

El traslapo entre el fonema átono /i/ y el fonema /ʝ/ se analiza mejor como una neutralización parcial que ocurre en posición inicial o final de palabra o morfema. Esta neutralización resulta en el archifonema /J/. El archifonema /J/ tiene una distribución complementaria, cuya regla se presenta a continuación:

En la regla se emplea otra vez el símbolo +, que indica el límite o margen de un morfema dentro de una palabra. De esa forma la palabra {huyendo} se analiza como /u+JéNdo/, o sea, la raíz {hu} seguida del morfema del gerundio {-iendo} que resulta en [uʝén̪do].

La regla para el archifonema /J/ corresponde en parte a la distribución complementaria del fonema /i/ y en parte corresponde a la distribución del fonema /ʝ/. Como ya se explicó, la neutralización entre el fonema /ʝ/ y el fonema /i/ átono ocurre en posición inicial de palabra, en posición final de palabra, en posición inicial de morfema interior de palabra y en posición final de morfema interior de palabra. La regla para el archifonema /J/ dada arriba toma en cuenta todas esas posiciones.

El alófono de la semiconsonante [j] representa el archifonema /J/ cuando ocurre en posición final de palabra ante una vocal. Siendo así, las secuencias {el rey es} {soy español} se realizan como [elréjés] [sójespaɲól].[10] ◀≶

El alófono de la semivocal [i̯] representa el archifonema /J/ cuando ocurre en posición final de palabra ante una consonante o ante una pausa. Siendo así, las secuencias {el rey vino} y {soy capitán}, en que el archifonema /J/ aparece ante una consonante, se realizan como [ɛlréi̯βíno] y [sói̯kapitán]. Las secuencias {el rey} y {lo soy}, en que el archifonema /J/ aparece ante una pausa, se realizan como [ɛlréi̯] y [losói̯].[10] ◀≶.

El alófono de la africada palatal sonora [ɟ͡ʝ] representa el archifonema /J/ cuando aparece después de pausa, después de nasal o después de lateral. Siendo así, las palabras {yendo}, {yugo}, {hielo} y {hierro}, cuando ocurren en posición inicial de grupo fónico, es decir, después de pausa, se realizan como [ɟ͡ʝén̪do], [ɟ͡ʝúɣo], [ɟ͡ʝélo] y [ɟ͡ʝéro]. El archifonema /J/ también se realiza como africada después de nasal: {un yugo} [ūn̟ɟ͡ʝúɣo], {un hierro} [ūn̟ɟ͡ʝéro]. Además, se realiza de la misma manera tras lateral: {el yugo} [ɛlɟ͡ʝúɣo], {el hierro} [ɛlɟ͡ʝéro].[10] ◀≶

Otro elemento de este análisis es el uso de la fricativa palatal sonora [ʝ] para representar el archifonema /J/. Esto ocurre en posición inicial de palabra interior de grupo fónico. Ejemplos de esto incluyen las frases {va llegando}, {una yema} y {ella yerra} que se realizan como [báʝeɣán̪do], [unaʝéma] y [éʝaʝéra]. También se emplea el alófono [ʝ] para realizar el archifonema /J/ cuando aparece en posición inicial de morfema interior de palabra. Ejemplos de esto incluyen las palabras {huyendo}, {leyera} y {creyeron}, cuyas formas morfológicas son /u+JéNdo/, /le+Jéɾa/ y /kɾe+JéɾoN/ que resultan en [uʝén̪do], [leʝéɾa] y [kɾeʝéɾõn]. Además, se emplea este alófono para realizar el archifonema /J/ cuando aparece en posición final de morfema interior de palabra. Ejemplos de esto incluyen las palabras {reyes}, {ensayas} y {haya}, cuyas formas morfológicas son /réJ+es/, /eNsaJ+as/ y /aJ+a/ que resultan en [réʝes], [ẽnsáʝas] y [áʝa].[10] ◀≶

La neutralización entre el fonema átono /i/ y el fonema /j/ que resulta en el archifonema /J/, ocurre, pues, en posición prenuclear y en posición posnuclear. Las realizaciones fonéticas de este archifonema, que ocurren en una distribución complementaria, incluyen la semivocal [i̯] en posición posnuclear y la africada palatal [ɟ͡ʝ], la fricativa palatal [ʝ] y la semiconsonante [j] en posición prenuclear. Esas realizaciones siguen el patrón general del español que prefiere sonidos más consonánticos en posición prenuclear y realizaciones más débiles en posición posnuclear. Todas esas posibilidades se resumen en el Cuadro 12.14.

Pistas pedagógicas

El principio básico que el estudiante debe recordar es que un diptongo resulta de una secuencia de dos vocales, siendo por lo menos una de ellas una vocal alta y átona. En esos casos, las dos vocales se pronuncian en una sola sílaba. Los diptongos son de dos tipos: diptongos crecientes y diptongos decrecientes. El Cuadro 12.15 demuestra las diferencias entre esos dos tipos de diptongos.

En el Cuadro 12.15, se nota que la diferencia en número entre los diptongos crecientes y decrecientes tiene que ver con las combinaciones de dos vocales altas, que resultan ser siempre diptongos crecientes. De otra forma, se puede decir que cuando se tiene una secuencia de dos vocales altas, es siempre la segunda el núcleo silábico. Por ejemplo, en las palabras {viuda} y {huida}

la segunda de las dos vocales es el núcleo silábico, en estos casos tónica, y se forman diptongos crecientes: [bjúða] y [wíða]. En las palabras {ciudad} y {continuidad} la segunda de las dos vocales otra vez es el núcleo silábico, pero en estos casos átona, y otra vez se forman diptongos crecientes: [sjuðáð] y [kõ̯ntinwiðáð]. Esta misma regla se aplica también a la palabra {muy} que contiene una secuencia de dos vocales altas. Según la regla, la segunda de las dos vocales altas es el núcleo silábico, resultando en la forma fonética [mwí]. Sin embargo, hay algunos hablantes que aun así producen un diptongo decreciente no sistemático: *[múi̯].

Es muy importante que el estudiante aprenda a producir los diptongos no solamente dentro de una palabra, sino también entre dos palabras. Esto se aplica tanto a los diptongos crecientes como a los diptongos decrecientes. Ejemplos de diptongos crecientes entre palabras incluyen {mi hermano} [mjeɾmáno], {mi árbol} [mjáɾβol], {mi ojo} [mjóxo], {mi uva} [mjúβa], {tu hijo} [twíxo], {tu hermano} [tweɾmáno], {tu árbol} [twáɾβol] y {tu ojo} [twóxo]. Ejemplos de diptongos decrecientes entre palabras incluyen {se inició} [sei̯nisjó], {una higuera} [unai̯ɣéra], {lo italiano} [loi̯taljáno], {clase usual} [kláseu̯swál], {cosa humana} [kósau̯mána] y {lo usual} [lou̯swál].

Hay un caso especial de diptongación entre dos palabras que debe comentarse: el caso de las conjunciones {y} y {u}, que son siempre átonas. La conjunción {y} se realiza de acuerdo con la regla de distribución complementaria ya dada para el fonema /i/, y la conjunción {u} se realiza de acuerdo

12.14 Ejemplos de la aplicación de la regla de distribución del archifonema /J/.

Secuencia gráfica	Sílaba	Sílaba					Sílaba
		CONSONANTE	SEMICONSONANTE	NÚCLEO	SEMIVOCAL	CONSONANTE	
rey		r		é	i̯		
reyes	ré	ɟ		e		s	
(el) rey es	ré	j		é		s	
huir			w	í		ɾ	
huyendo	u	ɟ		é		n̪	do
un hierro	un̪	ɟ͡ɟ		é			ro

Tipo de diptongo	Forma fonológica	Forma fonética	
diptongo creciente (crece en abertura comenzando con una semiconsonante)	/iV/ /uV/ vocal /i/ o /u/ átonas seguida de otra vocal	[je/jɛ] [ja] [jo] [ju]	[wi] [we/wɛ] [wa] [wo]
diptongo decreciente (decrece en abertura terminando en una semivocal)	/Vi/ /Vu/ vocal no alta seguida de vocal /i/ o /u/ átonas	[ei̯] [ai̯] [oi̯]	[eu̯] [au̯] [ou̯]

12.15 Las diferencias entre los diptongos crecientes y diptongos decrecientes.

con la regla de distribución complementaria ya dada para el fonema /u/. La conjunción {y} se representa por el fonema /i/ y no por el archifonema /J/ porque en español, una palabra monofonemática solo puede componerse de un fonema netamente vocálico. Las conjunciones {y} y {u} pueden aparecer en cuatro contextos fonológicos: C_C, C_V, V_C y V_V. En el último contexto V_V, hay que reconocer la preferencia que tiene el español hacia la sílaba que termina en vocal. De esa manera, en ese contexto, la conjunción se convierte siempre en semiconsonante. El Cuadro 12.16 ejemplifica todas esas posibilidades.[11] ◀

El estudiante debe tener en cuenta que hay que producir un triptongo siempre que se tenga una vocal alta y átona seguida de una vocal no alta y luego seguida de otra vocal alta y átona. Es importante recordar que esas secuencias vocálicas pueden producirse también entre palabras.

El estudiante también tiene que reconocer la distinción que hay en español entre vocales plenas y diptongos. Ya se ha comentado la diferencia fonológica entre los diptongos del inglés y del español, pero hay que recordar que dentro del español mismo existen contrastes de timbre muy importantes entre vocales plenas y diptongos que ocasionan errores de pronunciación que pueden causar dificultades para la comprensión. El Cuadro 12.17 contiene ejemplos de ese tipo de contraste.[12] ◀

Al comparar los ejemplos del Cuadro 12.17 se puede ver que la duración y el timbre desempeñan papeles muy importantes en la diferenciación entre las vocales plenas y los diptongos. De hecho, en los sonogramas de las Figuras 12.7, 12.10 y 12.12 se ven claramente los cambios de timbre en las transiciones de los formantes de las semiconsonantes y de las semivocales y la estabilidad del timbre de los núcleos silábicos. La Fig. 12.18 demuestra las diferencias

Contexto	Conjunción {y} /i/	Conjunción {u} /u/
C_C	Juan y Mara [xwánimára]	(no se da)
C_V	Juan y Ana [xwánjána]	Juan u otro [xwánwótro]
V_C	Ana y Mara [ánai̯mára]	(no se da)
V_V	Mara y Ana [márajána]	siete u ocho [sjétewóɣo]

12.16 Diptongación con las conjunciones {y} y {u}.

Núcleo vocálico	Vocales plenas		Diptongos	
i	ir	[ír]	huir	[wír]
e	pena	[péna]	peina	[péi̯na]
	dedo	[déðo]	deudo	[déu̯ðo]
	terna	[térna]	tierna	[tjérna]
	eso	[éso]	hueso	[wéso]
a	pasaje	[pasáxe]	paisaje	[pai̯sáxe]
	hato	[áto]	auto	[áu̯to]
	bajo	[báxo]	viajo	[bjáxo]
	haga	[áɣa]	agua	[áɣwa]
o	o	[ó]	hoy	[ói̯]
	casona	[kasóna]	casó una	[kasóu̯na]
	son	[sṍn]	Sion	[sjṍn]
	cota	[kóta]	cuota	[kwóta]
u	pulido	[pulíðo]	piulido	[pjulíðo]

12.17 Ejemplos de la distinción entre vocales plenas y diptongos.

de timbre que hay entre los formantes de las vocales plenas [i u], la posición inicial de las semiconsonantes [j w] y la posición final de las semivocales [i̯ u̯]. Se puede notar que los sonidos más cerrados y más posteriores de los dos grupos vocálicos son las dos semiconsonantes. Las dos semivocales son un poco más abiertas y menos posteriores; las vocales plenas son aún más abiertas y todavía menos posteriores.

La Fig. 12.19 contiene un gráfico que demuestra la duración relativa de la vocal simple, el diptongo creciente, el diptongo decreciente y el triptongo. La duración de las secuencias se mide en milisegundos. El diptongo creciente mide un promedio de un 8% más de la vocal simple. El diptongo decreciente mide un promedio de un 21% más de la vocal simple. El triptongo mide un promedio de un 40% más de la vocal simple. En todas esas secuencias, el elemento más largo es el núcleo silábico, aunque es siempre más corto que una vocal plena. De hecho, el núcleo vocálico de un diptongo o triptongo es consistentemente alrededor del 60% de la duración de una vocal simple. En el diptongo creciente, el 43% del diptongo

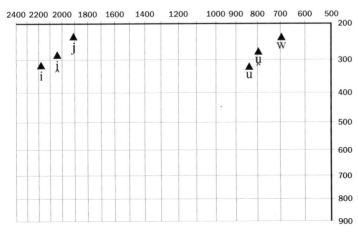

12.18 La posición de las vocales [i u] del español junto con la posición inicial de las semiconsonantes [j w] y la posición final de las semivocales [i̯ u̯].

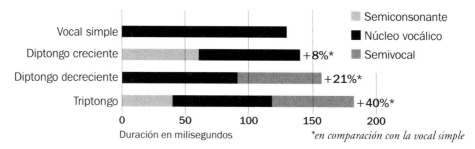

12.19 La relativa duración en milisegundos de la vocal simple, el diptongo creciente, el diptongo decreciente y el triptongo. Se indica también la composición interna de las secuencias vocálicas.

corresponde a la semiconsonante y el 57% al núcleo vocálico.

En el diptongo decreciente, el 58% del diptongo corresponde al núcleo vocálico y el 42% a la semivocal. En cuanto a la relativa duración de la transición y el núcleo vocálico de los diptongos, el diptongo creciente es casi una perfecta inversión del diptongo decreciente, aunque este es de mayor duración que aquel. El triptongo no es simplemente la suma de un diptongo creciente más un diptongo decreciente en cuanto a la duración relativa. La semiconsonante de un triptongo, que representa el 22% del triptongo, es más corta que la de un diptongo creciente. El núcleo de un triptongo, que representa el 43% del triptongo, tiene aproximadamente la misma duración que el de un diptongo creciente, pero dura ligeramente menos que el núcleo de un diptongo decreciente. La semivocal de un triptongo, que representa el 35% del triptongo, tiene más o menos la misma duración que la de un diptongo decreciente.

Es muy importante saber que esas diferencias de duración existen en español. Sin embargo, los diptongos del español son mucho más cortos que los núcleos vocálicos complejos del inglés. Por lo tanto, el estudiante tiene que tratar de producir el diptongo de una manera breve, más o menos equivalente a la duración de una vocal simple.

Consejos prácticos

El anglohablante que quiere adquirir una buena pronunciación de los diptongos y los triptongos del español debe:

- producir un diptongo siempre que se tenga una vocal alta y átona en una secuencia con otra vocal;

- recordar que los diptongos y triptongos también se forman entre palabras;

- producir los diptongos y triptongos con una duración corta;

- producir las semiconsonantes y semivocales como transiciones, es decir, con un movimiento continuo.

Sinéresis y sinalefa

La sinéresis y la sinalefa ocurren cuando hay una secuencia de dos vocales heterólogas (es decir, dos fonemas vocálicos distintos) en una sola sílaba, siendo las dos vocales no altas o siendo una vocal no alta seguida de una vocal alta y tónica. Si se da ese tipo de encuentro dentro de una misma palabra, la secuencia se llama **sinéresis**; si se da ese tipo de encuentro entre dos palabras distintas, la secuencia se denomina **sinalefa**.

Esencialmente la sinéresis y la sinalefa son el mismo fenómeno fonético; difieren solamente en cuanto al contexto en que se da el fenómeno. El enlace fonético que resulta de la sinéresis o sinalefa, se transcribe con una ligazón (‿) entre las dos vocales combinadas. El Cuadro 12.20 ejemplifica los posible encuentros.[13] ◀⦂

Como demuestra el Cuadro 12.21, una de las posibilidades para formar una sinéresis o una sinalefa es la producción de dos vocales no altas en una sola sílaba. Hay seis posibles combinaciones de vocales no altas: /ea/, /eo/, /ae/, /ao/, /oe/ y /oa/. En esas

Fenómeno		Sinéresis	Sinalefa
Contexto		dentro de una misma palabra	entre dos palabras
Secuencia vocálica	dos vocales no altas	rea̯l	este‿acto
	una vocal no alta seguida de una vocal alta y tónica	reúne	este‿único

12.20 Las posibilidades del enlace fonético: la sinéresis y la sinalefa.

combinaciones puede ser la segunda o la primera una vocal tónica y la otra átona, o pueden ser las dos vocales tónicas o las dos vocales átonas. Todas esas combinaciones se dan en una sinalefa; todas se dan también en una sinéresis con la excepción de que dos vocales tónicas no pueden ocurrir en una sola palabra. Estas combinaciones producen un **núcleo divocálico**. El Cuadro 12.21 ejemplifica todas esas posibilidades.[14] ◀

La otra posibilidad para que se dé una sinéresis o una sinalefa es la producción de una vocal no alta seguida de una vocal alta y tónica en una sola sílaba. Hay seis posibles combinaciones de estas vocales: /eú/, /eí/, /aú/, /aí/, /oú/ y /oí/. Todas las combinaciones se dan tanto en una sinéresis en una sinalefa, como se ejemplifica en el Cuadro 12.22.[15] ◀

Otro tipo de sinéresis o sinalefa es la secuencia de la vocal anterior semicerrada [e] seguida

de la vocal anterior semiabierta [ɛ], que ya se discutió en la sección de la fusión vocálica.

La Fig. 12.23 contiene un sonograma de los ejemplos encontrados en el Cuadro 12.20: {real, este‿acto, reúne, este ‿único}.[16] ◀ Estos ejemplos son representativos de los dos tipos de secuencias vocálicas en los dos contextos diferentes. En los formantes del sonograma se puede ver la producción de dos vocales estables separadas por una transición en cada ejemplo de sinéresis o sinalefa. También se pueden ver las diferencias de duración de cada ejemplo.

En el habla, es posible que haya secuencias de más de dos vocales debido a la combinación de sinéresis/sinalefa o de estas con diptongos. Por ejemplo: La frase {sea él} puede producirse en una sola sílaba [séa̯él] por la combinación de una sinéresis y de una sinalefa. La frase {fue a Irán} puede producirse en dos sílabas [fwéa̯i̯rán] por la

12.21 La formación de una sinéresis o sinalefa con dos vocales no altas.

	V́ V̇		V́ V		V́ V́		V V	
	SINÉRESIS	SINALEFA	SINÉRESIS	SINALEFA	SINÉRESIS	SINALEFA	SINÉRESIS	SINALEFA
/ea/	peaje	come algo	crea	hablé alemán	(no se da)	hablé alto	creará	hable alemán
/eo/	peor	come otro	creo	sé honrar	(no se da)	hablé otra	aéreo	sale opaco
/ae/	saeta	coma esto	cae	vendrá el jefe	(no se da)	vendrá él	caerá	habla el jefe
/ao/	aorta	coma otro	cacao	vendrá Olimpia	(no se da)	vendrá otro	ahogar	habla Olimpia
/oe/	poeta	como helado	loe	habló el jefe	(no se da)	habló él	poesía	enseño español
/oa/	loar	como algo	loa	habló alemán	(no se da)	habló alto	loará	enseño alemán

233

	V V́	
	SINÉRESIS	**SINALEFA**
/eú/	reúne	vende uvas
/eí/	reír	cante himnos
/aú/	ataúd	cosecha uvas
/aí/	caí	canta himnos
/oú/	mohúr	como uvas
/oí/	egoísta	canto himnos

12.22 La formación de una sinéresis o sinalefa con una vocal no alta seguida de una vocal alta y tónica.

combinación de un diptongo creciente, una sinalefa y un diptongo decreciente.[17] ◀⋸

Pistas pedagógicas

Una sinéresis o una sinalefa difiere de un diptongo porque comienza y termina con una vocal plena estable con una transición en el medio. Sin embargo, comparte con el diptongo el hecho de que el hispanohablante perciba la sinéresis y la sinalefa como una sola sílaba a pesar del hecho de que contenga dos núcleos.

La Fig. 12.24 contiene un gráfico que demuestra la relativa duración de la vocal simple y de la sinéresis o sinalefa. La duración de las secuencias se mide en milisegundos. La sinéresis/sinalefa mide

un promedio de un 56% más que la vocal simple. La composición interna de una sinéresis/sinalefa consta de un 38% para la primera vocal, un 19% para la transición y un 43% para la segunda vocal. Esto quiere decir que no solo las dos vocales estables tienen más o menos la misma duración, sino que también están separadas por un período de transición. Es de destacar que, en general, la segunda vocal, de las dos que forman una sinéresis/sinalefa, es más larga que la primera, independiente de la tonicidad de las dos vocales. En otras palabras, no existe una correlación entre la intensidad de una de las dos vocales de una sinéresis/sinalefa y su duración.

Lo importante para el estudiante de la lengua española es reconocer que la sinéresis y la sinalefa son elementos básicos en la pronunciación natural. En el habla cotidiana, el hispanohablante suele producir la secuencia de dos vocales no altas y la secuencia de una vocal no alta seguida de una vocal alta y tónica como una sinéresis o una sinalefa. Este hecho también se comprueba con la abundancia de ejemplos de sinéresis y sinalefa que se ven en la poesía y en la música.

La solución hispánica para resolver la secuencia de dos vocales no altas o de una vocal no alta seguida de una vocal alta y tónica dentro de una misma palabra, es la producción de una sinéresis. La tendencia del anglohablante en este mismo caso, sin embargo, es la de separar las dos vocales en dos sílabas distintas intercalando entre ellas un golpe de glotis.

12.23 Sonograma de sinéresis y sinalefa en {real}, {reúne}, {este acto} y {este único}.

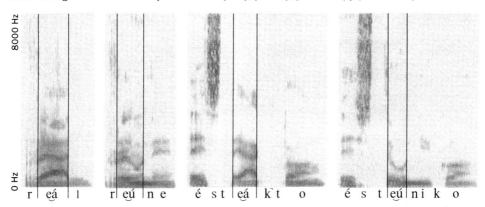

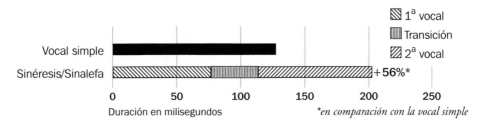

12.24 La relativa duración en milisegundos de la vocal simple y la sinéresis/sinalefa. Se indica también la composición interna de las secuencias vocálicas.

La solución hispánica para resolver la secuencia de dos vocales no altas o de una vocal no alta seguida de una vocal alta y tónica entre dos palabras, es la producción de una sinalefa. La tendencia del angloparlante en este mismo caso, sin embargo, es la de intercalar un golpe de glotis entre las dos vocales, separándolas en dos sílabas distintas.

Consejos prácticos

El anglohablante que quiere adquirir una buena pronunciación de la sinéresis y sinalefa en español debe:

- producir una sinéresis/sinalefa siempre que se tenga una secuencia de dos vocales no altas;
- producir una sinéresis/sinalefa siempre que se tenga una secuencia de una vocal no alta seguida de una vocal alta y tónica;
- evitar la tendencia del anglohablante de separar en dos sílabas las vocales de una sinéresis/sinalefa, intercalando un golpe de glotis [ʔ] entre las vocales;
- asegurarse de que haya la producción de dos vocales estables para que la producción no llegue a ser un diptongo;
- asegurarse de que la producción de cada vocal sea más corta que una vocal simple para que no se perciba como dos vocales plenas en sílabas separadas.

Hiato

Un **hiato** ocurre cuando aparecen dos vocales contiguas en sílabas separadas. Hay cuatro tipos de hiato: tres son optativos y uno es obligatorio. Los hiatos optativos resultan de la ruptura de la fusión de vocales homólogas, de la ruptura de un diptongo o de la ruptura de una sinéresis/sinalefa. La cuarta secuencia, una vocal alta y tónica seguida de otra vocal, resulta en un hiato obligatorio y se llama un **hiato natural**.

En el caso de las vocales homólogas, la preferencia del hispanohablante en el habla espontánea es la fusión. La conciencia hispánica también prefiere la formación de diptongos/triptongos y sinéresis/sinalefa donde puedan producirse. La formación de un hiato en esos mismos ambientes queda fuera de la norma y resulta en un habla cuidada o pedantesca. El hecho de que el diptongo/triptongo y la sinéresis/sinalefa sean la norma se comprueba también por el uso de la diéresis (¨) en la poesía para indicar la pronunciación con un hiato por motivos métricos. Todos esos casos se resumen en el Cuadro 12.25.

La Fig. 12.26 contiene un sonograma de los hiatos optativos en {real} y {reúne} y del hiato obligatorio en {hacía}. Las primeras dos palabras aparecen también en la Fig. 12.23, pero realizadas con sinéresis. Tanto el hiato como la sinéresis/sinalefa se forman de una vocal estable, una transición vocálica y una segunda vocal estable. La diferencia es que en el hiato, cada una de las dos vocales tiene la duración de una vocal simple. El resultado es que una sinéresis/sinalefa tiene una duración que en su promedio es el 56% más larga que la vocal simple, pero el hiato es el 137% más largo que la vocal simple.

235

Tipo de hiato	El empleo de hiato es...	Ejemplo	Pronuciación preferida	Pronunciación pedantesca
ruptura de fusión	optativo	{de España}	[dɛs.pá.ɲa]	[de.ɛs.pá.ɲa]
ruptura de diptongo	optativo	{bien}	[bjén]	[bi.ḗn]
ruptura de sinéresis/ sinalefa	optativo	{real} {este acto}	[reál] [és.teák˺.to]	[re.ál] [és.te.ák˺.to]
hiato natural	obligatorio	{salía} {comí uvas}	[sa.lí.a] [ko.mí.ú.βas]	

12.25 Pronunciación preferida de los encuentros vocálicos. En este cuadro se emplea la convención del AFI de usar el punto (.) para indicar la división silábica.

Pistas pedagógicas

Un hiato difiere de la fusión vocálica, del diptongo o triptongo y de la sinéresis o sinalefa porque cada una de las dos vocales que lo constituye es aproximadamente tan larga o incluso más larga que la de una vocal simple; así pues, el hiato se percibe como dos sílabas distintas. La Fig. 12.27 contiene un gráfico que demuestra la relativa duración de la vocal simple, la sinéresis o sinalefa y el hiato. La duración de las secuencias se mide en milisegundos. Mientras la sinéresis/ sinalefa mide un promedio de un 56% más que la vocal simple, el hiato mide un promedio de 237% más que la vocal simple. La composición interna de un hiato consta de un 38% para la primera vocal, un 19% para la transición y un 43% para la segunda vocal, lo cual se correlaciona con la composición interna de la sinéresis/sinalefa. Esto quiere decir que cada una de las dos vocales estables tiene más o menos la misma duración

que una vocal simple; las dos vocales se separan por un período de transición.

Lo importante para el estudiante de la lengua española es reconocer que el hiato solamente es obligatorio en la secuencia de una vocal alta y tónica seguida de otra vocal, lo que constituye un hiato natural. En los demás casos de secuencias vocálicas, el estudiante debe producir la fusión vocálica, un diptongo o triptongo, o una sinéresis o sinalefa según el caso. Los hiatos naturales se dan tanto dentro de una palabra como entre dos palabras. Ejemplos del hiato natural dentro de una palabra son {hacía} y {búho}. Ejemplos del hiato natural entre dos palabras son {salí ayer}, {muy humilde}, {comí uvas} y {tú escribiste}.[18] ◀€

La solución hispánica para resolver la secuencia de una vocal alta y tónica seguida de otra vocal, es la producción de un hiato. Sin embargo, la tendencia del anglohablante en este mismo caso es la de intercalar un golpe de glotis entre las dos vocales.

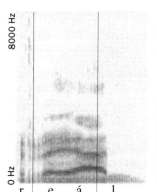

12.26 Sonograma del hiato en {real}, {reúne} y {hacía}.

r e á l   r e ú n e   a s í a

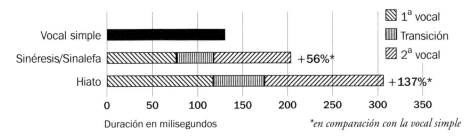

12.27 La relativa duración en milisegundos de la vocal simple, la sinéresis/sinalefa y el hiato. Se indica también la composición interna de las secuencias vocálicas.

Consejos prácticos

El anglohablante que quiere adquirir una buena pronunciación del hiato en español debe:

- producir un hiato solamente cuando se tenga una secuencia vocálica de una vocal alta y tónica seguida de otra vocal, sea dentro de una sola palabra o entre dos palabras;
- recordar que la duración de un hiato debe ser un poco más que el doble de la duración de una vocal simple;
- recordar que la pronunciación de un hiato indebido puede ser característica de una pronunciación extranjera. (Si lo hace un hispanohablante, se acepta, pero si lo hace un extranjero, es por ser extranjero.)

Sumario

La realización fonética de las secuencias vocálicas depende de cuatro factores: **el timbre**, **la duración**, la **tonicidad** de las vocales, como también **la estructura silábica**. En este capítulo se han examinado todas las secuencias posibles en relación con esos cuatro factores. Esas secuencias resultan en la fusión vocálica, en diptongos o triptongos, en sinéresis/sinalefa o en hiato. El Cuadro 12.28 presenta un resumen de las secuencias vocálicas que se dan en español junto con la solución fonética preferida.

Al examinar los sonogramas presentados en las secciones anteriores, se puede ver cómo los resultados fonéticos de las secuencias vocálicas son diferentes. Es importante destacar los factores fonéticos que definen la

fusión, el diptongo o triptongo, la sinéresis/sinalefa y el hiato.

La **fusión vocálica** se caracteriza por la estabilidad de los formantes a lo largo de la secuencia vocálica, es decir, no cambia el timbre. La duración de la vocal fundida es igual a la duración de una vocal simple o plena cuando la segunda de las vocales homólogas es átona. Cuando la segunda de las vocales homólogas es tónica, el resultado es una vocal que dura entre el 34% y el 43% por ciento más que la vocal simple. Si cualquiera de las dos vocales en la secuencia es tónica, el resultado también lo es. La vocal resultante siempre funciona como el núcleo silábico de una sola sílaba fonética.

Los **diptongos/triptongos** se caracterizan por una transición vocálica inicial y/o final. Esas transiciones no tienen ninguna estabilidad en los formantes. La duración de un diptongo creciente es alrededor del 8% más que la de una vocal plena. La duración de un diptongo decreciente es alrededor del 21% más que la de una vocal plena. La duración de un triptongo es alrededor del 40% más que la de una vocal plena. Las vocales que forman las transiciones son siempre átonas; el núcleo vocálico puede ser tónico o átono. Los diptongos y triptongos siempre pertenecen a una sola sílaba.

La **sinéresis/sinalefa** se caracteriza por tener timbres estables al comienzo y al final de la secuencia vocálica, con una transición intermedia. La duración de una sinéresis o sinalefa es alrededor del 56% más que la de una vocal plena. En esas secuencias la tonicidad no tiene impacto: las dos vocales pueden ser tónicas o átonas independientemente de su posición. La secuencia vocálica siempre se percibe como una sola sílaba.

Secuencia Vocálica	Fórmula	Solución fonética preferida	Solución fonética pedantesca
dos vocales homólogas	V_1V_1	fusión	hiato
una vocal alta y átona seguida de otra vocal	$\begin{smallmatrix} j \\ w \end{smallmatrix} V$	diptongo creciente	hiato
una vocal no alta seguida de una vocal alta y átona	$V \begin{smallmatrix} i̯ \\ u̯ \end{smallmatrix}$	diptongo decreciente	hiato
una vocal alta y átona seguida de una vocal no alta seguida de una vocal alta y átona	$\begin{smallmatrix} j \\ w \end{smallmatrix} V \begin{smallmatrix} i̯ \\ u̯ \end{smallmatrix}$	triptongo	hiato más diptongo decreciente
dos vocales no altas o una vocal no alta seguida de una vocal alta y tónica dentro de una sola palabra	$V_{\text{no alta}} V_{\text{no alta}}$ $V_{\text{no alta}} \begin{smallmatrix} í \\ ú \end{smallmatrix}$	sinéresis	hiato
dos vocales no altas o una vocal no alta seguida de una vocal alta y tónica entre dos palabras	$V_{\text{no alta}} \# V_{\text{no alta}}$ $V_{\text{no alta}} \# \begin{smallmatrix} í \\ ú \end{smallmatrix}$	sinalefa	hiato
una vocal alta y tónica seguida de otra vocal	$\begin{smallmatrix} í \\ ú \end{smallmatrix} V$	hiato natural	

12.28 Las secuencias vocálicas que se dan en español y la solución fonética preferida.

El **hiato** también se caracteriza por tener timbres estables al comienzo y al final de la secuencia vocálica, con una transición intermedia. Sin embargo, la duración de cada vocal es mucho más que la duración de los elementos de una sinéresis o sinalefa. La duración de un hiato es alrededor del 237% más que la de una vocal plena. El hiato natural ocurre solamente en la secuencia de una vocal alta y tónica seguida de otra vocal. El hiato siempre se percibe como dos sílabas distintas.

Un estudio pormenorizado de los resultados fonéticos de las secuencias vocálicas hace evidente el papel fundamental de la duración. Es importante recordar que la duración es relativa y que los porcentajes aquí presentados no son absolutos; representan más bien

los valores prototípicos asociados con los distintos fenómenos. Cuando se produce una secuencia con una duración prototípica, es fácil analizar la secuencia como diptongo, sinéresis o hiato. Sin embargo, cuando la duración de la secuencia tiene un valor intermedio, se dificulta la clasificación de la secuencia. La Fig. 12.29 presenta un sonograma de la realización de la palabra {peor} pronunciada de tres maneras distintas: con diptongo [pjór], como sinéresis [pe̯ór] y como hiato [pe.ór].[19] ◀₤

Es interesante observar que las transiciones siempre tienen más o menos la misma duración relativa dentro de la secuencia vocálica. En el caso de los diptongos crecientes y decrecientes, la transición, o sea la semiconsonante o semivocal, varía entre el 42% y el 43% de la duración total. En el caso de la sinéresis/sinalefa o del hiato, la transición representa el 19% de la duración total. Las transiciones en el caso de los diptongos y triptongos tienen valor fonológico en español, mientras que las mismas transiciones no lo tienen en el caso de sinéresis/sinalefa o hiato. La Fig. 12.30 contiene un resumen de la duración de las diferentes secuencias. Indica también la estructura interna de las secuencias vocálicas.

El análisis de los datos de las secuencias vocálicas hace evidente el hecho de que los cuatro tipos sean fenómenos netamente diferentes. En algunos comentarios sobre la literatura de la lengua española, se encuentra el empleo lingüísticamente inadecuado del término sinalefa para cualquier realización de una secuencia vocálica producida en una sola sílaba (entre dos palabras). Es decir, se aplica erróneamente el término sinalefa para casos de fusión vocálica y diptongación.

El análisis también provee pistas para el estudiante anglohablante en cuanto a los hábitos que tiene que vencer para pronunciar bien esas secuencias vocálicas.

En el caso de las **vocales homólogas**, el estudiante debe:

- producir una fusión vocálica;

- alargar levemente el resultado de la fusión vocálica cuando la última vocal homóloga es tónica;
- evitar la interferencia negativa del inglés que resulta en la intercalación de un golpe de glotis [ʔ] entre las vocales homólogas.

En el caso de los **diptongos y triptongos**, el estudiante debe:

- producir un diptongo siempre que se tenga una vocal alta y átona en una secuencia con otra vocal;
- recordar que los diptongos y triptongos también se forman entre palabras;
- producir los diptongos y triptongos con una duración corta;
- producir las semiconsonantes y semivocales como transiciones, es decir, con un movimiento continuo.

En el caso de la **sinéresis** o la **sinalefa**, el estudiante debe:

- producir una sinéresis/sinalefa siempre que se tenga una secuencia de dos vocales no altas;
- producir una sinéresis/sinalefa siempre que se tenga una secuencia de una vocal no alta seguida de una vocal alta y tónica;

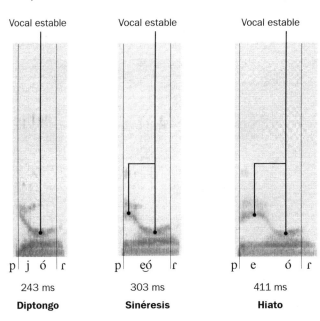

Vocal estable   Vocal estable   Vocal estable

p j ó ɾ	p eó ɾ	p e ó ɾ
243 ms	303 ms	411 ms
Diptongo	**Sinéresis**	**Hiato**

12.29 Sonograma de {peor} pronunciado con diptongo, sinéresis y hiato.

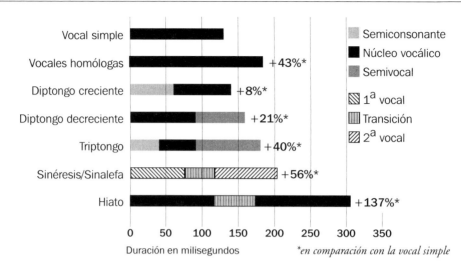

12.30 La relativa duración en milisegundos de la realización fonética de las secuencias vocálicas. Se indica también la composición interna de cada grupo vocálico.

- evitar la tendencia del anglohablante de separar en dos sílabas las vocales que pueden formar una sinéresis/sinalefa, intercalando un golpe de glotis [ʔ] entre las vocales;
- asegurarse de que haya la producción de dos vocales estables para que la producción no llegue a ser un diptongo;
- asegurarse de que la producción sea relativamente corta para que la producción no se perciba como dos vocales plenas.

En el caso del **hiato**, el estudiante debe:

- producir un hiato solamente cuando se tenga una secuencia vocálica de una vocal alta y tónica seguida de otra vocal, sea dentro de una sola palabra o entre dos palabras;
- recordar que la duración de un hiato debe ser un poco más que el doble de la duración de una vocal simple;
- recordar que la pronunciación de un hiato indebido es característica de una pronunciación extranjera.

Examinados los detalles fonéticos y fonológicos de las vocales, tanto aisladas como en combinaciones, se puede proseguir a un estudio pormenorizado de los fonemas consonánticos.

Preguntas de repaso

1. ¿Cuáles son los cuatro fenómenos que resultan de las secuencias vocálicas? Dé ejemplos.

2. ¿Cuáles son las reglas para una secuencia de vocales homólogas? Dé ejemplos.

3. ¿Cuáles son las características acústicas de la fusión vocálica?

4. ¿Qué debe hacer y qué debe evitar el anglohablante para pronunciar bien una secuencia de vocales homólogas? Dé ejemplos.

5. ¿Qué es un diptongo creciente? ¿Cuáles son?

6. ¿Qué es un diptongo decreciente? ¿Cuáles son?

7. Distinga entre un diptongo creciente y un diptongo decreciente.

8. Distinga fonológicamente entre semiconsonante y semivocal.

9. ¿Cuáles son las características acústicas del diptongo creciente y decreciente?

Conceptos y términos

archifonema /J/	hiato	transición vocálica
diptongo	hiato natural	triptongo
diptongo creciente	núcleo divocálico	vocal plena/simple
diptongo decreciente	semiconsonante	vocales altas
formante estable	semivocal	vocales homólogas
fusión vocálica	sinalefa	vocales no altas
golpe de glotis	sinéresis	

10. ¿Qué debe hacer y qué debe evitar el anglohablante para pronunciar bien los diptongos? Dé ejemplos.

11. ¿Cuál es la fórmula para un triptongo? Dé ejemplos.

12. ¿Cuáles son las características acústicas del triptongo?

13. ¿Qué debe hacer y qué debe evitar el anglohablante para pronunciar bien los triptongos? Dé ejemplos.

14. ¿Cómo se difieren fonológicamente los diptongos del español de los del inglés?

15. Dé la regla de distribución para el archifonema /J/. Dé ejemplos de su aplicación.

16. Explique la neutralización que resulta en el archifonema /J/.

17. Comente la realización de la conjunción {y} en los siguientes contextos: C_C; C_V; V_C; V_V.

18. Distinga acústicamente entre semiconsonante, semivocal y vocal plena.

19. Comente la duración relativa entre una vocal simple, un diptongo creciente, un diptongo decreciente y un triptongo.

20. ¿Qué secuencias vocálicas producen la sinéresis o la sinalefa? Dé ejemplos.

21. Distinga entre la sinéresis y la sinalefa. Dé ejemplos.

22. ¿Cuáles son las características acústicas de la sinéresis o sinalefa?

23. Comente la duración relativa entre una vocal simple y una sinéresis/sinalefa.

24. ¿Qué debe hacer y qué debe evitar el anglohablante para pronunciar bien una sinéresis/sinalefa? Dé ejemplos.

25. ¿Cuáles son los cuatro tipos de secuencias vocálicas que pueden resultar en un hiato? Dé ejemplos.

26. Distinga entre un hiato optativo y uno obligatorio. Dé ejemplos.

27. ¿Cuáles son las características acústicas del hiato?

28. Comente la duración relativa entre una vocal simple, un diptongo/triptongo, una sinéresis/sinalefa y un hiato.

29. ¿Qué debe hacer y qué debe evitar el anglohablante para pronunciar bien un hiato? Dé ejemplos.

Ejercicios de pronunciación

La fusión vocálica[20] ▣

1. Pronuncie las siguientes palabras o secuencias con la fusión vocálica apropiada, sea alargada o no, procurando no introducir un golpe de glotis [ʔ].

bendito hogar	hablé español
cantó ópera	habrá algo
casi inútil	he hecho
casi ira	llegó obligado
de España	nuevo horno
está aquí	tribu útil
este eco	tu universidad
fui ileso	tú hurtaste
habla alemán	tú usas
habla árabe	vi ídolos

Diptongos[21] ▣

1. Pronuncie las siguientes palabras o secuencias con diptongos crecientes, procurando evitar la introducción de un hiato.

cambia	mi hermano
cambié	mi ojo
cambió	mi uva
ciudad	mi árbol
cuota	tu hermano
fue	tu hijo
fui	tu ojo
guante	tu árbol

2. Pronuncie las siguientes palabras o secuencias con diptongos decrecientes, procurando evitar la introducción de un hiato.

auto	lo italiano
baile	lo usual
bou	peine
clase usual	se inició
cosa humana	una higuera
deuda	voy

3. Pronuncie las siguientes palabras, procurando diferenciar bien entre la vocal plena y el diptongo.

ato	auto
bajo	viajo
casona	casó una
cota	cuota
dedo	deudo
eso	hueso
haga	agua
ir	huir
o	hoy
pasaje	paisaje
pena	peina
pon	pion
pulido	piulido
terna	tierna

Triptongos[22] ▣

1. Pronuncie las siguientes palabras o secuencias con triptongos, procurando pronunciar la secuencia vocálica en una sola sílaba evitando la introducción de un hiato.

antiguo uniforme	tribu europea
buey	u hoy
cambiáis	Uruguay
cambiéis	y aullar
salió huyendo	y Europa
tribu auténtica	y hoy

Sinéresis/Sinalefa[23] ▣

1. Pronuncie las siguientes palabras o secuencias con sinéresis/sinalefa, procurando pronunciar la secuencia vocálica en una sola sílaba evitando la introducción de un hiato.

peaje	sé honrar
come otro	poeta
cae	coma otro
cacao	vendrá él
habló él	ahogar
loará	sale otro
reúne	egoísta
canté himnos	vende uvas
enseño alemán	habló el jefe
crea	aéreo

Hiato natural[24] 🅴

1. Pronuncie las siguientes palabras o
   secuencias con hiato, procurando
   pronunciar la secuencia vocálica en dos
   sílabas separadas sin introducción de
   un golpe de glotis [ʔ].

tío	continúa	hacía
vía	geología	búho
día	mío	púa
fíe	río	vacío

Materiales en línea

1. ◀⁙ Ejemplos de fusión vocálica entre
   dos palabras (el Cuadro 12.1).

2. ◀⁙ Ejemplos de fusión/secuencia
   vocálica en la misma palabra.

3. ◀⁙ Ejemplos de fusión/secuencia
   vocálica con tres vocales homólogas.

4. ◀⁙ Ejemplos de golpe de glotis entre
   vocales homólogas en inglés.

5. ◀⁙ Ejemplos de diptongos crecientes (el
   Cuadro 12.6).

6. ◀⁙ Ejemplos de diptongos crecientes
   con dos vocales altas.

7. ◀⁙ Ejemplos de diptongos decrecientes
   (el Cuadro 12.9).

8. ◀⁙ Ejemplos de triptongos (el Cuadro
   12.11).

9. ◀⁙ Contraste entre diptongos y vocales
   plenas en español.

10. ◀⁙ Ejemplos de la aplicación de la regla
    del archifonema /J/.

11. ◀⁙ Ejemplos de diptongación con
    las conjunciones {y} y {u} (el Cuadro
    12.16).

12. ◀⁙ Ejemplos de la distinción entre
    vocales plenas y diptongos (el Cuadro
    12.17).

13. ◀⁙ Ejemplos de sinéresis y sinalefa (el
    Cuadro 12.20).

14. ◀⁙ Ejemplos de sinéresis y sinalefa con
    dos vocales no altas (el Cuadro 12.21).

15. ◀⁙ Ejemplos de sinéresis y sinalefa con
    una vocal no alta y una vocal alta y
    tónica (el Cuadro 12.22).

16. ◀⁙ Ejemplos de sinéresis y sinalefa de la
    Fig. 12.23.

17. ◀⁙ Ejemplos de combinaciones de tres
    o cuatro vocales en una sola sílaba.

18. ◀⁙ Ejemplos de hiato natural.

19. ◀⁙ La palabra {peor} pronunciada con
    diptongo, sinéresis y hiato.

20. 🅴 Ejercicios de pronunciación: la
    fusión vocálica.

21. 🅴 Ejercicios de pronunciación: los
    diptongos.

22. 🅴 Ejercicios de pronunciación: los
    triptongos.

23. 🅴 Ejercicios de pronunciación: la
    sinéresis/sinalefa.

24. 🅴 Ejercicios de pronunciación: el hiato
    natural.

SECCIÓN V

Los fonemas consonánticos y sus sonidos

Capítulos 13–17

Con las vocales ya estudiadas, se puede proseguir a un estudio de las consonantes. Los capítulos de esta sección tratan cada fonema consonántico del español según sus características fonológicas desde las siguientes perspectivas: la oposición, la frecuencia, la distribución y la fonotáctica. También se presentan los detalles articulatorios, acústicos y auditivos de cada uno de sus alófonos. Siguiendo el modelo de la sección anterior, en estos capítulos se presentan pistas pedagógicas y consejos prácticos dirigidos al estudiante del español para la adquisición de una buena pronunciación. Se incluyen también notas sobre las principales variaciones dialectales. Al final de cada capítulo, se encuentran ejercicios que le ayudarán al estudiante a incorporar esas pistas y consejos en su pronunciación.

Los fonemas oclusivos

El español tiene seis fonemas oclusivos. Los fonemas oclusivos son /p b t d k g/. Este capítulo comienza con una presentación general de las características fonológicas de los fonemas oclusivos. Presenta luego las características fonéticas generales de los alófonos de los fonemas oclusivos, que incluyen tanto alófonos oclusivos como alófonos fricativos. Sigue un análisis de cada fonema oclusivo. En ese análisis se presentan los datos fonológicos y fonéticos de cada fonema. Incluye también claves para el anglohablante en la adquisición de una buena pronunciación de los alófonos de los fonemas oclusivos del español.

Características generales de los fonemas oclusivos

Los fonemas oclusivos presentan características generales en cuanto a los fenómenos de la oposición, la distribución y la fonotáctica. Los fonemas oclusivos son muy frecuentes,

representando el 19,2% de los fonemas de la cadena hablada.

La oposición entre los fonemas oclusivos

Los seis fonemas oclusivos se dividen en dos series según el estado de las cuerdas vocales; es decir, son sordos los fonemas /p t k/ y sonoros los fonemas /b d g/. Los seis fonemas oclusivos se dividen en tres series según el lugar de articulación: es decir, son bilabiales los fonemas /p b/, son dentales los fonemas /t d/ y son velares los fonemas /k g/. Todos los fonemas oclusivos se oponen entre sí según demuestran los dados en el Cuadro 13.1.[1] ◄⦂

La distribución alofónica de los fonemas oclusivos

La distribución de alófonos de los fonemas oclusivos depende del estado de las cuerdas vocales: es decir, hay una regla para los

13.1 Pares mínimos que demuestran oposiciones entre los fonemas oclusivos del español en posición inicial de palabra y en posición inicial de sílaba interior de palabra.

Representación ortográfica	Representación fonética	Representación ortográfica	Representación fonética
{pala}	[pála]	{sepa}	[sépa]
{tala}	[tála]	{seta}	[séta]
{cala}	[kála]	{seca}	[séka]
{bala}	[bála]	{ceba}	[séβa]
{dala}	[dála]	{seda}	[séða]
{gala}	[gála]	{sega}	[séɣa]

fonemas sordos y otra regla para los fonemas sonoros.

La regla de distribución para los fonemas oclusivos sordos es complementaria y se basa en la posición silábica del fonema. De modo general los fonemas oclusivos sordos se realizan como un alófono oclusivo pleno, es decir, una producción que contiene los elementos de intensión, tensión y distensión: [p t k]. Sin embargo, cuando el fonema oclusivo sordo se da en posición silábica implosiva, se realiza como un alófono oclusivo sin distensión, cuyo símbolo fonético es [p̚] o [t̚] o [k̚]. Estos alófonos ocurren en las palabras {apto} [áp̚to], {étnico} [ét̚niko] y {acto} [ák̚to].[2]◀ En todos estos casos, no hay ninguna distensión del alófono oclusivo sordo en posición final de sílaba. La regla de distribución complementaria se expresa de la forma siguiente:

$$/ptk/ \longrightarrow [p̚t̚k̚] \;/\; \_\_\$$$
$$[ptk] \;/\; e.l.d.l.$$

La regla de distribución para los fonemas oclusivos sonoros es la regla complementaria número uno del Capítulo 9. La distribución de alófonos de los fonemas oclusivos sonoros depende de lo que precede al fonema. Se repite aquí esa regla:

$$/bdg/ \longrightarrow [bdg] \Big/ {/\_\_ \atop N\_\_}$$
$$[d] \;/\; L\_\_$$
$$[βðɣ] \;/\; e.l.d.l.$$

Cuando los fonemas /b d g/ ocurren después de pausa o después de una consonante nasal, los fonemas se realizan mediante sus alófonos oclusivos [b d g]. Además, el fonema /d/ también se realiza mediante su alófono oclusivo después del fonema lateral. En todos los demás contextos, los fonemas oclusivos sonoros se realizan mediante sus alófonos fricativos [β ð ɣ]. Este proceso es una asimilación convergente que se llama **fricativización** que resulta de un proceso general de **relajamiento** consonántico.

La fonotáctica de los fonemas oclusivos

Los fonemas oclusivos se dan tanto en posición fonotáctica inicial como también en posición fonotáctica final. Sin embargo, las reglas fonológicas y las realizaciones fonéticas de los fonemas oclusivos en posición inicial son muy diferentes de las de los mismos fonemas en posición final.

Todos los fonemas oclusivos se dan tanto en posición inicial de palabra como en posición inicial de sílaba interior de palabra. Por lo tanto, hay oposición entre todos los fonemas oclusivos en posición inicial. En posición inicial, los fonemas oclusivos serán seguidos o de una vocal (ej. [kása]) o de una líquida, es decir, /l/ o /ɾ/ (ej. [kláse]). El 96,9% de las ocurrencias de los fonemas oclusivos en español se dan en posición inicial. De los fonemas oclusivos en posición inicial, el 89,8% ocurre ante vocal y el 10,2% ante líquida. De los fonemas oclusivos en posición inicial, el 44,1% ocurre en posición inicial de palabra y el 55,9% en posición inicial de sílaba interior de palabra.

Como grupo, los fonemas oclusivos son escasos en posición final. De hecho, solo el 3,1% de las ocurrencias de los fonemas oclusivos se da en esa posición. En cuanto a la posición final hay que diferenciar entre posición final de palabra y final de sílaba interior de palabra.

En posición final de palabra, como ya se expuso en el Capítulo 10, el único fonema oclusivo que se da sistemáticamente es el fonema /d/, que representa el 4,9% de las ocurrencias del fonema /d/ en español. Los únicos ejemplos de palabras que terminan en uno de los otros fonemas oclusivos son préstamos de otros idiomas, por ejemplo: /tóp/ {top}, /ʃalét/ {chalet}, /bisték/ {bistec}, /klúb/ {club} y /sigság/ {zigzag}.

En posición final de sílaba interior de palabra, la situación es más compleja y hay tres factores que considerar. Primero, los fonemas oclusivos aparecen poco en posición implosiva interior de palabra; de hecho, entre todas las ocurrencias de los fonemas oclusivos, solo el 2,0% aparece en esa posición. Segundo, para que una consonante se encuentre en posición implosiva dentro de una palabra, es necesario que haya una secuencia de dos consonantes como en las palabras {apto, étnico, actual, abdominal, administrar, agnóstico}, etc. Es de notar que estas palabras son cultismos, es decir, palabras eruditas que no pasaron por la evolución histórica del idioma. Los procesos de evolución prefirieron la eliminación o simplificación de secuencias consonánticas internas. De esa manera, la palabra latina *fac-tum* llegó a ser *he-cho* en español y la palabra latina *ob-scu-rus* llegó a ser *os-cu-ro* en español. Tercero, la posición silábica implosiva en español es una posición débil. Esto se ve en la variedad dialectal que se da en esa posición en que suelen ocurrir distintos tipos de neutralización. El hecho es que hay escasos ejemplos de oposición entre fonemas oclusivos en posición implosiva como en [ap̚to] y [ak̚to].

La neutralización de los fonemas oclusivos en posición silábica implosiva

El hecho de que los fonemas oclusivos ocurran escasamente en posición silábica implosiva, da lugar a dos tipos de neutralización parcial que ocurren solamente en ese contorno.

El primer tipo de neutralización es la que ocurre entre los fonemas oclusivos sordos: /p t k/. Para algunos hablantes de distintos dialectos, se borra la distinción del lugar de articulación y los hablantes, según su dialecto o idiolecto, producen [sep̚tjémbre], [set̚jémbre] o [sek̚tjémbre].[3] ◀⧏

El segundo tipo de neutralización es la que ocurre entre los pares sordos y sonoros en los tres lugares de articulación: /p b/, /t d/, /k g/. Estas neutralizaciones no forman parte de la norma culta, sin embargo, para algunos hablantes se borra la distinción del estado de las cuerdas vocales, y los hablantes, según su dialecto o idiolecto, producen [áp̚nea] o [áβnea], [arit̚métika] o [ariðmétika] y [ték̚niko] o [téɣniko].[3] ◀⧏

Examinadas las características fonológicas generales de los fonemas oclusivos, se pasa ahora a una presentación de las características generales de sus alófonos, tanto oclusivos como fricativos.

Características generales de los alófonos oclusivos

Como toda consonante, los alófonos oclusivos se definen por tres rasgos: el modo de articulación, el lugar de articulación y el estado de las cuerdas vocales.

El modo de articulación

Los pasos en la articulación de los alófonos oclusivos son un poco diferentes según la posición del sonido en la sílaba, sea inicial o final de sílaba.

Posición inicial de sílaba

Los sonidos oclusivos, como todos los sonidos, tienen tres fases en su producción: la intensión, la tensión y la distensión, como se ve en la Fig. 13.2.

En los sonidos oclusivos, la fase intensiva se lleva a cabo mediante la cerrazón completa del canal articulatorio. La cerrazón completa ocurre por dos factores. Primero, el velo del paladar se levanta, adhiriéndose a la pared faríngea e impidiendo la salida de aire por las fosas nasales, produciendo así un sonido totalmente oral. Segundo, hay un cierre total entre dos órganos articulatorios dentro de la boca, según el lugar de articulación. Es por esa cerrazón u oclusión que esta clase de consonantes recibe su nombre.

Durante la fase tensiva, se mantienen las cerrazones formadas en la intensión, pero se aumenta la presión del aire atrapado detrás de la cerrazón. Esto se lleva a cabo cuando el hablante emplea los músculos intercostales y el diafragma para empujar contra los pulmones. Es la disminución del volumen de una cantidad fija de aire atrapado, lo que produce el aumento de presión.

13.2 La producción de un sonido oclusivo con sus tres fases: intensión, tensión y distensión.

La fase distensiva comienza cuando se suelta la oclusión entre los dos órganos articulatorios, creando la salida repentina de una corriente de aire en que el aire sale de la boca en busca de equilibrio de presión. Debido a esa salida súbita, que es en efecto una explosión, estos sonidos también se llaman explosivos. El sonido de una oclusiva es pues *momentáneo*, porque el sonido causado por el escape del aire no se puede prolongar. Esta descripción del modo de articulación vale tanto para el español como para el inglés.

Posición final de sílaba

Como ya se ha demostrado, los sonidos oclusivos no se dan en posición final de palabra y se dan con muy poca frecuencia en posición final de sílaba interior de palabra. Cuando un sonido oclusivo aparece en esa posición, por la fonotáctica, siempre le sigue una consonante.

La producción del sonido oclusivo en posición final de sílaba se produce sin distensión. Es decir, la oclusiva final de sílaba comienza con una cerrazón o intensión seguida de un aumento de presión o tensión, pero no hay ni explosión ni distensión. Lo que ocurre es que se mantiene la presión al transferir el posicionamiento de los órganos articulatorios en preparación para la consonante que sigue como demuestra la Fig. 13.3.

El lugar de articulación

Los lugares de articulación de los alófonos oclusivos del español son bilabial [p b], **dental** [t d] y velar [k g]. En inglés [p b] y [k g] tienen los mismos lugares de articulación que en español, es decir, bilabial y velar. El lugar de articulación de los sonidos [t d] en inglés, sin embargo, es diferente, siendo **alveolar**.

Es importante destacar, sin embargo, más detalles con respecto al lugar de articulación de los alófonos [t d] al comparar los dos idiomas. El inglés tiene una articulación apicoalveolar, en que el ápice de la lengua se encorva dándose contra los alvéolos. En español, en contraste, la articulación es apicodental-laminoalveolar. Al pronunciar [t d] en español, la lengua se extiende para adelante: el ápice empuja contra la parte superior de la cara interior de los dientes superiores y la lámina mantiene un contacto a lo largo de los alvéolos.

Es de notarse que se emplean los mismos símbolos [t d] tanto para el inglés, cuya articulación exclusiva es apicoalveolar, como para el español, cuya articulación exclusiva es **apicodental-laminoalveolar**. En la lingüística, se permite el empleo de los mismos símbolos debido al hecho de que no existe ningún idioma que contraste las dos articulaciones de [t].

El estado de las cuerdas vocales

La acción de las cuerdas vocales en la pronunciación de los alófonos oclusivos depende de dos factores: primero, la posición silábica de la oclusiva, sea explosiva o implosiva; y segundo, si la oclusiva es sonora o sorda. Las diferencias entre las varias posibilidades radican en torno al **inicio de la vibración laríngea** (inglés: *Voice-Onset Time—VOT*). Esto se refiere al momento preciso en que empieza la vibración de las cuerdas vocales en relación con el momento en que se suelta la oclusión bucal. Se puede medir en un sonograma el inicio de la vibración laríngea (VOT). Si la vibración comienza después de la abertura bucal, el VOT tiene un valor (número) positivo, que es la medida en milisegundos de la tardanza hasta que entren en vibración las cuerdas

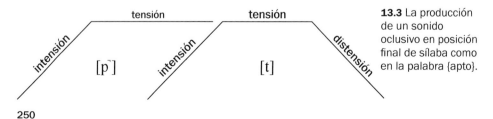

13.3 La producción de un sonido oclusivo en posición final de sílaba como en la palabra {apto}.

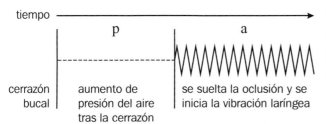

13.4 Representación temporal de los pasos para la articulación de una oclusiva sorda en posición inicial de sílaba seguida de una vocal en español.

vocales. Si la vibración comienza antes de la abertura, el VOT tiene un valor (número) negativo, que es la medida en milisegundos de la anticipación de la vibración de las cuerdas vocales antes de la abertura bucal. Si la vibración comienza simultáneamente con la abertura, el VOT tiene un valor de cero.

Las oclusivas sordas en posición inicial de sílaba

En posición inicial de sílaba el inicio de la vibración de las cuerdas vocales de las oclusivas sordas del español es simultáneo con la abertura bucal.

Como demuestra la Fig. 13.4, el proceso de la articulación de una oclusiva sorda inicial comienza con una cerrazón bucal seguida de un aumento de la presión del aire atrapado tras la cerrazón bucal. Después, simultáneamente, se suelta la oclusión bucal y se inicia la vibración de las cuerdas vocales, lo que comienza la producción de la siguiente vocal. En otras palabras, el VOT es cero. El modelo presentado aquí para el sonido [p] vale también para los sonidos [t] y [k].

Los pasos en la producción de una oclusiva sorda inicial del español difieren mucho de los pasos de una oclusiva sorda del inglés. El sonido oclusivo sordo inglés que ocurre en posición inicial se destaca por su **aspiración** o **sonorización retardada**, como demuestra la Fig. 13.5. En otras palabras, el VOT tiene un valor positivo. Esa aspiración es, en efecto, un período sordo de la siguiente vocal.

Es importante entender lo que produce la aspiración de los sonidos oclusivos sordos iniciales del inglés para poder evitar esa aspiración en la pronunciación del español. Debido a que la lengua y los labios se preparan para la producción de la vocal que sigue aun durante la cerrazón de la oclusiva, la aspiración resulta ser un período sordo de la vocal que sigue. El modelo presentado en la Fig. 13.5 para el sonido [p^h] vale también para los sonidos [t^h] y [k^h].

Se puede sentir fácilmente la diferencia entre los modelos del sonido español [p] y el sonido inglés [p^h] al poner la mano frente a la boca y decir [pa] y [p^{h}a]. En español apenas se siente la salida de aire al abrir la boca; en inglés se siente un fuerte soplo de aire. La diferencia radica en el hecho de que se requiera más gasto de aire para producir un sonido sordo, como es el comienzo de una vocal inglesa después de una oclusiva sorda.[4] 🎥

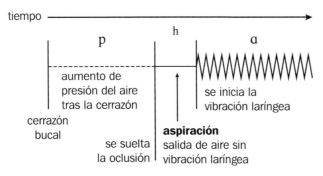

13.5 Representación temporal de los pasos para la articulación de una oclusiva sorda en posición inicial de sílaba seguida de una vocal en inglés.

251

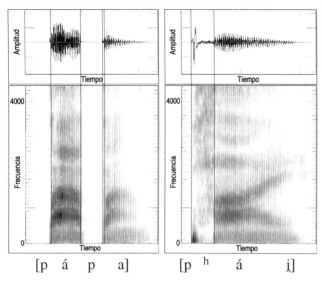

13.6 Forma de onda y sonograma de la articulación de la palabra española [pápa] {papa} y la palabra inglesa [pháɪ̯] {pie}.

[p á p a]   [p h á ɪ̯]

La Fig. 13.6 contiene las formas de onda y sonogramas de la palabra española [pápa] {papa} y de la palabra inglesa [pháɪ̯] {pie}.[5] ◀≶ Se puede observar que el VOT entre la consonante [p] y la vocal [a] en la palabra española {papa} es insignificante: 7 milisegundos. Por otro lado, el VOT entre la consonante [p] y la vocal [a] en la palabra inglesa {pie} es notable: 97 milisegundos. Los datos de los sonogramas de ese fenómeno indican que el VOT para los sonidos oclusivos sordos del español corre en una gama de 0 ms. a 15 ms., en cuanto el VOT para los sonidos oclusivos sordos de inglés corre en una gama de 60 ms. a 100 ms.

Vale examinar más a fondo la diferencia entre el español y el inglés en cuanto a lo que ocurre en la transición entre una consonante oclusiva sorda y el comienzo de la vocalización de la siguiente vocal. La Fig. 13.7 contiene una ampliación de las formas de onda de la Fig. 13.6 que demuestran esas transiciones en más detalle. En la Fig. 13.7 se nota que en español la onda sonora comienza con un estallido de la oclusiva que dura 7 ms. y que en seguida sigue la vocal sonora. En inglés el estallido dura 27 ms. y le sigue un período de aspiración que dura 70 ms. Esa aspiración es, en efecto, un segmento sordo de la siguiente vocal. Si descontamos el estallido de las estadísticas del VOT, el ejemplo del español tiene un VOT de 0 ms. y el inglés, un VOT de 70 ms. Lo que se demostró aquí

Español

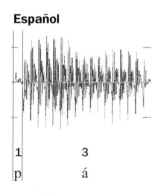

1   3

p   á

1 Estallido
2 Aspiración (vocal sorda)
3 Vocal (sonora)

Inglés

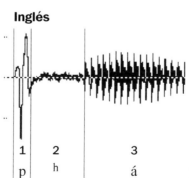

1   2   3

p   h   á

13.7 Las formas de onda de la transición entre una oclusiva sorda y una vocal en español y en inglés.

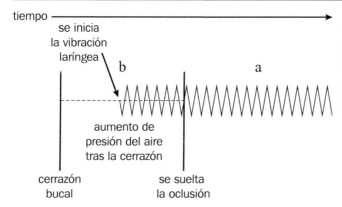

tiempo

se inicia
la vibración
laríngea

b   a

aumento de
presión del aire
tras la cerrazón

cerrazón   se suelta
bucal   la oclusión

13.8 Representación temporal de los pasos para la articulación de una oclusiva sonora en posición inicial de sílaba seguida de una vocal, indicando la presonorización típica del español.

para la realización del [p] español y del [pʰ] inglés en posición inicial de sílaba, vale también para la realización del [t] español y del [tʰ] inglés y para la realización del [k] español y del [kʰ] inglés. En general, el VOT aumenta a medida de que el lugar de articulación sea más posterior; es decir, el VOT suele ser menos en una consonante bilabial y más en una consonante velar.

Las oclusivas sonoras en posición inicial de sílaba

En posición inicial de sílaba el comienzo de la vibración laríngea de las oclusivas sonoras del español ocurre bien antes del comienzo del escape del aire.

Como demuestra la Fig. 13.8, el proceso de la articulación de una oclusiva sonora inicial del español comienza con una cerrazón bucal seguida de un aumento de la presión del aire atrapado tras la cerrazón bucal. Durante el aumento de la presión del aire, aun con la boca cerrada, se inicia la vibración de las cuerdas vocales, lo que produce un sonido sonoro audible de poca duración. Ese sonido es el mismo para todos los lugares de articulación, pues resulta de la vibración de las cuerdas vocales mientras se fuerza el aire por las mismas al aumentar la presión del aire atrapado en el canal articulatorio mediante la reducción del volumen de los pulmones. Siendo así, ese sonido sonoro no se puede prolongar, ya que una vez que se haya llegado a una igualdad de la presión de aire entre las cavidades infraglótica y supraglótica, no puede haber paso de aire para accionar las cuerdas vocales. Una vez que se

suelta la oclusión, se comienza de inmediato la producción de la vocal sonora que sigue. El modelo presentado en la Fig. 13.8 para el sonido [b], con una fuerte **presonorización** o **sonorización anticipada**, vale también para los sonidos [d] y [g].

Los pasos en la producción de una oclusiva sonora en inglés exhiben más variabilidad de lo que ocurre en español. En cuanto las oclusivas sonoras de los dos idiomas suelen tener un valor negativo de VOT, los valores del VOT en inglés pueden llegar hasta cero, lo que es imposible en español, siendo el valor de cero un valor que en español representa un sonido sordo. Entre los hablantes de inglés, entonces, existe gran variabilidad del grado de presonorización de las oclusivas sonoras: para algunas articulaciones o hablantes, el VOT es cero o un poco negativo; para otros el VOT es bastante negativo, con hasta 150 ms. de presonorización. El modelo de la Fig. 13.9 demuestra la secuencia de eventos para la producción del sonido [b] en inglés con poca presonorización. Lo que se ha dicho para [b], vale también para los sonidos [d] y [g].

La Fig. 13.10 contiene las formas de onda y sonogramas de la palabra española [bén] {ven} y de la palabra inglesa [bén] {Ben}.[6] ◄⧸ Se puede observar que el VOT entre la consonante [b] y la vocal [é] en la palabra española {ven} es considerable: −154 ms. Por otro lado, el VOT entre la consonante [b] y la vocal [é] en la palabra inglesa {Ben} es mínimo: 5 ms. Los datos de los sonogramas de ese fenómeno indican que el VOT para los sonidos oclusivos sonoros de español corre en una gama de

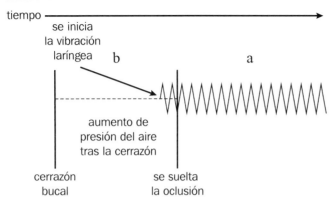

13.9 Representación temporal de los pasos para la articulación de una oclusiva sonora en posición inicial de sílaba seguida de una vocal del inglés, indicando un mínimo de presonorización con respecto al español.

−150 ms. a −100 ms., en cuanto el VOT para los sonidos oclusivos sonoros de inglés corre en una gama de −150 ms. a 0 ms.

Vale anticipar un comentario sobre la percepción de la distinción entre oclusivas sordas y sonoras en español e inglés. En español [p t k] y [b d g] se distinguen en posición inicial de sílaba por la presencia o ausencia de presonorización: es decir, si hay presonorización, el sonido se percibe como sonoro; en la ausencia de presonorización, el sonido se percibe como sordo. En inglés [p t k] y [b d g] se distinguen en posición inicial de sílaba por la presencia o ausencia de aspiración: es decir, si hay aspiración, el sonido se percibe como sordo; en la ausencia de aspiración, el sonido se percibe como sonoro.

Características generales de los alófonos fricativos

Como toda consonante, los alófonos fricativos se definen por los tres rasgos de modo de articulación, lugar de articulación y estado de las cuerdas vocales.

El modo de articulación

Los sonidos fricativos, como todos los sonidos, suelen tener tres fases en su producción: la intensión, la tensión y la distensión como demuestra la Fig. 13.11.

En los sonidos fricativos, la fase intensiva se lleva a cabo mediante la formación de un estrechamiento en el canal bucal, sin

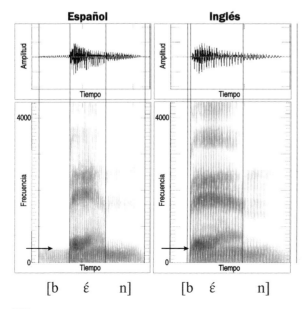

13.10 Forma de onda y sonograma de la articulación de la palabra española [bén] {ven} y la palabra inglesa [bén] {Ben}. Las flechas indican las zonas de presonorización.

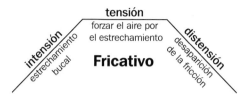

13.11 La producción de un sonido fricativo con sus tres fases: intensión, tensión y distensión.

que se llegue a cerrar por completo el canal articulatorio. Al mismo tiempo, el velo del paladar se levanta, adhiriéndose a la pared faríngea, impidiendo la salida de aire por las fosas nasales, produciendo así un sonido totalmente oral.

En la fase tensiva, se fuerza el aire por el estrechamiento cuando el hablante emplea los músculos intercostales y el diafragma para empujar contra los pulmones. Esa acción aumenta la presión del aire detrás del estrechamiento que restringe el paso del aire. El sonido se produce por la fricción entre las moléculas de aire al pasar por el estrechamiento. Es por esa fricción que esta clase de consonantes recibe su nombre. El sonido de una fricativa es pues continuo, por que el sonido causado por el escape del aire por el estrechamiento sí se puede prolongar.

En la fase distensiva desaparece la fricación de las moléculas de aire. Esto puede ocurrir por tres motivos. El primero ocurre cuando la boca se abre al final de la producción de la fricativa. Esto pasa cuando se le sigue una vocal (por ejemplo [áða]). El segundo ocurre cuando la boca se cierra al final de la producción fricativa. Esto pasa cuando se le sigue otra consonante (por ejemplo [aðkirír]). El tercero ocurre cuando simplemente se deja de forzar el aire por el estrechamiento. Esto pasa cuando la fricativa aparece ante pausa (por ejemplo [séð]).[7] ◀₵

El lugar de articulación

Los lugares de articulación de los alófonos fricativos de los fonemas oclusivos del español son bilabial [β], interdental [ð] y velar [ɣ]. De estos tres sonidos, solo la fricativa interdental tiene un equivalente en inglés, fenómeno que se comentará con más detalles más adelante.

El estado de las cuerdas vocales

Todos los sonidos fricativos que son alófonos de fonemas oclusivos son sonoros.

Los fonemas oclusivos

En esta sección se presentarán los detalles fonológicos y fonéticos de cada uno de los seis fonemas oclusivos: /p t k b d g/. La presentación se hará fonema por fonema.

El fonema /p/

En relación con los demás fonemas oclusivos, el fonema /p/ comparte el rasgo de lugar de articulación con la consonante /b/. Comparte el rasgo del estado de las cuerdas vocales con las consonantes /t/ y /k/.

La fonología del fonema /p/

El fonema /p/ se opone a los demás fonemas oclusivos /t k b d g/ como se ejemplifica con la serie [póse tóse kóse bóse dóse góse]. El fonema /p/ es el décimo-quinto fonema más frecuente del español con un porcentaje de frecuencia del 2,6% del total de los fonemas. Hay una correspondencia exacta entre el grafema {p} y el fonema /p/.

Como ya se expuso, el fonema /p/ tiene una distribución complementaria con dos alófonos. Su alófono principal es el sonido oclusivo bilabial sordo pleno [p], que ocurre en posición inicial de sílaba. El fonema /p/ también tiene otro alófono poco frecuente: el sonido oclusivo bilabial sordo sin distensión [p̚], que ocurre en posición final de sílaba.

Fonotácticamente, el fonema /p/ se da casi exclusivamente en posición inicial de sílaba: el 99,7% de las ocurrencias de /p/ se dan en esa posición, mientras que solo el 0,3% de las ocurrencias de /p/ se dan en posición final de sílaba, casi todos ellos en posición final de sílaba interior de palabra. Los pocos casos de extranjerismos en que el fonema /p/ se da en posición final de palabra son estadísticamente irrelevantes. El Cuadro 13.12 indica los porcentajes de

	Contexto fonotáctico	Ejemplo	Porcentaje
__$	posición final de sílaba interior de palabra	{ap-to}	0,3%
#__V	posición inicial de palabra ante vocal	{par-te}	53,4%
#__C	posición inicial de palabra ante líquida	{plan}	10,4%
$__V	posición inicial de sílaba interior de palabra ante vocal	{a-par-te}	28,1%
$__C	posición inicial de sílaba interior de palabra ante líquida	{a-plas-tar}	7,8%

13.12 Porcentajes de ocurrencia del fonema /p/ en sus distintos contornos fonológicos.

ocurrencia del fonema /p/ en sus distintos contornos fonológicos.

La fonética del alófono [p]

La articulación del sonido [p] comienza mediante una cerrazón de los labios al mismo tiempo que el velo del paladar se mantiene adherido a la pared faríngea. Formada la oclusión, se aumenta la presión del aire atrapado mediante la compresión de los pulmones. Al abrirse los labios, se produce una pequeña explosión de aire; las cuerdas vocales comienzan a vibrarse simultáneamente con la abertura. La Fig. 13.13 demuestra la posición articulatoria para el sonido [p]. Vale observar que la posición de la lengua y de los labios durante la tensión del sonido [p] varían según la vocal que sigue.

Acústicamente, el alófono [p], como los demás alófonos oclusivos sordos, se destaca

13.13 La posición articulatoria del sonido [p]. La posición de la lengua varía con la vocal o consonante que le sigue.

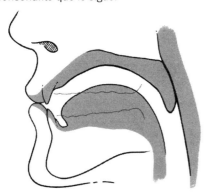

por un período de silencio. Como ya se expuso en el Capítulo 6, se distingue el lugar de articulación por las transiciones de los formantes vocálicos que precedan o sucedan al sonido oclusivo. Ante el sonido [p], se ve una bajada en la frecuencia del segundo formante en la transición entre la vocal y la consonante. Después del sonido [p], se observa el segundo formante sube en la transición hacia la vocal o líquida. Esos patrones se ven en el sonograma del sonido [p] intervocálico en la Fig. 13.14. Se puede notar también la ausencia de una aspiración entre el período de silencio y el comienzo de la vocal que sigue. Esa ausencia de aspiración se ve tanto en el [p] inicial como también en el [p] intervocálico.

Auditivamente, el sonido [p] se reconoce como oclusivo por la ausencia de un estímulo acústico durante unos milisegundos. Se reconoce que es un sonido bilabial por la señal de las transiciones de los formantes de las vocales adyacentes. Se reconoce que es un sonido sordo, a diferencia de un sonido sonoro, por la falta de las estrías de sonorización.

La fonética del alófono [p̚]

El alófono [p̚] ocurre solamente en posición final de sílaba interior de palabra; por eso, siempre le sigue otra consonante al inicio de la sílaba siguiente. La articulación del sonido [p̚], igual que el sonido [p], comienza mediante una cerrazón de los labios al mismo tiempo que el velo del paladar se mantiene adherido a la pared faríngea. Las semejanzas entre los dos sonidos, sin embargo, terminan con la intensión. Formada la oclusión, se aumenta muy poco la presión del aire

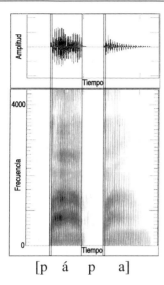

[p á p a]

13.14 Forma de onda y sonograma de la articulación del sonido español [p].

atrapado durante la tensión del sonido [p˺]; el verdadero aumento de presión ocurre durante la fase tensiva de la consonante que siempre le sigue. El sonido [p˺] no tiene distensión, pues la poca tensión adquirida durante su formación no se suelta, sino que se transfiere a la creciente tensión del sonido siguiente.

Acústica y auditivamente, el alófono [p˺], como los demás alófonos oclusivos sordos, se destaca por un período de silencio. La presencia de un sonido oclusivo bilabial se distingue solamente por las transiciones del primero y del segundo formantes de la vocal precedente. Ese patrón se ve en el sonograma del sonido [p˺] en la Fig. 13.15. Es de notar, sin embargo, que la transición del sonido [t] hacia la vocal siguiente es diferente, lo que refleja el cambio del lugar de la oclusión a una posición dental.

Notas dialectales

La variación dialectal de los alófonos del fonema /p/ es mínima. Los pocos casos que existen, tienen que ver con el principio de la neutralización de las oclusivas sordas en posición implosiva ya presentado. La neutralización de los fonemas oclusivos sordos es una práctica no aconsejable para el estudiante.

Pistas pedagógicas

El estudiante anglohablante del español tiende a aplicar al español la regla complementaria del fonema /p/ del inglés. La regla del inglés para el fonema /p/ tiene tres alófonos:

$$/p/ \longrightarrow [p^h] \ / \ \$\_\_$$
$$[p] \ / \ \$s\_\_$$
$$[p˺] \ / \ \_\_C_0\$$$

La regla del inglés indica que en posición inicial, se produce la variante aspirada ya descrita como en las palabras [ˈpʰɪn] {pin} o [aˈpʰɑl] {appall}. Indica que el sonido [p], es decir, la consonante oclusiva bilabial sorda, con distensión y sin aspiración, ocurre solamente después de la consonante /s/ inicial de sílaba como en la palabra [ˈspɪn] {spin}. El alófono sin distensión, es decir, [p˺], ocurre en posición final de sílaba, sin o con otra consonante intermedia, como en las palabras [ˈnæp˺] {nap} o [ˈæp˺tʰ] {apt}.[8]

La regla de distribución del fonema /p/ del inglés crea un gran problema de interferencia negativa para el anglohablante que estudia español. Aunque el sonido español de [p] sí existe en inglés, se da en inglés

13.15 Forma de onda y sonograma de la articulación del sonido español [p˺].

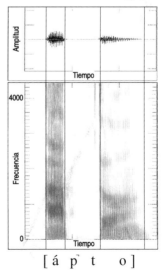

[á p˺ t o]

solamente en una posición fonotáctica prohibida en español. La tendencia natural del anglohablante es la de producir la variante aspirada siempre en posición inicial de sílaba, siguiendo el modelo presentado en la Fig. 13.5. El anglohablante tiene que evitar la sonorización retardada de las oclusivas sordas y aprender a hacer vibrar las cuerdas vocales en el mismo instante de la abertura bucal, siguiendo el modelo presentado en la Fig. 13.4. El anglohablante tiende a percibir el sonido [p] del español como el sonido [b] del inglés presentado en la Fig. 13.9, debido a la falta de aspiración.

Pedagógicamente, la posición final no presenta ningún problema para el anglohablante por dos motivos. Primero, el fonema /p/ es muy infrecuente en esa posición. Segundo, cuando sí aparece, sigue el mismo modelo que en inglés.

Consejos prácticos

En cuanto a los alófonos del fonema /p/, el estudiante que aprende español debe recordar que en español:

- No hay aspiración del sonido [p] en posición inicial de sílaba.

El estudiante debe reconocer que es la posición inicial donde tiene que concentrar sus esfuerzos. En esa posición no puede producir la aspiración o sonorización retardada. Tiene que entrenarse a hacer vibrar las cuerdas vocales en el mismo instante de la abertura bucal. El estudiante puede verificar si lo hace bien o no al producir palabras con /p/ inicial con una hoja de papel frente a la boca. Si salta el papel, se produjo un sonido con aspiración.

El fonema /t/

En relación con los demás fonemas oclusivos, el fonema /t/ comparte el rasgo de lugar de articulación con la consonante /d/. Comparte el rasgo del estado de las cuerdas vocales con las consonantes /p/ y /k/.

La fonología del fonema /t/

El fonema /t/ se opone a los demás fonemas oclusivos /p k b d g/ como se ejemplifica con la serie [póse tóse kóse bóse dóse góse]. El fonema /t/ es el séptimo fonema más frecuente del español con un porcentaje de frecuencia del 4,6% del total de los fonemas. Hay una correspondencia exacta entre el grafema {t} y el fonema /t/.

Como ya se expuso, el fonema /t/ tiene una distribución complementaria con dos alófonos. Su alófono principal es el sonido oclusivo dental sordo pleno [t], que ocurre en posición inicial de sílaba. El fonema /t/ también tiene otro alófono poco frecuente: el sonido oclusivo dental sordo sin distensión [t̚], que ocurre en posición final de sílaba.

Fonotácticamente, el fonema /t/ se da casi exclusivamente en posición inicial de sílaba: el 99,9% de las ocurrencias de /t/ se dan en esa posición, mientras que solo el 0,1% de las ocurrencias de /t/ se dan en posición final de sílaba, todos ellos en posición final de sílaba interior de palabra y ninguno en posición final de palabra. El Cuadro 13.16 indica los porcentajes de ocurrencia del fonema /t/ en sus distintos contornos fonológicos.

La fonética del alófono [t]

La articulación del sonido [t] comienza mediante una cerrazón formada por el ápice de la lengua contra la cara interior de los dientes superiores. La lámina de la lengua también mantiene contacto a lo largo de los alvéolos y el velo del paladar se mantiene adherido a la pared faríngea. Se puede decir, entonces, que el sonido es, en realidad, un sonido apicodental-laminoalveolar. Formada la oclusión, se aumenta la presión del aire atrapado. Al abrir el contacto entre la lengua y los dientes y alvéolos, se produce una pequeña explosión de aire; las cuerdas vocales comienzan a vibrarse simultáneamente con la abertura de la boca en el paso al siguiente sonido. La Fig. 13.17 demuestra la posición articulatoria para el sonido [t]. Vale observar que la posición de la lengua y de los labios durante la tensión del sonido [t] varía según la vocal que sigue.

Acústicamente, el alófono [t], como los demás alófonos oclusivos sordos, se destaca por un período de silencio. Como ya se expuso en el Capítulo 6, se distingue el lugar

Contexto fonotáctico		Ejemplo	Porcentaje
__$	posición final de sílaba interior de palabra	{at-le-ta}	0,1%
#__V	posición inicial de palabra ante vocal	{tan-to}	19,3%
#__C	posición inicial de palabra ante vibrante simple	{tren}	3,3%
$__V	posición inicial de sílaba interior de palabra ante vocal	{a-ta-que}	68,3%
$__C	posición inicial de sílaba interior de palabra ante vibrante simple	{a-trás}	9,0%

13.16 Porcentajes de ocurrencia del fonema /t/ en sus distintos contornos fonológicos.

de articulación por las transiciones de los formantes de las vocales que precedan o sucedan al sonido oclusivo. Ante el sonido [t], se ve que la frecuencia del segundo formante en la transición entre la vocal y la consonante se mantiene estable. Después del sonido [t], se observa que la frecuencia del segundo formante en la transición hacia la vocal o vibrante simple también se mantiene estable o se baja un poco. Estos patrones se ven en el sonograma del sonido [t] en la Fig. 13.18.

Auditivamente, el sonido [t] se reconoce como oclusivo por la ausencia de un estímulo acústico durante unos milisegundos. Se reconoce que es un sonido dental por la señal de las transiciones de los formantes vocálicos vecinos. Se reconoce que es un sonido sordo, a diferencia de un sonido sonoro, por la falta de las estrías de sonorización.

13.17 La posición articulatoria del sonido [t].

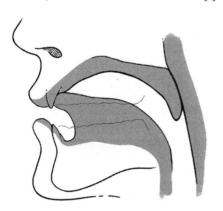

La fonética del alófono [t̚]

El alófono [t̚] ocurre solamente en posición final de sílaba interior de palabra; por eso, siempre le sigue otra consonante al inicio de la sílaba siguiente. La articulación del sonido [t̚] comienza con la misma cerrazón que el sonido [t]. Las semejanzas entre los dos sonidos, sin embargo, terminan con la intensión. Formada la oclusión, se aumenta muy poco la presión del aire atrapado durante la tensión del sonido [t̚]; el verdadero aumento de presión ocurre durante la fase tensiva de la consonante nasal o lateral que le sigue. El sonido [t̚] no tiene distensión, pues la poca tensión adquirida

13.18 Forma de onda y sonograma de dos articulaciones del sonido español oclusivo dental sordo [t].

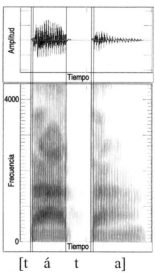

[t   á   t   a]

durante su formación no se suelta, sino que se transfiere a la creciente tensión del sonido siguiente.

Acústica y auditivamente, el alófono [t̚], como los demás alófonos oclusivos sordos, se destaca por un período de silencio. La presencia de un sonido oclusivo dental se distingue solamente por las transiciones del primero y del segundo formantes de la vocal precedente. Ese patrón se ve en el sonograma del sonido [t̚] en la Fig. 13.19.

Notas dialectales

La variación dialectal de los alófonos del fonema /t/ es mínima. Los pocos casos que existen, tienen que ver con el principio de la neutralización de las oclusivas sordas en posición implosiva ya presentado, una práctica no aconsejable para el estudiante.

Pistas pedagógicas

El estudiante anglohablante del español tiende a aplicar al español la regla complementaria del fonema /t/ del inglés, que tiene la distribución más compleja de todos los fonemas del inglés. La regla del inglés para el fonema /t/ tiene seis alófonos. La regla indica que cuando el fonema /t/ aparece entre una vocal tónica y otra vocal, se realiza como una vibrante simple como en las palabras ['sɪɾi] {city} o ['maɪɾi] {mighty}. También se produce una vibrante simple entre una vocal tónica y lo que resulta en una líquida silábica como en las palabras ['lɪɾl̩] {little} y ['bʌɾɭ̍] {butter}. El inglés emplea una vibrante simple retrofleja [ɽ] entre el fonema /r/ y una vocal como en las palabras ['pʰɑɻɻi] {party} o ['θɻɻi] {thirty}. Ante una nasal alveolar silábica se produce comúnmente un golpe de glotis, como en las palabras ['bʌʔn̩] {button} o ['kʰɪʔn̩] {kitten}.[9] ◀⁞

Los demás alófonos del inglés son análogos a los del fonema /p/. La regla indica que en posición inicial, se produce la variante aspirada ya descrita como en las palabras ['tʰejk̚] {take} o [ə'tʰæk̚] {attack}. Pero esa variante también se produce en posición final de palabra tras oclusiva como en las palabras ['stæmp̚tʰ] {stamped} o ['æk̚tʰ] {act}. Indica además que el sonido [t], es decir, la consonante oclusiva dental sorda, con distensión y sin aspiración, ocurre solamente después de la consonante /s/ inicial de sílaba como en la palabra ['stejk] {steak, stake}. El alófono sin distensión, es decir, [t̚], ocurre en posición final de sílaba, sin otra consonante intermedia o con una, como en las palabras ['næt̚] {gnat} o ['fɪt̚] {fit}. La regla se expone de la siguiente manera:[9] ◀⁞

13.19 Forma de onda y sonograma de la articulación del sonido español oclusivo dental sordo sin distensión [t̚].

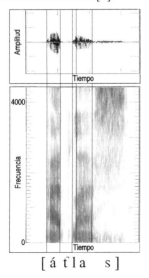

[á t̚ l a   s]

$$/t/ \longrightarrow [ɾ] \Big/ \begin{matrix} \acute{V}\_V \\ \acute{V}\_\left\{\begin{matrix}ɭ̍\\l̩\end{matrix}\right\} \end{matrix}$$

$$[ɽ] \ / \ ɻ\_V$$

$$[ʔ] \ / \ \_n̩$$

$$[tʰ] \Big/ \begin{matrix} \$\_ \\ C_{oclusiva}\_\# \end{matrix}$$

$$[t] \ / \ \$s\_$$

$$[t̚] \ / \ \_C_0\$$$

La regla de distribución del fonema /t/ del inglés crea varios problemas de interferencia negativa para el anglohablante que estudia español. El primer problema es que el sonido [t] del español, como ya se ha comentado antes, es dental y no alveolar como el sonido [t] del inglés. La Fig. 13.20 contrasta la configuración articulatoria del sonido [t] dental del español con el sonido [t] alveolar del inglés. A pesar de que hay contacto entre la lengua y los alvéolos en ambos idiomas, se puede observar que la conformación articulatoria del sonido [t] en los dos idiomas es muy distinta. En español la lengua se extiende hacia adelante y el ápice de la lengua toca la cara interior de los dientes incisivos superiores, lo que resulta en un contacto apicodental-laminoalveolar. En inglés, la lengua no se adelanta tanto, resultando en un contacto apicoalveolar sin que la lengua toque los dientes incisivos.

El segundo problema es análogo a la situación del fonema /p/. Aunque el sonido español de [t] sí existe en inglés, ocurre en inglés solamente en una posición fonotáctica prohibida en español. Por ejemplo, en la palabra inglesa [ˈsteɪk] {steak, stake} el sonido [t] no tiene aspiración; es decir, tiene un VOT de cero, igual que en español, pero ese alófono solo se da en una posición fonotáctica que es imposible en español. La tendencia natural del anglohablante es la de producir la variante aspirada siempre en posición inicial de sílaba. El anglohablante tiende a decir *[tʰenéɾ] en vez de [tenéɾ],

puesto que la regla inglesa produce una consonante aspirada en posición inicial de sílaba. El anglohablante tiene que evitar la sonorización retardada de las oclusivas sordas y aprender a hacer vibrar las cuerdas vocales en el mismo instante de la abertura bucal, produciendo así un sonido que al oído del anglohablante parece representar más bien el fonema /d/.

El tercer problema que tiene el anglohablante en cuanto al fonema /t/ es la tendencia de producir el sonido [ɾ] cuando el fonema aparece en posición intervocálica. De esa forma, el anglohablante tiende a pronunciar la palabra {cata} con vibrante simple, y el hispanohablante entenderá la palabra {cara}. En este caso, el anglohablante tiene que aprender a producir una consonante oclusiva dental, lo que requiere un mayor detenimiento de la lengua contra los dientes de lo que ocurre contra los alvéolos en la producción del vibrante simple [ɾ] del inglés.

El cuarto problema que tiene el anglohablante referente al fonema /t/ es la tendencia de producir un golpe de glotis [ʔ] en posición final de sílaba ante consonante nasal. Por ejemplo, la palabra [at̚mósfeɾa] {atmósfera} debe de producirse con una oclusiva dental sin distensión y no con un golpe de glotis, lo que sería la tendencia inglesa.

El quinto problema que tiene el anglohablante referente al fonema /t/ es la tendencia de producir un africado palatal

13.20 La posición articulatoria del sonido [t] del español en contraste con el sonido [t] del inglés.

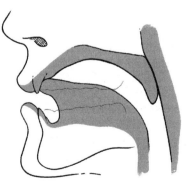

[t] dental del español

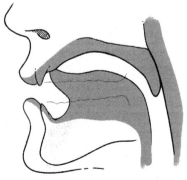

[t] alveolar del inglés

sordo [ʧ] ante la semiconsonante inglesa [j] como en las secuencias {natural} [ˈnæʧərəɫ] or {not you} [nɑˈʧuʊ̯]. La palatalización al sonido [ʧ] en estas secuencias ocurre por motivo del sonido [j] en la vocal [juʊ̯]. En español, por ejemplo, la palabra [naturál] {natural} debe de producirse con una oclusiva dental.[10] ◀≲

El alófono [ɻ] no presenta un problema para el anglohablante que estudia español, debido a que el fonema /t/ del español nunca seguirá al sonido retroflejo aproximante [ɹ]. Pedagógicamente, la posición final tampoco presenta un problema para el anglohablante por dos motivos. Primero, es muy raro que haya un /t/ en esa posición. Segundo, cuando sí aparece, sigue el mismo modelo que el inglés.

Consejos prácticos

En cuanto a los alófonos del fonema /t/, el estudiante que aprende español debe recordar que en español:

- El lugar de articulación de los alófonos de /t/ es apicodental-laminoalveolar.
- No hay aspiración en el sonido [t] en posición inicial de sílaba.
- No se produce nunca en español el sonido [ɾ] como alófono de /t/.
- No se produce nunca en español el sonido [ʔ] como alófono de /t/.
- No se produce nunca en español el sonido [ʧ] como alófono de /t/.

El estudiante debe asegurarse de que el lugar de articulación del sonido [t] sea dental y no alveolar como el inglés. La producción de ese sonido con modo de articulación alveolar señala para el hispanohablante un acento extranjero.

El estudiante debe reconocer que es la posición inicial donde tiene que concentrar sus esfuerzos. En esa posición no puede producir la aspiración o sonorización retardada. Tiene que entrenarse a hacer vibrar las cuerdas vocales en el mismo instante de la abertura bucal. El estudiante puede verificar si lo hace bien o no al producir palabras con /t/ inicial con una hoja de papel frente a la

boca. Si salta el papel, se produjo un sonido con aspiración.

El producir el sonido [ɾ] para el fonema /t/ es propio del inglés. El aplicar esta regla al español es una transferencia negativa que puede producir por un lado simplemente un acento extranjero. Por otro lado la aplicación de la regla inglesa al español puede resultar en un malentendido. Por ejemplo, si el anglohablante realiza la palabra {cata} como [kʰáɾə], el hispanohablante entenderá la palabra {cara}. Si el anglohablante realiza la palabra {foto} como [fóʊ̯roʊ̯], el hispanohablante entenderá la palabra {foro}. Si el anglohablante realiza la palabra {meta} como *[méɾə], el hispanohablante entenderá la palabra {mera}.[11] ◀≲

El producir el sonido [ʔ] para el fonema /t/ es propio del inglés. El aplicar esta regla al español es una transferencia negativa que también produce un acento extranjero. Cuando el fonema /t/ ocurre en posición implosiva el anglohablante debe recordar que la solución fonética propia del español es la de producir una articulación oclusiva dental sin distensión.

El fonema /k/

En relación con los demás fonemas oclusivos, el fonema /k/ comparte el rasgo de lugar de articulación con la consonante /g/. Comparte el rasgo del estado de las cuerdas vocales con las consonantes /p/ y /t/.

La fonología del fonema /k/

El fonema /k/ se opone a los demás fonemas oclusivos /p t b d g/ como se ejemplifica con la serie [póse tóse kóse bóse dóse góse]. El fonema /k/ es el octavo fonema más frecuente del español con un porcentaje de frecuencia del 4,4% del total de los fonemas. El fonema /k/ corresponde a los grafemas indicados en el Cuadro 13.21.

Como ya se expuso, el fonema /k/ tiene una distribución complementaria con dos alófonos. Su alófono principal es el sonido oclusivo velar sordo pleno [k], que ocurre en posición inicial de sílaba. El fonema /k/ también tiene otro alófono poco frecuente:

Grafema	Contexto	Ejemplos
{c}	• ante las vocales no anteriores, o sea {a o u} • en posición inicial de sílaba ante líquida • en posición final de sílaba ante consonante	caso, cosa, cuyo clase, credo acto, acción
{qu}	ante las vocales anteriores, o sea {i e} núcleos de sílaba	quise, queso
{x}=[ks]	*hay una sección en el Capítulo 14 que comenta este grafema	exacto, examen
{k}	en palabras de fuente extranjera	kilo, kermés

13.21 La correspondencia grafémica del fonema /k/.

el sonido oclusivo velar sordo sin distensión [k˺], que ocurre en posición final de sílaba.

Fonotácticamente, el fonema /k/ se da mayormente en posición inicial de sílaba: el 92,7% de las ocurrencias de /k/ se dan en esa posición, mientras que el 7,3% de las ocurrencias de /k/ se dan en posición final de sílaba, todos ellos en posición final de sílaba interior de palabra y ninguno en posición final de palabra. El Cuadro 13.22 indica los porcentajes de ocurrencia del fonema /k/ en sus distintos contornos fonológicos.

El hecho de que el 7,3% de las ocurrencias del fonema /k/ se den en posición final de sílaba es sorprendente al comparar el porcentaje con la frecuencia de ocurrencia de los otros fonemas oclusivos sordos en esa misma posición: el 0,3% en el caso del fonema /p/ y el 0,1% en el caso del fonema /t/. En parte esto se debe a la alta frecuencia de la secuencia /ks/ representado ortográficamente por {x} que es responsable por el 3,0% de las ocurrencias del fonema /k/. Las otras secuencias más comunes son /kt/ como en la palabra {acto} que representa el 3,4% del total y /ks/ como en la palabra

{acción} que representa el 0,7% del total. Las demás posibilidades representan solo el 0,2% del total, lo que es comparable con la frecuencia de ocurrencia de los demás fonemas oclusivos sordos en posición final de sílaba.

La fonética del alófono [k]

La articulación del sonido [k] comienza mediante una cerrazón formada por el posdorso de la lengua contra el velo del paladar al mismo tiempo que el velo del paladar se mantiene adherido a la pared faríngea. Formada la oclusión, se aumenta la presión del aire atrapado. Al abrirse la cerrazón, se produce una pequeña explosión de aire; las cuerdas vocales comienzan a vibrarse simultáneamente con la abertura de la boca. La Fig. 13.23 demuestra la posición articulatoria para el sonido [k]. Vale observar que el punto de contacto entre la lengua y el velo puede ser más anterior en el caso de [kíse] o más posterior en el caso de [kúpo].

Acústicamente, el alófono [k], como los demás alófonos oclusivos sordos, se destaca

13.22 Porcentajes de ocurrencia del fonema /k/ en sus distintos contornos fonológicos.

	Contexto fonotáctico	Ejemplo	Porcentaje
__$	posición final de sílaba interior de palabra	{ak-to}	7,3%
#__V	posición inicial de palabra ante vocal	{ca-pa}	56,7%
#__C	posición inicial de palabra ante líquida	{cre-ma}	3,5%
$__V	posición inicial de sílaba interior de palabra ante vocal	{a-quí}	30,1%
$__C	posición inicial de sílaba interior de palabra ante líquida	{an-cla}	2,4%

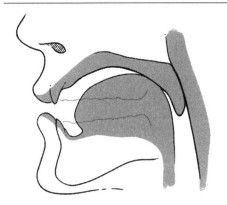

13.23 La posición articulatoria del sonido [k]. La posición exacta del contacto velar varía según la vocal que sigue.

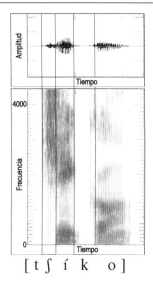

[t ʃ í k o]

13.24 Forma de onda y sonograma de la articulación del sonido español [k].

por un período de silencio. Como ya se expuso en el Capítulo 6, se distingue el lugar de articulación por las transiciones del primero y del segundo formantes de las vocales que precedan o sucedan al sonido oclusivo. Ante el sonido [k], se ve una convergencia del segundo y tercer formantes a causa de una bajada de este y una subida de aquel. Después del sonido [k], se observa una divergencia del segundo y tercer formantes de la siguiente vocal o líquida a causa de una subida de este y una bajada de aquel. Estos patrones se ven en el sonograma del sonido [k] en la Fig. 13.24.

Auditivamente, el sonido [k] se reconoce como oclusivo por la ausencia de un estímulo acústico durante unos milisegundos. Se reconoce que es un sonido velar por la señal de las transiciones de los formantes vocálicos. Se reconoce que es un sonido sordo, a diferencia de un sonido sonoro, por la falta de las estrías de sonorización.

La fonética del alófono [k̚]

El alófono [k̚] ocurre solamente en posición final de sílaba interior de palabra ante obstruyentes con la excepción de /s/, o ante nasales, por eso, siempre le sigue otra consonante al inicio de la sílaba siguiente. La articulación del sonido [k̚], igual que el sonido [k], comienza mediante una cerrazón del posdorso de la lengua contra el velo del paladar al mismo tiempo que el velo del paladar se mantiene adherido a la pared

faríngea. Las semejanzas entre los dos sonidos, sin embargo, terminan con la intensión. Formada la oclusión, se aumenta muy poco la presión del aire atrapado durante la tensión del sonido [k̚]; el verdadero aumento de presión ocurre durante la fase tensiva de la consonante que siempre le sigue. El sonido [k̚] no tiene distensión, pues la poca tensión adquirida durante su formación no se suelta, sino que se transfiere a la creciente tensión del sonido siguiente.

Acústica y auditivamente, el alófono [k̚], como los demás alófonos oclusivos sordos, se destaca por un período de silencio. La presencia de un sonido oclusivo velar se distingue por las transiciones del segundo y del tercer formantes de la vocal precedente que se juntan al aproximarse a la consonante. Ese patrón se ve en el sonograma del sonido [k̚] en la Fig. 13.25. Durante la cerrazón, el punto de articulación se transfiere del velo del paladar a los alvéolos, y se puede observar que la transición de la oclusiva a la vocal final es una que indica una transición a una consonante dental.

Notas dialectales

La variación dialectal de los alófonos del fonema /k/ es mínima. Los pocos casos que existen, tienen que ver con el principio

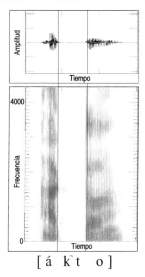

[á k̚ t o]

13.25 Forma de onda y sonograma de la articulación del sonido español [k̚].

de la neutralización de las oclusivas sordas en posición implosiva ya presentado, una práctica no aconsejable para el estudiante.

Pistas pedagógicas

El estudiante anglohablante de español tiende a aplicar al español la regla complementaria del fonema /k/ del inglés. La regla del inglés para el fonema /k/ tiene tres alófonos:

$$/k/ \longrightarrow \begin{array}{ll} [k^h] & / \; \$\_\_ \\ [k] & / \; \$s\_\_ \\ [k̚] & / \; \_\_C_0\$ \end{array}$$

La regla del inglés indica que en posición inicial, se produce la variante aspirada ya descrita como en las palabras ['kʰɪn] {kin} o [ə'kʰɪn] {akin}. La regla indica que el sonido [k], es decir, la consonante oclusiva velar sorda, con distensión y sin aspiración, ocurre solamente después de la consonante /s/ inicial de sílaba como en la palabra ['skɪn] {skin}. El alófono sin distensión, es decir, [k̚], ocurre en posición final de sílaba, sin otra consonante intermedia o con una,

como en las palabras ['næk̚] {knack} o ['æk̚tʰ] {act}.[12] ◀≲

La regla de distribución del fonema /k/ del inglés crea un gran problema de interferencia negativa para el anglohablante que estudia español. Aunque el sonido español de [k] sí existe en inglés, ocurre en inglés solamente en una posición fonotáctica prohibida en español. La tendencia natural del anglohablante es la de producir la variante aspirada siempre en posición inicial de sílaba. El anglohablante tiene que evitar la sonorización retardada de las oclusivas sordas y aprender a hacer vibrar las cuerdas vocales en el mismo instante de la abertura bucal, produciendo así un sonido que al oído del anglohablante parece representar más bien al fonema /g/.

Pedagógicamente, la posición final no presenta ningún problema para el anglohablante. Cuando aparece, sigue el mismo modelo que en inglés.

Consejos prácticos

En cuanto a los alófonos del fonema /k/, el estudiante que aprende español debe recordar que en español:

- El sonido [k] no se aspira en posición inicial de sílaba.

El estudiante debe reconocer que es la posición inicial donde tiene que concentrar sus esfuerzos. En esa posición no puede producir la aspiración o sonorización retardada. Tiene que entrenarse a hacer vibrar las cuerdas vocales al mismo instante de la abertura bucal. El estudiante puede verificar si lo hace bien o no al producir palabras con /k/ inicial poniendo una hoja de papel frente a la boca. Si salta el papel, se produjo un sonido con aspiración.

El fonema /b/

En relación con los demás fonemas oclusivos, el fonema /b/ comparte el rasgo de lugar de articulación con la consonante /p/. Comparte el rasgo del estado de las cuerdas vocales con las consonantes /d/ y /g/.

La fonología del fonema /b/

El fonema /b/ se opone a los demás fonemas oclusivos /p t k d g/ como se ejemplifica con la serie [póse tóse kóse bóse dóse góse]. El fonema /b/ es el décimo-sexto fonema más frecuente del español con un porcentaje de frecuencia del 2,3% del total de los fonemas. Hay dos grafemas {b, v} que corresponden indistintamente al fonema /b/. El hecho de que estos dos grafemas no representen dos fonemas distintos se comprueba con el hecho de que existen las siguientes frases para discriminar entre los dos grafemas:

$$/b/ \longrightarrow [b] \ / \frac{/\_}{N\_}$$
$$[\beta] \ / \ e.l.d.l.$$

Fonotácticamente, el fonema /b/ se da casi exclusivamente en posición inicial de sílaba: el 98,8% de las ocurrencias de /b/ se dan en esa posición, mientras que solo el 1,2% de las ocurrencias de /b/ se dan en posición final de sílaba, todos ellos en posición final de sílaba interior de palabra. Los escasos casos de extranjerismos en que el fonema /b/ se da en posición final de palabra son estadísticamente irrelevantes. El Cuadro 13.26 indica los porcentajes de ocurrencia del fonema /b/ en sus distintos contornos fonológicos.

{b}	[be] de *burro*
	[be] larga
	[be] grande
{v}	[be] de *vaca*
	[be] corta
	[be] chica

Si existieran dos fonemas distintos, no habría necesidad de esas frases calificadoras para los nombres de las dos letras.

Como ya se expuso, el fonema /b/ tiene una distribución complementaria con dos alófonos. Sus alófonos son el sonido oclusivo bilabial sonoro [b], que ocurre después de pausa y después de nasal y el sonido fricativo bilabial sonoro [β], que ocurre en los demás lugares.

La fonética del alófono [b]

La articulación del sonido [b] comienza mediante una cerrazón de los labios al mismo tiempo que el velo del paladar se mantiene adherido a la pared faríngea. Formada la oclusión, se aumenta la presión del aire atrapado. Al abrirse los labios, se produce una pequeña explosión de aire. La Fig. 13.27 demuestra la posición articulatoria para el sonido [b]. Vale observar que la posición de la lengua y de los labios durante la tensión del sonido [b] varían según la sonido que le sigue.

Según la regla de distribución complementaria del fonema /b/, el sonido oclusivo [b] aparece después de pausa o después de nasal. Cuando aparece después de nasal, como en las frases {en vano} [ẽmbáno]

13.26 Porcentajes de ocurrencia del fonema /b/ en sus distintos contornos fonológicos.

Contexto fonotáctico		Ejemplo	Porcentaje
__$	posición final de sílaba interior de palabra	{ab-so-lu-to}	1,2%
#__V	posición inicial de palabra ante vocal	{bar-ko}	32,4%
#__C	posición inicial de palabra ante líquida	{blan-co}	0,7%
$__V	posición inicial de sílaba interior de palabra ante vocal	{a-ba-ní-co}	52,3%
$__C	posición inicial de sílaba interior de palabra ante líquida	{a-blan-dar}	13,4%

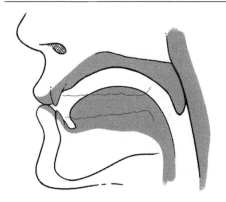

13.27 La posición articulatoria del sonido [b]. La posición de la lengua varía con la vocal o consonante que le sigue.

o {en blanco} [ẽmbláŋko], las cuerdas vocales vibran a lo largo de la articulación de la nasal y continúan vibrando durante todas las fases de la oclusiva bilabial. La vibración continúa en la transición a la vocal o consonante líquida que le sigue. Cuando aparece después de pausa, como en la frase {¡Vaya!} [bája] o {brisa} [bɾísa], la articulación comienza con una cerrazón bilabial, lo que no produce ningún sonido. Las cuerdas vocales, sin embargo, comienzan a vibrarse unos milisegundos antes de la abertura y la vibración continúa por la vocal o consonante líquida que le sigue. El sonograma de la Fig. 13.28 demuestra la vibración de las cuerdas vocales en estas dos circunstancias.[13] ◀⧸

Acústicamente, el alófono [b], como los demás alófonos oclusivos sonoros, se destaca por un corto período de poca energía acústica. De hecho, la única energía observable se encuentra al pie del sonograma y corresponde a la vibración de las cuerdas vocales; arriba de esa banda de sonoridad no hay energía acústica significativa. Cuando se da después de una pausa,

hay un período de silencio; los labios forman la cerrazón; y las cuerdas vocales entran en vibración unos milisegundos antes de la abertura bucal. Cuando se da después de una nasal, la vibración de las cuerdas vocales durante la producción de la nasal continúa durante la cerrazón, durante la explosión del sonido [b] y durante la siguiente vocal o líquida. Como ya se expuso en el Capítulo 6, se distingue el lugar de articulación por las transiciones de los formantes vocálicos adyacentes al sonido oclusivo. Después del sonido [b], se observa un aumento en la frecuencia del segundo formante en la transición hacia la vocal o líquida. Esos patrones se ven en el sonograma del sonido [b] en la Fig. 13.28.

Auditivamente, el sonido [b] se reconoce como oclusivo por un mínimo de estímulo acústico durante unos milisegundos, que corresponde a la vibración de las cuerdas vocales con la boca cerrada. Se reconoce que es un sonido bilabial por la señal de las transiciones de los formantes de la vocal siguiente. Se reconoce que es un sonido sonoro, a diferencia de un sonido sordo, por la sonorización que ocurre durante la cerrazón.

La fonética del alófono [β]

El alófono [β] ocurre "en los demás lugares", es decir, en toda posición menos tras pausa y tras nasal. Debido a que se da en

13.28 Forma de onda y sonograma de la articulación del sonido español [b] al comienzo de la palabra {bebé} y en la frase {en vano}.

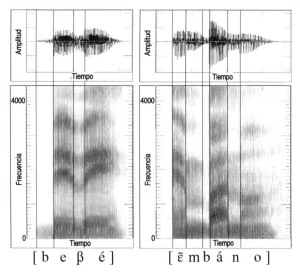

[b e β é]   [ẽ m b á n o]

un contexto fonológico menos restringido, resulta ser el alófono más frecuente del fonema /b/. El alófono [β] suele causar problemas para el anglohablante porque el sonido no existe en inglés.

Articulatoriamente, el alófono [β] se difiere del alófono [b] en que no ocurre nunca una cerrazón; es decir, durante su articulación, los labios se aproximan, pero nunca se tocan. En esa aproximación, baja el labio superior al mismo tiempo que sube el labio inferior. La Fig. 13.29 demuestra la configuración articulatoria del sonido [β].

Acústicamente, el alófono [β], como los demás alófonos fricativos sonoros, se destaca por un período de energía acústica atenuada. El sonido [β] solamente se da entre sonidos sonoros; el resultado es que la sonorización continúa a través del sonido fricativo. Como ya se expuso en el Capítulo 6, se distingue el lugar de articulación por las transiciones de los formantes vocálicos que precedan y/o sucedan al sonido fricativo. Ante el sonido [β], se ve una bajada en la frecuencia del segundo formante en la transición entre la vocal y la consonante. Después del sonido [β], se observa que sube el segundo formante en la transición hacia la vocal o líquida. Esos patrones se ven en el sonograma del sonido [β] en la Fig. 13.30 [14] ◀≶

Auditivamente, el sonido [β] se reconoce como fricativo por la fricción que se percibe entre los sonidos vocálicos o sonorantes adyacentes, sonidos que presentan armónicos.

13.29 La posición articulatoria del sonido [β].

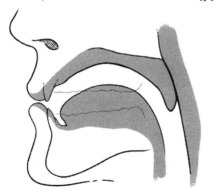

Notas dialectales

Existen tres tipos principales de variación a la norma referentes al fonema /b/:

1. la falta de la aplicación global de la regla de distribución complementaria [b]/[β];

2. la realización de un sonido cuasifricativo bilabial [$^\beta$];

3. la realización de un sonido fricativo labiodental [v].

Debido a la complejidad y rapidez de todos los movimientos físicos necesarios para producir el habla, pueden darse, en distintos momentos, muchas realizaciones fuera de la norma y un sinfín de matices. Las variaciones que se producen pueden cambiarse de dialecto en dialecto, de registro en registro, de estilo en estilo, de hablante en hablante. El estudiante, sin embargo, debe adherirse a los patrones normales panhispánicos que se aceptan como habla culta en todas las regiones.

El primer tipo de variación tiene que ver con el hecho de que, como toda regla, la aplicación de la regla de distribución complementaria presentada en este libro no sea absoluta. Es decir, por ejemplo, hay

13.30 Forma de onda y sonograma de la articulación del sonido español [β] en la palabra {ave}.

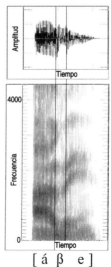

[á β e]

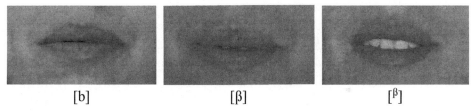

[b]   [β]   [ᵝ]

13.31 Fotografías de la posición articulatoria de los labios en la producción de [b], [β] y [ᵝ].

regiones en que una realización oclusiva aparece con frecuencia para el fonema /b/ sobre todo después de los fonemas /l/ y /R/ como [álba] o [árbol]. Sin embargo, la regla presentada especifica la pronunciación panhispánica que será aceptada en todo lugar.

El segundo tipo de variación tiene que ver con la realización relajada del sonido fricativo encontrado en ciertos dialectos en el habla rápida. Esa variación [ᵝ] se denomina una cuasifricativa o aproximante. Se realiza con más separación de los labios; la separación es tanta que no se produce la fricación normal. La Fig. 13.31 demuestra la posición de los labios comparando la oclusiva [b] con la fricativa [β] y la cuasifricativa [ᵝ]. Se puede observar en la foto de la oclusiva [b] que los labios están totalmente cerrados. En la foto de la fricativa [β], se ve que entre el estrechamiento formado por los labios se pueden ver los dientes. Esa abertura mínima permite la fricción típica del sonido [β]. La última foto demuestra la posición de los labios en la producción de la cuasifricativa [ᵝ]. La boca está tan abierta porque la [ᵝ] se produjo entre la vocal [a] y la vocal [e] en una pronunciación rápida. En la pronunciación cuasifricativa, la posición de los labios depende mucho de las vocales que la rodean; en efecto, la cuasifricativa o aproximante resulta de un esfuerzo mínimo de reducir la abertura entre los labios, creando una ligera separación consonántica en la transición de la vocal antecedente a la vocal subsiguiente.

La diferencia de abertura bucal afecta también la onda sonora como se puede ver en la Fig. 13.32, que compara la forma de onda y el sonograma del sonido fricativo con el sonido cuasifricativo.[15] ◀ Al examinar las diferencias acústicas entre el sonido fricativo [β] y el sonido cuasifricativo [ᵝ], se notan dos diferencias importantes. Primero,

hay una diferencia en la duración del sonido. La fricativa dura más tiempo porque simplemente lleva más tiempo mover los labios a una posición más cerrada que hacer el esfuerzo mínimo de comenzar tal movimiento. Segundo, hay una diferencia en el espectro de los dos sonidos. Durante la producción de la fricativa, el primer formante cae precipitadamente, indicando el carácter cerrado del sonido; además, durante la producción de la consonante [β], los formantes apenas se ven en la transición entre el segundo formante de cada vocal y el tercer formante de cada vocal respectivamente. En contraste, durante la producción de la cuasifricativa, el primer formante no cae del todo y se pueden ver claramente los formantes vocálicos durante la transición consonántica.

13.32 Forma de onda y sonograma de la articulación del sonido español fricativo [β] y cuasifricativo [ᵝ] en la palabra {ave}.

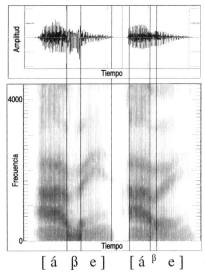

[á β e] [á ᵝ e]

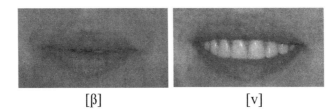

[β]   [v]

13.33 Fotografías de la posición articulatoria de los labios en la producción de [β] y [v].

El tercer tipo de variación tiene que ver con la realización de una variante fricativa labiodental, que ocurre principalmente en zonas en que el español se halla en contacto con un idioma que sí tiene el fonema /v/ y en zonas donde existe una pedantería impuesta basada en la lengua escrita. La Fig. 13.33 demuestra el estrechamiento bilabial del sonido [β] y labiodental del sonido [v].

Pistas pedagógicas

El estudiante anglohablante de español tiende a aplicar al español la regla de distribución única de los fonemas distintos /b/ y /v/ del inglés, como demuestra el par mínimo {ban} [bæn] y {van} [væn]. Es decir, tiende a producir siempre el alófono oclusivo [b] para el grafema {b} y el alófono fricativo [v] para el grafema {v}, imaginándose que haya una oposición entre unos fonemas /b/ y /v/ en español como lo hay en inglés. Muy al contrario, sin embargo, el estudiante tiene que reconocer que los grafemas {b} y {v} representan un único fonema /b/ en español. Este problema se resume en el Cuadro 13.34.

Una segunda tendencia del anglohablante es la de producir siempre el alófono oclusivo [b], siguiendo la regla de distribución única del fonema /b/ del inglés. El estudiante tiene que reconocer que el fonema /b/ tiene

una distribución complementaria con dos alófonos en español: el alófono oclusivo [b] y el alófono fricativo [β].

Una tercera tendencia del anglohablante es la de producir el alófono fricativo [v] en vez del alófono fricativo [β]. Esto se debe al hecho de que el sonido [v] existe en inglés en cuanto que el sonido [β] no existe. El estudiante tiene que aprender a producir el sonido [β].

También hay que recordar que cuando el sonido se da después de una pausa, hay que haber una fuerte presonorización como se ve en la Fig. 13.8. Esto es importante para que haya una buena distinción fonética entre [pán] y [bán] sin que se recurra a la aspiración típica del inglés para los sonidos oclusivos sordos en posición inicial de sílaba.

Consejos prácticos

En cuanto a los alófonos del fonema /b/, el estudiante que aprende español debe recordar que en español:

- Hay dos alófonos: la oclusiva [b] y la fricativa [β], en distribución complementaria.

- El alófono [β] es una fricativa bilabial, que no debe pronunciarse como fricativa labiodental [v].

- Hay que haber presonorización del sonido [b] en posición inicial de grupo fónico.

El estudiante debe de reconocer las diferencias entre los dos sonidos [β] y [v]; debe aprender a pronunciar bien el sonido [β] y no usar el sonido [v]. Se dan sugerencias para la pronunciación correcta del sonido [β] en el Cuadro 13.35. Al practicar el posicionamiento correcto de los labios,

13.34 El problema grafémico/fonético del fonema /b/ para el anglohablante.

Grafemas	Fonema	Alófonos
{b} {v}	/b/	[b] después de pausa o nasal
		[β] en los demás lugares

[β]	[v]
aproximación bilabial	contacto labiodental
se levanta el labio inferior	se retrae el labio inferior para hacer contacto con los dientes superiores
se baja el labio superior	el labio superior no participa en la producción del sonido

13.35 Las diferencias entre los sonidos [β] y [v].

se sugiere que el estudiante practique la pronunciación del alófono [β] frente a un espejo para que vea su posicionamiento correcto.

El fonema /d/

En relación con los demás fonemas oclusivos, el fonema /d/ comparte el rasgo de lugar de articulación con la consonante /t/. Comparte el rasgo del estado de las cuerdas vocales con las consonantes /b/ y /g/.

La fonología del fonema /d/

El fonema /d/ se opone a los demás fonemas oclusivos /p t k b g/ como se ejemplifica con la serie [póse tóse kóse bóse dóse góse]. El fonema /d/ es el décimo fonema más frecuente del español con un porcentaje de frecuencia del 4,5% del total de los fonemas. Hay un solo grafema {d} que corresponde al fonema /d/.

Como ya se expuso, el fonema /d/ tiene una distribución complementaria con dos alófonos. Sus alófonos son el sonido oclusivo dental sonoro [d], que ocurre después

de pausa, después de nasal y después de lateral; el sonido fricativo interdental sonoro [ð], ocurre en los demás lugares:

$$/d/ \rightarrow [d] \bigg/ \begin{array}{l} /\_\_ \\ N\_\_ \\ L\_\_ \end{array}$$

$$[ð] \ / \ e.l.d.l.$$

Fonotácticamente, el fonema /d/ se da mayormente en posición inicial de sílaba: el 94,8% de las ocurrencias de /d/ se dan en esa posición, mientras que solo el 5,2% de las ocurrencias de /d/ se dan en posición final de sílaba o palabra. El Cuadro 13.36 indica los porcentajes de ocurrencia del fonema /d/ en sus distintos contornos fonológicos.

La fonética del alófono [d]

La articulación del sonido [d] comienza mediante una cerrazón formada por el ápice de la lengua contra la cara interior de los incisivos superiores, la lámina dándose contra los alvéolos al mismo tiempo que el

13.36 Porcentajes de ocurrencia del fonema /d/ en sus distintos contornos fonológicos.

Contexto fonotáctico		Ejemplo	Porcentaje
__$	posición final de sílaba interior de palabra	{ad-mi-tir}	0,3%
__#	posición final de palabra	{sa-lud}	4,9%
#__V	posición inicial de palabra ante vocal	{da-ma}	43,0%
#__C	posición inicial de palabra ante líquida	{dra-ma}	0,1%
$__V	posición inicial de sílaba interior de palabra ante vocal	{na-da}	50,1%
$__C	posición inicial de sílaba interior de palabra ante líquida	{no-dri-za}	1,6%

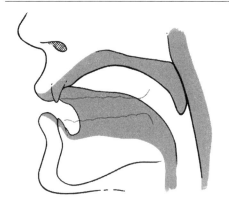

13.37 La posición articulatoria del sonido [d].

velo del paladar se mantiene adherido a la pared faríngea. Se puede decir, entonces, que el sonido es en realidad, un sonido **apicodental-laminoalveolar**. Formada la oclusión, se aumenta la presión del aire atrapado. Al abrirse la cerrazón, se produce una pequeña explosión de aire. La Fig. 13.37 demuestra la posición articulatoria para el sonido [d].

Según la regla de distribución complementaria del fonema /d/, el sonido oclusivo [d] aparece después de pausa, después de nasal o después de lateral. Cuando aparece después de nasal, como en las frases {un don} [ũn̪dón] o {un drama} [ũn̪dráma], las cuerdas vocales vibran a lo largo de la articulación de la nasal y continúan vibrando durante todas las fases de la oclusiva dental. La vibración continúa en la transición a la vocal o vibrante simple que le sigue. Cuando aparece después de pausa, como en la frase {¡Dale!} [dále] o {dragón} [draɣón], la articulación comienza con una cerrazón dental, lo que no produce ningún sonido. Las cuerdas vocales, sin embargo, comienzan a vibrarse unos milisegundos antes de la abertura y la vibración continúa por la vocal o vibrante simple que le sigue. La Fig. 13.38 demuestra la vibración de las cuerdas vocales en esas dos circunstancias.[16] ◀⧏

Acústicamente, el alófono [d], como los demás alófonos oclusivos sonoros, se destaca por un corto período de poca energía acústica. De hecho, la única energía observable se encuentra al pie del sonograma y corresponde a la vibración de las cuerdas vocales; arriba de esa banda de sonoridad no

hay energía acústica significativa. Cuando se da después de una pausa, hay un período de silencio; la lengua forma la cerrazón; y las cuerdas vocales entran en vibración unos milisegundos antes de la abertura bucal. Cuando se da después de una nasal o de una lateral, la vibración de las cuerdas vocales durante la producción de la nasal continúa durante la cerrazón, durante la explosión del sonido [d] y durante la siguiente vocal o vibrante simple. Como ya se expuso en el Capítulo 6, se distingue el lugar de articulación por las transiciones de los formantes vocálicos que sucedan al sonido oclusivo. Después del sonido [d], se observa que sube el segundo formante en la transición hacia la vocal o líquida. Esos patrones se ven en el sonograma del sonido [d] en la Fig. 13.38.

Auditivamente, el sonido [d] se reconoce como oclusivo por un mínimo de estímulo acústico durante unos milisegundos, lo que corresponde a la vibración de las cuerdas vocales con la boca cerrada. Se reconoce que es un sonido dental por la señal de las transiciones de los formantes de la vocal o vibrante simple siguiente. Se reconoce que es un sonido sonoro, a diferencia de un sonido sordo, por la sonorización que ocurre durante la cerrazón.

La fonética del alófono [ð]

El alófono [ð] ocurre "en los demás lugares", es decir, en toda posición menos tras pausa, tras nasal y tras lateral. Debido a que se da en un contexto fonológico menos restringido, resulta ser el alófono más frecuente del fonema /d/. El alófono [ð] suele causar problemas para el anglohablante porque, aunque el sonido existe en inglés, en inglés representa un fonema distinto al fonema /d/.

Articulatoriamente, el alófono [ð] es muy diferente del alófono [d]. En cuanto el alófono [d] es una oclusiva apicodental-laminoalveolar, el alófono [ð] es una fricativa linguointerdental. En la articulación de la fricativa [ð], la lengua se adelanta por entre los dientes y los dientes superiores entran en contacto con la prelámina de la lengua, inmediatamente posterior al ápice. La mandíbula se levanta también para que los dientes

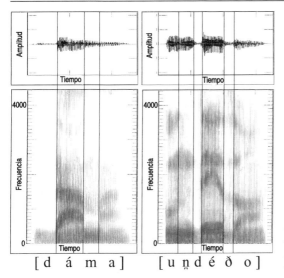

[d   á   m   a]   [u ̯ n̦ d é ð o]

13.38 Forma de onda y sonograma de la articulación del sonido español [d] en la palabra {dama} y en la frase {un dedo}.

del sonido [ð], se observa que la frecuencia del segundo formante en la transición hacia la vocal o vibrante simple también se mantiene estable o se baja un poco. Esos patrones se ven en el sonograma del sonido [ð] en la Fig. 13.40.[17] ◀≶

Auditivamente, el sonido [ð] se reconoce como fricativo por la fricción que se percibe entre los sonidos vocálicos o líquidos, sonidos que presentan armónicos.

inferiores entren en contacto con la parte inferior opuesta de la lengua. La Fig. 13.39 demuestra la configuración articulatoria del sonido [ð].

Acústicamente, el alófono [ð], como los demás alófonos fricativos sonoros, se destaca por un período de energía acústica atenuada. El sonido [ð] solamente se da entre sonidos sonoros; el resultado es que la sonorización continúa a través del sonido fricativo. Como ya se expuso en el Capítulo 6, se distingue el lugar de articulación por las transiciones de los formantes vocálicos que precedan y/o sucedan al sonido [ð]. Ante el sonido [ð], se ve que la frecuencia del segundo formante en la transición entre la vocal y la consonante se mantiene estable. Después

13.39 La posición articulatoria del sonido [ð].

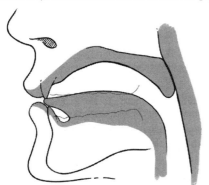

Notas dialectales

Existen tres tipos principales de variación a la norma referentes al fonema /d/:

1. la falta de la aplicación global de la regla de distribución complementaria [d]/[ð];

2. la realización de un sonido cuasifricativo interdental [ð̞];

3. la reducción total a un cero fonético.

13.40 Forma de onda y sonograma de la articulación del sonido español [ð] en la palabra {cada}.

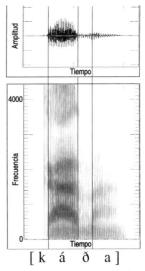

[k   á   ð   a]

El primer tipo de variación tiene que ver con el hecho de que la aplicación de la regla de distribución complementaria presentada en este libro no sea absoluta. Es decir, por ejemplo, hay regiones en que una realización oclusiva aparece con frecuencia para el fonema /d/ sobre todo después del archifonema /R/ como [árde]. Sin embargo, la regla presentada en este libro especifica la pronunciación pan-hispánica que será aceptada en todo lugar.

El segundo tipo de variación tiene que ver con la realización relajada del sonido fricativo, encontrada en ciertos dialectos. Esa variación [ð̞] se denomina una cuasifricativa o aproximante. En su articulación, la lengua realiza un leve esfuerzo por extenderse hacia adelante sin entrar en contacto con los dientes, puesto que la mandíbula no se levanta lo suficiente para permitir tal contacto. Esto no produce una fricación; apenas sirve para alterar los formantes vocálicos. La Fig. 13.41 demuestra el sonograma de estos sonidos.[18] ◀⁝

El tercer tipo de variación tiene que ver con la elisión total de un sonido que represente al fonema /d/, es decir, no hay ni el mínimo esfuerzo por adelantar la lengua. En este caso, no habrá diferencia alguna entre las secuencias vocálicas de {caos} [káos] y {dados} [dáos]. Debido a que en algunas regiones este fenómeno es de las clases sociales más bajas se recomienda la pronunciación plena de la fricativa [ð].

Pistas pedagógicas

Con respecto al fonema /d/, el estudiante tiene que preocuparse por cuatro fenómenos fonéticos relativos a la fonología del inglés.

Tanto el español como el inglés tiene un sonido [d]. Hay que recordar, sin embargo, que el lugar de articulación es apicodental-laminoalveolar en español y no apicoalveolar como en inglés. También hay que recordar que cuando el sonido se da después de una pausa, hay que haber una fuerte presonorización como se ve en la Fig. 13.8. Esto es importante para que haya una buena distinción fonética entre [tán] y [dán] sin que se recurra a la aspiración típica

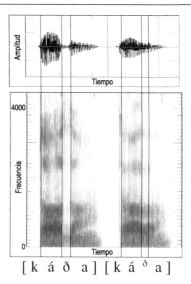

[k á ð a] [k á ð̞ a]

13.41 Forma de onda y sonograma de la articulación del sonido español fricativo [ð] y cuasifricativo [ð̞] en la palabra {cada}.

del inglés para los sonidos oclusivos sordos en posición inicial de sílaba.

Otro problema que suele tener el anglohablante que aprende español es el uso del sonido [ɾ], que en inglés es alófono del fonema /d/ (como también del fonema /t/, como ya se ha presentado). El sonido [ɾ] como alófono de /d/ en inglés se da en posición intervocálica después de vocal tónica (V́ɾV) como en las palabras {lady} [léɾi] o {body} [báɾi]. El aplicar esta regla al español es una transferencia negativa que puede producir por un lado simplemente un acento extranjero. Por otro lado, la aplicación de la regla inglesa al español puede resultar en un malentendido. Por ejemplo, si el anglohablante realiza la palabra {lodo} como [lóɾo], el hispanohablante entenderá la palabra {loro}. Si el anglohablante realiza la palabra {oda} como *[óɾɹə], el hispanohablante entenderá la palabra {hora}. Si el anglohablante realiza la palabra {codo} como *[kóʊɾoʊ], el hispanohablante entenderá la palabra {coro}.[19] ◀⁝

Por otro lado, el sonido [ð] no representa ninguna dificultad articulatoria, puesto que el mismo sonido existe en inglés. El problema del sonido [ð], sin embargo, es que el estudiante anglohablante del español tiende a no emplear el alófono [ð] para representar

Inglés			Español		
fonema	sonido	ejemplo	fonema	sonido	ejemplo
/d/	[d]	{day}[déi̯]	/d/	[d]	{dama}[dáma]
	[ɾ]	{lady}[léi̯ɾi]		[ð]	{la dama}[laðáma]
/ð/	[ð]	{they}[ðéi̯]	/ɾ/	[ɾ]	{cara}[káɾa]

13.42 La diferencia fonológica entre los fonemas /d/ y /ð/ del inglés y /d/ y /ɾ/ del español.

al fonema /d/. Esto se debe al hecho de que en inglés existe una oposición fonológica entre los fonemas /d/ y /ð/. El Cuadro 13.42 demuestra la diferencia fonológica entre los dos idiomas.

Consejos prácticos

En cuanto a los alófonos del fonema /d/, el estudiante que aprende español debe recordar que en español:

- Hay dos alófonos: la oclusiva [d] y la fricativa [ð], en distribución complementaria.
- El lugar de articulación del alófono [d] en español es apicodental-laminoalveolar.
- Hay que haber presonorización del sonido [d] en posición inicial de grupo fónico.
- No se produce nunca en español el sonido [ɾ] como alófono de /d/.

Para aprender a pronunciar bien el sonido [d] hay que enfocarse en adelantar la lengua hasta que el ápice toque los dientes superiores. Para no tener un fuerte acento inglés, el estudiante tiene que asegurarse de no producir el sonido oclusivo [d] ni el sonido vibrante simple [ɾ], donde debe de producir el sonido fricativo [ð], sobre todo en posición intervocálica.

El fonema /g/

En relación con los demás fonemas oclusivos, el fonema /g/ comparte el rasgo de lugar de articulación con la consonante /k/. Comparte el rasgo del estado de las cuerdas vocales con las consonantes /b/ y /d/.

La fonología del fonema /g/

El fonema /g/ se opone a los demás fonemas oclusivos /p t k b d/ como se ejemplifica con la serie [póse tóse kóse bóse dóse góse]. El fonema /g/ es el décimo-noveno fonema más frecuente del español con un porcentaje de frecuencia del 0,8% del total de los fonemas. Hay un grafema {g} y un dígrafo {gu} que corresponden al fonema /g/, los cuales ocurren en contextos específicos según el Cuadro 13.43.

La interpretación del grafema {g} depende de la vocal o las vocales o la consonante que lo siguen. Si lo sigue una vocal [a], [o] o [u] como núcleo silábico, el grafema {g} representa al fonema /g/ por sí solo. Para deletrear la secuencia del fonema /g/ delante de una vocal [e] o [i], el fonema /g/ tiene que representarse mediante el dígrafo {gu}. Esto se debe al hecho de que el grafema {g} delante de {e} o {i}, representa al fonema /x/, como en las palabras {giro} /xíɾo/ y {agente} /axéNte/. Sin embargo, cuando al fonema /g/ le sigue un diptongo [we] o [wi], el grafema {u} se escribe con diéresis, lo que indica que la {u} sí juega un papel fonológico, representando al fonema /u/. El Cuadro 13.44 indica los grafemas para representar los fonemas /g/, /gu/ y /x/ delante de las cinco vocales de español.

El papel de la {u} después de una {g} varía según la estructura fonológica de la sílaba. Hay tres posibilidades que se demuestran en el Cuadro 13.45.

Como ya se expuso, el fonema /g/ tiene una distribución complementaria con dos alófonos. Sus alófonos son el sonido oclusivo velar sonoro [g], que ocurre después de pausa y después de nasal, y el sonido

Grafema	Contexto	Ejemplos
{g}	ante las vocales no anteriores {a o}	ganso, gozo
	ante la vocal {u} núcleo de sílaba	gula, ángulo
	ante la vocal {ü} (la vocal {u} con diéresis)	agüero, argüir
	en posición inicial de sílaba ante líquida	globo, grande
	en posición final de sílaba ante consonante	agnóstico, magnánimo
{gu}	ante las vocales anteriores, o sea {i e} núcleos de sílaba	guitarra, guerra

13.43 Grafema {g} y dígrafo {gu} que responden al fonema /g/ en sus contextos específicos.

fricativo velar sonoro [ɣ], que ocurre en los demás lugares.

$$/g/ \longrightarrow [g] \ \Big/ \ {\stackrel{/\_\_}{\mathrm{N}\_\_}}$$
$$[ɣ] \ / \ \text{e.l.d.l.}$$

Fonotácticamente, el fonema /g/ se da casi exclusivamente en posición inicial de sílaba: el 98,2% de las ocurrencias de /g/ se dan en esa posición, mientras que solo el 1,8% de las ocurrencias de /g/ se dan en posición final de sílaba, todos ellos en posición final de sílaba interior de palabra. Los escasos casos de extranjerismos en que el fonema /g/ se da en posición final de palabra son estadísticamente irrelevantes. El Cuadro 13.46 indica los porcentajes de ocurrencia del fonema /g/ en los distintos contornos.

La fonética del alófono [g]

La articulación del sonido [g] comienza mediante una cerrazón entre el pos-dorso de la lengua contra el velo del paladar al mismo tiempo que el velo del paladar se mantiene adherido a la pared faríngea. Formada la oclusión, se aumenta la presión del aire atrapado. Al abrirse la cerrazón, se produce una pequeña explosión de aire. La Fig. 13.47 demuestra la posición articulatoria para el sonido [g]. Vale observar que el punto de contacto entre la lengua y el velo puede ser más anterior en el caso de [gíso] o más posterior en el caso de [gúla].

Según la regla de distribución complementaria del fonema /g/, el sonido oclusivo [g] aparece después de pausa o después de nasal. Cuando aparece después de nasal, como en la frase {en grupo} [ẽŋgrúpo], las cuerdas vocales vibran a lo largo de la articulación de la nasal y continúan vibrando durante todas las fases de la oclusiva velar. La vibración continúa en la transición a la vocal o consonante líquida que le sigue. Cuando aparece después de pausa, como en la frase {¡Gol!} [gól] o {gana} [gána], la articulación comienza con una cerrazón velar, lo que no produce ningún sonido. Las cuerdas vocales, sin embargo, comienzan a vibrarse unos milisegundos antes de la abertura y la vibración continúa por la vocal o consonante líquida que le sigue. El

13.44 Los grafemas que representan a los fonemas /g/, /guV/ y /x/ delante de las cinco vocales de español.

Fonemas	Alófonos	Grafemas				
		[i]	**[e]**	**[a]**	**[o]**	**[u]**
/g/	[g] [ɣ]	{gui}	{gue}	{ga}	{go}	{gu}
/guV/	[gw] [ɣw]	{güi}	{güe}	{gua}	{guo}	—
/x/	[x]	{gi ji}	{ge je}	{ja}	{jo}	{ju}

Ejemplo	Valor fonemático del grafema {u}	Transcripción fonológica	Transcripción fonética
{gula}	fonema /u/ como núcleo silábico	/gúla/	[gúla]
{guerra}	ningún fonema: es parte del dígrafo	/géra/	[géra]
{agüero}	fonema /u/ en posición prenuclear	/aguéro/	[aɣwéro]

13.45 Las tres posibilidades para el grafema {u} después del grafema {g}.

Contexto fonotáctico		Ejemplo	Porcentaje
__$	posición final de sílaba interior de palabra	{dig-no}	1,8%
#__V	posición inicial de palabra ante vocal	{ga-to}	10,8%
#__C	posición inicial de palabra ante líquida	{glo-bo}	8,3%
$__V	posición inicial de sílaba interior de palabra ante vocal	{la-gar-to}	67,9%
$__C	posición inicial de sílaba interior de palabra ante líquida	{si-glo}	11,2%

13.46 Porcentajes de ocurrencia del fonema /g/ en sus distintos contornos fonológicos.

sonograma de la Fig. 13.48 demuestra la vibración de las cuerdas vocales en esas dos circunstancias.[20] ◀⟨

Acústicamente, el alófono [g], como los demás alófonos oclusivos sonoros, se destaca por un corto período de poca energía acústica. De hecho, la única energía observable se encuentra al pie del sonograma y corresponde a la vibración de las cuerdas vocales; arriba de esa banda de sonoridad no hay energía acústica significativa. Cuando se da después de una pausa,

13.47 La posición articulatoria del sonido [g]. La posición exacta del contacto velar variá según la vocal que le sigue.

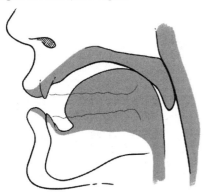

hay un período de silencio; la lengua forma una cerrazón contra el velo del paladar; y las cuerdas vocales entran en vibración unos milisegundos antes de la abertura bucal. Cuando se da después de una nasal, la vibración de las cuerdas vocales durante la producción de la nasal continúa durante la cerrazón, durante la explosión del sonido [g] y durante la siguiente vocal o líquida. Como ya se expuso en el Capítulo 6, se distingue el lugar de articulación por las transiciones de los formantes vocálicos que sucedan al sonido oclusivo. Después del sonido [g], se observa la convergencia del segundo y tercer formantes, bajando este y subiendo aquel. Estos patrones se ven en el sonograma del sonido [g] en la Fig. 13.48.

Auditivamente, el sonido [g] se reconoce como oclusivo por un mínimo de estímulo acústico durante unos milisegundos, que corresponde a la vibración de las cuerdas vocales con la boca cerrada. Se reconoce que es un sonido velar por la señal de las transiciones de los formantes de la vocal siguiente. Se reconoce que es un sonido sonoro, a diferencia de un sonido sordo, por la sonorización que ocurre durante la cerrazón.

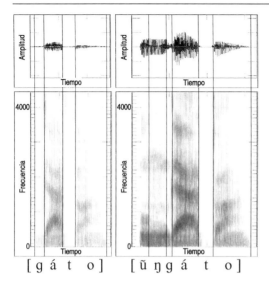

[g á t o]   [ũ ŋ g á t o]

13.48 Forma de onda y sonograma de la articulación del sonido español [g] al comienzo de la palabra {gato} y en la frase {un gato}.

al sonido fricativo. Ante el sonido [ɣ], se ve una convergencia del segundo y tercer formantes a causa de una bajada de este y una subida de aquel. Después del sonido [ɣ], se observa una divergencia del segundo y tercer formantes de la siguiente vocal o líquida, lo que se ve en la subida de este y la bajada de aquel. Esos patrones se ven en el sonograma del sonido [ɣ] en la Fig. 13.50.[21] ◀€

Auditivamente, el sonido [ɣ] se reconoce como fricativo por la fricción que se percibe entre los sonidos vocálicos o sonorantes adyacentes, sonidos que presentan armónicos.

La fonética del alófono [ɣ]

El alófono [ɣ] ocurre "en los demás lugares", es decir, en toda posición menos tras pausa y tras nasal. Debido a que se da en un contexto fonológico menos restringido, resulta ser el alófono más frecuente del fonema /g/. El alófono [ɣ] suele causar problemas para el anglohablante porque el sonido no existe en inglés.

Articulatoriamente, el alófono [ɣ] se difiere del alófono [g] en que no ocurre nunca una cerrazón; es decir, durante su articulación, la lengua se aproxima al velo del paladar, pero no lo toca. En la producción de este sonido, el velo del paladar se levanta para adherirse a la pared faríngea porque el sonido es oral. El pos-dorso de la lengua se levanta hacia el velo del paladar levantado, formando así un estrechamiento donde se produce un sonido fricativo al forzarse el aire por el estrechamiento. La Fig. 13.49 demuestra la configuración articulatoria del sonido [ɣ].

Acústicamente, el alófono [ɣ], como los demás alófonos fricativos sonoros, se destaca por un período de energía acústica atenuada. El sonido [ɣ] solamente se da entre sonidos sonoros; el resultado es que la sonorización continúa a través del sonido fricativo. Como ya se expuso en el Capítulo 6, se distingue el lugar de articulación por las transiciones de los formantes vocálicos que precedan y/o sucedan

Notas dialectales

Existen tres tipos principales de variación a la norma referentes al fonema /g/:

1. la falta de la aplicación global de la regla de distribución complementaria [g]/[ɣ];

2. la realización de un sonido cuasifricativo velar [ɣ̆];

3. la reducción total a un cero fonético ante la semiconsonante [w].

El primer tipo de variación tiene que ver con el hecho de que la aplicación de la regla de distribución complementaria presentada

13.49 La posición articulatoria del sonido [ɣ].

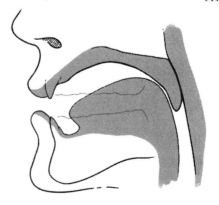

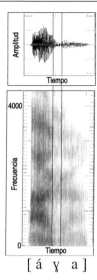

[á ɣ a]

13.50 Forma de onda y sonograma de la articulación del sonido español [ɣ] en la palabra {haga}.

en este libro no sea absoluta. Es decir, por ejemplo, hay regiones en que una realización oclusiva aparece con frecuencia para el fonema /g/ sobre todo después de los fonemas /l/ y /R/ como [álgo] o [orgújo]. Sin embargo, la regla presentada especifica la pronunciación pan-hispánica que será aceptada en todo lugar.

El segundo tipo de variación tiene que ver con la realización relajada del sonido fricativo, encontrada en ciertos dialectos. Esta variación [ˠ] se denomina una cuasifricativa o aproximante. Se realiza con más separación entre el posdorso de la lengua y el velo del paladar; la separación es tanta que no se produce la fricación normal. La Fig. 13.51 demuestra el sonograma de estos sonidos.[22] ◄⋹

El tercer tipo de variación tiene que ver con la elisión total de un sonido que represente al fonema /g/, es decir, no hay ni el mínimo esfuerzo por levantar la lengua hacia el velo del paladar. Este fenómeno ocurre exclusivamente cuando le sigue un fonema /u/ en posición prenuclear como en la palabra /água/. Es decir, hay dialectos en que la palabra {agua} se pronuncia [áwa] en vez de [áɣwa]. Debido a que en algunas regiones este fenómeno es de las clases

sociales más bajas se recomienda la pronunciación plena de la fricativa [ɣ].

Pistas pedagógicas

El estudiante anglohablante de español tiende a aplicar al español la regla de distribución única del fonema /g/ del inglés. Es decir, tiende a producir siempre el alófono oclusivo [g]. Sin embargo, el estudiante tiene que reconocer que el fonema /g/ tiene una distribución complementaria con dos alófonos en español: el alófono oclusivo [g] y el alófono fricativo [ɣ].

También hay que recordar que cuando el sonido se da después de una pausa, hay que haber una fuerte presonorización como se ve en la Fig. 13.8. Esto es importante para que haya una buena distinción fonética entre [kánas] y [gánas] sin que se recurra a la aspiración típica del inglés para los sonidos oclusivos sordos en posición inicial de sílaba.

Consejos prácticos

En cuanto a los alófonos del fonema /g/, el estudiante que aprende español debe recordar que en español:

13.51 Forma de onda y sonograma de la articulación del sonido español fricativo [ɣ] y cuasifricativo [ˠ] en la palabra {haga}.

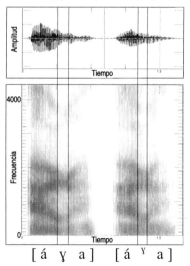

[á ɣ a] [á ˠ a]

- Hay dos alófonos: la oclusiva [g] y la fricativa [ɣ], en distribución complementaria.

- El alófono [ɣ] es un fricativo velar, que no debe de producirse como oclusivo, ni reducirse al cero fonético.

- Hay que haber presonorización del sonido [g] en posición inicial de grupo fónico.

Para aprender a pronunciar bien el sonido [ɣ], el estudiante tiene que reconocer y practicar la diferencia entre una oclusiva y una fricativa. El estudiante debe comparar la diferencia entre decir la secuencia de sonidos [gá], en que la distensión de la oclusiva pasa a una vocal, y la secuencia de sonidos [gɣɣɣɣɣ], en que en la distensión solamente se baja la lengua un poco para que haya solamente un estrechamiento apretado en que se produce el sonido fricativo deseado. El estudiante puede practicar esa secuencia, prolongando la fricativa, hasta que se sienta cómodo con su pronunciación. Después de aprender a hacer el sonido [ɣ] aislado, se puede practicarlo en secuencias intervocálicas como [áɣa] [íɣo]. Finalmente se puede practicarlo en contacto con otras consonantes como [aɣrupár] [aɣlutinár] [díɣno] [álɣo] [arɣumé̜nto].[23] ◀≋

Sumario

Los fonemas oclusivos del español se dan mayormente en posición inicial de sílaba, sea inicial de palabra o inicial de sílaba interior de palabra como se ve en el Cuadro 13.52. Los fonemas oclusivos se oponen en posición inicial. En esa posición se dan principalmente ante vocal. Con menos frecuencia aparecen ante consonante líquida, formando así un grupo consonántico indivisible.

La apariencia de fonemas oclusivos en posición final de sílaba interior de palabra es escasa, salvo en el caso del fonema /k/. El único fonema que se da sistemáticamente en posición final de palabra es el fonema /d/. En posición final, ocurren en el habla popular varias neutralizaciones, que como ya se explicó en el texto, no deben de ser imitados por el estudiante. Como grupo, los fonemas oclusivos representan el 19,5% de los fonemas del español.

Los fonemas oclusivos se dividen entre sonoros y sordos, cada grupo con una distribución típica del grupo. Los fonemas oclusivos sordos /p/, /t/ y /k/ tienen una distribución que es prácticamente una distribución única, aunque sí presentan alófonos sin distensión en posición final de sílaba. Los fonemas oclusivos sordos se dan en esa posición solamente el 0,3%, 0,1% y 7,3% respectivamente como se ve en el Cuadro 13.52.

Los fonemas oclusivos sonoros tienen una distribución complementaria: el alófono oclusivo aparece tras pausa y tras nasal (tras lateral también en el caso del fonema /d/) y el alófono fricativo aparece en los demás lugares. Debido a que los alófonos fricativos se dan en un contexto fonológico menos restringido, resultan ser los alófonos más

13.52 Porcentajes de ocurrencia de los fonemas oclusivos en sus distintos contornos fonotácticos.

	% del total de fonemas	#__V	#__C	$__V	$__C	__$	__#
/p/	2,7%	53,4%	10,4%	28,1%	7,8%	0,3%	—
/t/	4,6%	19,3%	3,3%	68,3%	9,0%	0,1%	—
/k/	4,4%	56,7%	3,5%	30,1%	2,4%	7,3%	—
/b/	2,6%	32,4%	0,7%	52,3%	13,4%	1,2%	—
/d/	4,4%	43,0%	0,1%	50,1%	1,6%	0,3%	4,9%
/g/	0,8%	10,8%	8,3%	67,9%	11,2%	1,8%	—

Fonemas	Alófonos	Posición en el grupo fónico
/p t k/	[p t k]	inicial de sílaba
	[p̚ t̚ k̚]	final de sílaba
/b d g/	[b d g]	tras pausa y nasal ([d] tras lateral)
	[β ð ɣ]	en los demás lugares

13.53 La distribución de los fonemas oclusivos.

frecuentes. El producir un sonido oclusivo en esos contextos resulta en un acento extranjero muy fuerte. El Cuadro 13.53 resume esas distribuciones.

En cuanto a la producción fonética de los alófonos oclusivos de los fonemas oclusivos, el estudiante tiene que prestar atención al inicio de la vibración laríngea (VOT). El Cuadro 13.54 contrasta el momento del VOT de los alófonos oclusivos sordos y sonoros de español e inglés.

Es interesante notar que, de los cuatro sonidos representados en el Cuadro 13.54, los dos sonidos más semejantes entre sí en posición inicial absoluta son el sonido [p] del español y el sonido [b] del inglés. De hecho, si se produce una oclusiva bilabial con un VOT de cero, este sonido se percibe

como [p] en español, pero como [b] en inglés. Es importante analizar la diferencia entre el alófono sonoro y el alófono sordo de los dos idiomas. En español el sonido sordo tiene un VOT de entre 0 ms. y +15 ms., mientras que el sonido sonoro tiene un VOT de entre −150 ms. y −100 ms. En inglés el sonido sordo tiene un VOT de entre +60 ms. a +100 ms., mientras que el sonido sonoro tiene un VOT de entre 0 ms. y −150 ms. Por eso, ocurre la confusión entre el sonido [p] del español y el sonido [b] del inglés, porque un sonido oclusivo con un VOT de cero se percibe como sordo en español, pero como sonoro en inglés. Lo que importa es que haya una separación perceptiva suficiente entre los sonidos sordos y sonoros de cada idioma. Hay que notar que

13.54 Comparación del momento de VOT de los alófonos oclusivos sordos y sonoros del español e inglés.

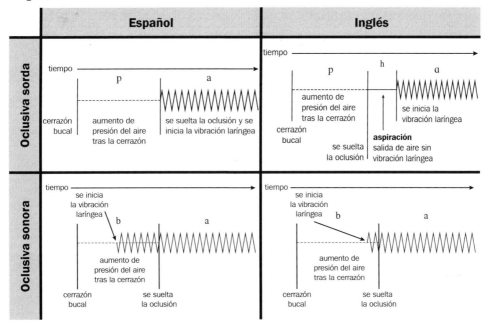

la base de esa separación es diferente para el español que para el inglés. En inglés, la clave perceptiva es la presencia o ausencia de aspiración. En español, la clave perceptiva es la presencia o ausencia de presonorización.

Las principales pistas pedagógicas para la buena pronunciación de los alófonos de los fonemas oclusivos son:

- no producir la aspiración en la producción de [p t k] en posición inicial de sílaba;
- producir los sonidos [b d g] con presonorización en posición inicial de grupo fónico;
- aprender a pronunciar bien los nuevos sonidos fricativos [β ɣ] en su debido contexto fonológico;
- tener presente que el sonido [ð] es alófono del fonema /d/ y pronunciarlo en su debido contexto fonológico;
- recordar que los sonidos [t d] son apicodental-laminoalveolares.

Preguntas de repaso

1. ¿Cuáles son los fonemas oclusivos?

2. ¿Cuál es la regla de distribución complementaria para los fonemas /p t k/?

3. ¿Cuál es la regla de distribución complementaria para los fonemas /b d g/?

4. ¿En qué posiciones fonotácticas se dan los fonemas /p t k/?

5. ¿En qué posiciones fonotácticas se dan los fonemas /b d g/?

6. Distinga entre una oclusiva en posición explosiva y una en posición implosiva.

7. ¿Qué es un sonido oclusivo? ¿Cuáles son sus tres fases?

8. ¿Qué es un sonido fricativo? ¿Cuáles son sus tres fases?

9. Distinga entre el lugar de articulación de [t d] en inglés y español.

10. ¿Qué es y dónde se da la aspiración o sonorización retardada?

11. ¿Qué es y dónde se da la presonorización o sonorización anticipada?

12. ¿Cómo se identifica el modo de articulación de los alófonos de los fonemas oclusivos en un sonograma?

13. ¿Cómo se identifica el lugar de articulación de un sonido oclusivo en un sonograma?

14. ¿Cuáles son los problemas que presenta el fonema /t/ del español para el anglohablante?

15. ¿Cuáles son los grafemas que corresponden al fonema /k/? Dé ejemplos.

16. ¿Cuáles son los grafemas que corresponden al fonema /b/? Dé ejemplos.

17. ¿Cuáles son las pistas pedagógicas para aprender a pronunciar bien el sonido fricativo [β]?

18. Distinga fonológicamente entre el sonido [ð] del inglés y del español.

19. ¿Cuáles son los problemas que presenta el fonema /d/ del español para el anglohablante?

Conceptos y términos

apicodental-laminoalveolar	inicio de la vibración laríngea (VOT)	sonorización anticipada
aspiración		sonorización retardada
cuasifricativo	presonorización	VOT
fricativización	relajamiento	

20. ¿En qué contextos representan el grafema {g} o el dígrafo {gu} al fonema /g/?

21. ¿Cuáles son las pistas pedagógicas para aprender a pronunciar bien el sonido fricativo [ɣ]?

22. Comente el sonido [b] del inglés y el sonido [p] del español.

23. Explique el papel del VOT en la distinción entre los alófonos [p t k] del inglés y del español.

24. Explique el papel del VOT en la distinción entre los alófonos [b d g] en posición inicial de grupo fónico del inglés y del español.

Ejercicios de pronunciación

Los fonemas oclusivos sordos /p t k/[24] 🔊

1. Pronuncie las siguientes palabras con la consonante [p] española, procurando no aspirarla como se hace en inglés [pʰ].

capa	para	puro
lápiz	pero	ropa
mapa	piso	sopa
papá	por	tipo

2. Pronuncie las siguientes palabras con la consonante [t] española, procurando hacerla dental y no aspirarla [tʰ] como se hace en inglés.

alto	pita	ten
gota	puerta	tigre
luto	tan	todo
parte	tanto	tú

3. Pronuncie las siguientes palabras con la consonante [k] española, procurando no aspirarla como se hace en inglés [kʰ].

acuso	capa	ocupa
alcanzar	cosa	quepa
ataque	cuco	queso
atraco	encanto	quiso

Los fonemas oclusivos sonoros /b d g/[25] 🔊

1. Pronuncie las siguientes palabras o secuencias con las consonantes bilabiales [b β] de acuerdo con la distribución complementaria del fonema /b/.

base	en vano	puedo ver
basta	está bien	un bobo
bien	es vago	un vago
bobo	la vista	vago
bueno	lo bueno	van
el bobo	lo vi	ver
embargo	no basta	vi
en base	no van	vista

2. Pronuncie las siguientes palabras o secuencias con la consonante dental [d] o la consonante interdental [ð] de acuerdo con la distribución complementaria del fonema /d/.

abogado	duda	miedo
adonde	día	nido
buenos días	el deber	otro deber
da	el día	otro día
dar	es difícil	quiero dar
deber	hay dos	todo
difícil	la duda	un deber
donde	me da	un día

3. Pronuncie las siguientes palabras o secuencias con las consonantes velares [g ɣ] de acuerdo con la distribución complementaria del fonema /g/.

gana	guía	el agua
lo gana	un guía	gusto
gafas	el guía	un gusto
las gafas	el gozo	otro gusto
guerra	gol	otro gol
la guerra	un gol	tengo

Los fonemas oclusivos dentales /t d/[26] ◳

1. Pronuncie las siguientes palabras con la consonante dental [t d] o interdental [ð], procurando no pronunciar el sonido [ɾ].

bonito	dátil	modo
burrito	gato	nada
cada	grato	nido
cata	hato	podido
coda	lata	poquito
cuidado	lodo	pudo
cuota	meta	rueda
dato	miedo	ruido

Materiales en línea

1. ◄⁓ Ejemplos de fonemas oclusivos en posición inicial e intervocálica.

2. ◄⁓ Ejemplos de oclusivos sordos en posición final de sílaba interior de palabra.

3. ◄⁓ Ejemplos de la neutralización de fonemas oclusivos en posición implosiva.

4. 🎥 Video de la articulación de la oclusiva sorda sin aspiración y con ella.

5. ◄⁓ La pronunciación de {papa] en español y de {pie} en inglés.

6. ◄⁓ La pronunciación de {ven} en español y de {Ben} en inglés.

7. ◄⁓ La pronunciación del alófono fricativo [ð] en tres contextos diferentes.

8. ◄⁓ La pronunciación de variantes inglesas del fonema /p/.

9. ◄⁓ La pronunciación de variantes inglesas del fonema /t/.

10. ◄⁓ La pronunciación de la palabra {natural} en inglés ye en español.

11. ◄⁓ La interferencia del inglés en la pronunciación del fonema /t/ intervocálico.

12. ◄⁓ La realización del fonema /k/ en inglés.

13. ◄⁓ La realización de la [b] oclusiva en español.

14. ◄⁓ La realización de la [β] fricativa en español.

15. ◄⁓ La realización de la [β] fricativa y la [ᵝ] cuasifricativa en español.

16. ◄⁓ La realización de la [d] oclusiva en español.

17. ◄⁓ La realización de la [ð] fricativa en español.

18. ◄⁓ La realización de la [ð] fricativa y la [ᵭ] cuasifricativa en español.

19. ◄⁓ La interferencia del inglés en la pronunciación del fonema /d/ intervocálico.

20. ◄⁓ La realización de la [g] oclusiva en español.

21. ◄⁓ La realización de la [ɣ] fricativa en español.

22. ◄⁓ La realización de la [ɣ] fricativa y la [ᵞ] cuasifricativa en español.

23. ◄⁓ Consejos prácticos para la pronunciación de la [ɣ] fricativa en español.

24. ◳ Ejercicios de pronunciación: los fonemas oclusivos sordos /p t k/.

25. ◳ Ejercicios de pronunciación: los fonemas oclusivos sonoros /b d g/.

26. ◳ Ejercicios de pronunciación: los fonemas oclusivos dentales /t d/.

Los fonemas fricativos y el fonema africado

El español tiene cuatro fonemas fricativos (en algunos dialectos son cinco) y un fonema africado. Los fonemas fricativos son /f s ȷ̈ x/ (más el fonema /θ/ en ciertos dialectos). El fonema /ʤ/ es el fonema africado. Este capítulo comienza con una presentación general de las características fonológicas de los fonemas fricativos y del fonema africado. Presenta luego las características fonéticas generales de los alófonos de esos fonemas. Sigue un análisis de cada fonema. En ese análisis se presentan los datos fonológicos y fonéticos de cada fonema. Incluye también claves para el hablante en la adquisición de una buena pronunciación de esos sonidos en español.

Características generales de los fonemas fricativos

Los fonemas fricativos presentan características generales en cuanto a los fenómenos de la oposición, la distribución y la fonotáctica. Los fonemas fricativos, con la excepción del fonema /s/, son poco frecuentes.

La oposición entre los fonemas fricativos

Los fonemas fricativos se oponen entre sí tanto en posición inicial de palabra como en posición inicial de sílaba interior de palabra según demuestran los juegos de pares mínimos en el Cuadro 14.1.[1] ◀ᵉ

La distribución alofónica de los fonemas fricativos

La distribución de alófonos de los fonemas fricativos es individual según el fonema. Los fonemas /f/ y /x/ tienen distribuciones únicas, mientras los fonemas /s/ y /ȷ̈/ tienen distribuciones complementarias.

La fonotáctica de los fonemas fricativos

Los fonemas fricativos siguen el patrón general para las consonantes del español: es decir, tienden a darse principalmente en posición inicial y no en posición final. El Cuadro 14.2 indica las posiciones fonotácticas en las que se dan y en las que no se dan

14.1 La oposición entre los fonemas fricativos en posición inicial.

Fonema	Representación ortográfica	Representación fonológica	Fonema	Representación ortográfica	Representación fonológica
/f/	{faca}	/fáka/	/f/	{bafo}	/báfo/
/s/	{saca}	/sáka/	/s/	{vaso}	/báso/
/ȷ̈/	{yaca}	/ȷ̈áka/	/ȷ̈/	{bayo}	/báȷ̈o/
/x/	{jaca}	/xáka/	/x/	{bajo}	/báxo/

los fonemas fricativos. Incluye también el porcentaje de ocurrencia de cada fonema. Es de notarse que en cuanto el fonema /s/ es la consonante más frecuente del español, representando el 9,5% de los fonemas de la cadena hablada, los demás fonemas fricativos suman al 2,1% de los fonemas de la cadena hablada.

Como ya se ha demostrado, todos los fonemas fricativos se dan tanto en posición inicial de palabra como en posición inicial de sílaba interior de palabra. El 56,9% de las ocurrencias de los fonemas fricativos en español se da en posición inicial. Sin embargo, hay que considerar el fonema /s/ por separado porque es el único fonema fricativo que se da sistemáticamente en posición final. Básicamente todas las ocurrencias de los fonemas /f j x/ se dan en posición inicial. Solamente el fonema /f/ puede combinarse con una líquida para formar un grupo consonántico (ej. [fláko] o [frásko]).

Como grupo, los fonemas fricativos son escasos en posición final. De hecho, en posición final de sílaba interior de palabra, solo se da sistemáticamente el fonema /s/ (ej. /éste/ o /mísmo/); hay pocas palabras en que el fonema /f/ se da en esa posición (ej. [náfta] o [diftérja]) y los fonemas /j x/ nunca aparecen en esa posición.

En posición final de palabra, como ya se expuso en el Capítulo 10, el único fonema fricativo que se da sistemáticamente es el fonema /s/, que representa el 38,8% de las ocurrencias del fonema /s/ en español. La ocurrencia del fonema /x/ se da en solamente una palabra común ([relóx]) y en otras veinte palabras rebuscadas.

La neutralización y los fonemas fricativos

En el Capítulo 8 se presentó el concepto de la neutralización diacrónica o total, en que desaparece la oposición entre dos fonemas. Ese tipo de neutralización resulta en la pérdida de uno de los fonemas neutralizados. Como ya se indicó, en la historia del español hubo dos neutralizaciones importantes pertinentes al estado actual del sistema fonológico del español. Esto es porque en algunos dialectos del español todavía existe la oposición o **distinción**, mientras en la mayoría de las modalidades existe la neutralización total. Esas dos neutralizaciones son el **seseo** y el **yeísmo**, y las dos tienen que ver con los fonemas fricativos.

El seseo y la oposición /s/ ~ /θ/

En algunos dialectos actuales de España, existen pares mínimos como [kása] [káθa] ({casa} y {caza}) y [kosér] [koθér] ({coser} y {cocer}) que comprueban la oposición en esos dialectos entre los fonemas fricativos /s/ y /θ/. Sin embargo, en varios dialectos actuales de España y en casi la totalidad de los dialectos actuales de Latinoamérica, todas esas palabras se pronuncian con [s], es decir, [kása] [kása] y [kosér] [kosér]. El Cuadro 14.3 demuestra los fenómenos de

14.2 Las posiciones fonotácticas en las que se dan y en las que no se dan los fonemas fricativos.

	/f/	/s/	/j/	/x/
% de ocurrencia entre los fonemas del español	0,5%	9,1%	0,8%	0,6%
inicial de palabra #__	sí	sí	sí	sí
inicial de sílaba interior de palabra $__	sí	sí	sí	sí
en grupo consonántico inicial #__C $__C	sí	no	no	no
final de sílaba interior de palabra __$C	escaso	sí	no	no
final de palabra __#	no	sí	no	escaso

	Dialectos con oposición /s/ ~ /θ/	Dialectos con neutralización /s/
Fenómeno	distinción	seseo
Ejemplos	{casa} [kása] ⟶ /s/ {caza} [káθa] ⟶ /θ/	{casa} {caza} ⟶ [kása] ⟶ /s/

14.3 Oposición y neutralización en relación con los fonemas /s/ y /θ/.

neutralización y oposición en relación con los fonemas /s/ y /θ/.[2] ◀≶

El hecho de que no haya una diferencia en la pronunciación de {casa} y {caza} en la mayoría de los dialectos del español, indica que tampoco hay una oposición fonológica y que sí hay una neutralización total. El seseo se define como la neutralización total entre los fonemas /s/ y /θ/ a favor del fonema /s/. El seseo es la norma del mundo hispánico en general.

El yeísmo y la oposición /ʝ/ ~ /ʎ/

En algunos dialectos actuales de España y en la zona andina de Sudamérica junto con algunas zonas limítrofes, existen pares mínimos como [ája] [áʎa] ({haya} y {halla}) y [kájo] [káʎo] ({cayo} y {callo}) que comprueban la oposición en esos dialectos entre los fonemas /ʝ/ y /ʎ/. Sin embargo, en la mayoría de los dialectos hispánicos de hoy en día, todas esas palabras se pronuncian con [ʝ], es decir, [ájo] [ájo] y [kájo] [kájo]. El Cuadro 14.4 demuestra los fenómenos de neutralización y oposición en relación con los fonemas /ʝ/ y /ʎ/.[3] ◀≶

El hecho de que no haya una diferencia en la pronunciación de {cayo} y {callo} en la mayoría de los dialectos del español, indica que tampoco hay una oposición

fonológica y que sí hay una neutralización total. El yeísmo se define como la neutralización total entre los fonemas /ʝ/ y /ʎ/ a favor del fonema /ʝ/. El yeísmo es la norma del mundo hispánico en general.

Características del fonema africado

El fonema africado /ʧ/ es el segundo fonema menos frecuente del español, representando solo el 0,3% de los fonemas de la cadena hablada. De todos los fonemas del español, solo el fonema /ɲ/ es menos frecuente.

La oposición entre el fonema africado y los fonemas fricativos

El fonema africado se opone a los demás fonemas consonánticos. El Cuadro 14.5 demuestra la oposición del fonema /ʧ/ con el fonema oclusivo /t/ y el fonema fricativo /s/, que son los ejemplos más pertinentes de oposición puesto que el africado se forma de un oclusivo y un fricativo.

14.4 Oposición y neutralización en relación con los fonemas /ʝ/ y /ʎ/.

	Dialectos con oposición /ʝ/ ~ /ʎ/	Dialectos con neutralización /ʝ/
Fenómeno	distinción	yeísmo
Ejemplos	{haya} [ája] ⟶ /ʝ/ {halla} [áʎa] ⟶ /ʎ/	{haya} {halla} ⟶ [ája] ⟶ /ʝ/

Representación ortográfica	Representación fonética		Representación ortográfica	Representación fonética
{chaco}	[ʧáko]		{hacha}	[áʧa]
{taco}	[táko]		{ata}	[áta]
{saco}	[sáko]		{asa}	[ása]

14.5 La oposición entre el fonema africado /ʧ/, el fonema oclusivo /t/ y el fonema fricativo /s/.

La distribución alofónica del fonema africado

El fonema /ʧ/ tiene una distribución única.

La fonotáctica del fonema africado

El fonema africado se da exclusivamente en posición inicial de palabra o en posición inicial de sílaba interior de palabra, siguiendo así el patrón general para las consonantes del español.

Características generales de los alófonos fricativos

Como toda consonante, los alófonos fricativos se definen por los tres rasgos de modo de articulación, lugar de articulación y estado de las cuerdas vocales.

El modo de articulación

Los sonidos fricativos, como todos los sonidos, tienen tres fases en su producción: la intensión, la tensión y la distensión como se ve en la Fig. 14.6. En el Capítulo 13 ya se presentaron los detalles de lo que

14.6 El modo de articulación de un sonido fricativo.

ocurre en cada fase. En breve, en la intensión se forma un estrechamiento bucal, en la tensión se fuerza el aire por el estrechamiento resultando en la fricción típica de un sonido fricativo, y en la distensión desaparece la **fricación**. Esto puede ocurrir por tres motivos:

1. La boca se abre al final de la producción de la fricativa, cuando se le sigue una vocal (por ejemplo [kása]).

2. La boca se cierra al final de la producción fricativa, cuando se le sigue otra consonante (por ejemplo [asta]).

3. Se deja de forzar el aire por el estrechamiento como ocurre ante pausa (por ejemplo [kápas]).

El lugar de articulación

Los lugares de articulación de los alófonos fricativos de los fonemas fricativos del español son labiodental [f], interdental [θ], alveolar [s ş], palatal [j] y velar [x]. De estos seis sonidos, hay tres que no tienen un equivalente en inglés. Los detalles se presentarán luego.

El estado de las cuerdas vocales

De los sonidos fricativos que son alófonos de fonemas fricativos, cuatro son sordos [f θ s x] y dos son sonoros [ş j].

Características generales de los alófonos africados

Como toda consonante, los alófonos africados se definen por los tres rasgos de modo de articulación, lugar de articulación y estado de las cuerdas vocales.

El modo de articulación

Los sonidos africados, como todo sonido, tienen tres fases en su producción: la intensión, la tensión y la distensión. La definición de un sonido africado es un sonido oclusivo seguido de un **sonido fricativo homorgánico**, es decir, un fricativo que se produce en el mismo lugar de articulación.

La fase intensiva de un sonido africado es igual a la de un sonido oclusivo: se lleva a cabo mediante la cerrazón completa del canal articulatorio. La cerrazón completa ocurre por dos factores. Primero, el velo del paladar se levanta, adhiriéndose a la pared faríngea, impidiendo la salida de aire por las fosas nasales, produciendo así un sonido totalmente oral. Segundo, hay un cierre total entre dos órganos articulatorios dentro de la boca, según el lugar de articulación.

Durante la fase tensiva de un sonido africado, se mantienen las cerrazones formadas en la intensión, aumentando la presión del aire atrapado detrás de la cerrazón. Esto se lleva a cabo cuando el hablante emplea los músculos intercostales y el diafragma para empujar contra los pulmones. Es la disminución del volumen de una cantidad fija atrapada de aire lo que produce el aumento de presión. En eso, el sonido africado no se difiere del sonido oclusivo.

La fase distensiva de un sonido africado es difásica; es decir, tiene dos fases. En la distensión, se suelta la oclusión entre los dos órganos articulatorios, pero esta vez a diferencia del sonido oclusivo, la separación entre los dos órganos articulatorios es mínima: se separan solamente lo suficiente para formar un estrechamiento apropiado para producir un sonido fricativo. Después de mantener la producción del sonido fricativo durante algún tiempo, se abre el canal bucal, lo que resulta en la disolución del elemento fricativo como se ve en la Fig. 14.7. Luego se pasa siempre a la producción de una vocal. Un sonido africado, entonces, se caracteriza por su **distensión retardada**.

El lugar de articulación

Los alófonos africados del español son palatales. El sonido [ʧ] es alófono único del fonema /ʧ/, mientras el sonido [ɟ͡ʝ] es uno de los dos alófonos del fonema /ʝ/. Los detalles se presentarán luego.

El estado de las cuerdas vocales

De los dos sonidos africados, uno es sordo [ʧ] y el otro es sonoro [ɟ͡ʝ].

Los fonemas fricativos

En esta sección se presentarán los detalles fonológicos y fonéticos de cada uno de los cuatro fonemas fricativos del sistema general: /f s ʝ x/. También se incluirán los detalles del fonema /θ/. La presentación se hará fonema por fonema.

El fonema /f/

En relación con los demás fonemas fricativos, el fonema /f/ es el único fonema labiodental. Comparte el rasgo del estado de las cuerdas vocales con las consonantes /s/ y /x/.

La fonología del fonema /f/

El fonema /f/ se opone a los demás fonemas fricativos /s ʝ x/ como se ejemplifica con

14.7 El modo de articulación de un sonido africado.

la serie [lafáka lasáka lajáka laxáka]. El fonema /f/ es el vigésimo-primer fonema más frecuente del español con un porcentaje de frecuencia de 0,6% del total de los fonemas. Hay una correspondencia exacta entre el grafema {f} y el fonema /f/.

Como ya se expuso en el Capítulo 9, el fonema /f/ tiene una distribución única con el alófono [f].

Fonotácticamente, el fonema /f/ se da casi exclusivamente en posición inicial de sílaba: básicamente el 100% de las ocurrencias de /f/ se dan en esa posición como atestigua el Cuadro 14.8. [4] ◀⋹ Solo el 0,02% de las ocurrencias de /f/ se dan en posición final, la mayoría en posición final de sílaba interior de palabra, siendo pocos y rebuscados, por ejemplo, /aftóso/ y /náfta/. El fonema /f/ ocurre al final de solo diez palabras en el DRAE.

La fonética del alófono [f]

La articulación del sonido [f] comienza mediante la formación de un estrechamiento al levantar la mandíbula para poner el labio inferior en contacto con los dientes superiores. Al mismo tiempo el velo del paladar se levanta adhiriéndose a la pared faríngea. Formado el estrechamiento, se aumenta la presión del aire en la cavidad bucal, forzando así el aire por el estrechamiento. La turbulencia causada por la fricción entre las moléculas y también entre esas y los órganos articulatorios produce el sonido fricativo. En

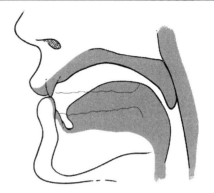

14.9 La posición articulatoria del sonido [f].

la distensión se abre el estrechamiento y deja de haber fricción al pasar al próximo sonido. Durante la articulación del sonido [f], la lengua y los labios se adaptan a la posición adecuada para el sonido que sigue. La Fig. 14.9 demuestra la posición articulatoria para el sonido [f].

Acústicamente, el alófono [f], como los demás alófonos fricativos sordos, resulta en una onda inarmónica que se destaca por un período de turbulencia. Como ya se expuso en el Capítulo 6, se distingue el lugar de articulación por la intensidad y frecuencia de la zona de turbulencia acústica. En el caso del sonido [f], la zona de turbulencia suele ser débil y comienza alrededor de 4000 Hz. como se ve en la Fig. 14.10.

Auditivamente, el sonido [f] se reconoce como fricativo por la presencia de una zona de energía acústica débil esparcida por las frecuencias arriba de 4000 Hz.

14.8 La distribución fonotáctica del fonema /f/.

Contexto fonotáctico		Ejemplo	Porcentaje
#__V	posición inicial de palabra ante vocal	{fal-ta}	61,4%
$__V	posición inicial de sílaba interior de palabra ante vocal	{ca-fé}	28,3%
#__ɾ	posición inicial de palabra ante vibrante simple	{fru-to}	5,5%
$__ɾ	posición inicial de sílaba interior de palabra ante vibrante simple	{co-fre}	2,5%
#__l	posición inicial de palabra ante lateral	{fla-co}	1,1%
$__l	posición inicial de sílaba interior de palabra ante lateral	{ri-fle}	1,2%
__$	posición final de sílaba interior de palabra	{naf-ta}	0,02%

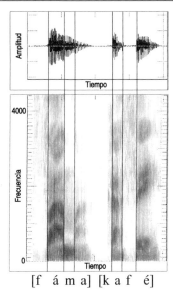

[f á m a] [k a f é]

14.10 Forma de onda y sonograma de la articulación del sonido español [f] en las palabras {fama} y {café}.

Notas dialectales

La variación dialectal de alófonos del fonema /f/ es mínima. Los pocos casos que existen, tienen que ver con un debilitamiento en que el sonido producido deja de tener contacto labiodental y pasa a ser una fricativa bilabial sorda [ɸ] (en las publicaciones hispánicas se suele usar el símbolo [φ]).⁵ ◄< El sonido es igual al sonido [β], pero sordo. Esa variante ocurre en algunos sociolectos, mayormente bajos.

Pistas pedagógicas

Si existe algún sonido del español que se produce igual al sonido equivalente del inglés, este sonido es [f]. El hecho de que haya una diferencia fonotáctica entre el fonema /f/ del inglés y el fonema /f/ del español, no debe causarle dificultades al estudiante anglohablante en cuanto a la pronunciación correcta del sonido [f]. Es decir, en inglés el fonema /f/ se da tanto en posición inicial de palabra o sílaba (por ejemplo: [ˈfʌn] {fun}; [ə.ˈfɛk̚t] {effect}) como en posición final de palabra o sílaba (por ejemplo: [ˈsejf] {safe}; [ˈæf.tɹ] {after}). En español, en cambio, el fonema /f/ no se da sistemáticamente en posición final.

Consejos prácticos

El estudiante puede valerse del sonido [f] del inglés para la pronunciación del español.

El fonema /θ/ (que solo se da en algunos dialectos)

El fonema /θ/ solo se da en los dialectos en que hay una distinción entre los fonemas /θ/ y /s/; es decir, no ocurre en la mayoría de los dialectos del español, que se caracterizan por el seseo, como ya se ha explicado en el Capítulo 8. Para una especificación más detallada tanto de los datos fonológicos como de los datos fonéticos relativos al fonema /θ/, vea la sección sobre notas dialectales en la discusión sobre el fonema /s/, que se encuentra en la próxima sección de este capítulo.

El fonema /s/

En relación con los demás fonemas fricativos, el fonema /s/ es el único fonema fricativo alveolar. Comparte el rasgo del estado de las cuerdas vocales con las consonantes /f/ y /x/. En cuanto a su realización fonética, el fonema /s/ tiene más variabilidad en el mundo hispánico que cualquier otro fonema consonántico.

La fonología del fonema /s/

El fonema /s/ se opone a los demás fonemas fricativos /f x/ como se ejemplifica con la serie [lafáka lasáka lajáka laxáka]. El fonema /s/ es el fonema consonántico más frecuente del español con un porcentaje de frecuencia del 9,5% del total de los fonemas; el fonema /s/ es el cuarto fonema más frecuente de todos los fonemas. Con esa frecuencia tan alta, hay solamente tres sonidos vocálicos que son más frecuentes que el fonema /s/: a saber, /e a o/.

El fonema /s/ tiene una correspondencia grafémica muy rica. El fonema /s/ puede corresponder a los siguientes grafemas: {s, c, z, x}. El Cuadro 14.11 indica las reglas y da ejemplos de cada correspondencia.

Como ya se expuso, el fonema /s/ tiene una distribución complementaria con dos

Grafema	Contextos	Ejemplos
s	todos: #__, $__, __$, __#	son, casa, hasta, revés
c	ante {e}, ante {i}	cero, cima
z*	todos: #__, $__, __$, __#	zorro, caza, gozne, luz
x** fonéticamente [ks]	$__V, __$C	taxi, experto

14.11 Las correspondencias grafémicas del fonema /s/ en dialectos seseístas.
*Esto representa el habla de la mayor parte del mundo hispánico. Para el habla de los que distinguen entre /s/ y /θ/, vea la sección sobre notas dialectales.
**Esto representa el habla de la mayoría de los hablantes del mundo hispánico. Para otras posibilidades, vea la sección sobre el grafema {x} de este capítulo.

alófonos: uno sonoro [ş] y otro sordo [s]. El principio general es que el alófono producido se asimila al estado de las cuerdas vocales de la consonante que sigue. Si no le sigue una consonante, es decir, si le sigue una vocal o una pausa, el sonido producido es sordo. Esta regla se expresa de la siguiente manera:

$$/s/ \longrightarrow [ş] \ / \ \_\_C_{sonora}$$

$$[s] \ / \ e.l.d.l.$$

Fonotácticamente, el fonema /s/ es el único fonema fricativo que se da sistemáticamente en posición final de sílaba. De hecho, el contorno en que más aparece el fonema /s/ es el de posición final de palabra con un porcentaje del 38,8% de las ocurrencias del fonema /s/. Esto se debe al hecho de que el fonema /s/ en posición final ocurre en las formas morfológicas del plural de sustantivos, adjetivos y pronombres como también en varias formas verbales. El fonema /s/ es el único fonema fricativo que se da sistemáticamente en posición final de sílaba interior de palabra con un porcentaje de 13,7% de las ocurrencias del fonema /s/. En esa posición aparece tanto después de vocal [kás.pa] como después de consonante [ins.trwír] o [éks.tra].

El fonema /s/ se da también en posición inicial de palabra con un porcentaje de 16,9% de las ocurrencias del fonema /s/ y en posición inicial de sílaba interior de palabra con un porcentaje de 30,6% de las

ocurrencias del fonema /s/. En esos casos siempre le sigue una vocal, pues el fonema /s/ no se deja combinar con ninguna otra consonante en posición inicial como ocurre comúnmente en inglés (ej. *sleep, street*). El Cuadro 14.12 indica los porcentajes de ocurrencia del fonema /s/ en los distintos contornos.[6] ◀⦃

La fonética del alófono [s]

La articulación del sonido [s] comienza mediante la formación de un estrechamiento entre la lámina de la lengua y los alvéolos. Para que la lámina de la lengua se aproxime a los alvéolos, el ápice de la lengua se adelanta en la boca encorvándose para abajo hacia la cara interior de los dientes inferiores o las encías inmediatamente posteriores a ellos. Siendo así, el lugar de articulación de este sonido [s] puede describirse como **apicodental-laminoalveolar**. Formado el estrechamiento, se fuerza el aire por el estrechamiento y la fricción así causada produce el sonido deseado. Durante la producción de esta fricativa, no vibran las cuerdas vocales. La Fig. 14.13 demuestra la posición articulatoria para el sonido [s]. Vale observar que la posición de los labios como de la lengua durante la producción del sonido [s] varía según la vocal que sigue. El sonido [s] aquí descrito es esencialmente el sonido [s] más común en la pronunciación del inglés estándar.

El alfabeto fonético internacional incluye la posibilidad de indicar un sonido laminar con el signo diacrítico [ˌ]. La variante más

Contexto fonotáctico		Ejemplo	Porcentaje
#__	posición inicial de palabra	{san-to}	16,9%
$__	posición inicial de sílaba interior de palabra	{ca-sa}	30,6%
V__$	posición final de sílaba interior de palabra después de vocal	{has-ta}	12,7%
C__$	posición final de sílaba interior de palabra después de consonante	{ins-truir}	1,0%
__#	posición final de palabra	{a-trás}	38,8%

14.12 La distribución fonotáctica del fonema /s/.

extendida del mundo hispánico para la fricativa alveolar sorda es la apicodental-laminoalveolar. Debido a eso, aquí se usará el símbolo sencillo [s] para representar lo que técnicamente sería [s̺].

Acústicamente, el alófono [s], como los demás alófonos fricativos sordos, resulta en una onda inarmónica que se destaca por un período de turbulencia. A diferencia de las otras fricativas, sin embargo, el sonido [s] se destaca por una turbulencia mucho más fuerte. Debido a esa turbulencia fuerte, el sonido se clasifica como un **sibilante**, que se define como un sonido fricativo más ruidoso. Como ya se expuso en el Capítulo 6, se distingue el lugar de articulación por la intensidad y frecuencia de la zona de turbulencia acústica. En el caso del sonido [s], la zona de turbulencia suele ser muy fuerte y comienza alrededor de 3200 Hz. como se ve en la Fig. 14.14.[7] ◀≶

Auditivamente, el sonido [s] se reconoce como fricativo por la presencia de una zona

de energía acústica fuerte esparcida por las frecuencias arriba de 3200 Hz.

La fonética del alófono [s̺]

El alófono [s̺] tiene la misma manera de articulación y el mismo lugar de articulación que el alófono [s]: es decir, es una fricativa apicodental-laminoalveolar. La articulación del sonido [s̺], entonces, solo difiere de la del sonido [s] por el estado de las cuerdas vocales: es decir, mientras este es sordo, aquel es sonoro. La **sonorización** del sonido se debe a la asimilación anticipante del estado de las cuerdas vocales al estado de las cuerdas vocales de la consonante que sigue.

14.14 Forma de onda y sonograma de la articulación del sonido español [s] en la palabra {masa}.

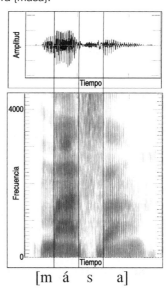

[m á s a]

14.13 La posición articulatoria del sonido [s] apicodental-laminoalveolar.

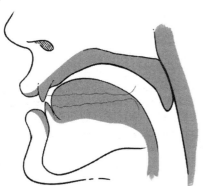

293

Acústicamente, el alófono [ẓ], como los demás alófonos fricativos sonoros, resulta en una onda cuasiarmónica que se destaca por un período de turbulencia sonorizada. Se puede ver en la Fig. 14.15 que el sonograma del sonido [ẓ] presenta una zona de turbulencia fuerte arriba de 3200 Hz. con las estrías verticales que indican la sonorización.[7] ◀⋲

Auditivamente, el sonido [ẓ] se reconoce como fricativo por la presencia de una zona de energía acústica fuerte esparcida por las frecuencias arriba de 3200 Hz. Puesto que este sonido es alófono del fonema /s/, es común que el hispanohablante ni perciba la sonorización. Esto se debe a que la sonorización es un fenómeno fonético y no fonológico.

Notas dialectales

El fonema /s/ es uno de los fonemas del español que presenta más variedad fonética dialectal. Su variedad sigue tres pautas distintas. La primera, la tensión articulatoria, describe una gama de posibilidades físicas en la producción del fonema /s/. Esa gama incluye la segunda pauta, la aspiración, que es muy extendida tanto en España como

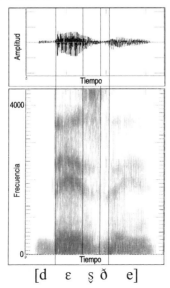

14.15 Forma de onda y sonograma de la articulación del sonido español [ṣ] en la palabra {desde}.

[d ɛ ṣ ð e]

en América. La tercera, la distinción, se da casi exclusivamente en algunas regiones de España.

La tensión articulatoria. La variedad de sonidos de /s/ que existe en el mundo hispánico resulta en gran parte de los varios grados de aproximación que la lengua puede tomar en relación con el techo de la boca. Según esa aproximación se pueden identificar cuatro grupos de sonidos que corresponden a cuatro grados de aproximación. El primer tipo es un sonido fricativo altamente sibilante [ṣ] en que la lengua forma un estrechamiento muy apretado contra los alvéolos. El segundo tipo es un sonido fricativo menos sibilante que el primero y es el sonido prototípico del español: el sonido [s] ya descrito en que la lengua no se acerca tanto a los alvéolos como en [ṣ]. El tercero es la aspiración [h] en que la lengua no se acerca a los alvéolos, quedándose en la posición de producción vocálica. El cuarto es la elisión, en que no hay producción de ningún sonido que represente al fonema /s/. Claro está que cuando el alófono tiene que sonorizarse, se trata de los sonidos sonorizados [ẓ ṣ ɦ] y la elisión.[8] ◀⋲

La aspiración. La aspiración es un fenómeno de relajamiento consonántico muy difundido en el mundo hispánico. En España es la realización predominante en el sur y en las Islas Canarias. En Norteamérica es la norma en el Caribe y en las costas del Golfo de México, como también en el norte y en el litoral pacífico de México. En Centroamérica es la norma en El Salvador, Honduras, Nicaragua y Panamá. En Sudamérica el fenómeno de la aspiración es común en el litoral caribeño, en el litoral pacífico y en las tierras bajas de Bolivia; también es la realización predominante en Chile, la Argentina, Paraguay y Uruguay.

La aspiración es un fenómeno seseísta, es decir, se da en zonas dialectales en que no hay una oposición entre /s/ y /θ/. En las zonas de aspiración, el fonema /s/ tiene también una distribución complementaria extendida. La regla indica que la fricativa apicodental-laminoalveolar sorda se da en posición inicial de sílaba que incluye, por supuesto, posición inicial de palabra. Es decir, palabras como {cla-se, sa-po} se realizan como [kláse] y [sápo].

La regla indica que se emplea una **fricativa glotal sonora** [ɦ] ante una consonante sonora y que se emplea una **fricativa glotal sorda** [h] "en los demás lugares". El uso de estos dos alófonos es lo que se llama la aspiración. La regla de distribución complementaria para el fonema /s/ en zonas de aspiración es:

$$/s/ \longrightarrow [s] \ / \ \$\_\_$$

$$[ɦ] \ / \ \_\_C_{sonora}$$

$$[h] \ / \ e.l.d.l.$$

La variante que ocurre con más frecuencia es la fricativa glotal sorda [h] porque ocurre en un contexto fonológico menos restringido. Los contextos en que se da esta variante, es decir, en los demás lugares, se indican en el Cuadro 14.16.

La aspiración sorda se representa mediante el símbolo [h], pero vale examinar los procesos fonéticos que resultan en el sonido que así transcribimos. La Fig. 14.17 contrasta el sonograma de [péska] y [péhka]. En el primero, se nota el fuerte espectro de turbulencia arriba de 2800 cps, característico del sonido sibilante sordo [s]. En el segundo, se nota una disminución de la turbulencia y una continuación menguada de los formantes superiores de la vocal [ɛ]. En los dos casos se nota la ausencia de estrías verticales, lo que indica que los dos sonidos son sordos. En efecto, la aspiración es una continuación **ensordecida** de la vocal, que se podría transcribir como [ɛ̥]. Sin embargo, la convención es que se transcribe como [h], lo que simplemente representa

el ensordecimiento de la vocal anterior. En otras palabras, la producción sorda al final de la vocal representa al fonema /s/. Muchas veces esta aspiración se percibe como un soplo de aire.

En la Fig. 14.17 se puede notar que la duración de la aspiración [h] es más corta que la de la sibilante [s]. Sin embargo, la duración de la aspiración varía según el dialecto o idiolecto. Al disminuir la duración de la aspiración, hay quienes la consideran como elisión o cero fonético, lo que quiere decir que se perdería totalmente el contraste fonológico entre {pesca} y {peca}. Como es importante mantener estos contrastes, la ocurrencia del cero fonético absoluto para el fonema /s/ en el mundo hispánico es mínimo, porque normalmente hay unos milisegundos de aspiración.[9] ◄⁐

14.17 Forma de onda y sonograma de la articulación de la palabra {pesca} sin aspiración y con aspiración.

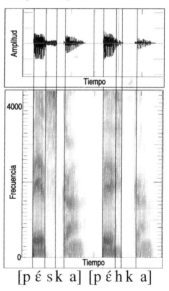

[p é s k a] [p é h k a]

14.16 Los contextos en que se da el fricativo glotal sordo [h].

Contexto	Descripción del contexto	Palabras o frases	Transcripción
__$C_{sorda}	posición final de sílaba ante consonante sorda	este, pesca	[éhte] [péhka]
__#C_{sorda}	posición final de palabra ante consonante sorda	más carne	[máhkárne]
__/	posición final ante pausa	quiero tacos	[kjérotákoh]

Las investigaciones sobre el fenómeno del relajamiento de las variantes del fonema /s/ han indicado que la elisión o aspiración reducida tiende a ocurrir cuando hay reduplicación de información lingüística. Es decir, el fonema /s/ no suele reducirse al cero fonético cuando la información semántica, sintáctica y morfológica no es redundante. Por ejemplo, en la frase {los otros amigos} hay cuatro indicadores de su pluralidad. Además de los tres morfemas /-s/ que indican pluralidad, la forma /lo-/ también indica pluralidad, porque la forma singular sería /el/. Debido a la redundancia de la información lingüística, es más posible que haya una reducción de la aspiración o hasta una elisión de los tres morfemas /-s/ porque queda la forma de /lo-/ como indicador de pluralidad. Si la frase fuera {las otras amigas}, el morfema /-s/ no se reduce en todas las tres manifestaciones porque así no quedaría ningún indicador de pluralidad. Otro ejemplo sería la frase {tú no estás}. En este caso, sería posible que se redujera el morfema /-s/ por la redundancia debido a la presencia del pronombre {tú}. Si la frase fuera simplemente {no estás}, sin embargo, sería imposible elidir el morfema /-s/, porque no hay ningún otro indicio para señalar que la conjugación sería de segunda persona.

La variante que ocurre con menos frecuencia es la fricativa glotal sonora [ɦ] porque ocurre en un contexto fonológico más restringido: ante consonante sonora, sea esta en la misma palabra como en {desde} o sea esta al comienzo de la siguiente palabra {los días}.

La aspiración sonora se representa mediante el símbolo [ɦ], pero vale examinar los procesos fonéticos que resultan en el sonido que así transcribimos. La Fig. 14.18 contrasta el sonograma de [déşðe] y [défɦðe]. En el primero, se nota el espectro característico del sonido sibilante sonoro [ş]. En el segundo, se nota un cambio en la vocal [ɛ] a lo largo de su producción: una atenuación en el primer formante y un refuerzo en el formante cero o la barra de sonoridad. Lo que cambia en la producción de la vocal es la acción de las cuerdas vocales mientras continúan a vibrarse. Comienzan con una

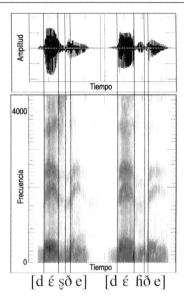

[d é ş ð e]   [d é ɦ ð e]

14.18 Forma de onda y sonograma de la articulación de la palabra {desde} sin aspiración y con aspiración.

vocalización normal, es decir, con las cuerdas vocales acercadas en toda su extensión como se ve en la Fig. 14.19 y como se presentó en el Capítulo 5. Concluyen con una vocalización murmurada en que las cuerdas vocales vibran en la parte anterior y se abren en la parte posterior, lo que permite un escape constante de aire durante la producción de lo que se llama la aspiración y que se transcribe como [ɦ].[9] ◀ᵉ

En efecto, la aspiración, en este caso, es una continuación murmurada de la vocal, que se podría transcribir como [ɛ]. Sin embargo, la convención es que se transcribe como [ɦ], lo que simplemente representa la

14.19 Las cuerdas vocales durante la sonorización vocálica normal y la sonorización murmurada que produce la aspiración sonora [ɦ].

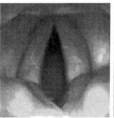

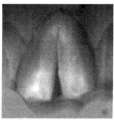

Voz sonorizada   Voz murmurada

Contexto	Transcripción	Estado de la glotis	Valor vocálico	Conformación de las CV
___$C_{sorda} ___/	[h]	ensordecida	[V̥]	
___$C_{sonora}	[ɦ]	murmurada	[V̤]	

14.20 La vocal se ensordece en la aspiración sorda y se murmura en la aspiración sonora.

murmuración de la vocal anterior. En otras palabras, la producción murmurada al final de la vocal representa al fonema /s/.

En resumen, se puede decir que la aspiración es un fenómeno que ocurre en muchos dialectos cuando el fonema /s/ se encuentra en posición final. Lo que representa al fonema /s/, entonces, es una continuación de la vocal con una modificación en el estado de las cuerdas vocales: la vocal se ensordece en una aspiración sorda y se murmura en una aspiración sonora, como se ve en el Cuadro 14.20.

Al comparar la regla de aspiración aquí presentada con la regla general que se presentó desde el Capítulo 9, se nota que de acuerdo con la regla general, todas las realizaciones de [h] serían [s] y todas las realizaciones de [ɦ] serian [s̬].

La distinción. En los dialectos de España en que existe la oposición entre los fonemas /s/ y /θ/, hay zonas en que hay una diferencia fonética en los alófonos que representan al fonema /s/. En la mayoría de las zonas de distinción, se produce un alófono **apicoalveolar** en vez de apicodental-laminoalveolar. Los dos alófonos son alveolares, pero difieren en la región de la lengua que se aproxima a los alvéolos. Esa diferencia conlleva también una diferencia en la conformación de la lengua: en

el alófono apicodental-laminoalveolar la lengua tiene una conformación **convexa**, mientras en el alófono apicoalveolar la lengua es **cóncava**. La Fig. 14.21 demuestra la configuración de los órganos articulatorios para el sonido apicoalveolar [s̺].

En las zonas de distinción, el fonema /s/ tiene básicamente la misma distribución que en las zonas de seseo: tiene un alófono sonorizado que aparece ante consonante sonora y el alófono sordo que aparece en los demás lugares. La única diferencia es que los dos sonidos son apicoalveolares. Esto se expresa en la siguiente regla:

$$/s/ \longrightarrow [s̺̬] \ / \ \_\_C_{sonora}$$

$$[s̺] \ / \ e.l.d.l.$$

Según esta regla, por ejemplo, la frase {las casas} llega a ser [las̺kás̺as̺] y la frase {es tuyo} llega a ser [és̺tújo]. La frase {el rasgo} llega a ser [elrás̺ɣo] y la frase {es mío} llega a ser [és̺mío].[10] ◀

El fonema /θ/ solo se da en zonas de distinción y se realiza con dos alófonos principales: la fricativa interdental sorda [θ] y la fricativa interdental sonora [ð]. La Fig. 14.22 demuestra la configuración de

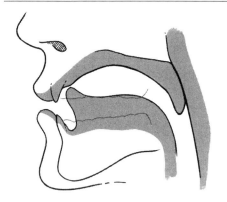

14.21 La posición articulatoria del sonido [ş] apicoalveolar.

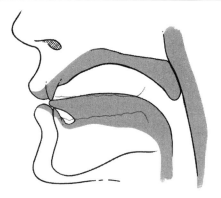

14.22 La posición articulatoria del sonido [θ].

los órganos articulatorios para el sonido interdental [θ].

La base de la regla para el fonema /s/ es asimilación al estado de las cuerdas vocales de la consonante que le sigue. Este mismo principio se aplica al fonema /θ/ en las zonas de distinción como demuestra la siguiente regla:

$$/\theta/ \longrightarrow [ð] \; / \; \_C_{sonora}$$

$$[\theta] \; / \; e.l.d.l.$$

Según esta regla, por ejemplo, la frase {házmelo} llega a ser [áðmelo] y la frase {paz mundial} llega a ser [páðmu̥ṇdjál]. La frase {háztelo} llega a ser [áθtelo] y la frase {paz eterna} llega a ser [páθetérna].[11] ◄Ɛ

La Fig. 14.23 contrasta la posición articulatoria de los tres sonidos fricativos principales relacionados con los fenómenos de seseo y distinción: la apicodental-laminoalveolar convexa [s], la apicoalveolar cóncava [ş] y la apicointerdental plana [θ].[12] ◄Ɛ Los diagramas articulatorios justifican las descripciones articulatorias. En las formas de onda y en los sonogramas se pueden ver que en términos de turbulencia, el sonido cóncavo [ş], que se emplea en la distinción, es el sonido más turbulento. El sonido convexo [s], que es la variante más común del seseo, se produce con menos turbulencia. El sonido interdental [θ], que representa al fonema /θ/ en zonas de distinción tiene poca turbulencia. El Cuadro 14.24 resume los datos pertinentes a los alófonos del fonema /s/

tanto en zonas de seseo como en zonas de distinción.

Pistas pedagógicas

Tanto el inglés como el español tienen un sonido fricativo alveolar sordo y un sonido fricativo alveolar sonoro. El estudiante anglohablante del español tiene que reconocer, sin embargo, que estos dos sonidos se difieren tanto fonológica como fonéticamente. En inglés, los dos sonidos representan dos fonemas distintos tanto en posición inicial como en posición final, mientras que en español son dos alófonos del mismo fonema. En inglés, por ejemplo, las secuencias fonéticas de [súu̥] {sue} y [zúu̥] {zoo} son un par mínimo que comprueban la oposición entre /s/ y /z/ en posición inicial. Esta oposición también se da en posición final: [ɹái̥s] {rice} y [ɹái̥z] {rise}. En español, por otro lado, las secuencias [éstújo] {es tuyo} y [éşmío] {es mío} demuestran que los sonidos [s] y [ş] son alófonos del mismo fonema. (Es de notar que los símbolos [ş] del español y [z] del inglés son equivalentes fonéticamente.)[13] ◄Ɛ

Vale explicar porque el sonido fricativo alveolar sonoro del inglés se transcribe con [z] mientras que el sonido fricativo alveolar sonoro del español se transcribe con [ş]. En parte es una concesión a la fonología, reconociendo que en español el sonido [ş] es alófono del fonema /s/, así su símbolo es más parecido, diferenciándose con un signo diacrítico, que está de acuerdo con

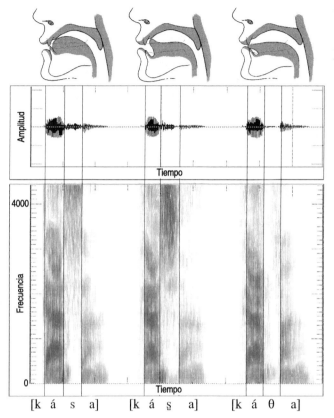

14.23 Una comparación de la posición articulatoria, la forma de onda y el sonograma de los sonidos fricativos [s s̺ θ].

[k á s a]   [k á s̺ a]   [k á θ a]

las pautas de la Asociación Internacional de Fonética. En parte se debe a que el sonido [z] del inglés es altamente sibilante con un acercamiento muy estrecho de la lengua contra los alvéolos que se podría transcribir como [z̺], mientras que el sonido [s̺] es menos sibilante, sin el acercamiento exagerado del sonido inglés.

El fonema /s/ es problemático para el anglohablante que aprende español en cinco circunstancias:

- La primera ocurre cuando el fonema /s/ aparece en posición intervocálica, o sea posición inicial de sílaba interior de palabra.

- La segunda tiene que ver con un problema causado por el grafema {z}.

- La tercera ocurre cuando el fonema /s/ aparece en posición final de palabra.

- La cuarta ocurre cuando el fonema /s/ aparece ante la semiconsonante [j].

- La quinta ocurre cuando el fonema /s/ aparece en posición final de sílaba ante consonante sonora.

Referente al número uno, es importante reconocer que el sonido fricativo alveolar sonoro nunca aparece en posición intervocálica en español. El estudiante anglohablante que aprende español tiende a producir un sonido [z] en esa posición debido a la influencia del inglés. La interferencia aquí se debe a que en inglés en posición intervocálica existe una oposición entre los fonemas /s/ y /z/ como comprueban los pares mínimos [pɹésədənt] {precedent} y [pɹézədənt] {president} y [ɹéɪsɹ̩] {racer} y [ɹéɪzɹ̩] {razor}. El hecho de que el grafema {s} se emplee para representar al fonema /z/ en inglés en posición intervocálica, contribuye al problema del anglohablante. El Cuadro 14.25 presenta algunos ejemplos que ilustran esa transferencia negativa.[14] ◀⫽

	Seseo	Distinción
lugar de articulación	apicodental-laminoalveolar	apicoalveolar
posición del ápice	tras los dientes inferiores	se aproxima a los alvéolos
conformación de la lengua	convexa	cóncava
dibujo articulatorio		
símbolo fonético	[s]	[s̺]
fonemas	/s/	/s/ ~ /θ/
reglas de distribución complementaria	/s/ ⟶ [s̺] / __C$_{sonora}$ [s] / e.l.d.l.	/s/ ⟶ [s̺] / __C$_{sonora}$ [s̺] / e.l.d.l. /θ/ ⟶ [ð] / __C$_{sonora}$ [θ] / e.l.d.l.

14.24 Comparación de /s/ en el seseo y en la distinción.

El segundo problema tiene que ver con el grafema {z}, que en inglés siempre representa al fonema /z/ y al sonido [z]. Hay que recordar que en español el grafema {z} siempre representa al fonema /s/ en las zonas de seseo y al fonema /θ/ en las zonas de distinción: no existe el fonema /z/ en español. El Cuadro 14.26 presenta algunos ejemplos que ilustran esa transferencia negativa.[15] ◀⏃

El tercer problema ocurre cuando el fonema /s/ aparece en posición final de palabra. El inglés tiene un número considerable de palabras que terminan con el grafema {s}, pero que se pronuncian con el sonido [z]. En inglés hay también un número considerable de pares mínimos que comprueban la oposición entre /s/ y /z/ en posición final de palabra: [féi̯s] {face}

y [féi̯z] {phase}, [ɡɹéi̯s] {grace} y [ɡɹéi̯z] {graze}, [ɹái̯s] {rice} y [ɹái̯z] {rise} También el sonido [z] se emplea en inglés para el morfema sustantival de pluralización y con el morfema sustantival de posesión (por ejemplo: {bases} [béi̯sɨz] y {John's book} [ʤánzbʊ́k]) y con el morfema verbal de tercera persona del singular (por ejemplo: {dances} [dǽnᵗsɨz]). El Cuadro 14.27 presenta algunos ejemplos que ilustran esa transferencia negativa.[16] ◀⏃

El cuarto problema ocurre cuando el fonema /s/ aparece ante la semiconsonante [j]. En inglés, esta secuencia suele producir una palatalización al sonido [ʃ] o [ʒ]. El Cuadro 14.28 presenta algunos ejemplos que ilustran esa transferencia negativa.[17] ◀⏃

El quinto problema surge cuando el fonema /s/ aparece en posición final de

Inglés		Español		
ORTOGRAFÍA	PRONUNCIACIÓN	ORTOGRAFÍA	PRONUNCIACIÓN INCORRECTA	PRONUNCIACIÓN CORRECTA
president	[pɹézədənt]	presidente	*[prɛziðéņte]	[presiðéņte]
present	[pɹézənt]	presente	*[prɛzéņte]	[preséņte]
positive	[pʰázərəv]	positivo	*[pozitíβo]	[positíβo]
accuse	[əkjúy̨z]	acusar	*[akuzáɾ]	[akusáɾ]
reason	[ɹíy̨zin]	razón	*[razón]	[rasón]

14.25 La transferencia negativa del sonido fricativo alveolar sonoro en posición intervocálica.

sílaba ante consonante sonora. En este caso, el problema no ocurre debido a una interferencia negativa del inglés, sino que resulta del hecho de que el anglohablante tenga que adquirir una regla de distribución complementaria del español en que el fonema /s/ se asimila al estado de las cuerdas vocales de la consonante que sigue. Esto ocurre tanto dentro de una sola palabra como entre palabras. En fin, el anglohablante tiene que aprender a producir el sonido [ʂ] (semejante a [z]) como alófono del fonema /s/ en su debido contexto fonológico. El Cuadro 14.29 demuestra esta situación.[18] ◀

Consejos prácticos

En cuanto a los alófonos del fonema /s/, el estudiante que aprende español tiene que recordar que en español:

- Se recomienda el uso del seseo, que representa la norma mundial.
- La [s] más común del mundo hispánico tiene el mismo lugar de articulación que la [s] más común del inglés de los Estados Unidos, pero es menos sibilante.

- Se recomienda no usar la aspiración por la dificultad de producir todas las demás variantes que acompañan los dialectos donde ocurre, a menos que se tenga presente un modelo auténtico.

- Se recomienda no usar la distinción por la dificultad de producir correctamente el sonido apicoalveolar [ʂ] (el anglohablante tiende a producir el sonido fricativo palatal [ʃ] del inglés) como también el sonido [θ], a menos que se tenga presente un modelo auténtico y que se tenga la habilidad de imitar bien los sonidos.

- Debe practicar la sonorización al sonido [ʂ] ante consonantes sonoras.

- Debe evitar la sonorización al sonido [ʂ] en posición final absoluta.

14.26 La transferencia negativa del grafema {z} del inglés.

Inglés		Español		
ORTOGRAFÍA	PRONUNCIACIÓN	ORTOGRAFÍA	PRONUNCIACIÓN INCORRECTA	PRONUNCIACIÓN CORRECTA
plaza	[pl̩ǽzə]	plaza	*[pláza]	[plása]
zone	[zóy̨n]	zona	*[zóna]	[sóna]
Zorro	[zóɹoy̨]	zorro	*[zóro]	[sóro]
La Paz	[ləpʰáz]	la paz	*[lapáz]	[lapás]
		hizo	*[ízo]	[íso]

Inglés		Español		
ORTOGRAFÍA	PRONUNCIACIÓN	ORTOGRAFÍA	PRONUNCIACIÓN INCORRECTA	PRONUNCIACIÓN CORRECTA
bases	[béɪsiz]	bases	*[básiz]	[báses]
lances	[lǽnᵗsiz]	lances	*[lánsiz]	[lánses]
buzz	[bʌz]	haz	*[áz]	[ás]

14.27 La transferencia negativa del fonema /s/ cuando aparece en posición final de palabra.

- Debe evitar la sonorización al sonido [z] en posición intervocálica resultante de la interferencia negativa del inglés.
- Debe evitar la pronunciación del sonido [ʃ] en vez de [sj] (como en las palabras [misjón] o [delisjóso]), como es típico del inglés.

El fonema /ʝ/

En relación con los demás fonemas fricativos, el fonema palatal /ʝ/ es el único fonema sonoro. En cuanto a su realización fonética, el fonema /ʝ/ tiene una gran variabilidad en el mundo hispánico, parecido en varios aspectos con la que tiene el fonema /s/.

La fonología del fonema /ʝ/

El fonema /ʝ/ se opone a los demás fonemas fricativos /f s x/ como se ejemplifica con la serie [lafáka lasáka laʝáka laxáka]. El fonema /ʝ/ es el décimo-noveno fonema más frecuente del español con un porcentaje de frecuencia de 0,9% del total de los fonemas.

El fonema /ʝ/ corresponde a tres grafemas: {y, hi, ll}. El Cuadro 14.30 indica las reglas y da ejemplos de cada correspondencia.

Como ya se expuso, el fonema /ʝ/ tiene una distribución complementaria con dos alófonos: uno africado y otro fricativo. El principio general es que se produce el alófono africado después de pausa, consonante nasal o consonante lateral. En los demás lugares, se produce el sonido fricativo. Como ya se ha demostrado, esta regla se expresa formalmente de la siguiente manera:

$$/ʝ/ \longrightarrow [ɟʝ] \left/ \begin{array}{l} /\!\!\_\_ \\ N\_\_ \\ L\_\_ \end{array} \right.$$

$$[ʝ] \quad / \quad \text{e.l.d.l.}$$

14.28 La transferencia negativa del fonema /s/ cuando aparece ante la semiconsonante [j].

Inglés		Español		
ORTOGRAFÍA	PRONUNCIACIÓN	ORTOGRAFÍA	PRONUNCIACIÓN INCORRECTA	PRONUNCIACIÓN CORRECTA
mission	[míʃən]	misión	*[miʃóṵn]	[misjón]
fusion	[fjúʒən]	fusión	*[fuʒóṵn]	[fusjón]
fiction	[fíkʃən]	ficción	*[fikʃóṵn]	[fiksjón]
reaction	[ɹiʝǽkʃən]	reacción	*[reakʃóṵn]	[reaksjón]
potion	[phóṵʃən]	poción	*[poʃóṵn]	[posjón]
delicious	[dəlíʃis]	delicioso	*[deliʃóṵso]	[delisjóso]

Español		
ORTOGRAFÍA	PRONUNCIACIÓN INCORRECTA	PRONUNCIACIÓN CORRECTA
mismo	*[mísmo]	[míşmo]
mis manos	*[mismános]	[mişmános]
juzgar	*[xusɣáɾ]	[xuşɣáɾ]
paz mundial	*[pásmũn̪djál]	[páşmũn̪djál]

14.29 La transferencia negativa del fonema /s/ cuando aparece en posición final de sílaba ante consonante sonora con los grafemas {s} y {z}.

Fonotácticamente, el fonema /ǰ/ ocurre exclusivamente en posición inicial. El Cuadro 14.31 indica los detalles de su distribución fonotáctica.

La fonética del alófono [ǰ]

La articulación del sonido [ǰ] comienza mediante la formación de un estrechamiento entre el predorso de la lengua y el paladar duro. Se puede caracterizar el estrechamiento como una **constricción de ranura** (inglés: *slit fricative*). En este tipo de constricción el aire sale por encima de la lengua a lo ancho de la abertura. Esto contrasta con una **constricción acanalada** (inglés: *groove fricative*) en que los lados de la lengua mantienen más contacto con el paladar a lo largo de las muelas, formando un canal por el que pasa el aire como en el sonido [ʃ] de la palabra inglesa {ship}. Formado el estrechamiento, se fuerza el aire por la constricción por encima de la lengua y la fricción así causada produce un sonido

no sibilante. Durante la producción de la fricativa [ǰ], vibran las cuerdas vocales. La Fig. 14.32 demuestra la posición articulatoria para el sonido [ǰ]. Vale observar que el lugar de articulación (sea pre-, medio- o pos-palatal) como también la posición de los labios (sea labializada o deslabializada) durante la producción del sonido [ǰ] varía ligeramente según la coarticulación de la vocal que lo sigue.

Es importante señalar que en inglés no existe ningún sonido fricativo parecido al sonido [ǰ] del español. El sonido inglés más cercano que existe es el aproximante [j] (semiconsonante en español) como en las palabras {you} [júṷ], {yes} [jés] y {yo-yo} [jóṷjóṷ]. Ese sonido inglés sí es equivalente a la semiconsonante sonora [j] del español que es alófono del fonema vocálico /i/ y que aparece en posición prenuclear como en la palabras {tiene} [tjéne] o {salió} [saljó].

Un análisis de la descripción fonética de ambos sonidos ilustra las semejanzas y diferencias fonéticas que existen entre [ǰ] y [j]. La distinción principal entre la consonante fricativa palatal sonora [ǰ] y la semiconsonante anterior [j] radica en el modo de articulación, siendo la distinción una de grado de abertura. Siendo consonante, el sonido [ǰ] es más cerrado. El sonido consonántico [ǰ] se produce con fricación, pero el sonido vocálico [j], por su abertura mayor, carece de fricción. En cuanto al lugar de articulación, el término consonántico *palatal* es equivalente al término vocálico *anterior*; es decir, se refieren a la misma zona bucal. Los dos sonidos son sonoros. Las diferencias y semejanzas se resumen en el Cuadro 14.33.[19] ◀፥

Acústicamente, el alófono [ǰ], como los demás alófonos fricativos sonoros, resulta

14.30 Los grafemas del fonema /ǰ/ en dialectos yeístas.

Grafema	Contextos	Ejemplos
{y}	todos menos posición final de palabra	ya, haya, conyuge
{hi}	inicial de palabra ante vocales {e, a, o}	hielo, hiato, hiogloso
{ll}*	todos	llamar, calle

*Esto representa el habla de la mayoría de los hablantes del mundo hispánico. Para el habla de los que distinguen entre /ǰ/ y /ʎ/, vea la sección sobre notas dialectales.

Contexto fonotáctico		Ejemplo	Porcentaje
#__V	posición inicial de palabra ante vocal	{llá-ma}	57,1%
$__V	posición inicial de sílaba interior de palabra ante vocal	{ca-lle}	42,9%

14.31 La distribución fonotáctica del fonema /ǰ/.

en una onda cuasiarmónica que se destaca por un período de turbulencia. Sin embargo el grado de turbulencia no es sibilante, a pesar de ser una turbulencia más fuerte que la de los sonidos [β ð ɣ]. Como en el caso de los demás sonidos fricativos, se distingue el lugar de articulación por la intensidad y frecuencia de la zona de turbulencia acústica. En el caso del sonido palatal [ʝ], la zona de turbulencia suele ser algo fuerte y comienza alrededor de 2500 Hz. como se ve en la Fig. 14.34.[20] ◀≀

Auditivamente, el sonido [ʝ] se reconoce como fricativo por la presencia de una zona de energía acústica fuerte esparcida por las frecuencias arriba de 2500 Hz. y por la sonorización.

La fonética del alófono [ɟʝ]

El alófono [ɟʝ] tiene el mismo lugar de articulación del alófono [ʝ], pero el modo de articulación es africado en vez de fricativo. Esto quiere decir que tiene dos elementos: uno oclusivo y otro fricativo. El primer elemento del sonido africado español [ɟʝ] es un oclusivo mediopalatal, cuyo símbolo fonético es [ɟ]. El segundo elemento es el sonido fricativo [ʝ], que se produce en la transición entre el sonido oclusivo y la siguiente vocal.

14.32 Trazo articulatorio del sonido [ʝ].

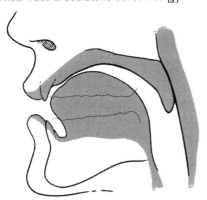

Es importante recordar que el elemento fricativo es de ranura y que no es sibilante. La Fig. 14.35 demuestra la configuración de los órganos articulatorios para el alófono [ɟʝ].

El proceso de la **africación** se da después de una pausa, después de consonante nasal y después de consonante lateral. En los últimos dos casos, ya hay contacto entre la lengua y el lugar de la articulación del fonema /ǰ/, lo que naturalmente convierte el alófono producido para representar al fonema /ǰ/ en africado. Después de pausa, la articulación del fonema /ǰ/, sigue el patrón de los fonemas /b d g/ en que la articulación después de pausa comienza con una cerrazón total.

Acústicamente, el alófono [ɟʝ] resulta en una onda cuasiarmónica que representa los dos elementos del sonido africado. El primer elemento se destaca por un breve período de sonorización, ya sea presonorización en el caso de que aparezca el sonido después de una pausa o la continuación de la sonorización previa en el caso de que aparezca después de nasal o lateral. La onda sonora del segundo elemento es igual a la onda del sonido fricativo [ʝ] ya descrito. Se pueden ver estos dos componentes acústicos en el sonograma del sonido [ɟʝ] en la Figura 14.36.[21] ◀≀

Auditivamente, el sonido [ɟʝ] se reconoce como africado por la presencia de una oclusiva sonora palatal seguida de una fricativa sonora palatal. Puesto que este sonido es alófono del fonema /ǰ/, es común que el hispanohablante ni perciba el elemento oclusivo de africación. Esto se debe a que el elemento oclusivo es un fenómeno fonético y no fonológico. Sin embargo, cuando un anglohablante no produce el sonido africado en las posiciones que lo requieren, le suena extranjero al hispanohablante. Esto se comprueba con el hecho de que el hispanohablante que aprende inglés suela aplicar la

	[ʝ]	[j]	Comparación
Modo de articulación	fricativa	semiconsonante	la fricativa es más cerrada (consonante)/ la semi-consonante es más abierta (vocal)
Lugar de articulación	palatal	anterior	(son equivalentes)
Estado de las cuerdas vocales	sonora	(sonora)	(son equivalentes)
Fonema que se representa	/ʝ/	/i/	fonema consonántico/ fonema vocálico
Ejemplo	{ella} [éʝa]	{y aquí} [jakí]	

14.33 Las diferencias y semejanzas entre [ʝ] y [j].

regla del español al inglés, produciendo así [ʝés] en vez de [jés].

Notas dialectales

El fonema /ʝ/ es un fonema del español que presenta mucha variedad dialectal. Las diferencias dialectales tocantes al fonema /ʝ/ giran alrededor de fenómenos tanto fonológicos como fonéticos. Fonológicamente los dialectos pueden clasificarse en dialectos de **distinción**, en que se oponen dos fonemas palatales (v. gr., /ʝ/ ~ /ʎ/), o en dialectos de **yeísmo**, en que hubo neutralización diacrónica entre dichos fonemas. Fonéticamente, se diferencian los dialectos según las variantes a base de relajamiento o refuerzo del sonido [j] (v. gr., [j], [ʒ] o [ʃ]). En ambos casos hay que considerar las distribuciones complementarias en distintos dialectos del fonema /ʝ/. Siguen las consideraciones.

Los fenómenos fonológicos. Los dialectos que manifiestan *distinción* entre /ʝ/ y /ʎ/ representan una minoría de los hispanohablantes. El fenómeno de distinción es más difundido en Sudamérica que en el resto del mundo hispánico. La realización fonética de los fonemas /ʝ/ y /ʎ/ en los dialectos de distinción adopta tres patrones fonéticos: 1) [j] y [ʎ], 2) [ʝ] y [ʒ] o 3) [ɟ͡ʝ] y

14.34 Forma de onda y sonograma de la articulación del sonido español [ʝ] en la palabra {calle}.

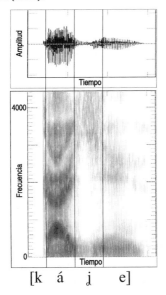

[k á ʝ e]

14.35 La posición articulatoria del sonido [ɟ͡ʝ]. La línea de puntos representa la posición de la etapa fricativa.

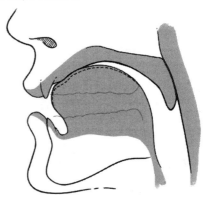

305

[ʎ]. Estas tres posibilidades se resumen en el Cuadro 14.37 junto con su extensión geográfica.[22] ◀⟨

Los dialectos que manifiestan el *yeísmo*, es decir, la neutralización entre /ʝ/ y /ʎ/ en /ʝ/, representan una gran mayoría de los hispanohablantes. El fenómeno es muy difundido tanto en España como en Latinoamérica. La realización fonética del fonema /ʝ/ es bastante variada e incluye el sonido [ʝ] junto con la variante relajada [j], la variante **reforzada** [ʒ] y la variante reforzada ensordecida [ʃ]. El Cuadro 14.38 resume esas variantes y su extensión geográfica.[23] ◀⟨

El fonema /ʝ/ tiene una distribución complementaria tanto en zonas de distinción como en zonas de yeísmo. Los alófonos del fonema /ʝ/ en los distintos dialectos siguen el modelo general de la regla ya expuesta, e incluyen siempre una variante fricativa y una variante africada. De esa manera el sonido más común para representar al fonema /ʝ/ es el sonido [ʝ] como en las palabras [áʝa] {haya} y [aʝér] {ayer}. Siendo así, el sonido africado, que se da después de pausa, nasal o lateral, es [ɟʝ], como en las frases [ɟʝálóíse] {ya lo hice}, [ẽnɟʝámas] {en llamas} o [ɛlɟʝélo] {el hielo}. El Cuadro 14.39 demuestra las situaciones dialectales.[24] ◀⟨

Como se ve en el Cuadro 14.39, puede haber variación dialectal del sonido fricativo. La regla de distribución, sin embargo, siempre tiene dos alófonos: uno fricativo y uno africado. El alófono africado siempre contiene como segundo elemento el alófono fricativo.

Los fenómenos fonéticos. En esta sección se presentan los detalles fonéticos de las variantes de /ʝ/ ya introducidas (la variante relajada [j] y las variantes reforzadas [ʒ] y [ʃ]) como también los detalles fonéticos del sonido lateral palatal [ʎ]. Ya se presentaron los detalles fonéticos del sonido [ʝ] junto con la variante africada [ɟʝ]. Por ser variantes dialectales de carácter no generalizado, los alófonos [ʒ] y [ʃ] no aparecen en el cuadro de los sonidos consonánticos.

La variante relajada, la **semiconsonante anterior** [j], se introdujo en el Capítulo 12 en referencia a su papel como alófono del fonema vocálico /i/ en los diptongos crecientes. Fonológicamente, el caso presente es otro porque se trata de una realización fonética de la semiconsonante en posición intervocálica en que la semiconsonante representa al fonema consonántico /ʝ/. La variante africada [ʲj] comienza con una cerrazón palatal breve seguida de una explosión poco tensa pasando en seguida a la semiconsonante y a la siguiente vocal.

La **fricativa palatal sonora reforzada acanalada** [ʒ] (también llamada *rehilada*) se compara con el sonido inglés [ʒ] de {measure, azure, beige}. Se difiere del sonido [ʝ] en varios puntos. Primero, se forma con una constricción acanalada (y no de ranura, como el sonido [ʝ]). Segundo, es un sonido prepalatal. Tercero, el canal se forma con la lámina de la lengua en forma convexa. Cuarto, es un sonido sibilante. Quinto, el estado de los labios en la producción de la fricativa se asimila al estado de los labios en la producción de la vocal que sigue. La variante africada [ʤ] comienza con una cerrazón palatal sonora seguida de una distensión fricativa en que se produce la sibilante palatal sonora.

La **fricativa palatal sorda reforzada acanalada** [ʃ] (también llamada *rehilada*)

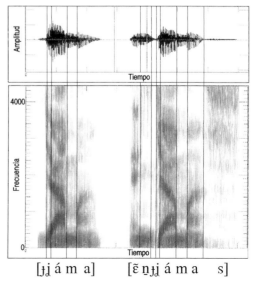

14.36 Forma de onda y sonograma de la articulación del sonido español [ɟʝ] en la palabra {llama} y en la frase {en llamas}.

[ɟʝ á m a]   [ẽ n̪ɟʝ á m a s]

Oposición fonológica con los sonidos	Realización fonética de {haya}	Realización fonética de {halla}	Extensión geográfica
[ʝ] y [ʎ]	[áʝa]	[áʎa]	Islotes en el norte de España El altiplano andino y extensiones (Bolivia y Perú con islotes en la Argentina, Ecuador, Colombia y Venezuela)
[ʝ] y [ʒ]	[áʝa]	[áʒa]	Islotes en Ecuador, Colombia, y la Argentina
[i̯] y [ʎ]	[ái̯a]	[áʎa]	Paraguay y zonas limítrofes de la Argentina

14.37 Los tres patrones fonéticos de la realización fonética de los fonemas /ʝ/ y /ʎ/ en los dialectos de distinción.

se compara con el sonido inglés [ʃ] de {fashion, assure, fish}. Este sonido resulta del ensordecimiento del sonido [ʒ] ya tratado. La variante africada [ʤ] comienza con una cerrazón palatal sorda seguida de una distensión fricativa en que se produce la sibilante palatal sorda.

La Fig. 14.40 contiene una comparación de las formas de onda y de los sonogramas de las cuatro variantes fricativas principales del fonema /ʝ/: la fricativa palatal sonora de ranura [ʝ], la fricativa palatal sonora reforzada acanalada [ʒ], la fricativa palatal reforzada acanalada ensordecida [ʃ] y la semiconsonante anterior [j]. En el sonograma, se puede observar que el sonido [ʒ] es sonoro y que tiene mucha fricación, siendo un sonido sibilante. El sonido [ʃ] tiene la misma fricación que el sonido

[ʒ], siendo también un sonido sibilante, pero en este caso, el sonido es sordo. La semiconsonante [j] presenta formantes continuos vocálicos de transición entre la vocal precedente y la vocal subsiguiente, que están ausentes en el sonograma del sonido fricativo [ʝ].[24]

La **lateral palatal sonora** [ʎ] es un sonido que ocurre en algunos de los dialectos de distinción. El sonido suele ser difícil para el anglohablante puesto que no hay ningún sonido equivalente en inglés. El sonido se produce mediante un contacto entre el predorso de la lengua y el paladar. El contacto es central, lo que permite que haya una salida continua de aire por uno o ambos lados de la lengua como se ve en la Fig. 14.41, que contiene un diagrama de la posición articulatoria y un palatograma del sonido [ʎ].

14.38 Las variantes de la realización fonética del fonema /ʝ/ en los dialectos de yeísmo.

Realización fonética del yeísmo	Realización fonética de {haya/halla}	Extensión geográfica
[ʝ]	[áʝa]	General en el mundo hispánico yeísta con la excepción de las zonas siguientes:
[j]	[ája]	El norte de México, Centroamérica, y partes del Caribe
[ʒ]	[áʒa]	El este de la Argentina, Uruguay e islotes en Colombia (Medellín)
[ʃ]	[áʃa]	Innovación más reciente que proviene de Buenos Aires y Montevideo

Comentario fonético	Sonido fricativo {calle}	Sonido africado {un yate}	Regla de distribución complementaria
Variante general (fricativa de ranura)	[ʝ]	[ɟ͡ʝ]	/ʝ/ → [ɟ͡ʝ] /___ N___ L___ [ʝ] / e.l.d.l.
Variante relajada	[j]	[ʲj]	/ʝ/ → [ʲj] /___ N___ L___ [j] / e.l.d.l.
Variante reforzada (fricativa acanalada)	[ʒ]	[d͡ʒ]	/ʝ/ → [d͡ʒ] /___ N___ L___ [ʒ] / e.l.d.l.
Variante reforzada ensordecida	[ʃ]	[t͡ʃ]	/ʝ/ → [t͡ʃ] /___ N___ L___ [ʃ] / e.l.d.l.

14.39 Variantes dialectales de los alófonos para el fonema /ʝ/.

El sonido [ʎ] se difiere del sonido [ʝ] en varios puntos. Primero, el sonido [ʎ] se forma con una constricción central en cuanto el sonido [ʝ] se forma con un estrechamiento de ranura. Segundo, en el sonido [ʎ] el aire escapa continuamente por uno o ambos lados, mientras en el sonido [ʝ] el aire escapa continuamente por encima del centro de la lengua. Tercero, no hay mucha variación en el lugar de articulación del sonido [ʎ] según el lugar de articulación de la vocal que sigue como lo hay con el sonido [ʝ]. Cuarto, siendo sonorante lateral, el sonido [ʎ] posee formantes, mientras el sonido [ʝ], siendo fricativo, no los posee. La Fig. 14.42 contiene una

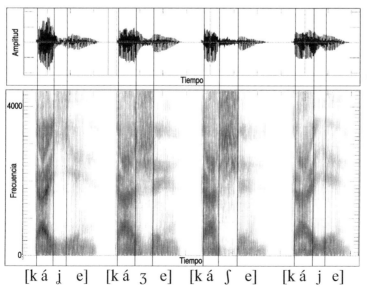

14.40 Una comparación de las formas de onda y de los sonogramas de las cuatro variantes fricativas principales del fonema /ʝ/.

[k á ʝ e]   [k á ʒ e]   [k á ʃ e]   [k á j e]

forma de onda y un sonograma del sonido [ʎ].[25] ◀≼

El problema que el anglohablante suele tener con la pronunciación del sonido [ʎ], que no existe en inglés, es que lo confunde con la secuencia [lj], que es bastante común en inglés (*value, million, Italian*). Existen hasta libros de texto que así lo enseñan, pero es importante reconocer que en los dialectos españoles de distinción, la secuencia [lj] se contrasta con [ʎ] en pares mínimos como {aliar} [aljáɾ] y {hallar} [haʎáɾ], {helio} [éljo] y {ello} [éʎo], y {oliera} [oljéɾa] y {ollera} [oʎéɾa].[26] ◀≼ Se presentarán más detalles sobre la pronunciación del sonido [ʎ] en el Capítulo 16, que trata las consonantes laterales.

Fonéticamente los sonidos [ʎ] y [lj] son muy distintos entre sí, y los dos son muy diferentes del sonido [ʝ]. Estas diferencias se resumen en el Cuadro 14.43 y se comentan con más detalles en el Capítulo 16.

Pistas pedagógicas

Los problemas que el estudiante que aprende español enfrenta referente al fonema /ʝ/ son tres:

1. El primer problema es que el inglés no tiene el sonido fricativo palatal sonoro [ʝ]. El sonido más próximo es el aproximante palatal sonoro [j] (o semiconsonante) como en las palabras [jés] {yes} y [jóu̯jou̯] {yo-yo}. Para acertar el sonido de la norma culta, el anglohablante tiene que acercar más la lengua al paladar duro hasta el punto en que se puede escuchar la fricación típica del sonido [ʝ].

2. El segundo problema que tiene el anglohablante ocurre con el sonido africado [ɟ͡ʝ]. Aquí el anglohablante tiende a producir simplemente el aproximante inglés [j] o, si percibe el elemento oclusivo del sonido africado, tiende a producir el sonido inglés [ʤ] como en la palabra [ʤʌʤ] {judge}. A diferencia del sonido inglés [ʤ], el sonido español [ɟ͡ʝ] es menos tenso porque el elemento fricativo es más suave, no siendo sibilante.

3. El tercer problema es que el anglohablante tiene que recordar que hay tres grafemas que representan al

14.42 Forma de onda y sonograma de la articulación del sonido [ʎ] en la palabra {calle}.

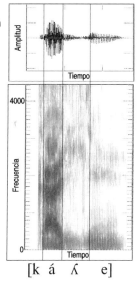

[k á ʎ e]

14.41 La posición articulatoria y un palatograma del sonido [ʎ].

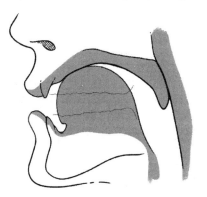
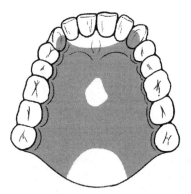

fonema /ʝ̞/ en dialectos de yeísmo: {ll} como en la palabra {valle}, {y} como en la palabra {vaya} y {hi} inicial de palabra ante {a e o} como en la palabra {hierba}.

La mejor manera de adquirir el sonido [ɟ͡ʝ] es de primeramente aprender a producir correctamente el sonido [ʝ]. Al producir el sonido fricativo, el estudiante debe levantar el predorso de la lengua en la zona donde se produce la fricación hasta que la lengua forme una cerrazón mediopalatal total. Una vez que efectúa la cerrazón, debe aumentar la presión de aire. En seguida, hay una abertura del canal articulatorio, lo que produce la explosión típica del comienzo de un sonido africado. Al alejarse la lengua del paladar, sin embargo, la lengua se detiene brevemente dejando un estrechamiento que causa la fricción típica de la segunda fase del sonido africado.

Consejos prácticos

En cuanto a los alófonos del fonema /ʝ/, el estudiante que aprende español debe recordar que:

- se recomienda el uso del yeísmo, que representa la norma mundial;
- se recomienda el uso del alófono [ʝ] por ser el sonido más representativo de la norma culta hispánica;
- no se recomienda el uso de los sonidos [ʝ ʃ ʒ] típicas de dialectos particulares sin un modelo auténtico, porque suena disonante cuando estos sonidos se emplean fuera del contexto de su propio dialecto.

El fonema /x/

En relación con los demás fonemas fricativos, el fonema /x/ es el único fonema velar. Comparte el rasgo del estado de las cuerdas vocales con las consonantes /f/ y /s/.

La fonología del fonema /x/

El fonema /x/ se opone a los demás fonemas fricativos /f s ʝ/ como se ejemplifica con la serie [laˈfáka laˈsáka laˈʝáka laˈxáka]. El fonema /x/ es el vigésimo fonema más frecuente del español con un porcentaje de frecuencia de 0,6% del total de los fonemas. El fonema /x/ corresponde a los grafemas {j g x} como demuestra el Cuadro 14.44.[27] ◀≝

Como ya se expuso en el Capítulo 9, el fonema /x/ tiene una distribución única con el alófono [x].

Fonotácticamente, el fonema /x/ se da casi exclusivamente en posición inicial de palabra o en posición inicial de sílaba interior de palabra. Básicamente el 100% de las ocurrencias de /x/ se dan en esa posición; solo el 0,13% de las ocurrencias de /x/ se dan en posición final de sílaba: todos ellos en posición final de palabra. La única palabra común es {reloj}; las otras veinte que constan en el DRAE son rebuscadas. El Cuadro 14.45 indica los detalles de su distribución fonotáctica.

14.43 Diferencias entre los sonidos [ʎ], [lj] y [ʝ].

	[ʎ]	[lj]	[ʝ]
número de articulaciones	una	dos	una
lugar de articulación	palatal	consonante alveolar seguida de semiconsonante anterior	palatal
manera de articulación	lateral	consonante lateral seguida de semiconsonante	fricativa
contacto de la lengua	predorsopalatal central	apicoalveolar solo en la [l]	ningún contacto: solo hay un estrechamiento de ranura

La fonética del alófono [x]

La articulación del sonido [x] comienza mediante la formación de un estrechamiento al levantar el posdorso de la lengua hacia el velo del paladar. Al mismo tiempo el velo del paladar se levanta adhiriéndose a la pared faríngea. Formado el estrechamiento, se aumenta la presión del aire en la cavidad bucal, forzando así el aire por el estrechamiento. La turbulencia causada por la fricción entre las moléculas y también entre estas y los órganos articulatorios produce el sonido fricativo. En la distensión se abre el estrechamiento y deja de haber fricción. La Fig. 14.46 demuestra la posición articulatoria para el sonido [x]. Vale observar que el lugar de articulación puede ser más anterior en el caso de [axí] o más posterior en el caso de [xúγo].

Acústicamente, el alófono [x], como los demás alófonos fricativos sordos, resulta en una onda inarmónica que se destaca por un período de turbulencia. Como ya se expuso en el Capítulo 6, se distingue el lugar de articulación por la intensidad y frecuencia de la zona de turbulencia acústica. En el caso del sonido [x], la zona de turbulencia suele ser discontinua, apareciendo desde las frecuencias más bajas hasta las más altas como se ve en la Fig. 14.47.

Auditivamente, el sonido [x] se reconoce como fricativo por la presencia de una zona de energía acústica discontinua a lo largo del espectro como también por la transición de los fonemas vocálicos precedentes y subsiguientes.

Notas dialectales

La variación dialectal de alófonos del fonema /x/ corresponde a variantes reforzadas y relajadas. La variante reforzada se produce con un estrechamiento intensificado con una mayor aproximación de la lengua al velo del paladar produciendo así una mayor turbulencia. Esta variante reforzada [x̄] es típica de varios dialectos de España.

En las Américas, la variante más difundida de la norma culta es la fricativa velar sorda [x] ya descrita. Sin embargo, hay una variante relajada [h] semejante a la articulación inglesa de {happy} o {hot}. Esta fricativa glotal sorda es típica del Caribe, Centroamérica y del norte de México.

Pistas pedagógicas

El sonido [x] es un sonido problemático para el anglohablante, puesto que este sonido no tiene ningún equivalente en inglés. El sonido requerido es un sonido fricativo velar sordo y el sonido más parecido del inglés en términos de su lugar de articulación es el oclusivo velar sordo [k]. Siendo así la mejor manera de adquirir el sonido español es de practicarlo partiendo del sonido oclusivo [k], bajando la lengua ligeramente en la distensión del oclusivo

14.44 Los grafemas que corresponden al fonema /x/.

Grafema	Contexto	Ejemplos
{j}	siempre	jamás, ojo, reloj
{g}	ante las vocales anteriores, o sea {e i}	gente, giro
{x}	en ciertas palabras indígenas	México, Oaxaca

14.45 La distribución fonotáctica del fonema /x/.

Contexto fonotáctico		Ejemplos	Porcentaje
#__V	posición inicial de palabra ante vocal	{ja-más}	21,6%
$__V	posición inicial de sílaba interior de palabra ante vocal	{o-jo}	78,3%
__#	posición final de palabra	{re-loj}	0,11%

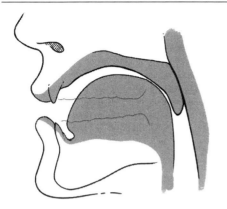

14.46 La posición articulatoria del sonido [x]. El lugar del acercamiento velar varía según la vocal que sigue.

solamente hasta el punto de poder producir una fricativa. Esto produce entonces un sonido africado [kxxxxxxxxxx]. Al poder producir este sonido africado con facilidad, el estudiante debe practicar el producir el elemento fricativo sin el oclusivo inicial. De allí debe practicar el sonido en posición intervocálica como en las palabras {ojo, ajo, hijo, eje, lujo}. Finalmente debe practicar el sonido en posición inicial de palabra como en las palabras {jactarse, gente, giro, jota, jugo}.[28] ◀⅏

Consejos prácticos

Se aconseja que el estudiante adquiera el sonido fricativo velar sordo [x] de la norma culta hispánica en vez de aprovecharse del sonido fricativo glotal sordo [h] que se da en varios dialectos. El motivo de este consejo es que el uso del [x] suena menos "gringo". A pesar de que el sonido [h] aparece en dialectos hispánicos, cuando el anglohablante lo emplea, se le tacha de acento inglés, porque de modo general no lo acompañan las demás características de esos dialectos.

El grafema {x}

En el mundo hispánico el grafema {x} es uno de los mejores ejemplos de la falta de correspondencia exacta entre la ortografía y la fonología, puesto que representa cuatro posibilidades fonemáticas. Dos de esas

posibilidades pueden clasificarse como sistemáticas y dos como asistemáticas.

Uso ortográfico sistemático del grafema {x}

En cuanto a los usos ortográficos sistemáticos del grafema {x}, hay dos modelos principales en el mundo hispánico, uno que describe la norma de España y otro que describe la norma de la América Latina.

En España el grafema {x} representa sistemáticamente al fonema /s/ o a la secuencia de fonemas /ks/. El fonema /s/ se representa mediante el grafema {x} en posición final de sílaba ante consonante: por ejemplo, {experto} /espéRto/ o {excelente} /esθeléNte/. La secuencia de fonemas /ks/ se representa mediante el grafema {x} en posición intervocálica: por ejemplo, {exacto} /eksákto/ o {nexo} /nékso/.

En Latinoamérica el grafema {x} suele representar siempre la secuencia /ks/. En posición final de sílaba ante consonante, entonces, la palabra {experto} suele pronunciarse [ekspérto] y la palabra {excelente}, [ekseléṇte]. En posición intervocálica la palabra {exacto} suele

14.47 Forma de onda y sonograma de la articulación del sonido [x] en la palabra {caja}.

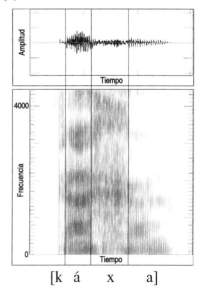

[k á x a]

pronunciarse [ɛksákto] y la palabra {nexo}, [nékso].

Es de notarse que el grafema {x} puede pertenecer a uno o a dos sílabas, dependiendo de su posición fonotáctica. Si el grafema {x} ocurre en posición final de sílaba ortográfica, los sonidos resultantes pertenecen a una sola sílaba: [ɛs̩.péɾ.to] o [ɛks.péɾ.to]. Si el grafema {x} ocurre en posición intervocálica, los sonidos resultantes pertenecen a dos sílabas distintas: [ɛk.s̩ák.to] o [ɛk.sák.to].

Otro problema que presenta el grafema {x} para el anglohablante es la interferencia del inglés que resulta en la pronunciación del grafema {x} en posición intervocálica como [gz]. Ejemplos incluyen las palabras inglesas {exam} [ɛgzǽm], {exist} [ɛgzíst] y hasta {exact} [ɛgzǽk⁻tʰ]. El anglohablante tiene que evitar el uso de la secuencia [gz], que no existe en español; pues las palabras cognadas de las palabras inglesas aquí citadas son [ɛksámẽn], [ɛksíste] y [eksák⁻to].

Uso ortográfico asistemático del grafema {x}

Los usos ortográficos asistemáticos del grafema {x} resultan en los sonidos [s], [x] o [ʃ], que se dan en varias palabras prestadas de origen mayormente indígena. Ejemplos del sonido [s] incluyen {Xochimilco} [soʧimílko] o {Ixtaccíhuatl} [istaksíwat]. Ejemplos del sonido [x] incluyen {México} [méxiko] o {Oaxaca} [waxáka]. Ejemplos del sonido [ʃ] incluyen {Xola} [ʃóla] o {Uxmal} [uʃmál]. Con las palabras indígenas no hay regla: El estudiante simplemente tiene que memorizar la pronunciación de esas palabras.

El fonema /ʧ/

El fonema /ʧ/ es el único fonema africado del español. Se presenta aquí debido a que comparte rasgos tanto oclusivos como fricativos.

La fonología del fonema /ʧ/

El fonema /ʧ/ se opone a los fonemas oclusivos /p t k b d g/ como se ejemplifica en la serie [áʧa ápa áta áka áβa áða áɣa]. Se opone a los fonemas fricativos /f s χ x/ como se ejemplifica con la serie [ʧáka fáka sáka χáka xáka]. El fonema /ʧ/ es el vigésimo-tercer fonema del español con una frecuencia del 0,3% del total de los fonemas. Es el segundo fonema consonántico menos común. El fonema /ʧ/ tiene correspondencia única con el dígrafo {ch}.

Como ya se expuso en el Capítulo 9, el fonema /ʧ/ tiene una distribución única con el alófono [ʧ].

Fonotácticamente, el fonema /ʧ/ se da exclusivamente en posición inicial de sílaba, sea inicial de palabra o no. El Cuadro 14.48 indica los detalles de su distribución fonotáctica.[29] ◀ᛟ

La fonética del alófono [ʧ]

La articulación del sonido [ʧ] comienza mediante la formación de una cerrazón total formada por la poslámina y el predorso de la lengua contra el prepaladar. Formada la oclusión, se aumenta la presión de aire. En seguida se aleja la lengua del prepaladar para formar un estrechamiento acanalado por el que pasa el aire causando el elemento fricativo sordo [ʃ]. La Fig. 14.49 indica la posición articulatoria del sonido [ʧ].

Acústicamente, el alófono [ʧ] resulta en una onda inarmónica que representa los dos elementos del sonido africado. El primer elemento se destaca por un breve período

14.48 La distribución fonotáctica del fonema /ʧ/.

Contexto fonotáctico		Ejemplos	Porcentaje
#__V	posición inicial de palabra ante vocal	{chi-co}	11,7%
$__V	posición inicial de sílaba interior de palabra ante vocal	{ha-cha}	88,3%

de silencio. La onda sonora del segundo elemento demuestra turbulencia acústica fuerte que comienza por los 1800 ciclos por segundo. Este sonido presenta turbulencia fuerte en frecuencias más bajas que el sonido fricativo sordo [s]. Se pueden ver los dos componentes acústicos en el sonograma del sonido [ʧ] en la Figura 14.50.[29] ◀⁝

Auditivamente, el sonido [ʧ] se reconoce por el silencio del oclusivo sordo palatal seguido de la turbulencia fuerte del fricativo sordo palatal.

Notas dialectales

La variación fonética dialectal de las realizaciones del fonema /ʧ/ se basan en dos principios: primero, la relación temporal entre los componentes del sonido africado y segundo, un cambio de lugar de articulación. El principio más importante y el que describe mejor las diferencias que ocurren entre los dialectos es el de la relación temporal.

El sonido africado, por definición, se compone de un elemento oclusivo seguido de un elemento fricativo homorgánico. En teoría, la duración relativa entre esos dos componentes provee toda una gama de posibilidades entre [c] (el 100% de un elemento oclusivo seguido del 0% de un elemento fricativo) hasta [ʃ] (el 0% de un elemento oclusivo seguido del 100% de un elemento fricativo); la gama teórica permite también todas las posibilidades intermediarias. En la práctica se pueden agrupar las realizaciones fonéticas en cinco categorías según el gráfico de la Fig. 14.51.

El sonido más común para el fonema africado /ʧ/ es la **africada equilibrada** [ʧ] en que los componentes oclusivo y fricativo tienen aproximadamente la misma duración. Sin embargo existen otras variantes dialectales en que o el elemento oclusivo o el elemento fricativo tienen una duración menor. Esos sonidos se representan con el símbolo del elemento reducido sobrescrito. En algunos dialectos, entonces, se da el sonido [ᶜʃ], con el elemento oclusivo inicial reducido. Esta variante ocurre comúnmente, por ejemplo, en algunos dialectos del norte de México y de Cuba. En otros dialectos, se da el sonido [cˢ], con el elemento fricativo final reducido. Esta variante ocurre comúnmente, por ejemplo, en algunos dialectos de Puerto Rico. La ocurrencia de la variante totalmente oclusiva [c] es idiosincrásica. La ocurrencia de la variante totalmente fricativa [ʃ] es poco común.

Nuestro estudio acústico del español cubano habanero arroja los siguientes resultados con respecto a las variantes descritas en la Fig. 14.51: un 60% de ocurrencia para el alófono equilibrado [ʧ], un 31,4% para

14.49 La posición articulatoria del sonido [ʧ]. El dibujo articulatorio de la lengua representa la posición de la oclusiva. La línea de puntos debajo de la superficie de la lengua representa la posición de la fricativa.

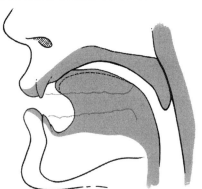

14.50 Forma de onda y sonograma de la articulación del sonido [ʧ] en la palabra {hacha}.

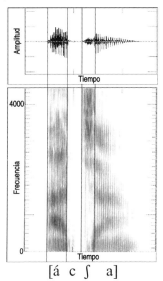

[á c ʃ a]

el alófono de la fricativa destacada [ᶜʃ], un 4,3% para el alófono totalmente fricativo [ʃ], un 2,9% para el alófono de la oclusiva destacada y un 1,4% para el elemento totalmente oclusivo.

El segundo tipo de variación es el cambio del lugar de articulación. En algunos dialectos, el lugar de articulación de las variantes del fonema /ʤ/ puede variar de una posición prepalatal [ʤ] a una posición alveopalatal [ʧ]. En el español chileno, por ejemplo, la pronunciación de la africada suele ser alveopalatal delante de una vocal palatal, es decir, la vocal cerrada anterior [i]. También se destaca más el elemento oclusivo, lo que resulta en un sonido [tˢ], como en la palabra {Chile} [tˢíle].

Pistas pedagógicas

En realidad, el fonema /ʤ/ no presenta ningún problema para el anglohablante, puesto que su alófono más frecuente es la variante equilibrada [ʤ]. Este sonido es semejante al del inglés como en las palabras {chat} [ʧǽtˈ] y {achieve} [əʧíʲv]. Sin embargo, el lugar de articulación de los dos sonidos es diferente como se ve en la Fig. 14.52.

Como se nota en los dibujos, el elemento oclusivo del español es prepalatal y por eso se emplea el símbolo [ʤ], cuyo primer símbolo representa un sonido oclusivo palatal. En el sonido del inglés, en cambio, la lengua se adelanta y la lámina toca en la región posalveolar antes de retraerse

levemente, separándose del prepaladar lo suficiente para formar el elemento fricativo. Por eso, en inglés se emplea el símbolo [ʧ] para representar el sonido africado sordo inglés.

Consejos prácticos

En cuanto al alófono del fonema /ʤ/, el estudiante que aprende español debe recordar que:

- Se recomienda el uso de la variante equilibrada [ʤ], que representa la norma mundial.
- El lugar de articulación del elemento oclusivo es posterior a la posición del sonido [ʧ] de inglés.
- No se recomienda el uso de los sonidos [ʃ ᶜʃ cˢ], que son variantes menos comunes de algunos dialectos.

Sumario

Los fonemas fricativos /j/ y /x/ y el fonema africado /ʤ/ del español se dan casi exclusivamente en posición inicial de sílaba ante vocal, sea inicial de palabra o inicial de sílaba interior de palabra, como se ve en el Cuadro 14.53. La única excepción son los escasos casos del fonema /x/ en posición final de palabra. El fonema /f/ es el único fonema fricativo que se combina con otro fonema consonántico, sea /l/ o /ɾ/, en

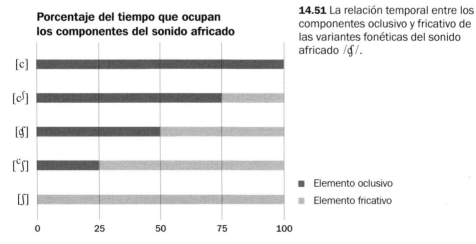

14.51 La relación temporal entre los componentes oclusivo y fricativo de las variantes fonéticas del sonido africado /ʤ/.

Porcentaje del tiempo que ocupan los componentes del sonido africado

■ Elemento oclusivo
■ Elemento fricativo

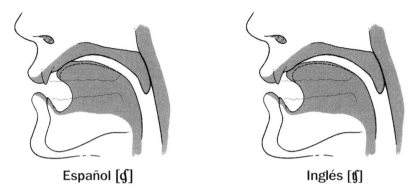

Español [ʤ]   Inglés [ʧ]

14.52 El lugar de articulación del sonido africado [ʤ] del español y del sonido africado [ʧ] del inglés. Los dibujos articulatorios de la lengua representan la posición del elemento oclusivo. La línea de puntos debajo de la superficie de la lengua representa la posición del elemento fricativo.

posición inicial de sílaba o palabra. El fonema /f/ se da en pocos casos en posición final de sílaba interior de palabra y no aparece en posición final de palabra.

El fonema /s/ es el único fonema consonántico que aparece más en posición final de sílaba (52,5%) que en posición inicial de sílaba (47,5%). Esto se debe a su papel morfológico en los sustantivos, verbos, adjetivos, determinantes y pronombres. El fonema /s/ es también el fonema consonántico más frecuente, ocurriendo con más frecuencia que las vocales /i/ y /u/. Los demás fonemas fricativos y el fonema africado son de frecuencia muy baja, cada uno con menos del 1% del total de ocurrencias de los fonemas del español.

Es importante entender bien las diferencias fonéticas que existen entre oclusivas, fricativas y africadas. El Cuadro 14.54 resume esas distinciones. En cuanto a la caracterización del sonido y la posición articulatoria, se ve claramente que la africada es una combinación o secuencia de una oclusiva más una fricativa. Por otro lado la oclusiva se forma de una cerrazón más una distensión instantánea mientras que la africada se forma de una cerrazón más una distensión retardada.

Mientras que los fonemas oclusivos tienen muchas características sistemáticas en común, los fonemas fricativos y el fonema africado presentan características individuales. Las pistas pedagógicas, entonces, son específicas para cada fonema:

14.53 Distribución fonotáctica de los fonemas fricativos y el fonema africado /ʤ/. Los fonemas fricativos /j/ y /x/ y el fonema africado /ʤ/ del español se dan casi exclusivamente en posición inicial de sílaba ante vocal, sea inicial de palabra o inicial de sílaba interior de palabra.

	% del total de fonemas	% del fonema por posición fonotáctica					
		# _ V	# _ C	$ _ V	$ _ C	_ $	_ #
/f/	0,5%	61,4%	6,6%	28,3%	3,7%	0,02%	—
/s/	9,1%	16,9%	—	30,6%	—	13,7%	38,8%
/j/	0,8%	57,1%	—	42,9%	—	—	—
/x/	0,6%	21,6%	—	78,3%	—	—	0,11%
/ʤ/	0,3%	11,7%	—	88,3%	—	—	—

	oclusiva	fricativa	africada
sonido	momentáneo	continuo	momentáneo + continuo
posición articulatoria	cerrazón bucal	estrechamiento bucal	cerrazón + estrechamiento
distensión de la oclusión	instantánea		retardada

14.54 Las diferencias fonéticas que existen entre oclusivas, fricativas y africadas.

El fonema /f/:

- El sonido [f] del español es igual al del inglés.

El fonema /s/:

- Se recomienda el uso del seseo, que representa la norma mundial.
- El sonido [s] del español es casi igual al del inglés.
- Se recomienda no usar la aspiración.
- Se debe practicar la sonorización del sonido [s̬] ante consonantes sonoras.
- Se debe evitar la sonorización al sonido [z] en posición final absoluta.
- Se debe evitar la sonorización al sonido [z] en posición intervocálica resultante de la interferencia negativa del inglés.
- Se debe recordar que el español no tiene un fonema /z/, así que el grafema {z} representa al fonema /s/ (o al fonema /θ/ en dialectos de distinción).

El fonema /ɟ/:

- Se recomienda el uso del yeísmo, que representa la norma mundial.
- Se recomienda el uso del alófono [ɟ] por ser el sonido más representativo de la norma culta hispánica.
- No se recomienda el uso de los sonidos [j ʃ ʒ] típicas de dialectos particulares sin un modelo auténtico.

El fonema /x/:

- Se recomienda que el estudiante adquiera el sonido fricativo velar sordo [x] de la norma culta hispánica.
- No se recomienda el uso del sonido [h] dialectal porque se le tacha de acento inglés.

El fonema /ʤ/:

- Se recomienda el uso de la variante equilibrada [ʤ], que representa la norma mundial y que es próximo al sonido inglés.

Conceptos y términos

africación	convexa	relajamiento
africada	distensión retardada	seseo
africada equilibrada	distinción	sibilante
apicoalveolar	fricación	sonido homorgánico
apicodental-laminoalveolar	fricativa	sonorización
aspiración	fricativa glotal sonora	variante ensordecida
cóncava	fricativa glotal sorda	variante reforzada
constricción acanalada	murmuración	variante rehilada
constricción de ranura	palatograma	yeísmo

Preguntas de repaso

1. ¿Cuáles son los fonemas fricativos?

2. ¿En que posiciones fonotácticas se dan los fonemas /f s ʝ x/?

3. ¿Qué es un sonido fricativo? ¿Cuáles son sus tres fases?

4. Distinga entre el seseo y la distinción.

5. Distinga entre el yeísmo y la distinción.

6. ¿Qué es un sonido africado? ¿Cuáles son sus tres fases?

7. Distinga entre sonidos oclusivos, fricativos y africados.

8. ¿Cuál es la regla de distribución complementaria del fonema /s/?

9. ¿Cuáles son los grafemas que corresponden al fonema /s/ en los dialectos seseístas? Dé ejemplos.

10. Distinga entre los alófonos de /s/ que ocurren en zonas seseístas y en zonas de distinción.

11. Comente la aspiración del fonema /s/ en el mundo hispánico. Incluya la regla de distribución complementaria correspondiente.

12. Comente el fonema /θ/. Incluya su representación grafémica y su regla de distribución.

13. ¿Cuáles son las interferencias del inglés que dificultan la pronunciación correcta del fonema /s/ del español para el anglohablante?

14. ¿Cuál es la regla de distribución complementaria del fonema /ʝ/?

15. ¿Cuáles son los grafemas que corresponden al fonema /ʝ/ en los dialectos yeístas? Dé ejemplos.

16. Comente el relajamiento/refuerzo de los alófonos del fonema /ʝ/ en el mundo hispánico. Incluya la relación entre los alófonos fricativos y africados.

17. Distinga entre [j] y [ʝ] fonética y fonológicamente.

18. ¿Cómo se realiza fonológicamente el grafema {x}? Dé ejemplos y reglas.

19. ¿Cuáles son los grafemas que corresponden al fonema /ʤ/? Dé ejemplos.

20. Describa los componentes de [ʤ] y su variación dialectal.

21. ¿Cómo se difieren el sonido [ʤ] del español y el sonido [ʧ] del inglés?

Ejercicios de pronunciación

El fonema /s/[30] 🔳

1. Pronuncie las siguientes palabras con las consonantes [s s̬] españolas de acuerdo con la regla de distribución del fonema /s/.

desde	los dedos	paz
estos libros	mis	paz mundial
isla	mis manos	todos los días
juzgar	mismo	unos
los	mis tiempos	unos niños

2. Pronuncie las siguientes palabras con la consonante [s] española, procurando no sonorizarla al sonido inglés [z].

acusar	la paz	presidente
bases	plaza	razón
haz	positivo	zona
lances	presente	zorro

3. Pronuncie las siguientes palabras con la consonante [s] española, procurando no palatalizarla a los sonidos del inglés [ʃ ʒ].

acción	fusión	posición
adición	lección	reacción
delicioso	misión	vicioso
ficción	poción	visión

El fonema /ʝ/[31] 🔊

1. Pronuncie las siguientes palabras con las consonantes [ʝ ɟʝ] españolas de acuerdo con la regla de distribución del fonema /ʝ/.

ayer	las llamas	otro llavero
calle	la yema	otro yerno
conllevar	llamas	un llavero
el hierro	llavero	un yerno
el llavero	llueve	valle
el yate	lo hice ya	ya lo hice
el yerno	poco hierro	yate
en llamas	no llueve	yema
hierro	nuevo yate	yerno

El fonema /x/[32] 🔊

1. Pronuncie las siguientes palabras con las consonante [x] española procurando no producir el sonido inglés [h].

alfajor	giro	México
eje	jamás	mojar
empujar	jefe	ojo
gente	lujo	reloj

El grafema {x}[33] 🔊

1. Pronuncie las siguientes palabras con el grafema {x} usando los sonidos [s ks x ʃ] según la palabra.

exacto	léxico	taxi
excelente	máximo	Tlaxcala
experto	México	Uxmal
extirpar	nexo	xilófono
extra	Oaxaca	Xochimilco
Ixtaccihuatl	saxófono	Xola

Materiales en línea

1. 🔊 La oposición entre los fonemas fricativos (el Cuadro 14.1)

2. 🔊 Oposición y neutralización en relación con los fonemas /s/ y /θ/ (el Cuadro 14.3).

3. 🔊 Oposición y neutralización en relación con los fonemas /ʝ/ y /ʎ/ (el Cuadro 14.4).

4. 🔊 La distribución fonotáctica del fonema /f/ (el Cuadro 14.8).

5. 🔊 Variantes dialectales del fonema /f/.

6. 🔊 La distribución fonotáctica del fonema /s/ (el Cuadro 14.12).

7. 🔊 Los alófonos [s] y [s̺] (las Figuras 14.14 y 14.15).

8. 🔊 Los alófonos del fonema /s/ según la tensión articulatoria.

9. 🔊 Los alófonos del fonema /s/ según la aspiración (las Figuras 14.17 y 14.18).

10. 🔊 Las variantes del fonema /s/ en los dialectos de distinción.

11. 🔊 Las variantes del fonema /θ/ en los dialectos de distinción.

12. 🔊 Los sonidos fricativos [s s̺ θ].

13. 🔊 Los sonidos fricativos alveolares sordos y sonoros en inglés y en español.

14. 🔊 La oposición entre /s/ y /z/ en inglés (el Cuadro 14.25).

15. 🔊 El grafema {z} en español (el Cuadro 14.26).

16. 🔊 Los grafemas {s} y {z} en posición final de palabra en inglés y en español (el Cuadro 14.27).

17. 🔊 La diferencia entre [ʃ] en inglés y [sj] en español (el Cuadro 14.28).

18. 🔊 La pronunciación del fonema /s/ en posición final de sílaba ante consonante sonora (el Cuadro 14.29).

19. 🔊 Diferencias entre la fricativa [ʝ] y la semiconsonante [j] (el Cuadro 14.33).

20. 🔊 El sonido fricativo [ʝ] en la palabra [káʝe] (la Figura 14.34).

21. 🔊 El sonido africado [ɟʝ] en la palabra [ɟʝáma] (la Figura 14.36).

22. ◀⁙ Realización fonética de las
variantes de los fonemas /ʝ/ y /ʎ/ en
los dialectos de distinción (el Cuadro
14.37).

23. ◀⁙ Realización fonética de las variantes
del fonema /ʝ/ en los dialectos de
yeísmo (el Cuadro 14.38).

24. ◀⁙ Variantes dialectales de los alófonos
para el fonema /ʝ/ (el Cuadro 14.39 y la
Figura 14.40).

25. ◀⁙ Realización fonética del sonido /ʎ/
(la Figura 14.42).

26. ◀⁙ Diferencias entre el sonido [ʎ] y la
secuencia [lj].

27. ◀⁙ Realización del fonema /x/ (el
Cuadro 14.44).

28. ◀⁙ Cómo aprender a articular el sonido
[x] y ejemplos de su realización.

29. ◀⁙ La realización del sonido [ʧ] (el
Cuadro 14.48 y la Figura 14.50).

30. 🄴 Ejercicios de pronunciación: el
fonema /s/.

31. 🄴 Ejercicios de pronunciación: el
fonema /ʝ/.

32. 🄴 Ejercicios de pronunciación: el
fonema /x/.

33. 🄴 Ejercicios de pronunciación: el
grafema {x}.

Los fonemas nasales

El español tiene tres fonemas nasales y un archifonema nasal. Los fonemas nasales son /m n ɲ/ y el archifonema es /N/. Este capítulo comienza con una presentación general de las características fonológicas de los fonemas nasales y del archifonema nasal. Presenta luego las características fonéticas generales de los alófonos nasales. Sigue un análisis de cada fonema nasal y del archifonema. En este análisis se presentan los datos fonológicos y los datos fonéticos de cada uno de sus alófonos. Incluye también claves para el hablante en la adquisición de una buena pronunciación de los sonidos nasales del español.

Características generales de los fonemas nasales

Los fonemas nasales presentan características generales en cuanto a los fenómenos de la oposición, la distribución y la fonotáctica. Los fonemas nasales /m n ɲ/ y el archifonema nasal /N/ son bastante frecuentes, representando el 10,8% de los fonemas de la cadena hablada.

La oposición entre los fonemas nasales

Los fonemas nasales son siempre sonoros y los tres fonemas nasales se oponen solamente por su lugar de articulación: es decir, el fonema nasal bilabial /m/, el fonema nasal alveolar /n/ y el fonema nasal palatal /ɲ/. Esta oposición se comprueba a través de los pares mínimos de [káma] {cama}, [kána] {cana}, [káɲa] {caña}.[1] ◀⋸

La distribución alofónica de los fonemas nasales

Como se presentará luego, los tres fonemas nasales tienen una distribución única y el archifonema nasal tiene una distribución complementaria.

La fonotáctica de los fonemas nasales

Los tres fonemas nasales, /m n ɲ/, se dan exclusivamente en posición inicial de sílaba, pero sistemáticamente solo dos, /m n/, aparecen en posición inicial de palabra. El fonema /ɲ/ no ocurre sistemáticamente en posición inicial de palabra. El DRAE contiene 50 palabras que comienzan con el grafema {ñ}, de las cuales 25 son de fuente indígena, 7 de fuente africana, 8 de fuente dialectal antigua y 3 de fuente italiana. Además aparecen 3 palabras que son simplemente reducciones fonéticas de palabras con /ɲ/ intervocálico y 4 palabras de etimología dudosa. Estos hechos confirman que la aparición de un fonema /ɲ/ en posición inicial de palabra es asistemática. El Cuadro 15.1 presenta los hechos fonotácticos referentes a los fonemas nasales.

La situación fonológica de los fonemas nasales en posición final de sílaba o palabra es muy distinta, puesto que los nasales se neutralizan sistemáticamente en esas posiciones resultando en el archifonema nasal /N/. El hecho de que haya una oposición

15.1 Los hechos fonotácticos referentes a los fonemas nasales.

	/m/	/n/	/ɲ/
#__	/mído/	/nído/	—
$__	/káma/	/kána/	/káɲa/

321

entre los fonemas nasales en el ataque silábico (o sea en posición silábica explosiva) y que haya una neutralización parcial en la coda silábica (o sea en posición silábica implosiva), se ha expuesto en el Capítulo 8. Por eso, los fonemas nasales (/m n ɲ/) no se dan en posición silábica implosiva.

El sistema fonológico del español excluye la oposición entre fonemas nasales en posición final de sílaba en general. Como en el caso de la fonotáctica de los fonemas consonánticos ya estudiados, es necesario diferenciar entre la posición final de sílaba interior de palabra y la posición final de palabra.

La resolución sistemática de los nasales en posición final de sílaba interior de palabra, como ya se ha comentado, es la neutralización parcial. Aunque las palabras {mono} /móno/ y {nono} /nóno/ son un par mínimo, comprobando la oposición /m/ ~ /n/, no hay tal oposición en posición final de sílaba interior de palabra. En ese contexto el análisis de las palabras [kámpo] y [kánso] demuestra que tanto el sonido [m] como el sonido [n] pueden darse en posición final de sílaba interior de palabra. Sin embargo el contraste entre esas dos palabras no depende de un contraste entre los fonemas /m/ y /n/, sino de un contraste entre los fonemas /p/ y /s/, puesto que son esos fonemas los que determinan la realización fonética del sonido nasal. En español es imposible que haya un contraste fonológico entre /m/ y /n/ en las secuencias /káNpo/ o /káNso/. En la ausencia de tales contrastes, la apariencia de un nasal en este caso tiene que considerarse como alófono del archifonema nasal y así la caracterización fonológica de estas palabras es /káNpo/ y /káNso/.

La resolución sistemática de los nasales en posición final de palabra es la misma neutralización parcial. En ese contexto el análisis de las secuencias fonéticas [ūmbárko] y [ūnláɣo] demuestra que no hay diferencia de significado entre el elemento [ūm] y el elemento [ūn]. Este hecho indica que, en esas frases, tanto el sonido [m] como el sonido [n] representan el mismo concepto mental o fonológico, en este caso, el archifonema /N/. No hay ningún caso en español donde haya una oposición entre el fonema

/m/ y el fonema /n/ en posición final de palabra.

A pesar del hecho de que el sistema del español rechace el fonema /m/ en posición final de sílaba, hay unos cuantos ejemplos en que el grafema {m} sí aparece en esa posición, tanto en posición interior de palabra como en posición final de palabra. Estos ejemplos son asistemáticos, pero vale mencionar su ocurrencia.

En posición final de sílaba interior de palabra el grafema {m} se da sistemáticamente ante {p} o {b}, pero hay muy pocos ejemplos de {m} ortográfica en esa posición ante otras consonantes y escasos ejemplos de palabras comunes. Todos los casos de tales palabras son cultismos provenientes del latín o del griego, idiomas que sí admiten nasales en esa posición fonotáctica.

Los cultismos son palabras de uso académico o eclesiástico que se han integrado al español en una época tardía y que no se han adaptado totalmente al sistema fonológico del español. A veces existen dobletes que son dos palabras que vienen de la misma raíz, una que es cultismo y una que sí se ha adaptado al sistema fonológico del español. Un ejemplo son las palabras {autumnal} y {otoñal}, esta ya adaptada a la fonotáctica del español, aquella conservando la fonotáctica del latín que permitía la secuencia /m/ final de sílaba seguida de /n/ inicial de sílaba. Entre los cultismos más o menos comunes se encuentran {alumno, columna, gimnasio, himno, solemne}. Es de notarse que la secuencia asistemática -mn- en todas esas palabras se redujo a -n- en portugués, una lengua hermana: {aluno, coluna, hino}. Esta reducción también es común en el habla popular del español. Entre los cultismos menos frecuentes se encuentran {amnesia, amnistía, calumnia, indemnizar} como también el prefijo {omni-}.

Hay escasos ejemplos de {m} ortográfica en posición final de palabra. Otra vez, casi todos los casos de estas palabras son cultismos provenientes del latín o de otra fuente extranjera. Las palabras del DRAE incluyen {islam, réquiem, ítem, álbum, referéndum, memorándum y quórum}. Es de notarse que siguiendo la norma del español, estas palabras comúnmente se pronuncian con el sonido [n], incluso en la forma plural: [ítēn/ítenes], [álβūn/álβunes], [kórūn/kórunes].

Existen también algunos dobletes, que demuestran el carácter culto de las palabras terminadas en -m: {pandemónium/pandemonio, mínimum/mínimo, máximum/máximo, médium/medio}. También aparece un número muy limitado de palabras onomatopéyicas: {pum, pimpampum, cataplum, ejém}.

Características generales de los alófonos nasales

Como toda consonante, los alófonos nasales se definen por tres rasgos: el modo de articulación, el lugar de articulación y el estado de las cuerdas vocales.

El modo de articulación

Los sonidos nasales se articulan con una cerrazón bucal total. Al mismo momento, el velo del paladar se separa de la pared faríngea, a diferencia de los sonidos orales. Con esa conformación, la única salida posible de aire es por la cavidad nasal; no hay escape de aire por la cavidad oral. A pesar de que no haya escape de aire por la cavidad oral, la onda sonora producida resuena tanto en la cavidad bucal como también en la cavidad nasal. Esto quiere decir, en efecto, que hay dos tubos articulatorios de resonancia que combinan para producir una consonante nasal: el tubo oral y el tubo nasal, este abierto y aquel cerrado.

Puesto que el principal tubo de resonancia de las consonantes nasales es el invariable tubo nasal, no es de sorprenderse que las consonantes nasales tengan formas de onda muy parecidas. La Fig. 15.2 demuestra las formas de onda de los tres

sonidos [m n ɲ], que son poco diferentes. Se reconocen los sonidos nasales en los sonogramas porque tienen un primer formante muy fuerte, luego un cero acústico y luego formantes más altos atenuados, como se verá en los sonogramas a continuación.

Es la resonancia de la onda sonora en la cavidad nasal que les da a los sonidos de este modo de articulación su carácter auditivo único.

El lugar de articulación

Los sonidos nasales del español se producen en siete lugares de articulación, más que cualquier otro modo de articulación. Los lugares de articulación de los alófonos nasales del español son bilabial [m], labiodental [ɱ], interdental [n̪], dental [n̪], alveolar [n], palatalizada [n̠], palatal [ɲ] y velar [ŋ].

Acústicamente, los diferentes sonidos nasales resultan de la combinación de resonancia y filtración que ocurren en el tubo oral y en el tubo nasal. El aire que sale de la laringe entra en los dos tubos casi simultáneamente. El tubo oral es un tubo cerrado cuya extensión varia según el lugar de articulación del sonido, o sea, según el punto de cerrazón en la cavidad bucal. En el caso del sonido [m], el sonido resuena en toda la extensión de la cavidad bucal debido a la cerrazón bilabial, pero con el sonido [n] se reduce la extensión de la cavidad resonadora debido a la cerrazón linguoalveolar. Con el sonido [ɲ] la extensión de la cavidad de resonancia se reduce aun más debido a la cerrazón linguopalatal. Es la resonancia en el tubo oral lo que da a los diferentes sonidos nasales sus características individuales. El tubo nasal, por su parte, es invariable, puesto que siempre está abierto debido a la posición del velo del paladar.

15.2 Cinco ciclos de las formas de onda de las consonantes nasales [m n ɲ].

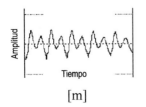

[m]

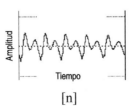

[n]

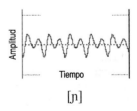

[ɲ]

Como ya se expuso, las formas de onda de las consonantes nasales son bastante parecidas. Como en el caso de las vocales, es más fácil diferenciarlas en los sonogramas, que se presentarán luego.

El estado de las cuerdas vocales

Los sonidos nasales del español siempre se producen con la vibración de las cuerdas vocales; es decir, son siempre sonoros.

Los fonemas nasales

En esta sección se presentarán los detalles fonológicos y fonéticos de cada uno de los tres fonemas nasales /m n ɲ/ y del archifonema nasal /N/. La presentación se hará fonema por fonema.

El fonema /m/

En relación con los demás fonemas nasales, el fonema /m/ se distingue de los fonemas /n/ y /ɲ/ por ser bilabial en cuanto a su lugar de articulación.

La fonología del fonema /m/

El fonema /m/ se opone a los otros dos fonemas nasales /m ɲ/ como se ejemplifica con la serie [káma kána káɲa]. El fonema /m/ es el décimo-tercer fonema más frecuente del español con un porcentaje de frecuencia del 2,8% del total de los fonemas. Hay una correspondencia exacta entre el grafema {m} y el fonema /m/ cuando el grafema se da en posición inicial de palabra o inicial de sílaba interior de palabra, como en las palabra {mapa} /mápa/ o {cama} /káma/. Sin embargo, el grafema {m} puede representar también al archifonema /N/ cuando el grafema {m} se da en posición final de sílaba antes consonantes bilabiales como en la palabra {campo} /káNpo/.

Como ya se expuso, el fonema /m/ tiene una distribución única. El alófono nasal bilabial sonoro [m] es el único sonido para la realización del fonema /m/ en todos los contextos fonológicos en que el fonema se da: inicial de palabra [mápa] e inicial de sílaba interior de palabra [káma].[2] ◀⑃

Fonotácticamente, el fonema /m/ se da sistemáticamente en posición inicial de sílaba: el 47,1% de las ocurrencias de /m/ se dan en posición inicial de palabra, mientras que el 52,9% de las ocurrencias de /m/ se dan en posición inicial de sílaba interior de palabra.

La fonética del alófono [m]

La articulación del sonido [m] comienza mediante una cerrazón de los labios al mismo tiempo que el velo del paladar se aparta de la pared faríngea. El sonido se produce mediante la exhalación de aire con la vibración de las cuerdas vocales. De esa forma la resultante onda sonora producida resuena en la cavidad bucal y en la cavidad nasal, pero todo el aire que se escapa, sale por la nariz. La Fig. 15.3 demuestra la posición articulatoria del sonido [m].

Acústicamente los sonidos nasales se destacan por una secuencia de tres indicadores. Primero, hay un primer formante reforzado. Segundo hay un hueco o zona de amortiguamiento, es decir, una zona de ausencia de energía acústica o un cero acústico. Tercero hay una serie de formantes atenuados. El lugar de articulación se indica con la posición y tamaño del cero

15.3 La posición articulatoria del sonido [m]. La posición de la lengua varía con el sonido que le sigue.

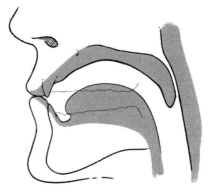

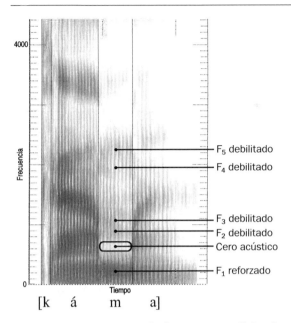

[k   á   m   a]

15.4 Sonograma del alófono [m] en la palabra [káma].

acústico y con la posición de los formantes. La transición entre vocales y nasales suele ser abrupta.

Se pueden ver las características acústicas del sonido [m] en la Fig. 15.4, que contiene un sonograma de la palabra [káma]. Se puede notar que el segundo formante de la primera vocal [a] desciende en la transición hacia [m] y que el segundo formante de la segunda vocal [a] asciende en la transición después de la consonante [m]. Esas transiciones indican que la nasal es bilabial. Como se puede notar, hay un primer formante muy fuerte de 230 Hz con un cero acústico muy estrecho entre 550 Hz y 700 Hz. Después siguen los formantes debilitados: F2=895 Hz, F3=1075 Hz, F4=1960 Hz, F5=2250 Hz.

Auditivamente, el sonido [m] se reconoce como nasal bilabial por la percepción de la conformación del primer formante, del cero acústico y los demás formantes atenuados ya descritos.

Notas dialectales

No hay variación dialectal del alófono [m].

Pistas pedagógicas y consejos prácticos

El estudiante anglohablante de español puede aprovecharse del sonido [m] del inglés que es idéntico al sonido del español.

El fonema /n/

En relación con los demás fonemas nasales, el fonema /n/ se distingue de los fonemas /m/ y /ɲ/ por ser alveolar en cuanto a su lugar de articulación.

La fonología del fonema /n/

El fonema /n/ se opone a los otros dos fonemas nasales /m ɲ/ como se ejemplifica con la serie [káma kána káɲa]. El fonema /n/ es el décimo-cuarto fonema más frecuente del español con un porcentaje de frecuencia de 2,7% del total de los fonemas. Hay una correspondencia exacta entre el grafema {n} y el fonema /n/ cuando el grafema se da en posición inicial de palabra o inicial de sílaba interior de palabra, como en las palabras {nada} /náda/ o {cana} /kána/. Sin embargo, el grafema {n} puede representar también al archifonema /N/ cuando se da en posición silábica implosiva ante consonante alveolar, sea en la coda de la sílaba, tanto en posición interior de palabra {canto} /káNto/ como en posición final de palabra {galán} /galáN/. También se da cuando el archifonema ocurre en un grupo consonántico final de sílaba como en la palabra {construir} /koNs.truír/, siendo /Ns/ el único grupo posible.

Como ya se expuso, el fonema /n/ tiene una distribución única. El alófono nasal alveolar sonoro [n] es el único sonido para la realización del fonema /n/ en todos los contextos fonológicos en que el fonema se da: inicial de palabra [nápa] e inicial de sílaba interior de palabra [kána].[3] ◀ᴱ

Fonotácticamente, el fonema /n/ se da sistemáticamente en posición inicial de sílaba: el 38,9% de las ocurrencias de /n/ se dan en posición inicial de palabra, mientras

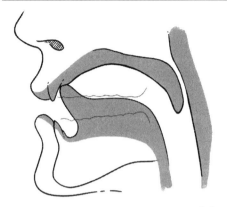

15.5 La posición articulatoria del sonido [n].

el 61,1% de las ocurrencias de /n/ se dan en posición inicial de sílaba interior de palabra.

La fonética del alófono [n]

La articulación del sonido [n] comienza mediante una cerrazón de la lengua con los alvéolos al mismo tiempo que el velo del paladar se aparta de la pared faríngea. El sonido se produce mediante la exhalación de aire con la vibración de las cuerdas vocales. De esa forma la resultante onda sonora producida resuena en la cavidad bucal y en la cavidad nasal, pero todo el aire que se escapa, sale por la nariz. La Fig. 15.5 demuestra la posición articulatoria para el sonido [n].

Acústicamente, el alófono [n] se destaca por una secuencia de tres indicadores: un primer formante reforzado, un cero acústico y una serie de formantes atenuados. Se pueden ver las características acústicas del sonido [n] en la Fig. 15.6, que contiene un sonograma de la palabra [kána]. Se puede notar que el segundo formante de la primera vocal [a] se mantiene en la transición hacia [n] y que el segundo formante de la segunda vocal [a] se mantiene también en la transición después de la consonante [n]. Esas transiciones indican que la nasal es alveolar. Se nota además que hay un primer formante muy fuerte de 230 Hz con un cero acústico más amplio entre 550 Hz y 900 Hz. Después siguen los formantes debilitados: F2=1100 Hz, F3=1475 Hz, F4=1910 Hz, F5=2300 Hz.

Auditivamente, el sonido [n] se reconoce como nasal alveolar por la percepción de la conformación del primer formante, del cero acústico y los demás formantes atenuados ya descritos.

Notas dialectales

No hay variación dialectal del alófono [n].

15.6 Sonograma del alófono [n] en la palabra [kána].

4000

F₅ debilitado

F₄ debilitado

F₃ debilitado

Frecuencia

F₂ debilitado

Cero acústico

F₁ reforzado

0

Tiempo

[k á   n   a]

Pistas pedagógicas y consejos prácticos

El estudiante anglohablante de español puede aprovecharse del sonido [n] del inglés que es idéntico al sonido del español.

El fonema /ɲ/

En relación con los demás fonemas nasales, el fonema /ɲ/ se distingue de los fonemas /m/ y /n/ por ser palatal en cuanto a su lugar de articulación y porque sistemáticamente no aparece en posición inicial de palabra.

La fonología del fonema /ɲ/

El fonema /ɲ/ se opone a los otros dos fonemas nasales /m n/ como

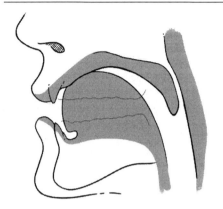

15.7 La posición articulatoria del sonido [ɲ].

se ejemplifica con la serie [káma kána káɲa]. El fonema /ɲ/ es el vigésimo-cuarto fonema más frecuente del español con un porcentaje de frecuencia del 0,2% del total de los fonemas; es el fonema menos frecuente del español. Hay una correspondencia exacta entre el grafema {ñ} y el fonema /ɲ/.

Como ya se expuso, el fonema /ɲ/ tiene una distribución única. El alófono nasal palatal sonoro [ɲ] es el único sonido para la realización del fonema /ɲ/ en todos los contextos fonológicos en que el fonema se da: por ejemplo, [káɲa].

Fonotácticamente, el fonema /ɲ/ se da sistemáticamente en posición inicial de sílaba interior de palabra. Como ya se ha expuesto en este capítulo, los escasos ejemplos del grafema {ñ} en posición inicial de palabra no son sistemáticos.

La fonética del alófono [ɲ]

La articulación del sonido [ɲ] comienza mediante una cerrazón del dorso de la lengua con casi toda la extensión del paladar duro al mismo tiempo que el velo del paladar se aparta de la pared faríngea. El sonido se produce mediante la exhalación de aire con la vibración de las cuerdas vocales. De esa forma la resultante onda sonora producida resuena en más o menos la mitad de la cavidad bucal y resuena por toda la extensión de la cavidad nasal y así, todo el aire que se escapa, sale por la nariz. La Fig. 15.7 demuestra la posición articulatoria para el sonido [ɲ].

Acústicamente, el alófono [ɲ] se destaca por una secuencia de tres indicadores: un primer formante reforzado, un cero acústico y una serie de formantes atenuados. Se pueden ver las características acústicas del sonido [ɲ] en la Fig. 15.8, que contiene un sonograma de la palabra [káɲa]. Se puede notar que el segundo formante de la primera vocal [a] sube en la transición hacia [ɲ] y que el segundo formante de la segunda vocal [a] baja en la transición después de la consonante [ɲ]. Esas transiciones indican que la nasal es palatal. Como se puede notar, hay un primer formante muy fuerte de 220 Hz con un cero acústico menos pronunciado entre 600 Hz y 1000 Hz. Después siguen los formantes debilitados: F2=1130 Hz, F3=1490 Hz, F4=1975 Hz, F5=2510 Hz.

Auditivamente, el sonido [ɲ] se reconoce como nasal palatal por la percepción de la conformación del primer formante, del cero acústico y los demás formantes atenuados ya descritos.

15.8 Sonograma del alófono [ɲ] en la palabra [káɲa].

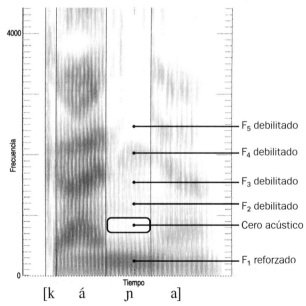

Notas dialectales

No hay variación dialectal del alófono [ɲ].

Pistas pedagógicas

El sonido [ɲ] del español sí es un sonido problemático para el anglohablante puesto que no tiene equivalente en inglés. Desafortunadamente, sin embargo, muchos libros de pronunciación española enseñan que el sonido [ɲ] es equivalente a la {ny} de la palabra inglesa {canyon} y palabras semejantes; como se verá a continuación, esto no es el caso.

Desde el punto de vista fonológico, la palabra inglesa {canyon} contiene dos sílabas: /kǽn.jən/. Esto quiere decir que la secuencia inglesa que esos libros comparan con el sonido [ɲ] del español resulta de una secuencia de dos fonemas distintos que aparecen en sílabas separadas: el fonema nasal alveolar /n/ al final de la primera sílaba seguido del fonema aproximante palatal /j/ al comienzo de la siguiente sílaba.

Desde el punto de vista fonético, la pronunciación de la palabra inglesa {canyon} es [kǽnjən]. El lugar de articulación de la consonante nasal al final de la primera sílaba es claramente alveolar [n]. A este sonido le sigue una aproximante palatal [j], una semiconsonante anterior en la terminología del español. Esta secuencia de [nj] es la única solución que se da en la fonología del inglés.[4] ◀≋

El caso de la palabra española {cañón} es muy distinto. Desde el punto de vista fonológico la palabra se divide en dos sílabas: /ka.ɲón/. Esto quiere decir que el fonema o sonido nasal ocurre al comienzo de la segunda sílaba en español y que no ocurre al final de la primera como es el caso del inglés. La palabra inglesa {canyon} contiene seis fonemas, mientras que la palabra española {cañón} solo tiene cinco.

Desde el punto de vista fonético, la pronunciación de la palabra española {cañón} es [kaɲón]. El lugar de articulación de la consonante nasal al comienzo de la segunda sílaba es palatal [ɲ]. A este sonido le sigue directamente la vocal [ó]. Esto quiere decir que la realización del fonema /ɲ/ es un solo sonido palatal, y no es una secuencia de un sonido alveolar seguido de un sonido palatal como es el caso del inglés.[4] ◀≋

La prueba de la existencia de todo fonema es la existencia de un par mínimo. Existe en español una oposición entre el fonema nasal palatal /ɲ/ y la secuencia del fonema nasal alveolar seguido del fonema /i/ ante otra vocal. Se puede comprobar esta oposición al comparar las secuencias fonéticas [unjón] {unión} y [uɲón] {uñón}, [sanjóso] {sanioso} y [saɲóso] {sañoso}, [sénja] {cenia} y [séɲa] {seña}, [sínja] {zinia} y [síɲa] {ciña}. La secuencia [nj] también se da en posición inicial de palabra: [njéto] {nieto} y [njéβla] {niebla}.

El Cuadro 15.9 contrasta los hechos fonológicos y fonéticos del sonido [ɲ] del español y de la secuencia de sonidos [nj] del español y del inglés.

Al comparar la pronunciación de la secuencia [nj] con la del sonido [ɲ], hay varios puntos de diferencia muy importantes. Para pronunciar correctamente el sonido [ɲ] del español, el anglohablante tiene que recordar que el ápice de la lengua no se levanta para hacer contacto con los alvéolos. De hecho, el ápice de la lengua se mantiene tras los dientes inferiores, mientras que el dorso de la lengua mantiene contacto a lo largo de la mayor parte del paladar duro. En la producción del primer sonido de la secuencia [nj] la lengua mantiene una forma cóncava, pero es convexa en la producción del sonido [ɲ]. Mientras que el contacto entre el ápice de la lengua y los alvéolos es mínimo en la producción del primer sonido de la secuencia [nj], el contacto entre el dorso de la lengua y el paladar duro en la producción del sonido [ɲ] es máximo, distribuyéndose a lo largo de la mayor parte del paladar duro. Mientras que la secuencia [nj] tiene dos lugares de articulación, el sonido [ɲ] tiene solo uno.

Como se ha demostrado, la posición de la lengua en el sonido [ɲ] no es nada semejante a la del primer sonido de la secuencia [nj]. Es más semejante a la del sonido [ʤ] de español. El anglohablante puede aproximar la pronunciación del sonido [ɲ] formando la cerrazón del sonido [ʤ], pero tiene que levantar la lengua hasta adherirla a toda la extensión del paladar duro. Para conseguir un

Idioma			
Lengua	Español	Español	Inglés
Palabra	{caña}	{nieto, siniestro}	{canyon}
Fonología			
Fonemas	/ɲ/	/niV/	/nj/
Silabeo	ca.ña	nie.to; si.nies.tro	can.yon
Fonotáctica	$_	#_; $_	_n.j_ (no #_)
Fonética			
Alófonos	[ɲ]	[nj]	[nj]
Lugares de articulación	1	2	2
Descripción	nasal palatal	nasal alveolar + semiconsonante anterior	nasal alveolar + aproximante palatal
Articulación	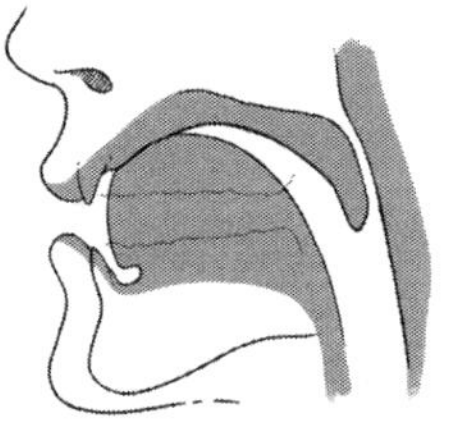	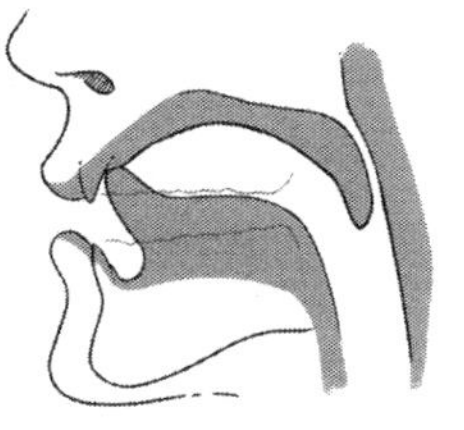	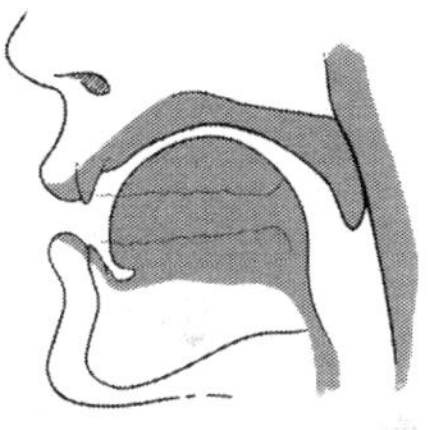

15.9 Los hechos fonológicos y fonéticos del sonido [ɲ] del español y de la secuencia de sonidos [nj] del español y del inglés.

contacto tan distribuido, la lengua tiene que realizar un contacto más tenso contra el paladar. Al mismo tiempo, el hablante tiene que bajar el velo del paladar y hacer vibrar las cuerdas vocales para crear un sonido nasal palatal sonoro. Después tiene que separar la lengua del paladar en la transición a la siguiente vocal.

Al comparar la posición articulatoria exacta de los sonidos [ɲ] y [ʤ] en la Fig. 15.10, se pueden notar unas diferencias. En la producción de la [ɲ] hay más abertura bucal y el contacto con la lengua se distribuye por toda la extensión del paladar duro. También, en la producción de la [ɲ], el ápice de la lengua está más para abajo y el contacto de la lengua con el paladar es tenso y ocurre en una región más posterior de la lengua.

Consejos prácticos

Como se presentó en la sección anterior, el español utiliza tanto el sonido nasal palatal [ɲ] como la secuencia de un sonido nasal alveolar [n] seguido de una semiconsonante anterior palatal [j]. Para el anglohablante, la secuencia [nj] que ocurre en palabras como {nieto} y {siniestro} no representa ningún problema puesto que esta secuencia sí existe en inglés, aunque no en posición inicial de palabra.

En cuanto a la pronunciación del sonido nasal palatal [ɲ], el problema para el anglohablante es que tiende a utilizar la secuencia [nj] para el fonema /ɲ/. Esa transferencia negativa indebida, de modo general, no resulta en malentendidos, pero sí contribuye a un acento extranjero. Para pronunciar correctamente el sonido [ɲ], el anglohablante tiene que recordar que:

329

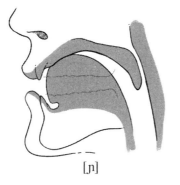
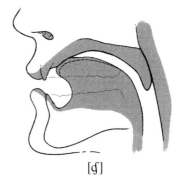

[ɲ]   [ɟ]

15.10 El lugar de articulación de los sonidos [ɲ] y [ɟ].

- El sonido [ɲ] tiene un solo lugar de articulación.
- El ápice de la lengua se mantiene tras los dientes inferiores.
- El dorso de la lengua se extiende a lo largo del paladar duro.
- La lengua es convexa en la producción del sonido [ɲ].

El archifonema /N/

Como se ha presentado en el Capítulo 8, el archifonema /N/ resulta de la neutralización sincrónica parcial de los fonemas /m n/ en posición final de sílaba y final de palabra.

La fonología del archifonema /N/

Ya se ha establecido la oposición fonológica que existe entre los fonemas nasales /m/, /n/ y /ɲ/. Es importante notar que en el ejemplo de los pares mínimos

[káma] [kána] [káɲa], las nasales aparecen en posición inicial de sílaba interior de palabra. Existe una oposición entre /m/ y /n/ también en posición inicial de palabra como demuestra el par mínimo [mwéβo] [nwéβo].

En posición silábica implosiva, sin embargo, o en posición final de palabra, no existe la oposición, y el carácter del alófono empleado depende del contexto fonológico en que se da el archifonema nasal /N/. El Cuadro 15.11 demuestra la relación entre el archifonema y sus alófonos en esos dos contextos.

El archifonema /N/ es el sexto fonema más frecuente del español con un porcentaje de frecuencia de 5,1% del total de los fonemas. Esto se debe en parte a su presencia en las formas morfológicas verbales. Solamente las vocales (con la excepción de /u/) y la consonante /s/ son más frecuentes que el archifonema /N/.

El archifonema /N/ corresponde a los grafemas {m} y {n} tanto en posición final de sílaba (ejemplos: {campo} /káNpo/ y {canso} /káNso/) como en posición final de palabra (ejemplos: {ítem} /íteN/ y {sin} /siN/).

15.11 La relación entre el archifonema nasal /N/ y sus alófonos en posición silábica implosiva interior de palabra y en posición final de palabra.

La nasal en posición final de palabra		La nasal en posición final de sílaba interior de palabra	
TRANSCRIPCIÓN FONÉTICA	TRANSCRIPCIÓN FONOLÓGICA	TRANSCRIPCIÓN FONÉTICA	TRANSCRIPCIÓN FONOLÓGICA
[ũmbáso]	/uNbáso/	[kã̃mpo]	/káNpo/
[ũnláɣo]	/uNlágo/	[kãnso]	/káNso/

Como ya se expuso en el Capítulo 9, el archifonema /N/ tiene una distribución complementaria con siete alófonos. La base de esa distribución complementaria es la asimilación al lugar de articulación de la consonante que le sigue. Si no le sigue una consonante, su articulación normativa es alveolar. Sigue la regla completa:

$$/N/ \longrightarrow \begin{array}{l} [m] \ / \ \_C_{bilabial} \\ [ɱ] \ / \ \_C_{labiodental} \\ [n̪]^* \ / \ \_C_{interdental} \\ [n̪] \ / \ \_C_{dental} \\ [n] \Bigg/ \begin{array}{l} \_C_{alveolar} \\ \_\#V \\ \_/ \end{array} \\ [ɲ] \ / \ \_C_{palatal} \\ [ŋ] \ / \ \_C_{velar} \end{array}$$

*este alófono solamente ocurre en los dialectos no seseístas

La aplicación de esta regla se ve en el Cuadro 15.12 que demuestra ejemplos tanto en posición final de sílaba interior de palabra como en posición final de palabra ante consonante.[5] 🔊

Fonotácticamente, de las ocurrencias del archifonema /N/, el 56,7% de las ocurrencias se da en posición final de sílaba interior de palabra, mientras que el 43,3% de las ocurrencias se da en posición final de palabra.

El archifonema /N/ ante consonantes

El archifonema /N/ se da ante consonantes tanto en posición final de sílaba interior de palabra como en posición final de palabra. En esos contextos hay sistemáticamente siete alófonos.

La fonética del alófono bilabial [m]

El alófono [m] ocurre solamente delante de consonantes bilabiales, es decir, delante de [p b m], tanto en posición final de sílaba interior de palabra como en posición final

de palabra. El alófono [m] del archifonema /N/, tiene la misma articulación que el alófono [m] del fonema /m/ ya presentado.

La fonética del alófono labiodental [ɱ]

El alófono [ɱ] ocurre solamente delante de una consonante labiodental, es decir, delante de [f], tanto en posición final de sílaba interior de palabra como en posición final de palabra. La fisiología de la articulación del sonido [ɱ] es igual al del sonido [f], con la diferencia de que se produce con el velo del paladar caído y con vibración de las cuerdas vocales. Se ve esta conformación articulatoria en la Fig. 15.13.

Acústicamente, el alófono [ɱ], como los demás alófonos nasales, se destaca por una secuencia de tres indicadores: un primer formante reforzado, un cero acústico y una serie de formantes atenuados. Se pueden ver las características acústicas del sonido [ɱ] en la Fig. 15.14, que contiene un sonograma de la palabra [ẽɱfasis]. Se puede notar que el segundo formante de la vocal [ẽ] desciende en la transición hacia [ɱ]. Como se puede notar, hay un primer formante muy fuerte de 250 Hz con un cero acústico pequeño entre 510 Hz y 700 Hz. Después siguen los formantes debilitados: F2=810 Hz, F3=1110 Hz, F4=1600 Hz, F5=2010 Hz.

Auditivamente, el sonido [ɱ] se reconoce como nasal por la conformación del primer formante, del cero acústico y los demás formantes atenuados ya descritos. Como el sonido representa al archifonema, el único rasgo que se percibe es su nasalidad. Los hablantes de español, en su mayoría ni reconocen que el sonido que se produce en este contexto es labiodental.

Notas dialectales. No hay variación dialectal del alófono [ɱ].

Pistas pedagógicas y consejos prácticos. Este sonido aparece también en el mismo contexto en inglés. En el habla común, la pronunciación de la palabra {information} o {emphasis} suele ser [ɪɱfɹméiʃən] y [éɱfəsis]. La fisiología de la articulación del sonido [ɱ] es igual al del sonido [f], con la diferencia de que se produce con el velo del paladar caído y con vibración de las cuerdas vocales.

Alófono	Lugar de articulación	Ante los sonidos	_$C	_#C
[m]	bilabial	[p]	[kámpo] {campo}	[sĩmpapél] {sin papel}
		[b]	[kámbjo] {cambio}	[sĩmbalór] {sin valor}
		[m]	[ĩmːórtál] {inmortal}	[sĩmːjéðo] {sin miedo}
[ɱ]	labiodental	[f]	[éɱfasis] {énfasis}	[sĩɱfóko] {sin foco}
[n̪]	interdental	[θ]	[sĩn̪θéɾo] {sincero}	[sĩn̪θéɾo] {sin zero}
[n̪]	dental	[t]	[kán̪to] {canto}	[sĩn̪té] {sin té}
		[d]	[kán̪díl] {candil}	[sĩn̪dolór] {sin dolor}
[n]	alveolar	[s]	[kánso] {canso}	[sĩnsópa] {sin sopa}
		[n]	[ĩnːoβáɾ] {innovar}	[sĩnːáða] {sin nada}
		[l]	[ẽnláse] {enlace}	[sĩnlíos] {sin líos}
		[r]	[ónra] {honra}	[sĩnréɣla] {sin regla}
[ɲ]	palatal	[ɟ]	[kóɲɟjuxe] {cónyuge}	[sĩɲɟúɣo] {sin yugo}
		[ʧ]	[káɲʧa] {cancha}	[sĩɲʧíste] {sin chiste}
		[ʎ]	[kõɲʎeβáɾ] {conllevar}	[ẽɲʎámas] {en llamas}
[ŋ]	velar	[k]	[áŋkla] {ancla}	[sĩŋkáso] {sin caso}
		[g]	[táŋgo] {tango}	[sĩŋgánas] {sin ganas}
		[x]	[fĩŋxe] {finge}	[sĩŋxésto] {sin gesto}

15.12 La aplicación de la regla de distribución complementaria del archifonema /N/.

La fonética del alófono interdental [n̪]

El alófono [n̪] ocurre solamente delante de la consonante interdental, es decir, delante de [θ], tanto en posición final de sílaba

15.13 La posición articulatoria del sonido [ɱ]. La posición de la lengua varía con el sonido que sigue.

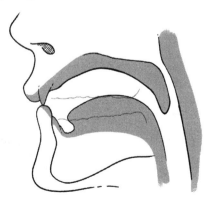

interior de palabra como en posición final de palabra. Esto quiere decir que este alófono solamente se da en los dialectos que distinguen entre los fonemas /s/ y /θ/. La fisiología de la articulación del sonido [n̪] es igual al del sonido [θ], con la diferencia de que se produce con el velo del paladar caído y con vibración de las cuerdas vocales. Se ve esta conformación articulatoria en la Fig. 15.15.

Acústicamente, el alófono [n̪], como los demás alófonos nasales, se destaca por una secuencia de tres indicadores: un primer formante reforzado, un cero acústico y una serie de formantes atenuados. Se pueden ver las características acústicas del sonido [n̪] en la Fig. 15.16, que contiene un sonograma de la palabra [ón̪θe]. En el sonograma, se puede notar que el segundo formante de la vocal [ó] se mantiene en la transición hacia [n̪]. Como se puede notar, hay un primer formante muy fuerte de

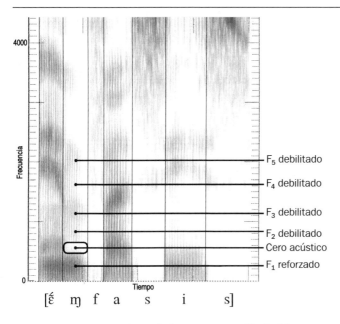

[ɛ̃ ɱ f a s i s]

15.14 Sonograma del alófono [ɱ] en la palabra [ɛ̃mfasis].

275 Hz con un cero acústico entre 580 Hz y 900 Hz. Después siguen los formantes debilitados: F2=1130 Hz, F3=1600 Hz, F4=1900 Hz, F5=2410 Hz.

Auditivamente, el sonido [ɱ] se reconoce como nasal por la conformación del primer formante, del cero acústico y los demás formantes atenuados ya descritos. Como el sonido representa al archifonema, el único rasgo que se percibe es su nasalidad. Los hablantes de español, en su mayoría ni reconocen que el sonido que se produce en este contexto es interdental.

15.15 La posición articulatoria del sonido [ɱ].

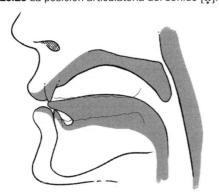

Notas dialectales. El alófono [ɱ] solamente se da en los dialectos que contrastan los fonemas /s/ y /θ/, lo que quiere decir que no es un alófono muy frecuente en el mundo hispánico.

Pistas pedagógicas y consejos prácticos. Este sonido aparece también en el mismo contexto en inglés. En el habla común, la pronunciación de la palabra {anthem} o {month} suele ser [æ̃nθəm] y [mʌ̃nθ]. La fisiología de la articulación del sonido [n̪] es igual al del sonido [θ], con la diferencia de que se produce con el velo del paladar caído y con vibración de las cuerdas vocales.

La fonética del alófono dental [n̪]

El alófono [n̪] ocurre solamente delante de consonantes dentales, es decir, delante de [t d], tanto en posición final de sílaba interior de palabra como en posición final de palabra. La fisiología de la articulación del sonido [n̪] es igual al de los sonidos [t d], con la diferencia de que se produce con el velo del paladar caído y con vibración de las cuerdas vocales. Se ve esta conformación articulatoria en la Fig. 15.17.

Acústicamente, el alófono [n̪], como los demás alófonos nasales, se destaca por una secuencia de tres indicadores: un primer formante reforzado, un cero acústico y una serie de formantes atenuados. Se pueden ver las características acústicas del sonido [n̪] en la Fig. 15.18, que contiene un sonograma de la palabra [kán̪ta]. En el sonograma, se puede notar que el segundo formante de la vocal [á] desciende en la transición hacia [n̪]. Como se puede notar, hay un primer formante muy fuerte de 280 Hz con un cero acústico entre 725 Hz y 1025 Hz. Después siguen los formantes debilitados:

333

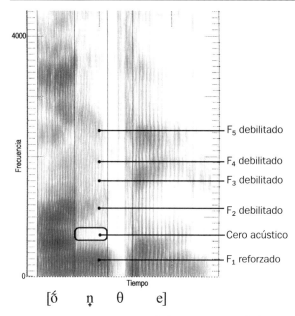

[ó̜   n̪̟   θ   e]

15.16 Sonograma del alófono [n̪] en la palabra [ó̜n̪θe].

F2=1150 Hz, F3=1450 Hz, F4=1900 Hz, F5=2320 Hz.

Auditivamente, el sonido [n̪] se reconoce como nasal por la conformación del primer formante, del cero acústico y los demás formantes atenuados ya descritos. Como el sonido representa al archifonema, el único rasgo que se percibe es su nasalidad. Los hablantes de español, en su mayoría ni reconocen que el sonido que se produce en este contexto es dental.

Notas dialectales. No hay variación dialectal del alófono [n̪].

15.17 La posición articulatoria del sonido [n̪].

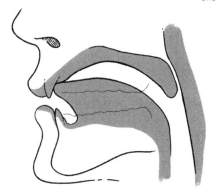

Pistas pedagógicas y consejos prácticos. El sonido [n̪] no existe en inglés. La fisiología de la articulación del sonido [n̪] es igual a la de los sonidos [t d], con la diferencia de que se produce con el velo del paladar caído y con vibración de las cuerdas vocales. Si el estudiante aprende a pronunciar [t d] como sonidos dentales, como deben de ser en español, entonces automáticamente va a producir el sonido nasal que los precede con el mismo lugar de articulación.

La fonética del alófono alveolar [n]

El alófono [n] ocurre como alófono del archifonema /N/ en tres contornos fonológicos. El primero es delante de consonantes alveolares, es decir, delante de [s n l r]. Ejemplos del alófono [n] en estos contornos se encuentran en el Cuadro 15.12 ya presentado. Además, el alófono alveolar [n] es la norma en posición final de palabra seguida de vocal y también en posición final absoluta. Por ejemplo, en la frase {en agosto}, el archifonema /N/ al final de la palabra {en} se realiza como alófono alveolar: [ɛnaɣósto]. Lo mismo ocurre en posición final absoluta: [pán] y [seβán]. El alófono [n] del archifonema /N/, tiene la misma articulación que el alófono [n] del fonema /n/ ya presentado.

La fonética del alófono palatalizado [n̠]

El alófono [n̠] ocurre solamente delante de una consonante palatal, es decir, delante de los sonidos [ʧ ʝ ʎ], tanto en posición final de sílaba interior de palabra como en posición final de palabra. El sonido [n̠] se denomina **palatalizado** para diferenciarlo del sonido palatal [ɲ]. El término palatalizado implica un sonido que llega a tener un lugar de articulación palatal por el proceso de asimilación. En realidad, la fisiología de la articulación del sonido [n̠] se varía de acuerdo con el lugar de articulación del sonido que le sigue. El lugar de articulación

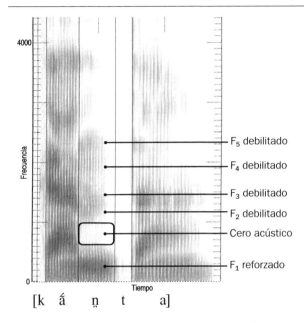

que lo tienen, el alófono [ɲ] se realiza con el medio-dorso de la lengua contra el prepaladar y mediopaladar.

Acústicamente, el alófono [ɲ], como los demás alófonos nasales, se destaca por una secuencia de tres indicadores: un primer formante reforzado, un cero acústico y una serie de formantes atenuados. Se pueden ver las características acústicas del sonido [ɲ] en la Fig. 15.20, que contiene un sonograma de la palabra [káɲʝa]. En el sonograma, se puede notar que el segundo formante de la vocal [á] se mantiene en la transición hacia [ɲ]. Como se puede notar, hay un primer formante muy fuerte de 240 Hz con un cero acústico entre 710 Hz y 920 Hz. Después siguen los formantes debilitados: F2=1110 Hz, F3=1500 Hz, F4=2110 Hz, F5=2420 Hz.

15.18 Sonograma del alófono [ɲ] en la palabra [káɲta].

de cada uno de los tres sonidos palatales [ʤ ʝ ʎ] es mesuradamente diferente. Como consecuencia, el lugar de articulación del sonido palatalizado [ɲ] también lo es, porque se produce con la misma conformación articulatoria de los sonidos [ʤ ʝ ʎ], con la diferencia de que se produce con el velo del paladar caído y con vibración de las cuerdas vocales. Se ven estas conformaciones articulatorias en la Fig. 15.19. Al comparar esas tres variantes, se nota que ante [ʤ], el alófono [ɲ] se realiza con la lámina y predorso de la lengua contra los alvéolos y prepaladar. Ante [ʝ], el alófono [ɲ] se realiza con el medio-dorso de la lengua contra el medio-paladar. Ante [ʎ], en los dialectos

Auditivamente, el sonido [ɲ] se reconoce como nasal por la conformación del primer formante, del cero acústico y los demás formantes atenuados ya descritos. Como el sonido representa al archifonema, el único rasgo que se percibe es su nasalidad. Los hablantes de español, en su mayoría ni reconocen que el sonido que se produce en este contexto es palatal.

Notas dialectales. Las variaciones dialectales del alófono [ɲ] tienen que ver con las variaciones fonéticas que pueden darse

15.19 La posición articulatoria del sonido [ɲ] ante los sonidos [ʤ ʝ ʎ].

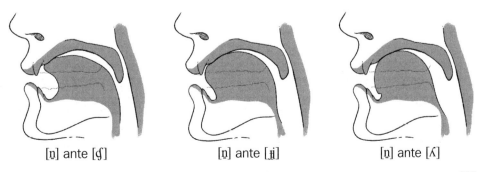

[ɲ] ante [ʤ]   [ɲ] ante [ʝ]   [ɲ] ante [ʎ]

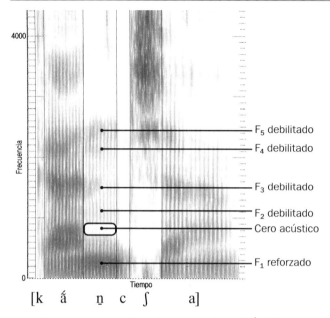

[k ắ n̪ c ʃ a]

15.20 Sonograma del alófono [n̪] en la palabra [kắnʃa].

con la realización de los fonemas /ʝ/ y /ʎ/. Esas variaciones ocurren debido al hecho de que el lugar de articulación del alófono [n̪] se asimila al lugar de articulación del sonido palatal que le sigue.

Pistas pedagógicas y consejos prácticos. Este sonido aparece también en el mismo contexto en inglés. En el habla común, la pronunciación de la palabra {inch} o {ranches} suele ser [íntʃ] y [ɹǽntʃiz]. La fisiología de la articulación del sonido [n̪] es igual al de los sonidos [tʃ ɟ ʎ], con la diferencia de que se produce con el velo del paladar caído y con vibración de las cuerdas vocales.

La fonética del alófono velar [ŋ]

El alófono [ŋ] ocurre solamente delante de una consonante velar, es decir, delante de [k g x], tanto en posición final de sílaba interior de palabra como en posición final de palabra. La fisiología de la articulación del sonido [ŋ] es igual al del sonido [k g x], con la diferencia de que se produce con el velo del paladar caído y con vibración de las cuerdas vocales. Se ve esta conformación articulatoria en la Fig. 15.21.

Acústicamente, el alófono [ŋ], como los demás alófonos nasales, se destaca por una secuencia de tres indicadores: un primer formante reforzado, un cero acústico y una serie de formantes atenuados. Se pueden ver las características acústicas del sonido [ŋ] en la Fig. 15.22, que contiene un sonograma de la palabra [ắŋkla]. En el sonograma, se puede notar que el segundo formante de la vocal [ắ] asciende en la transición hacia [ŋ]. Como se puede notar, hay un primer formante muy fuerte de 250 Hz con un cero acústico entre 600 Hz y 1000 Hz. Después siguen los formantes debilitados: F_2=1120 Hz, F_3=1420 Hz, F_4=2010 Hz, F_5=2300 Hz.

Auditivamente, el sonido [ŋ] se reconoce como nasal por la conformación del primer formante, del cero acústico y los demás formantes atenuados ya descritos. Como el sonido representa al archifonema, el único rasgo que se percibe es su nasalidad. Los hablantes de español, en su mayoría ni reconocen que el sonido que se produce en este contexto es velar.

Notas dialectales. No hay variación dialectal del alófono [ŋ].

15.21 La posición articulatoria del sonido [ŋ].

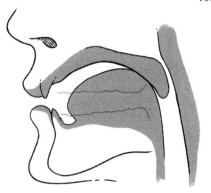

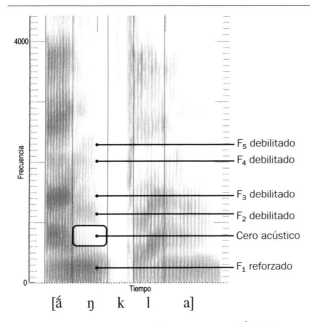

F₅ debilitado
F₄ debilitado
F₃ debilitado
F₂ debilitado
Cero acústico
F₁ reforzado

[á ŋ k l a]

15.22 Sonograma del alófono [ŋ] en la palabra [áŋkla].

Pistas pedagógicas y consejos prácticos. El sonido [ŋ] se da en inglés como alófono del fonema /ŋ/. Como ya se ha expuesto, el español tiene tres fonemas nasales /m n ɲ/ como ejemplifican los pares mínimos [káma kána káɲa]. El inglés también contrasta tres fonemas nasales /m n ŋ/ como ejemplifican los pares mínimos [síim síin síiŋ] {seam seen sing} o [ɹǽm ɹǽn ɹǽŋ] {ram ran rang}. Es de notar que en inglés el fonema /ŋ/ fonotácticamente se da exclusivamente en posición final de palabra (como en los ejemplos anteriores) o en posición final de morfema (como en el ejemplo de la palabra [síŋɹ] {sing+er}). En español el sonido [ŋ] no aparece sistemáticamente en posición final de palabra con la excepción de algunos dialectos, un hecho que se comentará a continuación.

El sonido [ŋ] también aparece en inglés en el mismo contexto en que aparece en español. En inglés, la pronunciación de la palabra {finger} o {angle} es [fíŋgɹ] y [ǽŋgɫ]. La fisiología de la articulación del sonido [ŋ] en los dos idiomas es igual al del sonido [k g], con la diferencia de que se produce con el velo del paladar caído y con vibración de las cuerdas vocales.

El archifonema /N/ ante vocales o ante pausa

Además de darse en posición final ante consonantes, el archifonema /N/ se da también en posición final de palabra ante vocal inicial de otra palabra (/siN ótro/) o ante pausa (/el fíN/). En esa posición, como ya se ha presentado, el resultado pan-hispánico más común es el alófono [n]. Siendo así, la producción fonética de los ejemplos de arriba será [sinótro] o [ɛlfín].

Notas dialectales

En los dialectos del Caribe, en el litoral del Pacífico de Colombia y Venezuela y en Andalucía, la realización del archifonema ante vocal inicial de otra palabra o ante pausa suele ser el sonido nasal velar [ŋ]. Siendo así, la producción fonética de los ejemplos de arriba en esas zonas será [siŋótro] o [ɛlfíŋ].

Pistas pedagógicas y consejos prácticos

Cuando el archifonema /N/ ocurre ante vocal inicial de otra palabra o ante pausa, el anglohablante que aprende español debe de usar el alófono [n], que representa la norma pan-hispánica. Lo problemático de usar el alófono [ŋ] es usarlo en la ausencia de todas las demás características de los dialectos en que se da la realización velar, lo que crea una mezcla atípica.

Sumario

Los fonemas /m n ɲ/ se oponen en español en posición inicial de sílaba interior de palabra como demuestran los pares mínimos [káma kána káɲa]. Los fonemas /m n/ se oponen en español en posición inicial de palabra como demuestra el par mínimo [máta náta]. En posición final de sílaba interior de palabra y en posición final de palabra los fonemas nasales se neutralizan al archifonema /N/.

Los fonemas /m n ɲ/ tienen distribuciones únicas y carecen de variación dialectal. El archifonema /N/, por su parte, tiene la distribución complementaria más compleja del español, con siete alófonos. La distribución se basa en la asimilación de la consonante nasal al lugar de articulación de la consonante que le sigue. En el caso de que no le sigue una consonante, la solución fonética pan-hispánica es el alófono alveolar [n].

Los fonemas nasales del español se dan exclusivamente en posición inicial de sílaba. En el caso de /m/ y /n/ se dan tanto en posición inicial de palabra como en posición inicial de sílaba interior de palabra. El fonema /ɲ/ solo se da sistemáticamente en posición inicial de sílaba interior de palabra. El archifonema /N/ se da en posición final de sílaba interior de palabra y en posición final de palabra. En otras palabras, los fonemas nasales se oponen en posición silábica explosiva o en el ataque silábico, mientras que se neutralizan en posición silábica implosiva o en la coda silábica como se ve en la Fig. 15.23.

Las principales pistas pedagógicas para la buena pronunciación de los alófonos de los fonemas y del archifonema nasales son:

- El alófono único [m] del fonema /m/ tiene la misma articulación que el alófono [m] del inglés. El alófono [m] también representa al archifonema /N/ ante consonantes bilabiales.

15.23 La estructura de la sílaba con respecto a los sonidos nasales.

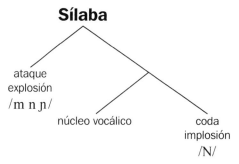

- El alófono único [n] del fonema /n/ tiene la misma articulación que el alófono [n] del inglés. El alófono [n] también representa al archifonema /N/ ante consonantes alveolares, en posición final de palabra ante vocal y en posición final de grupo fónico.

- El alófono único [ɲ] del fonema /ɲ/ es un sonido totalmente nuevo para el anglohablante porque no tiene ningún equivalente en inglés. No es, como dicen algunos autores, equivalente a la secuencia [nj] de la palabra [kǽnjən] {canyon} del inglés. El anglohablante tiene que aprender a pronunciar un solo sonido palatal en posición inicial de sílaba.

- En posición final de sílaba o palabra se da el archifonema /N/. La pronunciación depende de lo que sigue, según la regla de distribución complementaria.

Preguntas de repaso

1. Comente el alófono [m] fonética y fonológicamente.

2. Comente el alófono [n] fonética y fonológicamente.

3. Comente el alófono [ɲ] fonética y fonológicamente.

4. Compare los contornos fonotácticos en que ocurren los fonemas /m/, /n/ y /ɲ/.

5. ¿Cuál es la representación grafémica de /ɲ/?

6. Distinga entre [ɲ] y [nj] fonética y fonológicamente.

7. Distinga entre [ɲ] (palatal) y [n̪] (palatalizada) fonética y fonológicamente.

8. ¿Qué es el archifonema /N/? ¿Dónde aparece en la fonosintaxis?

Conceptos y términos

archifonema nasal	formante debilitado
cavidad nasal	formante reforzado
cero acústico	nasal palatal
fonema nasal	nasal palatalizado
formante atenuado	

9. Compare la posición silábica de los fonemas nasales con la del archifonema nasal.

10. Distinga entre el archifonema /N/ ante consonantes por un lado y ante vocal o pausa por otro.

11. Dé la regla de distribución complementaria para el archifonema /N/.

12. Distinga entre las tres variantes de la nasal palatalizada [ɲ̟].

Ejercicios de pronunciación

El fonema /ɲ/[6] 🔊

1. Pronuncie las siguientes palabras con la consonante [ɲ] española, procurando no pronunciar la secuencia inglesa /nj/.

albañil	leña	puño
año	maña	refunfuñar
caña	niño	regaña
ceñir	pañal	reñir
cigüeña	paño	riña
cigüeña	peñasco	seña
engaño	piña	teñir
España	ponzoñoso	viña

El archifonema /N/

1. Pronuncie las siguientes palabras con las consonantes [m ɱ n̪ n ɲ ŋ] españolas de acuerdo con la regla de distribución complementaria para el archifonema /N/.[7] 🔊

alcanfor	enfoque	linfático
ansia	enjambre	tenga
antes	enlace	un cheque
banco	en llanto	un chico
campo	en menos	un día
cana	en serio	un fuego
conllevar	en vida	un genio
delante	envidia	un mono
diente	enyesado	un pobre
en casa	fanfarrón	un príncipe
énfasis	innata	un total

Materiales en línea

1. 🔊 Los tres fonemas nasales /m n ɲ/.

2. 🔊 La realización del fonema /m/.

3. 🔊 La realización del fonema /n/.

4. 🔊 Contraste ente {canyon} en inglés y {cañón} en español.

5. 🔊 Los alófonos del archifonema /N/ (el Cuadro 15.12).

6. 🔊 Ejercicios de pronunciación: el fonema /ɲ/.

7. 🔊 Ejercicios de pronunciación: el archifonema /N/.

Los fonemas laterales y vibrantes

El español tiene un fonema lateral pan-hispánico y otro fonema lateral dialectal. El fonema general es el fonema lateral alveolar /l/; el fonema dialectal es el fonema lateral palatal /ʎ/. El español también tiene dos fonemas vibrantes y un archifonema vibrante. Los fonemas vibrantes son /ɾ r/ y el archifonema es /R/. La convención lingüística es la de usar el término **líquida** para referirse a todas estas consonantes. Este capítulo examina primero los fonemas laterales y después examina los fonemas vibrantes. Concluye con unas claves para la adquisición de una buena pronunciación de esos sonidos.

Características generales de los fonemas laterales

Los fonemas laterales presentan características generales en cuanto a los fenómenos de la oposición, la distribución y la fonotáctica. El fonema lateral alveolar /l/ es frecuente, representando el 4,4% de los fonemas de la cadena hablada. El fonema lateral palatal /ʎ/, en los dialectos en que se da, es muy poco frecuente, representando el 0,3% de los fonemas de la cadena hablada en esos dialectos.

La oposición entre los fonemas laterales

Los fonemas laterales son siempre sonoros y los dos fonemas laterales se oponen, obviamente solo en los dialectos en que se da el fonema palatal /ʎ/. En los dialectos en que se da el fonema lateral palatal, la oposición entre el lateral alveolar /l/ y el lateral palatal /ʎ/ se comprueba a través de los pares mínimos de {lave} [láβe] {llave} [ʎáβe], {calar} [kalár] {callar} [kaʎár], {ala}

[ála] {halla} [áʎa] o {polo} [pólo] {pollo} [póʎo].[1] ◀≲

La distribución alofónica de los fonemas laterales

Como se presentará luego, el fonema lateral alveolar /l/ tiene una distribución complementaria mientras que el fonema lateral palatal /ʎ/ tiene una distribución única.

La fonotáctica de los fonemas laterales

El fonema lateral alveolar /l/ se da en posición inicial (tanto de palabra {lado} [láðo] como de sílaba interior de palabra {sala} [sála]). Se da también en posición final (tanto de palabra {final} [finál] como de sílaba interior de palabra {alba} [álβa]). Además se admite en grupos consonánticos iniciales (tanto de palabra {plato} [pláto] como de sílaba interior de palabra {habla} [áβla]). Por su parte, el fonema lateral palatal /ʎ/ se da exclusivamente en posición inicial (tanto de palabra {llave} [ʎáβe] como de sílaba interior de palabra {calle} [káʎe]).[2] ◀≲

Características generales de los alófonos laterales

Como toda consonante, los alófonos laterales se definen por tres rasgos: el modo de articulación, el lugar de articulación y el estado de las cuerdas vocales.

El modo de articulación

Los sonidos laterales se articulan sin una cerrazón bucal total y el velo del paladar se adhiere a la pared faríngea. De esa manera se produce un sonido continuo totalmente oral. En los sonidos laterales, la lengua forma una cerrazón central, dejando un paso para la salida continua de aire por uno o ambos lados de la lengua. El nombre de este modo de articulación se deriva del hecho de que el aire escape por los lados de la lengua.

El tubo de resonancia de las consonantes laterales es el tubo oral, puesto que en la producción de las consonantes laterales, el velo del paladar se adhiere a la pared faríngea. La Fig. 16.1 demuestra las formas de onda de los dos sonidos [l ʎ], que son bastante diferentes. Se reconocen los sonidos laterales en los sonogramas por la conformación de sus formantes atenuados, como se verá en los sonogramas a continuación.

Es la resonancia de la onda sonora en la cavidad oral, pasando por uno o dos canales a los lados de la lengua, lo que les da a los sonidos de este modo de articulación su carácter auditivo distintivo. Es de notar que esos canales, por los que pasa el aire, son reducidos, aunque no lo suficiente para causar una fricación.

El lugar de articulación

Los sonidos laterales del español se producen en cinco lugares de articulación. La variedad resulta principalmente de la asimilación, como en el caso de los sonidos nasales. Los lugares de articulación de los alófonos laterales del español son interdental [l̪], dental [l̪], alveolar [l], palatalizada [l] y palatal [ʎ].

Acústicamente, los diferentes sonidos laterales resultan de la combinación de resonancia y filtración que ocurren en el tubo oral. En ese tubo, el paso de aire queda canalizado por uno o dos lados de la lengua. En el tubo oral, ocurre una cerrazón central

cuya extensión varia según el lugar de articulación del sonido.

El estado de las cuerdas vocales

Los sonidos laterales del español siempre se producen con la vibración de las cuerdas vocales; es decir, son siempre sonoros.

Los fonemas laterales

En esta sección se presentarán los detalles fonológicos y fonéticos de cada uno de los dos fonemas laterales /l ʎ/. La presentación se hará fonema por fonema.

El fonema /l/

En la mayoría de los dialectos del español, el fonema /l/ es el único fonema lateral.

La fonología del fonema /l/

El fonema /l/ se opone a todos los demás fonemas consonánticos. Esas oposiciones se ejemplifican con la serie [kálo káro káro káno káβo káso káto], etc. En los dialectos de distinción lateral, el fonema /l/ se opone al fonema /ʎ/ como se ejemplifica con el par mínimo [kála káʎa]. El fonema /l/ es el noveno fonema más frecuente del español con un porcentaje de frecuencia del 4,4% del total de los fonemas. Hay una correspondencia exacta entre el grafema {l} y el fonema /l/. Hay que tomar en cuenta que el grafema {ll} es distinto del grafema {l}.

Como ya se expuso, el fonema /l/ tiene una distribución complementaria. La base de su distribución complementaria es la

16.1 Cinco ciclos de las formas de onda de las consonantes laterales [l] y [ʎ].

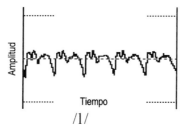

/l/

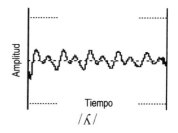

/ʎ/

asimilación al lugar de articulación de ciertas consonantes que lo siguen. Sin embargo, la lateral no se asimila a consonantes bilabiales, labiodentales ni velares. Si no le sigue una consonante, su articulación normativa es alveolar. La regla completa es:

$$/l/ \longrightarrow [\underset{\downarrow}{l}]^* \quad / \underline{\quad} C_{interdental}$$
$$[\underset{\cap}{l}] \quad / \underline{\quad} C_{dental}$$
$$[\underset{\downarrow}{l}] \quad / \underline{\quad} C_{palatal}$$
$$[l] \quad / \text{ e.l.d.l.}$$

*este alófono solamente ocurre en
los dialectos no seseístas

La aplicación de esta regla se ve en el Cuadro 16.2, que demuestra ejemplos tanto en posición final de sílaba interior de palabra como en posición final de palabra ante consonante.[3] ◄🔊

Fonotácticamente, como ya se vio, el fonema /l/ se da tanto en posición inicial de palabra y de sílaba interior de palabra como en posición final de palabra y final de sílaba interior de palabra. Siendo sonorante, el fonema /l/ se da también como el segundo elemento de grupos consonánticos que comienzan con un fonema oclusivo (menos /t/ o /d/) o con el fonema fricativo /f/. De las ocurrencias del fonema /l/, el

61,1% se dan en posición inicial, el 29,5% se dan en posición final y el 9,4% se dan en grupos consonánticos. El Cuadro 16.3 indica los detalles de su distribución fonotáctica.

La fonética del alófono [l]

La articulación del sonido [l] comienza mediante una cerrazón del ápice de la lengua contra los alvéolos superiores. La lengua se encorva lateralmente, manteniendo así contacto también con las encías mediales hasta las muelas. Los lados de la lengua se bajan a lo largo de las muelas dejando una salida continua para el paso de aire. Esa articulación crea una cavidad tras el contacto linguoalveolar como se puede ver en la Fig. 16.4. El velo del paladar se mantiene adherido a la pared faríngea, siendo oral el sonido. La Fig. 16.4 también contiene un palatograma que demuestra el contacto de la lengua con la bóveda bucal.

La conformación de los órganos articulatorios en la producción del sonido [l] deja una cavidad bucal bastante grande tras la cerrazón en el centro de la boca. A los lados, sin embargo, por donde sale el aire, la abertura se reduce para que haya salida continua sin que haya fricción. De esa forma

16.2 Ejemplos de la distribución complementaria del fonema /l/.

Alófono	Lugar de articulación	Ante los sonidos	__$C	__#C
[l̪]*	interdental	[θ]*	[ál̪θa] {alza}	[ɛl̪θéɾo] {el zero}
[l̪]	dental	[t]	[ál̪to] {alto}	[ɛl̪tújo] {el tuyo}
		[d]	[kál̪do] {caldo}	[ɛl̪dolór] {el dolor}
[l]	alveolar	[s]	[álsa] {alza}	[tálsópa] {tal sopa}
		[n]	[balneáɾjo] {balneario}	[ɛlníðo] {el nido}
		[l]	no ocurre	[ɛlːáðo] {el lado}
		[r]	[alreðeðór] {alrededor}	[alráto] {al rato}
[l]	palatal	[ɟ]	no ocurre	[ɛl̡ɟjúʝo] {el yugo}
		[ʧ]	[sal̡ʧíʃa] {salchicha}	[ɛl̡ʧíste] {el chiste}
		[ʎ]*	no ocurre	[ɛl̡ʎáɲto] {el llanto}

*estos sonidos solo ocurren en dialectos de distinción

Contexto fonotáctico		Ejemplo	Porcentaje
#__	posición inicial de palabra	{la-ta}	21,7%
#C__	grupo consonántico inicial de palabra	{cla-ro}	2,2%
V$__	posición inicial de sílaba tras vocal	{ca-la}	37,7%
C$__	posición inicial de sílaba tras consonante	{is-la}	1,7%
$C__	grupo consonántico inicial de sílaba interior de palabra	{ha-blar}	7,2%
__#	posición final de palabra	{fi-nal}	23,8%
__$	posición final de sílaba interior de palabra	{al-ta}	5,7%

16.3 La distribución fonotáctica del fonema /l/.

la resultante onda sonora armónica producida resuena en la cavidad bucal. Debido al tamaño de la cavidad que se forma tras el contacto, se producen formantes en la onda sonora.

Acústicamente, el alófono [l], como los demás alófonos laterales, se destaca por la presencia de formantes atenuados. El lugar de articulación se interpreta por la frecuencia de los formantes atenuados y por las transiciones vocálicas. La transición entre vocales y laterales no suele ser tan abrupta como la de los sonidos nasales. La Fig. 16.5 contiene un sonograma de la palabra [kála] en el que se pueden ver las características acústicas del sonido [l]. Como se puede notar, los formantes son atenuados con las siguientes frecuencias: F_1=580 Hz, F_2=1050 Hz, F_3=2525 Hz. También se puede notar en la Fig. 16.5 que el segundo formante de la primera vocal [a] desciende en la transición hacia [l] y que el segundo formante de la segunda vocal

[a] asciende en la transición después de la consonante [l].

Auditivamente, el sonido [l] se reconoce como lateral por su carácter distintivo típico de un sonido oral que tiene formantes atenuados debido a una cerrazón central con una resultante salida de aire lateral. Se reconoce como alveolar tanto por la conformación de los formantes atenuados como por las transiciones vocálicas.

La fonética del alófono [l̪]

En primer lugar, hay que recordar que el alófono lateral interdental solo se da en los dialectos que tienen el fonema fricativo interdental sordo /θ/. En la articulación del sonido [l̪] el ápice de la lengua se extiende por entre los dientes superiores e inferiores y los dientes superiores entran en contacto con la prelámina

16.4 La posición articulatoria del sonido lateral alveolar [l] junto con su palatograma.

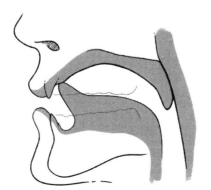
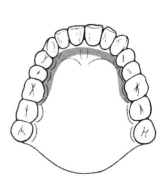

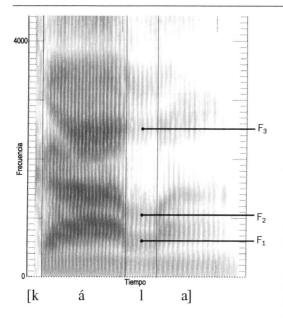

[k   á   l   a]

16.5 Sonograma del alófono [l] en la palabra [kála].

frecuencia de los formantes atenuados y por las transiciones vocálicas. La Fig. 16.7 contiene un sonograma de la palabra [al̪θár] en el que se pueden ver estas características acústicas del sonido [l̪]. Como se puede notar, los formantes son atenuados con las siguientes frecuencias: F_1=460 Hz, F_2=970 Hz, F_3=2370 Hz. También se puede notar que el segundo formante de la primera vocal [a] desciende en la transición hacia [l̪].

Auditivamente, el sonido [l̪] se reconoce como lateral por la conformación de sus formantes atenuados. Como el sonido representa al fonema /l/, el único rasgo que se percibe es su lateralidad. Los hablantes de español, en su mayoría ni reconocen que el sonido que se produce en este contexto es interdental.

La fonética del alófono [l̪]

La articulación del sonido [l̪] comienza mediante una cerrazón del ápice de la lengua contra la cara interior de los dientes superiores. La lengua se extiende hasta los dientes sin encorvarse como se puede ver en la Fig. 16.8. El velo del paladar se mantiene adherido a la pared faríngea, siendo oral el sonido. La Fig. 16.8 también contiene un palatograma que demuestra el contacto de la lengua con los dientes.

Como en el caso de la [l], la conformación de los órganos articulatorios en la producción del sonido [l̪] deja una cavidad bucal bastante grande que produce los formantes de la onda sonora. La diferencia entre el sonido [l] y el sonido [l̪] es que el objetivo del ápice de la lengua para este son los dientes y para aquel son los alvéolos. En los dos casos, el aire sale continuamente por la abertura entre la lengua y los dientes a lo largo de las muelas.

Acústicamente, el alófono [l̪], como los demás alófonos laterales, se destaca por la presencia de formantes atenuados. El lugar de articulación se interpreta por la frecuencia de los formantes atenuados y por las transiciones vocálicas. La Fig. 16.9 contiene un sonograma de la palabra [al̪tár] en el que se pueden ver las características

de la lengua. Los dientes inferiores entran en contacto con la superficie inferior de la lengua. El aire sale por los lados por entre las muelas. Se ve esta configuración en la Fig. 16.6. El velo del paladar se mantiene adherido a la pared faríngea, siendo oral el sonido. La Fig. 16.6 no contiene palatograma puesto que no hay contacto con el techo de la boca.

Acústicamente, el alófono [l̪], como los demás alófonos laterales, se destaca por la presencia de formantes atenuados. El lugar de articulación se interpreta por la

16.6 La posición articulatoria del sonido lateral interdental [l̪].

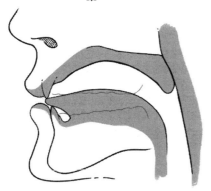

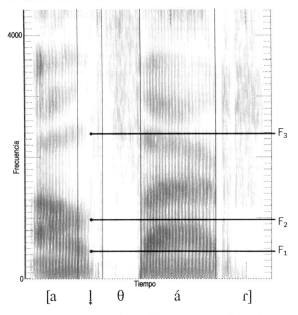

16.7 Sonograma del alófono [l̪] en la palabra [al̪θár].

La fonética del alófono [ʎ]

La articulación del sonido lateral palatalizado [ʎ] comienza mediante una cerrazón de la lámina y predorso de la lengua contra el prepaladar como se puede ver en el trazo articulatorio de la Fig. 16.10. El aire sale por los dos lados a lo largo de las muelas. El velo del paladar se mantiene adherido a la pared faríngea, siendo oral el sonido. La Fig. 16.10 también contiene un palatograma que demuestra el contacto de la lengua con los dientes laterales y con el prepaladar. A diferencia de los sonidos [l] y [l̪], la conformación de los órganos articulatorios en la producción del sonido [ʎ] deja una cavidad que se encuentra en una posición posterior a la lengua en vez de encima de ella.

acústicas del sonido [l̪]. Como se puede notar, los formantes son atenuados con las siguientes frecuencias: F_1=510 Hz, F_2=1170 Hz, F_3=2315 Hz. También se puede notar que el segundo formante de la primera vocal [a] desciende en la transición hacia [l̪].

Auditivamente, el sonido [l̪] se reconoce como lateral por la conformación de sus formantes atenuados. Como el sonido representa al fonema /l/, el único rasgo que se percibe es su lateralidad. Los hablantes de español, en su mayoría ni reconocen que el sonido que se produce en este contexto es dental.

Acústicamente, el alófono [ʎ], como los demás alófonos laterales, se destaca por la presencia de formantes atenuados. El lugar de articulación se interpreta por la frecuencia de los formantes atenuados y por las transiciones vocálicas. La Fig. 16.11 contiene un sonograma de la palabra [élʝe] en el que se pueden ver las características acústicas del sonido [ʎ]. Como se puede notar, los formantes son atenuados con las siguientes frecuencias: F_1=360 Hz, F_2=1800 Hz, F_3=2600 Hz.

Auditivamente, el sonido [ʎ] se reconoce como lateral por la conformación de sus formantes atenuados. Como el sonido representa al fonema /l/, el único rasgo que

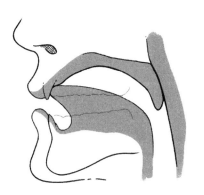

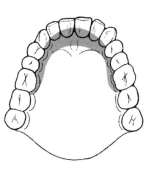

16.8 La posición articulatoria del sonido lateral dental [l̪] junto con su palatograma.

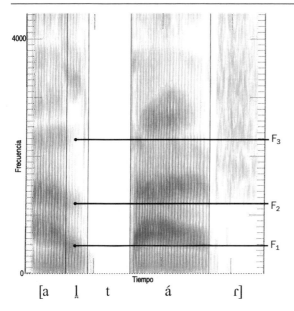

16.9 Sonograma del alófono [l̪] en la palabra [al̪tár].

se percibe es su lateralidad. Los hablantes de español, en su mayoría ni reconocen que el sonido que se produce en este contexto es palatal.

Notas dialectales

Como ya se ha comentado, el alófono [l̪] solo aparece en dialectos de distinción, en que existe la oposición entre los fonemas /s/ y /θ/. En esos dialectos de distinción, el alófono [l̪] es el que se usa delante del fonema /θ/, como en la secuencia [el̪θóro].

Hay también varios fenómenos dialectales en que el fonema /l/ en posición final sufre diversas suertes fonéticas que reflejan procesos fonéticos comunes.

En algunas regiones del sur de España y del Caribe se da la neutralización entre /l/ y /ɾ/ con resolución fonética esporádica en [ɾ]. Ejemplos incluyen la articulación de [dúɾse] para {dulce} y [áɾma] para {alma}. Es de notarse que el segundo ejemplo produce una confusión entre las palabras {alma} y {arma}.

Otro fenómeno aun menos difundido es la elisión que también ocurre esporádicamente en algunas regiones de Andalucía. Ejemplos incluyen [dúse] para {dulce} y [baú] para {baúl}.

Un fenómeno muy interesante y muy localizado es la vocalización que ocurre en la región del Cibao en la República Dominicana. Ejemplos incluyen [ai̯βa] para {alba} y [mái̯] para {mal}.

Esos fenómenos ocurren de modo general en zonas rurales y suelen llevar un estigma social. El estudiante, por lo tanto, no debe imitarlos.[4] ◄≲

Pistas pedagógicas

Para aprender a pronunciar bien el alófono [l] del español, el anglohablante tiene que tomar en cuenta las diferencias sistemáticas entre el fonema /l/ del español y el fonema /l/ del inglés. Ya se han presentado los datos fonológicos del fonema /l/ del español, hace falta ahora presentar los datos del fonema /l/ del inglés para ver bien las diferencias que existen entre el fonema /l/ entre los dos idiomas.

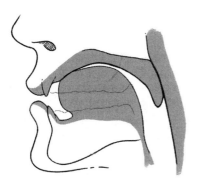

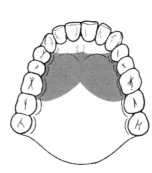

16.10 La posición articulatoria del sonido lateral palatalizado [l̪] junto con su palatograma.

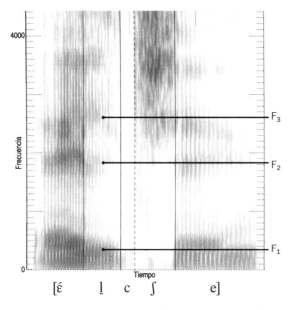

16.11 Sonograma del alófono [l̥] en la palabra [él̥ʃe].

El fonema /l/ del inglés se da fonotácticamente en posición inicial de sílaba {elite} y palabra {lady} como también en posición final de sílaba {altar} y palabra {call}. Además se da en grupos consonánticos iniciales de sílaba {play/glad} como también finales de sílaba {milk}. El fonema /l/ del inglés tiene una distribución complementaria muy distinta a la que tiene el español:

$$/l/ \longrightarrow [l̥] \quad / \quad \$C_{\text{oclusiva sorda}}—$$
$$[l] \quad / \quad \$C_0—$$
$$[ɫ] \quad / \quad —C_0\$$$

La regla de distribución complementaria del inglés del fonema /l/ especifica tres alófonos: el sonido lateral alveolar ensordecido [l̥], el sonido lateral alveolar sonoro normal [l] y el sonido lateral alveolar sonoro velarizado [ɫ]. Es importante reconocer que todos los sonidos de inglés son diferentes fonéticamente de los alófonos que se dan en español.

El sonido lateral alveolar ensordecido [l̥] ocurre en grupos consonánticos iniciales de sílaba formados de una consonante oclusiva sorda seguida del fonema /l/, por ejemplo: {play} [pl̥éi̯] o {apply} [əpl̥ái̯], {climb} [kl̥ái̯m] o {acclaim} [əkl̥éi̯m]

El sonido lateral alveolar sonoro normal [l] ocurre en el contorno $\$C_0$__. Esta regla introduce una nueva convención: C_0. Esta convención quiere decir que pueden intervenir cero o más consonantes. Es decir, que el alófono lateral alveolar sonoro normal ocurre después de una división silábica, o sea que ocurre en posición inicial de sílaba precedida o no de una consonante o más que no sea oclusiva sorda. Ejemplos sin una consonante intercalada son {lie} [lái̯] y {alive} [əlái̯v]; ejemplos con una consonante intercalada son {blind} [blái̯nd] y {oblige} [əblái̯ʤ]; un ejemplo con dos consonantes intercaladas es {splice} [splái̯s].

El sonido lateral alveolar sonoro velarizado [ɫ] ocurre ante la división silábica con o sin otra(s) consonante(s) intercalada(s). Ejemplos sin una consonante intercalada son {fill} [fíɫ] o {filter} [fíɫtɹ̩]. Ejemplos con una consonante intercalada son {field} [fíi̯ɫd] o {builder} [bíɫdɹ̩]. Ejemplos con dos consonantes intercaladas son {fields} [fíi̯ɫdz] o {milks} [míɫks].[5] ◀

El sonido lateral alveolar sonoro normal [l] del inglés difiere fonéticamente del sonido lateral alveolar [l] del español en cuatro puntos. El primer contraste tiene que ver con la región de la lengua que realiza el contacto con los alvéolos: en español el contacto se realiza con el ápice y prelámina de la lengua, mientras que en inglés el contacto se realiza con la lámina de la lengua. Se puede ver este contraste en la Fig. 16.12.

El segundo punto de contraste entre los sonidos [l] del español e inglés, tiene que ver con la conformación de la lengua. En español la lengua se encorva para arriba, permitiendo que el ápice de la lengua toque en el centro de los alvéolos. También se encorva lateralmente creando contacto con las encías mediales. En inglés la lengua no se encorva para arriba, manteniéndose plana.

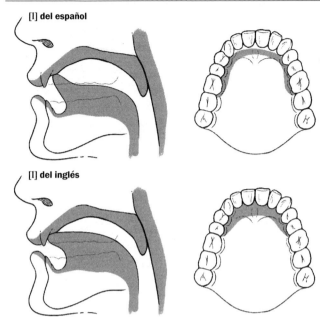

[l] del español

[l] del inglés

16.12 La comparación de la posición articulatoria del sonido [l] en español e inglés junto con sus palatogramas.

El tercer contraste es un resultado de los primeros dos contrastes y tiene que ver con el área de contacto entre la lengua y los alveolos. En español, debido a la dirección del ápice de la lengua, la región de contacto alveolar es menor; en inglés, la región de contacto alveolar es más amplia longitudinalmente. Se puede ver ese contraste en los palatogramas de la Fig. 16.12.

El cuarto punto de contraste tiene que ver con la tensión del contacto de la lengua con los alvéolos. La tensión del contacto también se debe en parte al ángulo con que la lengua entra en contacto con los alvéolos. En español, el ápice se dirige a los alvéolos, lo que permite un contacto contra los alvéolos de tensión aumentada. En inglés, el ápice se dirige hacia los dientes sin tocarlos, lo que crea un contacto de menos tensión entre la lengua y los alvéolos.

El sonido lateral alveolar ensordecido [l̥] no se da en español. En inglés ocurre tras consonantes oclusivas sordas iniciales de sílaba como en las palabras {play} [pl̥éi̯] y {climb} [kl̥ái̯m]. Ese ensordecimiento es el equivalente de la aspiración que ocurre tras las consonantes oclusivas sordas iniciales como en la palabra {pie} [pʰái̯], en que el sonido después de la oclusiva sorda comienza con un ensordecimiento, o sea,

con sonorización retardada. Debido a que no existe ese ensordecimiento en español, el estudiante tiene que tener cuidado para producir el sonido lateral alveolar sonoro tras esas consonantes con vocalización inmediata en el momento de la abertura de la boca, es decir, con un VOT de cero: {playa} [plája], {clima} [klíma].

El sonido lateral alveolar velarizado [ɫ] tampoco se da en español. En inglés este alófono solo se da en posición final de sílaba o palabra. Fonéticamente se articula con el contacto del ápice de la lengua con los alvéolos. A diferencia de las demás articulaciones ya descritas, sin embargo el posdorso de la lengua se extiende hacia el velo del paladar, por eso el sonido se llama velarizado. La lengua tiene una forma cóncava como se ve en la Fig. 16.13, que presenta un trazo articulatorio y un palatograma del sonido [ɫ]. Lo importante para el anglohablante que aprende español es recordar que ese sonido no se produce nunca en español.

Consejos prácticos

En cuanto a los alófonos del fonema /l/, el estudiante que aprende español debe recordar que en español:

- La base de la regla de distribución complementaria de los dos idiomas es distinta (el español se basa en la asimilación a la consonante que le sigue; en inglés, en la posición silábica).
- El sonido [l] del español es diferente del sonido [l] del inglés.
- El español no tiene una lateral alveolar velarizada [ɫ].

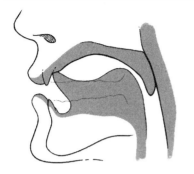
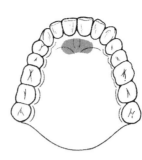

16.13 La posición articulatoria del sonido lateral alveolar velarizado [ɫ] del inglés junto con su palatograma.

• El español no tiene una lateral alveolar ensordecida [l̥].

Fonéticamente hay varios puntos de contraste entre el sonido [l] del español y el sonido [l] del inglés (vea de nuevo la Fig. 16.12). El Cuadro 16.14 resume las diferencias.

La mejor manera de acertar el lugar de articulación del sonido [l] del español, es de articular el sonido [n], que tiene aproximadamente el mismo punto de contacto entre el ápice de la lengua y los alvéolos y la misma conformación general de la lengua. Las diferencias son dos: primero, hay que bajar los lados posteriores de la lengua a lo largo de las muelas posteriores, permitiendo así una salida lateral para el aire; segundo, hay que levantar el velo del paladar, impidiendo la entrada de aire a la cavidad nasal.

El estudiante anglohablante de español tiene que recordar que la base de la regla de distribución complementaria de los dos idiomas es distinta. En inglés, la regla de distribución de los alófonos del fonema /l/ depende principalmente de la posición silábica. En español la distribución se basa en la asimilación al lugar de articulación de la consonante que sigue.

El anglohablante tiene que resistir la tendencia de producir el sonido lateral alveolar sonoro velarizado [ɫ], que ocurre en inglés en posición final de sílaba. Así el estudiante que aprende español tiene que esforzarse por producir [sál] y no *[sáɫ], [dɛl] y no *[dɛɫ].

El anglohablante también tiene que resistir la tendencia de producir el sonido lateral alveolar ensordecido [l̥], que ocurre en inglés en grupos consonánticos después de una consonante oclusiva sorda. Así el estudiante que aprende español tiene que esforzarse por producir [pláto] y no *[pl̥áto], [kláro] y no *[kl̥áro].

El fonema /ʎ/ (que solo se da en algunos dialectos)

En relación con el fonema lateral /l/, el fonema lateral palatal /ʎ/ se distingue por su lugar de articulación. Es importante destacar que el fonema /ʎ/ se da en pocos dialectos. En la mayoría de los dialectos, el fonema /ʎ/ se ha desaparecido debido a la neutralización entre los fonemas /ʎ/ y /j/ resultando en la eliminación de aquel a favor de este. Ese fenómeno, que se llama yeísmo, ya ha sido explicado antes en los Capítulos 8 y 14.

En los dialectos en que existe el fonema /ʎ/, hay una correspondencia exacta entre el fonema y el grafema {ll}. El fonema /ʎ/ es poco frecuente: en los dialectos que lo tienen, representa solo el 0,3% de los fonemas, siendo el tercer fonema menos frecuente del español. El fonema /ʎ/ tiene una distribución única con el alófono lateral palatal sonoro [ʎ]. Fonotácticamente, el fonema /ʎ/ se da exclusivamente en posición inicial, sea de palabra {llave}, o de sílaba interior de palabra {allá}.

El fonema /ʎ/ va desapareciéndose en España, salvo entre hablantes bilingües de idiomas que tienen el fonema /ʎ/ también: el gallego-portugués, el asturiano, el vasco y el catalán. En las Américas, el fonema /ʎ/ se da todavía en el altiplano andino y zonas limítrofes de la Argentina, Perú y Bolivia, como también en Paraguay. Para una especificación más detallada tanto de los datos fonológicos como de los datos fonéticos relativos al fonema /ʎ/, vea la

El sonido [l]	Español	Inglés
región de la lengua	ápice y prelámina	lámina
conformación de la lengua	longitudinalmente se encorva hacia los alvéolos; lateralmente se encorva hacia las encías laterales	la lengua queda plana
área de contacto	menos contacto en los alvéolos; más contacto en las encías laterales	más contacto en los alvéolos; menos contacto en los dientes laterales
tensión del contacto	más tensión	menos tensión

16.14 Una comparación fisiológica de la producción del sonido [l] en español e inglés.

sección sobre notas dialectales en la discusión sobre el fonema /j/, que se encuentra en el Capítulo 14.

Características generales de los fonemas vibrantes

Los fonemas vibrantes presentan características generales en cuanto a los fenómenos de la oposición, la distribución y la fonotáctica. Los fonemas vibrantes /ɾ r/ y el archifonema vibrante /R/ son bastante frecuentes, representando como grupo el 5,9% de los fonemas de la cadena hablada.

La oposición entre los fonemas vibrantes

Los dos fonemas vibrantes son sonoros y se oponen solamente en posición inicial de sílaba interior de palabra. La oposición entre el vibrante simple alveolar /ɾ/ y el vibrante múltiple alveolar /r/ se comprueba a través de los pares mínimos de [káɾo] {caro} y [káro] {carro}, [pɛɾo] {pero} y [péro] {perro} o [móɾo] {moro} y [móro] {morro}. 6 ◀⧽

La distribución alofónica de los fonemas vibrantes

Como se presentará luego, el fonema /ɾ/ tiene una distribución única y el fonema /r/

tiene una distribución libre. El archifonema vibrante /R/ tiene una distribución mixta.

La fonotáctica de los fonemas vibrantes

Los dos fonemas vibrantes, /ɾ r/, se dan exclusivamente en posición inicial de sílaba, pero sistemáticamente solo el vibrante múltiple /r/ aparece en posición inicial de palabra. El fonema /ɾ/ de español no ocurre en posición inicial de palabra. El fonema vibrante simple /ɾ/ se da, entonces, en posición inicial de sílaba interior de palabra y en posición secundaria de grupos consonánticos iniciales de sílaba o palabra. El fonema vibrante múltiple /r/ se da en posición inicial de sílaba interior de palabra como también en posición inicial de palabra y posición inicial de sílaba después de consonante alveolar.

La situación fonológica de los fonemas vibrantes /ɾ r/ en posición final de sílaba o palabra es muy distinta, puesto que los vibrantes se neutralizan en esas posiciones resultando en el archifonema vibrante /R/. El hecho de que haya una oposición entre los fonemas vibrantes en el ataque silábico interior de palabra (o sea en posición silábica explosiva) y que haya una neutralización parcial en la coda silábica (o sea en posición silábica implosiva), se ha expuesto ya en el Capítulo 8.

El sistema fonológico del español excluye la oposición entre fonemas vibrantes en posición final de sílaba en general. Como en el caso de la fonotáctica de los fonemas consonánticos ya estudiados, se puede diferenciar entre la posición final de sílaba interior de palabra y la posición final de palabra.

La resolución sistemática de los vibrantes en posición final de sílaba interior de palabra, como ya se ha comentado, es la neutralización parcial. Aunque las palabras {moro} /móɾo/ y {morro} /móro/ son un par mínimo, comprobando la oposición /ɾ/ ~ /r/, no hay tal oposición en posición final de sílaba interior de palabra. En este contexto el análisis de las palabras [káɾta] y [kárta] no conlleva ningún cambio de significado y se aceptan igualmente las dos pronunciaciones. En este caso, entonces los sonidos [ɾ] y [r] representan el mismo concepto mental: el archifonema /R/. En la ausencia de un contraste de significado, esos dos sonidos vibrantes tienen que considerarse como alófonos de un archifonema vibrante y así la caracterización fonológica de ambas realizaciones es /káRta/.

La resolución sistemática de los vibrantes en posición final de palabra es la misma neutralización parcial. En ese contexto, el análisis de las secuencias fonéticas [séɾβwéno] y [sérβwéno] demuestra que no hay diferencia de significado entre el uso del sonido [ɾ] y del sonido [r] al final de la palabra {ser}. Ese hecho indica que en ese caso los dos sonidos vibrantes representan el mismo concepto mental o fonológico, o sea el archifonema /R/. No hay ningún caso en español donde haya una oposición entre

el fonema /ɾ/ y el fonema /r/ en posición final de palabra. La distribución fonotáctica de los fonemas vibrantes y del archifonema /R/ se resume en el Cuadro 16.15.[7] ◀€

Características generales de los alófonos vibrantes

Como toda consonante, los alófonos vibrantes se definen por tres rasgos: el modo de articulación, el lugar de articulación y el estado de las cuerdas vocales.

El modo de articulación

Los sonidos vibrantes se articulan mediante movimientos rápidos en que un órgano articulatorio toca contra otro órgano. El velo del paladar se mantiene adherido a la pared faríngea. Hay dos modos de articulación de vibrantes: el vibrante simple, con un toque único, y el vibrante múltiple, con dos toques o más. Los detalles de sus articulaciones se darán más adelante. Los sonidos vibrantes se reconocen en las formas de onda por las interrupciones de corta duración entre los otros sonidos. La Fig. 16.16 demuestra las formas de onda de los dos sonidos [ɾ r], que son bastante diferentes. En la forma de onda del vibrante simple [ɾ], el toque único tiene una duración de 24 milisegundos. En la forma de onda del vibrante múltiple [r], los cuatro toques tienen un promedio de duración de 13 milisegundos. Hay también otras diferencias significativas entre los dos tipos de vibrantes y esos detalles se examinarán a continuación junto con la presentación de los alófonos de cada fonema.

El lugar de articulación

El lugar de articulación de los principales alófonos vibrantes [ɾ r] es alveolar. Sin embargo, existen unas variantes dialectales que se producen en otros lugares de articulación, que se presentarán luego en las notas dialectales.

16.15 La distribución fonotáctica de los fonemas vibrantes y el archifonema /R/.

	/ɾ/	/r/	/R/
#__		/rána/	
$__	/káɾo/	/káro/	
C_alveolar$__		/óNra/	
#C__	/kréo/		
$C__	/lúkɾo/		
__$			/káRta/
__#			/salíR/

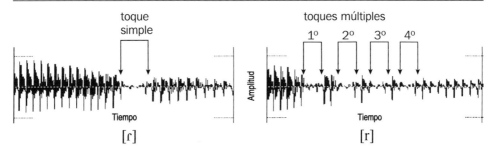

16.16 Formas de onda de las consonantes vibrantes [ɾ r]. Las flechas indican el comienzo y el fin de cada contacto alveolar.

El estado de las cuerdas vocales

Los principales alófonos vibrantes [ɾ r] son sonoros.

Los fonemas vibrantes

En esta sección se presentarán los detalles fonológicos y fonéticos de cada uno de los dos fonemas vibrantes /ɾ r/. La presentación se hará fonema por fonema.

El fonema /ɾ/

El fonema /ɾ/ es el único fonema vibrante simple.

La fonología del fonema /ɾ/

El fonema /ɾ/ se opone a los demás fonemas. Esas oposiciones se ejemplifican con la serie [káɾo káro kálo káno káβo káso káto], etc. El fonema /ɾ/ es el onceno fonema más frecuente del español con un porcentaje de frecuencia del 3,4% del total de los fonemas. El fonema /ɾ/ se representa exclusivamente por el grafema {r}, aunque el grafema {r} también se emplea para representar tanto el

fonema /ɾ/ como el archifonema /R/, como se verá después. Hay que tomar en cuenta que el grafema {rr} es distinto del grafema {r}.

Como ya se expuso, el fonema /ɾ/ tiene una distribución única.

Fonotácticamente, el fonema /ɾ/ se da en posición inicial de sílaba interior de palabra y como el segundo elemento de un grupo consonántico tanto en posición inicial de palabra como en posición inicial de sílaba interior de palabra. Esos grupos consonánticos siguen las pautas fonotácticas ya presentadas en el Capítulo 10, que describen los grupos consonánticos con el fonema /ɾ/ como el segundo elemento de un grupo que comienza con un fonema oclusivo o con el fonema fricativo /f/. El Cuadro 16.17 indica los detalles de su distribución fonotáctica.

La fonética del alófono [ɾ]

La articulación del sonido [ɾ] se realiza mediante un toque rápido del ápice de la lengua contra el punto central de los alvéolos en el plano anterior-posterior. Es básicamente el mismo punto de articulación del sonido alveolar nasal. Con la lengua en posición cóncava, se realiza una oclusión momentánea. Además del contacto apicoalveolar, la lengua mantiene

16.17 La distribución fonotáctica del fonema /ɾ/.

	Contexto fonotáctico	Ejemplo	Porcentaje
V$__	posición inicial de sílaba interior de palabra (intervocálica)	[káɾa] {cara}	36,4%
#C__	grupo consonántico inicial de palabra	[pɾaðo] {prado}	45,6%
$C__	grupo consonántico inicial de sílaba interior de palabra	[aβɾíɾ] {abrir}	18,0%

contacto con las encías y las caras interiores de las muelas superiores produciendo una oclusión total. La Fig. 16.18 refleja esa posición articulatoria tanto en el diagrama articulatorio como en el palatograma. Durante los movimientos articulatorios, las cuerdas vocales siguen vibrándose.

Como vibrante simple, el sonido [ɾ] se forma mediante una actuación muscular de la lengua en que el ápice de la misma da un toque contra los alvéolos. El contacto entre la lengua y los alvéolos es de corta duración. La Fig. 16.19 muestra un sonograma de la producción de la palabra española [káɾa]. En ese sonograma la cerrazón para el sonido [ɾ] mide solo 24 milisegundos. En comparación, la vocal tónica [á] mide 198 ms. La Fig. 16.19 incluye también, para fines comparativos, la producción de la palabra portuguesa [kádɐ].[8] ◀⧸ Se incluye este ejemplo del portugués porque el español no tiene sonido oclusivo sonoro en posición intervocálica. La duración del vibrante simple [ɾ] del español es de 24 milisegundos, mientras la duración del oclusivo [d] del portugués es de 103 milisegundos. Esa comparación indica que en ese caso el toque del vibrante simple duró menos de un cuarto del tiempo que duró el toque del oclusivo portugués. La diferencia, entonces, entre un sonido vibrante simple y un sonido oclusivo sonoro se basa principalmente en la duración de la oclusión. El sonido [ɾ] se produce sin el aumento de presión y explosión subsiguiente típico del sonido [d].

Acústicamente, el alófono [ɾ] se destaca por la interrupción momentánea de la onda sonora. El lugar de articulación alveolar se interpreta por las transiciones vocálicas. En la Fig. 16.19 se ve que el primer formante de la vocal tónica [á] baja en la transición al vibrante simple [ɾ] y el segundo formante se mantiene plano, lo que es típico de una consonante alveolar. El sonido es sonoro, lo cual se ve por las estrías de vocalización.

Auditivamente, el sonido [ɾ] se reconoce por su interrupción momentánea ya comentada. Basta esa interrupción para identificar el sonido [ɾ], puesto que es el único sonido vibrante simple del español.

Notas dialectales

El fonema /ɾ/ se da en dos tipos de contornos fonotácticos. En posición intervocálica la producción del vibrante simple [ɾ] es invariable en todo el mundo hispánico. El fonema /ɾ/ también se da en grupos consonánticos en posición inicial de sílaba después de una consonante oclusiva o después del fonema /f/. En esos contextos, el uso del vibrante simple [ɾ] es también invariable con la única excepción del grupo /tɾ/.

En la mayor parte del mundo hispánico, la realización del grupo /tɾ/ sigue la norma [tɾ]. En algunas regiones, sin embargo, ocurre el proceso de asibilación, en que el fonema /ɾ/ se realiza mediante un sonido fricativo acanalado laminoalveolar sordo, cuyo símbolo fonético es [ɹ̝̊]. Este sonido es parecido al aproximante alveolar sordo [ɹ̥] que se da en inglés en la realización del mismo grupo, como en la palabra {tree} [tɹ̥ɪi]. La asibilación en el grupo /tɾ/ se ha documentado geográficamente en algunas zonas aisladas de Norte América: Nuevo México, México (en Chiapas), Guatemala y Costa Rica (en Guanacaste). Es más difundida en Sudamérica donde se da en la zona andina de Colombia, Ecuador, Perú, Bolivia y Chile,

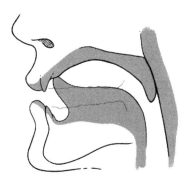
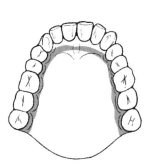

16.18 La posición articulatoria del sonido [ɾ] junto con su palatograma.

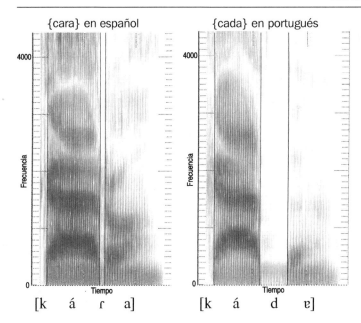

{cara} en español   {cada} en portugués

[k á ɾ a]   [k á d ɐ]

16.19 Sonograma del alófono [ɾ] en la palabra española [káɾa] y del alófono [d] en la palabra portuguesa [kádɐ].

en el norte y occidente de la Argentina y en Paraguay. En España, se ha registrado el fenómeno en zonas de Aragón y Navarra.

Pistas pedagógicas

Para adquirir una buena pronunciación del sonido [ɾ], hay que entender la diferencia entre los sistemas fonológicos del español y del inglés en cuanto a los fonemas del tipo "r". El español tiene tres fonemas de este tipo: los fonemas /ɾ/ y /r/, y el archifonema /R/. El inglés tiene solo un fonema de este tipo: el fonema /r/. El usar el símbolo /r/ para el fonema del inglés, no implica que el inglés tenga un sonido vibrante múltiple, de hecho, no lo tiene. El símbolo /r/ simplemente representa el concepto mental de "r" en inglés, cuyas realizaciones fonéticas, que son completamente diferentes de las del español, se considerarán más adelante.

Como ya se ha expuesto en este capítulo, el fonema /ɾ/ del español se da en tres contornos fonotácticos: en posición intervocálica interior de palabra V\$___V {caro} [káɾo], en grupo consonántico inicial de palabra #C___ {tres} [tɾés] o en grupo consonántico inicial de sílaba interior de palabra \$C___ {otro} [ótɾo].

El fonema /r/ del inglés, por su parte, se da en dos contornos fonotácticos: en posición inicial de sílaba o palabra \$C_0___V o en posición final de sílaba o palabra V___C_0\$. El "0" suscrito, por la convención lingüística ya introducida, quiere decir que en esa posición puede haber cero consonantes o más. Ejemplos de \$C_0___V, entonces, incluyen {rate} con cero consonantes, {great} con una consonante y {strike} con dos consonantes que intervienen. Ejemplos de V___C_0\$ incluyen {car} con cero consonantes, {cart} con una consonante, {carts} con dos consonantes.

El fonema /r/ del inglés, en la mayoría de los dialectos americanos, tiene una distribución complementaria con tres alófonos. La regla que describe su distribución es:

$$/r/ \longrightarrow [\overset{\circ}{\textturnr}] \ / \ \$C_{oclusiva\ sorda}\_\_$$
$$[\textturnr] \ / \ \$C_0\_\_$$
$$[\textturnr\!\!\!\!{}_{\cdot}] \ / \ \_\_C_0\$$$

El sonido principal en posición silábica inicial es [ɹ], cuya definición fonética es un aproximante alveolar sonoro producido generalmente con labialización. En la producción de la palabra {rate} [ɹéit̚], la mayoría de los hablantes nativos del inglés americano siente una ligera labialización con los labios salientes. Cuando viene después de una consonante oclusiva sorda en un grupo consonántico inicial de palabra o sílaba, el aproximante alveolar se ensordece [ɹ̥] como en las palabras {pry} [pɹ̥áɪ̯], {try} [tɹ̥áɪ̯] o {cry} [kɹ̥áɪ̯]. Ese ensordecimiento es análogo a la aspiración vocálica o sonorización retardada ya mencionada como en las palabras {pan} [pʰǽn], {tan} [tʰǽn] o {can} [kʰǽn].

El sonido principal en posición silábica final es [ɻ], cuya definición fonética es un aproximante retroflejo sonoro producido sin labialización. En la producción de la palabra {car} [kʰáɻ], la mayoría de los hablantes nativos del inglés americano siente la retroflexión del ápice de la lengua hacia la región entre los alvéolos y el paladar duro. La Fig. 16.20 contiene diagramas articulatorios de estos dos sonidos del inglés: el [ɹ] aproximante alveolar y el [ɻ] aproximante retroflejo.

Es importante recordar que los sonidos ingleses [ɹ ɻ] no ocurren nunca en español como alófonos del fonema español /ɾ/, que tiene una distribución única con el alófono vibrante simple [ɾ]. El sonido [ɾ] del español no presenta ninguna dificultad fonética para el anglohablante, puesto que el sonido [ɾ] en sí también existe en inglés. Sin embargo sí presenta una gran dificultad fonológica para el anglohablante, porque el sonido [ɾ] del inglés es alófono de los fonemas /t/ y /d/ entre una vocal tónica y una átona. El vibrante simple [ɾ] que ocurre en las palabras inglesas {city} [síɾi] y {lady} [léɪ̯ɾi] es igual al vibrante simple [ɾ] en las palabras

españolas {cara} [káɾa] y {toro} [tóɾo].[9] ◀⁚
El hecho de que el anglohablante asocie ese sonido con los fonemas /t d/, a veces refuerza la tendencia del anglohablante de realizar el fonema /ɾ/ en posición intervocálica como una retrofleja. Es importante no realizarlo de esa manera, porque es indicación de un fuerte acento inglés. La pronunciación de la palabra {caro} tiene que ser [káɾo] y nunca *[kʰáɻo].

También es importante recordar que en grupos consonánticos iniciales, el alófono del vibrante simple [ɾ] no se ensordece como en inglés. La pronunciación de la palabra {tres} tiene que ser [tɾés] y nunca *[tɹ̥éɪ̯s] que sería la pronunciación de la palabra inglesa {trace}.

Consejos prácticos

En cuanto al fonema /ɾ/, el estudiante que aprende español debe recordar que en español:

- El sonido vibrante simple [ɾ] es alófono único del fonema /ɾ/.
- El sonido vibrante simple [ɾ] del español es igual al sonido [ɾ] del inglés que es alófono de los fonemas /t d/ del inglés cuando aparecen en el contexto V̆___V.
- Los sonidos aproximantes [ɹ] y [ɻ] del inglés no se dan nunca en español.

El fonema /r/

El fonema /r/ es el único fonema vibrante múltiple.

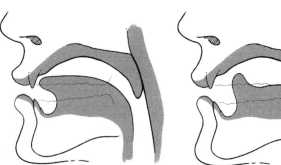

16.20 Los principales alófonos del fonema /ɾ/ del inglés.

[ɹ] aproximante alveolar
posición inicial

[ɻ] aproximante retroflejo
posición final

La fonología del fonema /r/

El fonema /r/ se opone a los demás fonemas. Esas oposiciones se ejemplifican con la serie [káro káro kálo káno káβo káso káto], etc. El fonema /r/ es el tercer fonema menos frecuente del español con un porcentaje de frecuencia de 0,5% del total de los fonemas. El fonema /r/ se representa por el grafema {rr} en posición intervocálica interior de palabra y por el grafema {r} en posición inicial de palabra o en posición inicial de sílaba interior de palabra tras consonante alveolar.

Como ya se expuso, el fonema vibrante múltiple /r/ tiene la siguiente distribución libre:

$$/r/ \longrightarrow [r \; \underset{*}{ɹ} \; \chi^*]$$

*variantes dialectales

El alófono principal del fonema /r/ en el mundo hispánico es el vibrante múltiple [r]. La regla, sin embargo, indica que el fonema /r/ puede realizarse como vibrante múltiple [r] como también otros dos alófonos. Los otros alófonos, que se comentarán a continuación en más detalle, son variantes dialectales. El alófono [ɹ] es un fricativo acanalado laminoalveolar sonoro y el alófono [χ] es un fricativo uvular sordo. Por ser solamente variantes dialectales de carácter no generalizado, los alófonos, [ɹ] y [χ] no aparecen en el cuadro de los sonidos consonánticos ya presentado.

Fonotácticamente, el fonema /r/ se da en posición inicial de sílaba interior de palabra como también en posición inicial de palabra o en posición inicial de sílaba interior de palabra tras consonante alveolar. El Cuadro 16.21 indica los detalles de su distribución fonotáctica.

La fonética del alófono [r]

La articulación del sonido [r] se realiza mediante múltiples toques rápidos del ápice de la lengua contra la región posterior de los alvéolos. El sonido vibrante múltiple [r] difiere del sonido vibrante simple [ɾ] en más que simplemente el número de toques. En cuanto el contacto único de la lengua contra los alvéolos en el sonido [ɾ] depende de la acción muscular de la lengua, los contactos múltiples de la lengua contra los alvéolos en el sonido [r] dependen del movimiento de aire. La frecuencia con que ocurren los toques en la producción de [r] es demasiado alta para que ocurran por movimiento muscular. En fin, el vibrante múltiple no es simplemente una concatenación de vibrantes simples: la base del modo de articulación de los dos sonidos vibrantes es totalmente diferente.

Los dos sonidos vibrantes se difieren en la posición de la lengua. En el vibrante simple, el cuerpo de la lengua se encuentra en una posición más baja en la boca, y el ápice de la lengua se levanta hacia los alvéolos mediante el movimiento muscular del mismo como ya se describió. En el vibrante múltiple, el cuerpo de la lengua se encuentra en una posición más alta en la boca, para que el ápice de la lengua no tenga que moverse tanto para alcanzar los posalvéolos y para que el ápice de la lengua se atraiga a los posalvéolos por el movimiento de aire.

Los dos sonidos vibrantes también se difieren fonéticamente en su lugar de articulación. Los dos son alveolares, pero la zona de contacto es diferente. Ya se indicó que el contacto del vibrante simple [ɾ] es medioalveolar. Los toques u oclusiones múltiples del vibrante múltiple [r] son posalveolares, como se puede ver en el trazo articulatorio

16.21 La distribución fonotáctica del fonema /r/.

Contexto fonotáctico		Ejemplo	Porcentaje
V$__	posición de sílaba interior de palabra	[káro] {carro}	30,0%
#__	inicial de palabra	[róxo] {rojo}	68,4%
C$_{alveolar}$$__	inicial de sílaba interior de palabra tras consonante alveolar	[ónra] honra}	1,6%

357

y el palatograma de la Fig. 16.22. En cuanto el ápice y prelámina de la lengua vibran contra los posalvéolos, los lados de la lengua mantienen contacto con las encías y las caras interiores de las muelas superiores produciendo una serie de oclusiones totales. Durante esos movimientos articulatorios, las cuerdas vocales siguen vibrándose.

Como vibrante múltiple, el sonido [r] se forma mediante una serie de contactos de la lengua contra la región posalveolar. Los contactos son ocasionados por el paso de aire que corre por encima de la lengua. Los contactos entre la lengua y los alvéolos en la producción del vibrante múltiple [r] son de muy corta duración, aun más corta que el contacto simple en la producción del vibrante simple [ɾ]. Como ya se presentó en la Fig. 16.16, mientras el contacto único del vibrante simple [ɾ] dura 24 ms., el promedio de cada uno de los cuatro contactos del vibrante múltiple [r] es de 13 ms., casi la mitad del tiempo. Sin embargo, como se puede ver en la Fig. 16.23, la duración total del sonido es mayor. La producción total del vibrante múltiple [r] es de 131 ms.; la producción del vibrante simple [ɾ] es de 24 ms. En la Fig. 16.23, el promedio de la duración de cada ciclo vibratorio de la lengua es de 36,6 ms., lo que permite calcular que la frecuencia de vibración de la lengua es de 27 veces por segundo. La producción de cada vibrante múltiple suele tener un promedio de tres a cuatro vibraciones de la lengua.

Se puede simular el movimiento vibratorio de la lengua empleando un papelito rectangular de más o menos un pulgar y medio (4 cm.) por cuatro pulgares (10 cm.), haciendo lo siguiente:

1. sujetar los dos ángulos del lado corto entre los dedos indicadores y los dedos pulgares;

2. estirar el papelito por el lado corto;

3. poner el lado corto estirado en la base del labio inferior;

4. soplar con fuerza por encima del papelito.

Esto produce una vibración múltiple del papelito análoga a la vibración de la lengua. Esa acción es semejante a la de una bandera izada que flota al viento.

La física que explica la vibración del papelito, y por consiguiente la lengua, es que el aire que pasa por encima del papelito corre rápidamente. El aire en movimiento, de acuerdo con el principio de Bernoulli, tiene la presión de aire más baja. Como consecuencia, el aire de abajo, como tiene una presión más alta, empuja el papelito para arriba. Cuando el papelito llega a encorvarse para arriba, el aire queda impedido de correr por encima y la presión de aire por encima sube. Al equilibrase con la presión de abajo, el papelito comienza a caerse. Cuando cae, el aire pasa por encima de nuevo, bajando la presión, y el papelito sube de nuevo. Ese ciclo vibratorio se repite en cuanto la posición del papelito y el paso de aire lo permite.

Acústicamente, el alófono [r] se destaca por una serie de interrupciones momentáneas rápidas en la onda sonora. El lugar de articulación alveolar se interpreta por unas transiciones vocálicas. En la producción del vibrante múltiple [r] de la Fig. 16.23, las estrías verticales de matiz claro representan los toques u oclusiones de la lengua contra

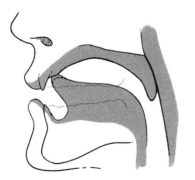
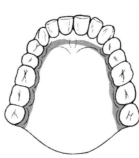

16.22 La posición articulatoria del sonido [r] junto con su palatograma.

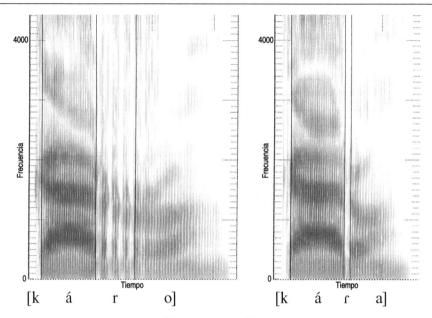

[k á r o]   [k á ɾ a]

16.23 Sonograma del alófono [r] en la palabra [káro] y del alófono [ɾ] en la palabra [káɾa]. En la producción del vibrante múltiple, las estrías verticales de matiz claro representan los toques u oclusiones de la lengua contra los alvéolos. Esta producción de [r] tiene cuatro toques de la lengua.

los alvéolos. Por otro lado, las estrías verticales de matiz oscuro representan el tiempo en que la lengua se separa de los alvéolos. Estos momentos presentan características vocálicas en que se pueden ver las transiciones de los formantes vocálicos desde la vocal que precede al vibrante múltiple hasta la vocal que lo sigue. El sonido es sonoro, como se ve por las estrías verticales de sonorización que aparecen tanto durante los momentos de separación como también durante los momentos de oclusión.

Auditivamente, el sonido [r] se reconoce por la serie de interrupciones momentáneas ya comentadas. Basta esta serie de interrupciones para identificar el sonido [r], puesto que es el único sonido vibrante múltiple del español.

Notas dialectales

El fonema /r/ se da en tres tipos de contornos fonotácticos: en posición intervocálica interior de palabra, en posición inicial de palabra y en posición inicial de sílaba interior de palabra tras consonante alveolar. En el mundo hispánico, el alófono más común

en todos esos contextos es el sonido vibrante múltiple [r]. Sin embargo, hay dos variantes dialectales con difusión limitada, que son los otros alófonos que aparecen en la regla de distribución libre ya presentada para el fonema /r/. Estas variantes dialectales se dan en los mismos contextos fonológicos que el alófono normativo [r].

La segunda variante de la regla de distribución libre del fonema /r/ es la fricativa alveolar sonora acanalada [ɹ]. Esto quiere decir que el aire en la producción del sonido [ɹ] pasa por un canal formado en el medio de la lengua; el lugar específico de articulación es entre la lámina de la lengua y los alvéolos como se ve en el diagrama articulatorio de la Fig. 16.24. Este sonido tradicionalmente se ha llamado asibilado, por su carácter fricativo. El sonido [ɹ] es diferente del sonido fricativo alveolar sonoro [ẓ], alófono del fonema /s/: en cuanto [ẓ] es un sonido acanalado, apicodental-predorsoalveolar que se produce con la lengua convexa, el sonido [ɹ] es un sonido fricativo acanalado laminoalveolar que se produce con la lengua plana.

La Fig. 16.24 también contiene un sonograma del sonido [ɹ̝]. En el sonograma del sonido [ɹ̝] se puede observar que el sonido es sonoro debido a las estrías verticales en las frecuencias bajas, pero en las frecuencias más altas, se puede observar el carácter fricativo del sonido porque demuestra energía acústica esparcida por toda la región arriba de 1400 Hz. Hay una ausencia de interrupciones que se ven en el vibrante múltiple [r].

Geográficamente, la variante [ɹ̝] se da en el noreste de la Argentina y en la zona andina quechua. Se ha comentado también su existencia en Costa Rica.

La tercera variante de la regla de distribución libre del fonema /r/ es la fricativa uvular sorda [χ]. Geográficamente, la variante [χ] se da entre algunos hablantes de Puerto Rico. Es extremadamente rara en las otras islas del Caribe. Como se ve en el diagrama articulatorio de la Fig. 16.25, el sonido se produce mediante una aproximación del posdorso de la lengua a la zona de la úvula que se encuentra adherida a la pared faríngea. Como el velo del paladar se adhiere a la pared faríngea, la úvula se suspende también tocando la pared faríngea. La lengua se extiende hacia atrás sin levantarse en la boca. La fricación ocurre en esa zona entre el posdorso de la lengua y la úvula.

Sin embargo, como la úvula no tiene músculo, queda totalmente flexible. Con un aumento en la cantidad de aire que pasa por el estrechamiento, es posible que cause una vibración de la úvula contra el posdorso de la lengua, convirtiendo el sonido en una vibrante múltiple uvular sorda [ʀ̥]. Si la úvula no vibra, el sonido queda fricativo.

La Fig. 16.25 también contiene un sonograma del sonido [χ]. En el sonograma se puede observar que el sonido es sordo debido a la ausencia de estrías verticales en las frecuencias bajas. En las frecuencias más altas, se nota que la energía acústica de la onda inarmónica solo tiene cierta amplitud arriba de 3000 Hz., que es muy diferente del espectro del sonido [ɹ̝] de la Fig. 16.24, pero en las frecuencias más altas, se puede observar el carácter fricativo del sonido porque demuestra energía acústica esparcida por toda la región. Hay una ausencia de interrupciones como en el vibrante múltiple [r]. También es de notar que la duración de esas variantes es más o menos equivalente a la duración del vibrante múltiple [r].

Con respecto a las variantes [ɹ̝] y [χ], se puede observar que aun en las zonas en que se dan, no son todos los hablantes que las usan; hay hablantes aun en esas zonas que prefieren el vibrante múltiple. En algunos

16.24 Diagrama articulatorio y sonograma del sonido fricativo alveolar sonoro acanalado (o asibilado) [ɹ̝].

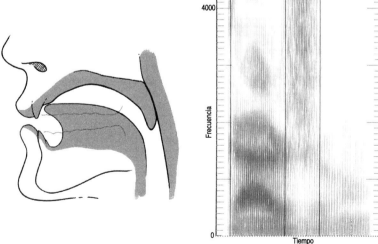

[k   á   ɹ̝   o]

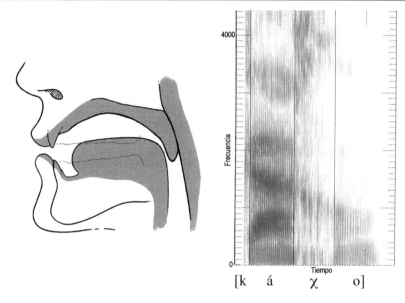

4000

Frecuencia

0

Tiempo

[k á   χ   o]

16.25 Diagrama articulatorio y sonograma del sonido fricativo uvular sordo [χ].

casos la selección del sonido tiene que ver con el nivel social del hablante.

Hay otra variante que ocurre con tan poca frecuencia que no se ha incluido en la regla de distribución libre: el aproximante retroflejo [ɹ]. Este es el sonido común del inglés en posición final de sílaba. Sin embargo, este sonido aparece como debilitamiento del sonido vibrante múltiple y no como influencia del inglés. Ese sonido se da en algunos dialectos y sociolectos de Costa Rica. Ejemplos son [káɹo] para {carro} y [kóstaɹíka] para {Costa Rica}. Aunque existe el sonido en algunos dialectos, no se recomienda su uso porque no representa la norma culta general. Además, se le tacha al hablante no nativo de "gringo".[10] ◀≶

Pistas pedagógicas

El estudiante debe aprender a producir el vibrante múltiple [r], porque es la variante más extendida en el mundo hispánico, siendo las otras variantes muy marcadas dialectalmente. Para adquirir una buena pronunciación del sonido [r], hay que aprender a producir el sonido en los tres contextos fonológicos en que se da el fonema /r/: en posición intervocálica interior de palabra V\$___V {carro} [káro], en posición inicial de palabra #___ {rojo}

[róxo] y en posición inicial de sílaba interior de palabra después de consonante alveolar $C_{alveolar}$\$___ {honra} [ónra].

Para algunos estudiantes, la pronunciación del sonido [r] les resulta fácil porque lo adquieren por imitación, para la mayoría le es más difícil. La razón de la extrema dificultad que algunos estudiantes tienen con la producción de este sonido, es que el inglés no tiene ningún sonido parecido. Los estudiantes que tienen dificultad en producir el vibrante múltiple, deben recordar los principios físicos que se presentaron ya con la analogía de la vibración del papelito. Hay que recordar que en realidad es el ápice de la lengua lo que tiene que vibrarse contra la región posalveolar, movida por una corriente de aire. Cuando un estudiante no consigue producir esa vibración de la lengua, es porque hay por lo menos uno de tres problemas que hay que corregirse. Todos los problemas se pueden demostrar con el papelito. Sigue una especificación de estos tres problemas.

Primero, si se segura el extremo del papelito con los dedos, el papelito se mantiene rígido, lo que impide su vibración. La analogía en la producción del vibrante múltiple sería mantener el ápice, la lámina y el predorso de la lengua rígidos con tensión muscular. Tal tensión muscular de la propia lengua impide su vibración. El estudiante tiene que aprender a aflojar o relajar esa región de la lengua. Ese relajamiento solo viene con la práctica.

Segundo, si se baja el papelito del labio inferior y se sopla, el papelito no entra en vibración porque está alejado de la corriente de aire. La analogía en la producción del vibrante múltiple sería mantener el mediodorso y posdorso de la lengua muy bajos en la boca, lo que no permite que el ápice se aproxime lo suficiente a los alvéolos para vibrarse. Otra vez, el posicionamiento correcto de la lengua solo viene con la práctica.

Tercero, si la corriente de aire no es suficiente, el papelito tampoco entra en vibración, aun cuando la tensión y el posicionamiento de la lengua sean correctos. La analogía en la producción del vibrante múltiple sería la falta de aire necesario para bajar la presión de aire arriba de la lengua lo suficiente para que el ápice de la lengua se atraiga a la región posalveolar según el principio de Bernoulli. El precisar la corriente de aire necesaria para causar le vibración deseada, también requiere práctica.

Consejos prácticos

En cuanto al fonema /r/, el estudiante que aprende español debe recordar que en español:

- El sonido vibrante múltiple [r] es el alófono más difundido del mundo hispánico.
- Los sonidos aproximantes [ɹ] y [ɻ] del inglés no se dan en la norma culta del español. No hay equivalente en inglés del sonido vibrante múltiple [r] que se desee producir en español.
- El estudiante necesita aprender el sonido vibrante múltiple [r] o por imitación o por implementar el proceso mecánico descrito para su pronunciación.

Para el estudiante que tiene dificultad en articular el vibrante múltiple [r], se le recomienda que al aplicar los principios físicos para su articulación basados en la analogía del papelito, comience por practicar la pronunciación del sonido aislado. Después de adquirir la habilidad de pronunciarlo aisladamente, el estudiante puede transferir esa habilidad a practicar su pronunciación en posición intervocálica: por ejemplo, [ára], [ére], [óro]. Luego, el estudiante puede practicar el sonido en posición inicial absoluta de palabra: por ejemplo, [rána], [rés], [rósa]. Por último, el estudiante puede practicar el sonido en su ambiente menos frecuente, es decir, en posición inicial de sílaba interior de palabra después de consonante alveolar: por ejemplo, [ónra], [alreðeðór], [disɾuptiβo].[11] ◀≋

El estudiante que tiene dificultad en imitar el vibrante múltiple alveolar [r] tiene que aprender el sonido por el proceso ya descrito. Para comenzar a producir el sonido aislado, se le recomienda que se ponga el ápice de la lengua en los alvéolos como si fuera a articular como sonido inicial de una cadena fónica el sonido [d] del inglés como en la palabra {deed}. El usar el sonido oclusivo alveolar del inglés como punto de partida pone la lengua en una posición ligeramente anterior a la posición correcta para la producción del vibrante múltiple del español. Con el ápice de la lengua en contacto con los posalvéolos, el estudiante debe relajar el ápice de la lengua y al mismo tiempo soplar con bastante fuerza por encima de la lengua. La fuerza de aire debe separar el ápice de la lengua de los alvéolos iniciando la vibración típica del efecto de Bernoulli. Durante el proceso, las cuerdas vocales tienen que vibrarse como en cualquier sonido vocálico, lo que resulta en la producción del vibrante múltiple alveolar [r] del español.

El archifonema /R/

Como se ha presentado en el Capítulo 8, el archifonema /R/ resulta de la neutralización sincrónica parcial de los fonemas /ɾ r/ en posición final de sílaba y final de palabra.

La fonología del archifonema /R/

Ya se ha establecido la oposición fonológica que existe entre los fonemas vibrantes /ɾ/ y /r/. Es importante notar que en el ejemplo del par mínimo [káɾo] [káro], las vibrantes aparecen en posición inicial de sílaba interior de palabra; de hecho, este es el único contexto fonológico en que estos fonemas se oponen.

En posición silábica implosiva, sin embargo, no existe la oposición, y el carácter del alófono empleado depende del contexto fonológico en que se da el archifonema vibrante /R/. El Cuadro 16.26 demuestra la relación entre el archifonema y sus alófonos en estos dos contextos fonológicos.

El archifonema /R/ es el décimo-séptimo fonema más frecuente del español con un porcentaje de frecuencia de 2,0% del total de los fonemas. En esta posición, el archifonema /R/ es menos frecuente que el fonema /ɾ/ (con 3,4% del total de fonemas) y más frecuente que el fonema /r/ (con 0,5% del total de fonemas).

El archifonema /R/ se representa siempre mediante el grafema {r}, tanto en posición final de sílaba interior de palabra (ejemplos: {arte} /áRte/ y {perla} /péRla/) como en posición final de palabra (ejemplos: {ser} /séR/ y {lugar} /lugáR/).

Como ya se expuso en el Capítulo 9, el archifonema /R/ tiene una distribución mixta con varios alófonos. Los diversos alófonos que pueden emplearse para representar el archifonema /R/, varían según el dialecto. La base de esa distribución mixta depende de la estructura silábica. Cuando el archifonema /R/ se da en posición final de palabra delante de una palabra que comienza con una vocal, la vibrante se convierte en un sonido intervocálico inicial de sílaba, y consecuentemente su única articulación es la vibrante simple [ɾ]. El archifonema /R/ se da en otros tres contextos: en posición final de palabra delante de una consonante, en posición final absoluta o en posición final de sílaba interior de palabra. En todos esos contextos, existe una distribución libre en la que aparecen varios posibles alófonos. La regla completa es:

$$/R/ \longrightarrow [ɾ] \quad / \_\_\#V$$
$$[ɾ \; r \; ɹ] \; / \; e.l.d.l.$$

La aplicación de esta regla se ve en el Cuadro 16.27 que demuestra ejemplos tanto en posición final de sílaba interior de palabra como en posición final de palabra ante consonante.[12]

Fonotácticamente, del total las ocurrencias del archifonema /R/, el 48,8% se da en posición final de sílaba interior de palabra, mientras que el 51,2% de las ocurrencias se dan en posición final de palabra.

El archifonema /R/ en posición final de palabra ante vocales

El archifonema /R/ se da ante vocales solamente en posición final de palabra. En este contexto, la regla de distribución mixta especifica un solo alófono: el vibrante simple [ɾ]. Un ejemplo es la frase {ser otro} que se realiza como [sérótro].

La vibrante en posición final de palabra		La vibrante en posición final de sílaba interior de palabra	
Transcripción fonética	Transcripción fonológica	Transcripción fonética	Transcripción fonológica
[sérótro] [sérnwéβo]	/séRótro/ /séRnuébo/	[árte]	/áRte/

16.26 La distribución fonológica del archifonema /R/ en posición final de sílaba interior de palabra y final de palabra.

Contexto	Descripción del contexto	Ejemplo	Transcripción fonológica	Transcripción fonética
R#V	final de palabra ante vocal	{ser otro}	/séRótɾo/	[sérótɾo]
R#C	final de palabra ante consonante	{ser nuevo}	/séRnuébo/	[sérnwéβo] [sérnwéβo] [séɹnwéβo]
R$C	final de sílaba interior de palabra	{arte}	/áRte/	[árte] [árte] [áɹte]
R/	posición final absoluta	{ser}	/séR/	[sér] [sér] [séɹ]

16.27 La distribución mixta del archifonema /R/.

La fonética del alófono vibrante simple [ɾ]

Los detalles fonéticos de la producción del alófono [ɾ] ya se presentaron bajo los alófonos del fonema /ɾ/.

Notas dialectales

La regla de distribución mixta especifica la producción del alófono vibrante simple [ɾ] en posición final de palabra ante vocal por ser la norma culta hispánica sin variación dialectal.

Pistas pedagógicas y consejos prácticos

La realización fonética del archifonema /R/ en posición final de palabra ante vocal es siempre el sonido vibrante simple alveolar sonoro, cuyas pistas ya se han comentado bajo la presentación del fonema /ɾ/. Como consejo práctico, es importante que el anglohablante evite la producción del sonido retroflejo [ɹ], que es el sonido inglés que ocurre en ese contexto. El usar el sonido retroflejo tacha o tilda al hablante de "gringo".

El archifonema /R/ ante consonantes

El archifonema /R/ se da ante consonantes tanto en posición final de sílaba interior de

palabra como en posición final de palabra. En esos contextos la regla de distribución mixta especifica tres variantes: [r ɾ ɹ]. Estas tres variantes se dan de forma libre, es decir, el hablante puede utilizar cualquiera de las variantes en esa posición, por ejemplo la palabra {parte}, que puede pronunciarse [párte], [párte] o [páɹte]. En el mundo hispánico la norma en esta posición suele ser el alófono vibrante múltiple [r].

La fonética del alófono vibrante múltiple [r]

Los detalles fonéticos de la producción del alófono [r] ya se presentaron bajo los alófonos del fonema /ɾ/.

La fonética del alófono vibrante simple [ɾ]

Los detalles fonéticos de la producción del alófono [ɾ] ya se presentaron bajo los alófonos del fonema /ɾ/.

La fonética del alófono fricativo alveolar [ɹ]

Los detalles fonéticos de la producción del alófono [ɹ] ya se presentaron bajo los alófonos del fonema /ɾ/.

Notas dialectales

Además de los principales alófonos para el archifonema /R/ ante consonante que se presentan en la regla de distribución mixta, aparecen varios otros alófonos como resultado de distintos procesos fonéticos en los diferentes dialectos e idiolectos del español. La gran variabilidad fonética surge por su posición fonotáctica en español; la coda silábica es la posición más susceptible a debilitamiento y neutralización.

Entre los procesos que afectan la variación alofónica del archifonema /R/, se halla el ensordecimiento, que puede darse con todos los alófonos principales del archifonema /R/ especificados en la regla de distribución mixta, es decir, [ɾ r ɹ]. En el habla de algunos, esos sonidos se ensordecen delante de una consonante sorda o en posición final absoluta. Es decir, se escuchan los alófonos [ɾ̥ r̥ ɹ̥] en palabras como {parte} [páɾte páɾ̥te páɹ̥te], {cerca} [séɾka séɾ̥ka séɹ̥ka].

Los demás procesos son más esporádicos y localizados; de modo general también son estigmatizados. Uno de ellos es la elisión en que el archifonema /R/ se realiza con un cero fonético: es decir, no aparece ningún sonido para representar al archifonema. Es notable que en muchos casos ese fenómeno ocurre al final de los verbos infinitivos. Se ha notado el fenómeno en varios dialectos. Ejemplos incluyen [comé] para {comer} y [poke] para {porque}.

Otro fenómeno muy comentado es la lateralización del archifonema /R/, o sea la neutralización del archifonema /R/ con el fonema /l/. Ya se comentó esa neutralización desde el punto de vista del fonema /l/ en la discusión de las notas dialectales del fonema /l/. En este caso, el punto de vista es desde el archifonema /R/. Ejemplos incluyen la articulación de [comél] para {comer} y [álβol] para {árbol}. Es de notarse que puede haber, entonces, una confusión entre las palabras {alma} y {arma}. Este fenómeno se da en varios lugares, notablemente, en Andalucía y en el Caribe; en general, es un fenómeno de las capas sociales más bajas.

La retroflexión es otro fenómeno que ocurre en la realización del archifonema /R/ en posición ante consonante. En este caso se emplea el aproximante retroflejo [ɻ] como demuestran los ejemplos [áɻte] para {arte} y [séɻtújo] para {ser tuyo}. Este fenómeno se da en algunos lugares, notablemente, en Costa Rica.

Otro fenómeno que ocurre en el mundo hispánico es la glotalización. Con este proceso se emplea el fricativo glotal sordo [h] para representar al archifonema /R/ ante consonante sorda, o el fricativo glotal sonoro [ɦ] para representarlo ante consonante sonoro. Ejemplos incluyen la articulación de [páhte] para {parte}, [koméhtóðo] para {comer todo} y [béɦlo] para {verlo}. Ese fenómeno se da en algunos dialectos del Caribe.

Hay también el caso de vocalización, semejante al que se citó para el fonema /l/. En la región del Cibao de la República Dominicana, el archifonema /R/ en el habla de algunos se realiza como la semivocal [i̯]. Ejemplos incluyen [ái̯βol] para {arbol} y [muhéi̯] para {mujer}.

El último fenómeno que se comentará es el de la geminación, que es esencialmente una asimilación en que el archifonema /R/ produce un alargamiento consonántico. En realidad la asimilación es total en cuanto al modo y lugar de articulación; puede mantenerse una diferencia en cuanto al estado de las cuerdas vocales. Ejemplos incluyen [bél:o] para {verlo}, [tɛm:ína] para {termina}, [bjén:eh] para {viernes}, [beníb̚paká] para {venir para acá} y [pɛd:jó] para {perdió}. Este fenómeno ocurre en Cuba.

De modo general, estos últimos fenómenos dialectales son ejemplos de debilitamiento consonántico. Son también principalmente fenómenos socialmente estigmatizados usados por hablantes de la clase baja o de zonas rurales. Como consecuencia, le conviene al estudiante reconocer los fenómenos, pero no imitarlos.[13] ◄€

Pistas pedagógicas y consejos prácticos

Cuando el archifonema /R/ aparece en posición final ante consonante, el resultado fonético puede ser uno de varios sonidos como se ve en la regla de distribución mixta y como se describe en las notas dialectales de esta sección. Sin embargo, el consejo práctico para el estudiante sería el de articular un sonido vibrante alveolar sonoro múltiple o simple.

Como consejo práctico, es importante que el anglohablante evite la producción del sonido retroflejo [ɻ] del inglés. El usar el sonido retroflejo tacha o tilda al hablante de "gringo".

El archifonema /R/ ante pausa

El archifonema /R/ se da también ante pausa. Aunque se pueden encontrar todos los alófonos ya mencionados para el archifonema /R/, incluso los alófonos de todos los fenómenos dialectales, los alófonos más comunes son los alófonos asibilados, tanto sonoro [ɾ̞] como sordo [ɾ̞̊]: {ser} [séɾ̞ séɾ̥ séɾ̞̊].[14] ◀⃥

Pistas pedagógicas y consejos prácticos

Cuando el grupo fónico termina en archifonema /R/, el resultado fonético puede ser uno de varios sonidos como se ve en la regla de distribución mixta y como se describe en las notas dialectales de esta sección. Sin embargo, el consejo práctico para el estudiante sería el de usar el sonido vibrante múltiple alveolar sonoro. Como consejo práctico, es importante que el anglohablante evite la producción del sonido retroflejo [ɻ], que es el sonido inglés que ocurre en inglés en este contexto. El usar el sonido retroflejo tacha o tilda al hablante de "gringo".

Sumario

Los fonemas laterales y vibrantes tradicionalmente se han clasificado como fonemas líquidos. Aunque esa clasificación tiene cierta utilidad fonotáctica, carece de valor fonético.

Los fonemas laterales

En la gran mayoría de los dialectos del español, existe un solo fonema lateral: el fonema lateral alveolar sonoro /l/. Ese fonema se opone a los demás fonemas consonánticos del español como demuestran los pares mínimos {cala} [kála] {capa} [kápá], {ala} [ála] {haga} [áɣa] {asa} [ása], etc. Como ya se expuso, hay pocos dialectos que demuestran una oposición entre el fonema lateral alveolar sonoro /l/ y el fonema lateral palatal sonoro /ʎ/.

El Cuadro 16.28 resume las diferencias entre la distribución complementaria del fonema /l/ en español e inglés.

El fonema /l/ del español tiene una distribución complementaria que se basa en una asimilación al lugar de la consonante que le sigue. Si le sigue una consonante dental, se realiza como lateral dental sonoro [l̪]. Si le sigue una consonante palatal, se realiza como lateral palatal sonoro [ʎ]. Si le sigue una consonante interdental en los dialectos con fonema /θ/, se realiza como lateral interdental sonoro [l̟]. En los demás lugares, se emplea el alófono lateral alveolar sonoro [l]. El fonema /l/ del inglés tiene una distribución complementaria que se basa en la posición silábica. En posición inicial de sílaba, es decir, delante del núcleo silábico, se emplea el alófono lateral alveolar sonoro [l]. En posición inicial después de consonante oclusiva sorda, se emplea el alófono lateral alveolar ensordecido [l̥]. En posición final de sílaba, es decir, después del núcleo silábico, se emplea el alófono lateral alveolar sonoro velarizado [ɫ].

En español el fonema /l/ se da fonotácticamente tanto en posición inicial de palabra o sílaba como también en posición final de palabra o sílaba. Es también uno de dos fonemas consonánticos (siendo el otro el fonema /ɾ/) que se combina con los fonemas oclusivos /p b k g/ o con el fonema fricativo /f/ en grupos iniciales de palabra o sílaba.

Los principales consejos prácticos para la buena pronunciación de los alófonos del fonema /l/ en español son:

- no usar el alófono lateral alveolar sonoro velarizado [ɫ] del inglés;

	Español	**Inglés**
Regla de distribución comple-mentaria	/l/ ⟶ [l̪]* / __C$_{interdental}$ [l̪] / __C$_{dental}$ [l̠] / __C$_{palatal}$ [l] / e.l.d.l. *este alófono solamente ocurre en los dialectos no seseístas	/l/ ⟶ [l̥] / \$C$_{oclusiva sorda}$— [l] / \$C$_0$__ [ɫ] / __C$_0$\$
Base de la regla	Asimilación al lugar de la consonante que le sigue	Posición silábica

16.28 La distribución complementaria del fonema /l/ en español e inglés.

- no usar el alófono lateral alveolar sordo [l̥] del inglés;
- recordar que el propio sonido [l] es diferente en los dos idiomas, como se expresa en el Cuadro 16.12.

Los fonemas vibrantes

Los fonemas /ɾ r/ se oponen en español en posición inicial de sílaba interior de palabra como demuestra el par mínimo [káɾo káro]. Además de esa posición, el fonema /ɾ/ se combina con los fonemas oclusivos /p b t d k g/ o con el fonema fricativo /f/ en grupos iniciales de palabra o sílaba. El fonema /r/ se da en posición inicial de palabra y en posición inicial de sílaba interior de palabra después de consonante alveolar. En posición final de sílaba interior de palabra y en posición final de palabra, los fonemas vibrantes se neutralizan en el archifonema /R/. Como se ve en la Fig. 16.29 los fonemas vibrantes se dan en posición silábica explosiva o en el ataque silábico, mientras que se neutralizan en posición silábica implosiva o en la coda silábica.

El fonema /ɾ/ tiene una distribución única, mientras que el fonema /r/ tiene una distribución libre. El archifonema /R/, por su parte, tiene una distribución mixta, que especifica el alófono vibrante simple sonoro en posición final de palabra ante vocal y una distribución libre entre varios alófonos en los demás lugares.

Las principales pistas pedagógicas para la buena pronunciación de los alófonos de los fonemas y el archifonema vibrantes son:

- El alófono único vibrante simple alveolar sonoro [ɾ] del fonema /ɾ/ tiene la misma articulación que el alófono [ɾ] del inglés, que es uno de los alófonos de los fonemas /t/ y /d/ del inglés, como, por ejemplo, en la palabra {city} [síɾi]. El estudiante tiene que evitar el uso del sonido aproximante alveolar sonoro [ɹ].
- El fonema /r/ tiene una distribución libre. Sin embargo, el estudiante debe usar el alófono vibrante múltiple alveolar sonoro [r], que es la norma pan-hispánica. El estudiante tiene que evitar el uso del sonido aproximante alveolar sonoro [ɹ]. Si el estudiante todavía tiene problemas con la producción del sonido [r], debe referirse a las pistas pedagógicas para su articulación.

16.29 La estructura de la sílaba con respecto a los sonidos vibrantes.

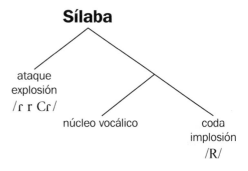

Sílaba

ataque
explosión
/ɾ r Cɾ/

núcleo vocálico

coda
implosión
/R/

- En posición final de sílaba o palabra se da el archifonema /R/. En posición final de palabra ante vocal, se debe usar el alófono vibrante simple alveolar sonoro [ɾ]. En posición final de palabra o final de sílaba ante consonante el sonido más común es el alófono vibrante múltiple alveolar sonoro. En posición final de grupo fónico, el sonido más común es el alófono asibilado, sea sordo [ɹ̥̆] o sonoro [ɹ̆].

Conceptos y términos

aproximante	lateral	retroflejo
asibilado	líquida	vibrante

Preguntas de repaso

1. ¿Cuál es la diferencia entre líquida y lateral?

2. ¿Cuáles son los fonemas laterales?

3. Compare las distribuciones complementarias de la /l/ inglesa y la /l/ española.

4. ¿Cuáles son las diferencias fonéticas entre la [l] inglesa y la [l] española?

5. ¿Cuál es la diferencia entre la [ɫ] inglesa y la [l] española?

6. ¿Cuáles son los grafemas que corresponden al fonema /ʎ/? Dé ejemplos.

7. Distinga entre [ʎ] y [lj] fonética y fonológicamente. (Vea también el Cuadro 14.43.)

8. ¿Cuáles son las diferencias fonológicas entre la "r" inglesa y la española?

9. ¿A qué sonido inglés se compara la [ɾ] española? Dé ejemplos.

10. Comente el alófono [ɾ] fonética y fonológicamente.

11. Comente el alófono [r] fonética y fonológicamente.

12. Distinga entre [ɾ] y [r] fonética y fonológicamente.

13. Compare los contornos fonotácticos en que ocurren los fonemas /ɾ/ y /r/.

14. ¿Cuáles son los grafemas que corresponden al fonema /r/? Dé ejemplos.

15. ¿Qué es el archifonema /R/? ¿Dónde aparece en la fonosintaxis?

16. Compare la posición fonotáctica de los fonemas vibrantes con la del archifonema vibrante.

17. ¿Cuál es la solución fonética del archifonema /R/?

18. Comente la variación dialectal del fonema /r/.

19. Comente la variación dialectal del archifonema /R/.

Ejercicios de pronunciación

El fonema /l/ [15] ▣

1. Pronuncie las siguientes palabras con las consonantes [l ḻ l̪] españolas de acuerdo con la regla de distribución complementaria para el fonema /l/.

alto	el dedo	isla
cala	el hielo	lata
claro	el llorón	lejos
culto	el tío	plan
el chaleco	el yate	vela
el chico	hablar	vuelta

2. Pronuncie las siguientes palabras con las consonantes [l̪ l̟ l], procurando no pronunciar el sonido inglés velarizado [ɫ].

alba	cartel	menial
alcohol	dátil	mortal
aldea	del	natural
alfalfa	el llano	olmo
algo	el yugo	palma
alguién	Elche	pincel
arrabal	filtro	rural
azul	fusil	sal
baúl	fútbol	total
caracol	lateral	yelmo

Los vibrantes /ɾ r R/¹⁶ 🖼

1. Pronuncie las siguientes palabras con la consonante [ɾ] española, procurando no pronunciar los sonidos del inglés [ɹ ɻ ɾ].

abrir	cara	isla
aglutinar	cera	ladrar
agrandar	coral	para
alacrán	grande	prado
alambre	habrá	puro
atraco	hiedra	trata
azafrán	ira	vara

2. Pronuncie las siguientes palabras con la consonante [r] española, procurando no pronunciar los sonidos del inglés [ɹ ɻ] ni el sonido [ɾ] del español.

alrededor	forrar	rabia
barra	guerra	rato
el río	honra	razón
enredo	jarro	rogar
enriquecer	los reyes	un rato
enrojecer	porra	rosa

3. Pronuncie las siguientes palabras o secuencias con la variante apropiada española de acuerdo con la regla de distribución mixta para el archifonema /R/.

árbol	comer	invierno
arco	dirigir	parte
ardor	dirigir autos	ser
barco	estar aquí	ser nuevo
burlarse	forjar	ser otro
carcajada	honor	urna

Materiales en línea

1. 🔈 La oposición entre los fonemas laterales /l ʎ/.

2. 🔈 La fonotáctica de los fonemas laterales /l ʎ/.

3. 🔈 La distribución complementaria del fonema /l/ del español (el Cuadro 16.2).

4. 🔈 Variantes dialectales del fonema /l/.

5. 🔈 La aplicación de la regla de distribución complementaria del fonema /l/ de inglés.

6. 🔈 La oposición entre los fonemas vibrantes /ɾ r/.

7. 🔈 La fonotáctica de los fonemas vibrantes y el archifonema vibrante /ɾ r R/ (el Cuadro 16.15).

8. 🔈 La comparación entre la palabra española {cara} [káɾa] y la palabra portuguesa {cada} [kádɐ].

9. 🔈 El vibrante simple en inglés y español.

10. 🔈 Las variantes dialectales del fonema /r/.

11. 🔈 El vibrante múltiple en su varias posiciones fonotácticas.

12. 🔈 La aplicación de la regla de distribución mixta del archifonema /R/ (el Cuadro 16.27).

13. 🔈 Variantes dialectales del archifonema /R/ ante consonantes.

14. 🔈 Variantes dialectales del archifonema /R/ ante pausa.

15. 🖼 Ejercicios de pronunciación: el fonema /l/.

16. 🖼 Ejercicios de pronunciación: los vibrantes /ɾ r R/.

Secuencias consonánticas

La lengua española permite varios tipos de secuencias consonánticas que se examinan en el presente capítulo. Esas secuencias pueden ocurrir dentro de una sílaba, dentro de una palabra como también entre morfemas y entre palabras. En esas secuencias puede ocurrir el ligazón o enlace, en que las consonantes pueden fundirse. Hay también secuencias consonánticas que ocurren en el ataque o coda silábicas, y hay secuencias consonánticas que aparecen en sílabas diferentes. En este capítulo se examinarán los tres tipos de secuencias consonánticas: consonantes homólogas, grupos consonánticos dentro de la misma sílaba y secuencias consonánticas que atraviesan el límite silábico.

La fusión de consonantes homólogas

Las consonantes homólogas ocurren entre dos palabras cuando la primera palabra termina en determinado fonema consonántico y la segunda palabra comienza con el mismo fonema consonántico. La fusión consonántica es la solución fonética del español para tales secuencias de dos fonemas consonánticos homólogos o idénticos. Las secuencias de dos consonantes idénticas también ocurren entre morfemas de una misma palabra. En español no hay consonantes homólogas sistemáticas dentro de una raíz. La regla general para la fusión consonántica, sin embargo, es la misma para los dos casos que existen. La regla general es simplemente que las dos consonantes se funden para formar una sola consonante fonética. Gráficamente la regla se presenta de la siguiente forma:

$$ C + C \longrightarrow C $$

Esta regla básica describe lo que ocurre con la mayoría de las consonantes homólogas como en el ejemplo de {las seis} o {ciudad de} en que las dos consonantes se funden, resultando fonéticamente en [laséi̯s] y [sju̯ðáðe]. A este patrón general, se agrega un matiz importante que es:

- si las consonantes homólogas son laterales o nasales, el resultado fonético es una sola consonante alargada.

La aplicación de este matiz a la regla general produce la siguiente regla:

$$ C^* + C^* \longrightarrow C{:}^* $$
*consonante lateral o nasal

La ocurrencia de las consonantes homólogas se da principalmente entre distintas palabras. Esto quiere decir que una palabra termina en el mismo fonema consonántico en que comienza la palabra siguiente. La lista de posibilidades es muy corta dado que hay pocas consonantes que aparecen en posición final de palabra. Como se presentó en el Capítulo 10, en la mayoría de los dialectos del español, hay solo tres fonemas y dos archifonemas que se dan sistemáticamente en posición final de palabra: /s d l N R/. Los pocos dialectos que tienen el fonema /θ/ lo aceptan en posición final de palabra y hay pocas palabras que terminan asistemáticamente en el fonema /x/.

En posición inicial de palabra se encuentran los fonemas /s d l/ como también los fonemas /θ x/. Los archifonemas no se dan en posición inicial de palabra. En el caso del archifonema nasal /N/, sin embargo, hay palabras que sistemáticamente comienzan con los fonemas nasales /m n/, y hay unas pocas palabras asistemáticas que comienzan con el fonema /ɲ/. En el caso del archifonema vibrante /R/, sin embargo, hay palabras que sistemáticamente comienzan con el fonema vibrante múltiple /r/. El Cuadro 17.1 contiene ejemplos de todas esas diferentes combinaciones indicando el resultado fonético con ejemplos de su aplicación.[1] ◀⟨

Algunos de los casos mencionados en el Cuadro 17.1 merecen algún comentario. En el caso de la secuencia de dos fonemas /d/, el primero solo puede precederse fonotácticamente por una vocal, al segundo solo puede sucederle una vocal o el fonema /r/. En ese contexto el fonema /d/, según la regla de distribución complementaria, siempre se realiza por el alófono fricativo interdental sonoro [ð]. Los sonidos fricativos homólogos nunca se alargan, como se verá también en el caso del fonema /s/.

La Fig. 17.2 contiene formas de onda de las frases {ciudad alta} y {ciudad de México}. En [sjuðáðál̪ta], el primer [ð] duró 65 ms. y el segundo, 50 ms. En [sjuðáðeméxiko] el primer [ð] duró 60 ms. y el segundo, que refleja la unión de las dos consonantes homólogas, duró 57 ms. La comparación de estos datos indica claramente la ausencia de alargamiento

17.1 Las diferentes combinaciones de consonantes homólogas y su resultado fonético.

Secuencia de fonemas	Regla	Resultado Fonético	Ejemplos ortográficos	Transcripciones fonéticas
/s/ + /s/	C + C → C	[s]	{los secretos} {los ceros} {los zapatos}	[losekrétos] [loséros] [losapátos]
/d/ + /d/	C + C → C	[ð]	{usted dice} {sed discretos} {ciudad de}	[ustéðíse] [séðiskrétos] [sjuðáðe]
/l/ + /l/	C + C → C:	[lː]	{el león} {al lado} {del lago}	[ɛlːeón] [alːáðo] [dɛlːáɣo]
/N/ + /m/	C + C → C:	[mː]	{un mono} {en mayo} {con mucho}	[ũmːóno] [ẽmːájo] [kõmːúʧo]
/N/ + /n/	C + C → C:	[nː]	{un nido} {en nada} {con nosotros}	[ũnːíðo] [ẽnːáða] [kõnːosótros]
/N/ + /ɲ/*	C + C → C:	[ɲː]	{un ñandú} {en ñame} {con ñaque}	[ũɲːan̪dú] [ẽɲːáme] [kõɲːáke]
/R/ + /r/	C + C → C	[r]	{ser rojo} {por rogar} {lugar rural}	[séróxo] [poroɣár] [luɣárurál]
/θ/ + /θ/**	C + C → C	[θ]	{luz celeste} {haz zumo} {juez cínico}	[lúθeléste] [áθúmo] [xwéθíniko]
/x/ + /x/*	C + C → C	[x]	{reloj japonés} {boj gigante} {carcaj genial}	[relóxaponés] [bóxiɣán̪te] [karkáxeniál]

*secuencias asistemáticas; **en ciertos dialectos

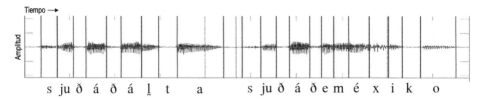

17.2 Las formas de onda de {ciudad alta} y {ciudad de México} demostran la falta de alargamiento en el caso de los fonemas homólogos /d/.

en el caso de dos sonidos [ð] homólogos seguidos.[2] ◀ᴇ

Como se ve en la Fig. 17.3, la fricativa [s] de {la silla} tiene una duración de 115 ms. y la fricativa [s] de {las sillas} tiene una duración de 113 ms., lo que demuestra también la ausencia de alargamiento en el caso de dos fonemas /s/ homólogos seguidos.[2] ◀ᴇ

El fonema lateral alveolar sonoro /l/, a diferencia de los fonemas fricativos, sí presenta un alargamiento consonántico cuando hay una secuencia de fonemas /l/ homólogos, es decir, cuando una palabra termina en el fonema /l/ y la palabra siguiente comienza con el fonema /l/. Ese fenómeno produce casos de secuencias fonéticas diferenciadas por el alargamiento consonántico. Un ejemplo de ese fenómeno será la comparación entre {helado} [eláðo] y {el lado} [ɛlːáðo]. Otro ejemplo será la comparación entre {el acero} [ɛlaséɾo] y {el lacero} [ɛlːaséɾo].[3] ◀ᴇ

Como se ve en las formas de onda de la Fig. 17.4, la lateral [l] de {helado} tiene una duración de 57 ms. y la lateral [lː] de {el lado} tiene una duración de 139 ms., lo que demuestra el claro alargamiento en el caso de dos fonemas /l/ homólogos seguidos. El alargamiento que se produjo en ese caso fue del 144%, aproximadamente igual al porcentaje de alargamiento que se produce en el caso de las vocales homólogas alargadas.

La secuencia de dos fonemas nasales presenta un caso interesante porque el resultado fonético produce no solamente un alargamiento, sino una asimilación también. En esas secuencias, la primera palabra siempre termina en el archifonema /N/ y la segunda puede comenzar sistemáticamente con el fonema /m/ o el fonema /n/, o asistemáticamente con el fonema /ɲ/. Como el archifonema /N/ se asimila al lugar de articulación de la consonante que sigue, el resultado fonético de {un mundo} y {un nido} es [ūmːū̃ndo] y [ūnːíðo]. El

17.3 Las formas de onda de {la silla} y {las sillas} demostrando la falta de alargamiento en el caso de los fonemas homólogos /s/.

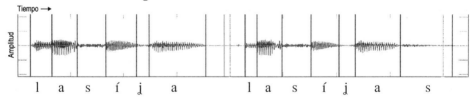

17.4 Las formas de onda de {helado} y {el lado} demostrando el alargamiento en el caso de los fonemas homólogos /l/.

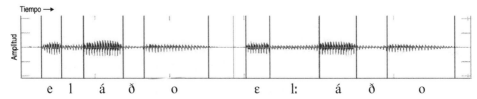

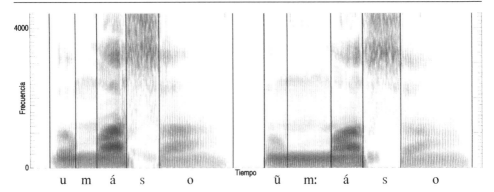

17.5 Sonogramas de {humazo} y {un mazo} demostrando el alargamiento en el caso de los fonemas homólogos /N/ más /m/.

alargamiento se da también en los pocos casos asistemáticos del fonema /ɲ/ en posición inicial de palabra: {un ñandú} [ũɲːãndú]. Ese fenómeno produce casos de secuencias fonéticas diferenciadas por el alargamiento consonántico.[3] ◀⦚

Un ejemplo del fenómeno del alargamiento de consonantes nasales homólogas será la comparación entre {humazo} [umáso] y {un mazo} [ũmːáso]. Como se ve en el sonograma de la Fig. 17.5, la nasal [m] de {humaso} tiene una duración de 81 ms. y la nasal [m] de {un maso} tiene una duración de 173 ms., lo que demuestra el claro alargamiento en el caso de dos fonemas nasales homólogos seguidos. El alargamiento que se produjo en este caso fue del 114%, un poco más que el doble. Otra vez, vale observar que el alargamiento es un fenómeno que se da en los sonidos que tienen una estructura acústica con formantes.

Como se ve en el sonograma de la Fig. 17.6, la nasal [n] de {unido} tiene una duración de 75 ms. y la nasal [n] de {un nido} tiene una duración de 278 ms., lo que demuestra otra vez el claro alargamiento en el caso de dos fonemas nasales homólogos seguidos. El alargamiento que se produjo en ese caso es de 271%, casi tres veces la duración de la consonante simple. Se puede observar que el alargamiento es un fenómeno que se da en los sonidos que tienen una estructura acústica con formantes.

La secuencia de dos fonemas vibrantes es un poco diferente de los casos anteriores. En esas secuencias, la primera palabra siempre termina en el archifonema /R/ y la segunda siempre comienza con el fonema vibrante múltiple sonoro /r/, que fonotácticamente es el único fonema vibrante que se da en posición inicial de palabra. En este caso de dos vibrantes homólogas, la cuestión de alargamiento es nula porque en posición

17.6 Sonogramas de {unido} y {un nido} demostrando el alargamiento en el caso de los fonemas homólogos /N/ más /n/.

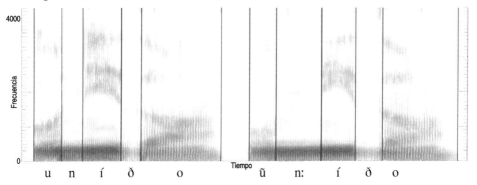

inicial de palabra, el alófono vibrante múltiple sonoro [r] por sí solo puede tener dos o más vibraciones, con un promedio de entre tres a cuatro. En el caso de dos vibrantes homólogas no se incrementa sistemáticamente el sonido [r] resultante. Ese hecho se puede constatar al comparar las secuencias de {me río} y {ser río}. La Fig. 17.7 contiene un sonograma que demuestra ese fenómeno.

Como se ve en la Fig. 17.7, la vibrante múltiple [r] de {me río} contiene seis vibraciones con una duración de 158 ms. y la vibrante múltiple [r] de {ser río} contiene cinco vibraciones con una duración de 131 ms. Cualquier diferencia de número de toques o de duración del sonido no altera el hecho de que el sonido sea un vibrante múltiple. La clave es que no hay alargamiento con fonemas homólogos vibrantes. Un vibrante múltiple, sea la representación de un solo fonema o de dos fonemas, puede variar en el número de toques de la lengua y en su duración, con tal que tenga por lo menos dos toques.

El Cuadro 17.1 también da ejemplos de los fonemas /θ/ y /x/ como secuencias de consonantes homólogas. El fonema /θ/ se da en pocos dialectos y el fonema /x/ se da asistemáticamente en posición final de pocas palabras. En todo caso, sin embargo, esas combinaciones no producen alargamiento consonántico, puesto que los dos casos son de consonantes fricativas.

Hasta ahora, todos los ejemplos que se han presentado, han sido entre dos palabras. Sin embargo, como ya se mencionó antes, el fenómeno puede darse entre morfemas de la misma palabra. Sistemáticamente,

todos los casos de secuencias de dos fonemas consonánticos homólogos entre dos morfemas de la misma palabra se tratan de la secuencia de dos fonemas nasales. El resultado fonético sigue las mismas reglas ya expuestas, es decir, la secuencia de dos fonemas nasales homólogos produce una consonante nasal alargada. Ejemplos incluyen {conmigo} /koN+mígo/ [kõm:íɣo], {dennos} /déN+nos/ [dén̄:os], {enmendar} /eN+mendáR/ [ẽm:ẽn̪dár] y {ennoblecer} /eN+noblesér/ [ẽn:oβlesér].

Hay otro caso no sistemático de consonantes homólogas que se dan solamente entre morfemas dentro de una sola palabra, pero los ejemplos son muy escasos. Esto ocurre con el fonema /b/ en poquísimas palabras, siendo todas cultismos. El único ejemplo común es la palabra {obvio} que morfológicamente se trata de la combinación de la preposición latina {ob} y la raíz {vía} resultando en la palabra española /ob+bio/. En este caso la solución fonética sigue la regla general y resulta en la simplificación consonántica típica de las fricativas /b/ + /b/ = [β], produciendo el resultado fonético [óβjo]. Las únicas otras palabras se forman con el prefijo {sub}, como {subvalorar} y {subvención}.

Pistas pedagógicas

La principal pista pedagógica para las consonantes homólogas es que las consonantes se funden en una sola consonante. A esa generalización hay que agregar un matiz: si

17.7 Sonogramas de {me río} y {ser río} demostrando la falta de alargamiento en el caso de los fonemas homólogos /R/ más /r/.

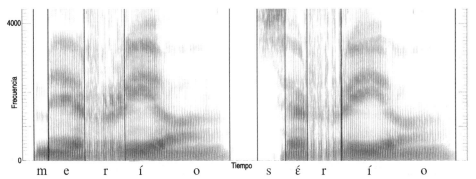

Fonema inglesa	Consonante simple	Consonantes homólogas
/f/	the fun [ðəfʌ́n]	enough fun [inʌ́fːʌ́n]
/θ/	within [wɪθín]	with thin [wɪθːín]
/s/	the sea [ðəsíi̯]	this sea [ðísːíi̯]
/p/	the pin [ðəpʰín]	sharp pin [ʃɑ́ɹpːʰín]
/t/	why tie [hwái̯tʰái̯]	white tie [hwái̯tːʰái̯]
/d/	the dog [ðədɑ́g˺]	dead dog [déدːɑ́g˺]
/l/	the ladder [ðəlǽdɹ̩]	tall ladder [tʰɑ́lːǽdɹ̩]
/n/	two nights [tʰúu̯nái̯ts]	ten nights [tʰénːái̯ts]
/r/	it's real [íts.ɹíi̯ɫ]	for real [fɔ́ɹːíi̯ɫ]

17.8 La solución fonética para las consonantes homólogas en inglés, indicando el alargamiento de las consonantes homólogas.

la consonante es lateral o nasal, el resultado fonético es una consonante alargada.

Es importante observar que la solución fonética para las consonantes homólogas en inglés es bastante diferente de la solución en español. La solución en inglés es siempre el alargamiento de la consonante. Esto se puede ver al comparar las series de palabras inglesas en el Cuadro 17.8. Debido al alargamiento sistemático del inglés, el alumno de habla inglesa tiende a alargar todas las consonantes homólogas en español.[4] ◀€

Otra tendencia del alumno de habla inglesa al aprender español es la de separar las consonantes homólogas, pensando erróneamente que hay que haber una separación entre las palabras. Eso lo hace mediante la intercalación de un golpe de glotis [ʔ], semejante a lo que suele producirse entre las vocales homólogas en inglés, por ejemplo {for real} [fɔ́ɹʔɹíi̯ɫ], como demuestra el siguiente gráfico:

Consejos prácticos

El anglohablante que quiere adquirir una buena pronunciación de las secuencias de consonantes homólogas del español debe:

- producir siempre la fusión consonántica entre consonantes homólogas;
- evitar el alargamiento consonántico salvo en el caso de las consonantes laterales y nasales;
- evitar la interferencia negativa del inglés que resulta en la intercalación de un golpe de glotis [ʔ] entre las consonantes homólogas.

Secuencias consonánticas tautosilábicas

Una secuencia **tautosilábica** consiste en dos consonantes que pertenecen a la misma sílaba. La palabra *tautosilábico* en sí se forma del prefijo griego *tauto* que quiere decir "el mismo" y la palabra "silábico". Las secuencias tautosilábicas pueden darse tanto en el ataque silábico como también en la coda. Cuando la secuencia se da en el ataque silábico, o sea en posición explosiva, la sílaba contendrá dos consonantes ante el núcleo vocálico: $CCV. Cuando la secuencia se da en la coda silábica, o sea en posición implosiva, la sílaba contendrá dos consonantes después del núcleo vocálico: VCC$.

Consonantes tautosilábicas en el ataque

Como se presentó en el Capítulo 10 sobre la fonotáctica, las únicas secuencias de dos consonantes en el ataque silábico, sea en posición inicial de palabra o en posición inicial de sílaba interior de palabra, son combinaciones de un fonema oclusivo o el fonema /f/ más un fonema líquido, o sea /l/ o /ɾ/. De todas las posibles combinaciones, hay solo dos que no ocurren: /tl/ y /dl/. Esas posibilidades se representan en el Cuadro 17.9, repetido del Capítulo 10.

Pistas pedagógicas para grupos consonánticos iniciales con /l/

Al producir los grupos consonánticos iniciales con /l/, hay que recordar que el sonido español [l] se difiere del sonido inglés [l], como se explicó con detalles en el Capítulo 16. En el Cuadro 16.12 de ese capítulo se resumen las diferencias. En español, el sonido [l] se produce con el ápice y la prelámina de la lengua y la lengua se encorva longitudinalmente hacia los alvéolos y lateralmente hacia las encías laterales. Comparado con el inglés, el sonido [l] del español se produce con menos contacto en los alvéolos y más contacto en las encías laterales. También se produce con más tensión articulatoria entre la lengua y el techo de la boca.

Además de las indicaciones generales sobre la pronunciación del sonido [l], hay ciertos grupos que merecen atención especial. Uno de esos casos es con un sonido oclusivo inicial sordo. En inglés esos grupos resultan en un sonido lateral alveolar ensordecido [l̥], como en las palabras {play} [pl̥éi̯] y {climb} [kl̥ái̯m]. Ese ensordecimiento es el equivalente de la aspiración del inglés que ocurre tras consonantes oclusivas sordas iniciales como en la palabra {pie} [pʰái̯], en que el sonido después de la oclusiva sorda comienza con un ensordecimiento o vocalización retardada. No existe ese fenómeno en español, y el estudiante tiene que tener cuidado para producir el sonido lateral alveolar sonoro tras esas consonantes: {playa} [plája], {clima} [klíma].[5] 🔈 En estos grupos españoles, la vocalización comienza con la abertura de la oclusiva; es decir, el VOT=0.

Otros grupos que merecen atención especial son los que comienzan con un fonema oclusivo inicial sonoro. Con esos grupos hay que recordar la regla de distribución complementaria de los fonemas /b/ y /g/. Según esa regla, se producen las secuencias [bl] y [gl] después de pausa y después de nasal, pero en todos los demás lugares, se deben producir las secuencias [βl] y [ɣl] como en las frases [laβlúsa] {la blusa} y [ɛlɣlóβo] {el globo}.[5] 🔈 Son esas secuencias de fricativa más /l/ que el estudiante debe practicar evitando la producción de una oclusiva más /l/.

El grupo [fl] no presenta ningún problema especial, siendo muy parecido al inglés con la excepción de la pronunciación del sonido [l] ya comentado.

17.9 Grupos consonánticos en el ataque.

/p t k/ /b d g/ /f/ oclusiva o /f/ (obstruyente)	/l/ /ɾ/ líquida (sonorante)
pl	pɾ
tl ✖	tɾ
kl	kɾ
bl	bɾ
dl ✖	dɾ
gl	gɾ
fl	fɾ

Pistas pedagógicas para grupos consonánticos iniciales con /ɾ/

Al producir los grupos consonánticos iniciales con /ɾ/, hay que recordar que el sonido español [ɾ] es un sonido vibrante simple alveolar sonoro que es muy diferente del sonido aproximante alveolar inglés [ɹ] que se da en los grupos semejantes del inglés. Es muy importante que el estudiante practique la pronunciación del vibrante simple en este contexto.

Como en el caso de los grupos con /l/, hay ciertos grupos con /ɾ/ que merecen atención especial. Uno de esos casos es con un sonido oclusivo inicial sordo. En inglés esos grupos resultan en un sonido aproximante alveolar ensordecido [ɹ̥], como en las palabras {pray} [pɹ̥éi̯] y {crime} [kɹ̥ái̯m]. Este ensordecimiento es el equivalente de la aspiración del inglés que ocurre tras consonantes oclusivas sordas iniciales como en la palabra {pie} [pʰái̯], en que el sonido después de la oclusiva sorda comienza con un ensordecimiento o vocalización retardada. No existe ese fenómeno en español, y el estudiante tiene que tener cuidado de producir el sonido vibrante simple alveolar sonoro tras esas consonantes: {prada} [pɾáða], {cruz} [kɾús].[6] ◀≋

Otros grupos que merecen atención especial son los que comienzan con un fonema oclusivo inicial sonoro. Con esos grupos hay que recordar también la regla de distribución complementaria de los fonemas /b/, /d/ y /g/. Según esa regla, se producen las secuencias [bɾ] y [gɾ] después de pausa y después de nasal y la secuencia [dɾ] después de pausa, después de nasal, como también después de lateral. En todos los demás lugares, se deben producir las secuencias [βɾ], [ðɾ] y [ɣɾ] como en las frases [laβɾáβa] {la brava}, [laðɾóɣa] {la droga} y [laɣɾásja] {la gracia}.[6] ◀≋ Son esas secuencias de fricativa más /ɾ/ que el estudiante debe practicar evitando la producción de una oclusiva más /ɾ/.

De los grupos consonánticos iniciales, son los sonidos fricativos sonoros [β ð ɣ] más vibrante simple [ɾ] los que le presentan más problemas al estudiante anglohablante. Sobre todo, el estudiante tiene que concentrarse en producir un sonido fricativo y no un sonido oclusivo, que es el sonido que

ocurriría en ese contexto en inglés. También el estudiante tiene que recordarse de producir el vibrante simple y no un aproximante alveolar, que es el sonido propio del inglés en ese contexto.

El grupo [ðɾ] suele presentar, en especial, cierta dificultad. Para producir bien este grupo, hay que recordar que la fricativa es interdental. La mejor manera de aprender a producir bien esa secuencia es de extender el ápice de la lengua por entre los dientes. Después de producir el sonido fricativo [ð], se retrae la lengua hacia adentro levantando el ápice de la lengua, que toca rápidamente los alvéolos en el paso a la siguiente vocal.

El grupo [fɾ] es menos problemático que el grupo [ðɾ], desde que no interviene la lengua en la producción del sonido [f]. Sin embargo, hay evitar la tendencia de producir la secuencia ensordecida [fɹ̥] del inglés.

Consonantes tautosilábicas en la coda

Como se presentó en el Capítulo 10 sobre la fonotáctica, las únicas secuencias de dos consonantes en la coda silábica son combinaciones de los fonemas /b d k/ o los archifonemas /N R/ seguido del /s/. Esas posibilidades se representan en el Cuadro 17.10, repetido del Capítulo 10.

Los grupos consonánticos tautosilábicos en la coda se dan exclusivamente en posición final de sílaba interior de palabra puesto que fonotácticamente las palabras españolas no pueden terminar en dos consonantes. Ejemplos de esas secuencias son *transporte*, *perspectiva*, *obstante*, *adstrato*, *exacto*.[7] ◀≋

Pistas pedagógicas

Las combinaciones de grupos consonánticos tautosilábicos en la coda no presentan problemas serios, sin embargo hay que considerar que según las reglas de distribución complementaria los grupos /bs/ y /ds/ deberán producirse siempre con alófonos fricativos, es decir, [βs] y [ðs].

/N R/		/s/
/b d k/		
archifonema /N R/ (sonorante) oclusiva /b d k/ (obstruyente)		fricativa /s/ (obstruyente)

Ns Rs

bs ds ks

17.10 Grupos consonánticos en la coda.

Secuencias de consonantes heterosilábicas

Una secuencia de consonantes **heterosilábicas** consiste en dos consonantes contiguas que pertenecen a dos sílabas diferentes. La palabra heterosilábico en sí se forma del prefijo griego *hetero* que quiere decir "otro de dos, diferente" y la palabra "silábico". Las secuencias heterosilábicas pueden darse tanto dentro de una sola palabra (C\$C) como también entre dos palabras (C#C).

Consonantes heterosilábicas dentro de la palabra

Como se presentó en el Capítulo 10 sobre la fonotáctica, en posición final de sílaba interior de palabra, se dan todos los fonemas consonánticos con la excepción de /j ʃ ʎ x ɲ/. Además, hay que recordar que en posición silábica implosiva, los fonemas nasales /m n/ y los fonemas vibrantes /ɾ r/ se neutralizan, resultando en los archifonemas /N/ y /R/ respectivamente. Por otro lado, en posición inicial de sílaba interior de palabra se dan todos los fonemas, pero después de una consonante final de sílaba no se dan los fonemas /ɾ ɲ/.

Son doce consonantes las que pueden darse en posición final de sílaba interior de palabra y diecisiete las que pueden darse en posición inicial de sílaba interior de palabra. Exceptuando las combinaciones de consonantes homólogas, entonces, son

teóricamente 196 posibles secuencias de C\$C. De todas esas posibles secuencias, aun contando ejemplos de cultismos y extranjerismos, hay solamente 109 que se presentan en palabras españolas; es decir, se da solamente el 56% de las posibles secuencias.

Hay dos motivos por los cuales se limitan las combinaciones consonánticas heterosilábicas. El primero tiene que ver con la estructura silábica del español, que se comentará más a fondo en el próximo capítulo. Basta decir por ahora que el español prefiere una estructura silábica CV/CV/CV. Históricamente, entonces, las secuencias consonánticas heterosilábicas tendieron a eliminarse, los que sobrevivieron siendo anomalías fonotácticas. Sin embargo, todavía existen algunos vocablos cultos o semicultos que mantienen tales secuencias de la palabra fuente. Como ya se ha explicado, los cultismos son palabras de uso académico o eclesiástico que se han integrado al español en una época tardía y que no se han adaptado totalmente al sistema fonológico del español. A veces existen dobletes que son dos palabras que vienen de la misma raíz, una que es cultismo y una que sí se ha adaptado al sistema fonológico del español, habiendo perdido la secuencia C\$C. Ejemplos incluyen advocar/abogar, afección/afición, respecto/respeto, signo/sino, objecto/ objeto.

Las secuencias consonánticas heterosilábicas se dan tanto en palabras fonotácticamente sistemáticas como en cultismos (o semicultismos) con estructuras fonotácticas clásicas del latín o de otros idiomas extranjeros. Hay también algunas secuencias que simplemente no se dan. Las siguientes dos secciones presentan los posibles encuentros consonánticos heterosilábicos con ejemplos de palabras que contienen las secuencias indicadas. Primero se examinan las secuencias heterosilábicas en que la segunda sílaba comienza con un obstruyente. Segundo se examinan las secuencias heterosilábicas en que la segunda sílaba comienza con un sonorante.

Secuencias consonánticas heterosilábicas en que la segunda sílaba comienza con obstruyente

El Cuadro 17.11 presenta las secuencias en que el segundo elemento, es decir, el elemento inicial de la segunda sílaba, es obstruyente.[8] ◀┊ Es de notar que algunas secuencias no ocurren; las secuencias inexistentes se representan mediante el símbolo " ✽ ". Las células del cuadro que corresponden a secuencias de consonantes idénticas están indicados en color negro, ya que se tratan de secuencias de consonantes homólogas, que ya se presentaron en una sección anterior. La fila y la columna que corresponden al fonema /θ/ se encuentran sombreadas, ya que es fonema que ocurre en limitados dialectos.

Secuencias de fonemas oclusivos sordos ante obstruyentes. Hay solo tres secuencias consonánticas con el fonema /p/ en posición implosiva representadas por las palabras {apta, opción, autopsia}; todas esas palabras son obviamente cultismos. Hay seis secuencias consonánticas con el fonema /t/ en posición implosiva. De esos seis ejemplos, tres son extranjerismos {fútbol, hertzio, pizza} y tres contienen el prefijo arcaico latino *post-* {postdorso, postguerra, postfijo}, que hoy día suele escribirse *pos-*, de acuerdo con la pronunciación hispánica. Hay cuatro secuencias consonánticas con el fonema /k/ en posición implosiva representadas por las palabras {acta, anécdota, acción, exacto}. Estos cuatro ejemplos, son todos cultismos.

En la Fig. 17.12 se presentan los sonogramas de {apta} y {acta} para demostrar lo que ocurre en español con la secuencia asistemática de dos fonemas oclusivos heterosilábicos. En los sonogramas se observa una oclusión alargada en ambas palabras que corresponde a las secuencias de los fonemas /pt/ y /kt/ respectivamente. Como se puede ver en la Fig. 17.12, para estas dos secuencias hay una sola interrupción en la cadena fónica; es decir, la primera consonante no tiene una distensión. La primera consonante de cada secuencia se identifica

17.11 Cuadro de las posibles secuencias consonánticas heterosilábicas (C$C) en que la segunda sílaba comienza con obstruyentes. La primera columna cabecera contiene todas las consonantes en las que se puede terminar una sílaba dentro de una palabra. La primera fila cabecera contiene todas las consonantes obstruyentes en las que se puede empezar una sílaba dentro de una palabra. Las células en color negro indican consonantes idénticas. Las células con una "✽" indican secuencias inexistentes. Las células sombreadas representan el fonema /θ/ que solo se da en ciertos dialectos.

C↓$C→	/p/	/t/	/k/	/b/	/d/	/g/	/f/	/θ/	/s/	/ʝ/	/x/	/ʤ/
/p/		apto	✽	✽	✽	✽	✽	opción	autopsia	✽	✽	✽
/t/	✽		✽	fútbol	postdorso	postguerra	postfijo	hertzio	pizza	✽	✽	✽
/k/	✽	acto		✽	anécdota	✽	✽	acción	exacto	✽	✽	✽
/b/	subpolar	obtener	subcapa		abdicar	subgrupo	subfilo	obcecar	absolver	✽	subgénero	✽
/d/	adpreso	✽	vodca	✽		✽	✽	✽	adscribir	adyacente	adjetivo	✽
/g/	✽	✽	✽	✽	amígdala		✽	✽	✽	✽	✽	✽
/f/	✽	afta	✽	✽	✽	afgano		✽	✽	✽	✽	✽
/θ/	gazpacho	azteca	conozco	cabizbajo	lezda	hallazgo	✽		✽	✽	✽	✽
/s/	aspa	hasta	pesca	presbítero	desde	rasgo	asfalto	escena		✽	✽	✽
/N/	campo	anta	ancas	ambos	andar	tengo	linfa	lienzo	cansa	cónyuge	canje	ancho
/l/	felpa	alto	alcanzar	alba	aldea	algo	alfalfa	alción	falso	✽	álgebra	colcha
/R/	harpa	arte	arco	árbol	ardor	argamasa	morfema	zarza	curso	✽	forjar	parcha

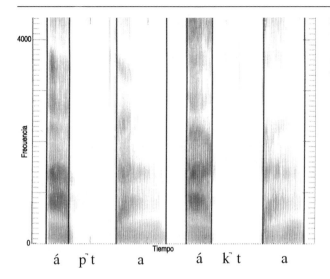

17.12 Sonograma de {apta} y {acta}. Las dos consonantes heterosilábicas oclusivas se interpretan por las transiciones vocálicas.

á p̚t   a   á k̚t   a

por la transición vocálica al final de la vocal inicial [á]. Se puede notar, por ejemplo, que en la palabra [áp̚ta] los primeros dos formantes de [á] caen en la transición hacia [p], indicando que la siguiente consonante es bilabial. Se nota también que en la palabra [ák̚ta] se funden el segundo y tercer formantes de [á] en la transición hacia [k], indicando que la siguiente consonante es velar. En ambos casos la segunda consonante de cada secuencia es la oclusiva dental [t], lo que se indica por el primer formante que sube en la transición hacia la vocal [a] y por el segundo formante que es plano. En la producción de esas secuencias se forma

la primera oclusión y sin que haya una distensión se transfiere la oclusión al lugar de articulación de la segunda consonante, desde la cual se produce la distensión.

En la Fig. 17.13 se presenta el sonograma de la palabra {acción} para demostrar una secuencia heterosilábica de oclusiva más fricativa [ks]. Se puede observar que la oclusiva velar se interpreta mediante la fusión del segundo y tercer formantes al final de la vocal inicial. La consonante fricativa alveolar se distingue por la gama de la energía acústica esparcida arriba de 1600 Hz en el sonograma.

Secuencias de fonemas oclusivos sonoros ante obstruyentes. Existen nueve secuencias

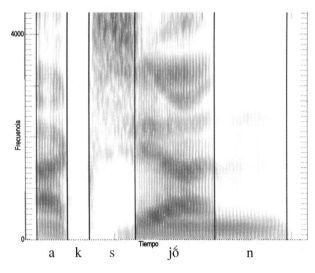

17.13 Sonograma de {acción}. En la secuencia heterosilábica [ks], la oclusiva se interpreta por la transición vocálica y la fricativa por su energía acústica esparcida.

a   k   s   jő   n

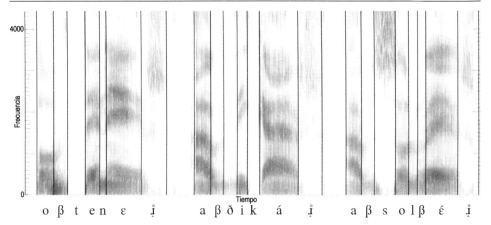

17.14 Sonograma de {obtener}, {abdicar}, y {absolver}.

consonánticas con el fonema /b/ en posición implosiva, representadas por las palabras {subpolar, obtener, subcapa, abdicar, subgrupo, subfilo, obcecar, absolver, subgénero}; todas esas palabras son palabras bimorfemáticas, es decir, se forman de dos morfemas, en este caso son palabras compuestas de una preposición latina más la raíz principal. Existen cinco secuencias consonánticas con el fonema /d/ en posición implosiva. De esos cinco ejemplos, cuatro son bimorfemáticos {adpreso, adscribir, adyacente, adjetivo} y uno es extranjerismo {vodca}. Hay solo una secuencia consonántica con el fonema /g/ en posición implosiva representada por las palabra {amígdala}, que es cultismo. La Fig. 17.14 contiene sonogramas de las palabras {obtener}, {abdicar} y {absolver}, en que se pueden identificar las dos consonantes heterosilábicas por sus distintas características acústicas. Es de notar que en esas secuencias, los fonemas iniciales oclusivos sonoros se realizan como fricativos. En esos casos el primer sonido de esas secuencias es el sonido [β] y el segundo sonido de esas secuencias es o el sonido oclusivo sordo [t], o el sonido fricativo sonoro [ð] o el sonido fricativo sordo [s].

Secuencias de fonemas fricativos sordos ante obstruyentes. Hay solo dos secuencias consonánticas con el fonema /f/ en posición implosiva, pero hay que tomar en cuenta que es uno de los fonemas menos frecuentes del español. Ejemplos de palabras incluyen la palabra culta {afta} y el extranjerismo {afgano}. Hay seis secuencias consonánticas

con el fonema /θ/ en posición implosiva. De esos seis ejemplos, cuatro son sistemáticos {gazpacho, conozco, lezda, hallazgo}, uno es bimorfemático {cabizbajo} y uno es extranjerismo {azteca}. Hay ocho secuencias consonánticas con el fonema /s/ en posición implosiva. De esas ocho secuencias, cuatro son sistemáticas {hasta, pesca, desde, rasgo} y cuatro se dan en cultismos o semicultismos {aspa, presbítero, asfalto, escena}. La Fig. 17.15 contiene sonogramas de las palabras {hasta} y {pesca}, en que se pueden identificar las dos consonantes heterosilábicas por sus distintas características acústicas. La primera consonante es la fricativa [s] y la segunda es una oclusiva sorda, cuyo lugar de articulación se identifica por la transición a la siguiente vocal. La Fig. 17.16 contiene sonogramas de las palabras {desde} y {rasgo}. La primera consonante es la fricativa sonora [s̬] y la segunda es otra fricativa sonora, que se identifica por su patrón de energía débil y esparcida arriba de 3000 Hz y por las estrías verticales.

Secuencias de fonemas sonorante ante obstruyentes. Hay doce secuencias consonánticas con el archifonema /N/ en posición implosiva, es decir, se da en todos los posibles contextos. De las doce secuencias posibles, hay once secuencias sistemáticas ejemplificadas por las palabras {campo, anta, ancas, ambos, andar, tengo, linfa, lienzo, cansa, canje, ancho}; hay una secuencia que solo se da en palabras bimorfemáticas como en la palabra {cónyuge}. Hay once secuencias consonánticas con el fonema /l/ en posición implosiva. Se da en

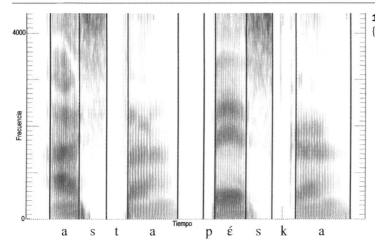

17.15 Sonograma de {hasta} y {pesca}.

a   s   t   a   p   é   s   k   a

todas las posiciones salvo ante el fonema fricativo palatal sonoro [ʝ]: {felpa, alto, alcanzar, alba, aldea, algo, alfalfa, alción, falso, álgebra, colcha}. Hay también once secuencias consonánticas con el archifonema /R/ en posición implosiva. Se da en todas las posiciones salvo ante el fonema fricativo palatal sonoro como ejemplifican las palabras {arpa, arte, arco, árbol, ardor, argamasa, morfema, zarza, curso, forjar, parcha}. La Fig. 17.17 contiene sonogramas de las palabras {arpa} y {zarza}. La primera consonante de la secuencia heterosilábica es una vibrante múltiple sonora [r] en que se pueden ver dos toques de la lengua (indicados por la falta de energía acústica) y entre los toques, una separación de la lengua de los alvéolos (indicada por energía acústica que parece vocálica). Después sigue la oclusiva o fricativa.

El Cuadro 17.18 resume los datos de las posibles secuencias consonánticas heterosilábicas basados en el Cuadro 17.11. Los datos presentan el porcentaje de las posibles secuencias consonánticas heterosilábicas que se dan en los distintos tipos de palabras ante obstruyentes. Los tipos de palabras incluyen palabras sistemáticas, cultas, bimorfemáticas y extranjeras. Los fonemas implosivos, en que termina la primera sílaba, se dividen entre fonemas oclusivos sordos, oclusivos sonoros, fricativos sordos y sonorantes.

Como se puede observar en el Cuadro 17.18, las secuencias consonánticas heterosilábicas con consonantes oclusivas en posición implosiva no son sistemáticas; se dan exclusivamente en el caso de cultismos, en palabras bimorfemáticas o en palabras

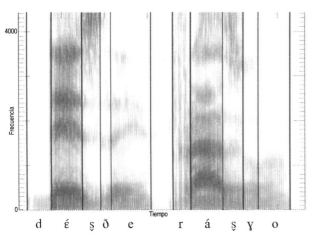

17.16 Sonograma de {desde} y {rasgo}.

d   é   s̬   ð   e   r   á   s̬   ɣ   o

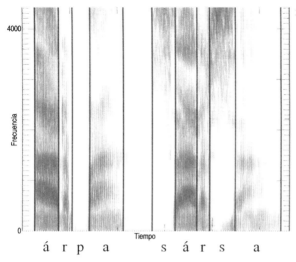

4000

Frecuencia

0

Tiempo

á r p a   s á r s   a

17.17 Sonograma de {arpa} y {zarza}.

extranjeras. Lo que es más, hay relativamente pocas palabras que contienen esas secuencias. En la categoría de consonantes oclusivas sonoras en posición implosiva, el hecho de que haya un porcentaje alto de secuencias que se dan en palabras bimorfemáticas se explica por la cantidad de prefijos latinizantes que combinan con otras raíces, por ejemplo, *ob-*, *sub-*, *ab-*, *ad-*.

En cuanto a las secuencias consonánticas heterosilábicas con consonantes fricativas en posición implosiva, se puede notar que el 24% de las posibles secuencias se da en palabras sistemáticas. Si se exceptuara el fonema /f/ de las estadísticas por ser un fonema poco frecuente, el porcentaje sube al 36%. Si se incluyen también los casos de cultismos y

palabras bimorfemáticas, el porcentaje sube al 55%.

La correlación entre la categoría "sonorantes" y secuencias sistemáticas es muy alta; se da el 91% de las posibles secuencias consonánticas cuando la primera sílaba termina en fonema consonántico sonorante. Es más, solo el 6% de las posibles secuencias resultan ser inexistentes.

Secuencias consonánticas heterosilábicas en que la segunda sílaba comienza con sonorante

El Cuadro 17.19 presenta las secuencias en que el segundo elemento, es decir, el elemento inicial de la segunda sílaba, es

17.18 El porcentaje de las posibles secuencias consonánticas heterosilábicas que se dan en los distintos tipos de palabras ante obstruyentes.

CATEGORÍA DE LA CONSONANTE IMPLOSIVA (C$) ANTE OBSTRUYENTES	NÚMERO DE POSIBLES SECUENCIAS	% DE SECUENCIAS SISTEMÁTICAS	% DE SECUENCIAS CULTAS	% DE SECUENCIAS BIMORFEMÁTICAS	% DE SECUENCIAS QUE SOLO SE DAN EN EXTRANJERISMOS	% DE SECUENCIAS INEXISTENTES
Oclusivas sordas	33	0%	21%	9%	9%	61%
Oclusivas sonoras	33	0%	3%	39%	3%	55%
Fricativas sordas	33	24%	15%	3%	6%	52%
Sonorantes	36	91%	0%	3%	0%	6%

17.19 Secuencias consonánticas heterosilábicas en que la segunda sílaba comienza con sonorante. Las células en color negro indican consonantes idénticas. Las células con una "✹" indican secuencias inexistentes. Las células sombreadas representan los fonemas /θ/ y /ʎ/ que solo se dan en ciertos dialectos. Las células tachadas con una equis representan secuencias tautosilábicas iniciales de sílaba.

C↓$C→	/m/	/n/	/l/	/ʎ/	/r/
/p/	✹	hipnotizar	inicial	✹	inicial
/t/	ritmo	étnico	atlas	✹	inicial
/k/	dracma	acne	inicial	✹	inicial
/b/	submarino	abnegar	inicial	✹	inicial
/d/	admirar	adnado	✹	✹	inicial
/g/	dogma	digno	inicial	✹	inicial
/f/	✹	✹	inicial	✹	inicial
/θ/	diezmo	gozne	✹	✹	lazrar
/s/	mismo	cisne	isla	✹	disruptivo
/N/	conmigo	ennoblece	enlatar	conllevar	honrar
/l/	alma	balneario	■	✹	alrededor
/R/	armar	horno	orlar	✹	■

sonorante.[9] ◄ᛒ Es de notar que son pocas las secuencias que no ocurren con la notable excepción del fonema /ʎ/; las secuencias inexistentes se representan en el cuadro mediante el símbolo "✹". Las células del cuadro que corresponden a secuencias de consonantes idénticas están indicadas en color negro, ya que se trataron de las secuencias de consonantes homólogas en una sección anterior. La fila y la columna que corresponden a los fonemas /θ/ y /ʎ/ se encuentran sombreadas, ya que son fonemas que ocurren en limitados dialectos. Hay también unas células con la palabra "inicial" y tachadas con una equis. Esto es para explicar el caso de la secuencia de /pl/, por ejemplo, que no es una secuencia heterosilábica, sino que es un grupo tautosilábico inicial de sílaba.

Secuencias de fonemas oclusivos sordos ante sonorantes. La secuencia /pn/ es la única secuencia consonántica con el fonema /p/ en posición implosiva, como en las palabras {hipnotizar, apnea}; las palabras que contienen esa secuencia son todas cultismos. Hay que recordar que las secuencias /pl/ y /pr/ son grupos tautosilábicos y no heterosilábicos. Con el fonema /t/ en posición implosiva, se dan tres secuencias representadas por las palabras {ritmo, étnico, atlas}; otra vez son todas palabras cultas. Es de notar que la

secuencia /tl/ forma un grupo heterosilábico [át.las], mientras la secuencia /tr/ es una secuencia tautosilábica [a.trás]. Hay dos secuencias consonánticas con el fonema /k/ en posición implosiva representada por las palabras {dracma, acne}; las palabras que contienen esa secuencia son todas cultismos o extranjerismos. Hay que recordar que las secuencias /kl/ y /kr/ son grupos tautosilábicos y no heterosilábicos. La Fig. 17.20 contiene sonogramas de las palabras {ritmo} y {atlas}. La primera consonante de la secuencia heterosilábica es una oclusiva sorda sin distensión [t̚] en que se puede notar la ausencia de una distensión de la oclusiva ante el comienzo de la consonante nasal o lateral.

Secuencias de fonemas oclusivos sonoros ante sonorantes. Hay dos secuencias consonánticas con el fonema /b/ en posición implosiva, representadas por las palabras {submarino, abnegar}; todas esas palabras son palabras bimorfemáticas, es decir, se forman de dos morfemas, en este caso son palabras compuestas de una preposición latina más la raíz principal. Hay que recordar que las secuencias /bl/ y /br/ son grupos tautosilábicos y no heterosilábicos. Hay también dos secuencias consonánticas con el fonema /d/ en posición implosiva, representadas por las palabras {admirar, adnado}; en ambos casos

17.20 Sonograma de {ritmo} y {atlas}.

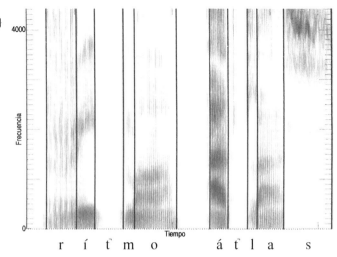

las palabras son bimorfemáticas. Es de notar que la secuencia /dl/ no existe dentro de una palabra, mientras la secuencia /dɾ/ es una secuencia tautosilábica. Hay también dos secuencias consonánticas con el fonema /g/ en posición implosiva ante sonorantes, representadas por las palabras {dogma, digno}, que son cultismos. La Fig. 17.21 contiene sonogramas de las palabras {abnegar} y {admirar}. Se ve que la primera consonante de la secuencia heterosilábica es una fricativa sonora ante el comienzo de la consonante nasal.

Secuencias de fonemas fricativos sordos ante sonorantes. No ocurren secuencias consonánticas con el fonema /f/ en posición implosiva ante sonorantes. Hay que recordar que las secuencias /fl/ y /fɾ/ son grupos tautosilábicos y no heterosilábicos. Hay tres secuencias consonánticas con el fonema /θ/ en posición implosiva, representadas por las palabras {diezmo, gozne, lazrar}, siendo palabras sistemáticas. Hay cuatro secuencias consonánticas con el fonema /s/ en posición implosiva, representadas por las palabras {mismo, cisne, isla}, siendo palabras sistemáticas, y la palabra bimorfemática {disruptivo}. La Fig. 17.22 contiene sonogramas de las palabras {mismo} y {disruptivo}. Se ve que en estas secuencias, la primera consonante es la fricativa alveolar sonora [ẓ] ante una consonante sonorante.

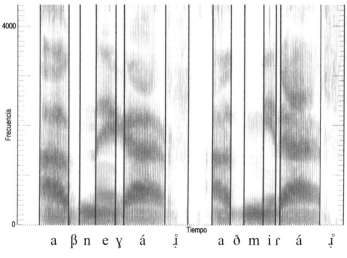

17.21 Sonograma de {abnegar} y {admirar}.

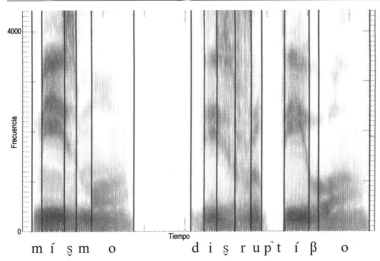

17.22 Sonograma de {mismo} y {disruptivo}.

Secuencias de fonemas sonorantes ante sonorantes diferentes. Hay cinco secuencias consonánticas con el archifonema /N/ en posición implosiva, es decir, se da en todos los posibles contextos. De las cinco secuencias posibles, hay solo una secuencia sistemática ejemplificada por la palabra {honrar}; hay cuatro secuencias que solo se dan en palabras bimorfemáticas como en las palabras {enlatar, conllevar, conmigo, ennoblece}. Los últimos dos ejemplos resultan tener secuencias fonéticamente homólogas. Hay tres secuencias consonánticas con el fonema /l/ en posición implosiva. De las tres secuencias que se dan, hay secuencias sistemáticas, ejemplificadas por las palabras {alma, balneario} y una secuencia que solo se da en palabras bimorfemáticas como en la palabra {alrededor}. Hay también tres secuencias consonánticas con el archifonema /R/ en posición implosiva. Son sistemáticas las tres secuencias, que se ejemplifican con las palabras {armar, horno, orlar}. La Fig. 17.23 contiene sonogramas de las palabras {honrar}, {alrededor} y {horno}. Se ve que en esos contextos el sonograma de los dos elementos de esas secuencias heterosilábicas se parecen a los sonogramas de esos sonidos en posición intervocálica.

El Cuadro 17.24 resume los datos de las posibles secuencias consonánticas heterosilábicas basados en el Cuadro 17.19. Los datos presentan el porcentaje de posibles secuencias consonánticas heterosilábicas que se

dan en los distintos tipos de palabras ante sonorantes. Los tipos de palabra incluyen palabras sistemáticas, cultas, bimorfemáticas y extranjeras. Los fonemas implosivos, en que termina la primera sílaba, se dividen entre fonemas oclusivos sordos, oclusivos sonoros, fricativos sordos y sonorantes.

Como se puede observar en el Cuadro 17.24, las secuencias consonánticas heterosilábicas con consonantes oclusivas en posición implosiva no son sistemáticas; se dan exclusivamente en el caso de cultismos, en palabras bimorfemáticas o en palabras extranjeras. En la categoría de consonantes oclusivas sonoras en posición implosiva, el hecho de que haya un porcentaje alto de secuencias que se dan en palabras bimorfemáticas se explica por la cantidad de prefijos latinizantes que combinan con otras raíces, por ejemplo, *ob-, sub-, ab-, ad-*. El alto porcentaje de secuencias tautosilábicas es porque las secuencias de los fonemas oclusivos /p t k b d g/ mas los fonemas líquidos /l/ o /ɾ/ (con la excepción de /t/ + /l/ y /d/ + /l/) forman grupos consonánticos iniciales de sílaba. En todos los casos, el mayor número de las secuencias inexistentes serían combinaciones con el fonema /ʎ/.

En cuanto a las secuencias consonánticas heterosilábicas con consonantes fricativas en posición implosiva, se puede notar que el 47% de las posibles secuencias se da en palabras sistemáticas. El fonema /f/ no se da en posición implosiva ante sonorantes. El

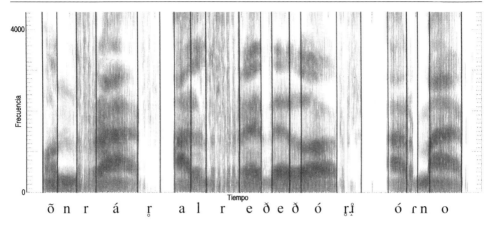

17.23 Sonograma de {honrar}, {alrededor}, y {horno}.

alto porcentaje de secuencias inexistentes es porque el fonema /ʎ/ no se da en posición explosiva después de fricativas y el fonema /θ/ no se da en posición implosiva ante laterales.

El 47% de las posibles secuencias consonánticas heterosilábicas con consonantes sonorantes en posición implosiva son sistemáticas. El alto porcentaje (38%) de las secuencias que se dan en palabras bimorfemáticas se explica por la cantidad de prefijos latinizantes que combinan con otras raíces, por ejemplo, *en-*, *in-*, *con-*, *al-*.

Los pocos casos de la secuencia de los dos fonemas nasales /mn/, como {himno} o {amnesia}, que se dan en algunas pocas palabras cultas o semicultas, ya se trataron en el Capítulo 15. Sin embargo, vale la pena tratar el fenómeno acústicamente. Como se

puede ver en el sonograma de la Fig. 17.25, hay una clara articulación de [m] después de la vocal [í] y una clara articulación de [n] antes de la vocal [o]. Como se presentó en el Capítulo 15, los sonidos nasales se distinguen principalmente por sus ceros acústicos.

Otras posibles secuencias

Hasta ahora se han examinado solo secuencias de C$C, pero existe también la posibilidad de otras secuencias que incluyen grupos consonánticos tautosilábicos en la coda y/o en el ataque, a saber: CCC, CCC y CC$CC.

Las secuencias C$CC. Las posibilidades para la consonante simple implosiva en español incluyen doce fonemas: /p t k b d

17.24 El porcentaje de las posibles secuencias consonánticas heterosilábicas que se dan en los distintos tipos de palabras ante sonorantes.

CATEGORÍA DE LA CONSONANTE IMPLOSIVA (C$) ANTE SONORANTES	NÚMERO DE POSIBLES SECUENCIAS	% DE SECUENCIAS SISTE-MÁTICAS	% DE SECUENCIAS CULTAS	% DE SECUENCIAS BIMORFE-MÁTICAS	% DE SECUENCIAS QUE SOLO SE DAN EN EXTRANJERISMOS	% DE SECUENCIAS TAUTO-SILÁBICAS	% DE SECUENCIAS INEXISTENTES
Oclusivas sordas	15	0%	33%	0%	7%	33%	27%
Oclusivas sonoras	15	0%	13%	27%	0%	33%	27%
Fricativas sordas	15	47%	0%	0%	0%	13%	40%
Sonorantes	13	47%	0%	38%	0%	0%	15%

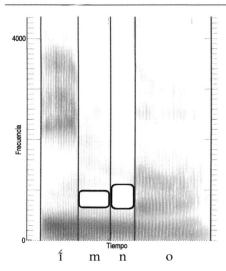

17.25 Sonograma de {himno} [ímno]. Los ceros acústicos característicos de [m] y [n] se indican mediante rectángulos.

g f θ s l N R/. Las posibilidades para los grupos consonánticos en posición explosiva son doce: /pl pr tr kl kr fl fr bl br dr gl gr/. Esto da una posibilidad de 144 secuencias de C$CC, sin embargo, 90 (el 63%) de esas posibles secuencias no se dan en español. Solo 54 (el 37%) de esas secuencias se dan en palabras del español. Las palabras que en que sí se dan secuencias del tipo C$CC incluyen palabras cultas y bimorfemáticas como también palabras comunes. En su mayoría, las palabras cultas son rebuscadas: por ejemplo, *dioptra, pecblenda, orfre, escalplo, esdrújula*. Las palabras bimorfemáticas suelen comenzar con prefijos latinos como *sub-, des-, in-, inter-*: por ejemplo, *subgrupo, despreciar, imperfecto, interglaciar*. Las palabras comunes suelen ser las con el fonema /s/ o el archifonema /N/ en posición implosiva: por ejemplo, *disfraz, escribir, esgrimir, esclarecer, ampliar, ancla, emblema, timbre, cangrejo, tendré*.

Las secuencias de CC$C. Las posibilidades para los grupos consonánticos en posición implosiva son cinco: /Ns Rs bs ds ks/. Las posibilidades para la consonante simple en posición explosiva son diecinueve: /p t k b d g f θ s j x ʧ m n N l ʎ r R/. Esto da una posibilidad de 76 secuencias de CC$C, sin embargo, 57 (el 75%) de esas posibles secuencias no se dan en español.

Solo 19 (el 25%) de esas secuencias se dan en palabras del español. Las palabras en que sí se dan secuencias del tipo CC$C incluyen palabras cultas y bimorfemáticas, siendo pocas de uso común. Las palabras bimorfemáticas suelen comenzar con prefijos latinos como *trans-, con-, in-, ab-, ex-*: por ejemplo, *transporte, constante, insculpir, abstemio, exceder*.

Las secuencias de CC$CC. Las posibilidades para los grupos consonánticos en posición implosiva son cinco: /Ns Rs bs ds ks/. Las posibilidades para los grupos consonánticos en posición explosiva son doce: /pl pr tr kl kr fl fr bl br dr gl gr/. Esto da una posibilidad de 48 secuencias de CC$CC, sin embargo, 33 (el 69%) de esas posibles secuencias no se dan en español. Solo 15 (el 31%) de esas secuencias se dan en palabras del español. Las palabras en que sí se dan secuencias del tipo CC$CC son bimorfemáticas. Las palabras bimorfemáticas suelen comenzar con prefijos latinos como *trans-, con-, in-, ab-, ex-, sub-, ad-*: por ejemplo, *transplante, constreñir, instruir, abstracto, extra, subscribir, adstrato*.

Pistas pedagógicas

En cuanto a las secuencias de consonantes heterosilábicas dentro de la palabra, el estudiante debe recordar que todas las reglas de distribución ya presentadas son vigentes también en ese contexto.

Referente a la consonante implosiva en la secuencia C$C, el estudiante debe recordar que:

- Los fonemas oclusivos sonoros /b d g/ se realizan como consonantes fricativas [β ð ɣ], por ejemplo: [oβtenér], [aðkirír], [aɣnóstiko].

- Los fonemas oclusivos sordos /p t k/ se realizan como consonantes oclusivas sin distensión [p̚ t̚ k̚] ante oclusivas y nasales (por ejemplo: [áp̚to], [rít̚mo], [ák̚ne]) y con distensión [p t k] después de fricativas (por ejemplo: [náfta], [asta]).

- El fonema fricativo sordo /s/ tiene una distribución complementaria con [s̬] ante consonante sonora y [s] en los demás lugares.

- El archifonema /N/ sigue la regla de distribución complementaria, asimilándose al lugar de articulación de la consonante que le sigue.
- El archifonema /R/, aunque tiene una distribución mixta, suele pronunciarse como vibrante múltiple [r] en posición final de sílaba interior de palabra.

Referente a la consonante explosiva en la secuencia C$C, el estudiante debe recordar que:

- Los fonemas oclusivos sonoros /b d g/ tienen una distribución complementaria y se realizan como oclusivas [b d g] tras nasal (por ejemplo: [ámbos], [dóⁿde], [téŋgo]), como oclusiva [d] tras lateral (por ejemplo: [tíl̯de]) y como fricativas [β ð ɣ] en los demás lugares (por ejemplo: [álβa], [dés̬ðe], [rás̬ɣo]).
- El fonema /r/, aunque tiene una distribución libre, en la norma culta general se pronuncia como vibrante múltiple [r], por ejemplo: [ṍnra].

Las otras posibles secuencias, CCC, CCC y CC$CC, no representan novedades, puesto que son simplemente recombinaciones de los grupos tautosilábicos en la coda, los grupos tautosilábicos en el ataque y las secuencias heterosilábicas C$C.

La última pista pedagógica es concerniente al grupo heterosilábico /mn/. Ese grupo, como ya se ha expuesto, es asistemático y debe pronunciarse [mn], como en las palabras {himno}, {columna}, {amnesia}. En la producción se efectúa una cerrazón total de los labios con el velo caído y se fuerza la corriente de aire por la nariz. En el medio de la producción de esa secuencia nasal, se cambia el punto de articulación a ser alveolar. A la nasal alveolar, siempre le sigue una vocal, como se vio en el sonograma de la Fig. 17.25.

390

Consonantes heterosilábicas entre palabras

Las secuencias consonánticas heterosilábicas entre palabras solo pueden ser del tipo C#C o C#CC. Esto es diferente de lo que ocurre dentro de una palabra, puesto que es fonotácticamente imposible que una palabra termine en CC#. Lo que es más, se limita también el número de consonantes que se dan en posición final de palabra; como ya se ha expuesto, existen solo cinco que se dan globalmente: /d s l N R/. Por otro lado, hay secuencias consonánticas entre palabras que no existen dentro de una palabra. Por ejemplo, dentro de una palabra no existe la secuencia /d$t/, pero entre palabras sí existe la secuencia /d#t/ {usted tiene}. De hecho, es posible encontrar ejemplos en el español pan-hispánico de todas las combinaciones posibles entre las cinco consonantes que se dan en posición final de palabra y las quince que se dan en posición inicial de palabra. (En los dialectos de distinción se incluye uno más en posición final, /θ/, y dos más en posición inicial, /θ ʎ/.)

En cuanto a la realización fonética de esas secuencias entre palabras no hay nada nuevo que decir puesto que la mayoría de las posibles secuencias se da dentro de una palabra y esas ya se han comentado. En todo caso, todas las secuencias siguen las reglas ya presentadas.

Sumario

Los conceptos presentados en este capítulo son muy importantes para el estudiante que quiere aproximarse a una pronunciación hispánica. El español tiene tres tipos de secuencias consonánticas: las secuencias de consonantes homólogas, las secuencias de consonantes tautosilábicas y las secuencias de consonantes heterosilábicas. Para la realización fonética de las secuencias tautosilábicas y heterosilábicas, se emplean las reglas de distribución ya presentadas, pero para la fusión de consonantes homólogas se requieren nuevas pautas.

Las pautas fonéticas para las consonantes homólogas ya examinadas fueron dos:

- Si las consonantes homólogas son laterales o nasales, el resultado es una sola consonante alargada.

- Si las consonantes homólogas no son laterales ni nasales, el resultado es una sola consonante no alargada.

$$C + C \rightarrow C$$

excepto con laterales o nasales

Además del alargamiento que ocurre con la fusión de las consonantes laterales y nasales, hay que recordar que en el caso de las nasales también ocurre una asimilación de la nasal al lugar de articulación de la segunda consonante. Siendo así, las palabras {un mundo} se pronuncian [ūm:úņdo] y las palabras {un nido}, [ūn:íðo].

Los grupos tautosilábicos en posición inicial de sílaba que se dan en español, son las combinaciones de oclusiva o /f/ más líquida. Con esos grupos, el estudiante tiene que recordarse de seis asuntos:

- Los sonidos [t d] son dentales y no alveolares como es el caso en inglés.

- Los fonemas /b d g/ se realizan como oclusivas o fricativas según sus reglas de distribución complementaria.

- La secuencia [ðɾ] debe de practicarse en especial siguiendo las pistas pedagógicas presentadas en este capítulo.

- El fonema /l/ nunca se ensordece tras oclusiva sorda como es el caso en inglés.

- El fonema /ɾ/ nunca se ensordece tras oclusiva sorda como es el caso en inglés.

- El fonema /ɾ/ siempre se realiza como vibrante simple [ɾ] y nunca como el aproximante inglés [ɹ].

Los grupos tautosilábicos en posición final de sílaba que se dan en español, son las combinaciones de los fonemas /N R b d k/ más el fonema /s/, siempre en una sílaba que no sea final de palabra. En esos casos hay que simplemente recordar y seguir las reglas de distribución complementaria para los fonemas constituyentes del grupo consonántico tautosilábico.

Los grupos heterosilábicos pueden darse tanto entre sílabas de la misma palabra como entre sílabas de distintas palabras. Dentro de la misma palabra, las posibles secuencias son C\$C, CC\$C, C\$CC y CC\$CC. Entre dos palabras, las posibles secuencias son C#C y C#CC, ya que es fonotácticamente imposible en español que una palabra termine en dos consonantes. Para el anglohablante, esas secuencias no presentan dificultades más allá de las reglas de distribución complementaria y las pistas presentadas para los grupos tautosilábicos. El único fenómeno nuevo será la apariencia de una oclusiva sorda sin distensión en la coda en los grupos C\$C, como en las palabras [áp̚to] o [ák̚ta]. Tales consonantes, sin embargo, no les presentan mayores dificultades a los anglohablantes porque en eso siguen el patrón fonético del inglés.

Con esto se encierra la presentación de los fonemas y sus sonidos. El próximo paso será un análisis de los elementos suprasegmentales.

Conceptos y términos

alargamiento	fusión	tautosilábico
consonantes homólogas	heterosilábico	

Preguntas de repaso

1. ¿Cuáles son las reglas para la realización fonética de las consonantes homólogas?

2. Distinga entre las tendencias del inglés y del español en cuanto a la solución fonética de la secuencia de las consonantes homólogas.

3. Distinga entre secuencias consonánticas tautosilábicas y heterosilábicas.

4. ¿Cuáles secuencias consonánticas tautosilábicas se dan en el ataque silábico?

5. ¿Cuáles secuencias consonánticas tautosilábicas se dan en la coda silábica?

6. ¿Cómo se puede practicar la pronunciación de la secuencia [ðɾ]?

7. Identifique las estructuras de secuencias consonánticas heterosilábicas que se dan dentro de una palabra.

8. Identifique las estructuras de secuencias consonánticas heterosilábicas que se dan entre dos palabras.

9. Distinga entre las secuencias consonánticas heterosilábicas sistemáticas y las que se dan en palabras cultas, bimorfemáticas y extranjeras.

10. Distinga fonéticamente entre {dénoslo} y {dénnoslo}.

Ejercicios de pronunciación

La fusión consonántica[10] ▣

1. Pronuncie las siguientes palabras o secuencias con consonantes homólogas alargadas o no, evitando el alargamiento de consonantes no sonorantes y la introducción de golpe de glotis típicos del inglés.

al lado	los secretos
ciudad de	los zapatos
conmigo	lugar rural
con mucho	luz celeste
con nosotros	reloj japonés
el lago	ser rojo
en mayo	un nido
ennoblece	usted dice

Secuencias consonánticas tautosilábicas[11] ▣

1. Pronuncie las siguientes palabras con consonantes tautosilábicas, procurando no ensordecer las sonorantes tras oclusivas sordas y observando las reglas de distribución complementaria de los fonemas oclusivos sonoros.

adstrato	clase	habla
agrupar	cruz	habrá
apropiado	droga	lucro
atraco	extra	obstinado
blando	flor	playa
blusa	franco	prado
brava	globo	regla
cifra	gracias	transportar

2. Pronuncie las siguientes palabras o secuencias con los sonido [ðɾ].

cidra	muy drástico
cuadro	nodriza
la droga	padre
ladrón	pudrir
madre	vidrio
mi drama	y dramático

Secuencias consonánticas heterosilábicas[12] 🔳

1. Pronuncie las siguientes palabras con consonantes heterosilábicas, procurando observar las reglas de distribución complementaria.

abnegar	alrededor	hipnotizar
acne	ambos	horno
acto	amígdala	isla
adjetivo	apto	mismo
admirar	curso	obtener
afgano	diezmo	pesca
algo	digno	posguerra
alma	enlatar	ritmo

Materiales en línea

1. ◀⋶ Secuencias de consonantes homólogas (el Cuadro 17.1).

2. ◀⋶ Fusión simple de consonantes homólogas.

3. ◀⋶ El contraste entre consonantes simples y consonantes alargadas.

4. ◀⋶ Consonantes homólogas en inglés.

5. ◀⋶ Secuencias de fonemas oclusivos más /l/ en español.

6. ◀⋶ Secuencias de fonemas oclusivos más /ɾ/ en español.

7. ◀⋶ Secuencias de consonantes tautosilábicas en la coda.

8. ◀⋶ Secuencias de consonantes heterosilábicas en que la segunda consonante es obstruyente (el Cuadro 17.11).

9. ◀⋶ Secuencias de consonantes heterosilábicas en que la segunda consonante es sonorante (el Cuadro 17.19).

10. 🔳 Ejercicios de pronunciación: la fusión consonántica.

11. 🔳 Ejercicios de pronunciación: secuencias consonánticas tautosilábicas.

12. 🔳 Ejercicios de pronunciación: secuencias consonánticas heterosilábicas.

SECCIÓN VI

Los elementos suprasegmentales

Capítulos 18–21

Ya que se han estudiado los distintos fonemas y sus realizaciones fonéticas, hace falta examinar lo que ocurre con la encadenación de los fonemas y de los alófonos. Las unidades superiores al segmento incluyen la sílaba, la palabra, la frase y la oración. Con estas unidades entran en juego los elementos suprasegmentales. Como ya se presentó en la introducción de la primera sección del libro, los aspectos suprasegmentales son tres: el acento, la duración y la entonación.

La sílaba y el silabeo

L a sílaba es una unidad lingüística bastante polémica. En cuanto hay lingüistas que declaran que la sílaba es "la unidad fundamental del lenguaje",[1] hay otros que ni se refieren a la unidad de la sílaba.[2] Lo cierto es que no existe una única definición general de la sílaba que sea aceptada por todos los lingüistas. Tampoco existe una única definición general de la sílaba que abarque todas las distintas situaciones que existen en los distintos idiomas del mundo.

Problemas en la definición de la sílaba

Resulta problemático definir la sílaba, en parte, porque se puede hablar de ella desde distintas perspectivas. ¿Es un elemento oral o escrito? ¿Es un elemento fonético o fonológico? Se puede ver cómo esas consideraciones afectan el concepto de la sílaba al examinar tres casos específicos del inglés.

Se puede preguntar, por ejemplo, ¿cuántas sílabas tiene la palabra inglesa {laboratory}? La respuesta correcta puede ser tres, cuatro o cinco. Desde el punto de vista ortográfico, por ejemplo, la respuesta suele ser *cinco* {lab-o-ra-to-ry}. Pero si dividimos la palabra fonéticamente, la respuesta cambia de acuerdo con el dialecto: hay *tres* sílabas en [ˈlæ.bɹə.tɹɨi̯], *cuatro* sílabas en [ˈlæ.bɹə.ˌtɔ.ɹi̯i̯] o [lə.ˈbɔ.ɹə.tɹɨi̯] y *cinco* sílabas en [lə.ˈbɔ.ɹə.ˌtɔ.ɹi̯i̯] o [ˈlæ.bə.ɹə.ˌtɔ.ɹi̯i̯]. Es obvio, entonces, que el concepto de la sílaba ortográfica es diferente de la sílaba fonética.

Se puede preguntar, por ejemplo, ¿cuántas sílabas tienen las palabras inglesas {hire} y {higher}? La respuesta correcta puede ser una para {hire} y dos para {higher}. Esas respuestas se basan en la estructura morfológica o fonológica de las palabras: /ˈhai̯ɹ/ para el verbo y /ˈhai̯+eɹ/ para el adjetivo más el morfema comparativo. Desde el punto de vista fonético, sin embargo, se puede decir que ambas palabras tienen una sola sílaba, puesto que en el habla común las dos palabras suelen tener la misma pronunciación: [ˈhai̯ɹ]. Es obvio, entonces, que puede haber una diferencia entre una sílaba fonológica y una sílaba fonética.

La definición de la sílaba fonológica

La definición fonológica de la sílaba se basa en los elementos fonemáticos que la constituyen, sean vocales o consonantes. Existen distintos modelos teóricos para la formación de una sílaba: un modelo estructural, un modelo generativista y un modelo fonotáctico español.

El modelo silábico estructural

El modelo estructural presenta tres posibles elementos de una sílaba: un núcleo obligatorio y dos márgenes o límites optativos. El elemento prenuclear es la explosión y el elemento posnuclear es la implosión. De modo general, el núcleo es una vocal y los límites o márgenes son consonantes. El modelo estructural se presenta en la Fig. 18.1.

El modelo silábico generativista

El modelo generativista de la sílaba también presenta tres posibles elementos de una sílaba correspondientes a los elementos del modelo estructuralista. Hay, sin embargo, una diferencia fundamental además del cambio terminológico en que la *explosión* llega a ser el *ataque* y en que la *implosión* llega a ser la *coda*. El modelo generativista

---

[1] Bohuslav Hála, *La sílaba*, (Madrid: Consejo Superior de Investigaciones Científicas, 1973), p. 87.

[2] Noam Chomsky & Morris Halle, *The Sound Pattern of English*, (New York: Harper & Row, 1968), p. 354.

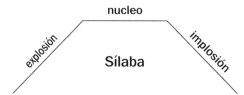

18.1 El modelo estructural de la sílaba.

especifica una jerarquía de los elementos en que se agrupa la coda con el núcleo para formar la rima, como se ve en la Fig. 18.2.

El hecho de que el vínculo entre el núcleo y la coda sea más estrecho que el vínculo entre el ataque y el núcleo se comprueba con la investigación sicolingüística. Al pedirle a un grupo de informantes anglohablantes que haga una lista de palabras que terminan en [æ͡ɾ] (núcleo más coda), generalmente le es fácil hacerlo. Por otro lado, al pedirles que den una lista de palabras que comiencen con [fæ] (ataque más núcleo), el proceso no es solamente más lento, sino que hay más probabilidad de que haya palabras propuestas que sean erróneas. El modelo de la Fig. 18.2 es el que se emplea en este libro.

El modelo fonotáctico de la sílaba española

El modelo fonotáctico del Capítulo 10 se repite aquí en la Fig. 18.3. Ese modelo simplemente da más detalles sobre los elementos que pueden preceder o suceder al núcleo de la sílaba, basados en las clases naturales de los sonidos: vocales, deslizantes, sonorantes y obstruyentes. Indica también la secuencia en que los elementos aparecen en la sílaba.

Como se puede ver, hay tres elementos —un obstruyente, sonorante y deslizante— que pueden darse en el ataque y tres elementos —un deslizante, sonorante y obstruyente— que pueden darse en la coda. Un

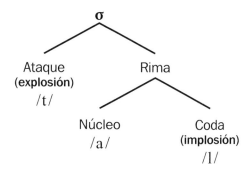

18.2 El modelo generativista de la sílaba.

deslizante, en este caso, será una vocal alta y átona. En el Capítulo 10, ya se examinaron varios ejemplos de tales combinaciones.

La definición de la sílaba fonética

Hay tres puntos de vista desde los cuales se puede considerar la definición fonética de la sílaba: el articulatorio, el acústico y el auditivo.

Aspectos articulatorios de la sílaba

Como ya se ha examinado, la producción de un sonido depende de varios movimientos físicos de una serie de órganos articulatorios. Primero, los órganos infraglóticos actúan para proveer el aire necesario para producir el sonido. Ha habido tentativas para averiguar si una sílaba corresponde a un impulso espiratorio o sea a una sola contracción de los músculos que controlan el tamaño de los pulmones. La evidencia física electro-muscular, sin embargo, no apoya esa teoría. La segunda región de actividad articulatoria son las cuerdas vocales donde en su movimiento se producen diferencias entre vocales y consonantes sonoras o sordas. Las tentativas

18.3 El modelo fonotáctico de la sílaba española.

Ataque			Núcleo	Coda		
-3	-2	-1	0	+1	+2	+3
Obstruyente	Sonorante	Deslizante	Vocal	Deslizante	Sonorante	Obstruyente(s)

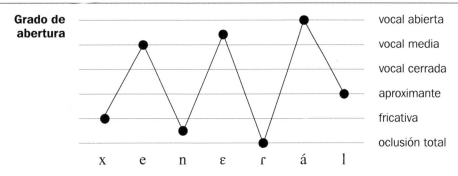

18.4 Esquema de la palabra {general} en tres sílabas basado en la abertura.

de definir la sílaba según su movimiento tampoco han sido productivas.

En las cavidades supraglóticas, se diferencia aun más entre los sonidos. Una de las definiciones que se ha propuesto para la sílaba se basa en el rasgo de la relativa abertura: que la sílaba incluye todo lo que se encuentra entre dos mínimos de abertura. La Fig. 18.4 demuestra cómo la palabra {general} tiene tres sílabas según esa definición.

La gráfica representa los cambios articulatorios de los distintos sonidos con referencia a su abertura general. Siendo así, el sonido [n] se representa con el mismo grado de abertura que la fricativa, porque aunque hay una cerrazón alveolar total, se mantiene siempre abierta la faringe nasal. El sonido [ɾ] se representa con un grado de abertura entre oclusiva y fricativa, porque se produce con una breve cerrazón. Si se vuelve a la premisa de que una sílaba es todo lo que se contiene entre dos mínimos de abertura, la gráfica demuestra claramente que la palabra {general} contiene tres sílabas.

Aunque a primera vista el modelo parece ser prometedora, hay casos que el modelo no explica bien. Por ejemplo, en inglés, no hay duda de que la palabra {cats} contiene una sola sílaba. Sin embargo, según el modelo, la palabra {cats} tendría dos sílabas puesto que el fonema /t/ representa un mínimo, que de acuerdo con la definición de arriba, indicaría el

límite silábico de una segunda sílaba, como demuestra la Fig. 18.5.

El otro problema que el modelo no resuelve es que como demuestra la gráfica de la palabra {general}, el modelo solo indica la posición del límite silábico sin indicar a qué sílaba pertenece. El modelo no indica si el silabeo debe ser /xe.ne.rál/ como es el caso del español o /ʤén.ɛɹ.əl/ como es el caso del inglés.

Aspectos acústicos de la sílaba

El mismo tipo de modelo se ha aplicado también al análisis acústico de la sílaba en que la sílaba se define como todo lo que se contiene entre dos mínimos de tono o de frecuencia o de intensidad. Esas definiciones, sin embargo sufren de los mismos problemas que la definición articulatoria ya presentada. Ha habido también tentativas de definir la sílaba según su duración, pero la duración de las sílabas varía tanto dentro de un idioma como entre idiomas diferentes, como se verá en el Capítulo 19, que resulta

18.5 Esquema de la palabra {cats} en dos sílabas basado en la abertura.

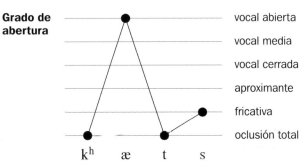

no ser fiable para una definición general de la sílaba.

Aspectos auditivos de la sílaba

El mismo tipo de modelo se ha aplicado otra vez al análisis auditivo de la sílaba en que la sílaba se define como todo lo que se contiene entre dos mínimos de sonoridad, en que cada sonido se clasifica según su perceptibilidad auditiva. Esa definición resulta ser bastante subjetiva y difícil de comprobar.

La definición de la sílaba ortográfica

La división de palabras en sílabas ortográficas suele presentarse en los diccionarios, y se aplica a la escritura para la división de palabras entre dos renglones en el idioma escrito. La identificación de sílabas ortográficas suele seguir los patrones fonológicos. El rigor con que se siguen esos patrones depende del idioma. Por ejemplo, en español las reglas fonológicas de la división silábica son rígidas, y las reglas ortográficas son consistentes. En inglés, como ya se demostró, los patrones fonológicos son menos fijos y el silabeo ortográfico del inglés es menos consistente. Luego se comentará más sobre las características de la sílaba ortográfica del español. Sin embargo, el enfoque principal del tratamiento de la sílaba en este capítulo será lo fonológico y aun más lo fonético.

Los elementos de la sílaba española

La sílaba puede dividirse en tres partes: el ataque, el núcleo y la coda. Antes de continuar y examinar la cuestión del silabeo, será útil revisar la estructura de esos tres elementos básicos.

El ataque silábico

El ataque es un elemento optativo de una sílaba, lo cual quiere decir que no es necesario que toda sílaba contenga uno. Es posible, entonces, que el primer elemento de una sílaba sea, de hecho, el núcleo. Según el modelo fonotáctico de la Fig. 18.3, el ataque puede tener hasta tres elementos: un obstruyente, un sonorante y un deslizante.

Un solo elemento consonántico en el ataque

Como se expuso en el Capítulo 10, los únicos fonemas consonánticos simples que no se dan en el ataque en posición inicial de palabra son /ɾ/ y /ɲ/. Es decir, los otros diecisiete sí aparecen en posición inicial de palabra. En posición inicial de sílaba interior de palabra, se dan todos los fonemas consonánticos. Los Cuadros 18.6, 18.7 y 18.8 demuestran esas estructuras.

18.6 Los obstruyentes oclusivos simples en el ataque tanto en posición inicial de palabra como en posición inicial de silába interior de la palabra.

	/p/	/t/	/k/	/b/	/d/	/g/
#__	/pán/	/tán/	/kán/	/bán/	/dán/	/gá.na/
$__	/pá.pa/	/pá.ta/	/sá.ko/	/cá.be/	/ná.da/	/á.ga/

18.7 Los obstruyentes fricativos/africado simples en el ataque tanto en posición inicial de palabra como en posición inicial de silába interior de la palabra.

	/f/	/θ/	/s/	/ʝ/	/x/	/ʤ/
#__	/fa.rol/	/θe.ro/	/sán/	/ʝá.be/	/xa.món/	/ʤí.ko/
$__	/ka.fé/	/plá.θa/	/ká.sa/	/plá.ʝa/	/pá.xa/	/á.ʤa/

	/m/	/n/	/ɲ/	/l/	/ʎ/	/ɾ/	/r/
#__	/má.no/	/ná.da/		/lá.do/	/ʎá.no/		/rá.na/
$__	/ká.ma/	/ká.na/	/ká.ɲa/	/ká.la/	/ká.ʎe/	/ká.ro/	/ká.ro/

18.8 Los sonorantes simples en el ataque tanto en posición inicial de palabra como en posición inicial de sílaba interior de la palabra.

Dos elementos consonánticos en el ataque

Si hay dos consonantes en el ataque, serán siempre una combinación de oclusiva o /f/ más líquida (exceptuando /tl/ y /dl/). Todas las combinaciones posibles se dan tanto en posición inicial de palabra como en posición inicial de sílaba interior de palabra. Los Cuadros 18.9 y 18.10 presentan ejemplos de esas posibilidades.

Como se ha comentado, /tl/ y /dl/ no son grupos consonánticos que aparezcan en posición inicial de sílaba. En los pocos casos del español en que se da una secuencia de /tl/, las consonantes son siempre heterosilábicas: /át.las/ o /at.lé.ta/. Los ejemplos de /tl/ en posición inicial de palabra, inicial de sílaba interior de palabra o final de palabra son indigenismos: Tlalpan, Huitzilopochtli, Ixtaccíhuatl. La secuencia /dl/ simplemente no se da en palabras españolas.

El elemento vocálico en el ataque

El elemento vocálico en el ataque será siempre una vocal alta y átona: /i/ o /u/.

Fonéticamente esas vocales siempre resultan en las semiconsonantes [j] o [w]. Las vocales altas en posición silábica explosiva pueden darse en posición inicial de sílaba o pueden precederse por una o dos consonantes según demuestra el Cuadro 18.11.

La presencia de una vocal alta y átona en el ataque no precedida por consonante es un poco discutible tanto fonética como fonológicamente. Fonéticamente se ha discutido si palabras como {hiato} se deben pronunciar [i.á.to], [já.to] o [i̯já.to]. Es de notarse que en la supuesta pronunciación de [i.á.to], primer sonido de la palabra sería la vocal [i] y la palabra tendría tres sílabas. Esto resultaría en una secuencia problemática puesto que no existe en español una secuencia en que la vocal átona [i] se dé ante otra vocal sin diptongarse. Fonológicamente se discute si el primer fonema de tales palabras es /i/ o /j/. En el Capítulo 12, se presentó una discusión en que se propuso que de hecho es un archifonema /J/ que resulta de la neutralización entre /i/ y /j/ que ocurre en posición inicial de palabra ante una vocal no alta, entre otros lugares. También se presentó una regla de

18.9 Grupos de dos elementos en el ataque con una oclusiva o /f/ más vibrante simple tanto en posición inicial de palabra como en posición inicial de sílaba interior de la palabra.

	/pɾ/	/tɾ/	/kɾ/	/bɾ/	/dɾ/	/gɾ/	/fɾ/
#__	/prá.do/	/trés/	/krús/	/brá.bo/	/dró.ga/	/grís/	/fré.sa/
$__	/a.pre.tó/	/a.trás/	/de.kré.to/	/á.bre/	/lá.dra/	/a.grá.da/	/o.fré.se/

18.10 Grupos de dos elementos en el ataque con una oclusiva o /f/ más lateral tanto en posición inicial de palabra como en posición inicial de sílaba interior de la palabra.

	/pl/	/tl/	/kl/	/bl/	/dl/	/gl/	/fl/
#__	/plán/		/klá.be/	/blán.ko/		/gló.bo/	/flán/
$__	/a.plí.ka/		/áN.kla/	/á.bla/		/sí.glo/	/rí.fle/

	SV	CSV	CCSV
/i/	/Já.to/ {hiato}	/pié/	/plié.go/
/u/	/ué.le/ {huele}	/pué.de/	/prué.ba/

18.11 El elemento vocálico (V) en el ataque. Las vocales altas/semi-consonantes se representan con (S).

distribución complementaria para el archifonema /J/. La aplicación de esa regla resulta en la pronunciación de [ɟ͡ʝ] después de pausa, nasal y lateral y en [ʝ] en los demás lugares, como en y [ɟ͡ʝáto] y [ésʝáto].

El núcleo silábico

El núcleo silábico en español es siempre una vocal. El núcleo suele presentar el máximo de abertura bucal como también el máximo de intensidad, frecuencia y duración de la sílaba. El núcleo vocálico puede ser tónico o átono. En cuanto a la identificación del núcleo silábico, hay que considerar también los casos de secuencias vocálicas.

En el caso de vocales homólogas, las vocales se funden en una sola vocal. Esa vocal, sea alargada o no, tónica o no es el núcleo vocálico.

En el caso de diptongos, el núcleo puede precederse de un deslizante (en los diptongos crecientes) o sucederse por un deslizante (en los diptongos decrecientes). El núcleo vocálico todavía puede ser tónico o átono como se ve en los ejemplos de {cambie/cambié}, {cambio/cambió}, {causa/causar} y {aire/airar}. En el caso de un triptongo, el núcleo se rodea por deslizantes: {buey}, {apreciáis}. El núcleo otra vez puede ser tónico o átono: {sol y aire}, {cambia y cambia}.

La sinéresis y la sinalefa se definen como la ocurrencia en una sola sílaba de dos vocales no altas o de una vocal no alta seguida de una vocal alta y tónica, sea dentro de una palabra o entre dos palabras. En el Capítulo 12, se pudo ver que los dos componentes de la sinalefa o sinéresis tienen estructuras acústicas estables, pero los dos se producen con una duración reducida al

comparase con su producción en hiato. En este caso el núcleo en sí es divocálico.

Un hiato es la separación de dos vocales contiguas en sílabas separadas. En ese caso, cada una de las dos vocales así separadas forma un núcleo silábico. Como ya se explicó, el hiato puede resultar de la ruptura de un diptongo ([pi.á.no]), de la ruptura de una sinéresis o de una sinalefa ([re.ál], [és.te.ó.tro]) o puede ser un hiato natural ([sa.lí.a]).

Hay algunos idiomas, como el inglés, que sí tienen núcleos consonánticos (generalmente sonorantes) como en la palabra {mountain} cuya pronunciación suele ser [mæ̃ṹʔn̩], en que fonéticamente la segunda sílaba es simplemente [n̩]. En algunos dialectos del español se han presentado ejemplos como [m̩bjén] para {muy bien}, pero tales realizaciones no forman parte de la norma culta.

La coda silábica

La coda es un elemento optativo de una sílaba, lo que quiere decir que no es necesario que toda sílaba contenga una. Es posible, entonces, que el último elemento de una sílaba sea, de hecho, el núcleo. Según el modelo fonotáctico, la coda puede contener tres tipos de elementos: deslizantes, sonorantes, obstruyentes.

Un solo elemento consonántico en la coda

Como se expuso en el Capítulo 10, los únicos fonemas o archifonemas consonánticos simples que sí se dan sistemáticamente en la coda en posición final de palabra son /N/, /R/, /s/, /l/, /d/ y en los dialectos que lo tienen, /θ/. En posición final de sílaba interior de palabra, se dan los mismos fonemas como también los demás fonemas consonánticos con la excepción de /ʝ x ʧ ʎ ɲ/. Los Cuadros 18.12, 18.13 y 18.14 demuestran esas estructuras.

Dos elementos consonánticos en la coda

En español es imposible que haya dos consonantes en posición final de palabra. Si hay

	/p/	/t/	/k/	/b/	/d/	/g/
__#					/réd/	
__$	/áp.to/	/át.las/	/ák.to/	/ob.xé.to/	/ad.mí.te/	/díg.no/

18.12 Los obstruyentes oclusivos simples en la coda tanto en posición final de palabra como en posición final de sílába interior de la palabra.

	/f/	/θ/	/s/	/ʝ/	/x/	/ʤ/
__#		/lúθ/	/dós/		/re.lóx/	
__$	/áf.ta/	/ko.nóθ.ka/	/as.ta/			

18.13 Los obstruyentes fricativos/africado simples en la coda tanto en posición final de palabra como en posición final de sílába interior de la palabra. La célula sombreada indica consonante final asistemática.

dos consonantes en posición final de sílaba interior de palabra, la segunda será siempre el fonema /s/ y la primera será /N R/ o /b d k/. El Cuadro 18.15 presenta ejemplos de esas posibilidades.

El elemento vocálico en la coda

El elemento vocálico en la coda será siempre una vocal alta y átona: /i/ o /u/. Fonéticamente esas vocales siempre resultan en las semivocales [i̯] o [u̯]. Las vocales altas en posición silábica implosiva pueden darse en posición final de sílaba o pueden sucederse por una consonante según demuestra el Cuadro 18.16. Los diptongos decrecientes

no se dan delante de dos consonantes en posición final de sílaba.

La categorización de las sílabas

Los lingüistas suelen categorizar las sílabas en sílabas abiertas y sílabas cerradas. Una **sílaba abierta** termina en vocal, o sea la sílaba termina con el núcleo; es decir, no contiene coda. Una **sílaba cerrada** termina en consonante o deslizante, o sea la sílaba sí contiene una coda. La vocal de una sílaba abierta se llama una **vocal libre**; la vocal

18.14 Los sonorantes simples en la coda tanto en posición final de palabra como en posición final de sílába interior de la palabra.

	/N/	/l/	/ʎ/	/R/
__#	/siN/	/sál/		/poR/
__$	/káN.po/	/ál.to/		/káR.ne/

18.15 Grupos de dos elementos en la coda interior de palabra. El primer elemento será uno de los fonemas /N R b d k/ y el segundo siempre será el fonema /s/.

	/Ns/	/Rs/	/bs/	/ds/	/ks/
__#					
__$	/kóNs.ta/	/pers.pi.kás/	/obs.trú.je/	/áds.trá.to/	/éks.tra/

403

	VS	VSC	VSCC
/i/	/ái.re/	/sóis/	
/u/	/káu.sa/	/auN.ke/	

18.16 El elemento vocálico (V) en la coda. Las vocales altas/semi-consonantes se representan con (S).

de una sílaba cerrada se llama una **vocal trabada**. El Cuadro 18.17 demuestra el contraste entre una sílaba abierta y una cerrada.

Las formas canónicas silábicas de español e inglés

La forma preferida de determinada lengua es lo que se llama una forma canónica. La forma canónica, entonces, es la estructura más frecuente y la estructura que sirve como el modelo a que el hablante espera lograr o encontrar. En inglés la forma canónica de la sílaba es **CVC**. Es de notar que la sílaba canónica del inglés es una sílaba cerrada, o sea, que termina en una coda. En español la forma canónica de la sílaba es **CV**.

Sílaba canónica del   Sílaba canónica del
español   inglés

CV   **CVC**

Es importante observar que la sílaba canónica del español es una sílaba abierta, es decir, que termina en el núcleo. Se puede ver esta diferencia en el silabeo de la palabra {general} en los dos idiomas, como se ve en la siguiente representación:

{gen.er.al}   **{ge.ne.ral}**

inglés   español

En el ejemplo ortográfico del inglés {gen.er.al}, se puede ver que la primera sílaba sigue la forma canónica con una estructura de CVC. Las otras dos sílabas son del formato VC, que siguen el patrón general del inglés, que prefiere la sílaba cerrada. En el inglés hablado, sin embargo, la palabra suele pronunciarse en dos sílabas: [ʤén.ɹəɫ] en vez de [ʤén.ɹ.əɫ]. En ese caso, la palabra resulta formarse de dos sílabas canónicas, es decir, del formato CVC.

En el ejemplo ortográfico del español, se puede ver que las primeras dos sílabas siguen la forma canónica con una estructura de CV: {ge.ne.ral}. La última sílaba, no obstante, es una sílaba cerrada. Esto ocurre porque no queda otro remedio: el fonema /l/ solamente puede combinarse con la vocal nuclear precedente. Sin embargo, en la forma plural {generales}, el fonema /l/ se transfiere a la sílaba siguiente: {ge.ne.ra.les}. Esto demuestra la clara preferencia del español por la sílaba abierta.[1] ◀₎

Las estructuras silábicas del español

Las posibles estructuras silábicas del español responden a una mera extensión de los hechos fonotácticos ya presentados. Tanto el ataque silábico como la coda silábica pueden contener hasta dos consonantes. Existen, entonces, nueve posibles estructuras silábicas con un solo elemento vocálico:

V	VC	VCC
CV	CVC	CVCC
CCV	CCVC	CCVCC

18.17 El contraste entre una sílaba abierta y una cerrada.

Categorización de la sílaba	La sílaba termina en	La vocal es	Ejemplo
Abierta	Vocal	Libre	/la/
Cerrada	Consonante	Trabada	/las/

En un estudio basado en las entradas del *Diccionario de la Real Academia Española* sobre la frecuencia de esas estructuras silábicas, Lloyd y Schnitzer[3] encontraron que el 61% de las sílabas del español son del tipo canónico: CV. El segundo tipo más común son las sílabas CVC con 21%, casi la tercera parte de las sílabas CV. Como grupo, las sílabas abiertas representan el 72% de las sílabas del español y las cerradas representan el 28%. Las sílabas que terminan en dos consonantes son muy escasas y representan solo el 0,17% de las sílabas del español. Es interesante también notar que las sílabas que comienzan con una sola consonante representan el 73% de las sílabas del español, las que comienzan con el núcleo vocálico representan el 11% y las que comienzan con dos consonantes representan el 6%.

Según el modelo fonotáctico de la sílaba, existe la posibilidad de que la sílaba contenga dos elementos vocálicos porque puede haber una vocal alta como deslizante o en el ataque o en la coda. En español no puede haber dos consonantes en la coda de una sílaba con diptongo. El siguiente cuadro indica las estructuras silábicas que existen cuando hay un diptongo (D) en la sílaba. Las células vacías, que representan sílabas que terminarían en dos consonante, secuencias inexistentes en español están sombreadas:

D	DC	
CD	CDC	
CCD	CCDC	

Según las estadísticas de Lloyd y Schnitzer, la estructura silábica con un diptongo más común es la de CD, que representa el 55% de las sílabas del español con diptongo en su conteo. Sigue la estructura CDC con el 38%. Como grupo, las sílabas abiertas representan el 60% de las sílabas y las sílabas cerradas, el 40%. El 93% de las sílabas con diptongo comienzan con una sola consonante. El estudio no tomó en cuenta casos de sinéresis ni secuencias vocálicas fonosintácticas formadas entre palabras.

[3]Paul Lloyd & Ronald Snchitzer, "A statistical study of the structure of the Spanish syllable," Linguistics 5.37 (1967): 58–72.

silabeo fonológico	/el#ó.tro#dí.a#fuí.mos#al#e.béN.to/
silabeo fonético	[e.ló.tro.ðí.a.fwí.mo.sa.le.bén̠.to]
silabeo ortográfico	{el o.tro dí.a fui.mos al e.ven.to}

18.18 Los tres tipos de silabeo.

El silabeo

El silabeo se refiere a la división de elementos lingüísticos en sílabas. Esa división en sílabas puede operarse en la fonología, en la fonética o en la ortografía. El **silabeo fonológico** ocurre en el lenguaje a nivel de lengua, es decir, se divide la cadena de fonemas de un grupo fónico a nivel de la fonología. Fonológicamente sí se toman en cuenta los límites entre palabras y morfemas. El **silabeo fonético** ocurre en el lenguaje a nivel del habla, es decir, se divide la cadena de alófonos o sonidos producidos de un grupo fónico a nivel de la fonética. Fonéticamente no se toman en cuenta los límites entre palabras ni entre morfemas. Por eso, las sílabas fonéticas también se llaman sílabas fonosintácticas, porque las sílabas fonéticas pueden formarse de elementos entre dos palabras al juntarse los sonidos debido a su yuxtaposición en la sintaxis. El **silabeo ortográfico** tiene que ver con la lengua escrita y se basa en la palabra escrita. En el silabeo ortográfico se dividen los grafemas o letras de cada palabra individualmente. El Cuadro 18.18 demuestra estos tres tipos de silabeo.[2] ◀⌁

Los tres tipos de sílaba tienen su utilidad en la adquisición del español como se presentará a continuación.

Reglas generales del silabeo

El silabeo del español toma en cuenta el modelo fonotáctico de la sílaba junto con la preferencia del español para la sílaba abierta. Las reglas generales para el silabeo del español se basan en la aplicación de esos dos factores a una palabra o a la cadena fónica.

Español: siempre V/CV	Inglés: preferencia por VC/V
é.ba.no	eb.on.y
cho.co.la.te	choc.o.late
có.le.ra	chol.er.a
a.bo.lir	a.bol.ish

18.19 Regla uno: contraste entre los tipos prototípicos de sílaba en español e inglés.

Regla uno: V/CV

En español siempre que se tiene una consonante entre dos vocales, la consonante forma parte de la sílaba siguiente. Esa regla básicamente expresa que la preferencia automática del español es la sílaba abierta. Esto contrasta fuertemente con el inglés que prefiere la sílaba cerrada. Ese contraste se ve en el Cuadro 18.19 del silabeo de palabras cognadas.[3] ◀€

Regla dos: VC/CV o V/<u>CC</u>V

En español, cuando hay dos consonantes entre vocales, hay dos posibilidades para el silabeo. El silabeo depende de la presencia o ausencia de un grupo consonántico indivisible, indicado por el subrayo (<u>CC</u>).

Si las dos consonantes forman un grupo consonántico indivisible, indicado por el subrayo (<u>CC</u>), las dos consonantes como grupo siguen la regla uno. Los grupos consonánticos indivisibles se forman de una oclusiva o /f/ seguida de líquida (con la excepción de /tl/ y /dl/) y son las únicas secuencias consonánticas que fonotácticamente pueden darse en posición inicial de palabra o de sílaba. Si en la secuencia de consonantes hay un grupo indivisible, el grupo indivisible pasa a la segunda sílaba. Ejemplos de esa división son: /a.plí.ka/, /áN.kla/, /á.bla/, /sí.glo/, /rí.fle/, /a.pre.tó/, /a.trás/, /de.kré.to/, /á.bɾe/, /lá.dɾa/, /a.gɾá.da/, /o.fré.se/.

Si las dos consonantes no forman un grupo consonántico indivisible, se dividen en sílabas separadas. Ejemplos de esa división son: /áp.to/, /át.las/, /ák.to/, /ob.xé.to/, /ad.mí.te/, /díg.no/, /áf.ta/,

Número de consonantes	Sin grupo indivisible	Con grupo indivisible
2 (VCCV)	/ák.to/	/a.gɾá.da/
3 (VCCCV)	/iNs.pi.Ráɾ/	/iN.pláN.te/
4 (VCCCCV)		/traNs.pláN.te/

18.20 Reglas dos y tres: con ejemplos de su aplicación.

/ko.nóθ.ka/, /as.ta/, /káN.po/, /ál.to/, /káR.ne/.[4] ◀€

Regla tres: VCC/CV o VC/<u>CC</u>V, VCC/<u>CC</u>V

En español, cuando hay tres o cuatro consonantes entre vocales, el silabeo depende de la presencia o ausencia de un grupo consonántico indivisible. Si en la secuencia de consonantes hay un grupo indivisible, el grupo indivisible pasa a la segunda sílaba, siguiendo el patrón de la regla dos.

Es importante observar que el inglés permite más grupos consonánticos indivisibles de los que permite el español. Por ejemplo, el inglés permite el grupo del fonema /s/ más consonante en posición inicial de palabra {spin} o en posición inicial de sílaba interior de palabra {in.spire}. En español, según las reglas de silabeo, esas consonantes tienen que separarse en dos sílabas: /es.pá.da/, /iNs.pi.raR/. El Cuadro 18.20 presenta ejemplos de la aplicación de las reglas dos y tres.[5] ◀€

Sílabas fonológicas, fonéticas y ortográficas

El **silabeo fonológico** opera en el lenguaje a nivel de lengua. En ese tipo de silabeo, se aplican las reglas ya expuestas a los fonemas del grupo fónico tomando en cuenta los límites léxicos y morfológicos. Por ejemplo, la frase *el pan y el agua* se divide en sílabas fonológicas de la siguiente manera: /el.pán.i.el.á.gua/.

El **silabeo fonético**, en cambio, opera en el lenguaje a nivel de habla. En ese tipo de silabeo, se aplican las reglas ya expuestas a

Sílabas fonológicas	/el.pán.i.el.á.gua/
Sílabas fonéticas	[ɛl.pá.njɛ.lá.ɣwa]
Sílabas ortográficas	{el.pan.y.el.a.gua}
Separación de la ortografía en sílabas fonéticas	el/pa/n y e/l a/gua

18.21 Contraste entre los tres tipos de sílabas.

los sonidos producidos del grupo fónico, pero esta vez haciendo caso omiso de los límites léxicos y morfológicos. Por ejemplo, la frase *el pan y el agua* se divide en sílabas fonéticas de la siguiente manera: [ɛl.pá.njɛ. lá.ɣwa].

El **silabeo ortográfico** opera en la lengua escrita que se vale de espacios para la separación de palabras y de signos de puntuación para indicar la separación de algunos de los grupos fónicos. Por ejemplo, la frase *el pan y el agua* se divide en sílabas ortográficas de la siguiente manera: {el.pan.y.el.a.gua}.

Para lograr un acento natural español, el estudiante tiene que adquirir la habilidad de separar la cadena fónica en sílabas fonéticas. Es solo después de aprender a resilabear un texto en sílabas fonéticas que el estudiante sonará como quien habla el español como idioma materno. El Cuadro 18.21 contrasta los tres tipos de sílabas.[6] ◀

Es importante tener en mente que cada tipo de sílaba aporta una perspectiva distinta. El concepto del silabeo comienza con un entendimiento de las estructuras fonotácticas del español, o sea del lenguaje y de la sílaba fonológica. Esas estructuras explican la base de las sílabas más importantes en la producción del español de parte del estudiante: la sílaba fonética en el habla y en la lectura por un lado y la sílaba ortográfica en la escritura por otro.

Al comparar la sílaba ortográfica con la sílaba fonética, hay que tomar en cuenta dos factores. Primero, en el silabeo ortográfico, hay que considerar que la lengua escrita también se vale de dígrafos, la combinación de dos letras ortográficas para representar un solo fonema: {ch} para /ʧ/, {ll} para /ʝ/ o /ʎ/, {rr} para /r/. Ejemplos de esto

en sílabas ortográficas serán {ha.cha}, {ca. lle} y {ca.rro}. Los dígrafos no presentan un problema en el silabeo fonológico o fonético, porque es mental u oral, y en su manifestación por escrito existe una correspondencia exacta entre fonema y símbolo: [á.ʤa], [ká.je] y [ká.ro]. Segundo, en el caso del grafema {x}, el silabeo fonológico o fonético refleja el hecho de que el grafema pueda representar una secuencia de dos fonemas: /ks/. También puede representar un solo fonema en algunos dialectos: /s/. Ejemplos de estos usos en sílabas fonéticas son [ɛk.sák.to], [és.tra] o [éks.tra]. Para fines ortográficos, el grafema {x} siempre representa un sola consonante y se aplican las reglas ya expuestas: {e.xac.to}, {ex.tra}.

El silabeo fonético

El silabeo fonético tiene que tomar en cuenta varias consideraciones que afectan tanto la percepción como la producción de la lengua española. Para captar esos aspectos de la pronunciación del español, el anglohablante tiene que dejar de pensar en los límites entre palabras y comenzar a tratar el grupo fónico como una simple cadena de sonidos de comienzo a fin. Dentro de la cadena fónica, el anglohablante tiene que analizar las secuencias de sonidos que forman las sílabas, siempre considerando las siguientes situaciones.

Ligazón entre consonante final de palabra y vocal inicial de palabra

La sílaba canónica del español es CV, lo que impera que la división de una secuencia de VCV siempre resulte en V/CV. En el silabeo fonosintáctico eso se aplica sin preocuparse por la separación de palabras. El efecto de esa aplicación a la sílaba fonosintáctica se contrasta con la sílaba ortográfica que se manifiesta en el Cuadro 18.22 del silabeo de la frase {el otro día fuimos al evento}. Ese ejemplo demuestra como hay un resilabeo de los elementos en la fonosintaxis que refleja la producción física del hispanohablante. El hispanohablante prefiere la sílaba abierta. Por eso, en la secuencia {el otro}, el sonido [l] que aparece al final de la palabra

silabeo fonético	[e.ló.tro.ðí.a.fwí.mo.sa.le.bén̪.to]
silabeo ortográfico	{el o.tro dí.a fui.mos al e.ven.to}

18.22 El efecto del ligazón entre consonante final de palabra y vocal inicial de palabra en la fonotáctica.

{el} llega a ser el ataque de la sílaba [ló], combinándose con el sonido inicial de la palabra siguiente.

El anglohablante tiene que acostumbrarse a la percepción de esos resilabeos que son parte de la producción normal del hispanohablante. El anglohablante también tiene que adaptarse a esos resilabeos en su propia producción fonética para acercarse a una producción normal hispánica. Ese resilabeo se da siempre que haya una palabra que termina en consonante seguida de una palabra en el mismo grupo fónico que comience con un fonema vocálico.

Ligazón entre vocal final de palabra y vocal inicial de palabra

En el Capítulo 12, se especificaron los tipos de ligazones vocálicas en que dos fonemas vocálicos se producen en la misma sílaba. Todos esos procesos que se dan dentro de una palabra se dan también en la fonosintaxis, es decir, entre palabras: la fusión, el diptongo, la sinalefa. Esos procesos se ejemplifican en el Cuadro 18.23.

Separación de vocal alta y tónica final de palabra y vocal inicial de palabra

En el Capítulo 12 se especificó que una vocal alta y tónica seguida de otra vocal resulta en un hiato natural: [dí.a], [sa.lí.a], [bú.o]. Es decir, las dos vocales contiguas pertenecen a

18.23 El efecto del ligazón entre vocales en la fonotáctica entre palabras.

fusión	{está aquí}	[ɛs.tá.kí]
diptongo	{pan y agua}	[pá.njá.ɣwa]
sinafela	{de oro}	[de̯ó.ro]

dos sílabas distintas. Lo mismo ocurre entre palabras como demuestran los ejemplos de [sa.lí.a.jér] {salí ayer} y [ta.βú.an̪.tí.ɣwo] {tabú antiguo}.

Fusión de consonantes homólogas

En el Capítulo 17 se explicó la fusión de consonantes homólogas que ocurre principalmente, por motivos fonotácticos, entre palabras. También, por motivos fonotácticos, son pocas las secuencias que se dan. Cuando la consonante es obstruyente, la fusión es simple, es decir, no se produce una consonante alargada: {los sapos} [lo.sá.pos], {Ciudad de México} [sju.ðá.ðe.mé.xi.ko]. Cuando la consonante es una sonorante nasal o lateral, sin embargo, la consonante se alarga. Ese alargamiento produce una consonante fonética ambisilábica, o sea una consonante que pertenece a dos sílabas: {el lado} [ɛl͜.a.ðo], {en nada} [ɛn͜.á.ða], {enmendar} [ɛm͜.ẽn̪.dár]. Es de observarse que en este caso el doble ligazón (͜) indica que la consonante alargada se divide entre dos sílabas, uniéndose tanto con el núcleo de la sílaba anterior como con el núcleo de la sílaba posterior. El Cuadro 18.24 ejemplifica cómo se aplican los tres tipos de silabeo a los dos tipos de fusión consonántica: la simple y la alargada.

Una nota sobre la ordenación de las reglas

El ejemplo anterior de {en nada} revela un principio importante que es el de la ordenación de reglas. Para ver mejor ese principio se examinarán también los ejemplos de {en nada}, {en otro}, {el lado} y {el otro}. El Cuadro 18.25 demuestra estos ejemplos.

Para llegar a la forma fonética anticipada, es necesario ver en qué orden se aplican las reglas y a qué nivel se aplican las tres reglas: la de la distribución complementaria del fonema /e/, la del silabeo y la de la nasalización vocálica.

Primero, es de notar que fonéticamente la vocal inicial de los cuatro ejemplos de arriba es la vocal semiabierta [ɛ], que es la variante que suele darse en una sílaba cerrada. Esto quiere decir que la regla de distribución complementaria del fonema /e/, se aplica

Ortografía	Sílabas fonológicas	Sílabas fonéticas	La separación de la ortografía en sílabas fonéticas
{es suyo}	/és#sú.jo/	[é.sú.jo]	{e/s su/yo}
{en nada}	/eN#ná.da/	[ẽ̞n̪.á.ða]	{en/na/da}

18.24 La aplicación de los tres tipos de silabeo a los dos tipos de fusión consonántica: la simple y la alargada.

a nivel fonológico, antes de la redivisión silábica que ocurre a nivel fonético. Así se explica por qué se encuentra la vocal semiabierta [ɛ] en una sílaba fonéticamente abierta como en [ɛ.nó.tɾo] o [ɛ.ló.tɾo].

Segundo, la regla de la nasalización vocálica se aplica al nivel fonético, después de la redivisión silábica. Por eso, la vocal inicial de [ẽ̞n̪.á.ða] se nasaliza en cuanto la vocal inicial de [ɛ.nó.tɾo] no se nasaliza. En el primer ejemplo, la vocal [ɛ] se encuentra en una sílaba fonéticamente cerrada, ante la consonante ambisilábica [n̪], lo que resulta en la nasalización. En el segundo ejemplo, la vocal [ɛ] se encuentra en una sílaba fonéticamente abierta y en ese contorno no ocurre la nasalización.

Pistas pedagógicas

El principio básico del silabeo es que la forma canónica de la sílaba del español es CV. En el silabeo fonético es siempre esa la forma preferida, y es el silabeo fonético que sirve de base para la buena pronunciación del español. En el silabeo fonético, hay que recordar que las reglas del silabeo operan en la cadena de sonidos de todo el grupo

fónico, es decir, opera en la cadena de todos los sonidos corridos que se encuentran entre dos pausas; el límite entre palabras o morfemas no afecta el silabeo fonético.

En términos prácticos, el proceso del silabeo consiste en identificar los núcleos, ataques y codas de las sílabas. A continuación se presentan las pistas pedagógicas para llevar a cabo esas identificaciones.

Identificar el núcleo

El núcleo será siempre una vocal que se puede identificar según los siguientes criterios:

- Cuando hay una vocal sola, esa vocal siempre será el núcleo. Esa vocal puede darse:
  - entre dos consonantes (ej. g**e**neral**i**zar)
  - entre pausa y consonante (ej. /**e**ntrar)
  - entre consonante y pausa (ej. trat**a**/)
- Cuando hay dos vocales homólogas, siempre hay una fusión vocálica en la fonética. Si cualquiera de las dos vocales es tónica, el resultado es una sola vocal tónica. Si la segunda vocal de la secuencia es tónica, el resultado

18.25 La aplicación de la ordenación de las reglas de la distribución complementaria del fonema /e/, del silabeo y de la nasalización vocálica.

Ortografía	Sílabas fonológicas	Sílabas fonéticas	La separación de la ortografía en sílabas fonéticas
{en nada}	/eN#ná.da/	[ẽ̞n̪.á.ða]	{en/na/da}
{en otro}	/eN#ó.tɾo/	[ɛ.nó.tɾo]	{e/n o/tro}
{el lado}	/el#lá.do/	[ɛl̪.á.ðo]	{el/la/do}
{el otro}	/el#ó.tɾo/	[ɛ.ló.tɾo]	{e/l o/tro}

fonético es una sola vocal tónica alargada. Siendo así, en esos casos, el núcleo vocálico es la vocal fundida.

- Cuando hay dos vocales contiguas no homólogas, hay que examinar la naturaleza de las dos vocales para identificar el núcleo. Según demuestra el Cuadro 18.26, el resultado fonético puede ser:
  - un diptongo, en que la vocal no alta es el núcleo;
  - una sinéresis/sinalefa, en que el núcleo es divocálico;
  - un hiato, en que hay dos núcleos.

- Cuando hay tres vocales contiguas, hay que examinar la naturaleza de las tres vocales para identificar el núcleo. Esas secuencias pueden identificarse también según el Cuadro 18.26. Hay tres posibilidades:
  - un triptongo, en que el núcleo es la vocal del medio (ej. b**uey**);
  - un diptongo creciente seguido de una vocal que forma una sinéresis/ sinalefa con el núcleo del diptongo (ej. [f**wéa**latjḗn̪da] {fue a la tienda}, [as**jae̯**lokáso] {hacia el ocaso}):

  - una sinéresis/sinalefa entre una vocal y el núcleo de un diptongo decreciente que la sigue (ej. [s**éau̯**swál] {sea usual}, [k**áei̯**nérte] {cae inerte}):

- Es posible una secuencia de cuatro vocales en una sílaba cuando hay una sinéresis o sinalefa entre la vocal nuclear de un diptongo creciente y la vocal nuclear de un diptongo decreciente (ej. [fwéai̯rán] {fue a Irán}).

Identificar el ataque

Después de identificar el núcleo, hay que ver qué elementos componen el ataque de su sílaba. Según el modelo fonotáctico de la sílaba, hay tres tipos de elementos que pueden preceder al núcleo.

- **El deslizante (o elemento vocálico).** Si hay una vocal ante el núcleo y si esa vocal es alta y átona, se forma un diptongo creciente, y la vocal alta forma parte de la misma sílaba: (ej. [sjḗm.pɾe] {siempre}).

- **El sonorante.** Si ante el conjunto vocálico hay un sonorante, ese sonorante se agrega también a la sílaba: (ej. [njé.to] {nieto}, [e.le.xíɾ] {elegir}, [ɛ.róɾ] {error}).

- **El obstruyente.** Si ante el conjunto vocálico hay un solo obstruyente, ese obstruyente se agrega también a la sílaba: (ej. [fa.βu.ló.so] {fabuloso}, [sá.po] {sapo}). Si ante el conjunto vocálico hay un grupo consonántico indivisible, el grupo consonántico también se agrega a la sílaba. Los grupos consonánticos, como ya se ha explicado antes, se forman de una consonante oclusiva o [f] más una líquida [l] o [ɾ] (con la excepción de [tl] y [dl]). Es de notar que los grupos consonánticos indivisibles son siempre la combinación de un obstruyente más sonorante: (ej. [plá.to] {plato}, [ĩm.pɾák.ti.ko] {impráctico}, [fɾa.ɣã́n̪. te] {fragante}). Las secuencias /tl/ y /dl/ son excepciones, sin embargo, y el silabeo de {atlas} es [át.las] y el silabeo fonético de {ciudad lateral} es [sju.ðáð.la.tɛ.rál].

Hay que considerar también el caso de las consonantes homólogas. Como ya se demostró en el Capítulo 12, en el caso de una secuencia de dos consonantes fonológicas homólogas siempre hay una fusión consonántica en la fonética. Si las consonantes homólogas son nasales o laterales, se produce un alargamiento consonántico, ([m:], [n:], [l:]); esa consonante alargada es **ambisilábica**: (ej. [ḗm:ɛ́.ri.ða] {en Mérida}; [ḗn:a.βá.ra] {en Navarra, [ɛl:á.ðo] {el lado}).

Condiciones					Resultado fonético	El núcleo	Ejemplos
¿Es alta una de las vocales?							
SÍ	¿Es tónica esa vocal alta?						
	SÍ	¿Está esa vocal en segunda posición?					
		SÍ	¿Es también alta la vocal en primera posición?				
				SÍ	Diptongo creciente	La segunda vocal alta	fui, viuda
				NO	Sinéresis/ Sinalefa	La vocal alta y tónica	reúne, reír
			NO		Hiato	Hay dos núcleos	salía
		NO	¿Está esa vocal en segunda posición?				
			SÍ		Diptongo decreciente	La vocal no alta	causa, reina
			NO		Diptongo creciente	La vocal no alta	también, aire, ciudad
NO	¿Son tónicas las dos vocales?						
	SÍ				Sinalefa	Núcleo divocálico	hablé alto
	NO	¿Es tónica una de las vocales?					
		SÍ			Sinéresis/ Sinalefa	La vocal tónica	real, hablé aquí
		NO			Sinéresis/ Sinalefa	Núcleo divocálico	creatividad

18.26 Los criterios para identificar el núcleo silábico en una secuencia de dos vocales. En el cuadro se especifican el resultado fonético y el núcleo silábico y se dan ejemplos.

La consonante ambisilábica pertenece a dos sílabas, formando la coda de la primera y el ataque de la segunda. Las demás consonantes fundidas son simples —sin alargamiento— y siempre pertenecen al ataque de la sílaba que sigue.

No hay siempre un ataque. Por ejemplo, si un núcleo vocálico sigue a una pausa, no hay ataque: (ej. [éa.βlá.ðo] {he hablado}, [á.se.mú.ʃo] {hace mucho}). También si dos vocales se presentan en sílabas separadas debido a un hiato, no hay ataque en la segunda sílaba del hiato: (ej. [sa.lí.a] {salía}).

Identificar la coda

Después de identificar el núcleo y el ataque, lo que queda forma parte de la coda de la sílaba precedente. Según el modelo fonotáctico de la sílaba, sin embargo, hay tres tipos de elementos que pueden suceder al núcleo.

- **El deslizante (o elemento vocálico)**. Si hay una vocal después del núcleo y si esa vocal es alta y átona, se forma un diptongo decreciente, y la vocal alta forma parte de la misma sílaba: (ej. [káu̯.sa] {causa}).

- **El sonorante**. Si después del conjunto vocálico hay un sonorante y si ese sonorante aparece ante cualquier otra consonante o ante pausa, el sonorante se agrega a la sílaba del núcleo anterior: (ej. [ál̪.to] {alto}, [kár.ta] {carta}, [án̪.tes] {antes}).

- **El obstruyente**. Si después del conjunto vocálico hay dos, tres o cuatro consonantes, hay que determinar si hay un grupo consonántico indivisible. Si lo hay, el grupo consonántico pasa al ataque de la sílaba siguiente, y el restante de las consonantes forma parte de la coda de la sílaba anterior: (ej. [a.pli.kár] {aplicar}, [ĩm.plo.rár] {implorar}, [trãns.plã́n.tár] {transplantar}). Si no hay grupo consonántico indivisible, la última consonante pasa al ataque de la sílaba siguiente, y las consonantes restantes forman parte de la coda de la sílaba anterior: (ej. [díɣ.no] {digno}, [ĩns.tã́n.te] {instante}). Cuando hay dos

consonantes en la coda, son siempre una secuencia de consonante más el obstruyente /s/.

- No hay siempre una coda; de hecho, es más común que no lo haya, puesto que las sílabas abiertas son más comunes que las sílabas cerradas. No hay coda cuando un núcleo vocálico precede al ataque de la sílaba siguiente: (ej. [éa.βlá.ðo] {he hablado}, [á.se.mú.ʃo] {hace mucho}). No hay coda cuando el núcleo vocálico precede a una pausa: (ej. [loáɣo] {lo hago}).

Consejos prácticos

Al hablar o leer, para producir el español con una pronunciación natural, el estudiante tiene que enfocarse en:

- aplicar las reglas del silabeo fonético del español y no las reglas del silabeo fonológico ni ortográfico;

- recordar que el patrón canónico de la sílaba del español es CV y que las sílabas abiertas son más comunes que las sílabas cerradas;

- atenerse a las reglas de las secuencias vocálicas: la fusión, la diptongación, la sinéresis/sinalefa y el hiato;

- atenerse a las reglas de las consonantes homólogas: la fusión simple que pasa a ser el ataque de la sílaba siguiente y la fusión alargada que pasa a ser una consonante ambisilábica;

- recordar que muchas veces esas pautas requieren que se forme una sílaba de elementos de dos palabras distintas;

- practicar el silabeo como en los siguientes ejemplos.

El silabeo de palabras

La siguiente lista de palabras es un ejemplo de la aplicación de esas reglas de silabeo.[7] ◀‿

aflojar	|a|flo|jar|
agrupar	|a|gru|par|
cuadro	|cua|dro|
inseparable	|in|se|pa|ra|ble|
artista	|ar|tis|ta|
contraer	|con|tra̯er|

construir	|cons|truir|
aéreo	|aé|reo|
Europa	|Eu|ro|pa|
asociáis	|a|so|ciáis|
buey	|buey|
baúl	|baúl|
hablando	|ha|blan|do|
aclamar	|a|cla|mar|
cuatro	|cua|tro|
cuenta	|cuen|ta|
empleados	|em|plea|dos|
averigüéis	|a|ve|ri|güéis|
instaurar	|ins|tau|rar|
vergüenza	|ver|güen|za|
pelear	|pe|lear|
reúno	|re|ú|no|
aire	|ai|re|
cambiáis	|cam|biáis|

El silabeo de textos

La Fig. 18.27 contiene una muestra de como un trozo ortográfico se divide en sílabas fonéticas.[8] ◀≋

Sumario

La sílaba es una unidad muy importante para la buena pronunciación del español, pero también es una unidad difícil de definirse. En parte la dificultad en llegar a una definición exacta es porque se puede hablar de la sílaba a nivel de la fonología, de la fonética y de la ortografía. A nivel de fonética, se puede expresar la definición en términos articulatorios, acústicos o auditivos. Una de las definiciones más prácticas para el español es una de la fonética articulatoria: la sílaba abarca todo lo que se contiene entre dos mínimos de abertura. Con esto hay que juntar la regla firme del silabeo del español a favor de la sílaba abierta: es decir, que una

secuencia de VCV siempre se separará en V/CV. La sílaba canónica, es decir, la forma silábica más frecuente del español, es CV.

El modelo generativista de la sílaba la divide inicialmente entre un ataque y una rima; la rima, por su parte, se divide en el núcleo y la coda. El núcleo de la sílaba española es siempre una vocal, la cual se identifica de acuerdo con las pautas establecidas en este capítulo. También de acuerdo con el modelo fonotáctico, el ataque es un elemento optativo. El ataque puede contener un obstruyente, un sonorante o un componente vocálico o una combinación de ellos. También de acuerdo con el modelo fonotáctico, la coda es un elemento optativo. La coda puede contener un componente vocálico, un sonorante o un obstruyente o una combinación de ellos.

Todas las sílabas del español se conforman al modelo fonotáctico del Cuadro 18.3. La sílaba canónica, es decir, la forma silábica más frecuente del español, es CV. Las sílabas abiertas (las que terminan en vocal) son más frecuentes que las sílabas cerradas (las que terminan en consonante).

De los tres tipos de silabeo (el fonológico, el fonético y el ortográfico), el más importante para el estudiante es el fonético, porque su habla y lectura deben basarse en las reglas del silabeo fonético. Las reglas fundamentales son tres:

Regla uno: V/CV

En español siempre que se tiene una consonante entre dos vocales, la consonante forma parte de la sílaba siguiente.

Regla dos: VC/CV o V/CCV

En español, cuando hay dos consonantes entre vocales, hay dos posibilidades para el

18.27 Texto ortográfico dividido en sílabas fonéticas.

TEXTO ORTOGRÁFICO:

{dos de ellos se quedaron en el pueblo /
un viejo / y un muchachito de nueve o
diez años / los dos muy morenos / muy
sucios / con la carne extrañamente seca /
como las estacas bajo el sol en agosto}

SILABEO FONÉTICO:

{dos\|de‿e\|llo\|s se\|que\|da\|ro\|n e\|n el\|pue\|
blo / un\|vie\|jo\| y un\|mu\|cha\|chi\|to\|de\|nue\|
ve‿o\|die\|z años / los\|dos\|muy\|mo\|re\|nos /
muy\|su\|cios / con\|la\|car\|ne‿ex\|tra\|ña\|
men\|te\|se\|ca / \|co\|mo\|la\|s es\|ta\|cas\|ba\|
jo‿el\|so\|l e\|n a\|gos\|to\|}

413

silabeo. El silabeo depende de la presencia o ausencia de un grupo consonántico indivisible, indicado por el subrayo (CC).

Regla tres: VCC/CV o VC/CCV, VCC/CCV

En español, cuando hay tres o cuatro consonantes entre vocales, el silabeo depende de la presencia o ausencia de un grupo consonántico indivisible. Si en la secuencia de consonantes hay un grupo indivisible, el grupo indivisible pasa a la segunda sílaba, siguiendo el patrón de la regla dos.

Preguntas de repaso

1. ¿Cuáles son los problemas en la definición de la sílaba?

2. ¿Cuáles son las definiciones fonéticas de la sílaba?

3. ¿Cuáles son los dos modelos de la sílaba presentados, y cómo se difieren?

4. Explique el modelo fonotáctico de la sílaba.

5. ¿Cuáles son los posibles elementos del ataque silábico? Dé ejemplos.

6. ¿Cómo se identifica el núcleo silábico? Dé ejemplos.

7. ¿Cuáles son los posibles elementos de la coda silábica? Dé ejemplos.

8. Contraste las formas canónicas de la sílaba del español y del inglés.

9. ¿Cuáles son las posibles estructuras silábicas del español?

10. ¿Cómo encajan las estructuras silábicas del español en el modelo fonotáctico de la sílaba?

11. Contraste los tres tipos de silabeo: fonológico, fonético, ortográfico.

12. ¿Cuáles son las reglas del silabeo fonético?

13. Explique el ligazón entre consonante final de palabra y vocal inicial de la palabra siguiente. Dé ejemplos.

14. Explique el ligazón entre vocal final de palabra y vocal inicial de la palabra siguiente. Dé ejemplos.

15. Explique la separación de vocal alta y tónica final de palabra y vocal inicial de la palabra siguiente. Dé ejemplos.

16. Explique como la fusión de consonantes homólogas afecta el silabeo. Dé ejemplos.

17. Explique la ordenación de reglas necesaria para explicar el resultado fonético de [ẽn̩á.ða].

Conceptos y términos

ataque	nucleo divocálico	silabeo fonético
coda	reglas de silabeo	silabeo fonológico
consonante ambisilábica	sílaba	silabeo ortográfico
CV	sílaba abierta	vocal libre
estructuras silábicas	sílaba canónica	vocal trabada
modelo fonotáctico	sílaba cerrada	
núcleo	silabeo	

Ejercicios de pronunciación

Divida los siguientes textos en sílabas según las reglas de silabeo fonético. Lea el resultado en voz alta sílaba por sílaba. La clave se encuentra en el apéndice.[9] ◀≾

1. {de pronto me horroricé de haber llegado a esos extremos / con mi costumbre de analizar indefinidamente hechos y palabras / recordé la mirada de maría fija / en el árbol de la plaza / mientras oía mis opiniones / me pareció que era una frágil infeliz / llena de fealdad y miseria}

2. {de aquella boca que parecía querer respirar / todavía sin encontrar resuello / de aquel tanilo / a quien ya nada le dolía / pero que estaba como adolorido / con las manos y los pies engarruñados / y los ojos muy abiertos / como mirando su propia muerte / y por aquí y por allá / todas sus llagas goteando un agua amarilla / llena de aquel olor que se derramaba por todos lados}

3. {nos habituamos irene y yo a persistir solos en ella / lo que era una locura / pues en esa casa podían vivir ocho personas sin estorbarse / hacíamos la limpieza por la mañana / levantándonos a las siete / y a eso de las once / yo le dejaba a irene las últimas habitaciones por repasar / y me iba a la cocina}

Materiales en línea

1. ◀≾ El silabeo fonético de {general} en inglés y español.

2. ◀≾ El silabeo fonético de "El otro día fuimos al evento" (el Cuadro 18.18).

3. ◀≾ El silabeo—Regla 1: el contraste entre el silabeo del inglés y del español con una consonante intervocálica (el Cuadro 18.19).

4. ◀≾ El silabeo—Regla 2: el silabeo del español con dos consonantes intervocálicas.

5. ◀≾ El silabeo—Regla 3: el silabeo del español con tres o cuatro consonantes intervocálicas (el Cuadro 18.20).

6. ◀≾ El silabeo fonético de "El pan y el agua" (el Cuadro 18.21).

7. ◀≾ El silabeo fonético de palabras.

8. ◀≾ El silabeo fonético de un texto (el Cuadro 18.27).

9. ▣ Ejercicios de pronunciación: el silabeo.

El acento

El concepto del acento es ambiguo porque la palabra tiene varios significados. En su acepción lingüística más amplia, puede referirse al conjunto de las características fónicas del habla de determinado dialecto regional o social. El acento puede también referirse al acento escrito, o sea el signo diacrítico del acento agudo (´) que se emplea en la ortografía. En este capítulo, a no ser que se refiera específicamente al acento escrito u ortográfico, el término acento se refiere al **acento** fonético o fonológico. El acento fonético resulta de una modificación de los aspectos físicos de la propia onda sonora. Cuando el acento fonético o fonológico recae sobre una vocal o una sílaba, se dice que la vocal o sílaba es **tónica**. Cuando la vocal o sílaba carece de acento fonético se denomina **átona**.

Obviamente existe una relación entre el acento escrito y el acento fonético. Aunque se comentarán los detalles de esa relación más tarde, basta decir por ahora que en la ortografía se usa el acento escrito solo para indicar algunos de los acentos fonéticos. El Cuadro 19.1 resume las diferencias entre el acento escrito y el acento fonético.

Consideraciones teóricas del acento

El acento fonético se produce mediante modificaciones que ocurren en la producción normal del núcleo silábico. Los elementos acústicos de cualquier vocal que se pueden modificar son cuatro:

1. la amplitud de la onda (o sea la intensidad o el volumen);
2. la frecuencia de la onda (o sea el tono);
3. la duración de la vocal;
4. el timbre vocálico (o sea el patrón o modelo del ciclo vibratorio).

El acento fonético sirve para hacer destacar o dar énfasis a determinada sílaba de una palabra o de un grupo fónico. Se puede obtener ese énfasis mediante la alteración de una o más de las cuatro características acústicas ya mencionadas. El acento fonético puede tener, entonces, indicadores o pistas múltiples basados en cualquiera de esos elementos acústicos de la onda sonora. Como siempre, las modificaciones acústicas que resultan en la identificación del acento, son relativas y no absolutas.

Aspectos acústicos de la onda sonora que indican el acento

El indicador de la **intensidad** (relacionada con amplitud o volumen) es uno que se emplea comúnmente en varios idiomas para indicar el acento. Generalmente un aumento contrastivo en la amplitud es señal de acento fonético.

El indicador del tono o **frecuencia** también se emplea en varios idiomas como señal de

19.1 Resumen de las diferencias entre el acento escrito y el acento fonético.

	Cómo se indica	Otros términos	Dónde se coloca	Ejemplos
acento escrito	signo diacrítico	acento agudo, tilde	sobre algunas vocales tónicas	{cada} {habló}
acento fonético	modificación acústica de la onda sonora	vocal o sílaba tónica	sobre toda vocal tónica	[káða] [aβló]

acento fonético. De modo general, el acento fonético se indica mediante una subida de tono. Hay que entender, sin embargo, que el aumento es relativo y que puede variar según la posición de la palabra en la frase.

El indicador de la **duración** es otra señal para el acento fonético. En general, un aumento contrastivo en la duración indica acento, aunque la duración también puede afectarse por las consonantes de la sílaba, por la estructura silábica o por la posición de la palabra dentro del grupo fónico u oración.

El indicador menos usado para señalar el acento fonético es el **timbre vocálico**. En algunos idiomas existen sistemas vocálicos diferentes para sílabas tónicas y para sílabas átonas.

El acento fonético en español e inglés

El acento fonético se señala mediante modificaciones en la articulación que producen diferencias acústicas en la onda sonora de la vocal tónica. Las diferencias acústicas que se emplean para indicar el acento son distintas al comparar el español con el inglés.

En primer lugar, es importante reconocer que el acento tanto en español como en inglés es un fenómeno fonológico. Esto quiere decir que la ubicación del acento en una palabra es una característica de la palabra en sí. En ambos idiomas es posible que la ubicación del acento cambie el significado de una palabra. En inglés, por ejemplo, hay una diferencia entre la palabra *record* [ɹɛ́.kɹɪd], que es un sustantivo (*He kept a record of the events.*), y la palabra *record* [ɹɪ.kɔ́ɹd], que es un verbo (*He needs to record the events.*). En español las diferencias de significado también pueden ser entre verbo y sustantivo como también entre formas verbales. Ejemplos incluyen *el grito, yo grito, él gritó; anden, andén; cántara, cantara, cantará.*[1] ◀℟

La cuestión, sin embargo, es ¿cómo se indica el acento? Es decir, de las cuatro posibles indicadores de acento, ¿cuáles se emplean para indicarlo en español y cuáles en inglés? Al buscar una respuesta a esa pregunta, hay que considerar dos factores intrínsecos. Primero, hay que considerar que el tono no es solamente un fenómeno de acento sino que también es la característica principal de la **entonación** y sus distintivos patrones, que se tratarán en el Capítulo 21. El segundo factor es el fenómeno de la **disminución**, que describe lo que ocurre naturalmente en la realización del habla al aproximarse al final de un grupo fónico. Esa disminución afecta los valores de intensidad, duración y tono.

El timbre como indicador de acento

En inglés, el timbre sí entra como posible indicador de acento. Esto se debe a la fuerte tendencia de reducir la vocal átona al sonido *schwa* [ə]. Sirve de ejemplo la palabra *multiplication.*[2] ◀℟

$$e\underset{\textstyle}{\i}$$
$$\text{mul.ti.pli.}\mathbf{ca}\text{.tion}$$
$$\text{ə ə ə ə}$$

En este ejemplo, se nota que la palabra tiene cinco sílabas y que la sílaba tónica es la cuarta. También se puede notar que la sílaba tónica es la única que contiene una vocal plena y que todas las sílabas átonas contienen como núcleo la vocal reducida *schwa* [ə]. Así, que en inglés, el timbre es significativo en relación con el acento, pues la vocal reducida *schwa* [ə] es indicador de sílaba átona. Sin embargo, no es indicador exclusivo de sílaba átona, porque como ya se vio en el Capítulo 11, una sílaba átona en inglés también puede contener vocales plenas. El siguiente cuadro vocálico indica la tendencia del inglés de reducir la vocal átona a *schwa*.

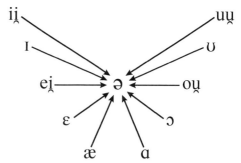

En español, en contraste con el inglés, el timbre vocálico apenas afecta a la noción de acento. Aunque se ha probado que puede haber una ligera reducción fonética vocálica en las vocales átonas del español, esa reducción es mínima al compararse con la de inglés, porque el sistema de cinco vocales sí se mantiene. El siguiente cuadro indica la reducción mínima típica del español.

Í i u Ú

é e o ó

a

á

En resumen, aunque el timbre sí es un factor importante en el acento del inglés, no lo es en español.

La duración como indicador de acento

La duración como indicador de acento es problemático puesto que hay tantos factores que pueden afectar la duración de una sílaba. Entre los factores figuran el número de segmentos en la sílaba, si los segmentos son sonidos sonoros o sordos y si los sonidos consonánticos son sonorantes u obstruyentes. Otros factores importantes incluyen la posición de la sílaba en la palabra, la posición de la sílaba en el grupo fónico, si la sílaba es tónica o átona y también si hay un acento afectivo o enfático.

Como indicador de acento en español, la duración solo puede considerarse un factor relativo. Esto se debe a que la tendencia general, tanto del inglés como del español, es la de disminuir la velocidad del habla al aproximarse al final del grupo fónico. Debido a esa tendencia, en la mayoría de los casos la sílaba más larga de un grupo fónico suele ser la sílaba final, sea átona o tónica.

En inglés, la duración también entra como posible indicador de acento. Esto se debe a la fuerte tendencia de aumentar la

duración de la sílaba tónica, pero todavía hay que tener en mente la tendencia de aumentar la duración de las sílabas al llegar al final del grupo fónico; ese alargamiento afecta las palabras articuladas en realizaciones aisladas. La duración de la sílaba inglesa también se afecta por la cualidad de la vocal, sea vocal larga, breve o reducida.

En el Cuadro 19.2, se nota que la sílaba acentuada del inglés suele tener una duración más larga que las sílabas que la rodean con la excepción de la sílaba átona final de grupo fónico, que incluye el caso en que la palabra se realiza aisladamente. En este caso, al aproximarse al final de grupo fónico se produce una disminución en la velocidad del habla, creando una sílaba átona final de duración más larga.

En el caso contrastivo de las palabras *content* (sustantivo) y *content* (adjetivo), se nota que el alargamiento que se le da a la sílaba átona final del sustantivo es solo del diez por ciento, siendo la sílaba anterior la tónica. Ya en el caso del adjetivo, el alargamiento de la sílaba final es del 205%, siendo la última sílaba tanto tónica como también final. Es de notar que las sílabas más cortas son las que contienen la vocal reducida *schwa* [ə].

En el Cuadro 19.2 se nota también que la sílaba átona final tiene un índice mayor cuando se encuentra en posición final absoluta que en posición final de palabra interior de grupo fónico. De los ejemplos demostrados en el Cuadro 19.2 se nota que en el caso de la palabra *politically*, la sílaba átona final de palabra tiene el 211% de la duración de la vocal tónica cuando se da en posición final de grupo fónico y solo el 106% de la duración de la vocal tónica cuando se da en posición interior de grupo fónico. En el caso de la palabra *multiplication*, la sílaba átona final de palabra tiene el 112% de la duración de la vocal tónica cuando se da en posición final de grupo fónico y solo el 81% de la duración de la vocal tónica cuando se da en posición interior de grupo fónico.[3] ◀≣

En español, la duración no es un buen indicador de acento. Como en el caso del inglés, las sílabas más largas suelen ser las sílabas finales de grupo fónico. El Cuadro 19.3 demuestra la duración silábica

multiplication (palabra aislada)

sílaba	məl	tʰə	pl̥ə	kʰéɪ̯	ʃən
duración	142 ms	79 ms	157 ms	272 ms	307 ms
índice*	180%	100%	199%	344%	389%

multiplication ("He learned the multiplication tables.")

sílaba	məl	tʰə	pl̥ə	kʰéɪ̯	ʃən
duración	167 ms	60 ms	149 ms	247 ms	201 ms
índice*	278%	100%	248%	412%	335%

content (sustantivo)

sílaba	kʰán	tʰɛnt			
duración	289 ms	317 ms			
índice*	100%	110%			

content (adjetivo)

sílaba	kʰən	tʰɛnt			
duración	184 ms	378 ms			
índice*	100%	205%			

politically (palabra aislada)

sílaba	pʰə	lí	ɾə	kl̥ii̯	
duración	87 ms	141 ms	94 ms	298 ms	
índice*	100%	162%	108%	343%	

politically ("He's politically motivated.")

sílaba	pʰə	lɪ	ɾə	kl̥ii̯	
duración	108 ms	146 ms	66 ms	156 ms	
índice*	164%	221%	100%	236%	

*el índice demuestra la duración en relación con la sílaba más corta de la palabra.

19.2 La relativa duración de sílabas en palabras inglesas con enfoque en la duración de las vocales tónicas en comparación con las vocales átonas.

de algunas palabras españolas tanto aisladas como en posición no final de oraciones.

Se pueden hacer tres observaciones basadas en los datos del Cuadro 19.3.[4] ◀ᵉ

1. La sílaba tónica de una palabra suele ser la sílaba de más larga duración con la excepción de una sílaba átona final de grupo fónico.

2. La sílaba final de palabra es más larga en su llamada forma de cita que cuando se da en el medio de un grupo fónico. Esto ocurre porque la sílaba final del grupo fónico sufre los efectos ya descritos de la disminución.

3. Con pocas excepciones no hay diferencias apreciables entre la duración de sílabas tónicas y sílabas átonas en español como existen en inglés.

En resumen, la duración como indicador de acento es un factor que tiene peso en inglés (donde la sílaba tónica inglesa puede tener de dos a cuatro veces la duración de una sílaba átona inglesa), pero es mucho menos significativo en español (donde la variación entre la duración de sílabas tónicas y átonas es mucho menos).

multiplicación (palabra aislada)

sílaba	mul	ti	pli	ka	**sjón**
duración	218 ms	107 ms	127 ms	181 ms	314 ms
índice*	204%	100%	119%	169%	293%

multiplicación ("Fue una multiplicación de errores.")

sílaba	mul	ti	pli	ka	**sjón**
duración	174 ms	93 ms	144 ms	160 ms	222 ms
índice*	187%	100%	155%	172%	239%

contento (palabra aislada)

sílaba	kõn	**tḗṇ**	to		
duración	192 ms	297 ms	330 ms		
índice*	100%	155%	172%		

contentó (palabra aislada)

sílaba	kõn	tẽṇ	**tó**		
duración	184 ms	238 ms	283 ms		
índice*	100%	129%	154%		

cántara (palabra aislada)

sílaba	**kãṇ**	ta	ɾa		
duración	213 ms	129 ms	170 ms		
índice*	165%	100%	132%		

cantara (palabra aislada)

sílaba	kãṇ	**tá**	ɾa		
duración	172 ms	224 ms	178 ms		
índice*	100%	134%	103%		

cantará (palabra aislada)

sílaba	kãṇ	ta	**ɾá**		
duración	142 ms	156 ms	210 ms		
índice*	100%	110%	148%		

paliza (palabra aislada)

sílaba	pa	**lí**	sa		
duración	156 ms	169 ms	321 ms		
índice*	100%	108%	206%		

paliza ("La paliza fue injusta.")

sílaba	pa	**lí**	sa		
duración	157 ms	181 ms	169 ms		
índice*	100%	103%	118%		

*el índice demuestra la duración en relación con la sílaba más corta de la palabra.

19.3 La relativa duración de sílabas en palabras españolas con enfoque en la duración de las vocales tónicas en comparación con las vocales átonas.

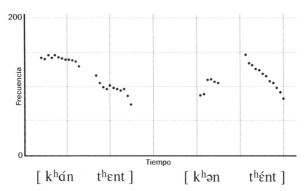

19.4 El trazo tonal del sustantivo inglés *content* [kʰántʰɛnt] y del adjetivo inglés *content* [kʰəntʰɛ́nt].

[kʰán   tʰɛnt]   [kʰən   tʰɛ́nt]

El tono como indicador de acento

El tono como indicador de acento es también problemático porque además de ser un posible indicador de acento, es también obviamente la esencia de la entonación, como se verá en el Capítulo 21. Hay que procurar no atribuir cambios de tono al acento que son más bien una manifestación de eventos entonacionales.

Como indicador de acento en español, el tono solo puede considerarse un factor relativo. Esto ocurre porque debido a la entonación, el tono suele cambiar al aproximarse al final del grupo fónico, tanto en inglés como en español. Muchos estudios han indicado que el tono es el principal indicador de acento. Algunos han sugerido que un tono más alto indica acento; otros, que el acento recae en la sílaba que sigue un tono más alto; aun otros, que cualquier cambio de tono indica el acento. En realidad, todas estas posibilidades existen, pero

no por motivos acentuales, sino por motivos entonacionales. Muchos de los estudios utilizaron palabras aisladas. Cuando se pronuncian palabras aisladas, hay que entender que efectivamente es equivalente a producirlas en posición final de grupo fónico con sus efectos concomitantes de entonación.

En inglés, el tono sí entra como posible indicador de acento. Esto se debe a la fuerte tendencia de aumentar el tono en la sílaba tónica como se indica en la Fig. 19.4, que es un trazo tonal del sustantivo *content* [kʰántʰɛnt] y del adjetivo *content* [kʰəntʰɛ́nt]. Como se puede ver, la sílaba tónica de cada palabra tiene el tono más alto.

Sin embargo, hay que considerar los efectos de la entonación, que demuestran que el tono más alto en sí no es un indicador fiable del acento como demuestran los ejemplos de la Fig. 19.5. En esa figura, la primera oración es una enunciativa no enfática: *She's content*. Se puede ver que la última sílaba

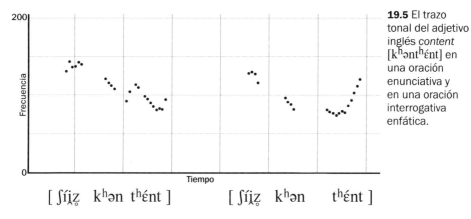

19.5 El trazo tonal del adjetivo inglés *content* [kʰəntʰɛ́nt] en una oración enunciativa y en una oración interrogativa enfática.

[ʃíi̥z kʰən tʰɛ́nt]   [ʃíi̥z kʰən   tʰɛ́nt]

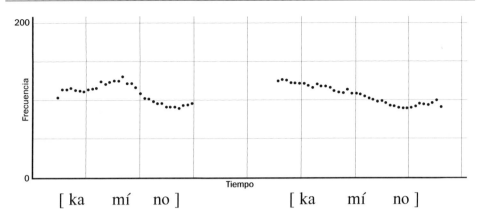

19.6 El tono en dos pronunciaciones de la palabra *camino* [kamíno]. En la primera, sube el tono en la sílaba tónica; en la segunda, el tono más alto ocurre en la primera sílaba, que es átona.

tiene el tono más bajo a pesar de ser tónica. Esto se debe a los efectos de la entonación al final de una oración enunciativa. La segunda oración es de una interrogativa enfática en que se expresa incredulidad: *She's content?* En ese caso, se puede ver que el tono más bajo se da en la última sílaba tónica antes de que suba el tono debido a los efectos de la entonación interrogativa típica.[5] ◀≋

Al examinar el papel del tono en el acento en español, hay que considerar también la posible variedad de producción. Por ejemplo, la Fig. 19.6 contiene dos trazos tonales de la palabra *camino* [kamíno] al final de una oración enunciativa; la primera articulación demuestra el tono más alto en la sílaba tónica [mí], esta es una de las posibles pronunciaciones que suele darse en un contexto enfático o cuando la palabra *camino* representa información nueva. Un

ejemplo será al final de la respuesta a la pregunta: —¿*Dónde está?* —*Está en el camino.* La segunda demuestra el tono más alto en la primera sílaba átona [ka] de la palabra *camino.* Esa pronunciación corresponde a una articulación no enfática al final de una oración, por ejemplo: *Salió del camino.* A pesar de no tener el tono más alto en la segunda articulación, la sílaba [mí] sigue siendo la sílaba tónica. Con esto se ve que el tono en sí no es un indicador fiable de acento en español.[6] ◀≋

Hay que considerar también los efectos de la entonación. Claro está que hay diferencias importantes entre la entonación de las oraciones enunciativas y las oraciones interrogativas. La Fig. 19.7 contiene un trazo tonal de la palabra *camino* [kamíno] y un trazo tonal de la palabra *caminó* [kaminó] al final de dos oraciones interrogativas: *¿Está*

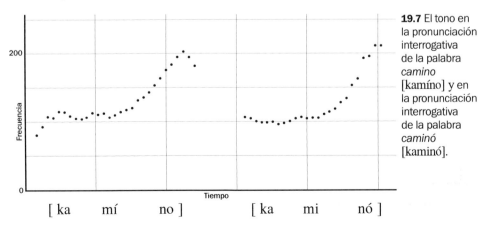

19.7 El tono en la pronunciación interrogativa de la palabra *camino* [kamíno] y en la pronunciación interrogativa de la palabra *caminó* [kaminó].

en el camino? y *¿Juan caminó?* Como es de esperarse, el tono sube durante la producción de ambas palabras que se encuentran al final de sus respectivas oraciones interrogativas. Es decir, en estos dos ejemplos, el tono más alto se encuentra en la sílaba átona final de [kamíno] y en la sílaba tónica final de [kaminó]. Otra vez, a pesar de no tener el tono más alto en la primera articulación, la sílaba [mí] de [kamíno] sigue siendo la sílaba tónica. Con esto se ve de nuevo que el tono en sí no es un indicador fiable de acento.[7] ◀⟨

En resumen, el tono como indicador de acento solo puede considerarse factor relativo. Aunque hay ejemplos tanto en inglés como en español en que la sílaba tónica sí tiene el tono más alto de la palabra, es fácil encontrar ejemplos en que el tono más alto de una palabra no se encuentra en la sílaba tónica. Esto se debe principalmente a los efectos de la entonación y así varía de acuerdo con la posición de la palabra en el grupo fónico.

La intensidad como indicador de acento

La intensidad como indicador de acento por un lado es muy importante y por otro muy problemático porque es un rasgo relativo, muy susceptible al principio de la disminución.

Como se ve en la Fig. 19.8, que demuestra la intensidad del sustantivo inglés *content* [kʰántʰɛnt] y del adjetivo inglés *content* [kʰəntʰént], la sílaba tónica tiene la amplitud más alta. Esto se ve más claramente en el trazo de la onda, en que la onda tiene más amplitud en las sílabas tónicas. El caso del trazo de la intensidad presenta los efectos de la disminución. En el trazo de intensidad del sustantivo *content* [kʰántʰɛnt], se ve que la primera sílaba, la tónica, tiene una intensidad más alta (con el núcleo de la sílaba a aproximadamente 73 decibelios) y la segunda sílaba, la átona, tiene una intensidad más baja (con el núcleo de la sílaba alrededor de 65 decibelios). En el trazo de

19.8 La intensidad del sustantivo inglés *content* [kʰántʰɛnt] y del adjetivo inglés *content* [kʰəntʰént] en el trazo de la onda sonora y en el trazo de la intensidad en decibelios.

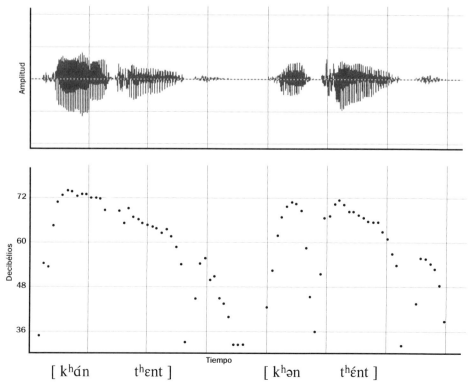

intensidad del adjetivo *content* [kʰəntʰént], se nota que las medidas en decibelios de las dos sílabas son semejantes. Aquí entra en juego el concepto de disminución, que dice que los valores de las características acústicas tienden a disminuirse al aproximarse al final del grupo fónico. El hecho de que la segunda sílaba del adjetivo mantenga aproximadamente la misma medida en decibelios, indica claramente que es una sílaba tónica; de otra forma tendría un valor reducido debido a la disminución. Por eso hay que considerar la intensidad como un indicador fundamental del acento.

En español, la intensidad también entra como posible indicador de acento. Esto se debe a la fuerte tendencia de aumentar la amplitud o el volumen de la sílaba tónica. Sin embargo, como en el caso del inglés, hay que recordar que la intensidad es un indicador relativo debido al principio de disminución. Aplicado a la intensidad, ese principio explica que al aproximarse al final del grupo fónico, la intensidad de la onda sonora tiende a disminuirse. Esto se ve claramente en la

Fig. 19.9, que demuestra la intensidad del sustantivo español *cántara* [kã́ṉtaɾa] y de las formas verbales españolas *cantara* [kã̱ṉtáɾa] y *cantará* [kã̱ṉtaɾá]. En el trazo de la onda de *cántara* [kã́ṉtaɾa], se ve que la sílaba más intensa es la primera, la tónica. En el trazo de la onda de *cantara* [kã̱ṉtáɾa], se observa que la sílaba más intensa es la segunda, también la tónica. En el trazo de la onda de *cantará* [kã̱ṉtaɾá], se nota que no hay ninguna sílaba que parezca ser indiscutiblemente más intensa que las demás. Sin embargo, a diferencia de los otros dos ejemplos, la última sílaba mantiene la intensidad de la sílaba anterior. Cuando se junta este hecho con el principio de la disminución, se ve que con esto, es la última sílaba la que es tónica: caso contrario, la intensidad de la última sílaba se habría disminuido.[8] ◀🔊

En resumen, se puede decir que la intensidad sí es un indicador importante de acento en español en todas las posibles posiciones a lo largo del grupo fónico cuando se toma en cuenta el principio de la disminución.

19.9 La intensidad del sustantivo español *cántara* [kã́ṉtaɾa] y de las formas verbales españolas *cantara* [kã̱ṉtáɾa] y *cantará* [kã̱ṉtaɾá] en el trazo de la onda sonora y en el trazo de la intensidad en decibelios.

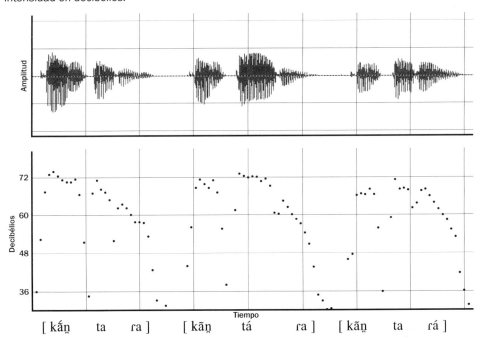

Comparación de los indicadores de acento

Los Cuadros 19.10, 19.11 y 19.12 resumen los datos numéricos de duración, tono y amplitud de las sílabas átonas y tónicas de los ejemplos presentados hasta aquí tanto del inglés como del español. De esa forma se puede comparar directamente la contribución de cada uno de los posibles indicadores acústicos a la percepción del acento. Al comparar las cifras de las medidas de los indicadores, hay que tener en cuenta que a veces el acento se indica mediante una medida absoluta (o sea cuando la medida más alta indica directamente el acento) y a veces el acento se indica mediante una medida relativa (o sea cuando la medida de la sílaba tónica no es la más alta en términos absolutos, pero por el principio de disminución todavía indica la sílaba tónica en términos relativos).

Los Cuadros 19.10, 19.11 y 19.12 indican con células sombreadas las medidas de la sílaba tónica; se indican con células color negro las medidas que son más altas que las de la sílaba tónica. Luego se agrega una explicación de los ajustes necesarios para interpretar la percepción del acento, basado en los hechos acústicos de duración, tono, amplitud y disminución.

En el ejemplo del Cuadro 19.10, se nota en la palabra inglesa aislada *multiplication*, que la duración de la sílaba tónica se aumenta mucho en comparación con las sílabas átonas anteriores. Sin embargo, la última sílaba átona es aun más larga debido al principio de la disminución de rapidez del habla que se da al aproximarse al final del grupo fónico, lo que produce sílabas más largas. Se nota en el segundo ejemplo en que la palabra *multiplication* no ocurre en posición final de grupo fónico, ya la última sílaba átona no es más larga que la tónica. En cuanto al tono, se nota que en los dos casos, la sílaba tónica tiene el tono más alto. En cuanto a la amplitud, se nota en ambos casos que hay dos sílabas con amplitud más alta, la primera y la cuarta. En el análisis del inglés, de hecho, hay dos sílabas tónicas en esa palabra, y el aumento de la amplitud en esas dos sílabas así lo indica.

En el caso de *content* (sustantivo) y *content* (adjetivo), como se ve en el Cuadro 19.11, se nota que en el sustantivo que tiene la primera sílaba tónica, la sílaba tiene el valor más alto de tono y de amplitud. En cuanto a la duración, se ve que la sílaba átona final es solamente un poco más larga que la sílaba tónica. Esto se debe a la disminución en la velocidad del habla, que es algo que se espera en posición final de grupo fónico. En el caso de *content* (adjetivo), que tiene la última sílaba tónica, la sílaba tiene el valor más alto de duración y tono. En cuanto a la duración, se ve que la sílaba tónica final tiene

19.10 La comparación de los indicadores de acento en dos articulaciones de la palabra inglesa *multiplication*. La sílaba tónica está sombreada y la célula de color negro indica una cifra más alta que la cifra de la sílaba tónica.

multiplication (palabra aislada)

sílaba	məl	tʰə	plə	kʰéɪ̯	ʃən
duración	142 ms	79 ms	157 ms	272 ms	**307 ms**
tono	115-106 Hz	113-110 Hz	115-111 Hz	134-108 Hz	115-94 Hz
amplitud	**72-76-68 db**	63-57 db	71-69 db	71-74-67 db	69-54 db

multiplication ("He learned the multiplication tables.")

sílaba	məl	tʰə	plə	kʰéɪ̯	ʃən
duración	167 ms	60 ms	149 ms	247 ms	201 ms
tono	110-107 Hz	106-105 Hz	104-99 Hz	138-123 Hz	110-106 Hz
amplitud	**69-72-69 db**	48-51 db	67-62 db	68-71-68 db	67-65 db

content (sustantivo)

sílaba	kʰán	tʰɛnt
duración	289 ms	**317 ms**
tono	141-128 Hz	115-87 Hz
amplitud	74-71 db	66-61 db

content (adjetivo)

sílaba	kʰən	tʰént
duración	184 ms	378 ms
tono	88-105 Hz	145-91 Hz
amplitud	**67-71-68 db**	72-63 db

19.11 La comparación de los indicadores de acento en la articulación del sustantivo inglés *content* y del adjetivo *content*. La sílaba tónica está sombreada y la célula de color negro indica una cifra más alta que la cifra de la sílaba tónica.

el doble de la duración de la sílaba átona. Esa diferencia tan grande es porque además de ser tónica, es también final. El tono, como es de esperarse, primero sube y luego baja en la sílaba tónica. En cuanto a la amplitud, se observa que las medidas de energía para las dos sílabas son semejantes. Por el principio de disminución, el hecho de que la última sílaba tenga el mismo valor que la penúltima, indica que la última sílaba es la tónica. Si así no fuera, la amplitud disminuiría como en la palabra *content* (sustantivo). Esto se puede ver fácilmente al comparar la forma de onda de las dos palabras en la Fig. 19.8.

El Cuadro 19.12 contrasta la palabra *politically* como palabra aislada (que, en efecto, es final de grupo fónico) y como palabra no final dentro de un grupo fónico. Como palabra aislada, solo la amplitud de la sílaba tónica demuestra el valor más alto. En cuanto a la duración, la sílaba tónica tiene la duración muy alta comparada con las sílabas átonas adyacentes, pero otra vez la sílaba átona final resulta ser la más larga de todas. En cuanto al tono, se ve que es la tercera sílaba, una sílaba átona, la que tiene el tono más alto, lo que indica que aun en inglés el tono no es indicador de acento totalmente fiable. Con una palabra en un contexto que no sea final de grupo fónico, el tono y la amplitud de la sílaba tónica tienen los valores más altos entre las sílabas de la palabra. En cuanto a la duración, ya la última sílaba tónica no tiene el doble de duración como en el caso de la palabra aislada; en cambio, la última sílaba de la palabra *politically* en posición interior de grupo fónico tiene aproximadamente la misma duración que la sílaba tónica.

Los Cuadros 19.13, 19.14 y 19.15 siguen el mismo formato que los anteriores, pero presentan el resumen de los datos recogidos para el español. Al examinar los siguientes datos del español, es útil compararlos con los del inglés.

El Cuadro 19.13 contrasta la palabra *multiplicación* como palabra aislada y como palabra en el medio de un grupo fónico. Como palabra aislada, se nota que la sílaba tónica solo demuestra el valor más alto en la duración, lo que es de esperarse siendo la sílaba tanto tónica como final. En cuanto

politically (palabra aislada)

sílaba	pʰə	lí	rə	klii̯
duración	87 ms	141 ms	94 ms	**298 ms**
tono	120 Hz	118-130 Hz	**122-144 Hz**	112-92 Hz
amplitud	71-74-71 db	68-74 db	70-71 db	66-60 db

politically ("He's politically motivated.")

sílaba	pʰə	lí	rə	klii̯
duración	108 ms	146 ms	66 ms	**156 ms**
tono	73-81 Hz	119-127 Hz	121-112 Hz	127-111 Hz
amplitud	66 db	64-69 db	62-66 db	59-64 db

19.12 La comparación de los indicadores de acento en dos articulaciones de la palabra inglesa *politically*. La sílaba tónica está sombreada y la célula de color negro indica una cifra más alta que la cifra de la sílaba tónica.

multiplicación (palabra aislada)

sílaba	mul	ti	pli	ka	**sjón**
duración	218 ms	107 ms	127 ms	181 ms	314 ms
tono	**121-112 Hz**	107 Hz	109 Hz	108-106 Hz	94-89 Hz
amplitud	**72-78-66 db**	70-57 db	59-63-56 db	65-62 db	68-53 db

multiplicación ("Fue una multiplicación de errores.")

sílaba	mul	ti	pli	ka	**sjón**
duración	174 ms	93 ms	144 ms	160 ms	222 ms
tono	133-125 Hz	117-127 Hz	133-118 Hz	**169-114 Hz**	143-120 Hz
amplitud	63-69-64 db	60 db	47-60-47 db	68-62 db	69 db

19.13 La comparación de los indicadores de acento en dos articulaciones de la palabra española *multiplicación*. La sílaba tónica está sombreada y la célula de color negro indica una cifra más alta que la cifra de la sílaba tónica.

al tono, la sílaba tónica tiene la frecuencia más baja de todas. Sin embargo al comparar las medidas del tono de la sílaba tónica de los dos ejemplos de *multiplicación*, se observa que el tono es mucho más bajo en la pronunciación aislada que cuando se presenta en el medio del grupo fónico *"Fue una multiplicación de errores"*. Esto simplemente refleja los efectos de la entonación: como palabra aislada, la sílaba tónica se da en posición final de grupo fónico y en el medio del grupo, el tono de la sílaba tónica [sjón] se encuentra bajándose hacia el tono más bajo que aparece en la última sílaba del grupo fónico. Como se verá en el Capítulo 21, esto también es de esperarse debido a la entonación típica del español. En cuanto a la amplitud, la sílaba tónica tampoco tiene el valor más alto en decibelios, pero otra vez, debido al principio de disminución, el hecho de que la última sílaba no disminuya en intensidad, indica que es la sílaba tónica. Como palabra en el medio del grupo fónico, la sílaba tónica tiene la duración y amplitud más altas. El hecho de que no tenga el tono más alto otra vez indica que el tono no es indicador de acento del todo fiable en español.

En las palabras *cántara, cantara* y *cantará*, como se ve en el Cuadro 19.14, se nota que la sílaba tónica es siempre la que tiene la duración más larga. También tiene el tono más alto con la excepción de la palabra *cantará*; en ese caso, el tono cae en la última sílaba a pesar de ser la tónica, debido a la entonación.

En cuanto a la amplitud, se ve que la sílaba tónica en esos tres ejemplos, tiene la amplitud más alta otra vez con la excepción de la palabra *cantará*. En ese caso las tres sílabas llegan a 68 decibelios. El principio de disminución indica que la intensidad de la última sílaba de *cantará* sería más baja que las demás si no fuera tónica, como se ve en las palabras *cántara* y *cantara*. Por el principio de disminución, la intensidad de la última sílaba de *cantará* se mantiene y que no baja, lo que indica que la sílaba es tónica.

El Cuadro 19.15 presenta las palabras *camino* y *caminó* al final de una oración interrogativa. Aquí se nota el mismo fenómeno de disminución de velocidad con el resultado de que la última sílaba es la sílaba más larga, siendo tónica o átona. Como estas dos oraciones son preguntas, la última sílaba en ambas también tiene el tono más alto, independiente de ser tónica o átona. Debido a la gran variabilidad del tono por motivos entonacionales, otra vez el tono no sirve como indicador fiable del acento. En cuanto a la amplitud, aunque todas las sílabas tienen medidas semejantes, con todo, la sílaba tónica en estos ejemplos tiene la amplitud más alta.

Resumen de los indicadores de acento

Para resumir, los trazos físicos que pueden influir en la percepción del acento son:

cántara (palabra aislada)

sílaba	**káņ**	ta	ɾa
duración	213 ms	129 ms	170 ms
tono	122-117 Hz	111-105 Hz	102-98 Hz
amplitud	73-74-70 db	71-65 db	63-57 db

cantara (palabra aislada)

sílaba	kãņ	**tá**	ɾa
duración	172 ms	224 ms	178 ms
tono	121-112 Hz	123-108 Hz	100-97 Hz
amplitud	71-67 db	73-69 db	64-54 db

cantará (palabra aislada)

sílaba	kãņ	ta	**rá**
duración	142 ms	156 ms	210 ms
tono	116-101 Hz	**117-110 Hz**	112-87 Hz
amplitud	66-68 db	68 db	68-53db

19.14 La comparación de los indicadores de acento en tres palabras españolas *cántara*, *cantara*, *cantará*. La sílaba tónica está sombreada y la célula de color negro indica una cifra más alta que la cifra de la sílaba tónica.

1. el timbre vocálico,
2. la duración de la sílaba,
3. el tono a lo largo de la sílaba y
4. la intensidad a lo largo de la sílaba.

Al examinar esos trazos físicos, hay que considerar varios factores generales. Primero, como esos trazos son componentes íntegros de la onda sonora siempre se encuentran presentes en la onda sonora de cada sílaba. Segundo, al usar las medidas físicas de esos trazos para identificar a la sílaba tónica, hay que recordar que lo que indica la sílaba tónica no son medidas absolutas, sino medidas relativas. Tercero, esa relatividad se debe en parte al principio de la disminución, que dice que ciertos aspectos como tono, intensidad y velocidad de habla (relacionado con la duración) tienden a disminuirse a lo largo del grupo fónico sobre todo al aproximarse al final del grupo fónico. Cuarto, hay que considerar los efectos de la entonación, sobre todo en relación con el tono. Quinto, hay que considerar que sobre todo en la

camino ("¿Está en el camino?")

sílaba	ka	**mí**	no
duración	99 ms	179 ms	**311 ms**
tono	83-117 Hz	111-117 Hz	**121-207 Hz**
amplitud	67-70-69 db	68-72 db	68-71-67 db

caminó ("¿Juan caminó?")

sílaba	ka	mi	**nó**
duración	101 ms	142 ms	286 ms
tono	109-101 Hz	102 Hz	108-216 Hz
amplitud	67-70-69 db	69 db	69-72-63 db

19.15 La comparación de los indicadores de acento en las articulaciones de las palabras españolas *camino* y *caminó*. La sílaba tónica está sombreada y la célula de color negro indica una cifra más alta que la cifra de la sílaba tónica.

última sílaba del grupo fónico, las medidas absolutas pueden ser engañosas debido a la disminución y a la entonación.

El siguiente resumen contrasta el español y el inglés en cuanto a los posibles indicadores de acento:

El timbre. En inglés, el timbre vocálico puede ser un indicador de acento en el sentido de que la vocal de una sílaba solo se reduce a la vocal neutra *schwa* en una sílaba átona. Sin embargo, como ya se examinó en el Capítulo 11, las vocales plenas inglesas también se dan en sílabas átonas. En español el timbre no es indicador de acento. Aunque puede haber una leve reducción o centralización fonética de la vocal de una sílaba átona, no es suficiente para ser indicador de acento.

La duración. En inglés, una duración más larga tiende a ser indicador de acento. Los datos presentados indican una tendencia general de alargar la sílaba tónica. Como se ha comentado varias veces, hay que considerar, mientras tanto, los efectos de la disminución, que hace que la velocidad disminuya al aproximarse al final del grupo fónico, creando un alargamiento de la sílaba final, sea tónica o átona. También hay que tomar en cuenta que el inglés tiene vocales plenas largas y breves. En español existe también una leve tendencia de alargar la sílaba tónica, pero el alargamiento es mucho menos que el del inglés. El hecho de que la diferencia temporal entre sílabas tónicas y sílabas átonas no sea tan marcada en español como en inglés, junto con el principio de disminución, hace que la duración en español no sea indicador de acento del todo fiable.

El tono. Tradicionalmente se ha considerado un tono más alto como indicador del acento en inglés. Sin embargo, hay excepciones debido a las posibles variaciones en la entonación. Tradicionalmente muchos autores han comentado que el tono es el principal indicador del acento en español. Sin embargo, debido a las muchas excepciones, parece mejor revaluar esa posición. Esas excepciones surgen principalmente debido a los patrones de entonación que varían tanto que hacen que el tono en sí sea poco fiable como indicador de acento.

La intensidad. En inglés, una intensidad más alta tiende a ser indicador de acento. Los datos presentados muestran una tendencia general de un aumento de intensidad en la sílaba tónica en ambas lenguas. En español la intensidad resulta ser el indicador más fiable al considerar los efectos del principio de disminución. Esto quiere decir que la intensidad absoluta no tiene que ser la más alta para indicar un acento tónico, pero sí tiene que tener una intensidad relativa que lo indique según se presentó ya en el texto.

Decir que el indicador de acento más relevante en español es la intensidad no quiere decir que la intensidad siempre indique el acento ni que sea el único indicador de acento; quiere decir simplemente que la intensidad relativa sí indica el acento en la gran mayoría de los casos. Como se dijo al principio, el acento puede tener múltiples indicadores. Es decir, el indicador de intensidad relativa puede acompañarse o no de un aumento de tono o de una duración más larga, pero el indicador relativo más consistente es la intensidad. En los pocos casos en que la intensidad relativa no indica la sílaba tónica, son el tono y/o la duración los que tienen que indicarlo. El Cuadro 19.16 identifica el papel de los posibles indicadores acústicos en relación con el acento inglés y al acento español.

Es interesante notar que muchos estudiantes anglohablantes, sobre todo los principiantes, tienen bastante dificultad en identificar la sílaba tónica. Es útil entender las razones por las cuales ocurre esa dificultad, que surge debido a que el español emplea una mezcla de indicadores distintos del inglés a los que el estudiante anglohablante tiene que acostumbrarse. De hecho, en términos del número de indicadores consistentes, el anglohablante, al enfrentarse con el español, tiene que aprender a reconocer la sílaba tónica con menos información

Indicadores	Inglés	Español
Timbre	✓	✖
Duración	✓	✖
Tono	✓	✖
Amplitud	✓	✓

Código: ✓=indicador importante; ✖=indicador no importante o poco consistente

19.16 El papel de los posibles indicadores acústicos en relación con el acento inglés y con el acento español.

a la que está acostumbrado porque como se ve en el Cuadro 19.16, el inglés tiene cuatro indicadores importantes de acento, mientras que el español tiene solo uno.

La posición de la sílaba acentuada

En cuanto a la posición de la sílaba acentuada con respecto a la palabra, hay tres asuntos que examinar. El primero tiene que ver con un aspecto teórico de la tipología del acento entre los idiomas del mundo. El segundo tiene que ver con la posición de la sílaba tónica con respecto a la palabra. El tercero tiene que ver con la variabilidad del acento en una misma palabra.

Tipología del acento

Los idiomas del mundo suelen dividirse en dos tipos según su acentuación: idiomas con **acento fijo** e idiomas con **acento variable** o **libre**. Los idiomas de acento fijo son los idiomas en que el acento siempre recae sobre determinada sílaba. Ejemplos de idiomas con acento fijo incluyen el hebreo moderno y el quiché en que la sílaba tónica siempre cae en la última sílaba de la palabra. En polaco y en samoano la sílaba tónica es siempre la penúltima sílaba de la palabra. Las palabras del checo y del húngaro siempre se acentúan en la primera sílaba.

En los idiomas de acento variable, la posición de acento puede reflejar una distinción léxica. El inglés es un buen ejemplo de un idioma con acento libre, como ya se ha demostrado con las palabras *content* (sustantivo) [kʰántʰɛnt] y *content* (adjetivo) [kʰǝntʰént]. Hay varios ejemplos en inglés de palabras diferenciadas por la posición del acento: *address* (sustantivo) [ǽdɹɛs] y *address* (verbo) [ǝdɹés]; *record* (sustantivo) [ɹékɹɪd] y *record* (verbo) [ɹǝkóɹd]; *increase* (sustantivo) [íŋkɹis] y *increase* (verbo) [ɪŋkɹíɪ̥s].[9] ◀⅋

El español también tiene un acento variable como lo tiene el inglés. Así es posible que el significado de una palabra cambie según la posición de la sílaba tónica dentro de la palabra. A veces eso se llama acento fonológico, porque hay que designar el acento en la especificación fonológica de la palabra, siendo que el acento no recae en una posición fija para todas las palabras del idioma. En español abundan ejemplos de pares de palabras que se diferencian por la posición del acento: *anden* y *andén*, *libro* y *libró*, *pese* y *pesé*; *abra* y *habrá*. El Cuadro 19.17 presenta tríadas de palabras en que hay tres palabras distintas que varían solo según la posición de acento.[10] ◀⅋

19.17 Tríadas de palabras que varían solo según la posición del acento.

´ _ _	_ ´ _	_ _ ´
ánimo	animo	animó
árbitro	arbitro	arbitró
cántara	cantara	cantará
célebre	celebre	celebré
depósito	deposito	depositó
estímulo	estimulo	estimuló
hábito	habito	habitó
íntimo	intimo	intimó
límite	limite	limité
término	termino	terminó

Posición de la sílaba tónica

En español, las palabras se clasifican según la posición de la sílaba tónica dentro de la palabra. Esa clasificación siempre se realiza comparando la posición de la sílaba tónica en relación con la última sílaba. En español, entonces, el acento recae en la última, penúltima, antepenúltima o trasantepenúltima sílaba de la palabra. Hay dos series de términos que se usan para denominar las distintas posiciones de la sílaba tónica: una serie de términos basados en el griego y otra serie de términos basados en el latín. Como se usan los dos grupos de términos comúnmente, hay que saber los dos. El Cuadro 19.18 demuestra esos términos y da ejemplos de cada tipo. Es de notar que las únicas palabras superproparoxítonas o sobreesdrújulas son combinaciones de verbos y pronombres átonos.

Variabilidad en la posición de la sílaba acentuada

En inglés puede haber variabilidad en la posición de la sílaba acentuada por varios motivos. Ya se comentó arriba la posibilidad de cambiar el significado de una palabra por cambiar la posición del acento. Esto ocurre tanto en inglés como en español. Ya se citaron varios ejemplos de ese fenómeno para los dos idiomas.

En inglés también puede haber variabilidad léxica en que una palabra tiene dos posibles pronunciaciones que se diferencian por la posición de la sílaba tónica. Hay muy pocos ejemplos de esa variabilidad en inglés, pero se ven en los ejemplos de las palabras *mischievous* ([mísʧəvəs] o [mɪsʧíȷ̈vjəs]), *harassment* ([hɛ́ɹəsmənt] o

[həɹǽsmənt]), *Caribbean* ([kʰɛɹəbíən] o [kʰəɹíbiən]). Este tipo de cambio apenas se da en español y siempre resulta en formas estigmatizadas, como por ejemplo [máįs] por [maís] *maíz*, [bájamos] por [bajámos] *vayamos*, [mɛ̃ŋdiɣo] por [mɛ̃ŋdíɣo] *mendigo*, o [pɛrjóðo] por [pɛríoðo] *período*.

En inglés hay casos en que la posición del acento cambia dentro de una palabra para evitar que haya dos acentos tónicos seguidos. Ejemplos de este fenómeno son las palabras *sixteen* y *clarinet* en los siguientes contextos (las sílabas tónicas se indican en negrita):[11] ◀⑆

> ... *fourteen, fifteen, sixteen, seventeen*...
> She *just* turned *sixteen.*
> There are *sixteen candles* on the *cake.*

> She *plays* the *clarinet.*
> She *played* a *clarinet solo.*

Se ha usado el término *acento de frase* para describir este fenómeno, pero a fin de cuentas sí resulta en un cambio en el acento léxico de la palabra, generalmente para evitar dos sílabas tónicas seguidas. Este tipo de cambio de acento léxico no ocurre en español.

En inglés también se habla comúnmente de acento primario y acento secundario en una sola palabra. Así los diccionarios suelen indicar que en la palabra *diplomatic*, la primera sílaba lleva acento secundario, la segunda sílaba es átona, la tercera sílaba lleva acento primario y la cuarta es átona: [ˌdɪpl̩əˈmærɪk]. Sin embargo, se puede atribuir esa supuesta diferencia entre acento primario y acento secundario a los efectos de entonación o acento de frase como

19.18 Términos para denominar las distintas posiciones de la sílaba tónica.

Posición	La sílaba tónica	Término griego	Término latino	Ejemplos
_ _ _ ´	última	oxítona	aguda	sofá, civil
_ _ ´ _	penúltima	paroxítona	grave/llana	casa,fácil
_ ´ _ _	antepenúltima	proparoxítona	esdrújula	cántara
´ _ _ _	trasantepenúltima	superproparoxítona	sobresdrújula	diciéndomelo

demuestran las siguientes oraciones inglesas:[11] ◀≤

In his response, he was very diplomatic.
*He is a diplomatic **writer**.*

En esas oraciones, se nota que el "acento" más fuerte de la primera oración recae en la sílaba [mǽ] de *diplomatic*. En la segunda oración, ya el "acento" más fuerte recae en la sílaba [ɹáɪ̯] de *writer*. De hecho, en la palabra *diplomatic* de esa segunda oración, el acento léxico que recae en la sílaba [mǽ] no es más fuerte que el que recae en la sílaba [dí]. Sin embargo, al decir *diplomatic* como palabra aislada o al final de una oración como la primera oración de arriba sí parece que la sílaba [mǽ] es más fuerte que [dí]. Pero eso no se debe a factores de acento léxico, sino a acento de frase y entonación que resulta en el refuerzo de la última sílaba tónica de la frase. Este tipo de refuerzo no ocurre en español.

Palabras tónicas y palabras átonas en español

Las palabras tónicas son las que portan o contienen una sílaba tónica. Las palabras átonas son las que no portan ni contienen sílaba tónica. Si una palabra es tónica o átona depende de la categoría léxica de la palabra o de su función. Hay categorías de palabras que solo contienen palabras tónicas, y hay categorías de palabras en que hay una sub-categoría de palabras tónicas y otra de palabras átonas. También hay algunas palabras que portan dos sílabas tónicas.

Categorías de palabras tónicas

Las palabras portadoras de una sílaba tónica, o sea las palabras que contienen una sílaba con acento fonético o fonológico, incluyen todas las palabras de las cuatro principales categorías léxicas:

- los sustantivos
- los verbos
- los adjetivos
- los adverbios

Categorías con palabras tónicas y palabras átonas

Hay varias categorías que contienen tanto palabras tónicas como palabras átonas. Sin embargo, en estos casos hay motivos funcionales y/o históricos para diferenciar entre las palabras tónicas y las palabras átonas de cada categoría. Esas categorías son:

- los pronombres personales
- los determinantes
- las palabras *que, cuando, como, quien, donde, adonde, porque, cual, cuanto, cuyo*
- las preposiciones
- las conjunciones
- los números

Los pronombres personales

Hay pronombres personales tónicos y pronombres personales átonos. Los pronombres personales tónicos son los que funcionan como el sujeto de la oración o como un complemento de una preposición. El Cuadro 19.19 demuestra los pronombres que siempre llevan un acento fonético.

Los pronombres personales átonos son los que funcionan como un complemento directo o complemento indirecto de una oración. Esos pronombres también se llaman pronombres clíticos, ya que el pronombre átono tiene que apoyarse prosódicamente en el verbo precedente (ej. *para darle el dinero*) o subsiguiente (ej. *Juan le dio el dinero*). El Cuadro 19.20 demuestra los pronombres que sistemáticamente no llevan acento fonético.

Los determinantes

Los determinantes son las palabras que introducen al sustantivo. Hay varios tipos de determinantes; algunos son tónicos y otros son átonos. Siendo que se relacionan con un sustantivo, los determinantes se flexionan para número y género como los adjetivos.

433

19.19 Pronombres personales que siempre llevan acento fonético.

Pronombres personales de sujeto

yo [ɟjó]	nosotros [nosótros], nosotras [nosótras]
tú [tú], usted [ustéð]	vosotros [bosótros], vosotras [bosótras], ustedes [ustéðes]
él [él], ella [éja]	ellos [éjos], ellas [éjas]

Pronombres personales de complemento de preposición

mí [mí]	nosotros [nosótros], nosotras [nosótras]
ti [tí], usted [ustéð]	vosotros [bosótros], vosotras [bosótras], ustedes [ustéðes]
él [él], ella [éja], sí [sí]	ellos [éjos], ellas [éjas], sí [sí]

Los determinantes tónicos incluyen:

• los demostrativos (este…, ese…, aquel…)

Los determinantes átonos incluyen:

• los artículos
  ▪ los determinados (el, la, los, las, lo)
  ▪ los indeterminados (un, una, unos, unas)
• los posesivos prepuestos (mi…, tu…, su…, nuestro…, vuestro…) [los posesivos pospuestos se consideran adjetivos]

Las palabras *que*, *cuando*, *como*, *quien*, *donde*, *adonde*, *porque*, *cual*, *cuanto*, *cuan*, *cuyo*

Las palabras *que*, *cuando*, *como*, *quien*, *donde*, *adonde*, *porque*, *cual*, *cuanto*, *cuyo* pueden ser tónicas o átonas dependiendo de su función.

Las palabras *qué*, *cuándo*, *cómo*, *quién*, *dónde*, *adónde*, *por qué*, *cuál*, *cuánto*, *cuán* son tónicas cuando funcionan como interrogativas o sea cuando son las incógnitas lingüísticas que se emplean al formar preguntas que piden nueva información. Son

19.20 Pronombres personales que no llevan acento fonético.

Pronombres personales de complemento directo

me [me]	nos [nos]
te [te], (lo/la [lo /la][1], se [se][2], le [le][3])	os [os], (los/las [los /las][1], se [se][2])
lo [lo], la [la], se [se][4]	los [los], las [las], se [se][4]

[1] en el caso de usted/ustedes
[2] en el caso de usted/ustedes reflexivo
[3] en el caso de leísmo
[4] en el caso de complemento directo reflexivo

Pronombres personales de complemento indirecto

me [me]	nos [nos]
te [te], (le [le][1], se [se][2])	os [os], (les [les][1], se [se][2])
le [le], se [se][3]	les [les], se [se]

[1] en el caso de usted/ustedes
[2] en el caso de usted/ustedes reflexivo
[3] en el caso de reflexivo o se *lo*, etc.

palabras tónicas tanto en preguntas directas como en preguntas indirectas:[12] ◀≣

> *¿Qué haces?*
> *Me preguntó qué hacía.*
> *No sé qué hacer.*

Las palabras *qué, cuándo, cómo, quién, dónde, adónde, por qué, cuál, cuánto, cuán* también son tónicas cuando funcionan como exclamativas.

> *¡Qué bueno lo hiciste!*
> *¡Cuánto trabajo!*
> *¡Cómo la quiero!*

Las palabras *que, cuando, como, quien, donde, adonde, porque, cual, cuanto, cuan, cuyo* son átonas cuando funcionan como conjunciones.

> *Sé que lo hizo.*
> *Me pide dinero cuando quiere comprar algo.*
> *Lo hago como lo hace él.*

Las palabras *que, cuando, como, quien, donde, adonde,* porque, *cual, cuanto, cuan, cuyo* son también átonas cuando funcionan como pronombres relativos o nexos relativos en general.

> *El hombre que escribió el libro es mi tío.*
> *Benito Juárez, quien era indio zapoteca, fue presidente de México.*
> *Los estudiantes cuyas clases fueron fáciles, festejaron demasiado.*

Debido a la diferencia de tonicidad en las palabras *que, cuando, como, quien, donde, adonde, porque, cual, cuanto, cuan, cuyo,* puede haber contrastes de significado, como demuestran los siguientes ejemplos:

Yo sé que piensan.	*I know that they think.*
Yo sé qué piensan.	*I know what they think.*
Es importante porque lo hicieron.	*It is important because they did it.*
Es importante por qué lo hicieron.	*What is important is why they did it.*

Las preposiciones

Las preposiciones se dividen en dos sub-categorías: una de preposiciones átonas y una de preposiciones tónicas.

Las preposiciones átonas incluyen la mayoría de las preposiciones simples, es decir, las que se forman de una sola palabra. Las principales preposiciones de la categoría átona son las preposiciones monosilábicas *a, con, de, en, por, sin* y *tras* y las preposiciones bisilábicas *ante, bajo, cabe, contra, desde, entre, hacia, hasta, para, salvo* y *sobre.* Las excepciones, es decir, las preposiciones simples que son tónicas, son las preposiciones bisilábicas *según* y *vía* y las preposiciones trisilábicas *durante, excepto* y *mediante.* Son átonas también las preposiciones compuestas de dos preposiciones átonas, como se ven en los ejemplos en las siguientes frases: *de por* sí, *hasta por* los codos, *desde por* la mañana, *para con* él.

Las preposiciones tónicas incluyen las preposiciones simples excepcionales ya citadas: las preposiciones bisilábicas *según* y *vía* y las preposiciones trisilábicas *durante, excepto* y *mediante.* Son tónicas también las preposiciones compuestas que contienen un sustantivo o un adverbio, con componentes tónicos. Esas preposiciones conforman a tres patrones. El patrón más común se forma de una preposición simple átona más un sustantivo tónico más una preposición simple átona: *a causa de, con motivo de, de acuerdo con, por parte de.* Otro patrón es una preposición compuesta de un adverbio tónico más una preposición simple átona: *además de, cerca de, detrás de, encima de.*

Las conjunciones

Las conjunciones también se dividen en dos sub-categorías: una de conjunciones átonas y una de conjunciones tónicas.

Las conjunciones átonas incluyen la mayoría de las conjunciones simples, es decir, las que se forman de una sola palabra. Las conjunciones principales de la categoría átona son las conjunciones *aun, mas, luego, menos, ni, o/u, pero, que, salvo, si, sino, y/e.* Hay también conjunciones átonas compuestas de una preposición átona más una conjunción átona, algunas escritas como una sola palabra y otras escritas como dos palabras: *aunque, conque, hasta que, para que, por que, porque, sin que.* Hay otras conjunciones compuestas átonas: *en cuanto, sino que.*

Las conjunciones tónicas incluyen las llamadas locuciones conjuntivas que siguen básicamente tres patrones distintos:

1. preposición átona más un sustantivo tónico (más una preposición átona) más una conjunción átona: *a condición que, con tal (de) que, de manera que, en vez de que;*

2. adverbio tónico (más una preposición átona) más una conjunción átona: *antes (de) que, así que, desde que, siempre que.*

3. Además hay varias otras locuciones conjuntivas misceláneas con elementos tónicos o átonos según las categorizaciones ya hechas: *con todo, más bien, mientras (que), no obstante, sin embargo.*

Existen también conjunciones correlativas, o sea conjunciones que se emplean en pares con expresiones intermediarias. Esas también son tónicas o átonas según las categorizaciones ya hechas: *apenas ... cuando, aunque ... sin embargo, o ... o, ni ... ni, sea ... sea, ya ... ya.*

Los números

Los números son interesantes porque según su posición, un número puede ser tónico o átono. Los números son siempre tónicos cuando se emplean de forma aislada; así que los números *seis, nueve, veinte, cien, mil* cuando aparecen aislados siempre contienen una sílaba tónica. La situación se pone un poco más complicada cuando se trata de los números compuestos. Los números compuestos siempre se presentan en grupos de tres dígitos según el siguiente esquema tradicional:

Casilla de los mil millones	Casilla de los millones	Casilla de los millares	Casilla básica
523	.230	.389	.249
centenas decenas unidades	centenas decenas unidades	centenas decenas unidades	centenas decenas unidades

Al decir un número compuesto, siempre se separa el número por sus casillas numéricas. Siendo así, el número de arriba se dice de la siguiente manera:[13] ◀≼

Casilla de los mil millones	Casilla de los millones	Casilla de los millares	Casilla básica
523	230	389	249

quinientos veinte tres mil, doscientos treinta millones, trescientos ochenta y nueve mil, doscientos cuarenta y nueve

La pregunta, sin embargo, es ¿cuáles son los elementos tónicos? La respuesta se resume con dos principios:

1. se acentúa el último elemento de cada casilla, y

2. se acentúan las formas de *ciento.*

Siendo así, el número de arriba, con las sílabas tónicas en negrita, es:

*qui**nien**tos veinte tres **mil**, dos**cien**tos treinta mi**llones**, tres**cien**tos ochenta y nueve **mil**, dos**cien**tos cuarenta y **nueve***

Las fracciones siguen las mismas reglas ya descritas para los números cardinales. Cuando el denominador es de dos a diez, se usan las formas tónicas de *mitad, tercio, cuarto, quinto, sexto, séptimo, octavo, noveno, décimo.* Cuando el denominador es de cien, mil o un millón, se usan las formas tónicas de *céntimo, milésimo,* o *millonésimo.* En todos los demás casos, se usa para el denominador el número cardinal con el sufijo *-avo,* que siempre es tónico. Siguen algunos ejemplos con las sílabas tónicas en negrita:

$^3/_{17}$ *tres diecisie**tea**vos*
$^{17}/_{231}$ *diecisiete dos**cien**tos treinta y **una**vos*
$^{529}/_{1030}$ *qui**nien**tos veinti**nue**ve, **mil** trein**ta**vos*

Los números ordinales también pueden seguir el patrón de los números cardinales, aunque por ser menos usados, se resisten a la tendencia a la desacentuación de elementos tónicos. Por ejemplo:

> 23er *vigésimo ter**cer*** o *vigesimoter**cer***
> 354° *tricentésimo quincuagésimo **cuar**to* o *tricentésimo quincuagesimo**cuar**to*
> 1.011^a *milésima on**cena*** o *milésima un**décima***

Palabras con dos sílabas tónicas

Hay dos tipos de palabras, que por su composición, contienen dos sílabas tónicas. Los dos tipos vienen, por lo menos históricamente, de palabras compuestas: es decir, palabras que se forman o se crearon de dos raíces semánticas. Sin embargo, es importante reconocer que no todas las palabras compuestas tienen dos sílabas tónicas. Esto refleja el proceso de adaptación léxica.

Adverbios que terminan en *-mente*

Los adverbios que terminan en *-mente* siempre contienen dos sílabas tónicas. Esto se debe a su evolución histórica, puesto que vienen de la forma femenina de un adjetivo más el sustantivo femenino *-mente*. En el español moderno, esas palabras mantienen su acentuación original; esto es, el componente adjetival mantiene su acento como también el sufijo derivativo *-mente* que lo convierte en adverbio, como demuestran los siguientes ejemplos:[14] ◀⟨

> *exactamente* [eksákˇtaméņte]
> *eficazmente* [efikáʂméņte]
> *rápidamente* [rápiðaméņte]

Es importante enfatizar que esto se aplica solamente a adverbios que terminan en *-mente* y no simplemente a cualquier palabra que termine en *-mente*. Por eso el adjetivo *vehemente* [beméņte] tiene solamente una sílaba tónica, mientras que el adverbio *vehementemente* [beméņteméņte] tiene dos.

Palabras compuestas

La cuestión de palabras compuestas es difícil por ser problemático el definir lo que constituye una palabra compuesta. Obviamente, palabras como *paraguas* y *sacapuntas* son palabras compuestas, pues contienen dos raíces (en estos casos un verbo más un sustantivo) y aun se escriben como una sola palabra. Se puede preguntar, sin embargo, si es necesario que una palabra compuesta se escriba como una sola palabra. La palabra *paraguas* contiene dos raíces que se refieren a un solo objeto; en el caso de *contestador automático*, hay también dos raíces para referirse a un solo objeto, pero en este caso se escriben como dos palabras. El escribirse o no una palabra compuesta como una o dos palabras refleja generalmente dos cosas:

1. su evolución histórica y

2. su acentuación.

El proceso de la integración de una palabra compuesta en el léxico y su escritura como una sola palabra incluye la desacentuación de su primer elemento. Según este proceso, el edificio que *rasca cielos* [ráskasjélos] llegó a ser un *rascacielos* [raskasjélos] escrito como una palabra y con un solo acento fonético. La regla a seguir, sin embargo, es simple: si la palabra compuesta se escribe como dos palabras, cada elemento contiene una sílaba tónica; si la palabra compuesta se escribe como una sola palabra, la palabra compuesta en sí contiene solo una sílaba tónica en la última raíz de la palabra compuesta.

Hay otro tipo de palabras compuestas que hay que tratar: las compuestas con elementos unidos con guión: *hispano-francés, árabe-israelí, ascético-místico, astur-leonés, histórico-crítico-bibliográfico*. En el caso de los elementos separados por guión, cada elemento porta una sílaba tónica.

El acento ortográfico

El sistema de acentuación ortográfica se usa en español para indicar en el idioma escrito la vocal tónica del idioma oral. La acentuación ortográfica es un artificio del lenguaje escrito, que es una manifestación secundaria del idioma. Siendo así, el acento ortográfico no es componente ni del habla ni de la comprensión auditiva. Sin embargo, uno sí tiene que preocuparse por la acentuación ortográfica tanto al escribir como al leer. La siguiente presentación, entonces, encara la cuestión de la acentuación ortográfica desde el punto de vista de esas dos habilidades.

El acento ortográfico al escribir

Al escribir en español, debe uno seguir tres pasos:

1. Deletrear la palabra usando las letras ortográficas que corresponden *grosso modo* a los fonemas que constituyen la palabra.

2. Determinar qué vocal lleva el acento fonético, es decir, la vocal que se percibe como la más intensa o destacada de la palabra. Para determinarla, se puede decir la palabra en voz alta; hay que saber pronunciar la palabra antes de escribirla. Compare *cántara*, *cantara* y *cantará*. En los ejemplos del restante de esta sección, se indica la vocal tónica en negrita.

3. Determinar de acuerdo con las siguientes reglas si es necesario colocar un acento ortográfico sobre la vocal tónica. Las reglas se basan en el concepto de la sílaba ya presentado en el Capítulo 18. La aplicación de las reglas depende del silabeo, o sea la identificación de las sílabas de la palabra.

Regla 1

Si la palabra termina en VOCAL o N o S, se hace la siguiente pregunta:
¿Se acentúa la palabra en la penúltima sílaba?

- Si la respuesta es que SÍ, se deja la palabra sin acento ortográfico.
- Si la respuesta es que NO, se coloca un acento ortográfico sobre la vocal tónica.

Ej.	cantara	cantará
	sales	al revés
	comen	el andén

Regla 2

Si la palabra termina en CONSONANTE salvo N o S, se hace la siguiente pregunta:
¿Se acentúa la palabra en la última sílaba?

- Si la respuesta es que SÍ, se deja la palabra sin acento ortográfico.
- Si la respuesta es que NO, se coloca un acento ortográfico sobre la vocal tónica.

Ej.	civil	fácil
	usted	áspid
	feliz	lápiz

Al aplicar esas reglas, hay que considerar los siguientes principios:

- La regla general es que las palabras monosilábicas no llevan acento ortográfico.

Ej.	fue	dio
	vi	ti
	buen	bien

- Las mayúsculas llevan acento ortográfico igual que las minúsculas.

Ej.	Él	ACENTUATIÓN
	Águila	ESDRÚJULA

Los diptongos, triptongos y hiatos

Los casos más problemáticos en cuanto a la aplicación de esas reglas son cuando las palabras contienen diptongos o triptongos. Lo más importante en esos casos es recordar lo que constituye una sílaba de acuerdo con las especificaciones del Capítulo 18. Es útil siempre tener en mente que un diptongo se compone de una secuencia de dos vocales, siendo por lo menos una de ellas una vocal alta y átona; un triptongo se forma de una vocal alta y átona, seguida de una vocal no alta y luego de otra vocal alta y átona. El hiato es una secuencia de dos vocales contiguas en sílabas separadas. En todos esos casos hay que identificar al núcleo silábico, que siempre será la vocal no alta de un diptongo o triptongo. Las siguientes pautas describen cómo esas reglas se aplican a las palabras que contienen diptongos , triptongos y hiatos.

- A las palabras con diptongos o triptongos se aplican las reglas 1 y 2 ya mencionadas. El acento ortográfico, caso sea necesario, se coloca sobre la vocal tónica del diptongo.

Ej.	he-roi-co	tam-bién
	pier-den	hués-ped
	cuen-ca	es-tu-diáis

- Cuando una vocal alta está junto a una vocal no alta y la vocal alta es tónica, no hay diptongo, se forma un hiato natural y la vocal alta sí portará un acento ortográfico:

Ej.	ra-íz	a-ún
	le-í-a	a-cen-tú-o
	pe-rí-o-do	re-ú-ne

- Cuando aparecen dos vocales altas en el mismo diptongo, es siempre la segunda vocal la que es el núcleo silábico. Se usa o no el acento ortográfico según las reglas 1 y 2. El acento ortográfico, caso sea necesario, se coloca sobre la segunda vocal del diptongo.

Ej.	viu-da	ca-suís-ti-co
	a-rrui-na	vein-tiún
	cons-trui-do	je-suí-ti-co

- Como el grafema {h} no tiene ningún valor fonético, no puede impedir la diptongación. Por consiguiente, hay que aplicar las reglas ya expuestas sin considerar la presencia de {h}.

Ej.	de-sahu-cio	pro-hí-bo
	bú-ho	va-hí-do
	re-hí-zo	re-hú-so

Fusión vocálica, sinéresis

Para fines de la aplicación de la reglas de acentuación ortográfica, se consideran la secuencia de dos vocales homólogas y la secuencia de dos vocales no altas siempre como sílabas separadas.

Ej.	lo-or	pro-ve-e
	re-al	de-án
	se-a	bó-er

Casos especiales

Hay cinco casos que no caben dentro de la aplicación de las reglas ya presentadas. Los primeros tres tratan palabras que sí llevan acento ortográfico pero, que no tendrían que llevarlo para indicar la vocal tónica. Los últimos dos tratan palabras que contienen dos sílabas acentuadas.

- **Diferenciación de palabras**. Se usa el acento ortográfico para diferenciar entre los pares de palabras homófonas del Cuadro 19.21. Es extremadamente importante observar que las palabras que llevan un acento ortográfico son palabras tónicas según las especificaciones ya dadas y que las palabras que no llevan acento ortográfico son palabras átonas según las especificaciones ya dadas. Al lado de cada palabra se indica la principal equivalente inglés junto con la categoría o función gramatical que justifica la palabra como una palabra tónica o átona.

- **Las interrogativas y exclamativas**. Las siguientes palabras llevan acento ortográfico cuando se usan en función interrogativa o exclamativa. Sin embargo, no llevan acento cuando funcionan como pronombres relativos, adverbios relativos o conjunciones

| Diferenciación de palabras según el acento ||
Palabras tónicas	Palabras átonas
aún (still, *adverbio*) [sinéresis o hiato]	aun (even, *conjunción concesiva*) [diptongo]
dé (give, *verbo*)	de (of, from, *preposición*)
él (he, him, *pronombre tónico*)	el (the, *artículo*)
más (more, *adverbio/adjetivo*)	mas (but, *conjunción*)
mí (me, *pronombre tónico*)	mi (my, *posesivo antepuesto*)
qué (what/how, *interrogativa/exclamativa*)	que (which, *conjunción*)
sé (I know, be, *verbo*)	se (oneself, *pronombre átono*)
sí (yes, oneself, *adverbio, pronombre tónico*)	si (if, *conjunción*)*
té (tea, *sustantivo*)	te (you, *pronombre átono*)
tú (you, *pronombre tónico*)	tu (your, *posesivo antepuesto*)

*Excepción: si (nota musical, *sustantivo* [palabra tónica sin acento ortográfico])

19.21 Palabras homófonas demostrando la diferencia entre la palabra tónica indicada con acento escrito y la átona sin acento.

de subordinación según la distinción fonética ya expuesta.

adónde, cómo, cuál, cuán, cuándo, cuánto, cúyo, dónde, qué, quién.

- **La conjunción "o"**. Esta conjunción monosilábica átona siempre se escribe sin acento a menos que siga o preceda a una cifra o letra del alfabeto. En este caso, la conjunción átona puede escribirse con acento para evitar cualquier confusión con la cifra "0" o la letra "O".

Ej.   10 ó más   10 ó 15
       tres o cuatro   Juan o Luis
       i ó u   0,6 ó 0,7

- **Los adverbios que terminan en -*mente***. Existen muchos adverbios que se forman por agregar el sufijo -*mente* a la forma femenina del adjetivo. Estos adverbios contienen dos sílabas tónicas. Se escribe el componente adjetival de la palabra compuesta como si apareciera en su forma aislada.

Ej.   fe-**liz**-*mente*   **fá**-cil-*mente*
       ra-ra-*mente*   **rá**-pi-da-*mente*
       an-cio-sa-*mente*   **frí**-a-*mente*

- **Las palabras compuestas**. La palabra compuesta que se escribe sin guión contiene una sola sílaba tónica y se considera una sola palabra al aplicar las reglas de acentuación ortográfica. Las palabras escritas con guión contienen dos sílabas acentuadas y se consideran dos palabras distintas en la aplicación de las reglas de acentuación.

Ej.   balon**ces**to   decimos**é**ptimo
      pasa**ma**nos   ibero-ger**má**nico
      puntapi**é**   gram**á**tico-hist**ó**rico

El acento ortográfico al leer

Al leer una palabra desconocida, es importante saber dónde poner el énfasis fonético. Para hacerlo correctamente, uno debe seguir las siguientes reglas:

1. Si hay un acento ortográfico, se debe poner énfasis en la vocal sobre la cual aparece el acento.

2. Si no hay acento ortográfico y la palabra termina en VOCAL o N o S, se debe poner énfasis en el núcleo vocálico vocal de la penúltima sílaba.

3. Si no hay acento ortográfico y la palabra termina en CONSONANTE salvo N o S, se debe poner énfasis en el núcleo vocálico de la última sílaba.

Al aplicar esas reglas en la lectura, hay que recordar los siguientes conceptos relativos al diptongo. Si el núcleo vocálico se encuentra en un diptongo, el núcleo es siempre la vocal no alta. Si el diptongo se compone tanto de {i} como de {u}, el núcleo es siempre la segunda vocal del diptongo.

Pistas pedagógicas

En este capítulo, se han tratado cuatro asuntos relativos al acento: los indicadores del acento, la posición de la sílaba tónica en la palabra, las palabras tónicas y átonas y el acento ortográfico.

Los indicadores de acento

Es necesario que el estudiante anglohablante reconozca las diferencias que existen entre la naturaleza del acento en español en comparación con la naturaleza del acento en inglés. Básicamente, el acento del inglés se indica mediante cuatro recursos: el timbre, la duración, el tono y la intensidad. En español, el indicador más fuerte y más consistente es el de la intensidad; los otros tres indicadores juegan un papel mucho menos relevante. Hay que recordar, sin embargo, que la intensidad es un rasgo relativo y en su identificación, hay que considerar los efectos del fenómeno de disminución.

Varios lingüistas, sin embargo, han declarado que el indicador principal del acento en español es el tono, sin embargo, la investigación presentada en este capítulo ha demostrado la inconsistencia del tono como indicador de acento. Uno de los problemas de proponer el tono como indicador principal de acento es que el tono es el indicador esencial de la entonación, así que hay que entender que una subida o bajada en el tono es generalmente más bien un reflejo de la entonación que el de un indicador de acento. Como se verá a continuación en el Capítulo 21, es la entonación que rige los cambios tonales más que el acento, sobre todo al aproximarse al final de cada grupo fónico.

La posición de la sílaba tónica en español

Es importante reconocer que la mayoría de las palabras, tanto en español como en inglés, contiene una sílaba tónica. Como se ha demostrado, tanto el español como el inglés tienen un acento variable, lo que quiere decir que el acento puede recaer sobre la última sílaba, sobre la penúltima, sobre la antepenúltima, o sobre la trasantepenúltima, dependiendo de la palabra. El saber cuál es la sílaba tónica es parte íntegra de saber la palabra.

Palabras tónicas y átonas en español

En cuanto a las palabras tónicas y átonas, se necesita saber que la distinción radica principalmente en la categoría o función de la palabra. Las palabras de las principales categorías léxico-semánticas siempre llevan una sílaba tónica: los sustantivos, los verbos, los adjetivos y los adverbios. Las otras categorías contienen tanto palabras tónicas como palabras átonas: los pronombres personales; los determinantes; las palabras *que, cuando, como, quien, donde, adonde, porque, cual, cuanto, cuyo*; las preposiciones; las conjunciones y los números.

El acento ortográfico

El acento ortográfico es un recurso muy útil del lenguaje escrito. Debido al acento ortográfico del español, no se hace necesario buscar una palabra desconocida en el diccionario para saber acentuarla al escribir o pronunciarla al leer, como es el caso del inglés: es solamente cuestión de aplicar las reglas simples e inmutables.

Consejos prácticos

Para aplicar los principios de acento en español, el estudiante debe seguir los siguientes consejos prácticos.

Los indicadores de acento

El estudiante anglohablante tiene que tener en mente lo siguiente para indicar el acento en su producción fónica:

- El estudiante anglohablante debe evitar una subida de tono para indicar el acento en español como suele hacer en inglés. De hecho, en la mayoría de las veces, sobre todo al final de una oración enunciativa, el tono baja en la sílaba tónica, como se ha demostrado en este capítulo.

- El estudiante anglohablante tiene que evitar la reducción de la vocal a *schwa* en las sílabas átonas.

- El estudiante anglohablante tiene que evitar el alargamiento excesivo de la vocal en las sílabas tónicas.

- El estudiante anglohablante tiene que aumentar la intensidad relativa en las sílabas tónicas como ya se ha presentado en este capítulo.

La posición de la sílaba tónica en español

Como el acento es un elemento esencial de saber una palabra, se recomienda que el aprendizaje de vocabulario nuevo no sea solamente una experiencia visual, sino que sea también una experiencia auditiva. El estudiante debe pronunciar una palabra nueva, repitiéndola varias veces, para fijar la posición del acento en su conciencia. Por ejemplo, al aprender la palabra inglesa *syllable*, el anglohablante aprendió que la palabra es [ˈsɪləbɬ] y no *[səˈlæbɬ]. De igual forma, es importante que el estudiante anglohablante que aprende español aprenda que la palabra española para *captain* es [kapitán] y no *[kápitan] ni *[kapítan].

Palabras tónicas y átonas en español

Lo importante en cuanto al concepto de acento es que haya una clara diferencia entre la sílaba tónica y la sílaba átona. Como ya se ha indicado, la distinción principal en español es la de intensidad. Esto se aplica también cuando se trata de una palabra átona, que siempre se apoya en una palabra o expresión tónica.

El acento ortográfico

El acento ortográfico es un concepto nuevo para el anglohablante, pero no es un concepto difícil. Las reglas de la acentuación ortográfica son simples y consistentes: no hay motivo que justifique errores. Al escribir, el estudiante debe tener en mente las reglas y aplicarlas sistemáticamente hasta que el proceso llegue a ser automático.

Sumario

El acento es uno de los elementos suprasegmentales de la fonética y fonología. Es importante aplicar los principios de este capítulo no solo porque afecta la percepción de acento, sino que también puede tener un valor contrastivo: es decir, puede afectar el significado de una palabra (*anden* [áɳdẽn] frente a *andén* [ãɳdẽ́n]) o de una oración (*Sé que piensan.* [sékepjẽ́nsãn] frente a *Sé qué piensan.* [séképjẽ́nsãn]).

Los indicadores de acento

Los principales indicadores de acento son diferentes en español e inglés, según indica el Cuadro 19.22 (repetido de 19.16), que resume los resultados de la investigación presentados en el cuerpo del capítulo. En inglés hay cuatro indicadores que marcan la sílaba tónica: intensidad, tono, duración y timbre. En español hay solo un indicador consistente que marca la sílaba tónica: la intensidad. Es por eso que muchas veces el anglohablante que aprende español suele tener dificultad en identificar la sílaba tónica.

Indicadores	Inglés	Español
Timbre	✔	✖
Duración	✔	✖
Tono	✔	✖
Intensidad	✔	✔

Código: ✔=indicador importante; ✖=indicador no importante o poco consistente;

19.22 El papel de los posibles indicadores acústicos en relación con el acento inglés y con el acento español.

La posición de la sílaba tónica en español

Hay cuatro posibilidades para la posición de la sílaba tónica en una palabra española. El Cuadro 19.23, (repetido de la Fig. 19.18), resume esos datos.

Palabras tónicas y átonas en español

Una palabra tónica es una que contiene una sílaba tónica y una palabra átona es una que carece de sílaba tónica. Las palabras tónicas incluyen las principales categorías léxicas; son también las categorías con más peso semántico:

- los sustantivos
- los verbos
- los adjetivos
- los adverbios

Las demás categorías contienen palabras tónicas y palabras átonas. El Cuadro 19.24

indica las palabras tónicas y átonas de cada categoría.

El acento ortográfico al escribir

Siendo artificio del lenguaje escrito, el acento ortográfico solo se aplica en la escritura o en la lectura. Los pasos para la aplicación de las reglas son las siguientes:

1. Deletrear la palabra usando las letras ortográficas que corresponden *grosso modo* a los fonemas que constituyen la palabra.

2. Determinar qué vocal lleva el acento fonético, es decir, la vocal que se percibe como la más intensa o destacada de la palabra.

3. Determinar de acuerdo con las reglas si es necesario colocar un acento ortográfico sobre la vocal tónica.

Las reglas de acentuación ortográfica se resumen en el Cuadro 19.25. Al aplicar esas reglas, hay que considerar los siguientes puntos descritos en este capítulo:

- Las palabras monosilábicas no llevan acento ortográfico (salvo en algunos casos específicos para la diferenciación de palabras).
- Las mayúsculas llevan acento ortográfico igual que las minúsculas.
- Las palabras con diptongos o triptongos se tratan de acuerdo con las reglas ya expuestas, recordando las reglas del silabeo del Capítulo 18.
- Cuando hay una secuencia de dos vocales altas, /iu/ o /ui/, el núcleo silábico es siempre la segunda vocal.

19.23 Términos para denominar las distintas posiciones de la sílaba tónica.

Posición	La sílaba tónica	Término griego	Término latino	Ejemplos
_ _ _ ´	última	oxítona	aguda	sofá, civil
_ _ ´ _	penúltima	paroxítona	grave/llana	casa, fácil
_ ´ _ _	antepenúltima	proparoxítona	esdrújula	cántara
´ _ _ _	trasantepenúltima	superproparoxítona	sobresdrújula	diciéndomelo

Categoría	Palabras tónicas	Palabras átonas
los pronombres personales	sujeto o complemento de preposición	complemento directo o indirecto
determinantes	demostrativos	artículos, posesivos prepuestos
las palabras *que, cuando, como, quien, donde, adonde, porque, cual, cuanto, cuyo*	interrogativas, exclamativas	conjunciones o pronombres relativos
preposiciones	en general las preposiciones compuestas	en general las preposiciones simples
conjunciones	las conjunciones compuestas	las conjunciones simples
los números	el último elemento de una casilla numérica; formas de cien y mil	los demás elementos de la casilla númerica

19.24 Categorías gramaticales con palabras tónicas y átonas.

- El grafema {h} no tiene ningún valor fonético y por eso no se considera su presencia al hacer el silabeo.
- Hay cinco casos especiales que no caben dentro de la aplicación de las reglas ya presentadas: diferenciación de palabras, las interrogativas y exclamativas, la conjunción "o", los adverbios que terminan en *-mente* y las palabras compuestas.

El acento ortográfico al leer

Al leer una palabra desconocida, es importante saber dónde poner el énfasis fonético.

Si hay un acento ortográfico, se debe poner énfasis en la vocal sobre la cual aparece el acento. Si no lo hay, se acentúa la penúltima sílaba si la palabra termina en VOCAL o N o S; se acentúa la última sílaba si la palabra termina en CONSONANTE salvo N o S. Al aplicar esas reglas, hay que recordar los siguientes conceptos relativos al diptongo. Si el núcleo vocálico se encuentra en un diptongo, la vocal tónica es siempre la vocal no alta. Si el diptongo se compone tanto de {i} como de {u}, la vocal tónica es siempre la segunda vocal del diptongo.

19.25 Reglas para la colocación del acento ortográfico.

Situación	Pregunta
la palabra termina en VOCAL o N o S	¿Se acentúa la palabra en la penúltima sílaba?
la palabra termina en CONSONANTE salvo N o S	¿Se acentúa la palabra en la última sílaba?
Resultado	

- Si la respuesta es que SÍ, se deja la palabra sin acento ortográfico.
- Si la respuesta es que NO, se coloca un acento ortográfico sobre la vocal tónica.

Conceptos y términos

acento	casilla numérica	proparoxítona
acento fijo	duración	reducción vocálica
acento fonético	esdrújula	sobresdrújula
acento variable/libre	grave	superproparoxítona
acento ortográfico	intensidad	timbre
aguda	llana	tónica
amplitud	oxítona	tono
antepenúltima	paroxítona	trasantepenúltima
átona	penúltima	última

Preguntas de repaso

1. ¿Cuáles son los posibles indicadores de acento?

2. Compare los principales indicadores que hacen destacar el acento en español y en inglés.

3. Contraste la amplitud como indicador de acento en español y en inglés. Dé ejemplos.

4. Contraste el tono como indicador de acento en español y en inglés. Dé ejemplos.

5. Contraste la duración como indicador de acento en español y en inglés. Dé ejemplos.

6. Contraste el timbre como indicador de acento en español y en inglés. Dé ejemplos.

7. ¿Cuál es el efecto de la disminución en la producción y percepción del acento? Dé ejemplos.

8. ¿Cuáles son las cuatro clasificaciones de palabras españolas por la posición de acento? Dé las dos series de terminología con ejemplos.

9. ¿Cuáles son las categorías de palabras portadoras de sílabas acentuadas?

10. ¿Cuáles son las categorías de palabras que contienen tanto palabras tónicas como palabras átonas?

11. Distinga entre las palabras tónicas y átonas en la categoría de pronombres personales. Dé ejemplos.

12. Distinga entre las palabras tónicas y átonas en la categoría de determinantes. Dé ejemplos.

13. Distinga entre las palabras tónicas y átonas en la categoría de las palabras *que, cuando, como, quien, donde, adonde, porque, cual, cuanto, cuyo*. Dé ejemplos.

14. Distinga entre las palabras tónicas y átonas en la categoría de preposiciones. Dé ejemplos.

15. Distinga entre las palabras tónicas y átonas en la categoría de conjunciones. Dé ejemplos.

16. Distinga entre las palabras tónicas y átonas en la categoría de los números. Dé ejemplos.

17. ¿Cuáles son las palabras portadoras de dos sílabas acentuadas? Dé ejemplos.

18. Distinga entre acento fonético y acento ortográfico. Dé ejemplos.

19. ¿Cuáles son las dos principales reglas de la acentuación ortográfica? Dé ejemplos.

Ejercicios de pronunciación

Pronuncie las siguientes palabras prestando atención a la acentuación, cuidándose de usar la amplitud como indicador de acento y no el cambio tonal ni el alargamiento silábico.[15] 🔳

ánimo	animo	animó
árbitro	arbitro	arbitró
cántara	cantara	cantará
célebre	celebre	celebré
depósito	deposito	depositó
estímulo	estimulo	estimuló
hábito	habito	habitó
íntimo	intimo	intimó
límite	limite	limité
término	termino	terminó

Materiales en línea

1. 🔊 Acento diferencial en inglés y español.

2. 🔊 English *multiplication*.

3. 🔊 La relativa duración de sílabas átonas y tónicas en inglés (el Cuadro 19.2).

4. 🔊 La relativa duración de sílabas átonas y tónicas en español (el Cuadro 19.3).

5. 🔊 La palabra inglesa *content* en dos oraciones (el Cuadro 19.5).

6. 🔊 La palabra española *camino* en dos oraciones (el Cuadro 19.6).

7. 🔊 Las palabras españolas *camino* y *caminó* en dos oraciones (el Cuadro 19.7).

8. 🔊 Las palabras españolas *cántara*, *cantara* y *cantará* (el Cuadro 19.9).

9. 🔊 Palabras con acento contrastivo en inglés.

10. 🔊 Palabras con acento contrastivo en español.

11. 🔊 Variabilidad en las sílabas tónicas del inglés.

12. 🔊 La tonicidad de palabras como que, etc.

13. 🔊 La tonicidad en números.

14. 🔊 La tonicidad en los adverbios terminados en -*mente*.

15. 🔳 Ejercicios de pronunciación: la posición del acento fonético.

La duración, el ritmo y el énfasis

La duración es un elemento que tradicionalmente figura entre los elementos suprasegmentales de la fonética y la fonología de un idioma. En este capítulo se examinará el concepto de la duración y cómo la duración se relaciona con la fonética y la fonología del español en contraste con la fonética y la fonología del inglés. La duración afecta tanto los segmentos fonéticos y fonológicos como también la sílaba, un elemento suprasegmental. Se examinará además cómo la duración se relaciona con el concepto del ritmo y cómo se compara el ritmo del español con el del inglés. Como la duración puede relacionarse con el concepto del énfasis, en este capítulo se examinarán también los distintos recursos que tiene el español para indicar el énfasis.

La duración segmental

La duración de los segmentos fónicos es un aspecto esencial en la producción de los sonidos del idioma. Como ya se presentó, la duración es una de las características acústico-articulatorias que permite variación en la formación de un sonido. Esa variabilidad tiene distintos propósitos en distintos idiomas. En esta sección se revisarán los efectos de la variación en la duración de los segmentos vocálicos y consonánticos del español y del inglés.

La duración vocálica

En inglés, hay que diferenciar entre las llamadas vocales largas y breves. Esa distinción se usa para dividir los fonemas vocálicos del inglés en dos grupos:

Vocales largas (long vowels): /iɨ eɪ aɪ oʊ uʊ/
Vocales breves (short vowels): /ɪ ɛ æ ʌ ʊ/

La distinción entre las vocales largas y breves del inglés es una distinción fonológica porque representan fonemas que se oponen entre sí en el sistema vocálico. El Capítulo 11 contiene muchos ejemplos de pares mínimos que comprueban esas oposiciones. Hay quienes argumentan que esas diferencias son simplemente ortográficas —es decir, entre "long i" y "short i"—, pero sí hay diferencias fonológicas fundamentales entre los dos grupos.

Una de las diferencias fonéticas entre las llamadas vocales largas y breves del inglés es que las largas suelen tener mayor duración que las breves. En un estudio nuestro, por ejemplo, el promedio de las vocales breves en posición tónica fue de 172 ms. y de las vocales largas fue de 236 ms., un aumento de 37%. Esos grupos vocálicos también se diferencian por su cualidad vocálica o timbre, como demuestran los valores de sus formantes y su posicionamiento en el triángulo vocálico, hechos presentados en el Capítulo 11. Por último, las vocales presentadas arriba como largas y breves varían según su diptongación o estabilidad, es decir, en la lista de arriba, los formantes vocálicos son estables en las vocales breves, pero las vocales largas presentan transiciones típicas de los diptongos. Además de las vocales ya presentadas, hay otros cinco núcleos vocálicos, /ɑ ɔ ɔɪ æʊ juʊ/, que también se consideran largas.

Hay también distinciones fonotácticas entre los dos grupos de vocales inglesas. Por ejemplo, las vocales largas pueden darse en una sílaba abierta tónica en posición final de palabra, mientras las vocales breves no. Por ejemplo, las palabras inglesas [ˈbiɨt] y [ˈbɪt] son un par mínimo que comprueba la oposición entre /iɨ/ y /ɪ/. Existe la palabra [ˈbiɨ], pero la palabra *[ˈbɪ] es fonotácticamente imposible.

En español la diferencia entre vocales largas y breves no es fonológica, sino fonética.

Es decir, no hay contrastes fonológicos entre fonemas largos y breves. Hay, sin embargo, sonidos vocálicos largos que resultan de la fusión vocálica de dos fonemas vocálicos homólogos yuxtapuestos. Ese fenómeno se presentó ampliamente en el Capítulo 12. El principio es el siguiente: el resultado de la yuxtaposición de dos fonemas vocálicos homólogos siempre produce una fusión vocálica: /V + V/ ⟶ [V]. Si cualquiera de los dos fonemas vocálicos es tónico, la fusión también lo es. Esa fusión se alarga en un promedio de 38% cuando la segunda vocal es tónica: /V +V́/ ⟶ [V́:].

En el Capítulo 12, se presentaron también los datos sobre la duración relativa del diptongo por un lado y de la sinéresis y sinalefa por otro. Las vocales, al combinarse en las distintas secuencias, producen los siguientes aumentos de duración con respecto a una vocal simple:

- el diptongo creciente   +8%
- el diptongo decreciente   +21%
- el triptongo   +40%
- sinéresis/sinalefa   +56%

Los detalles completos de todas esas combinaciones se encuentran en el Capítulo 12.

Al comparar la duración vocálica del español con la del inglés, se nota que en español la variación es mucho menos que en inglés. Como ya se vio en el Capítulo 19, la duración es un indicador de acento en inglés, pero no es un indicador del todo fiable en español. Una de las características del inglés es la gran diferencia que hay en la duración de una vocal tónica en contraste con una vocal átona, sobre todo cuando es reducida. Los datos presentados en el Capítulo 19 para la palabra inglesa *multiplication* en una oración, indican que la duración de la sílaba tónica [kʰéi̯] es el 412% de la de la duración de la sílaba átona [tʰə]. El español no presenta diferencias tan marcadas. Los datos presentados en el Capítulo 19 para la palabra española *multiplicación* en una oración, indican que la duración de la sílaba tónica [sjón] es un 239% de la duración de la sílaba átona [ti]. En este caso específico, sin embargo, hay que considerar que la sílaba átona [ti] contiene dos segmentos, en cuanto que la sílaba tónica [sjón] contiene cuatro. El aumento relativo, entonces, es del 19%.

La duración consonántica

Tanto en inglés como en español hay consonantes breves y consonantes largas. En los dos idiomas, el alargamiento consonántico siempre resulta de la fusión de dos consonantes homólogas, una en posición final de sílaba y otra en posición inicial de la sílaba siguiente. La diferencia entre el alargamiento consonántico del inglés y del español tiene que ver con las consonantes que admiten alargamiento.

En inglés, cualquier secuencia de consonantes homólogas produce un alargamiento. El Cuadro 20.1 demuestra los resultados de la duración consonántica para las consonantes homólogas inglesas: una fricativa, una oclusiva y una nasal.[1] ◀᷾

20.1 La duración consonántica para consonantes inglesas: una fricativa, una oclusiva y una nasal.

Frases contrastivas	Duración de la consonante simple	Duración de la consonante alargada	Porcentaje de la alargada con respecto a la simple
the sea this sea	153 ms.	277 ms.	181%
why tie white tie	148 ms.	288 ms.	195%
two nights ten nights	57 ms.	172 ms.	302%

Frases contrastivas	Duración de la consonante simple	Duración de la consonante alargada	Porcentaje de la alargada con respecto a la simple
unido un nido	75 ms.	278 ms.	371%
helado el lado	57 ms.	139 ms.	244%

20.2 La duración consonántica para las consonantes homólogas españolas alargadas: laterales y nasales.

En español, las únicas consonantes homólogas que admiten alargamiento, como también se vio en el Capítulo 17, son las laterales y las nasales: [l: m: n:]. El Cuadro 20.2 demuestra los resultados de la duración consonántica para las consonantes homólogas españolas. Los otros fonemas consonánticos que pueden resultar en consonantes homólogas en español, /s d R θ/, siempre resultan en consonantes fonéticas no alargadas: [s ð r θ].[2] ◀≶

Pistas pedagógicas

En español, hay que recordar e implementar los siguientes principios que son diferentes de los que ocurren en inglés:

- Las vocales españolas de por sí no se clasifican como "largas" y "breves" como ocurre en inglés; todas las vocales españolas son de la misma duración relativa. (Hay que recordar además que en inglés la distinción principal entre las llamadas vocales "largas"y "breves" no es solamente una diferencia de duración, sino de timbre también.)
- Las vocales españolas tónicas, aunque más largas que las átonas (en un promedio de 42%), no se alargan tanto como las sílabas tónicas del inglés (que se alargan en un promedio de 412%).
- Las vocales contiguas dentro de un grupo fónico, sean vocales idénticas o no, nunca se separan mediante un golpe de glotis, como puede ser el caso del inglés.

- Las vocales homólogas en español, es decir, las secuencias de dos fonemas vocálicos idénticos, se funden en una sola vocal, que no se alarga a no ser que la segunda sea tónico, en cuyo caso la vocal se alarga en un promedio de 38%.
- Las consonantes homólogas en español dentro de un grupo fónico no se separan nunca con un golpe de glotis, como puede acontecer en inglés.
- Las consonantes homólogas en español dentro de un grupo fónico no se alargan a no ser que se trate de una secuencia de dos fonemas laterales o de dos fonemas nasales, en cuyo caso la consonante se alarga en un promedio de 244% y 371% respectivamente.

Consejos prácticos

Un resumen de las pistas pedagógicas produce la siguiente lista de consejos prácticos que el estudiante debe tener en mente y poner en práctica al hablar español:

- tratar de producir todas las vocales con la misma duración;
- nunca producir la vocal reducida *schwa* [ə];
- nunca producir un golpe de glotis [ʔ];
- fundir las vocales homólogas en una sola vocal, alargándola solamente cuando la segunda es tónica;
- fundir las consonantes homólogas en una sola consonante, alargándola solamente cuando son laterales o nasales.

La duración silábica

Existe variación en la duración de la sílaba tanto en español como en inglés, pero hay mucho más variabilidad en la duración de la sílaba del inglés que en la del español. Esta sección se enfoca en la variación de la duración de la sílaba en español. Hay distintos elementos que afectan la duración de la sílaba en español: la composición de la sílaba, la tonicidad de la sílaba y la posición de la sílaba en el grupo fónico.

El efecto de la composición de la sílaba en la duración

Es lógico que la duración de la sílaba varíe según la composición de la misma. Es decir, la duración de la sílaba puede variar según el número de elementos que la compone. Como ya se ha visto en el Capítulo 18, la sílaba española puede tener nueve posibles estructuras:

V	VC	VCC
CV	CVC	CVCC
CCV	CCVC	CCVCC

Además, lo que se indica con "V" en las estructuras canónicas puede ser también un diptongo o triptongo.

En general, los datos indican que cuantos más elementos contenga la sílaba, tanta más duración tiene la sílaba. En nuestro estudio de la duración silábica, se comprobó que en general, la sílaba cerrada CVC tiene una duración de un 30% más larga que la sílaba abierta CV.

El efecto de la tonicidad en la duración

Como ya se ha visto en el Capítulo 19, el acento puede afectar la duración de la sílaba: las sílabas tónicas españolas suelen tener más duración que las sílabas átonas en todas las posiciones. Los datos del Capítulo 19 para la duración silábica del español comprueban que, en general,

las sílabas españolas tónicas duran el 42% más que las sílabas españolas átonas. Sin embargo, aunque un aumento del 42% entre la sílaba española átona y la sílaba española tónica puede parecer mucho, es poco al compararse con un aumento en inglés de entre el 200% al 400% para la sílaba inglesa tónica en comparación con la sílaba inglesa átona. La diferencia entre 100 ms. y 142 ms. en español resulta imperceptible, mientras que en inglés la diferencia entre 100 ms. por un lado y de 200 ms. hasta 400 ms. por otro lado es muy perceptible, sobre todo al oído del hispanohablante.

El efecto de la posición de la sílaba en el grupo fónico

Al examinar los datos de la duración silábica en el Capítulo 19, se comentó la variación temporal que se da debido al efecto de la disminución que aparece en ambas lenguas al aproximarse al final del grupo fónico. El efecto del principio de disminución en relación con la duración es el siguiente: cuanto más se aproxima al final del grupo fónico, tanto más disminuye la rapidez del habla, lo que resulta en sílabas más largas. Es por eso que la sílaba final de una palabra en posición final de grupo fónico suele ser la sílaba con la duración más larga. Este comentario también es válido para la producción de una palabra aislada. Debido al principio de disminución, la última sílaba del grupo fónico (sea de una sola palabra o de una frase) suele ser la más larga, sea tónica o átona.

Pistas pedagógicas

El inglés, por su naturaleza, tiene pronunciadas diferencias en la duración de sílabas tónicas y sílabas átonas. El español también tiene diferencias entre la duración de sílabas tónicas y sílabas átonas, pero no son tan tajantes como es el caso del inglés. Lo que el estudiante del español tiene que hacer es reducir la discrepancia entre la duración de las sílabas tónicas y las átonas. Si trata de producirlas con duraciones iguales, suele producir un resultado aceptable.

Consejos prácticos

Un resumen de las pistas pedagógicas produce el siguiente consejo práctico que el estudiante puede implementar. La siguiente sugerencia sirve para mejorar su producción del español con respecto a la duración silábica:

- practicar la lectura del español produciendo la cadena fónica sílaba por sílaba teniendo en cuenta las reglas del silabeo fonético especificadas en el Capítulo 18 y tratando de producir todas las sílabas con más o menos la misma duración. Después el estudiante debe pronunciar el enunciado a velocidad normal, manteniendo la duración equilibrada de las sílabas.

El ritmo

El ritmo en la música tiene que ver con la variabilidad de la duración de las notas a través del tiempo. El ritmo en el habla es semejante: la variabilidad de la duración de las sílabas a través del tiempo. Sin embargo, los ritmos de la música son diferentes de los del habla. Es más: en la música hay muchos ritmos diferentes, como los hay también en el habla. Tradicionalmente, se ha mantenido que el inglés tiene un **ritmo acentualmente acompasado**, en cuanto el español tiene un **ritmo silábicamente acompasado**. En los años recientes, muchos lingüistas han insistido en dejar de lado ese contraste, ya que los resultados de varias investigaciones acústicas han demostrado que en términos exactos, la duración de las sílabas, y como consecuencia el ritmo, no se atiende estrechamente a esas definiciones. Sin embargo, como se verá, el principio es todavía válido en términos relativos y generales.

El ritmo en la poesía

El hecho de que el principio sea válido se demuestra ya en la poesía de los dos idiomas, siendo la poesía la comunicación verbal que más integra el ritmo en su creación.

Al metrificar un verso poético del inglés, se suele dividir el verso (ingl. *line of poetry*) en pies (ingl. *metric feet*). Un **pie** es el conjunto de dos o tres sílabas que siguen un patrón repetido de sílabas tónicas o átonas. Uno de los pies más conocidos del inglés es el pentámetro yámbico (ingl. *iambic pentameter*). Esto quiere decir que el verso se compone de cinco pies, cada uno formado por un yambo (ingl. *iamb*), que es el conjunto de una sílaba átona seguida de una sílaba tónica. El siguiente trecho de *Romeo y Julieta* de William Shakespeare sirve de ejemplo:[3] ◀≶

> but, SOFT! what LIGHT through YONder WINdow BREAKS?
> it IS the EAST, and JUliet IS the SUN.
> aRISE, fair SUN, and KILL the ENvious MOON,
> who IS alREADy SICK and PALE with GRIEF,
> that THOU her MAID art FAR more FAIR than SHE:

En el ejemplo, las letras mayúsculas se emplean para indicar las sílabas tónicas y las letras minúsculas se emplean para indicar las sílabas átonas. Se puede ver, entonces, que cada verso contiene cinco pies, cada pie formado de una sílaba átona y una sílaba tónica.

Además del pentámetro yámbico, hay otros metros poéticos, que siempre especifican tanto la estructura del pie, cuanto el número de pies por verso. Además del yambo, el pie puede tener varias otras estructuras: el troqueo (una sílaba tónica más una sílaba átona), el anapesto (dos sílabas átonas más una sílaba tónica), entre otras estructuras. En cuanto al número de pies por verso, además del pentámetro, existen también varias otras posibilidades: el verso monómetro (un pie por verso), el verso dímetro (dos por verso), el verso trímetro (tres por verso), el verso tetrámetro (cuatro por verso), el verso hexámetro (seis por verso), etc. Sirve de ejemplo de octámetro trocáico en inglés el siguiente verso en *The Raven* de Edgar Allen Poe:[3] ◀⋐

> *ONCE upON a MIDnight DREARy,*
> *WHILE I PONdered WEAK and*
> *WEARy.*

En la metrificación del inglés, entonces, el posicionamiento de cada acento es de primordial importancia.

La metrificación del español es muy diferente de la del inglés, porque se basa en el número de sílabas por verso y no en el número de pies. El siguiente trecho de los *Versos sencillos* de José Martí sirve de ejemplo:[4] ◀⋐

> *Cul-ti-vo‿u-na ro-sa blan-ca,*
> *En ju-lio co-mo‿e-n e-ne-ro,*
> *Pa-ra e-l‿a-mi-go sin-ce-ro*
> *Que me da su ma-no fran-ca.*
>
> *Y pa-ra‿el cruel que me‿a-rran-ca*
> *El co-ra-zón con que vi-vo*
> *Car-do ni‿o-ru-ga cul-ti-vo:*
> *Cul-ti-vo la ro-sa blan-ca.*

En el ejemplo, los guiones y los espacios entre palabras indican divisiones silábicas y los ligazones indican el enlace silábico, o sea los casos en que se combinan dos vocales en una sílaba o en que se combinan una consonante final de palabra con una vocal inicial de palabra en una sola sílaba. De esa forma, todos los versos tienen ocho sílabas.

En español el posicionamiento de los acentos es de escasa importancia. Solamente la posición del último acento del verso tiene que ver con la metrificación. La gran mayoría de las palabras españolas son paroxítonas o llanas (graves) y cuando un verso termina en una de esas, simplemente se cuentan todas las sílabas como en el ejemplo de arriba. Sin embargo, cuando el verso termina en una palabra oxítona o aguda, se añade uno al número de sílabas. Por ejemplo:[4] ◀⋐

> *la ma-ña-na de San Juan +_*
>   (7 sílabas + 1 = 8 sílabas poéticas en el verso)

Cuando el verso termina en una palabra proparoxítona o esdrújula, se resta uno al número de sílabas. Por ejemplo:[4] ◀⋐

> *I-né-s‿es-ta-ba la-brán-do-lo –_*
>   (9 sílabas – 1 = 8 sílabas poéticas en el verso)

En la metrificación del español, entonces, el posicionamiento de cada acento no resulta ser tan importante, y es el número de sílabas por verso lo que es de primordial importancia.

El ritmo del inglés

Tradicionalmente el ritmo del inglés se ha clasificado como acentualmente acompasado. Esto quiere decir que son las sílabas tónicas las que marcan el compás de la cadena hablada. Al extremo, eso querrá decir que la duración entre los acentos, o sea entre las sílabas tónicas, será constante. Como ya se ha comentado, esto no resulta ocurrir en términos exactos. Sin embargo, hay varios indicadores en la realización oral del inglés que demuestran que sí existe una tendencia de atenerse a ese principio.

El primer indicador es lo que se explicó en cuanto a la poesía: que la métrica poética se mide en pies, que toman en cuenta las combinaciones de sílabas tónicas y átonas.

El segundo indicador es lo que ya se vio en cuanto a la gran diferencia entre la duración de las sílabas tónicas y las sílabas átonas del inglés. Como ya se vio, en inglés, la duración de una sílaba tónica suele ser entre dos a cuatro veces más larga que la de una sílaba átona.

El tercer indicador es el resultado del segundo: es que el inglés tiende a tener sílabas átonas muy cortas, lo que promueve la reducción vocálica o la tendencia a la apariencia de *schwa* en la sílaba átona. Esto se debe a la facilidad de producir una vocal "neutra" en que la lengua y la boca solamente tienen que llegar a una posición intermedia en las dos dimensiones del espacio vocálico.

El efecto de la tendencia hacia el ritmo acentualmente acompasado del inglés es una regularización de la duración de un pie, o sea de la duración de una sílaba tónica junto con las sílabas átonas que la acompañan. Un ejemplo es el contraste entre las siguientes propagandas para jabón con las sílabas tónicas en mayúscula:[5] ◀€

> GETS OUT DIRT PLAIN SOAPS CAN'T
> REACH.
> Gets OUT the DIRT that COMmon
> SOAPS can NEVer REACH.

> STOP, LOOK, LISTEN!
> STOP and LOOK and LISten

La primera propaganda contiene siete sílabas, todas ellas tónicas. La segunda contiene doce sílabas, con seis sílabas tónicas. Lo interesante es que las dos tienen más o menos la misma duración. Esto se debe al hecho de que las dos propagandas tienen más o menos el mismo número de acentos. Lo mismo pasa con el segundo grupo de oraciones: a pesar de que el segundo tiene el doble de sílabas, suele llevar más o menos el mismo tiempo para decir cada una.

El ritmo del español

Tradicionalmente el ritmo del español se ha clasificado como silábicamente acompasado. Esto quiere decir que son las sílabas en sí, sean tónicas o átonas, que marcan el compás de la cadena hablada. Al extremo, eso querrá decir que la duración de todas las sílabas será constante. Como ya se ha comentado, esto no resulta ocurrir en términos exactos. Sin embargo, hay varios indicadores en la realización oral del español que demuestran que sí existe una tendencia de atenerse a ese principio.

El primer indicador es lo que se explicó en cuanto a la poesía: que la métrica poética se mide en sílabas y solo se toma en cuenta la posición de la última sílaba tónica en el conteo silábico.

El segundo indicador es lo que ya se vio en cuanto a la poca diferencia entre la duración de las sílabas tónicas y las sílabas átonas del español al compararse con la gran diferencia que hay en inglés. Como ya se vio, en español, la duración de una sílaba tónica suele ser solo un promedio del 42% más larga que la de una sílaba átona.

El tercer indicador es el resultado del segundo: debido a que el español no tiende a tener sílabas átonas muy cortas, no existe en español la gran reducción vocálica típica del inglés.

El contraste entre los dos sistemas rítmicos

Los hechos físicos del habla son casi siempre relativos. Como ya se dijo, al extremo, un ritmo acentualmente acompasado implicaría una uniformidad duracional entre dos sílabas tónicas, lo que en términos absolutos no existe. También, al extremo, un ritmo silábicamente acompasado implicaría una uniformidad duracional entre cada sílaba producida, lo que en términos absolutos tampoco existe. Sin embargo, en términos relativos y prácticos, siguen en pie estas dos caracterizaciones rítmicas. En realidad, esas dos caracterizaciones representan dos extremos de un continuo rítmico; no representan una dicotomía. El español queda más cerca del extremo del ritmo silábicamente acompasado y el inglés, más cerca del extremo del ritmo acentualmente acompasado, como demuestra la Fig 20.3.

La relatividad de estos conceptos se afecta también por el principio de disminución, así que no se pueden comparar directamente en términos absolutos la duración de una sílaba al comienzo de un grupo fónico con la de una sílaba al final de un grupo fónico.

Pistas pedagógicas

El concepto básico del ritmo es que el inglés tiene un ritmo acentualmente acompasado,

20.3 Comparación del ritmo del español con el ritmo del inglés.

mientras que el español tiene un ritmo silábicamente acompasado. Aunque las medidas exactas en milisegundos no comprueban que todas las sílabas españolas tengan la misma duración, hay que recordar que esas caracterizaciones representan tendencias, apoyadas hasta por la poesía de los dos idiomas. La duración de un enunciado en español depende del número de sílabas en cuanto que la duración de un enunciado en inglés depende del número de acentos.

Consejos prácticos

Los siguientes consejos prácticos le ayudarán al estudiante a mejorar el ritmo del español:

- no alargar demasiado la duración de las sílabas tónicas;
- no reducir demasiado la duración de las sílabas átonas;
- nunca reducir una vocal átona a *schwa*.

El énfasis

El indicar énfasis en el habla incorpora múltiples facetas debido a la gran variedad de elementos lingüísticos que pueden enfatizarse y debido a la gran variedad de recursos lingüísticos que pueden emplearse para destacar los elementos enfatizados. Puesto que uno de los recursos puede ser la duración, o sea el alargamiento del elemento destacado, se incluye el énfasis en este capítulo.

El concepto del énfasis es por su naturaleza contrastivo. Al enfatizar cualquier elemento de una oración, siempre se implica un "y no .. ". Por ejemplo, en la oración "Esto lo hizo *Juan*.", se enfatiza Juan, lo que quiere decir "Esto lo hizo *Juan*, y no otro.".

Otro ejemplo, esta vez del inglés, es la oración "*John* did the work." con énfasis en "John" (a diferencia de "John did the work." sin énfasis en "John"). Con el énfasis en "John", lo que se quiere decir es que no lo hizo más nadie, sino que fue "John" mismo quien lo hizo.

Hay que reconocer también la diferencia entre acento y énfasis; aunque un elemento enfatizado es siempre tónico, no todo elemento tónico queda enfatizado. Por ejemplo,

en la oración "Juan hizo esto", no se enfatiza *Juan*. En esa oración "Juan" es palabra tónica aunque no se ha enfatizado. Ocurre lo mismo en inglés. En la oración no enfática "John did the work.", "John" no se ha enfatizado, aunque es todavía una palabra tónica.[6] ◀£

Los elementos lingüísticos que pueden enfatizarse

En principio, cualquier sílaba, palabra o frase puede enfatizarse o destacarse de los demás. Hay que recordar que este énfasis o destaque es contrastivo.

Énfasis en la sílaba

A veces es importante destacar solo una sílaba de una palabra por motivos contrastivos. Las siguientes oraciones sirven de ejemplos (el elemento destacado se escribe en negrita):[7] ◀£

*Hace falta **cons**truir los cimientos y no **des**truirlos.*
*Es necesario **re**considerar la propuesta.* (Enfatiza el hecho de que ya se haya considerado por lo menos una vez antes).
No, la palabra es guajolote y no guajalote.

En estos casos el contraste no ocurre a nivel de palabra, sino a nivel de sílaba, contrastando una sílaba con otra (**cons**-truir en contraste con **des**-truir) o contrastando una sílaba con un "cero" (**re**-con-si-de-rar en contraste con Ø-con-si-de-rar). En todos estos casos, de por sí, la sílaba en negrita no sería una sílaba tónica, pero con el énfasis contrastivo que se presenta en estos casos, la sílaba llega a serlo. Este fenómeno se ha llamado acento enfático en los estudios académicos.

Énfasis en la palabra

El énfasis más común es el de una palabra dentro de una oración. Los elementos de una oración que suelen enfatizarse en español son los de función verbal o los de función nominal. El énfasis que se le da a los distintos elementos nominales de una oración también se ha llamado

topicalización en los estudios académicos. Además, pueden enfatizarse los verbos, los adverbios, o los adjetivos. Puede resumirse, entonces, que los elementos de la oración más susceptibles al énfasis son las palabras de las principales categorías léxicas: sustantivos (y sus pronombres), verbos, adjetivos y adverbios. En las siguientes oraciones se han subrayado los elementos que pueden enfatizarse. En paréntesis se sugiere un valor contrastivo que la forma enfatizada podría implicar. Es importante recalcar que las palabras subrayadas son solamente elementos que pueden enfatizarse; luego se explicará cómo se enfatizan esos elementos en español.

Sustantivos (o pronombres)
- <u>Juan</u> hizo el trabajo. (Fue Juan y no Pedro quien lo hizo.)
- Juan hizo <u>el trabajo</u>. (Hizo el trabajo y no otra cosa.)
- Juan <u>me</u> entregó el trabajo. (Fue a mí y no a otra persona que lo entregó.)
- Juan fue a <u>España</u>. (Fue a España y no a Portugal.)

Verbo
- Juan lo <u>hizo</u> ayer. (Juan no lo dejó sin hacer.)

Adjetivo (o función adjetival)
- Juan es <u>alto</u>. (Es alto y no bajo.)

Adverbio
- Juan lo hizo <u>ayer</u>. (Fue ayer y no anteayer.)

Preposición
- Juan lo hizo <u>sin</u> ayuda. (. . . y no con la ayuda de alguien.)

Conjunción
- Vio a Juan <u>y</u> a María. (Vio a los dos y no solo a uno de ellos.)

En esos casos, el contraste es entre una y otra palabras. En los estudios académicos ese tipo de énfasis también se ha llamado acento enfático. Es de notar que con el sustantivo, el verbo, el adjetivo y el adverbio el énfasis recae sobre una palabra ya tónica; en el caso de la preposición y la conjunción,

el énfasis recae sobre una palabra que es generalmente átona.

En inglés, hasta es posible enfatizar las palabras átonas en general, como por ejemplo los artículos y los posesivos como se ve en las siguientes oraciones:

*Rafael is **the** expert in the field.*
*This is **your** book.*

Hay otro tipo de "acento" que se ha comentado en la literatura: el acento afectivo. Este tipo de "acento" destaca una palabra no por motivos contrastivos, sino por motivos afectivos o emotivos. Ejemplos de esas emociones incluyen el cariño, el desprecio, la admiración, el enojo, el regocijo, la sorpresa, la persuasión, la duda, el sarcasmo, la reticencia, etc. El alargamiento es siempre característico del acento afectivo. Las siguientes oraciones servirán de ejemplos:

*Dame un **besito**.* (cariño)
*¡Eres un **tonto**!* (desprecio)
*¡Qué bonito tu **traje**!* (admiración)
*¡Qué demonios **haces**?* (enojo)
*¡Ay, que **susto**!* (sorpresa)
*¡**Goooooool**!* (regocijo)

Solo el contexto puede indicar si el énfasis en determinada palabra es contrastivo o afectivo.

Énfasis en la frase

De modo general, las únicas frases que aceptan este tipo de énfasis son las frases preposicionales, sean en función adjetival o adverbial. Los ejemplos más comunes ocurren cuando la preposición es una palabra átona y el énfasis contrastivo o afectivo recae sobre su complemento. A veces el contraste conlleva un cambio de preposición, a veces no. Las siguientes oraciones demuestran ese tipo de contraste, con el elemento a enfatizarse subrayado:

Función adjetival
- Juan es <u>de Granada</u>. (. . . y no de Sevilla.)

Función adverbial
- Juan lo hizo <u>por la tarde</u>. (. . . y no de madrugada.)

Los recursos lingüísticos que se emplean para indicar los elementos enfatizados

Los recursos que se pueden emplear para indicar los elementos enfatizados o destacados son varios: se pueden emplear tanto recursos fonéticos como recursos morfológicos, sintácticos y semánticos. También se pueden emplear factores paralingüísticos y extralingüísticos. Para indicar el énfasis, hay que cambiar algo en la oración de lo que se considera la producción más común. Aunque esos distintos recursos existen tanto en español como en inglés, los dos idiomas difieren en cuanto a los recursos más usados.

Recursos fonéticos

La onda sonora de una vocal puede modificarse de cuatro maneras: la duración, el tono, la amplitud y el timbre. Teóricamente, se puede indicar el énfasis con la alteración de cualquiera de esas características. Como ya se demostró en el Capítulo 19, todas esas características pueden afectar el concepto de acento; también pueden afectar el concepto de énfasis. Como siempre, los cambios de duración, tono, amplitud y timbre son relativos.

En cuanto a la relatividad del tono, es útil examinar los cambios tonales usando un sistema de niveles. En este sistema, el Nivel 2 se define como la base tonal de un enunciado, es decir, la zona tonal de la mayor parte del enunciado. Del Nivel 2, se llega al Nivel 1 cuando desciende el tono; eso es típico al final de una oración enunciativa. Del Nivel 2, se llega al Nivel 3 cuando asciende el tono; eso es típico al final de ciertas oraciones interrogativas. En inglés, hay un Nivel 4, que se reserva para usos de énfasis. Ese nivel suele tener un tono más alto del que se emplea en cualquier oración no enfática. Es más: el español en general emplea una gama tonal más restringida que el inglés, lo que quiere decir que los niveles del español suelen ser menos esparcidos que los del inglés. El estudiante tiene que aprender a ajustarse a esa gama reducida. El

siguiente diagrama representa esos niveles entonacionales de español e inglés:

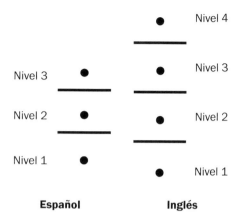

Del diagrama se nota que en inglés, el principal indicador de énfasis es el tono, o sea, el empleo del Nivel 4, que es distintivo del inglés.

Para enfatizar una palabra en inglés, la palabra enfatizada, en particular su sílaba tónica, se produce con un aumento de tono (Nivel 4), duración y amplitud. Eso implica que si la palabra a enfatizarse es de por sí átona, la misma llega a ser tónica. Lo mismo vale para el español, pero el cambio tonal solo llega al Nivel 3. Las siguientes oraciones indican como se pueden enfatizar distintos elementos de la oración inglesa mediante un aumento del tono, duración y amplitud:

I want John to do the work.
*I **want** John to do the work.*
*I want **John** to do the work.*
*I want John to **do** the work.*
*I want John to do the **work**.*

Para efectuar este mismo tipo de énfasis, como se verá a continuación, el español prefiere recurrir a recursos sintácticos. Aunque a veces se aumenta el tono, la duración o la amplitud para destacar una palabra en español, no es el recurso más común, y no se hace nunca con un aumento tonal equivalente al Nivel 4 del inglés.

Recursos morfológicos

En español se puede enfatizar un modificador, o sea un adjetivo o un adverbio, mediante un intensificador morfológico. Los intensificadores de ese tipo son los prefijos derivativos *re-*, *rete-* y *requete-* y los sufijos *-ísimo* y *-érrimo*. Ejemplos son:

> *Lo hiciste **rebien**.*
> *Es un hombre **retebueno**.*
> *La comida está **requeterrica**.*
> *Es una mujer **inteligentísima**.*
> *Es un hombre **paupérrimo**.*

Aunque existen esas formas morfológicas, la solución hispánica preferida y más usada es la introducción de un modificador como *mucho* o *muy*.

> *La comida está **muy** rica.*
> *Es **mucho** mejor.*

Recursos sintácticos

La primera preferencia del español para indicar el énfasis es la de usar un recurso sintáctico; de hecho, en español los recursos más usados para indicar el énfasis son los sintácticos: principalmente la permutación de elementos, la adición de elementos y la reduplicación, que son básicamente técnicas de topicalización para hacer resaltar distintos componentes de la oración. Empleando esas técnicas sintácticas, el hispanohablante puede enfatizar los mismos elementos que se destacaron en las oraciones inglesas en la página anterior. El Cuadro 20.4 compara las oraciones enfatizadas del inglés y del español.[8] ◀⦚

Existen además las técnicas de construcciones escindidas y construcciones de voz pasiva. El Cuadro 20.5 demuestra como estas técnicas pueden usarse para complementar las otras ya introducidas para enfatizar distintos elementos de la oración española.

Como ya se mencionó antes, en inglés, hasta es posible enfatizar las palabras átonas en general, como por ejemplo los artículos y los posesivos prepuestos. En español es marginal el uso de recursos fonéticos para enfatizar esos elementos; el español prefiere una solución sintáctica o semántica:

> *Rafael is **the** expert in the field.*
> *Rafael es el <u>mayor</u> experto en el campo.*

> *This is **your** book.*
> *Este es el libro <u>tuyo</u>.*
> *Este libro es <u>el tuyo</u>.*
> *Es <u>tuyo</u> este libro.*

Es de notar que en algunos casos, no existe una solución sintáctica para el énfasis de ciertos elementos, a no ser que se agregue una frase que explique el contraste. En esos casos, se puede recurrir a una solución fonética, recordando que en español el énfasis se indica con un cambio tonal al Nivel 3 y no a un Nivel 4, o simplemente hay que incluir una frase contrastiva. Esto es lo que ocurre con los demás ejemplos citados en la sección sobre "Énfasis en la palabra", como se ve en el Cuadro 20.6.

Recursos semánticos

Existe el énfasis por recursos semánticos tanto en inglés como en español. Tradicionalmente se han incluido los intensificadores en esta categoría. En esta categoría hay que incluir también el recurso de la reduplicación.

20.4 Comparación del énfasis fonético de inglés con el énfasis sintáctico del español.

Énfasis ingles a nivel cuatro	Énfasis español sintáctico	Recurso sintático
I want John to do the work.	<u>Yo</u> quiero que Juan haga el trabajo.	adición
I **want** John to do the work.	<u>Sí</u> quiero que Juan haga el trabajo.	adición
I want **John** to do the work.	Quiero que haga el trabajo <u>Juan</u>.	permutación
I want John to **do** the work.	Quiero que Juan <u>sí</u> haga el trabajo.	adición
I want John to do the **work**.	Quiero que el <u>trabajo</u> lo haga Juan.	permutación

457

Oración enunciativa	Énfasis español sintáctico	Recurso sintáctico
Juan hizo el trabajo.	Hizo el trabajo <u>Juan</u>.	permutación
	Fue <u>Juan</u> quien hizo el trabajo.	oración escindida
Juan hizo **el trabajo**.	<u>El trabajo</u> lo hizo Juan.	permutación/reduplicación
	El trabajo <u>fue hecho por Juan</u>.	permutación/voz pasiva
Juan **me** entregó el trabajo.	Juan me entregó el trabajo <u>a mí</u>.	reduplicación
Juan lo **hizo** ayer.	Juan <u>sí</u> lo hizo ayer.	adición
Quiero que **Juan haga el trabajo**.	<u>Lo que quiero</u> es que Juan haga el trabajo.	permutación/oración escindida

20.5 Énfasis sintáctico de oraciones enunciativas mediante recursos sintácticos.

Los intensificadores son principalmente adverbios que modifican a los adjetivos. Los intensificadores incluyen palabras como *muy, tan, bien, bastante*, como en las siguientes oraciones:

Juan es muy exigente.
Mi esposa es tan inteligente.
La niña es bien bonita.
Es bastante lejano.

Ejemplos de este tipo en inglés incluyen:

John is very insistant.
My wife is so intelligent.
The girl is really cute.
It is awfully far away.

La reduplicación se da con algunos modificadores. Ejemplos incluyen:

Paco es el mero mero jefe.
Estoy bien bien.
El viento fue fuerte fuerte.
Era un profesor muy muy bueno.

Ejemplos de este tipo en inglés incluyen:

He is very very capable.
The professor is really really smart.
The wind was awfully awfully strong
He did poorly poorly on the test.

Oración enunciativa	Énfasis español fonético
Juan es <u>alto</u>.	Juan es **alto**. (Nivel 3) Juan es alto *y no bajo.*
Juan fue a <u>España</u>.	Juan fue a **España**. (Nivel 3) Juan fue a España *y no a otro país.*
Juan lo hizo <u>ayer</u>.	Juan lo hizo **ayer**. (Nivel 3) Juan lo hizo ayer *y no otro día.*
Juan lo hizo <u>sin</u> ayuda.	Juan lo hizo **sin** (Nivel 3) ayuda. Juan lo hizo sin ayuda *y no con la ayuda de nadie.*
Vio a Juan <u>y</u> a María.	Vio a Juan **y** (Nivel 3) a María. Vio a Juan y a María *y no solo a uno de ellos.*

20.6 Énfasis en oraciones enunciativas mediante recursos fonéticos.

Recursos paralingüísticos y extralingüísticos

Existen varias maneras extra-lingüísticas de darle énfasis a algún elemento de una oración.

Los elementos paralingüísticos son elementos acústicos del enunciado que no se asocian directamente con los elementos segmentales o suprasegmentales ya discutidos. Así se puede indicar el énfasis al modificar la rapidez del habla en determinado elemento. Hasta se puede enunciar la palabra destacada sílaba por sílaba. Por ejemplo:

Este es un principio muy **im-por-tan-te** *que quiero dejar claro.*

Otra posibilidad sería gritar o pronunciar una palabra en voz muy fuerte o alterada, a cambio del restante de la oración. Por ejemplo:

Este niño es un **terror.** (pronunciando terror en voz de terror)

El uso de elementos extralingüísticos para fines enfáticos incluye las comunicaciones no verbales, principalmente los movimientos físicos. Estos pueden incluir ademanes, expresiones faciales, movimientos corporales, etc.

Pistas pedagógicas

El inglés y el español suelen usar sistemas básicos diferentes para indicar el énfasis. Aunque existen recursos sintácticos (voz pasiva, oraciones escindidas, etc.) para indicar el énfasis en inglés, el inglés depende principalmente de recursos fonéticos: el elemento a enfatizarse se produce con un aumento de tono significativo al Nivel 4 y un aumento concomitante de volumen o intensidad. El sistema del español, en contraste, depende principalmente de recursos sintácticos: se altera la sintaxis de la oración para destacar el elemento deseado.

Consejos prácticos

El estudiante del español tiene que hacer lo siguiente con referencia al énfasis para no sonar como extranjero:

- no recurrir nunca al equivalente del Nivel 4 del inglés para dar énfasis a algún elemento de la oración;
- aprender las estructuras sintácticas para enfatizar los distintos elementos de una oración;
- recordar que aunque es más frecuente el uso de recursos sintácticos para dar énfasis, también existe el recurso fonético del Nivel 3 y recursos morfológicos, semánticos y extralingüísticos.

Sumario

Este capítulo trata los fenómenos de la duración, del ritmo y del énfasis. Se incluyen el ritmo y el énfasis junto con la duración porque la duración figura como elemento principal del ritmo y como elemento contribuyente al énfasis.

Se ha presentado la duración tanto en su función segmental como en su función silábica. En su función segmental, se trataron sus manifestaciones en español tanto vocálicas como consonánticas. En español, se produce una vocal alargada cuando hay una secuencia de dos vocales homólogas y la segunda es tónica. Se produce una consonante alargada cuando hay una secuencia de dos consonantes laterales homólogas o de dos consonantes nasales homólogas.

Hay varios factores que afectan la duración de una sílaba en español. Uno de los factores es la composición de la sílaba: cuantos más elementos contenga la sílaba, tanta más duración suele tener dicha sílaba. Otro factor es la tonicidad de la sílaba: las sílabas tónicas suelen tener una duración un poco más larga que las sílabas átonas. Hay que recordar, sin embargo, que esa diferencia, debido a la tonicidad, nunca llega al extremo a que llega en inglés. El tercer factor relativo a la duración de una sílaba que se examinad en este capítulo es la posición de la sílaba en el grupo

20.7 La caracterización del ritmo del español y del inglés.

Idioma	Ritmo	Unidad rítmica poética	Consecuencias
Español	Silábicamente acompasado	La sílaba	Pequeñas diferencias en la duración vocálica Mantenimiento de la cualidad de las vocales
Inglés	Acentualmente acompasado	El pie	Grandes diferencias en la duración silábica Reducción vocálica a *schwa*

fónico: esto tiene que ver con el principio de disminución, o sea, que al aproximarse al final del grupo fónico, el hablante tiende a disminuir la rapidez del habla, lo que produce sílabas más largas.

El ritmo marca la relación entre los elementos producidos y el tiempo. En cuanto al ritmo, el español y el inglés son fundamentalmente diferentes. Lo que los distingue son los elementos que marcan el compás del habla. La caracterización del ritmo de los dos idiomas se presenta en el Cuadro 20.7.

El énfasis es un recurso que se emplea para destacar algún elemento del habla; de por sí esto implica un contraste, que puede ser directo o implícito. Los elementos que se pueden enfatizar son las sílabas, las palabras y las frases. Los recursos que se emplean para dar énfasis a determinado elemento pueden ser fonéticos, morfológicos, sintácticos, semánticos, paralingüísticos o extralingüísticos. Los recursos más usados en los dos idiomas para realizar el énfasis se resumen en el Cuadro 20.8.

Por recurso sintáctico se entiende alguna modificación en la estructura de lo que se consideraría la forma básica de la oración, sea por la adición de nuevos elementos, por la permutación de elementos existentes o por la reduplicación de elementos según los ejemplos dados en el capítulo. Por recurso

fonético se entiende alguna modificación en la duración, el volumen o el tono del elemento destacado. En cuanto al tono, es importante recordar que el nivel máximo para el inglés es el Nivel 4 y para el español es el Nivel 3. El producir un Nivel 4 en español suena raro y tajante.

Preguntas de repaso

1. Distinga entre la duración segmental y la duración silábica.

2. Explique la duración segmental vocálica y la consonántica.

3. Contraste la duración vocálica del español con la del inglés.

4. Contraste la duración silábica del español con la del inglés.

5. ¿Cuál es el efecto de la tonicidad en la duración silábica del español y del inglés?

6. ¿Cuál es el efecto de la posición de la sílaba en la duración silábica?

7. ¿Cómo se contrasta el ritmo del español con el del inglés?

Énfasis	Recurso principal	Recurso secundario
Español	**Sintaxis** (adición, permutación, reduplicación)	Fonética (Nivel 3)
Inglés	**Fonética** (Nivel 4)	Recursos sintácticos

20.8 Los recursos más usados en español e inglés para realizar el énfasis.

Conceptos y términos

acentualmente acompasado	Nivel 3	ritmo
duración	Nivel 4	silábicamente acompasado
énfasis	niveles tonales	topicalización
	pie	

8. Contraste la metrificación poética básica del español con la del inglés.

9. ¿Cuáles son algunas consecuencias fonéticas de los distintos ritmos del español y del inglés?

10. ¿Qué es el acento afectivo? ¿Cómo se realiza? Dé ejemplos.

11. ¿Cuáles son los elementos que se pueden enfatizar? Dé ejemplos.

12. ¿Cuáles son los recursos lingüísticos que pueden emplearse para realizar el énfasis? Dé ejemplos.

13. ¿Cómo se aplica el concepto de niveles tonales a la realización del énfasis?

14. Distinga entre los principales recursos que emplean el español y el inglés para indicar énfasis. Dé ejemplos.

15. Indique cómo se puede indicar énfasis en español mediante recursos sintácticos. Dé ejemplos.

Ejercicios de pronunciación

La duración[9] 🔊

Pronuncie las siguientes palabras manteniendo una relativa uniformidad de duración silábica, evitando la reducción vocálica a *schwa* [ə].

almacén	biblioteca	imposibilidad
americano	eclesiástico	locura
amistad	embarcación	triángulo
andariego	guayabera	verdadera
antropología	helicóptero	virtuoso

El ritmo[10] 🔊

Lea los siguientes dichos con un ritmo silábicamente acompasado.

El que pita pasa; el que pega paga.
A buen entendedor, pocas palabras.
A caballo regalado no se le miran los dientes.
A Dios rogando y con el mazo dando.
De enero a enero, la plata es del banquero.
De tal palo, tal astilla.
Como decíamos ayer...
La ropa sucia se lava en casa.
Un lugar para cada cosa y cada cosa en su lugar.
Más vale pájaro en mano que cien volando.

Materiales en línea

1. 🔊 La duración consonántica en inglés (el Cuadro 20.1).

2. 🔊 La duración consonántica en español (el Cuadro 20.2).

3. 🔊 El ritmo en la poesía inglesa.

4. 🔊 El ritmo en la poesía española.

5. 🔊 El ritmo del inglés.

6. 🔊 El énfasis sintáctico del español en contraste con el énfasis fonético del inglés.

7. 🔊 El énfasis en la sílaba en español.

8. 🔊 El énfasis fonético del inglés comparado con el énfasis sintáctico del español (el Cuadro 20.4).

9. ▣ Ejercicios de pronunciación: la duración.

10. ▣ Ejercicios de pronunciación: el ritmo.

La entonación

La entonación son los cambios tonales que se producen a lo largo de la realización fonética del enunciado[1] u oración. Acústicamente, estos cambios tonales corresponden a variaciones en el tono fundamental (el F_0) de la onda sonora. De todos los cambios tonales posibles, sin embargo, hay ciertas características de la entonación que son lingüísticamente significativas. En la percepción del habla, el receptor usa esos cambios tonales para hacer varios juicios con respecto al enunciado. De hecho, la entonación es el primer fenómeno fonético que el niño adquiere.

Los cambios tonales pueden ser fonéticos o fonológicos. Son fonológicos los cambios tonales que comunican información significativa a nivel sintáctico o semántico. Por ejemplo, los cambios tonales de las siguientes oraciones son diferentes y por eso comunican significados distintos:[1] ◀€

Juan no viene mañana.
(el tono desciende al final del grupo fónico)

¿Juan no viene mañana?
(el tono asciende al final del grupo fónico)

No, viene el jueves.
(el tono desciende al final de cada uno de los dos grupos fónicos)

No viene el jueves.
(el tono desciende al final del único grupo fónico)

Son fonéticos los cambios tonales los que comunican información de carácter personal, por ejemplo, información con respecto al individuo: su sexo, su edad, su origen, su formación, su procedencia, etc.

[1]En los estudios académicos, la palabra enunciado se ha usado como equivalente de acto de habla, u oración, o grupo fónico. En otras palabras se ha usado para referirse a un grupo de oraciones, a una oración o a un segmento de una oración. Aquí se usa la palabra como equivalente de oración o agrupación autónoma de palabras.

La entonación se emplea a nivel fonológico para indicar la fuerza ilocutiva de un enunciado, o sea el propósito pragmático al fondo del enunciado. En otras palabras se usa para indicar si un enunciado es una aseveración, una interrogación, un mandato o una súplica. La entonación también se emplea para indicar los límites de la estructura sintáctica, como se explicará en más detalle a continuación. En esa función, la entonación se emplea para indicar el final de un grupo fónico (definición a seguir), aunque otros factores como la duración y la amplitud también lo pueden indicar.

El estudio de la entonación se hace difícil por la gran variación dialectal e individual que existe. A pesar de esa gran variedad, los cambios tonales que son lingüísticamente significativos suelen ser comunes a la gran mayoría de los dialectos e idiolectos y son los llamados **patrones de entonación** que el que aprende el idioma debe de adquirir.

Es importante reconocer que la entonación, como ya se vio con los demás elementos suprasegmentales, trata un fenómeno relativo. Para entender ese concepto, vale examinar la diferencia entre el habla y la música. Tanto el habla como la música se producen sobre una cadena de cambios tonales. La música y el habla se diferencian, sin embargo, en el hecho de que la música se base en el concepto del tono absoluto y el habla, en el del tono relativo. Al cantar o al producir cualquier tipo de música, es importante que los músicos se afinen: todos tienen que producir un tono específico exacto en cada momento para que la música sea agradable. En el habla, por otro lado, no es importante el tono específico: lo que importan son las subidas y bajadas de tono en relación con el tono en que se comenzó el enunciado. Para un coro musical, hay que darle un tono inicial al que todos se afinan. En contraste, para la recitación de un texto en coro, simplemente hay que indicarle

463

cuándo debe comenzar, ya que no importa el tono específico en que cada miembro del grupo comience.

La presentación sobre la entonación en este capítulo procederá de un análisis de los elementos principales en que opera la entonación: el sirrema, el margen tonal y el grupo fónico. También se examinarán las maneras que se emplean para describir los cambios tonales de la entonación y los patrones de entonación que se emplean en los distintos tipos de oraciones.

El sirrema, el margen tonal y el grupo fónico

La entonación se examina en el marco de la oración, que es una unidad estructural formada por palabras que forman una unidad sintáctica que conforme a los patrones sintácticos y semánticos de una lengua. Para poder describir, producir y entender los cambios tonales de la entonación, es importante entender los conceptos del sirrema, del margen tonal y del grupo fónico.

El sirrema

El **sirrema** es una unidad sintáctica indivisible, lo que quiere decir que no se puede dividir el conjunto de palabras mediante un margen tonal,[2] que se definirá en detalle en la próxima sección. Los conjuntos de palabras que forman sirremas son unidades de estructura o de información que corresponden a las unidades sintácticas principales: la frase nominal (FN), la frase verbal (FV), el modificador (Mod) y hasta la oración (O). Los distintos sirremas se forman de los siguientes conjuntos de palabras:

---

[2]El margen tonal, como se verá en más detalle en la próxima sección, consiste en una separación temporal o tonal. La separación temporal es lo que se llama pausa; la separación tonal refleja una disyunción o discontinuidad tonal al final de un sirrema.

El determinante y el sustantivo (FN)

El determinante y el sustantivo forman un grupo indivisible dentro de la frase nominal; es decir, en el habla normal, no puede intervenir un margen tonal entre el determinante y el sustantivo. Por ejemplo, las agrupaciones *los libros, las tres camisas* y *estos otros lápices* son conjuntos de palabras entre las cuales no puede haber ni pausa ni disyunción tonal. Tanto es el vínculo entre el determinante y el sustantivo que, por ejemplo, si a un hablante se le olvida el sustantivo en una conversación, lo que produce un margen tonal para darle al hablante un momento para pensar, el mismo hablante, al continuar, suele repetir el artículo junto con el sustantivo. Un ejemplo sería:

Dejé el . . . este . . . el cuaderno en casa.

La oración de arriba es mucho más común que decir:

*Dejé el . . . este . . . cuaderno en casa.

El sustantivo y sus modificadores (FN)

El sustantivo y sus modificadores forman un grupo indivisible dentro de la frase nominal. Estas agrupaciones pueden incluir también el determinante más sustantivo. El modificador puede ser simple (un adjetivo) como en los ejemplos *los libros nuevos, la España medieval* y *la blanca nieve*. El modificador puede también ser frasal (una frase preposicional: *el español de América*) o puede ser clausal (una oración subordinada: *el trabajo que escribí*). Se comentarán los modificadores en más detalle más adelante.

El verbo y sus complementos nominales (FV)

El verbo y sus complementos nominales directos e indirectos forman un grupo indivisible dentro de la frase verbal. Esa agrupación se da tanto con complementos pronominales como con complementos sustantivales. Ejemplos de sirremas de este tipo incluyen *se lo di, escribí el libro* y *le compré la rosa*. Se comentará en más detalle más adelante la posibilidad de un complemento directo que sea cláusula nominal como *Quiero que Juan me lo haga mañana*.

El verbo y sus modificadores (FV)

El verbo y sus modificadores forman un grupo indivisible dentro de la frase verbal. Esos conjuntos pueden combinarse también con los tiempos compuestos y los complementos nominales. El modificador puede ser simple (un adverbio) como en los ejemplos *corre rápidamente, llegó atrasado* y *canta bien*. El modificador puede también ser frasal (una frase preposicional como *llegó antes de la hora*) o puede ser clausal (una oración subordinada como *llegó antes de que saliéramos*). Se comentarán los modificadores en más detalle más adelante.

Los tiempos compuestos, la voz pasiva y la perífrasis verbal (FV)

Los elementos de un tiempo compuesto y de una perífrasis verbal forman un grupo indivisible dentro de la frase verbal. Los tiempos compuestos son los tiempos perfectos, los tiempos progresivos y los tiempos progresivos perfectos: por ejemplo, *han comenzado, estoy hablando* y *hemos estado buscando*. Los elementos verbales de la voz pasiva también forman un grupo indivisible: por ejemplo, *fue roto, serán examinadas* y *seremos recibidos*. La perífrasis verbal incluye expresiones que pueden sustituir a los demás tiempos verbales: por ejemplo, *van a salir, siguen estudiando* y *anda volando*.

La preposición y su complemento (MOD)

La preposición y su complemento forman otro grupo indivisible. La frase preposicional funciona como modificador, sea adverbial, adjetival u oracional La preposición siempre indica una relación entre dos unidades gramaticales, teniendo siempre el complemento de la preposición una función nominal. En el habla común, nunca interviene un margen tonal entre la preposición y su complemento nominal. Ejemplos de ese tipo de agrupación incluyen *de la Argentina, por lo menos* y *para terminar*.

La conjunción y su término (FN/FV/Mod)

La conjunción y su término también forman un grupo indivisible. El sirrema resultante puede aparecer en una frase nominal, en una frase verbal o en un modificador. La conjunción puede ser coordinativa: por ejemplo, *Vinieron Juan y María, Puede aceptarlo o no* y *No lo hizo ni Juan ni María*. La conjunción puede ser subordinativa: *Es importante que venga Juan, Salió después de que llegó Juan* y *La tarea que hiciste está mal*.

Conjuntos lexicalizados (FN/FV/Mod)

Existen frases hechas que contienen dos elementos coordinados que son tan comunes que han llegado a formar básicamente un elemento léxico, en el que no puede intervenir un margen tonal. Un ejemplo clásico es la frase *sal y pimienta*, que como tal es unitaria e indivisible. Otros ejemplos de ese tipo incluyen *arco y flecha, carne y uña* y *blanco y negro*.

Con respecto al sirrema, hay que recordar que dentro del sirrema, no puede haber un margen tonal en el habla regular. No quiere decir, por lo tanto, que siempre hay que haber un margen tonal entre dos sirremas, pero si aparece un margen tonal dentro de una oración, sí se da entre dos sirremas. Una división entre sirremas, entonces, es una condición necesaria, pero no una condición suficiente, para que haya un margen tonal.

Las características que pueden condicionar la presencia o ausencia de un margen tonal entre dos sirremas son la extensión del grupo fónico resultante, la estructura sintáctica de la oración, como también factores pragmáticos, como el énfasis, la ironía o efectos dramáticos, humorísticos, etc.

A veces dos sirremas se combinan porque existe un traslapo en sus elementos. Por ejemplo al examinar la oración *El profesor escribió el libro*, se nota que en la FV (*escribió el libro*) hay dos tipos de sirremas: determinante más sustantivo y verbo más complemento. En este caso se produce un solo sirrema, que forma una unidad indivisible.

El margen tonal

El **margen tonal** consiste en una separación temporal o tonal entre sirremas. La separación temporal es lo que se llama **pausa**; la separación tonal refleja una **disyunción tonal** o discontinuidad tonal al final de un sirrema y el comienzo del siguiente.

La pausa

La pausa es simplemente un período de tiempo sin que se produzca ningún sonido. Como la duración de los segmentos fonéticos puede ser muy corta, medida en milisegundos, la pausa también puede ser un período de silencio de pocos milisegundos. Una pausa es un paro no segmental en la cadena fónica en que no interviene ninguno de los órganos articulatorios; es un período de silencio que no representa ningún fonema.[3] Las pausas son de dos tipos generales: pausas fisiológicas y pausas lingüísticas.

La pausa fisiológica es la que surge debido a la necesidad de respirar porque ya se agotó el aire necesario en los pulmones para la producción del habla. Siendo así, siempre que se necesite respirar de nuevo para adquirir más aire, ocurre una pausa para la inhalación. La pausa fisiológica no tiene peso lingüístico y en el habla se da con poca frecuencia.

La pausa lingüística es la que el hablante produce en el decurso del habla para indicar una separación entre unidades sintácticas. Generalmente, al hablar, el cerebro del hablante coordina la ocurrencia de la pausa fisiológica, o sea la inhalación, con una pausa lingüística.

Hay dos tipologías que se pueden usar para la clasificación de las pausas lingüísticas. Una de las tipologías tiene que ver con la duración de la pausa, que puede ser una pausa breve o una pausa larga. En las transcripciones, se indica una pausa breve mediante una barra (/) y una pausa larga mediante una barra doble (//). Esa

dimensión, por lo tanto, es variable y relativo, siendo que la duración de una pausa representa toda una escala de posibilidades. Como regla, sin embargo, la pausa breve suele presentarse en el medio de una oración y la pausa larga entre oraciones.

La segunda tipología de pausas lingüísticas tiene que ver con el nexo lingüístico entre la unidad que precede la pausa y la que la sucede. De acuerdo con esa tipología, la clasificación de la pausa es binaria: es decir, la pausa es continuativa o final. Esencialmente, la pausa continuativa indica que continuará la oración y la pausa suele ser breve; la pausa final señala la conclusión de la oración y la pausa suele ser más larga.

Es obvio que el silencio que antecede a la producción de la primera oración de un discurso también vale como pausa. Es decir, el primer sonido de una oración, en efecto, se da después de pausa. La pausa final de una oración también hace con que el primer sonido de las oraciones siguientes también se den después de pausa.

Vale mencionar la relación entre la pausa y la puntuación ortográfica. Algunas señales de puntuación siempre indican pausas: la coma (,), el punto (.), los puntos suspensivos (…), el punto y coma (;), los dos puntos (:), los signos de interrogación (¿?) y los signos de admiración (¡!). Sin embargo, no todas las pausas se indican mediante un signo de puntuación.

La disyunción tonal

La disyunción tonal resulta de una discontinuidad en el tono. Esa discontinuidad puede o no acompañarse de una pausa. La disyunción tonal puede ser de varias formas, pero describe un cambio repentino de tono. En ese caso, el tono fundamental o sube o baja al final de un sirrema, indicando el fin de un grupo fónico, para recomenzar en otro nivel tonal al comienzo del siguiente grupo fónico. La disyunción tonal sin pausa siempre se da en conjunto con una subida de tono; en ese caso, el final del grupo fónico se indica mediante una barra vertical en la transcripción (|). En todo caso, hay que recordar que los cambios tonales de una disyunción tonal son siempre relativos, pues

---

[3]El paro que se escucha, por ejemplo, en la producción de una consonante oclusiva sorda, no representa una pausa, porque sí interviene un órgano articulatorio y el silencio inherente a una oclusiva sorda sí representa a un fonema.

se comparan siempre con la gama tonal del hablante y con el tono de las sílabas vecinas.

En resumen, el margen tonal se señala mediante una pausa, una disyunción tonal o una combinación de las dos cosas.

El grupo fónico

La oración puede formarse de uno o más grupos fónicos. El término **grupo fónico** puede referirse a la vez a una unidad semántica, sintáctica o fonética. En su calidad semántica, el grupo ha sido denominado un grupo de información. En su calidad sintáctica, el término se refiere a toda una O (oración) o a un constituyente de ella: por ejemplo, una FN (frase nominal), una FV (frase verbal) o un Mod (modificador). En su calidad de unidad fonética, se ha usado el término grupo respiratorio. La división entre grupos fónicos es un margen tonal.

El grupo fónico es un conjunto de palabras unidas semántica y sintácticamente que preceden a un margen tonal. El grupo fónico puede también ser de una sola palabra bajo ciertas condiciones.

Existen tres posibilidades para la composición de un grupo fónico. Primero, es posible que el grupo fónico se componga de un solo sirrema, habiendo correspondencia exacta entre el sirrema y el grupo fónico. Segundo, es posible que el grupo fónico se componga de dos sirremas o más. Una tercera posibilidad, y la menos frecuente, es que el grupo fónico se componga de un fragmento o de una sola palabra. El fragmento ocurre en expresiones elípticas. Por ejemplo, la pregunta "*¿Vas al cine?*", puede responderse simplemente con la expresión "*Sí*", que de por sí es un grupo fónico. Una sola palabra puede ser también un grupo fónico cuando la palabra representa toda una O, FN o FV. Por ejemplo, la oración "*Llueve.*" es un grupo fónico.

La diferencia entre un grupo fónico y un sirrema es que el grupo fónico, por definición, siempre termina con un margen tonal, mientras que el sirrema no termina necesariamente con un margen tonal, puesto que puede haber más de un sirrema en un grupo fónico. Si el grupo fónico contiene más de un sirrema, no hay margen tonal entre sus

sirremas. En ese caso, sin embargo, sería posible dividir el grupo fónico, haciendo un grupo fónico de cada sirrema. Para ejemplificar este principio, vale examinar la siguiente oración:[2] ◀⑊

> *Los tres profesores trabajaron juntos en la ponencia.*

Es posible pronunciar la oración en un solo grupo fónico, es decir, sin que le intervengan márgenes tonales. En esa producción de la oración, hay un solo grupo fónico. Existe también la posibilidad de dividir el grupo fónico, o sea de incluir márgenes tonales en la producción de esa oración, como se verá a continuación. Eso se debe a que contenidos en la oración hay tres sirremas, es decir, tres conjuntos de palabras indivisibles en las que no es posible que intervenga un margen tonal. La barra inclinada, en este caso, representa una pausa:[2] ◀⑊

> *Los tres profesores / trabajaron juntos / en la ponencia /*

En esa producción de la oración, hay tres grupos fónicos, que corresponden a los tres sirremas. Es imposible que se divida en más grupos fónicos, porque el sirrema es una unidad sintáctica ya indivisible en el habla común.

La extensión del grupo fónico es variable. Puede haber grupos fónicos de una sola sílaba hasta grupos fónicos de muchas sílabas. Lo que rige la extensión es la estructura sintáctica; sin embargo, la mayoría de los estudios indica que el promedio de la extensión de un grupo fónico es de entre ocho a doce sílabas. En la lengua hablada, la extensión suele ser más corta que en la lengua escrita o leída, que por su naturaleza suele contener estructuras sintácticas más complejas. A pesar de la variedad posible en la formación de los grupos fónicos, hay un lugar en que universalmente hay un fin del grupo fónico: esto es al fin de una oración.

Dos sirremas cortos pueden combinarse para formar un solo grupo fónico. Por ejemplo, la oración *El profesor escribió el libro,* puede producirse en un solo grupo fónico o en dos:[2] ◄𝄐

El profesor escribió el libro.
El profesor / escribió el libro.

Esta dupla opción es posible porque los dos sirremas son cortos. Sin embargo, si el primer sirrema llega a ser más extenso (debido a la combinación de sirremas: preposición más su término, determinante más sustantivo, sustantivo más modificador), se requiere la presencia de un margen tonal, como se ve en el siguiente ejemplo:[2] ◄𝄐

El nuevo profesor del sur de la Península Ibérica / escribió el libro.

Los grupos fónicos pueden clasificarse según la situación en que se encuentran. Hay situaciones en que hay que encerrar un grupo fónico, situaciones en que se puede encerrar un grupo fónico y situaciones en que no se puede encerrar un grupo fónico. Como ya se dijo, se encierra el grupo fónico mediante un margen tonal.

Grupos fónicos obligatorios

Hay cuatro casos en los que hay que encerrar un grupo fónico mediante una pausa.

Grupo fónico final. Tiene que haber una pausa al final de cada oración del discurso. El último sirrema o el último conjunto de sirremas, entonces, forma un grupo fónico final, que se encierra mediante una pausa final. En la transcripción, la pausa final se indica mediante una barra doble: ‖. Las siguientes oraciones, con el grupo fónico final en negrita, sirven de ejemplo:[3] ◄𝄐

‖*Los nuevos estudiantes /* **llegaron con dos días de retraso.** ‖
‖*Te acepto /* **con tal que prometas comportarte bien.** ‖

Grupo fónico enumerativo. Tiene que haber un margen tonal entre los elementos enumerados de una serie. Los sirremas así separados forman grupos fónicos enumerativos. Las siguientes oraciones, con los grupos

fónicos que contienen los elementos enumerados en negrita, sirven de ejemplo:[4] ◄𝄐

‖*La niña* **saltó**, / **corrió** / **y bailó** *por el prado.* ‖
‖*La bandera* **azul claro**, / **blanca**, / **amarilla**, / *ondulaba en la brisa.* ‖

Grupo fónico explicativo. El grupo fónico explicativo tiene que separarse del restante de la oración por pausas: hay siempre una pausa al comienzo del grupo fónico explicativo y una al final, aunque este puede también ser la pausa final de la oración. Un grupo explicativo es una modificación, que en su contexto, no contiene información necesaria para la identificación exacta de lo que se modifica. Sirven de ejemplos las siguientes oraciones con el grupo fónico explicativo en negrita:[5] ◄𝄐

‖*Los obreros,* / **que sufrían de hambre**, / *dejaron de trabajar.* ‖
‖*Dejaron de trabajar los obreros,* / **que sufrían de hambre.** ‖
‖*Los obreros,* / **sufriendo de hambre**, / *dejaron de trabajar.* ‖

Grupo fónico adverbial antepuesto. Cuando la oración contiene un modificador adverbial que se antepone al restante de la oración, esta forma un grupo fónico obligatorio. Sirven de ejemplos las siguientes oraciones con el grupo fónico adverbial antepuesto en negrita:[6] ◄𝄐

‖**Después del día feriado**, / *los alumnos vuelven a estudiar.* ‖
‖**Con tal que completen el trabajo**, / *se pagará el sueldo entero.* ‖

Grupos fónicos distintivos

Hay varias situaciones en que existen "pares mínimos" de acuerdo con la presencia o ausencia de un margen tonal en la oración; es decir, la presencia o ausencia del margen tonal altera la interpretación semántica y sintáctica de la oración.

Cláusulas explicativas o cláusulas especificativas. Como ya se mencionó arriba, una cláusula explicativa tiene que rodearse de pausas. En este caso, la cláusula agrega información adicional al respecto de su antecedente que en el contexto no sería necesario para su identificación. Una cláusula especificativa, por otro lado, sí contiene información crucial para la identificación del antecedente. Sirven de ejemplos las siguientes oraciones:[7] ◀€

> // Los alumnos, / que estudiaron, / sacaron un "10". // [explicativa] (Todos los alumnos estudiaron y todos sacaron un "10".)
> // Los alumnos que estudiaron / sacaron un "10". // [especificativa] (Solo los alumnos que estudiaron sacaron un "10"; los demás no.)

En el ejemplo de la cláusula explicativa, se nota que la cláusula "que estudiaron" tiene una pausa obligatoria antes y después de la cláusula. En el ejemplo de la cláusula especificativa, se nota que la cláusula "que estudiaron" no tiene una pausa antes de la cláusula. La pausa al final de la cláusula "que estudiaron" resulta ser optativa, según se verá a continuación.

Frases explicativas o frases especificativas. Los ejemplos de arriba son de un modificador clausal, es decir, ejemplos en que el modificador tiene todas las estructuras de una oración. La misma distinción entre explicativa y especificativa, sin embargo, también se aplica cuando el modificador es una frase y no una cláusula. Sirven de ejemplos las siguientes oraciones con la frase explicativa o especificativa en negrita:[8] ◀€

> // Los vecinos, / **curiosos,** / decidieron investigar la situación. // [explicativa] (Todos los vecinos estaban curiosos y todos investigaron la situación.)
> // Los vecinos **curiosos** / decidieron investigar la situación. // [especificativa] (Solo los vecinos que estaban curiosos investigaron la situación; los demás no.)

Otra vez, en el ejemplo de la frase explicativa, se nota que la frase "curiosos" tiene una pausa obligatoria antes y después de la frase. En el ejemplo de la frase especificativa, se nota que la frase "curiosos" no tiene una

pausa antes de la frase (ni podría tenerla). La pausa al final de la frase "curiosos" otra vez resulta ser optativa.

La propiedad asociativa lingüística. La formación de un conjunto de palabras en sirremas puede afectar el significado de una oración lingüística de la misma manera que en una expresión matemática. Por ejemplo: en las matemáticas las dos expresiones que siguen producen resultados, o significados, diferentes:

$$(2 + 3) \times 5 = 25$$
$$2 + (3 \times 5) = 17$$

Expresadas lingüísticamente, estas dos "oraciones" serán: [9] ◀€

> // Dos más tres / por cinco / son veinticinco. //
> // Dos / más tres por cinco / son diecisiete. //

Es decir, se puede usar la estructura del grupo fónico para indicar las asociaciones entre las palabras que son más vinculadas. Se puede notar la aplicación de ese mismo principio en los siguientes contrastes.[9] ◀€

> // Juanito, / cierra la puerta. // [vocativo más mandato]
> // Juanito cierra la puerta. // [oración enunciativa]

En la primera oración, "Juanito" se separa del verbo porque no es el sujeto [el sujeto es "tú"]; en la segunda oración, "Juanito" se junta al verbo en el mismo grupo fónico por ser su sujeto.

> // Juan preguntó: / —¿por qué lo hiciste? // [pregunta directa]
> // Juan preguntó por qué lo hiciste. // [pregunta indirecta]

En la primera oración, "¿por qué lo hiciste?" se separa del verbo porque es una cita directa de lo que se dijo; en la segunda oración, "por qué lo hiciste" se junta al verbo porque es una cita indirecta de lo que se dijo. Esa distinción se puede observar mejor en las siguientes oraciones:)

‖ —¿Juan viene hoy? ‖
 ‖ —No, / viene mañana. ‖
 [negación del antecedente]
‖ —¿Juan viene mañana? ‖
 ‖ —No viene mañana. ‖
 [negación del verbo]

En la primera oración, el "no" se separa del verbo porque es la negación de una oración antecedente y no del verbo que le sigue; en la segunda oración, el "no" se junta al verbo porque sí es la negación del verbo que le sigue. Este mismo principio se aplica a "sí" como demuestran las siguientes oraciones:

‖ —¿Vino Juan? ‖
 ‖ —Sí, / vino. ‖
 [afirmación del antecedente]
‖ —Creo que Juan no vino. ‖
 ‖ —Sí vino. ‖ [afirmación del verbo]

Grupos fónicos optativos

Siempre que haya un límite entre sirremas, es posible que haya un margen tonal. Hay varios factores que pueden resultar en la presencia o no de un margen tonal: la complejidad sintáctica de la oración, la extensión de la oración y de sus constituyentes, la rapidez del habla, el contenido semántico de los sirremas, el deseo de enfatizar determinados elementos de la oración, etc. Las siguientes oraciones servirán de ejemplos.[10] ◀≢

‖ El examen será el jueves. ‖
‖ El examen | será el jueves. ‖
‖ El examen / será el jueves. ‖

En los ejemplos de arriba, hay dos sirremas: el primero, "el examen", se forma del determinante más sustantivo; el segundo, "será el jueves", se forma del verbo copulativo y su término. En el primer caso, la oración se produce con un solo grupo fónico. En el segundo caso, la oración se produce con dos grupos fónicos, habiendo un margen tonal entre los dos sirremas en forma de pausa o de disyunción tonal. El significado de las oraciones en sí no cambia; es solo

que la segunda da un toque de énfasis en "el examen".

‖ El trabajo lo hice ayer. ‖
‖ El trabajo | lo hice ayer. ‖
‖ El trabajo / lo hice ayer. ‖

En los ejemplos de arriba, hay dos sirremas: el primero, "el trabajo", se forma del determinante más sustantivo; el segundo, "lo hice ayer", se forma del verbo transitivo con su complemento directo y un adverbio. En el primer caso, la oración se produce con un solo grupo fónico. En el segundo caso, la oración se produce con dos grupos fónicos, habiendo un margen tonal entre los dos sirremas, otra vez en forma de pausa o de disyunción tonal.

Los grupos fónicos que son optativos se dan cuando se juntan dos sirremas que pueden separarse o no mediante un margen tonal. El incluir o no el margen tonal, en esos casos, no altera la estructura sintáctica de la oración; el máximo efecto que puede tener es uno de destaque o énfasis.

Grupos fónicos asistemáticos

A veces se introduce una pausa en el habla por motivos ajenos a la estructura sintáctica o ajenos al contenido semántico de la oración. Ejemplos de los grupos fónicos así formados incluyen los casos en que algo, de repente, interrumpe la cadena hablada como cuando el hablante se detiene para pensar en la palabra adecuada para expresarse; cuando introduce muletillas; cuando titubea; cuando en el medio de una oración, vacila en lo que dice; o hasta cuando en el medio de una oración, cambia de orientación, etc. Ejemplos incluyen:[11] ◀≢

‖ Lo que quiero hacer es . . . / este . . . / es
 graduarme. . . / lo más pronto posible. ‖
‖ Voy a salir luego para . . . / pues . . .
 ‖ Esta noche tengo que hacer el
 trabajo. ‖

En el primer ejemplo, el hablante da una pausa para pensar en lo que quiere decir o por lo menos en cómo expresarlo. Sigue con la muletilla "este" para ganar un momento para continuar pensado sin ceder control de la conversación. Cuando vuelve a hablar, repite el verbo para producir el sirrema entero y luego agrega otro pensamiento al final. En el segundo ejemplo, el hablante se enreda; se detiene para pensar, otra vez con muletilla, pero cuando recomienza, ya ha cambiado de orientación y comienza una nueva oración.

La representación del tono en el grupo fónico

Como todo sonido sonoro se produce con la vibración de las cuerdas vocales, todo sonido sonoro se produce en un tono, o sea un sonido con F_0. En eso, el habla es comparable con la música. La gran diferencia radica en los conceptos de tono absoluto y tono relativo. En la música coral, el valor tonal de cada sílaba, o sea de cada nota, queda especificada en términos absolutos. Cuando canta un coral, todos los miembros tienen que afinarse o la presentación no queda armoniosa. El valor de las subidas y bajadas son especificadas en frecuencias absolutas. Por eso, la representación gráfica de los cambios tonales en la música se hace mediante un pentagrama, en que la posición de cada nota tiene una definición exacta en cuanto al tono o frecuencia que representa.

En el habla, sin embargo, el valor tonal de cada sílaba es relativo. En una recitación coral textual, por ejemplo, no es necesario que los miembros del grupo comiencen en exactamente el mismo tono, o sea en la misma nota musical. Lo que sí importa en la recitación textual es que todos suban o bajen de tono en los mismos lugares, y ni es importante que suban o bajen de la misma medida.

Hay dos dimensiones de la representación de la entonación que la hacen difícil. La primera dimensión es si se quiere representar todos los cambios tonales físicos (F_0) de la articulación, dando una especificación de la entonación a nivel de fonética, o si se quiere representar solo los cambios tonales que afectan la estructura o el significado de la oración, dando una especificación de la entonación a nivel de fonología. La segunda dimensión tiene que ver con qué método se emplea para representar los cambios relativos de tono.

La entonación a nivel de fonología y fonética

En la representación fonética de un enunciado, es importante indicar el tono de cada uno los sonidos sonoros a lo largo de cada grupo fónico. Así se describen todos los detalles de la producción de cada grupo fónico en el contexto de la oración. Sin embargo, no todos los cambios tienen que ver con el significado ni con la estructura de la oración. La especificación de estos elementos es lo que se hace en la representación fonológica de la entonación. Esto se ejemplifica con las siguientes oraciones:[12]

// Juan llegará el jueves. //
// ¿Juan llegará el jueves? //

En la especificación fonética de cada oración, habría que indicar el tono relativo para cada una de sus seis sílabas: [xuán.ɟe.ɣa.ráɛl.xwé.βes]. Lo que distingue el significado o fuerza ilocutiva de una oración de la otra, sin embargo, es solo lo que ocurre al final del grupo fónico, que en este caso corresponde a la entonación que ocurre al final de la oración: en la enunciativa, el tono desciende; en la interrogativa, asciende. La diferencia entre la enunciativa con tono descendiente y la interrogativa con tono ascendiente es la información fonológica distintiva.

A fin de cuentas, en la transcripción de la entonación, entonces, hay que decidir qué nivel se va a transcribir: ¿el fonético, o el fonológico?

Niveles tonales en la entonación

El concepto de niveles tonales ya se introdujo con referencia al énfasis, pero el concepto en sí pertenece al sistema de la entonación. Como ya se expresó antes, la entonación se basa en tonos relativos. El tono usado en la producción de una oración, puede variar según el hablante y hasta puede variar de una ocasión a otra en un mismo hablante debido a múltiples factores. El concepto básico es simple: al describir la entonación de un evento articulatorio, se establece la base, por lo general, en el tono del núcleo de la primera sílaba tónica de la oración. Una vez establecida la base, no importa el valor absoluto del tono (F_0); lo que sí importa son las subidas y bajadas del tono en relación con la base ya establecida. Como el punto de partida es relativo, el grado de subidas y bajadas también lo es; algunos hablantes usan una gama tonal más amplia que otros. Se repite aquí el esquema comparativo entre los niveles tonales del español y del inglés:

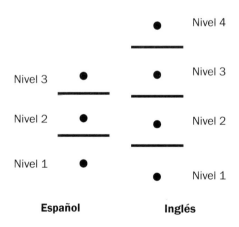

El concepto fundamental de la entonación, otra vez, es que el tono en que se comienza un grupo fónico fija un tono de Nivel 2 para ese evento articulatorio. De allí, el tono del grupo fónico o sube o baja. A pesar de todas las subidas y bajadas, lo importante es la comparación entre el tono al comienzo del grupo fónico y el tono al final del grupo. El comienzo del grupo

fónico se considera principalmente la primera sílaba tónica; el final del grupo fónica consiste en los cambios tonales a partir de la última sílaba tónica. En español, hay tres patrones:

1. El tono puede tener pequeñas subidas y bajadas y terminar todavía en un tono cerca de su punto de partida, todavía en la gama del Nivel 2.

2. El tono puede bajar lo suficiente para decir que termina ya en el Nivel 1.

3. El tono puede subir lo suficiente para decir que termina ya en el Nivel 3.

Otra vez, la gama de subida o bajada que será suficiente para cambiar de nivel es relativa a la gama tonal usada por cada hablante en su habla.

Como ya se explicó, el margen tonal, que marca el fin de un grupo fónico, puede señalarse por una disyunción tonal, o una pausa, o las dos. El primer caso de arriba, en que el tono a lo largo del grupo fónico queda en la gama del Nivel 2, siempre termina con una pausa; el grupo fónico termina en una **suspensión**. El segundo caso de arriba, en que el tono baja al Nivel 1 al final del grupo fónico, termina en una **cadencia**. El tercer caso de arriba, en que el tono sube al Nivel 3 al final del grupo fónico, termina en una **anticadencia**.

Distintas técnicas de representar la entonación

Como el tono es un elemento suprasegmental, lo problemático es encontrar una manera de representar la entonación, sobre todo en relación con una transcripción fonética o fonológica de los segmentos. La primera decisión que hay que tomar con respecto a la transcripción de la entonación, como ya se describió arriba, es si se quiere una representación fonética o fonológica de la entonación.

Uno de los problemas de la representación fonética de la entonación es que los cambios tonales a lo largo del grupo fónico son susceptibles a diferencias dialectales, sociolingüísticas e idiolécticas. Por eso, es difícil indicar los pequeños cambios tonales fonéticos que aparecen en el grupo fónico. Lo que ocurre al final del grupo fónico, sin embargo, es mucho menos susceptible a diferencias de índole dialectal, sociolingüístico o idioléctico. No obstante, vale ver las distintas técnicas que existen para representar la entonación. Las representaciones pueden enfatizar o el nivel fonético o el nivel fonológico.

La representación de la entonación con énfasis fonético

Hay básicamente dos técnicas usadas para la representación fonética de la entonación. Ambas se basan en el tono fundamental (F_0).

Una técnica que se ha usado es simplemente el trazo de la frecuencia del tono fundamental del evento articulatorio. En la práctica, el trazo ha sido realizado por una línea o por una secuencia de puntos, dependiendo del instrumento que se use para el análisis del tono fundamental. Una de las ventajas de esa técnica es que indica todos los cambios tonales, aunque sean mínimos, a lo largo del grupo fónico. Hay,

sin embargo, unas debilidades inherentes en este método. Primero, la entonación resulta ser más que simplemente el trazo tonal; es necesario también indicar los elementos suprasegmentales (tono, acento, duración) que identifican los límites de los grupos fónicos. Otro problema visible de este método es que los sonidos sordos no tienen ni tono ni trazo. Para superar ese problema, algunos investigadores han llenado de alguna manera las lagunas de los sonidos sordos. La Fig. 21.1 y la Fig. 21.2 demuestran la representación del tono fundamental tal y como sale del análisis crudo y su representación con las lagunas correspondientes a los sonidos sordos representadas con el trazo completado con líneas discontinuas para dos oraciones distintas.

Una segunda técnica de representar la entonación a nivel fonético es un sistema de puntos silábicos tonales, basado en el concepto del pentagrama. En ese sistema se emplea una serie de puntos como si fueran notas musicales, pero como la entonación no se basa en frecuencias absolutas, no hay pentagrama: los puntos se esparcen relativamente con las notas

21.1 El trazo del tono fundamental de la oración "Beltrano no llegó nunca". El primer trazo contiene el análisis crudo; en el segundo, se completa la laguna referente a los sonidos sordos con una línea discontinua.

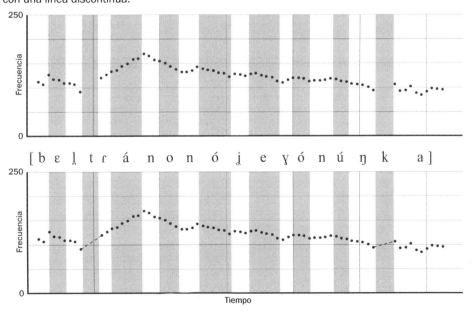

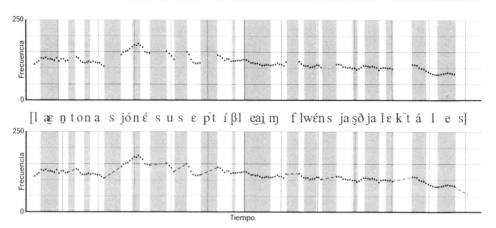

21.2 El trazo del tono fundamental de la oración "La entonación es susceptible a influencias dialectales". El primer trazo contiene el análisis crudo; en el segundo, se completa la laguna referente a los sonidos sordos con una línea discontinua.

más altas arriba de las más bajas. Se usan puntos más grandes para representar a las sílabas tónicas; las más pequeñas se usan para representar a las sílabas átonas. De esa forma la entonación de la oración "El trabajo lo hice ayer" puede representarse de la siguiente manera:

[ɛ̩.tra.βá.xo.loi̯.sea̯.jér]

Otra técnica para la representación de la entonación es un desarrollo formal de los métodos ya descritos; en inglés, la técnica se llama "ToBI", que es una sigla que representa "Tone and Break Indices" (Índices de tono y margen). Es pues una referencia al papel que juegan el tono y los márgenes tonales, sean de pausa o de disyunción tonal, en la entonación del evento articulatorio. La técnica forma parte del marco teórico de la fonología autosegmental en que la representación fonética se hace en dos filas: la fila segmental y la fila tonal. El sistema "ToBI" emplea distintos símbolos para representar la fila tonal arriba de la fila segmental. Los símbolos que se usan en la fila tonal indican el tono, el acento y el margen tonal.

Los símbolos que se emplean con referencia al tono son:
H ("High" indica un tono más alto en relación con el tono anterior)
L ("Low" indica un tono más bajo en relación con el tono anterior)
! (indica un escalonamiento descendente tonal[4])
El símbolo que se emplea para indicar el acento tónico es el asterisco: *.
Los símbolos que se emplean con referencia a los márgenes tonales son:
% (indica una disyunción final correspondiente a una pausa)
– (indica una disyunción intermediaria correspondiente a una disyunción tonal)

El aplicar las técnicas de la transcripción ToBI a las oraciones ejemplares produce las siguientes representaciones:[13] ◀̃

L   L*H !H* L !H* !H* L%
[b ɛ̩ l t r á n o n ó j e ɣ ó n ű ŋ k a]
{Beltrano no llegó nunca.}

---

[4]Un escalonamiento descendente tonal (ingl. *downstep*) refleja la disminución relativa del tono que ocurre al aproximarse más al final de un grupo fónico. De esa manera, una sílaba tónica puede producirse en un tono más bajo que la sílaba anterior aunque sea tónica.

```
 L    L *H- !H*  !H*
[laẽ̯ntonasjón / ésusɛp˺tíβle̯a
    !H*        !H* L%
 ĩɱflwẽ́nsjaʂðjalɛk˺táles]
{La entonación es susceptible a
 influencias dialectales.}
```

Esas representaciones contienen suficiente información de los cambios tonales a lo largo del grupo fónico para permitir la representación de distintos dialectos o de distintas situaciones pragmáticas. A nivel de introducción a la entonación, sin embargo, esas representaciones suelen contener demasiada información. A continuación se examinarán las representaciones de carácter fonológico.

La representación de la entonación con énfasis fonológico

Hay básicamente dos técnicas para representar la entonación con base en la fonología. Esas dos técnicas se han basado principalmente en la percepción del tono y no en el análisis acústico de la onda sonora. Esas representaciones no permiten el análisis de los cambios tonales a lo largo de todo el grupo fónico, pues se concentran en lo que ocurre al final del grupo fónico en comparación con su comienzo.

La primera técnica para representar la entonación con énfasis fonológico es el uso de números para representar los niveles tonales de una articulación. Esos números, obviamente, representan niveles tonales relativos. En general, se ha usado un sistema que representa la entonación empleando los números del 1 al 3. En ese sistema el concepto es que se comienza con el número intermediario (o sea el 2) y después se indican las subidas y bajadas del tono relativas al punto de partida.[5] Una de las ventajas de ese sistema es que permite una cuantificación relativa de los momentos clave de los cambios tonales. Eso también

puede ser una debilidad, ya que no refleja el movimiento pormenorizado de variaciones tonales como se puede ver en el trazo completo del tono fundamental o en el sistema ToBI. En la transcripción de la entonación, los números usados suelen colocarse arriba de una transcripción fonética u ortográfica, como demuestran los siguientes ejemplos de las oraciones ya citadas arriba:

```
      2              1
[bɛ̞ˌtránonójeɣónúŋka]
{Beltrano no llegó nunca.}
```

```
   2        3 2
[laẽ̯ntonasjón / ésusɛp˺tíβle̯a
                  1
 ĩɱflwẽ́nsjaʂðjalɛk˺táles]
{La entonación es susceptible a
 influencias dialectales.}
```

La segunda técnica para representar la entonación con énfasis fonológico es el uso del **tonema**. El tonema describe el tono al final del grupo fónico en comparación con lo que fue al comienzo de él. Como se verá, en ese sistema se emplearán tres símbolos para representar los tonemas entonacionales del español: ⌐ anticadencia, — suspensión y ⌐ cadencia. El aplicar ese sistema a las oraciones ejemplares produce lo siguiente:

```
[bɛ̞ˌtránonójeɣónúŋka]
{Beltrano no llegó nunca.}
```

```
[laẽ̯ntonasjón / ésusɛp˺tíβle̯aĩɱflwẽ́nsjaʂ
 ðjalɛk˺táles]
{La entonación es susceptible a influencias dialectales.}
```

La próxima sección trata el concepto del tonema en más detalles.

El tonema

Como ya se expresó, el tonema es una representación entonacional que se enfoca en los cambios tonales significativos que aparecen al final de cada grupo fónico. Como la entonación se basa en tonos relativos, claro

---

[5]Ha habido también autores que hacen la representación tonal con números del 1 a 5 y hasta del 1 a 7. En esos sistemas el concepto es el mismo: se comienza con el número intermediario (sea 3, o 4) y después se indican las subidas y bajadas del tono relativas al punto de partida. Con eso, el sistema llega a ser más fonético.

está que el tono al final del grupo fónico se analiza con respecto a su tono inicial. El tonema, entonces, básicamente resume los cambios de tono a lo largo del grupo fónico. Esto quiere decir que existe una correlación exacta entre tonema y grupo fónico: cada grupo fónico tiene un tonema que describe su entonación y que de costumbre se coloca al final de la transcripción segmental de cada grupo fónico y arriba de ella. Los tonemas se emplean para representar los patrones generales de la entonación de la norma culta. En español hay tres tonemas fonológicos que se emplean en la norma culta y en inglés, hay cuatro.

Los tonemas del español

Como ya se descubrió, los tonemas fonológicos del español son tres: ⌐ anticadencia, — suspensión y ⌐ cadencia. Las subidas y bajadas de tono en los tonemas se relacionan con los niveles de entonación ya presentados. En la anticadencia, el tono comienza en el Nivel 2 y termina en el Nivel 3. En la suspensión, el tono comienza en el Nivel 2, y a pesar de pequeñas subidas y bajadas a lo largo del grupo fónico, termina todavía en el Nivel 2. En la cadencia, el tono comienza en el Nivel 2 y termina en el Nivel 1. Vale repetir que el grado de subida y bajada es relativo y puede variar entre un hablante y otro, pero en todo caso, la variación tonal del español suele ser menos que la del inglés. Ejemplos son:[14] ◀

anticadencia	*¿Llegó Juan?*
suspensión	*Es que...*
cadencia	*Juan llegó.*

Los tonemas del inglés

Los tonemas del inglés son cuatro: ⌐ anticadencia, — suspensión, ⌐ cadencia y ⌐ circunflejo. Las descripciones para los primeros tres son las mismas que para el español, con la diferencia de que el grado de subida y bajada suele ser más extremado como ya se vio en la sección sobre los niveles de entonación. El tonema circunflejo comienza en el Nivel 2, pero al final sube,

acercándose al Nivel 3 antes de bajar al nivel 1. Ejemplos son:[15] ◀

anticadencia	*Is John here?*
suspensión	*It's just...*
cadencia	*John came.*
circunflejo	*He went home.*

Los patrones de entonación del español

En la presentación de los patrones de entonación aquí expuestos, se emplea el tonema. Esto se hace por tres motivos principales: primero, los tonemas reflejan un análisis más fonológico que fonético, y por lo tanto, son menos susceptibles a cambios dialectales; segundo, la comprensión de los enunciados opera en ese nivel fonológico; y tercero, es un sistema simple y transparente, pero aun así adecuado para describir los patrones generales de la entonación del español.

Los patrones de entonación varían de acuerdo con el tipo de oración. Para el español hay cuatro tipos de oraciones cuyos patrones de entonación necesitan explicarse: las oraciones enunciativas, las oraciones interrogativas, las oraciones imperativas y las exclamaciones.

Las oraciones enunciativas

Una oración enunciativa sirve para declarar o aseverar proposiciones. En cuanto a las oraciones enunciativas, es importante entender tres principios generales. Primero, si una oración enunciativa contiene un solo grupo fónico, este termina en cadencia, junto con una pausa larga, lo que significa el fin de la unidad sintáctica oracional. Si una oración contiene más de un grupo fónico, el último grupo fónico, de igual forma, termina en cadencia. Segundo, el penúltimo grupo fónico de una oración enunciativa, si es que lo hay, suele terminarse en anticadencia (con o sin una pausa breve), lo que indica la continuación de la oración. Tercero, los grupos fónicos que aparecen antes del penúltimo, si es que los hay, pueden terminarse en anticadencia (con o sin una pausa breve), o en una suspensión (siempre acompañada de una pausa breve), o en cadencia (siempre con una pausa breve). Estos datos se resumen en el Cuadro 21.3.

Los patrones generales, entonces, se basan en el número de grupos fónicos que contiene la oración enunciativa, sea uno, dos, tres o más.

Enunciativas de un solo grupo fónico

Cuando la oración enunciativa se compone de un solo grupo fónico, este termina siempre en una cadencia seguida de una pausa larga. Las siguientes oraciones sirven de ejemplos:[16] ◀≲

[ɛlprofesórjeɣarámaɲána]
{El profesor llegará mañana.}

[saljósĩ̞despeðírse]
{Salió sin despedirse.}

Enunciativas de dos grupos fónicos

Cuando la oración enunciativa se compone de dos grupos fónicos, el penúltimo grupo fónico, como regla, termina en anticadencia seguida o de una pausa breve o de una disyunción tonal. El hecho de que termine en anticadencia es señal de que la oración continuará. El último grupo de la oración enunciativa, como siempre, termina en una cadencia seguida de una pausa larga. Los primeros dos de los ejemplos que siguen son de la misma oración. En el primero, el primer grupo fónico termina en una disyunción tonal con anticadencia sin pausa. En el segundo, el primer grupo fónico termina en una anticadencia con una pausa breve.[17] ◀≲

[ɛlprofesór | jeɣarámaɲána]
{El profesor llegará mañana.}

[ɛlprofesór / jeɣarámaɲána]
{El profesor llegará mañana.}

[ɛlprofesórkɛskriβjóɛl:íβro /

jeɣarámaɲána]
{El profesor que escribió el libro llegará mañana.}

[kwã̞ndosetɛrminólafjésta /

saljósĩ̞despeðírse]
{Cuando se terminó la fiesta, salió sin despedirse.}

Enunciativas de tres o más grupos fónicos

Cuando la oración enunciativa se compone de tres o más grupos fónicos, el último grupo fónico siempre termina en cadencia seguida de una pausa larga. El penúltimo grupo fónico, siguiendo el patrón del penúltimo grupo fónico descrito en la sección de dos grupos fónicos, suele terminar en anticadencia con o sin pausa breve. (Las pocas excepciones a la norma se discutirán más adelante.) El caso del antepenúltimo grupo fónico y los grupos fónicos anteriores a ese, presentan una variación dialectal general: en Latinoamérica, los grupos fónicos que precedan al penúltimo suelen terminarse en anticadencia, mientras en España, los grupos fónicos que precedan al penúltimo suelen terminarse en cadencia. Para indicar esas dos posibilidades dialectales, se usará el símbolo ⤙, En los ejemplos de abajo, se

21.3 Los patrones de entonación de las oraciones enunciativas según sus grupos fónicos.

Oraciones enunciativas		
Antepenúltimo	Penúltimo grupo fónico	Último grupo fónico
⌐ seguida o no de pausa breve		
— seguida de pausa breve	⌐ seguida o no de pausa breve	⌐ seguida de pausa larga
⌐ seguida de pausa breve		

pueden observar las dos posibles realizaciones de la entonación del antepenúltimo grupo fónico:[18] ◀€

[loẓβakéɾoṣðɛlβjéxoɛ̯éste / sufɾjéɾõm:úɟo

/ deβíðo̯alklíma]
{Los vaqueros del viejo oeste / sufrieron mucho / debido al clima.}

[ɛlkapitáɲdɛlekípo / faḷtóɛ̃m:arkáɾely̆ól /

keɣanaɾía̯ɛlpartíðo]
{El capitán del equipo / faltó en marcar el gol / que habría ganado el partido.}

Casos especiales

A estos patrones generales, hay que añadir algunas adaptaciones para situaciones específicas.

Series con conjunciones y sin ellas. Cuando la oración presenta una serie con conjunción, la oración sigue la norma general de acuerdo con los siguientes ejemplos:[19] ◀€

[laṣmõ̃ntáɲas / loṣríos / iloṣláɣos /

ofɾésẽm:emóɾjasinolβiðáβles
{Las montañas, los ríos y los lagos ofrecen memorias inolvidables.}

[losarxéɲtosṍmpɾák̚tikos / fírmes /

iðeðikáðos]
{Los sargentos son prácticos, firmes y dedicados.}

Sin embargo, cuando la oración presenta una serie sin conjunción, todos los elementos de la serie terminan en cadencia, según los siguientes ejemplos:

[laṣmõ̃ntáɲas / loṣríos / loṣláɣos / tóðos

ofɾésẽm:emóɾjasinolβiðáβles]
{Las montañas, los ríos, los lagos, todos ofrecen memorias inolvidables.}

[losarxéɲtosṍmpɾák̚tikos / fírmes /

ðeðikáðos]
{Los sargentos son prácticos, firmes, dedicados.}

Cláusulas explicativas, frases explicativas y casos de hipérbaton. Ya se ha explicado arriba la distinción entre cláusulas especificativas y cláusulas explicativas. En el caso de las cláusulas especificativas, la oración sigue la norma general de acuerdo con los siguientes ejemplos:[20] ◀€

[losalṹmnoskɛstuðjáɾõ̃ / sakáɾonũ̃ndjés]
{Los alumnos que estudiaron, sacaron un "10".}

Sin embargo, cuando la oración presenta una cláusula explicativa, esta representa una interrupción en la cadena de la oración y, por eso, siempre se precede por un tonema de suspensión como se ve en el siguiente ejemplo:

[losalṹmnos / kɛstuðjáɾõ̃ /

sakáɾonũ̃ndjés].
{Los alumnos, que estudiaron, sacaron un "10".}

Es de notar que en esa suspensión, no todas las sílabas se pronuncian en el mismo tono, puesto que hay una leve subida de tono en la sílaba tónica, pero esa subida todavía se encuentra en el Nivel 2, y el tono final del grupo fónico es más o menos equivalente al tono inicial.

También representan interrupciones los casos de frases explicativas, las cuales se introducen mediante un tono suspensivo:

[ɛlmuɟáɟo / asustáðopoɾɛlrwíðo /

saḷtóɛlmúro]
{El muchacho, asustado por el ruido, saltó el muro.}

El mismo principio se extiende a los casos de hipérbaton, en que una frase adverbial, que generalmente se coloca al final de la oración, se transfiere o al comienzo o al medio de la oración. El Cuadro 21.4 compara las oraciones sin hipérbaton con las con hipérbaton.

Otra vez, la suspensión sirve para indicar la interrupción introducida por el hipérbaton. En las dos oraciones de abajo, el primer grupo fónico termina en suspensión: en la primera oración, por estar ante la cláusula principal de la oración; y en la segunda, por estar ante la frase hiperbatizada.

[kãn̪tã́n̪do / benı́aporlakáje]
{Cantando, venía por la calle.}

[ɛlβã̪n̪diðo / kone̪ldinéro̯ẽnlamáno / seu̯jó]
{El bandido, con el dinero en la mano, se huyó.}

Modificaciones adverbiales de oración. Hay ciertos modificadores adverbiales que modifican la oración entera y no uno de sus constituyentes. Por ejemplo, en la oración *Desafortunadamente, Juan llegó atrasado*, el adverbio *desafortunadamente* no modifica al sintagma verbal, pues no indica de qué modo, ni cuándo llegó Juan; indica, por lo tanto, un juicio valorativo sobre el hecho de la llegada atrasada de Juan: modifica entonces toda la oración. Esos modificadores preceden a la cláusula principal, y como tal, terminan en suspensión. Las siguientes oraciones ejemplifican ese principio.[21]

[desafortunáðamḛn̪te / xwáṇi̯e̯ýoatrasáðo]
{Desafortunadamente, Juan llegó tarde.}

21.4 Comparación de dos oraciones sin hipérbaton y con uno.

Sin hipérbaton	Con hipérbaton
Venía por la calle cantando.	Cantando, venía por la calle.
El bandido se huyó con el dinero en la mano.	El bandido, con el dinero en la mano, se huyó.

[ganáðalaβatája / lastrópaseðispɛrsarõn]
{Ganada la batalla, las tropas se dispersaron.}

Frases adversativas. Las frases adversativas siempre comienzan con una conjunción o locución adversativa, que básicamente contraponen alternativas positivas con alternativas negativas. Esas frases siempre suceden a la cláusula principal. Las conjunciones adversativas incluyen *pero, sino, aunque, sino que*, etc. En ese caso, la cláusula principal puede terminarse en cadencia o anticadencia y se termina la frase adversativa en cadencia.[22]

[éspóβre / pɛrõnráðo]
{Es pobre, pero honrado.}

Las locuciones adversativas empiezan con *sin embargo, no obstante*, etc., y sus oraciones suelen tener tres grupos fónicos. En ese caso, la primera cláusula termina en cadencia. El grupo fónico que contiene la locución termina o en suspensión con pausa o en disyunción tonal con anticadencia, y como toda oración enunciativa, acaba con un tonema de cadencia, como demuestran los siguientes ejemplos:[22]

[ɛlportérofajó / sinẽmbárɣo / ɛlekípoɣanó]

[ɛlportérofajó / sinẽmbárɣo | ɛlekípoɣanó]
{El portero falló, sin embargo el equipo ganó.}

Comentarios parentéticos. A veces se le agrega información suplementaria a una oración, que esclarece uno de sus elementos, pero que no es un constituyente de la oración en sí. Este tipo de comentario puede ser una frase u otra oración. Esa categoría incluye también los apositivos y los apartes dramáticos. En ese tipo de oración, el elemento ante el comentario parentético termina en suspensión, lo que indica la interrupción. El comentario parentético en sí termina en cadencia, pero todo el grupo fónico se produce con un tono más bajo que el restante de la oración. Como siempre, la oración enunciativa termina en cadencia.[23] ◀≋

[miṣermánas / elénaɪ̯saríta /

sónintelixéntes]
{Mis hermanas, Elena y Sarita, son
    inteligentes.}

[sám:artín / liβertaðórðelarxēntína /

murɟóēɱfránsja]
{San Martín, libertador de la Argentina,
    murió en Francia.}

Citas enunciativas directas e indirectas. Una cita expresa lo que se dijo o lo que se escribió. La cita puede ser directa o indirecta. La cita directa repite lo dicho o escrito: Juan dijo: "Saldré mañana.". La cita indirecta comenta lo dicho o escrito: Juan dijo que saldría mañana. Con la cita directa, las dos componentes de la oración terminan en cadencia, aunque la primera puede también ser lo que se llama **semicadencia**, que es un matiz fonético, pues el tono no baja tanto cuanto en la cadencia del último grupo fónico. Se usa el símbolo ⌐ para representar la semicadencia. Cuando la cita es indirecta, la oración sigue el patrón enunciativo general de acuerdo con el número de grupos fónicos que contiene.[24] ◀≋

[xwáɳdíxo / saɭdrémaɲána]
{Juan dijo: "Saldré mañana".}

[xwáɳdíxo / kesaɭdríamaɲána]
{Juan dijo que saldría mañana.}

Vocativos en las enunciativas. Un vocativo da a conocer el nombre de la persona o entidad a quien se dirige una oración. El vocativo puede preceder o suceder a la oración enunciativa o intervenir dentro de ella. El vocativo siempre se separa del restante de la oración por pausas, pues no forma parte de la estructura de la oración en sí. Cuando

el vocativo comienza la oración, el vocativo siempre termina en cadencia, y el restante de la oración sigue las pautas enunciativas generales. Cuando el vocativo se encuentra en el medio de la oración, el grupo fónico ante el vocativo termina en suspensión, el vocativo en sí termina en semicadencia o cadencia, y el restante de la oración sigue las pautas enunciativas generales. Cuando el vocativo viene al final, la oración principal sigue las pautas enunciativas generales y el vocativo, para diferenciarse del restante de la oración, termina o en **semianticadencia**, que es un matiz fonético, o en suspensión. El tonema de semianticadencia sube menos que el de anticadencia y se representa mediante el símbolo ⌐. Siguen los ejemplos:[25] ◀≋

[xwán / ɟɟáloɪ̯somaría]
{Juan, ya lo hizo María.}

[ésīmportáɳte / xwán / keloáɣas]
{Es importante, Juan, que lo hagas.}

[ɟɟáloɪ̯somaría / xwán]
{Ya lo hizo María, Juan.}

Las oraciones interrogativas

Una oración interrogativa sirve para sacar una respuesta. Básicamente hay dos tipos de respuestas que corresponden a dos tipos de preguntas. El primer tipo de pregunta es una que pide una confirmación a la que se contesta con "Sí" o con "No". El segundo tipo de pregunta es una que pide información nueva; esas preguntas siempre contienen una palabra interrogativa. Los patrones de entonación son diferentes para cada tipo. Además, hay situaciones especiales de esos dos tipos cuyos patrones se comentarán también.

Preguntas SÍ/NO

Cualquier oración enunciativa puede convertirse en una interrogativa que pide la confirmación o no de la veracidad de la propuesta mediante un cambio de entonación. En general, las preguntas que piden una respuesta de "Sí" o de "No", terminan en anticadencia.[26] ◀᷉

[xwã̰n̠i̯eɣóanóʃe]
{¿Juan llegó anoche?}

[kũmplístetupromésa]
{¿Cumpliste tu promesa?}

Preguntas SÍ/NO con una respuesta implícita

Además del patrón básico para las preguntas sí/no, hay otro patrón que se emplea bajo circunstancias específicas en que al hacer la pregunta, ya se implica la respuesta. En esos casos, la pregunta termina en cadencia. Por ejemplo, al salir de casa, el esposo puede decirle a la esposa justo antes de cerrar la puerta:[27] ◀᷉

[ti̯éneṣlaṣi̯áββes]
{¿Tienes las llaves?}

Aunque termina en cadencia, se sabe que fue pregunta porque evoca una respuesta. La esposa puede contestar con un simple "Sí.", o con un "¡NO!" energético. La razón por la cual la respuesta "Sí." puede ser una respuesta relajada, es porque la pregunta en sí, en este caso, implica una respuesta positiva, puesto que la pregunta fue positiva. La respuesta "¡NO!" necesita ser energética para poder contradecir la implicación de la pregunta.

Lo opuesto puede ocurrir con una "pregunta" negativa. Por ejemplo, los compañeros de cuarto habían decidido ir al cine, y a la hora de salir, uno de ellos todavía está estudiando a la mesa, y uno de los compañeros le dice al estudioso:

[nóβasalsíne]
{¿No vas al cine?}

Al que el estudioso responde calmamente "No." o enérgicamente "¡SÍ!", puesto que en este caso, habiendo sido la pregunta hecha

en forma negativa, la implicación fue de una respuesta negativa.

Preguntas con palabras interrogativas

Las palabras interrogativas en preguntas sirven como una especie de incógnita lingüística en el sentido de que la respuesta a la oración provee la información desconocida en la pregunta. Por ejemplo, en la pregunta "¿Cuándo llegó Juan?", la interrogativa "cuándo" pide información temporal; en la respuesta "Juan llegó anoche.", la palabra "anoche" identifica la incógnita lingüística de la pregunta.

Las palabras interrogativas pueden evocar como respuesta información sustantiva, verbal, adjetival, o adverbial. Las palabras interrogativas son siempre tónicas, siempre se escriben con acento ortográfico e incluyen *qué, cuándo, cómo, cuánto, dónde, quién, cuál, por qué* y sus formas de concordancia. En general, las preguntas con palabras interrogativas terminan en cadencia, según los siguientes ejemplos.[28] ◀᷉

[kwã̰ndoi̯eɣóxwã̰n]
{¿Cuándo llegó Juan?}

[kéi̯sísteanóʃe]
{¿Qué hiciste anoche?}

Preguntas con palabras interrogativas con cortesía

Además del patrón común para las preguntas con palabras interrogativas, hay otro patrón que se emplea con cierta frecuencia en casos en que se quiere indicar deferencia o cortesía. Por ejemplo, al preguntarle a una persona cualquiera de dónde es, se suele hacer la pregunta terminando en cadencia. Al hacerle la misma pregunta a un senador, por otro lado, suele hacerse la pregunta terminando en anticadencia para indicar deferencia o respeto, como en el siguiente ejemplo:[29] ◀᷉

[deðóṇdé:sustéð]
  (para indicar deferencia o respeto)
  {¿De dónde es usted?}

Preguntas repetidas

Al repetir una pregunta ya contestada, generalmente se altera la entonación. La repetición puede ser para expresar incredulidad o puede ser simplemente porque no se escuchó bien la respuesta. Esa situación ocurre con preguntas que piden nueva información. En la primera instancia, la pregunta termina en cadencia, pero en la repetición, la entonación cambia a anticadencia, como demuestra el siguiente diálogo:[30] ◀⁝

[deðóṇdé:sustéð] {¿De dónde es usted?}

[dekalifórnja] {De California.}

[deðóṇde] {¿De dónde?}

Preguntas disyuntivas

Una pregunta disyuntiva es una pregunta que presenta dos opciones mediante el uso de la conjunción "o". En ese caso, la pregunta contiene por lo menos dos grupos fónicos; el penúltimo termina en anticadencia y el último, en cadencia, según el siguiente ejemplo:[31] ◀⁝

[lakapitáḷdekalifórnjaésakramén̦to /

olosáṇxeles]
{¿La capital de California es Sacramento, o Los Ángeles?}

Preguntas ratificadas

Una pregunta ratificada es la en que se presenta una afirmación seguida de una palabra o frase que pide una ratificación o negación de la afirmación. En este tipo de pregunta, lo que provoca la ratificación suele ser el elemento "¿verdad?" o "¿no?" que se pone después de la afirmación. En este caso, la afirmación termina en cadencia y la ratificación termina en anticadencia, lo que corresponde a una pregunta sí/NO:[32] ◀⁝

[lakapitáḷésakramén̦to / beɾðáð]
{La capital es Sacramento, ¿verdad?}

Casos especiales

A estos patrones generales, hay que añadir algunas adaptaciones para situaciones específicas.

Preguntas indirectas. Una pregunta indirecta es la en que la pregunta original en sí se contiene dentro de una oración enunciativa. Esto se da con los dos tipos generales de preguntas. El Cuadro 21.5 muestra los dos tipos en preguntas directas e indirectas.

Puesto que las preguntas indirectas son de hecho oraciones enunciativas, se aplican los patrones de esas. Los siguientes ejemplos pueden producirse en un solo grupo fónico o en dos:[33] ◀⁝

[xwámpreɣūn̦tósiβeníamaría]
{Juan preguntó si venía María.}

[xwámpreɣūn̦tó | siβeníamaría]
{Juan preguntó si venía María.}

21.5 Comparación de preguntas directas e indirectas.

	Cita de pregunta directa	Pregunta indirecta
Pregunta SÍ/NO	Juan preguntó: "¿Viene María?"	Juan preguntó si venía María.
Pregunta con palabra interrogativa	Juan preguntó: "¿Cuándo viene María?"	Juan preguntó cuándo venía María.

[xwámpɾeɣũ̯tókwã̯n̪doβeníamaɾía]
{Juan preguntó cuándo venía María.}

[xwámpɾeɣũ̯tó | kwã̯n̪doβeníamaɾía]
{Juan preguntó cuándo venía María.}

Vocativos en las interrogativas. Como ya se indicó en la sección sobre el vocativo en las enunciativas, el vocativo no forma parte de la estructura de la oración en sí, y por eso, siempre se separa del restante de la oración por comas en la lengua escrita y por pausas en la lengua oral. El vocativo puede preceder o suceder a la oración interrogativa. Cuando el vocativo comienza la oración, el vocativo siempre termina en cadencia, y el restante de la oración sigue las pautas interrogativas generales. Cuando el vocativo viene al final, sin embargo, la oración principal sigue las pautas interrogativas generales, pero el vocativo termina en semianticadencia. Los siguientes ejemplos demuestran estos patrones tanto en preguntas de información nueva como en las preguntas sí/no:[34] ◀€

[xwán / poɾkéloi̯síste]
{Juan, ¿por qué lo hiciste?}

[poɾkéloi̯síste / xwán]
{¿Por qué lo hiciste?, Juan.}

[xwán / ʝʝeɣásteβjén]
{Juan, ¿llegaste bien?}

[ʝʝeɣásteβjén / xwán]
{¿Llegaste bien?, Juan.}

Preguntas con valor afectivo. A veces el hablante le añade un matiz afectivo a la pregunta para indicar valores como cortesía, sorpresa, admiración, incredulidad, alegría, consentimiento, etc. La manera de indicar tales valores afectivos depende del tipo de pregunta, sea una pregunta sí/no o una pregunta con palabra interrogativa.

Para añadir uno de esos valores afectivos a una pregunta sí/no, lo que se hace es simplemente exagerar la entonación de la pregunta normal. El patrón de entonación todavía queda anticadencia, pero se usa una

gama tonal más amplia al producir la pregunta afectiva: es decir, se baja más el tono en la última sílaba tónica y se sube más en la última sílaba átona como en el ejemplo de abajo:[35] ◀€

[xwánʝʝeɣóanóʤe]
{¿Juan llegó anoche?}

Lo que caracteriza la naturaleza de una pregunta sí/no con valor afectivo a diferencia de una pregunta normal es el grado del cambio tonal. Si se usa el sistema de números ya introducido, la diferencia entre las dos es:

```
    2     2 2 3            2     2 1 3
[xwánʝʝeɣóanóʤe]      [xwánʝʝeɣóanóʤe]
(pregunta normal)     (pregunta afectiva)
```

Para añadir uno de esos valores afectivos a una pregunta con palabra interrogativa, lo que se hace es exagerar la entonación de la pregunta hecha con cortesía. El patrón de entonación es de anticadencia, pero se usa una gama tonal más amplia al producir la pregunta afectiva: es decir, se baja más el tono al final antes de subirlo como en el ejemplo de abajo:

[kwã̯n̪dojeɣóxwán]
{¿Cuándo llegó Juan?}

Lo que caracteriza la naturaleza de una pregunta con palabra interrogativa con valor afectivo a diferencia de una pregunta normal y una pregunta con cortesía es otra vez el grado del cambio tonal. Si se usa el sistema de números ya introducido, la diferencia entre las tres variedades de una pregunta con palabra interrogativa es:

```
    2      2   1
[kwã̯n̪dojeɣóxwán]
(pregunta normal)
    2      2   3
[kwã̯n̪dojeɣóxwán]
(pregunta con cortesía)
    2      2  1-3
[kwã̯n̪dojeɣóxwán]
(pregunta afectiva)
```

Preguntas con más de un grupo fónico. Cuando la pregunta tiene más de un grupo fónico, la entonación del último grupo fónico se determina según las reglas ya presentadas para preguntas sí/NO o para preguntas con una palabra interrogativa. La entonación de los grupos fónicos previos al último grupo fónico va de acuerdo con los grupos previos de las oraciones enunciativas; es decir, el penúltimo grupo fónico suele terminar en anticadencia ⌐ y los anteriores en cadencia o anticadencia según el dialecto ⌐. Servirán de ejemplos las siguientes oraciones:[36] ◀

[tûβjénesasántoðomíŋgo /
tóðoṣlosáβaðos]
{¿Tú vienes a Santo Domingo / todos los sábados?}

[aðóṇdefwíste / dɛspwéṣðɛstuðjár
paraɛlɛksámẽn]
{¿Adónde fuiste / después de estudiar para el examen?}

Las oraciones imperativas

Una oración imperativa sirve para expresar un mandato o una orden. Las oraciones imperativas consisten mayormente en un solo grupo fónico que termina en cadencia. A ese grupo fónico es bastante común añadir también un segundo grupo fónico con una expresión de cortesía. En ese caso, el primer grupo fónico termina en semicadencia y el segundo, en cadencia como afirman los siguientes ejemplos:[37] ◀

[pásamɛlpán]
{¡Pásame el pan!}

[pásamɛlpán / porfaβór]
{¡Pásame el pan, por favor!}

[porfaβór / pásamɛlpán]
{¡Por favor, ¡pásame el pan!}

Vocativos en las imperativas. Como ya se ha indicado, el vocativo no forma parte de la estructura de la oración en sí, y por eso, siempre se separa del restante de la oración por comas en la lengua escrita y por pausas en la lengua oral. El vocativo puede preceder o suceder a la oración imperativa. Cuando el vocativo comienza la oración, el vocativo siempre termina en cadencia y el imperativo también termina en cadencia. Cuando el vocativo viene al final, los dos grupos fónicos también terminan en cadencia según los siguientes ejemplos:[38] ◀

[xwán / háɣamelo]
{Juan, ¡hágamelo!}

[háɣamelo / xwán]
{¡Hágamelo, Juan!}

Las expresiones exclamativas

Las expresiones exclamativas por su naturaleza son de un solo grupo fónico que siempre termina en cadencia según los siguientes ejemplos.[39] ◀

[kélíβrotáníṇtɛresáṇte]
{¡Qué libro tan interesante!}

[bwénastárðes]
{¡Buenas tardes!}

Notas dialectales

Los patrones generales presentados sirven para la gran mayoría de los dialectos de la norma culta hispánica, porque presentan solamente los tonemas, es decir, la especificación de los cambios tonales al final de cada grupo fónico. Resulta que, en gran parte, los tonemas son estables a través de los dialectos hispánicos. Sin embargo, los hispanohablantes suelen decir que identifican el origen de un hablante nativo de español por su entonación o por su "canto". En realidad suelen juntar también diferencias de alófonos segmentales, duración y amplitud. Lo que usan de la entonación para identificar el origen del hablante no son simplemente los tonemas, sino todos los cambios tonales a lo largo de los grupos fónicos tanto en la dirección del cambio como en el grado del cambio.

El propósito de esta sección no es de dar una especificación de los patrones detallados de cada dialecto; es simplemente indicar que además de los tonemas hay cambios tonales menores a lo largo de los grupos fónicos que varían de dialecto en dialecto. Como ejemplo de esto, se presenta el caso de dos dialectos —el mexicano norteño y el argentino porteño— de la oración "Juan está en casa":[40] ◀⑀

```
    2  1  2–1 2–1           2  2  2  3–1 1
  [xwánɛstáɛ̃ŋkása]       [xwánɛstáɛ̃ŋkáːsa]
  (mexicano norteño)     (argentino porteño)
```

Es importante observar que en los dos casos, las oraciones terminan en cadencia, a pesar de que se podría argumentar que de hecho el argentino porteño termina en el tonema circunflejo (⌐◥). La entonación del mexicano norteño se destaca por la alternancia entre el Nivel 2 y el Nivel 1, aunque, por supuesto, el Nivel "1" al final es más bajo los niveles "1" anteriores. La entonación del argentino porteño se destaca por la subida de tono al Nivel 3 antes de bajar al Nivel 1 en la última sílaba tónica alargada. Queda claro que en los dialectos se encuentran los mismos tipos de variaciones para todos los distintos tipos de oraciones que se han examinado en este capítulo.

Pistas pedagógicas

Para que obtenga una buena entonación en español, el estudiante debe prestar atención a los sirremas y grupos fónicos. Para ello, el estudiante tiene que recordar que no se puede poner una pausa entre los componentes de un sirrema, que por definición es un grupo de palabras indivisible. Con respecto al grupo fónico, el estudiante tiene que recordar que cada grupo fónico termina con un tonema y que se marca el fin del grupo fónico también o con una disyunción tonal o con una pausa.

En cuanto a los tonemas, hay tres generalizaciones que hay que recordar:

1. La primera generalización es que el último grupo fónico termina en cadencia en oraciones enunciativas, imperativas y exclamativas. Las oraciones interrogativas terminan en anticadencia o cadencia según el tipo de la pregunta y de sus características.

2. La segunda generalización es que el penúltimo grupo fónico suele terminar en anticadencia, lo que indica una continuación de la oración.

3. La tercera generalización es que termina en suspensión cualquier grupo fónico que anteceda a un grupo fónico intercalado en la oración, como un apositivo o frase explicativa.

Consejos prácticos

Algunas presentaciones sobre la entonación del español para los estudiantes que lo aprenden como segundo idioma alegan que como la entonación del español es tan parecida a la entonación del inglés, que no es necesario preocuparse por ella. Aunque sí hay semejanzas, también hay diferencias. Si un norteamericano habla español con una entonación inglesa, será reconocido en seguida como tal por un hispanohablante nativo. Se resumen aquí algunas diferencias importantes entre la entonación del inglés y del español:

- La entonación del español suele usar una gama tonal menor de la que se emplea de modo general en inglés. Este principio se examinó al comparar los niveles de entonación en este capítulo.

- La entonación del español no emplea un Nivel 4 como el inglés para indicar el énfasis. En vez de usar la entonación para indicar el énfasis, como se hace en inglés, el español emplea recursos sintácticos, como se explicó en el Capítulo 20.

- El inglés emplea comúnmente el tonema circunflejo (⌢\) en oraciones enunciativas, mientras en español ese tonema suele no ser general, apareciendo solamente en algunos dialectos.
- A esas diferencias tonales, hay que repetir lo que se presentó en el Capítulo 20 sobre la duración, ya que la "musicalidad" del idioma depende de tono y duración. Es decir, la duración de las sílabas en español no sufre los extremos que sufren las sílabas en inglés.

Sumario

La entonación, como ya se ha visto, es la especificación de los cambios tonales a lo largo del habla, que resultan de la variación en el tono fundamental (F_0) de la onda sonora. Claro está que los cambios tonales en la entonación del habla son relativos, mientras que en la música son absolutos.

La entonación se examina en el marco de la oración, que se compone de sirremas y grupos fónicos. El margen tonal es lo que divide un grupo fónico de otro, y se indica mediante una pausa o una disyunción tonal. El Cuadro 21.6 resume esos conceptos.

21.6 Los elementos de la oración —el sirrema, el grupo fónico y la margen tonal— con sus definiciones, estructuras y ejemplos.

Concepto	Definición	Ejemplos/Estructura
Sirrema	Unidad sintáctica indivisible	Determinante y sustantivo; sustantivo y sus modificadores; los tiempos compuestos, la voz pasiva y la perífrasis verbal; el verbo y sus complementos nominales; el verbo y sus modificadores; la preposición y su complemento; la conjunción y su término; conjuntos lexicalizados
Grupo fónico	Agrupación de sirremas en que opera el tonema	Se indica el fin del grupo fónico mediante un margen tonal
Margen tonal	Indica el fin del grupo fónico	El margen tonal se manifiesta mediante una pausa o una disyunción tonal

21.7 Tipos de grupos fónicos con ejemplos.

Clasificaciones	Ejemplos específicos
Grupos fónicos obligatorios	Grupos fónicos finales Grupos fónicos enumerativos Grupos fónicos explicativos Grupos fónicos adverbiales antepuestos
Grupos fónicos distintivos	Cláusulas explicativas/especificativas Frases explicativas/especificativas La propiedad asociativa lingüística
Grupos fónicos optativos	(la posible separación de sirremas)
Grupos fónicos asistemáticos	(interrupciones o discontinuidades en el habla)

El grupo fónico es la unidad en que opera el tonema. Esto quiere decir que existe una correspondencia exacta entre grupos fónicos y tonemas: cada grupo fónico contiene exactamente un tonema. Hay varias clasificaciones de grupos fónicos que se basan en la estructura sintáctica, las cuales se resumen en el Cuadro 21.7.

En la descripción de la entonación es útil hablar de niveles relativos del tono. El concepto es que el tono inicial de un grupo fónico es el Nivel 2; el tonema entonces describe lo que ocurre después: es decir, si sube, si baja, o si termina en el mismo nivel. Como ya se expuso, la gama tonal que se emplea en inglés suele ser más amplia que la del español. Es importante también recordar que el inglés tiene un Nivel 4 para el énfasis, que el español no tiene.

Hay distintos métodos que se han ingeniado para transcribir o representar gráficamente la entonación tanto a nivel fonético como a nivel fonológico. El Cuadro 21.8 resume los distintos métodos.

En este libro se ha optado por usar el sistema de tonemas que representan los cambios tonales significativos que aparecen al final de cada grupo fónico. El español tiene tres tonemas principales y el inglés cuatro, según el siguiente cuadro:

Tonema	Español	Inglés
Cadencia ↘	✓	✓
Suspensión —	✓	✓
Anticadencia ↗	✓	✓
Circunflejo ↗↘	✗	✓

Los patrones de entonación varían según el tipo de oración o frase: sea oración

21.8 Métodos de representación gráfica de la entonación tanto a nivel fonético como a nivel fonológico.

Tipos generales de transcripción	Ejemplos específicos	Muestra
Fonético	el trazo del tono fundamental	[bɛ l tɾ á n o n ó j e ɣ ó n ú ŋ k a]
	puntos silábicos tonales	[ɛl̩.tra.βá.xo.loí.sea.jér]
	el sistema ToBI	L L*H !H*L !H* !H* L% [bɛl̩tránonójeɣónúŋka] {Beltrano no llegó nunca.}
Fonológico	el sistema de números	2 1 [bɛl̩tránonójeɣónúŋka] {Beltrano no llegó nunca.}
	el sistema de tonemas	[bɛl̩tránonójeɣónúŋka]↘ {Beltrano no llegó nunca.}

487

21.9 Patrones de entonación de las oraciones enunciativas.

enunciativa, oración interrogativa, oración imperativa, o frase exclamativa. El Cuadro 21.9 resume los patrones entonacionales de las oraciones enunciativas. El Cuadro 21.10 resume los patrones entonacionales de las oraciones interrogativas. El Cuadro 21.11 resume los patrones entonacionales de las oraciones imperativas y el Cuadro 21.12 resume los patrones entonacionales de las frases exclamativas.

La entonación es uno de los aspectos del habla que es mucho más difícil de explicar y de aprender que los elementos segmentales de la fonética. Sin embargo, es un elemento fundamental para adquirir una buena pronunciación. Además de aprender a aplicar las reglas aquí presentadas, se sugiere que el estudiante se aproveche de la oportunidad de escuchar cuánto español pueda de hablantes nativos, tratando de imitar la melodía de sus enunciados.

Patrones generales de las oraciones interrogativas		
	Pregunta Sí/No	Pregunta con palabra interrogativa
Patrón básico	/⌐╱/	/‾╲/
Variación	Con respuesta implícita: /‾╲/	Con cortesía: /_╱/
Disyuntiva	/_╱/‾╲/	
Ratificada	/‾╲/_╱/	
Casos especiales de las oraciones interrogativas		
Más de un grupo fónico	Pregunta SÍ/NO: /‾╲/_╱/_╱/	
	Pregunta con palabra interrogativa: /‾╲/_╱/‾╲/	
Valor afectivo	Pregunta SÍ/NO con valor afectivo: /‾╲╱/	
	Pregunta con palabra interrogativa con valor afectivo: /‾╲╱/	
Citas	Cita de pregunta directa: /‾╲/_╱/	
	Pregunta indirecta: /‾╲/	
Vocativos	Pregunta SÍ/NO	Pregunta con palabra interrogativa
	Vocativo inicial: /‾╲/_╱/	Vocativo inicial: /‾╲/‾╲/
	Vocativo final: /_╱/_╱/	Vocativo final: /‾╲/_╱/

21.10 Patrones de entonación de las oraciones interrogativas.

Conceptos y términos

anticadencia	niveles de entonación	sirrema
cadencia	pausa	sistema "ToBI"
disyunción tonal	pausa fisiológica	suspensión
entonación	pausa lingüística	tonema
fuerza ilocutiva	patrones de entonación	tono fundamental (F_0)
grupo fónico	semianticadencia	
margen tonal	semicadencia	

Patrones generales de las oraciones imperativas

$$/\rightharpoondown/$$

Casos especiales de las oraciones imperativas

Con cortesía	Cortesía inicial: $/\rightharpoondown/\rightharpoondown/$
	Cortesía final: $/\rightharpoondown/\rightharpoondown/$
Vocativos	Vocativo inicial: $/\rightharpoondown/\rightharpoondown/$
	Vocativo final: $/\rightharpoondown/\rightharpoondown/$

21.11 Patrones de entonación de las oraciones imperativas.

Patrón general de las frases exclamativas

$$/\rightharpoondown/$$

21.12 Patrón de entonación de las frases exclamativas.

Preguntas de repaso

1. ¿Qué indica la entonación?

2. Distinga entre el concepto de tono absoluto y tono relativo.

3. ¿Qué es un sirrema y qué tipos hay? Dé ejemplos.

4. ¿Qué es una pausa y qué tipos hay? Dé ejemplos.

5. ¿Cómo se identifica un margen tonal?

6. ¿Cómo se identifica una disyunción tonal y para qué sirve?

7. ¿Cómo se identifica una pausa y para qué sirve?

8. Identifique los tipos de grupos fónicos y dé ejemplos.

9. Distinga entre la entonación a nivel de fonología y a nivel de fonética.

10. ¿Cuáles son las técnicas para representar la entonación gráficamente?

11. Distinga entre los niveles tonales de español y de inglés.

12. ¿Cuál es la relación entre tonema y grupo fónico?

13. ¿Cuáles son los tonemas del español y del inglés?

14. ¿Qué relación existe entre tono y acento en español?

15. ¿Cuál es la relación entre niveles de tono y tonemas?

16. Dé los patrones de entonación de las oraciones enunciativas.

17. Dé los patrones de entonación de las oraciones interrogativas.

18. Dé los patrones de entonación de las oraciones imperativas y de las frases exclamativas.

19. ¿Qué diferencias hay entre la entonación española y la inglesa?

Ejercicios de pronunciación

Pronuncie los siguientes textos de acuerdo con la entonación indicada por los tonemas.[41] ▣

1. // es buena ⌐ // me quiere ⌐ // nada concreto puedo reprocharle ⌐ // pero ⌐ / si me quiere / y es buena / por qué su alma se va / con los automobiles que pasan ⌐/ por qué se da al puñado de flores que huele ⌐/ al canto estúpido / que raya el silencio ⌐ // por qué se me merma ⌐/ se me despedaza ⌐/ se me pulveriza en todo ⌐ //

2. // cuál es ⌐ / me pregunta ⌐ / el mejor plato / de la cocina española ⌐ // señora / le recomiendo a usted / los callos ⌐ // es el mejor bocado de la casa ⌐ // no hay nada ⌐ / que los iguale ⌐ //

3. // en el trabajo ⌐ // en el trabajo ⌐/ señor alcalde ⌐ // mucho dinero ⌐ // el suficiente ⌐ // tú no estás bueno ⌐ // no ⌐ / la mujer ⌐ // la mujer ⌐ // eso tiene casarse a tu edad ⌐ // a tu edad / se debe ya estar viudo ⌐/ de una ⌐/ como mínimum ⌐ // yo estoy de cuatro ⌐ //

4. // a mí ⌐ / me abandonó mi esposa ⌐ // no pagaba con la muerte ⌐ // ella soñaba con un mundo ⌐/ que no era el mío ⌐ // era fantasiosa / y dominanta ⌐ // me dejó para siempre ⌐ // y qué hace usted ahora ⌐ // corriendo mundo ⌐ // voy en busca ⌐/ para perdonarla / y vivir con ella ⌐ // para qué ⌐ // eso no te alcanza nada ⌐ //

5. // dónde encontrar las cincuenta pesetas ⌐ // dónde ⌐ // recurrí a la amistad ⌐ // escribi a un tío sacerdote ⌐/ que tengo en vigo ⌐/ y que me contestó ⌐/ enviándome

su bendición ⌐/ y una merluza ⌐ // todos mis pasos fueron inútiles ⌐ //

6. // se levantó ⌐ / y fue hacia un cajón de la cómoda ⌐ // metió la mano ⌐/ hasta el fondo ⌐/ y sacó una tablita ⌐/ que disimulaba un escondrijo ⌐ // luego esgrimó el puño ⌐/ ante nuestros ojos ⌐ // no digáis a nadie ⌐/ y juradlo ⌐ // que existía el tesoro ⌐ //

Materiales en línea

1. ◀ᴇ Cambios tonales en oraciones que comunican significados distintos.
2. ◀ᴇ Posibles divisiones de oraciones en grupos fónicos.
3. ◀ᴇ Grupos fónicos con pausa final.
4. ◀ᴇ Grupos fónicos enumerativos.
5. ◀ᴇ Grupos fónicos explicativos.
6. ◀ᴇ Grupos fónicos con modificadores adverbiales antepuestos.
7. ◀ᴇ Cláusulas explicativas en contraste con cláusulas especificativas.
8. ◀ᴇ Frases explicativas en contraste con frases especificativas.
9. ◀ᴇ Oraciones que demuestran la propiedad asociativa lingüística.
10. ◀ᴇ Grupos fónicos optativos.
11. ◀ᴇ Grupos fónicos asistemáticos.
12. ◀ᴇ Oraciones en que cambian de significado según su entonación.
13. ◀ᴇ Oraciones ejemplares para la transcripción ᴛᴏʙɪ.
14. ◀ᴇ Oraciones ejemplares para los tonemas del español.
15. ◀ᴇ Oraciones ejemplares para los tonemas del inglés.

16. 🔈 La entonación de oraciones enunciativas de un solo grupo fónico.

17. 🔈 La entonación de oraciones enunciativas de dos grupos fónicos.

18. 🔈 La entonación de oraciones enunciativas de tres grupos fónicos o más.

19. 🔈 Series con conjunciones y sin ellas.

20. 🔈 Cláusulas y frases explicativas y casos de hipérbaton.

21. 🔈 Modificaciones adverbiales de oración.

22. 🔈 Frases y locuciones adversativas.

23. 🔈 Comentarios parentéticos.

24. 🔈 Citas enunciativas directas e indirectas.

25. 🔈 Vocativos en las enunciativas.

26. 🔈 Preguntas sí/NO.

27. 🔈 Preguntas sí/NO con una respuesta implícita.

28. 🔈 Preguntas con palabras interrogativas.

29. 🔈 Preguntas con palabras interrogativas con cortesía.

30. 🔈 Preguntas repetidas.

31. 🔈 Preguntas disyuntivas.

32. 🔈 Preguntas ratificadas.

33. 🔈 Preguntas indirectas.

34. 🔈 Vocativos en las interrogativas.

35. 🔈 Preguntas con valor afectivo.

36. 🔈 Preguntas con más de un grupo fónico.

37. 🔈 Las oraciones imperativas.

38. 🔈 Vocativos en las imperativas.

39. 🔈 Las expresiones exclamativas.

40. 🔈 El dialecto mexicano norteño y el dialectos argentino porteño.

41. 🔈 Ejercicio de pronunciación de la entonación.

Apéndice

Ejercicios—Capítulo 8: Transcripción fonológica

#1 {Martina tenía los modales bruscos / y la voz áspera. / También tenía fama de mal genio, / y en la cocina del abuelo / todos sabían / que no se le podía gastar bromas ni burlas.}

//maRtína tenía los modáles brúskos / i la bós áspera // taN-biéN tenía fáma de mál xénio / i eN la kosína del abuélo / tódos sabíaN / ke nó se le podía gastár brómas ni búrlas //

#2 {El deshielo se retrasaba / y el sol se hacía pegajoso, / adhesivo a la piel, / a través de la niebla. / Los del campo andaban de mal humor, / blasfemando. / Seguramente / no se les presentaban bien / las cosas de la tierra.}

//el desjélo se retrasába / i el sól se asía pegaxóso / adesíbo a la piél / a trabés de la niébla // los de el káNpo aNdábaN de mál umór / blasfemáNdo // segúra éNte / nó se les preseNtą baN biéN / las kósas de la tiéra //

#3 {El Paraná corre allí / en el fondo de una inmensa hoya, / cuyas paredes, / altas de cien metros, / encajonan fúnebremente el río. / Desde las orillas, / bordeadas de negros bloques de basalto, / asciende el bosque, / negro también.}

//el paraná kóre ají / eN el fóNdo de una iNménsa ója / kújas parédes / áltas de siéN métros / eNkaxónaN fúnebreméNte el río // desde las oríjas / bordeádas de négros blókes de basálto / asiéNde el bóske / négro taNbiéN //

#4 {Los niños siguen arrojando cáscaras de fruta en los zaguanes / con perversas intenciones. / Sobre todo cuando sopla el viento norte. / Y se oyen gritos de madres irritadas, / de padres coléricos. / A veces, / no está de más decirlo, / hay que encoger los hombros / y seguir viviendo.}

//los níɲos sigeN aroxáNdo káskaras de frúta eN los saguánes / koN peRbérsas iNteNsiónes // sobre tódo kuaNdo sópla el biéNto nóRte // i se ójeN grítos de mádres iritádas / de pádres kolérikos // a béses / nó está de más desírlo / ái ke eNkoxéR los óNbros / i segír bibiéNdo //

#5 {La Condesa apareció / en la puerta de la estancia, / donde se detuvo jadeante / y sin fuerza. / Con la muleta / apartaba el blasonado portier. / Rosarito se limpió los ojos, / y acudió velozmente. / La noble señora / apoyó la diestra / blanca y temblona / en el hombro de su nieta, / y cobró aliento / en un suspiro.}

//la koNdésa aparesió / eN la puéRta de la estáNsia / doNde se detúbo xadeáNte / i siN fuéRsa // koN la muléta / apaRtába el blasonádo poRtiéR // rosaríto se liNpió los óxos / i akudió belósméNte // la nóble señóra / apojó la diéstra / bláNka i teNblóna / eN el óNbro de su niéta / i kobró aliéNto / eN uN suspíro //

#6 {Antes de que pudiera introducir la llave en la cerradura, / la puerta se abrió. / Apareció un indio amarillo, / en bata de casa, / con bufanda. / Su aspecto no podía ser más repulsivo; / despedía un olor a loción barata; / su cara, / polveada, / quería cubrir las arrugas; / tenía la boca embarrada de lápiz labial mal aplicado, / y el pelo daba la impresión de estar teñido.}

//aNtes de ke pudiéra iNtrodusíR la jábe eN la seradúra / la puéRta se abrió // aparesió uN íNdio amaríjo / eN báta de kása / koN bufáNda // su aspékto nó podía séR más repulsíbo / despedía uN olór a losióN baráta // su kára / polbeáda / kería kubríR las arúgas // tenía la bóka eNbaráda de lápis labiál mál aplikádo / i el pélo dába la iNpresióN de estáR teñído //

#7 {Un estremecimiento sensual / vaga por las cañadas. / De pronto, / Platero yergue las orejas, / dilata las levantadas narices, / replegándolas hasta los ojos / y dejando ver las grandes habichuelas / de sus dientes amarillos.}

//un estremesimiéNto seNsuál / bága por las kañádas // de próNto / platéro jéRge las oréxas / diláta las lebaNtádas naríses / replegáNdo las asta los óxos / i dexáNdo béR las gráNdes abiǰuélas / de sus diéNtes amaríjos //

#8 {La imagen de Don Manuel / iba creciendo en mí / sin que yo de ello / me diese cuenta, / pues era un varón tan cotidiano, / tan de cada día como el pan / que a diario pedimos / en el padrenuestro. / Yo le ayudaba cuando podía / en sus menesteres, / visitaba a sus enfermos, / a nuestros enfermos, / a las niñas de la escuela, / arreglaba el ropero de la iglesia, / le hacía, / como me llamaba él, / de diaconisa.}

//la imáxeN de dóN manuel / íba kresiéNdo eN mí / siN ke jó de éjo / me diése kuéNta / pues éra uN baróN táN kotidiáno / táN de káda día komo el páN / ke a diário pedímos / eN el pádre nuéstro // jó le ajudába kuaNdo podía / eN sus meneṣtéres / bisitába a sus eNférmos / a nuestros eNférmos / a las níñas de la eskuéla / areglába el ropéro de la iglésia / le asía / komo me jamába él / de diakonísa //

Ejercicios—Capítulo 9: Transcripción fonética

#1 {Martina tenía los modales bruscos / y la voz áspera. / También tenía fama de mal genio, / y en la cocina del abuelo / todos sabían / que no se le podía gastar bromas ni burlas.}

[martínateníaloṣmoðáleṣβrúskos / ilaβósáspɛra //
tãmbjḗn̪teníafámaðemálxénjo / jḛnlakosínaðelaβwélo /
tóðosaβíã̪n / kenóselepoðíaɣastárβrómaṣniβúrlas]

#2 {El deshielo se retrasaba / y el sol se hacía pegajoso, / adhesivo a la piel, / a través de la niebla. / Los del campo andaban de mal humor, / blasfemando. / Seguramente / no se les presentaban bien / las cosas de la tierra.}

[ɛl̪deṣjéloseretrasáβa / jɛlsólsɛasíapeɣaxóso / aðesíβo̯alapjél /
atraβéṣðelanjéβla / loṣðɛlkã́mpo̯ã̪n̪dáβã̪n̪demálumór /
blasfemã́n̪do / seɣúramḗn̪te / nóselɛspresḗn̪táβãmbjḗn /
laskósaṣðelatjéra]

#3 {El Paraná corre allí / en el fondo de una inmensa hoya, / cuyas paredes, / altas de cien metros, / encajonan fúnebremente el río. / Desde las orillas, / bordeadas de negros bloques de basalto, / asciende el bosque, / negro también.}

[ɛlparanákóreají / ɛnɛlfṍn̪doðe̯una̯ĩm:ḗnsa̯ója / kújasparéðes /
ál̪taṣðesjḗm:étros / ḛ̃ŋkaxónãɱfúneβremḗn̪tɛlrío / deṣðelasoríjas /
borðeáðaṣðenéɣroṣβlókeṣðeβasál̪to / asjḗn̪dɛlβóske /
néɣrotãmbjḗn]

#4 {Los niños siguen arrojando cáscaras de fruta en los zaguanes / con perversas intenciones. / Sobre todo cuando sopla el viento norte. / Y se oyen gritos de madres irritadas, / de padres coléricos. / A veces, / no está demás decirlo, / hay que encoger los hombros / y seguir viviendo.}

[loṣníɲosiɣenaroxã́n̪dokáskaraṣðefrúta̯ḛ̃nlosaɣwánes //
kõmperβérsasĩ̪tḛ̃nsjónes // soβretóðokwã̪n̪dosóplaɛlβjḗn̪to
nórte // iseójḛ̃ŋgrítoṣðemáðresiritáðas / depáðres kolérikos //
aβéses / nó̯ɛstáðemáṣðesírlo / áḭkḛ̃ŋkoxérlosṍmbros /
iseɣírβiβjḗn̪do]

#5 {La Condesa apareció / en la puerta de la estancia, / donde se detuvo jadeante / y sin fuerza. / Con la muleta / apartaba el blasonado portier. / Rosarito se limpió los ojos, / y acudió velozmente. / La noble señora / apoyó la diestra / blanca y temblona / en el hombro de su nieta, / y cobró aliento / en un suspiro.}

[lakõn̪désaparesjó / ḛ̃nlapwértaðela̯ɛstánsja /
dõn̪deseðetúβoxaðe̯ã́n̪te / isĩɱfwérsa / kõnlamuléta /

apartáβaɛlβlasonáðoportjér / rosarítoselĩmpjólosóxos /
jakuðjóβelóṣmḛ́nte / lanóβleseɲóra / apoɟólaðjéstra /
blaŋ́kaḭtᴇ̃mblóna / ɛnɛlɔ̃mbroðesunjéta / ikoβróaljḛ́nto /
ɛnũnsuspíro]

#6 {Antes de que pudiera introducir la llave en la cerradura, / la puerta se abrió. /
Apareció un indio amarillo, / en bata de casa, / con bufanda. / Su aspecto no podía ser
más repulsivo; / despedía un olor a loción barata; / su cara, / polveada, / quería cubrir
las arrugas; / tenía la boca embarrada de lápiz labial mal aplicado, / y el pelo daba la
impresión de estar teñido.}

[ãnteṣðekepuðjéraĩntroðusírlajáβɛ̃nlaseraðúra / lapwértaseaβrjó /
aparesjóuɲĩndjoamaríjo / ɛ̃mbátaðekása / kɔ̃mbufã́nda /
swaspéktonópoðíasérmáṣrepulsíβo / despeðíaṵnolóralosjɔ̃m
baráta / sukára / polβeáða / kɛríakuβrírlasarúɣas / teníalaβókaḛmb
aráðaðelápiṣlaβjálmálaplikáðo / jɛlpéloðáβalaĩmpresjɔ́ṇdɛstárteɲ
íðo]

#7 {Un estremecimiento sensual / vaga por las cañadas. / De pronto, / Platero yergue las
orejas, / dilata las levantadas narices, / replegándolas hasta los ojos / y dejando ver las
grandes habichuelas / de sus dientes amarillos.}

[unɛstremesimjḛ́ntosᴇ̃nswál / báɣaporlaskaɲáðas / deprɔ́nto /
platérojéryelasoréxas / dilátalaṣleβã́ntáðaṣnaríses /
repleɣã́ndolasastalosóxos / iðexã́ndoβérlaṣyrã́ndesaβiʤwélas /
desuṣðjḛ́ntesamaríjos]

#8 {La imagen de Don Manuel / iba creciendo en mí / sin que yo de ello / me diese cuenta,
/ pues era un varón tan cotidiano, / tan de cada día como el pan / que a diario pedimos
/ en el padrenuestro. / Yo le ayudaba cuando podía / en sus menesteres, / visitaba a sus
enfermos, / a nuestros enfermos, / a las niñas de la escuela, / arreglaba el ropero de la
iglesia, / le hacía, / como me llamaba él, / de diaconisa.}

[laḭmáxᴇ̃ndeðɔ́m:anwél / íβakresjḛ́ndoᴇ̃m:í / sĩŋkejóðéːjo /
meðjésekwḛ́nta / pweséraṵmbarɔ́ntã́ŋkotiðjáno /
tã́ndekáðaðíakomoɛlpán / keaðjárjopeðímos /
ɛnɛlpáðrenwéstro / ɟɟóleajuðáβakwã̃ndopoðía /
ᴇ̃nsuṣmenɛstéres / bisitáβasusᴇ̃mférmos / anwéstrosᴇ̃mférmos /
alaṣníɲaṣðelaɛskwéla / areɣláβaɛlropéroðelaḭɣlésja / leasía /
komomejamáβaɛ́l / deðjakonísa]

Ejercicios—Capítulo 18: Silabeo fonético

18. {de pronto me horroricé de haber llegado a esos extremos / con mi costumbre de
analizar indefinidamente hechos y palabras / recordé la mirada de maría fija en el árbol
de la plaza / mientras oía mis opiniones / me pareció que era una frágil infeliz / llena
de fealdad y miseria}

{de | pron|to | me͜ho|rro|ri|cé | de͜ha|ber | lle|ga|do͜a͜
e|so|s ex|tre|mos / con͜|͜mi | cos|tum|bre | de͜a|na|li|za|r
in|de|fi|ni|da|men|te he|cho|s y | pa|la|bras / re|cor|dé | la | mi|ra|da |
de | ma|rí|a | fi|ja͜e|n e|l ár|bol | de | la | pla|za / mien|tra|s o|í|a | mi|s
o|pi|nio|nes | me | pa|re|ció | que͜e|ra͜u|na | frá|gi|l in|fe|liz | lle|na |
de | fe̯al|da|d y | mi|se|ria}

19. {de aquella boca que parecía querer respirar / todavía sin encontrar resuello / de aquel
tanilo a quien ya nada le dolía / pero que estaba como adolorido / con las manos y los
pies engarruñados / y los ojos muy abiertos / como mirando su propia muerte / y por
aquí y por allá / todas sus llagas goteando un agua amarilla / llena de aquel olor que se
derramaba por todos lados}

{de͜a|que|lla | bo|ca | que | pa|re|cí|a | que|re|r res|pi|rar / to|da|ví|a |
si|n en | con|tra|r re|sue|llo / de͜a|quel | ta|ni|lo͜a | quien | ya | na|da
| le | do|lí|a / pe|ro | que͜es|ta|ba | co|mo a|do|lo|ri|do / con | las |
ma|no|s y | los | pie|s en|ga|rru|ña|dos / y | lo|s o|jos | muy | a|bier|tos /
co|mo | mi|ran|do | su | pro|pia | muer|te / y | po|r a|quí͜y | po|r a|llá /
to|da|s sus | lla|gas | go|tean|do u|n a|gua a|ma|ri|lla / lle|na | de a|que|l
o|lor | que | se | de|rra|ma|ba | por | to|dos | la|dos}

20. {nos habituamos irene y yo a persistir solos en ella / lo que era una locura / pues en esa
casa podían vivir ocho personas sin estorbarse / hacíamos la limpieza por la mañana /
levantándonos a las siete / y a eso de las once / yo le dejaba a irene las últimas habitaciones por repasar / y me iba a la cocina}

{no|s ha|bi|tua|mo|s i|re|ne͜y | yo͜a | per|sis|tir | so|lo|s e|n e|lla / lo |
que͜e|ra͜u|na | lo|cu|ra / pue|s e|n e|sa | ca|sa | po|dí|an | vi|vi|r o|cho
| per|so|na|s si|n es|tor|bar|se / ha|cí|a|mos | la | lim|pie|za | por | la |
ma|ña|na / le|van|tán|do|no|s a | la|s sie|te / y͜a͜e|so | de | la|s on|ce /
yo | le | de|ja|ba͜a͜i|re|ne | la|s úl|ti|ma|s ha|bi|ta|cio|nes | po|r re|pa|sar
/ y | me͜i|ba͜a | la | co|ci|na}

Índice de materias

A

abertura
   de la boca 68, 70, 73, 78, 79, 101, 108,
      175, 176, 223, 230, 250, 269, 303, 329,
      399
   de las cuerdas vocales 63, 64, 69, 79, 177
acento 417
   fijo 431
   fonético 417, 418, 431
   fonológico 417
   libre/variable 431
   ortográfico 417, 437, 443
actuación 11
AFI. *Vea* alfabeto fonético internacional
africada 70, 101, 104, 138, 147, 149, 157,
      161, 228, 261, 285, 287, 289, 302, 304,
      306, 313, 317
aguda 432, 443, 452. *Vea también* oxítona
alargamiento 179
   consonántico 373, 391, 448
   silábico 454, 455
alfabeto 44, 45, 47
alfabeto fonético internacional 51, 292
alófono 53, 118, 145
alveolar 71
amplitud 86, 89, 92, 95, 417. *Vea tam-*
   bién intensidad, volumen
antepenúltima 432, 441, 443
apicoalveolar 300, 353
apicodental-laminoalveolar 300
aproximante 269, 274, 279. *Vea tam-*
   bién cuasifricativo
archifonema 133, 228, 330, 362
área de Broca 59
área de Wernicke 115
armónico. *Vea también* onda armónica
asimilación 79, 150, 177, 248, 293, 331
aspiración 251, 294
ataque 159, 189, 371, 397
átona 179, 398
audición 111

B

banda ancha 95, 96
banda estrecha 95
barra 12, 35, 53, 146, 466
bilabial 71
bronquios 60

C

canal auditivo 111
cavidad bucal 66, 67
cavidades infraglóticas 60
cavidades supraglóticas 66
cavidad faríngea 66
cavidad nasal 67, 70
cerebro 59, 78, 115, 120
cero acústico 323
cesación vocálica 189
ciclo 87
coarticulación 75
   anticipante 76, 178, 196, 201, 212
   convergente 77
   perseverante 76, 213
   recíproca 77
cóclea 113, 120
coda 32, 133, 145, 160, 378, 398
codificar/codificación 6, 8
competencia 11
comprensión 7
comunicación 3
consonante 68, 101
consonante ambisilábica 409, 412
consonantes homólogas 371
constricción acanalada 303, 306
constricción de ranura 303
corchetes 12, 53
correspondencia exacta 49, 74, 126, 147,
      194
cps 87. *Vea también* frecuencia, hertzio
cuadro fonético 72, 74
cuadro fonológico 128, 129
cualidad 447
cualidad vocálica 93, 186, 419
cuasifricativo 269, 274, 279. *Vea tam-*

I

identificación 116
ideograma 38
inhalación 60
inicio de la vibración laríngea 250, 281.
   Vea también VOT
intensidad 89, 179, 417. *Vea también* amplitud, volumen
intensión 31, 116, 249
interdental 71
interferencia 194, 257

L

labiodental 71
laguna accidental 167
laguna sistemática 167
laringe 59, 62
lateral 70, 341
lectura 7, 9
lengua 11, 67
lenguaje 3, 11
lenguaje de los sordomudos 7
lingüística 11
líquida 166, 168, 248, 341
llana 432, 452. *Vea también* grave
llaves { } 19, 39
logograma 40
lugar de articulación 70

M

marco 39
margen tonal 464
martillo (malleus) 112
membrana basilar 113
membrana tectoria 114
membrana timpánica 111, 115
mensaje 3, 6, 7, 115
modelo de la comunicación 6
modelo fonotáctico 398, 405
modo de articulación 70
Modo de articulación 70
morfología 20
murmuración 297
músculos intercostales 60
músculos tiroaritenóideos 63

N

nasalización 76, 80, 177, 408
nasal palatal 321, 327, 329
nasal palatalizado 334
nervio auditivo 114
nervio frénico 59
nervio hipogloso 59
nervio recurrente laríngeo 59
neutralización 126, 132
niveles de entonación. *Vea* niveles tonales
niveles tonales 472, 475, 476
normalización 118
núcleo divocálico 233, 411
núcleo silábico 145, 164, 397

O

obstruyente 398, 408
oclusiva 70, 247
oído externo 111
oído interno 113
oído medio 112
onda 85, 86
onda armónica 87
onda compuesta 87
onda cuasiarmónica 94
onda inarmónica 87
onda simple 87
onda sonora 85
oposición fonológica 126
órgano de Corti 113
órganos infraglóticos 60, 78, 398
órganos supraglóticos 59, 66
orientación 39
oxítona 432

P

palabra 3, 5, 8
palatal 71
palatograma 307, 343, 345, 346, 349, 358
par mínimo 33, 35, 126
paroxítona 432
pausa fisiológica 466
pausa lingüística 466
penúltima 432
percepción 89, 111
período 86